图解151种治安案件统一案由的认定界限、处罚标准与相关执法参考

（最新版）

主　编　曾　斌　卢建义
副主编　徐小英　王炜峰

中国长安出版社

图书在版编目（CIP）数据

图解151种治安案件统一案由的认定界限、处罚标准与相关执法参考/曾斌，卢建义主编.—北京：中国长安出版社，2011.4

ISBN 978-7-5107-0375-1

Ⅰ.①图… Ⅱ.①曾… ②卢… Ⅲ.①治安管理—案件—处理—中国 Ⅳ.①D922.14

中国版本图书馆CIP数据核字（2011）第047416号

图解151种治安案件统一案由的
认定界限、处罚标准与相关执法参考

曾 斌 卢建义

出版：中国长安出版社
社址：北京市东城区北池子大街14号（100006）
网址：http：//www.ccapress.com
邮箱：ccapress@yahoo.com.cn
发行：中国长安出版社
电话：（010）65281919 65271309
印刷：北京宝昌彩色印刷有限公司
开本：787mm×1092mm 16开
印张：74.125
字数：1665千字
版本：2011年5月第1版 2011年5月第1次印刷

书号：ISBN 978-7-5107-0375-1
定价：198.00元

前　言

时光荏苒，《中华人民共和国治安管理处罚法》（以下简称《治安管理处罚法》）已经正式实施5年了，该法的正式颁布实施，对维护社会治安，保障公共安全，维护公民合法权益提供了重要的法律依据。《治安管理处罚法》实施5年来的事实充分说明，该法不仅是一部保护公民、法人和其他组织合法权益的“人权法”，更是一部规范和监督公安机关及其人民警察行使警察权力的“控权法”。

自《治安管理处罚法》正式颁布以来，公安部及有关部门相继出台了一系列规范性文件，针对公安机关在办理治安案件的实际中碰到的具体问题进行规范，各地公安机关针对当地的具体实际也陆续制定了相关的配套规定，这些规范性文件和配套规定的颁布实施，对于广大公安民警准确办理治安案件，正确适用治安处罚标准，掌握社会治安状况，维护社会治安秩序具有十分重要的意义。

但是，5年来，公安机关人民警察在具体实施《治安管理处罚法》的过程中也暴露出了一些问题，这些问题突出表现在对案件的定性不准上，这里所说的“定性不准”既包括治安案件和刑事案件的区分，也包括同是治安案件，但不同案由的认定上。为了解决这些问题，帮助公安民警在办理治安案件的过程中做到“定性准确、量罚适当”，公安部相关部门、公安大学以及公安实践部门的有关专家、学者共同编写了这本《图解151种治安案件统一案由的认定界限、处罚标准与相关执法参考（最新版）》。

一、新颖性

本书在整体上采用图表的形式，在每一具体案由的写作上，分为“概念”、“违法构成要件”、“认定界限”、“处罚标准”与“相关执法参考”等五个板块，一目了然，便于读者快速阅读和查找。

另外，本书在编写过程中，查阅了截至到2011年3月1日前有关部门正式颁布的相关法律、法规、部门规章和司法解释，对已经失效或废止的规范性文件在写作中予以排除，同时，吸纳了新颁布的规范性文件中对具体案由的认定有影响的内容，例如，根据2011年2月25日第11届全国人民代表大会常务委员会第19次会议通过的《中华人民共和国刑法修正案（八）》的内容，调整了部分案由“认定界限”部分的内容；再如，根据公安部2010年11月颁布的《公安部现行有效规章及规范性文件目录》和《公安部决定废止的规范性文件目录》的内容，对本书“相关执法参考”部分的内容进行了全面梳理，以确保本书内容上的新颖性。

二、全面性

本书以公安部颁布的《关于印发〈公安部关于规范违反治安管理行为名称的意见〉的通知》（公通字［2005］95号）（以下简称《通知》）为大纲，对该《通知》依据《治安管理处罚法》规定的151种治安案件的案由逐一进行阐述。通过对本书的学习，不仅使广大公安民警熟练掌握每一治安案件的概念和构成要件，在此基础上，还能够熟练区分该治安案件与刑事案件、该治安案件与其他治安案件的界限，不仅能够区分，而且还能够知道区分的重点和依据。

本书在具体阐述每一案由的时候，针对公安民警在治安执法中容易忽视和误解的关键问题、疑难问题，一一予以解答，重点介绍了该行为与相关刑事案件的界限以及该行为与类似行为的界限；同时，对公安民警需要掌握的相关知识也进行了介绍，不仅满足了广大公安民警办理治安案件的需要，同时，对人民警察整体素质的全面提高也是大有裨益的。

三、实用性

本书从公安民警办理治安案件的实际需要出发，本着“多写怎么办，少写为什么”的原则，尽量多地介绍具有操作性的知识，而对与民警实际办案关系不大的内容尽量少写或不写。

本书在写作过程中不但吸收了《治安管理处罚法》实施5年来最新的治安执法实践和研究成果，而且用语简洁，深入浅出，力求全面解析每一案由的全部内涵，具有很强的实用性。

四、准确性

本书根据权威资料精心编写，在每一案由的认定和区分上，均以有关部门正式颁布的司法解释或权威部门、专家的论述为标准，以确保本书内容的权威和准确性。

本书由曾斌、卢建义同志担任主编，徐小英、王炜峰担任副主编。主编拟定提纲后，各作者分工撰写，最后由主编定稿。本书撰写分工为：曾斌（第一章）、徐小英（第二章）、王炜峰（第三章）、卢建义（第四章）。

本书在编写过程中参考了近年来正式出版的大量文章、著作，吸收和采纳了其中的部分内容，因篇幅有限，不能一一列出，在此谨表诚挚谢意。

编　者

2011年3月1日

目　录

上　册

第一章　扰乱公共秩序的案件（29种）……………………………… 1
一、扰乱单位秩序（《治安管理处罚法》第23条第1款第1项）……………… 1
二、扰乱公共场所秩序（《治安管理处罚法》第23条第1款第2项）……………… 8
三、扰乱公共交通工具上的秩序（《治安管理处罚法》第23条第1款第3项）……………………………… 14
四、妨碍交通工具正常行驶（《治安管理处罚法》第23条第1款第4项）……… 20
五、破坏选举秩序（《治安管理处罚法》第23条第1款第5项）……………… 24
六、聚众扰乱单位秩序（《治安管理处罚法》第23条第2款）……………… 29
七、聚众扰乱公共场所秩序（《治安管理处罚法》第23条第2款）……………… 32
八、聚众扰乱公共交通工具上的秩序（《治安管理处罚法》第23条第2款）…… 38
九、聚众妨碍交通工具正常行驶（《治安管理处罚法》第23条第2款）……… 42
十、聚众破坏选举秩序（《治安管理处罚法》第23条第2款）……………… 46
十一、强行进入大型活动场内（《治安管理处罚法》第24条第1款第1项）…… 51
十二、违规在大型活动场内燃放物品（《治安管理处罚法》第24条第1款第2项）……………………………… 55
十三、在大型活动场内展示污辱性物品（《治安管理处罚法》第24条第1款第3项）……………………………… 61
十四、围攻大型活动工作人员（《治安管理处罚法》第24条第1款第4项）…… 66
十五、向大型活动场内投掷杂物（《治安管理处罚法》第24条第1款第5项）……………………………… 70
十六、其他扰乱大型活动秩序的行为（《治安管理处罚法》第24条第1款第6项）……………………………… 74
十七、虚构事实扰乱公共秩序（《治安管理处罚法》第25条第1项）……………… 77
十八、投放虚假危险物质扰乱公共秩序（《治安管理处罚法》第25条第2项）……………………………… 87
十九、扬言实施放火、爆炸、投放危险物质扰乱公共秩序（《治安管理处罚法》第25条第3项）……………………………… 92
二十、寻衅滋事（《治安管理处罚法》第26条）……………………………… 96

二十一、组织、教唆、胁迫、诱骗、煽动从事邪教、会道门活动（《治安管理处罚法》第27条第1项） …… 103
二十二、利用邪教、会道门、迷信活动危害社会（《治安管理处罚法》第27条第1项） …… 116
二十三、冒用宗教、气功名义危害社会（《治安管理处罚法》第27条第2项） …… 123
二十四、故意干扰无线电业务正常进行（《治安管理处罚法》第28条） …… 125
二十五、拒不消除对无线电台（站）的有害干扰（《治安管理处罚法》第28条） …… 129
二十六、非法侵入计算机信息系统（《治安管理处罚法》第29条第1项） …… 132
二十七、非法改变计算机信息系统功能（《治安管理处罚法》第29条第2项） …… 138
二十八、非法改变计算机信息系统数据和应用程序（《治安管理处罚法》第29条第3项） …… 145
二十九、故意制作、传播计算机破坏性程序（《治安管理处罚法》第29条第4项） …… 151

第二章　妨害公共安全的案件（24种） …… 157
三十、非法制造、买卖、储存、运输、邮寄、携带、使用、提供、处置危险物质（《治安管理处罚法》第30条） …… 157
三十一、危险物质被盗、被抢、丢失后不按规定报告（《治安管理处罚法》第31条） …… 198
三十二、非法携带枪支、弹药、管制器具（《治安管理处罚法》第32条） …… 213
三十三、盗窃、损毁公共设施（《治安管理处罚法》第33条第1项） …… 251
三十四、移动、损毁边境、领土、领海标志设施（《治安管理处罚法》第33条第2项） …… 270
三十五、非法进行影响国（边）界限走向的活动（《治安管理处罚法》第33条第3项） …… 273
三十六、非法修建有碍国（边）境管理的设施（《治安管理处罚法》第33条第3项） …… 274
三十七、盗窃、损坏、擅自移动航空设施（《治安管理处罚法》第34条第1款） …… 275
三十八、强行进入航空器驾驶舱（《治安管理处罚法》第34条第1款） …… 278
三十九、在航空器上非法使用器具、工具（《治安管理处罚法》第34条第2款） …… 281
四十、盗窃、损毁、擅自移动铁路设施、设备、机车车辆配件、安全标志（《治安管理处罚法》第35条第1项） …… 284
四十一、在铁路线上放置阻碍物（《治安管理处罚法》第35条第2项） …… 291
四十二、故意向列车投掷物品（《治安管理处罚法》第35条第2项） …… 296

四十三、在铁路沿线非法挖掘坑穴、采石取沙（《治安管理处罚法》第 35 条第 3 项）…… 299
四十四、在铁路线路上私设道口、平交过道（《治安管理处罚法》第 35 条第 4 项）…… 305
四十五、擅自进入铁路防护网（《治安管理处罚法》第 36 条）…… 315
四十六、违法在铁路线上行走坐卧、抢越铁路（《治安管理处罚法》第 36 条）…… 318
四十七、擅自安装、使用电网（《治安管理处罚法》第 37 条第 1 项）…… 321
四十八、安装、使用电网不符合安全规定（《治安管理处罚法》第 37 条第 1 项）…… 324
四十九、道路施工不设置安全防护设施（《治安管理处罚法》第 37 条第 2 项）…… 327
五十、故意损毁、移动道路施工安全防护设施（《治安管理处罚法》第 37 条第 2 项）…… 331
五十一、盗窃、损毁路面公共设施（《治安管理处罚法》第 37 条第 3 项）…… 334
五十二、违反规定举办大型活动（《治安管理处罚法》第 38 条）…… 336
五十三、公共场所经营管理人员违反安全规定（《治安管理处罚法》第 39 条）…… 344

第三章　侵犯他人人身权利、财产权利的案件（30 种） …… 352
五十四、组织、胁迫、诱骗进行恐怖、残忍表演（《治安管理处罚法》第 40 条第 1 项）…… 352
五十五、强迫劳动（《治安管理处罚法》第 40 条第 2 项）…… 364
五十六、非法限制人身自由（《治安管理处罚法》第 40 条第 3 项）…… 369
五十七、非法侵入住宅（《治安管理处罚法》第 40 条第 3 项）…… 375
五十八、非法搜查身体（《治安管理处罚法》第 40 条第 3 项）…… 379
五十九、胁迫、诱骗、利用他人乞讨（《治安管理处罚法》第 41 条第 1 款）…… 382
六十、以滋扰他人的方式乞讨（《治安管理处罚法》第 41 条第 2 款）…… 388
六十一、威胁人身安全（《治安管理处罚法》第 42 条第 1 项）…… 390
六十二、侮辱（《治安管理处罚法》第 42 条第 2 项）…… 392
六十三、诽谤（《治安管理处罚法》第 42 条第 2 项）…… 397
六十四、诬告陷害（《治安管理处罚法》第 42 条第 3 项）…… 402
六十五、威胁、侮辱、殴打、打击报复证人及其近亲属（《治安管理处罚法》第 42 条第 4 项）…… 405
六十六、发送信息干扰正常生活（《治安管理处罚法》第 42 条第 5 项）…… 408
六十七、侵犯隐私（《治安管理处罚法》第 42 条第 6 项）…… 410
六十八、殴打他人（《治安管理处罚法》第 43 条第 1 款）…… 413
六十九、故意伤害（《治安管理处罚法》第 43 条第 1 款）…… 419
七十、猥亵（《治安管理处罚法》第 44 条）…… 439

七十一、在公共场所故意裸露身体（《治安管理处罚法》第44条）…………442
七十二、虐待（《治安管理处罚法》第45条第1项）…………444
七十三、遗弃（《治安管理处罚法》第45条第2项）…………450
七十四、强迫交易（《治安管理处罚法》第46条）…………456
七十五、煽动民族仇恨、民族歧视（《治安管理处罚法》第47条）…………461
七十六、刊载民族歧视、侮辱内容（《治安管理处罚法》第47条）…………465
七十七、冒领、隐匿、毁弃、私自开拆、非法检查他人邮件（《治安管理处罚法》第48条）…………470
七十八、盗窃（《治安管理处罚法》第49条）…………476
七十九、诈骗（《治安管理处罚法》第49条）…………495
八十、哄抢（《治安管理处罚法》第49条）…………503
八十一、抢夺（《治安管理处罚法》第49条）…………506
八十二、敲诈勒索（《治安管理处罚法》第49条）…………512
八十三、故意损毁财物（《治安管理处罚法》第49条）…………517

下 册

第四章　妨害社会管理的案件（68种）…………521
八十四、拒不执行紧急状态下的决定、命令（《治安管理处罚法》第50条第1款第1项）…………521
八十五、阻碍执行职务（《治安管理处罚法》第50条第1款第2项）…………528
八十六、阻碍特种车辆通行（《治安管理处罚法》第50条第1款第3项）…………535
八十七、冲闯警戒带、警戒区（《治安管理处罚法》第50条第1款第4项）…………538
八十八、招摇撞骗（《治安管理处罚法》第51条第1款）…………543
八十九、伪造、变造、买卖公文、证件、证明文件、印章（《治安管理处罚法》第52条第1项）…………549
九十、买卖、使用伪造、变造的公文、证件、证明文件（《治安管理处罚法》第52条第2项）…………559
九十一、伪造、变造、倒卖有价票证、凭证（《治安管理处罚法》第52条第3项）…………567
九十二、伪造、变造船舶户牌（《治安管理处罚法》第52条第4项）…………574
九十三、买卖、使用伪造、变造的船舶户牌（《治安管理处罚法》第52条第4项）…………577
九十四、涂改船舶发动机号码（《治安管理处罚法》第52条第4项）…………580
九十五、驾船擅自进入、停靠国家管制的水域、岛屿（《治安管理处罚法》第53条）…………582
九十六、非法以社团名义活动（《治安管理处罚法》第54条第1款第1项）…………589
九十七、被撤销登记的社团继续活动（《治安管理处罚法》第54条第1款第2项）…………599

九十八、擅自经营需公安机关许可的行业（《治安管理处罚法》第 54 条第 1 款第 3 项） …… 602
九十九、煽动、策划非法集会、游行、示威（《治安管理处罚法》第 55 条）…… 625
一百、不按规定登记住宿旅客信息（《治安管理处罚法》第 56 条第 1 款）…… 637
一百零一、不制止住宿旅客带入危险物质（《治安管理处罚法》第 56 条第 1 款） …… 639
一百零二、明知住宿旅客是犯罪嫌疑人不报告（《治安管理处罚法》第 56 条第 2 款） …… 642
一百零三、将房屋出租给无身份证件人居住（《治安管理处罚法》第 57 条第 1 款） …… 645
一百零四、不按规定登记承租人信息（《治安管理处罚法》第 57 条第 1 款）…… 649
一百零五、明知承租人利用出租屋犯罪不报告（《治安管理处罚法》第 57 条第 2 款） …… 653
一百零六、制造噪声干扰正常生活（《治安管理处罚法》第 58 条）…… 658
一百零七、违法承接典当物品（《治安管理处罚法》第 59 条第 1 项）…… 662
一百零八、典当业工作人员发现违法犯罪嫌疑人、赃物不报告（《治安管理处罚法》第 59 条第 1 项）…… 666
一百零九、违法收购废旧专用器材（《治安管理处罚法》第 59 条第 2 项）…… 669
一百一十、收购赃物、有赃物嫌疑的物品（《治安管理处罚法》第 59 条第 3 项） …… 678
一百一十一、收购国家禁止收购的其他物品（《治安管理处罚法》第 59 条第 4 项） …… 685
一百一十二、隐藏、转移、变卖、损毁依法扣押、查封、冻结的财物（《治安管理处罚法》第 60 条第 1 项） …… 690
一百一十三、伪造、隐匿、毁灭证据（《治安管理处罚法》第 60 条第 2 项）…… 694
一百一十四、提供虚假证言（《治安管理处罚法》第 60 条第 2 项）…… 697
一百一十五、谎报案情（《治安管理处罚法》第 60 条第 2 项）…… 699
一百一十六、窝藏、转移、代销赃物（《治安管理处罚法》第 60 条第 3 项）…… 701
一百一十七、违反监督管理规定（《治安管理处罚法》第 60 条第 4 项）…… 709
一百一十八、协助组织、运送他人偷越国（边）境（《治安管理处罚法》第 61 条）…… 727
一百一十九、为偷越国（边）境人员提供条件（《治安管理处罚法》第 62 条第 1 款） …… 734
一百二十、偷越国（边）境（《治安管理处罚法》第 62 条第 2 款） …… 739
一百二十一、故意损坏文物、名胜古迹（《治安管理处罚法》第 63 条第 1 项） …… 750
一百二十二、违法实施危及文物安全的活动（《治安管理处罚法》第 63 条第 2 项） …… 769
一百二十三、偷开机动车（《治安管理处罚法》第 64 条第 1 项）…… 777

一百二十四、无证驾驶、偷开航空器、机动船舶（《治安管理处罚法》第64条第2项）…… 781
一百二十五、破坏、污损坟墓（《治安管理处罚法》第65条第1项）…… 785
一百二十六、毁坏、丢弃尸骨、骨灰（《治安管理处罚法》第65条第1项）…… 788
一百二十七、违法停放尸体（《治安管理处罚法》第65条第2项）…… 790
一百二十八、卖淫（《治安管理处罚法》第66条第1款）…… 794
一百二十九、嫖娼（《治安管理处罚法》第66条第1款）…… 812
一百三十、拉客招嫖（《治安管理处罚法》第66条第2款）…… 819
一百三十一、引诱、容留、介绍卖淫（《治安管理处罚法》第67条）…… 822
一百三十二、制作、运输、复制、出售、出租淫秽物品（《治安管理处罚法》第68条）…… 830
一百三十三、传播淫秽信息（《治安管理处罚法》第68条）…… 847
一百三十四、组织播放淫秽音像（《治安管理处罚法》第69条第1款第1项）…… 861
一百三十五、组织淫秽表演（《治安管理处罚法》第69条第1款第2项）…… 868
一百三十六、进行淫秽表演（《治安管理处罚法》第69条第1款第2项）…… 873
一百三十七、参与聚众淫乱（《治安管理处罚法》第69条第1款第3项）…… 876
一百三十八、为淫秽活动提供条件（《治安管理处罚法》第69条第2款）…… 879
一百三十九、为赌博提供条件（《治安管理处罚法》第70条）…… 881
一百四十、赌博（《治安管理处罚法》第70条）…… 889
一百四十一、非法种植毒品原植物（《治安管理处罚法》第71条第1款第1项）…… 901
一百四十二、非法买卖、运输、携带、持有毒品原植物种苗（《治安管理处罚法》第71条第1款第2项）…… 909
一百四十三、非法运输、买卖、储存、使用罂粟壳（《治安管理处罚法》第71条第1款第3项）…… 912
一百四十四、非法持有毒品（《治安管理处罚法》第72条第1项）…… 918
一百四十五、向他人提供毒品（《治安管理处罚法》第72条第2项）…… 941
一百四十六、吸毒（《治安管理处罚法》第72条第3项）…… 947
一百四十七、胁迫、欺骗开具麻醉药品、精神药品（《治安管理处罚法》第72条第4项）…… 961
一百四十八、教唆、引诱、欺骗吸毒（《治安管理处罚法》第73条）…… 966
一百四十九、为吸毒、赌博、卖淫、嫖娼人员通风报信（《治安管理处罚法》第74条）…… 970
一百五十、饲养动物干扰正常生活（《治安管理处罚法》第75条第1款）…… 976
一百五十一、放任动物恐吓他人（《治安管理处罚法》第75条第1款）…… 978

附录

附录1：中华人民共和国治安管理处罚法（自2006年3月1日起施行）…… 980

附录2：公安部关于印发《公安部关于规范违反治安管理行为名称的意见》的通知（公通字［2005］95号）…… 994
附录3：公安部关于印发《公安机关执行〈中华人民共和国治安管理处罚法〉有关问题的解释》的通知（公通字［2006］12号）…… 999
附录4：公安机关执行《中华人民共和国治安管理处罚法》有关问题的解释（二）（公通字［2007］1号）…… 1003
附录5：公安部关于森林公安机关执行《中华人民共和国治安管理处罚法》有关问题的批复（公法［2008］18号）…… 1005
附录6：公安部现行有效规章及规范性文件目录（截至2010年11月）…… 1006
附录7：公安部决定废止的规范性文件目录（截至2010年11月）…… 1048
附录8：中华人民共和国刑法（根据《刑法修正案（八）最新修正》）…… 1053
附录9：最高人民检察院 公安部关于公安机关管辖的刑事案件立案追诉标准的规定(一)（公通字［2008］36号）…… 1123
附录10：最高人民检察院 公安部关于公安机关管辖的刑事案件立案追诉标准的规定(二)（公通字［2010］23号）…… 1145

第四章　妨害社会管理的案件（68种）

八十四、拒不执行紧急状态下的决定、命令
（《治安管理处罚法》第50条第1款第1项）

<table>
<tr><td colspan="2">案由</td><td>拒不执行紧急状态下的决定、命令</td></tr>
<tr><td colspan="2">概念</td><td>拒不执行紧急状态下的决定、命令，是指行为人在紧急状态下，拒不执行人民政府依法发布的决定、命令，尚不够刑事处罚的行为。</td></tr>
<tr><td rowspan="2">违法构成要件</td><td>违法客体</td><td>本行为侵犯的客体是人民政府在紧急状态下的管理制度。侵犯的对象是人民政府在紧急状态下依法发布的决定、命令，一般来说，是指县级以上人民政府依法发布的决定、命令。</td></tr>
<tr><td>违法客观方面</td><td>本行为在客观方面表现为行为人在紧急状态下，拒不执行人民政府依法发布的决定、命令，尚不够刑事处罚的行为。
“紧急状态”，是指一种重大突发性事件在一定范围和时间所形成的危机状态，这种危机状态对社会秩序与生命安全构成极大威胁和损害，阻止了国家政权机关正常行使权力，必须采取特殊措施才能遏制威胁，恢复秩序。“紧急状态”包括以下几个特征：（1）必须是现实的或者是肯定要发生的；（2）威胁到人民群众生命、财产安全；（3）必须采取特殊措施才能恢复秩序；（4）影响了国家机关正常行使权力等。导致出现紧急状态的因素主要包括严重自然灾害、重大人为事故、突发公共卫生事件、社会动乱、恐怖事件、战争威胁及战争状态等。我国1982年《宪法》对“戒严”作了规定，但没有规定“紧急状态”。总结2003年抗击“非典”的经验教训，并借鉴国际上的普遍做法，需要完善应对严重自然灾害、突发公共卫生事件、人为重大事故等紧急状态的法律制度。在紧急状态下采取的非常措施，通常要对公民的权利和自由加以不同程度地限制，因此，需要有宪法和法律作为依据。多数国家宪法中都有关于“紧急状态”的规定。因此，2004年《宪法修正案》将“戒严”改为“进入紧急状态”，将“发布戒严令”改为“宣布进入紧急状态”。这样，“紧急状态”包括“戒严”但又不限于“戒严”，适用范围更宽，为我国制定紧急状态制度提供了宪法依据。
为保证紧急状态下应急措施的有效实施，在紧急状态期间，各级人民政府有权依法发布决定、命令，赋予执法人员（包括政府授权人员）各种临时行政管制权。这一时期相对于平常时期而言，公民应当履行更多的法律义务，如</td></tr>
</table>

<table>
<tr><td rowspan="3">违法构成要件</td><td>违法客观方面</td><td>时刻关注政府所采取的各项紧急措施，并作出适当的反应；主动接受政府的各项紧急措施，特别是各项管制的义务；要接受其权利受到政府一定限制的义务等。但是，可能会有人抗拒法令、命令，不接受紧急措施，不服从紧急管制。
“拒不执行”，是指行为人以非暴力的方式，故意以不作为，违反、不服从管理，消极抵抗、抵制，不接受命令，不配合履行政府发布的决定、命令，如不服从强制疏散、转移、隔离、封锁措施等。这时，一方面可以对上述人员采取强制措施，以使人员迅速疏散、转移、隔离、封锁，另一方面可以依法对其进行治安处罚，以保证紧急措施得以施行，尽快恢复正常秩序。</td></tr>
<tr><td>违法主体</td><td>本行为的主体是达到责任年龄、具有责任能力的自然人。</td></tr>
<tr><td>违法主观方面</td><td>本行为在主观方面是故意。</td></tr>
<tr><td colspan="2">认定界限</td><td>（一）本行为与妨害公务罪的界限。
《刑法》第277条规定的妨害公务罪，是指以暴力、威胁的方法，阻碍国家机关工作人员、人大代表、红十字会工作人员依法执行职务、履行职责，以及虽然没有使用暴力、威胁方法，但阻碍国家安全机关、公安机关依法执行国家安全工作任务，造成严重后果的行为。两者的区别，除行为的危害后果的轻重不同外，还表现在：
1. 行为侵犯的客体不同。妨害公务罪侵犯的客体是复杂客体，包括国家机关的正常管理活动和国家机关工作人员的人身权利。本行为侵犯的客体是人民政府在紧急状态下的管理制度，对国家机关工作人员的人身权利不构成危害。
2. 具体的行为方式不同。本行为是以非暴力的方式，故意不作为，违反、不服从管理，消极抵抗、抵制，不接受命令，不配合履行政府发布的决定、命令等；妨害公务罪是以暴力、威胁的方法，阻碍国家机关工作人员、人大代表、红十字会工作人员依法执行职务、履行职责，以及虽然没有使用暴力、威胁方法，但阻碍国家安全机关、公安机关依法执行国家安全工作任务，造成严重后果的行为。“暴力”，是指行为人对正在依法执行职务的国家工作人员的身体实施了暴力打击或者人身强制，如殴打行为、捆绑行为等。如果行为人的暴力行为造成国家机关工作人员重伤结果或因重伤导致死亡结果，甚至故意杀害国家机关工作人员的，应按处理牵连犯的原则，以重罪吸收轻罪，按故意伤害（重伤）罪或者故意杀人罪定罪，从重处罚。“威胁”，是指行为人以杀害、伤害、毁坏财产、破坏名誉、扣押人质等方法对正在依法执行职务的国家机关工作人员进行威逼、胁迫，企图迫使国家机关工作人员放弃执行职务。</td></tr>
</table>

<table>
<tr><td>认定界限</td><td>3. 行为指向的对象不同。本行为指向的对象是人民政府在紧急状态下依法发布的决定、命令；而妨害公务罪指向的对象是依法正在执行职务的国家机关工作人员、人大代表、红十字会工作人员。
4. 行为实施的时间不同。本行为是在“紧急状态”下发生的；妨害公务罪可以发生在任何时候。
（二）本行为与人民群众抵制国家工作人员违法乱纪行为的界限。
在实践中，极少数国家机关工作人员，在执行公务过程中，假公济私，滥用职权，违法乱纪，损害群众的利益，引起公愤，群众对之进行抵制、斗争是应当支持、引导的，对该行为不能以本行为论处。
（三）本行为与人民群众因提出合理要求，或者对政策不理解或者态度生硬而与国家机关工作人员发生争吵、围攻顶撞、纠缠行为的界限。
群众围攻、顶撞国家工作人员，通常是由于群众对国家工作人员依法宣布的某项政策、决定、措施不理解，有意见，向国家工作人员提出质问，要求说明、解释、答复，由于情绪偏激、态度不冷静、方法不当而形成的对国家工作人员的围攻、顶撞行为。在围攻、顶撞过程中，常伴有威胁性语言和类似暴力的推搡、拉扯行为，在客观上妨害了公务，对该行为不能以本行为论处。</td></tr>
<tr><td>处罚标准</td><td>（一）构成本行为的，处警告或者200元以下罚款。
（二）情节严重的，处5日以上10日以下拘留，可以并处500元以下罚款。
在实践中，判断情节的轻重，一般应从行为人的动机、手段、目的、行为的次数、造成的后果等方面综合考虑，由公安机关办案人员酌情量罚，一般来说，具有下列情节之一的，应视为“情节严重”：
1. 多次拒不执行决定、命令的；
2. 带头抗拒执行决定、命令的；
3. 因拒不执行决定、命令，造成抢险抗灾等工作无法顺利进行的；
4. 因拒不执行决定、命令，给国家、集体、个人财产造成较大损失的；
5. 其他情节严重的情形。</td></tr>
<tr><td>相关执法参考</td><td>《中华人民共和国治安管理处罚法》（节录）
（2005年8月28日第十届全国人民代表大会常务委员会第十七次会议通过　中华人民共和国主席令第三十八号公布　自2006年3月1日起施行）
第五十条第一款第一项　有下列行为之一的，处警告或者二百元以下罚款；情节严重的，处五日以上十日以下拘留，可以并处五百元以下罚款：
（一）拒不执行人民政府在紧急状态情况下依法发布的决定、命令的。
《中华人民共和国刑法》（节录）
（1979年7月1日第五届全国人民代表大会第二次会议通过　1997年3月14日第八届全国人民代表大会第五次会议修订　根据2011年2月25日第十一届全国人民代表大会常务委员会第十九次会议通过的《中华人民共和国刑法修正案（八）》最新修正）
第二百七十七条　以暴力、威胁方法阻碍国家机关工作人员依法执行职务的，</td></tr>
</table>

处三年以下有期徒刑、拘役、管制或者罚金。

以暴力、威胁方法阻碍全国人民代表大会和地方各级人民代表大会代表依法执行代表职务的，依照前款的规定处罚。

在自然灾害和突发事件中，以暴力、威胁方法阻碍红十字会工作人员依法履行职责的，依照第一款的规定处罚。

故意阻碍国家安全机关、公安机关依法执行国家安全工作任务，未使用暴力、威胁方法，造成严重后果的，依照第一款的规定处罚。

第一百五十七条第二款　以暴力、威胁方法抗拒缉私的，以走私罪和本法第二百七十七条规定的阻碍国家机关工作人员依法执行职务罪，依照数罪并罚的规定处罚。

第二百四十二条　以暴力、威胁方法阻碍国家机关工作人员解救被收买的妇女、儿童的，依照本法第二百七十七条的规定定罪处罚。

聚众阻碍国家机关工作人员解救被收买的妇女、儿童的首要分子，处五年以下有期徒刑或者拘役；其他参与者使用暴力、威胁方法的，依照前款的规定处罚。

《国务院关于特大安全事故行政责任追究的规定》（节录）

（2001年4月21日国务院令第302号颁布　自颁布之日起实施）

第二条　地方人民政府主要领导人和政府有关部门正职负责人对下列特大安全事故的防范、发生，依照法律、行政法规和本规定的规定有失职、渎职情形或者负有领导责任的，依照本规定给予行政处分；构成玩忽职守罪或者其他罪的，依法追究刑事责任：

（一）特大火灾事故；

（二）特大交通安全事故；

（三）特大建筑质量安全事故；

（四）民用爆炸物品和化学危险品特大安全事故；

（五）煤矿和其他矿山特大安全事故；

（六）锅炉、压力容器、压力管道和特种设备特大安全事故；

（七）其他特大安全事故。

地方人民政府和政府有关部门对特大安全事故的防范、发生直接负责的主管人员和其他直接责任人员，比照本规定给予行政处分；构成玩忽职守罪或者其他罪的，依法追究刑事责任。

特大安全事故肇事单位和个人的刑事处罚、行政处罚和民事责任，依照有关法律、法规和规章的规定执行。

第九条　市（地、州）、县（市、区）人民政府及其有关部门对本地区存在的特大安全事故隐患，超出其管辖或者职责范围的，应当立即向有管辖权或者负有职责的上级人民政府或者政府有关部门报告；情况紧急的，可以立即采取包括责令暂时停产、停业在内的紧急措施，同时报告；有关上级人民政府或者政府有关部门接到报告后，应当立即组织查处。

第十六条　特大安全事故发生后，有关县（市、区）、市（地、州）和省、自治区、直辖市人民政府及政府有关部门应当按照国家规定的程序和时限立即上报，

相关执法参考

不得隐瞒不报、谎报或者拖延报告，并应当配合、协助事故调查，不得以任何方式阻碍、干涉事故调查。

特大安全事故发生后，有关地方人民政府及政府有关部门违反前款规定的，对政府主要领导人和政府部门正职负责人给予降级的行政处分。

第十七条　特大安全事故发生后，有关地方人民政府应当迅速组织救助，有关部门应当服从指挥、调度，参加或者配合救助，将事故损失降到最低限度。

第十八条　特大安全事故发生后，省、自治区、直辖市人民政府应当按照国家有关规定迅速、如实发布事故消息。

第十九条　特大安全事故发生后，按照国家有关规定组织调查组对事故进行调查。事故调查工作应当自事故发生之日起60日内完成，并由调查组提出调查报告；遇有特殊情况的，经调查组提出并报国家安全生产监督管理机构批准后，可以适当延长时间。调查报告应当包括依照本规定对有关责任人员追究行政责任或者其他法律责任的意见。

省、自治区、直辖市人民政府应当自调查报告提交之日起30日内，对有关责任人员作出处理决定；必要时，国务院可以对特大安全事故的有关责任人员作出处理决定。

第二十条　地方人民政府或者政府部门阻挠、干涉对特大安全事故有关责任人员追究行政责任的，对该地方人民政府主要领导人或者政府部门正职负责人，根据情节轻重，给予降级或者撤职的行政处分。

第二十一条　任何单位和个人均有权向有关地方人民政府或者政府部门报告特大安全事故隐患，有权向上级人民政府或者政府部门举报地方人民政府或者政府部门不履行安全监督管理职责或者不按照规定履行职责的情况。接到报告或者举报的有关人民政府或者政府部门，应当立即组织对事故隐患进行查处，或者对举报的不履行、不按照规定履行安全监督管理职责的情况进行调查处理。

《突发公共卫生事件应急条例》（节录）

（2003年5月9日国务院令第376号颁布　根据2010年12月29日国务院第138次常务会议通过的〈国务院关于废止和修改部分行政法规的决定〉修改国务院令第588号颁布）

第五十一条　在突发事件应急处理工作中，有关单位和个人未依照本条例的规定履行报告职责，隐瞒、缓报或者谎报，阻碍突发事件应急处理工作人员执行职务，拒绝国务院卫生行政主管部门或者其他有关部门指定的专业技术机构进入突发事件现场，或者不配合调查、采样、技术分析和检验的，对有关责任人员依法给予行政处分或者纪律处分；触犯《中华人民共和国治安管理处罚法》，构成违反治安管理行为的，由公安机关依法予以处罚；构成犯罪的，依法追究刑事责任。

《破坏性地震应急条例》（节录）

（1995年2月11日国务院令第172号颁布　根据2010年12月29日国务院第138次常务会议通过的〈国务院关于废止和修改部分行政法规的决定〉修改国务院令第588号颁布）

第三十七条　有下列行为之一的，对负有直接责任的主管人员和其他直接责任人员依法给予行政处分；属于违反治安管理行为的，依照治安管理处罚法的规定给予处罚；构成犯罪的，依法追究刑事责任：

（一）不按照本条例规定制定破坏性地震应急预案的；

（二）不按照破坏性地震应急预案的规定和抗震救灾指挥部的要求实施破坏性地震应急预案的；

（三）违抗抗震救灾指挥部命令，拒不承担地震应急任务的；

（四）阻挠抗震救灾指挥部紧急调用物资、人员或者占用场地的；

（五）贪污、挪用、盗窃地震应急工作经费或者物资的；

（六）有特定责任的国家工作人员在临震应急期或者震后应急期不坚守岗位，不及时掌握震情、灾情，临阵脱逃或者玩忽职守的；

（七）在临震应急期或者震后应急期哄抢国家、集体或者公民的财产的；

（八）阻碍抗震救灾人员执行职务或者进行破坏活动的；

（九）不按照规定和实际情况报告灾情的；

（十）散布谣言，扰乱社会秩序，影响破坏性地震应急工作的；

（十一）有对破坏性地震应急工作造成危害的其他行为的。

《中华人民共和国防汛条例》（节录）

（1991年7月2日中华人民共和国国务院令第86号发布　根据2010年12月29日国务院第138次常务会议通过的〈国务院关于废止和修改部分行政法规的决定〉修改　国务院令第588号颁布）

第四十三条　有下列行为之一者，视情节和危害后果，由其所在单位或者上级主管机关给予行政处分；应当给予治安管理处罚的，依照《中华人民共和国治安管理处罚法》的规定处罚；构成犯罪的，依法追究刑事责任：

（一）拒不执行经批准的防御洪水方案、洪水调度方案，或者拒不执行有管辖权的防汛指挥机构的防汛调度方案或者防汛抢险指令的；

（二）玩忽职守，或者在防汛抢险的紧要关头临阵逃脱的；

（三）非法扒口决堤或者开闸的；

（四）挪用、盗窃、贪污防汛或者救灾的钱款或者物资的；

（五）阻碍防汛指挥机构工作人员依法执行职务的；

（六）盗窃、毁损或者破坏堤防、护岸、闸坝等水工程建筑物和防汛工程设施以及水文监测、测量设施、气象测报设施、河岸地质监测设施、通信照明设施的；

（七）其他危害防汛抢险工作的。

《国家处置重、特大森林火灾应急预案》（节录）

（2006年1月14日颁布　自颁布之日起实施）

7.1　术语说明

本预案所称“重、特大森林火灾”是指出现下列重要火情之一的森林火灾：燃烧蔓延超过72小时没有得到控制的森林火灾；受害森林面积超过300公顷尚未扑灭的森林火灾；造成10人以上死亡或造成重大影响和财产损失的森林火灾；威胁或烧毁林区居民地及重要设施的森林火灾；国外火场距我国界或实际控制线5公里

相关执法参考	以内，并对我境内森林构成较大威胁的火灾。不是灾后进行森林火灾统计意义上的森林火灾分类。 本预案有关数量的表述中，“以上”含本数，“以下”不含本数。 7.3　奖励与责任追究 对在扑火工作中贡献突出的单位和个人的表彰奖励，依据《森林防火条例》相关规定执行；对在扑火工作中牺牲人员需追认烈士的，依据国家相关规定由地方民政部门和部队系统办理；对火灾肇事者的责任追究，由当地司法部门依法审理；对火灾事故负有行政领导责任的追究，依据国务院《关于特大安全事故行政责任追究的规定》及相关规定执行。

八十五、阻碍执行职务

（《治安管理处罚法》第50条第1款第2项）

<table>
<tr><td colspan="2">案由</td><td>阻碍执行职务</td></tr>
<tr><td colspan="2">概念</td><td>阻碍执行职务，阻碍国家机关工作人员依法执行职务，尚不够刑事处罚的行为。</td></tr>
<tr><td rowspan="4">违法构成要件</td><td>违法客体</td><td>本行为侵犯的客体是国家机关的正常管理活动。</td></tr>
<tr><td>违法客观方面</td><td>本行为在客观方面表现为阻碍国家机关工作人员依法执行职务，尚不够刑事处罚的行为。
本行为在客观方面具有3个特征：
1. 行为侵犯的对象必须是国家机关工作人员。国家机关工作人员是指在各级国家立法机关、行政机关、司法机关以及军事机关中依法从事公务的人员。
2. 必须实施了阻碍行为。“阻碍”，是指以主动、非暴力的方式妨碍国家工作人员顺利执行职务，一般表现为无理纠缠、吵闹、谩骂等。
3. 阻碍的必须是依法执行职务的行为。即阻碍的必须是依照法律、法规规定进行的职务活动，凡假公济私、私事公办的，不能认为是执行职务行为。</td></tr>
<tr><td>违法主体</td><td>本行为的主体是达到责任年龄、具有责任能力的自然人。</td></tr>
<tr><td>违法主观方面</td><td>本行为的主观方面必须是故意。</td></tr>
<tr><td colspan="2">认定界限</td><td>（一）本行为与妨害公务罪的界限。
《刑法》第277条规定的妨害公务罪，是指以暴力、威胁的方法，阻碍国家机关工作人员、人大代表、红十字会工作人员依法执行职务、履行职责，以及虽然没有使用暴力、威胁方法，但阻碍国家安全机关、公安机关依法执行国家安全工作任务，造成严重后果的行为。
在实践中，妨害公务罪包括几种情形：以暴力或者威胁的方法阻碍国家机关工作人员依法执行职务；以暴力、威胁方法阻碍各级人民代表大会代表执行代表职务；在自然灾害和突发事件中，以暴力、威胁方法阻碍红十字会工作人员依法履行职责；故意阻碍国家安全机关、公安机关依法执行国家安全工作任务，未使用暴力、威胁方法，但造成严重后果的。</td></tr>
</table>

认定界限	从以上论述可以看出，两者的区别，除行为的危害后果的轻重不同外，还表现在： 1. 行为侵犯的客体和对象不同。妨害公务罪侵犯的客体是复杂客体，包括国家机关的正常管理活动和国家机关工作人员的人身权利，该罪侵犯的对象不仅包括国家机关工作人员，还包括人大代表、红十字会工作人员等。本行为侵犯的客体是国家机关的正常管理活动，对相关人员的人身权利不构成危害，本行为侵犯的对象只是国家机关工作人员。 2. 具体的行为方式不同。本行为是以非暴力的方式，阻碍国家机关工作人员依法执行职务；妨害公务罪一般是以暴力、威胁的方法，阻碍国家机关工作人员依法执行职务的行为，一般是行为人积极、主动实施的。故意阻碍国家安全机关、公安机关依法执行国家安全工作任务，可以不使用暴力、威胁方法，但必须以造成严重后果为前提。 （二）本行为与拒不执行紧急状态下的决定、命令的界限。 《治安管理处罚法》第 50 条第 1 款第 1 项规定的拒不执行紧急状态下的决定、命令，是指行为人在紧急状态下，拒不执行人民政府依法发布的决定、命令，尚不够刑事处罚的行为。两者的界限主要表现在： 1. 行为发生的时间不同。本行为发生在国家机关工作人员依法执行职务的任何时候；后者只是发生在“紧急状态下”。 2. 行为侵犯的对象不同。本行为侵犯的对象国家机关工作人员依法执行职务的行为；后者侵犯的对象是人民政府依法发布的决定、命令。 3. 行为方式不同。本行为表现为以非暴力的方式，“阻碍”国家机关工作人员依法执行职务，一般是行为人积极实施一定的行为；后者表现为“拒不执行”的方式，一般是以不作为的方式实施的。 （三）本行为与人民群众抵制国家工作人员违法乱纪行为的界限。 在实践中，极少数国家机关工作人员，在执行公务过程中，假公济私，滥用职权，违法乱纪，损害群众的利益，引起公愤，群众对之进行抵制、斗争是应当支持、引导的，不应以本行为论处。 （四）本行为与人民群众因提出合理要求，或者对政策不理解或者态度生硬而与国家机关工作人员发生争吵、围攻顶撞、纠缠行为的界限。 群众围攻、顶撞国家工作人员，通常是由于群众对国家工作人员依法宣布的某项政策、决定、措施不理解，有意见，向国家工作人员提出质问，要求说明、解释、答复，由于情绪偏激、态度不冷静、方法不得当而形成的对国家机关工作人员的围攻、顶撞行为。在围攻、顶撞过程中，常伴有威胁性语言和类似暴力的推搡、拉扯行为，在客观上妨害了公务。对这类行为，一般也不宜以本行为论处。

<table>
<tr><td>处罚标准</td><td>（一）构成本行为的，处警告或者200元以下罚款。
（二）情节严重的，处5日以上10日以下拘留，可以并处500元以下罚款。
在实践中，判断情节的轻重，一般应从行为人的动机、手段、目的、行为的次数、造成的后果等方面综合考虑，由公安机关办案人员酌情量罚，一般来说，具有下列情节之一的，应视为“情节严重”：
1. 带头阻碍国家机关工作人员依法执行职务的；
2. 多次阻碍国家机关工作人员依法执行职务的；
3. 阻碍国家机关工作人员依法执行职务造成国家、集体、个人财产损失的或者造成恶劣影响的；
4. 其他情节严重的情形。
（三）阻碍人民警察依法执行职务的，从重处罚。</td></tr>
<tr><td>相关执法参考</td><td>《中华人民共和国治安管理处罚法》（节录）
（2005年8月28日第十届全国人民代表大会常务委员会第十七次会议通过　中华人民共和国主席令第三十八号公布　自2006年3月1日起施行）
第五十条第一款第二项　有下列行为之一的，处警告或者二百元以下罚款；情节严重的，处五日以上十日以下拘留，可以并处五百元以下罚款：
（二）阻碍国家机关工作人员依法执行职务的；
《中华人民共和国刑法》（节录）
（1979年7月1日第五届全国人民代表大会第二次会议通过　1997年3月14日第八届全国人民代表大会第五次会议修订　根据2011年2月25日第十一届全国人民代表大会常务委员会第十九次会议通过的《中华人民共和国刑法修正案（八）》最新修正）
第二百七十七条　以暴力、威胁方法阻碍国家机关工作人员依法执行职务的，处三年以下有期徒刑、拘役、管制或者罚金。
以暴力、威胁方法阻碍全国人民代表大会和地方各级人民代表大会代表依法执行代表职务的，依照前款的规定处罚。
在自然灾害和突发事件中，以暴力、威胁方法阻碍红十字会工作人员依法履行职责的，依照第一款的规定处罚。
故意阻碍国家安全机关、公安机关依法执行国家安全工作任务，未使用暴力、威胁方法，造成严重后果的，依照第一款的规定处罚。
第一百五十七条第二款　以暴力、威胁方法抗拒缉私的，以走私罪和本法第二百七十七条规定的阻碍国家机关工作人员依法执行职务罪，依照数罪并罚的规定处罚。
第二百四十二条　以暴力、威胁方法阻碍国家机关工作人员解救被收买的妇女、儿童的，依照本法第二百七十七条的规定定罪处罚。
聚众阻碍国家机关工作人员解救被收买的妇女、儿童的首要分子，处五年以下有期徒刑或者拘役；其他参与者使用暴力、威胁方法的，依照前款的规定处罚。</td></tr>
</table>

相关执法参考

《最高人民检察院关于以暴力威胁方法阻碍事业编制人员依法执行行政执法职务是否可对侵害人以妨害公务罪论处的批复》

（2000 年 4 月 24 日　高检发释字［2000］2 号）

重庆市人民检察院：

你院《关于以暴力、威胁方法阻碍事业编制人员行政执法活动是否可以对侵害人适用妨害公务罪的请示》收悉。经研究，批复如下：

对于以暴力、威胁方法阻碍国有事业单位人员依照法律、行政法规的规定执行行政执法职务的，或者以暴力、威胁方法阻碍国家机关中受委托从事行政执法活动的事业编制人员执行行政执法职务的，可以对侵害人以妨害公务罪追究刑事责任。

《中华人民共和国国家安全法》（节录）

（1993 年 2 月 22 日第七届全国人民代表大会常务委员会第三十次会议通过　根据 2009 年 8 月 27 日第十一届全国人民代表大会常务委员会第十次会议通过的〈全国人民代表大会常务委员会关于修改部分法律的决定〉修改）

第二十七条第二款　故意阻碍国家安全机关依法执行国家安全工作任务，未使用暴力、威胁方法，造成严重后果的，依照刑法有关规定处罚；情节较轻的，由国家安全机关处十五日以下拘留。

《中华人民共和国国家安全法实施细则》（节录）

（1994 年 6 月 4 日国务院令第 157 号颁布　自颁布之日起实施）

第二十五条　国家安全机关依法执行国家安全工作任务时，公民和组织依法有义务提供便利条件或者其他协助，拒不提供或者拒不协助、构成故意阻碍国家安全机关依法执行国家安全工作任务的，依照《国家安全法》第二十七条第二款的规定处罚。

《中华人民共和国红十字会法》（节录）

（1993 年 10 月 31 日第八届全国人民代表大会常务委员会第四次会议通过　根据 2009 年 8 月 27 日第十一届全国人民代表大会常务委员会第十次会议通过的〈全国人民代表大会常务委员会关于修改部分法律的决定〉修改）

第二条　中国红十字会是中华人民共和国统一的红十字组织，是从事人道主义工作的社会救助团体。

第十一条　中国红十字会总会具有社会团体法人资格；地方各级红十字会、行业红十字会依法取得社会团体法人资格。

第十五条　任何组织和个人不得拒绝、阻碍红十字会工作人员依法履行职责。

在自然灾害和突发事件中，以暴力、威胁方法阻碍红十字会工作人员依法履行职责的，依照刑法有关规定追究刑事责任；阻碍红十字会工作人员依法履行职责未使用暴力、威胁方法的，适用《中华人民共和国治安管理处罚法》第五十条的处罚规定。

相关执法参考

《中华人民共和国人民警察法》（节录）

（1995年2月28第八届全国人民代表大会常务委员会第十二次会议通过
1995年2月28日中华人民共和国主席令第四十号公布施行）

第三十五条　拒绝或者阻碍人民警察依法执行职务，有下列行为之一的，给予治安管理处罚：

（一）公然侮辱正在执行职务的人民警察的；

（二）阻碍人民警察调查取证的；

（三）拒绝或者阻碍人民警察执行追捕、搜查、救险等任务进入有关住所、场所的；

（四）对执行救人、救险、追捕、警卫等紧急任务的警车故意设置障碍的；

（五）有拒绝或者阻碍人民警察执行职务的其他行为的。

以暴力、威胁方法实施前款规定的行为，构成犯罪的，依法追究刑事责任。

《中华人民共和国水土保持法》（节录）

（1991年6月29日第七届全国人民代表大会常务委员会第二十次会议通过
2010年12月25日第十一届全国人民代表大会常务委员会第十八次会议修订）

第四十五条　水政监督检查人员依法履行监督检查职责时，应当出示执法证件。被检查单位或者个人对水土保持监督检查工作应当给予配合，如实报告情况，提供有关文件、证照、资料；不得拒绝或者阻碍水政监督检查人员依法执行公务。

《中华人民共和国烟草专卖法》（节录）

（1991年6月29日第七届全国人民代表大会常务委员会第二十次会议通过
根据2009年8月27日第十一届全国人民代表大会常务委员会第十次会议
《关于修改部分法律的决定》修正）

第四十一条　烟草专卖行政主管部门有权对本法实施情况进行检查。以暴力、威胁方法阻碍烟草专卖检查人员依法执行职务的，依法追究刑事责任；拒绝、阻碍烟草专卖检查人员依法执行职务未使用暴力、威胁方法的，由公安机关依照治安管理处罚法的规定处罚。

《中华人民共和国消费者权益保护法》（节录）

（1993年10月31日第八届全国人民代表大会常务委员会第四次会议通过
根据2009年8月27日第十一届全国人民代表大会常务委员会第十次会议通过的
〈全国人民代表大会常务委员会关于修改部分法律的决定〉修改）

第五十二条　以暴力、威胁等方法阻碍有关行政部门工作人员依法执行职务的，依法追究刑事责任；拒绝、阻碍有关行政部门工作人员依法执行职务，未使用暴力、威胁方法的，由公安机关依照《中华人民共和国治安管理处罚法》的规定处罚。

《中华人民共和国电力法》（节录）

（1995年12月28日第八届全国人民代表大会常务委员会第十七次会议通过
根据2009年8月27日第十一届全国人民代表大会常务委员会第十次会议通过的
〈全国人民代表大会常务委员会关于修改部分法律的决定〉修改）

第七十条　有下列行为之一，应当给予治安管理处罚的，由公安机关依照治安

相关执法参考

管理处罚法的有关规定予以处罚；构成犯罪的，依法追究刑事责任：

（一）阻碍电力建设或者电力设施抢修，致使电力建设或者电力设施抢修不能正常进行的；

（二）扰乱电力生产企业、变电所、电力调度机构和供电企业的秩序，致使生产、工作和营业不能正常进行的；

（三）殴打、公然侮辱履行职务的查电人员或者抄表收费人员的；

（四）拒绝、阻碍电力监督检查人员依法执行职务的。

《中华人民共和国防洪法》（节录）

（1997 年 8 月 29 日第八届全国人民代表大会常务委员会第二十七次会议通过　根据 2009 年 8 月 27 日第十一届全国人民代表大会常务委员会第十次会议通过的〈全国人民代表大会常务委员会关于修改部分法律的决定〉修改）

第六十二条　阻碍、威胁防汛指挥机构、水行政主管部门或者流域管理机构的工作人员依法执行职务，构成犯罪的，依法追究刑事责任；尚不构成犯罪，应当给予治安管理处罚的，依照治安管理处罚条例的规定处罚。

《中华人民共和国产品质量法》（节录）

（1993 年 2 月 22 日第七届全国人民代表大会常务委员会第三十次会议通过　根据 2009 年 8 月 27 日第十一届全国人民代表大会常务委员会第十次会议通过的〈全国人民代表大会常务委员会关于修改部分法律的决定〉修改）

第六十九条　以暴力、威胁方法阻碍产品质量监督部门或者工商行政管理部门的工作人员依法执行职务的，依法追究刑事责任；拒绝、阻碍未使用暴力、威胁方法的，由公安机关依照治安管理处罚法的规定处罚。

《中华人民共和国公路法》（节录）

（1997 年 7 月 3 日第八届全国人民代表大会常务委员会第二十六次会议通过　根据 2009 年 8 月 27 日第十一届全国人民代表大会常务委员会第十次会议通过的〈全国人民代表大会常务委员会关于修改部分法律的决定〉修改）

第八十三条　阻碍公路建设或者公路抢修，致使公路建设或者抢修不能正常进行，尚未造成严重损失的，依照《中华人民共和国治安管理处罚法》的规定处罚。

损毁公路或者擅自移动公路标志，可能影响交通安全，尚不够刑事处罚的，适用《中华人民共和国道路交通安全法》第九十九条的处罚规定。

拒绝、阻碍公路监督检查人员依法执行职务未使用暴力、威胁方法的，依照《中华人民共和国治安管理处罚法》的规定处罚。

《无照经营查处取缔办法》（节录）

（2003 年 1 月 6 日国务院令第 370 号颁布　自 2003 年 3 月 1 日起实施）

第十八条　拒绝、阻碍工商行政管理部门依法查处无照经营行为，构成违反治安管理行为的，由公安机关依照《中华人民共和国治安管理处罚条例》的规定予以处罚；构成犯罪的，依法追究刑事责任。

相关执法参考

《禁止传销条例》（节录）

（2005年8月23日国务院令第444号颁布　自2005年11月1日起施行）

第五条　工商行政管理部门、公安机关依法查处传销行为，应当坚持教育与处罚相结合的原则，教育公民、法人或者其他组织自觉守法。

第六条　任何单位和个人有权向工商行政管理部门、公安机关举报传销行为。工商行政管理部门、公安机关接到举报后，应当立即调查核实，依法查处，并为举报人保密；经调查属实的，依照国家有关规定对举报人给予奖励。

第十条　在传销中以介绍工作、从事经营活动等名义欺骗他人离开居所地非法聚集并限制其人身自由的，由公安机关会同工商行政管理部门依法查处。

第二十八条　有本条例第十条规定的行为或者拒绝、阻碍工商行政管理部门的执法人员依法查处传销行为，构成违反治安管理行为的，由公安机关依照治安管理的法律、行政法规规定处罚；构成犯罪的，依法追究刑事责任。

《国务院关于预防煤矿生产安全事故的特别规定》（节录）

（2005年9月3日国务院令第446号颁布　自颁布之日起实施）

第十八条　煤矿拒不执行县级以上地方人民政府负责煤矿安全生产监督管理的部门或者煤矿安全监察机构依法下达的执法指令的，由颁发证照的部门吊销矿长资格证和矿长安全资格证；构成违反治安管理行为的，由公安机关依照治安管理的法律、行政法规的规定处罚；构成犯罪的，依法追究刑事责任。

八十六、阻碍特种车辆通行
（《治安管理处罚法》第50条第1款第3项）

案由		阻碍特种车辆通行
概念		阻碍特种车辆通行，是指阻碍执行紧急任务的消防车、救护车、工程抢险车、警车等车辆通行，尚不够刑事处罚的行为。
违法构成要件	违法客体	本行为侵犯的客体是特种车辆的优先通行权、公共安全以及他人的生命健康权。行为侵犯的对象是执行特种任务的消防车、救护车、工程抢险车、警车等。 对“执行特种任务的消防车、救护车、工程抢险车、警车”应作广义的理解，只要足以使相对人相信是在执行特种任务的车辆，即可认定为“执行特种任务的消防车、救护车、工程抢险车、警车”，该车辆可能是有关人员临时征用的一般车辆。另外，即使是上述特种车辆，也必须是正在执行紧急任务，如果是在执行一般任务，甚至是公车私用，都不能成为本行为侵犯的对象。
	违法客观方面	本行为在客观方面表现为故意阻碍执行紧急任务的消防车、救护车、工程抢险车、警车等车辆通行，尚不够刑事处罚的行为。 消防车、救护车、工程抢险车、警车等车辆执行紧急任务时，有行政优先权，不受行驶路线、行驶方向、行驶速度和信号灯的限制，其他车辆和行人应当让行，这是对特种车辆执行紧急任务的必要保障。优先通行权在《道路交通安全法》、《人民警察法》、《消防法》等法律中都有规定。 本行为的表现形式一般有：故意在通行的道路上，以人或者以物设置障碍，或者挖断道路；破坏车辆，以使车辆无法正常行驶；对正在行驶的特种车辆，故意穿插、超越、阻碍，影响特种车辆正常行驶等。
	违法主体	本行为的主体是达到责任年龄、具有责任能力的自然人。
	违法主观方面	本行为在主观方面是故意，即明知是执行紧急任务的特种车辆，仍然故意阻碍。
认定界限		（一）本行为与妨害公务罪的界限。 《刑法》第277条规定的妨害公务罪，是指以暴力、威胁的方法，阻碍国家机关工作人员、人大代表、红十字会工作人员依法执行职务、履行职责，以及虽然没有使用暴力、威胁方法，但阻碍国家安全机关、公安机关依法执行国家安全工作任

<table>
<tr><td>认定界限</td><td>务，造成严重后果的行为。两者的区别，除行为危害后果的轻重不同外，在行为的客观表现上也有区别：本行为在客观方面表现为故意阻碍执行紧急任务的消防车、救护车、工程抢险车、警车等车辆通行，尚不够刑事处罚的行为，本行为的行为方式较为单一。妨害公务罪的行为方式多种多样，只要是使用暴力、威胁的方法，阻碍国家机关工作人员、人大代表、红十字会工作人员依法执行职务、履行职责，以及虽然没有使用暴力、威胁方法，但阻碍国家安全机关、公安机关依法执行国家安全工作任务，造成严重后果的行为，都构成妨害公务罪。从理论上讲，两者是一般和特殊的关系，本行为是妨害公务行为的特殊情形，本行为在情节、后果严重的情形下，需要追究行为人的刑事责任的，应以妨害公务罪论处。

（二）本行为与阻碍执行职务的界限。

《治安管理处罚法》第50条第1款第2项规定的阻碍执行职务，是指阻碍国家机关工作人员依法执行职务，尚不够刑事处罚的行为。两者都是一般治安违法行为，处罚的方式和幅度也一致，其区别主要是行为侵犯的对象不同：阻碍执行职务侵犯的对象是国家机关工作人员依法执行职务的行为；本行为侵犯的对象是执行特种任务的消防车、救护车、工程抢险车、警车等，本行为侵犯的既可能是国家机关工作人员依法执行职务的行为，也可能只是一般人员在执行特种任务，如工程抢险车、救护车就可能不是国家机关工作人员在依法执行职务。在行为人阻碍国家机关工作人员驾驶特种车辆执行紧急任务时，行为人故意阻碍的行为同时构成了本行为和阻碍执行职务行为，两者存在法条竞合关系，按照特殊优于一般的处理原则，应以本行为论处。</td></tr>
<tr><td>处罚标准</td><td>（一）构成本行为的，处警告或者200元以下罚款。
（二）情节严重的，处5日以上10日以下拘留，可以并处500元以下罚款。
在实践中，判断情节的轻重，一般应从行为人的动机、手段、目的、行为的次数、造成的后果等方面综合考虑，由公安机关办案人员酌情量罚，一般来说，具有下列情节之一的，应视为“情节严重”：
1. 多次阻碍特种车辆通行的；
2. 以挖掘壕沟、设置路障等方法阻碍特种车辆通行的；
3. 带头阻碍特种车辆通行的；
4. 造成较严重后果的；
5. 其他情节严重的情形。
（三）阻碍人民警察依法执行职务的，从重处罚。</td></tr>
<tr><td>相关执法参考</td><td>《中华人民共和国治安管理处罚法》（节录）
（2005年8月28日第十届全国人民代表大会常务委员会第十七次会议通过　中华人民共和国主席令第三十八号公布　自2006年3月1日起施行）
第五十条第一款第三项　有下列行为之一的，处警告或者二百元以下罚款；情节严重的，处五日以上十日以下拘留，可以并处五百元以下罚款：
（三）阻碍执行紧急任务的消防车、救护车、工程抢险车、警车等车辆通行的；</td></tr>
</table>

相关执法参考

《中华人民共和国道路交通安全法》（节录）

（2003 年 10 月 28 日第十届全国人民代表大会常务委员会第五次会议通过
2003 年 10 月 28 日中华人民共和国主席令第八号公布　自 2004 年 5 月 1 日起施行）

第五十三条　警车、消防车、救护车、工程救险车执行紧急任务时，可以使用警报器、标志灯具；在确保安全的前提下，不受行驶路线、行驶方向、行驶速度和信号灯的限制，其他车辆和行人应当让行。

警车、消防车、救护车、工程救险车非执行紧急任务时，不得使用警报器、标志灯具，不享有前款规定的道路优先通行权。

《中华人民共和国人民警察法》（节录）

（1995 年 2 月 28 第八届全国人民代表大会常务委员会第十二次会议通过
1995 年 2 月 28 日中华人民共和国主席令第四十号公布施行）

第三十五条　拒绝或者阻碍人民警察依法执行职务，有下列行为之一的，给予治安管理处罚：

（四）对执行救人、救险、追捕、警卫等紧急任务的警车故意设置障碍的；

以暴力、威胁方法实施前款规定的行为，构成犯罪的，依法追究刑事责任。

《中华人民共和国电力法》（节录）

（1995 年 12 月 28 日第八届全国人民代表大会常务委员会第十七次会议通过
根据 2009 年 8 月 27 日第十一届全国人民代表大会常务委员会第十次会议通过的〈全国人民代表大会常务委员会关于修改部分法律的决定〉修改）

第七十条　有下列行为之一，应当给予治安管理处罚的，由公安机关依照治安管理处罚法的有关规定予以处罚；构成犯罪的，依法追究刑事责任：

（一）阻碍电力建设或者电力设施抢修，致使电力建设或者电力设施抢修不能正常进行的；

《中华人民共和国消防法》（修订）（节录）

（1998 年 4 月 29 日第九届全国人民代表大会常务委员会第二次会议通过
2008 年 10 月 28 日第十一届全国人民代表大会常务委员会第五次会议修订
自 2009 年 5 月 1 日起施行）

第四十七条　消防车、消防艇前往执行火灾扑救或者应急救援任务，在确保安全的前提下，不受行驶速度、行驶路线、行驶方向和指挥信号的限制，其他车辆、船舶以及行人应当让行，不得穿插超越；收费公路、桥梁免收车辆通行费。交通管理指挥人员应当保证消防车、消防艇迅速通行。

赶赴火灾现场或者应急救援现场的消防人员和调集的消防装备、物资，需要铁路、水路或者航空运输的，有关单位应当优先运输。

第六十二条　有下列行为之一的，依照《中华人民共和国治安管理处罚法》的规定处罚：

（四）阻碍消防车、消防艇执行任务的；

（五）阻碍公安机关消防机构的工作人员依法执行职务的。

八十七、冲闯警戒带、警戒区

（《治安管理处罚法》第50条第1款第4项）

案由		冲闯警戒带、警戒区
概念		冲闯警戒带、警戒区，是指行为人强行冲闯公安机关设置的警戒带、警戒区，尚不够刑事处罚的行为。
违法构成要件	违法客体	本行为侵犯的客体是公安机关的职务活动。侵犯的对象是公安机关设置的警戒区、警戒带，即警戒区域，其他机关设置的警戒区、警戒带不会成为本行为侵犯的对象。
	违法客观方面	本行为在客观方面表现为强行冲闯公安机关设置的警戒带、警戒区，尚不够刑事处罚的行为。 “警戒带、警戒区”，是指公安机关依法或者依职权，对警卫对象、警卫区域、或者案件、事故现场，以画线、围绳、圈带、树立标牌或标识等方式，划定一定的范围，实行封闭式管理，禁止无关人员进入的区域。强行冲闯警戒区域，会对警卫对象的安全造成危险，会干扰，甚至破坏案件、事故现场的保护、勘验、检查与调查处理工作。 在实践中，公安机关设置警戒区、警戒带的情形有：刑事案件的案发现场；交通事故的现场；重大自然事故现场；需要隔离的传染病发生、流行地；突发治安事件现场等。
	违法主体	本行为的主体是达到责任年龄、具有责任能力的自然人。
	违法主观方面	本行为的主观方面只能是故意，即明知是公安机关设置的警戒带、警戒区而故意强行冲闯。
认定界限		本行为与妨害公务罪的界限。 《刑法》第277条规定的妨害公务罪，是指以暴力、威胁的方法，阻碍国家机关工作人员、人大代表、红十字会工作人员依法执行职务、履行职责，以及虽然没有使用暴力、威胁方法，但阻碍国家安全机关、公安机关依法执行国家安全工作任务，造成严重后果的行为。两者的区别，除行为危害后果的轻重不同外，在行为的客观表现上也有细微区别：本行为在客观方面表现为强行冲闯公安机关设置的警戒带、警戒区，行为方式较为单一。妨害公务罪的行为方式多种多样，只要是使用暴力、威胁的方法，阻碍国家机关工作人员、人大代表、红十字会工作人员依法执行

认定界限	职务、履行职责，以及虽然没有使用暴力、威胁方法，但阻碍国家安全机关、公安机关依法执行国家安全工作任务，造成严重后果的行为，都构成妨害公务罪。从理论上讲，两者是一般和特殊的关系，本行为是妨害公务行为的特殊情形，本行为在情节、后果严重的情形下，需要追究行为人的刑事责任的，应该以妨害公务罪论处。
处罚标准	（一）构成本行为的，处警告或者200元以下罚款。 （二）情节严重的，处5日以上10日以下拘留，可以并处500元以下罚款。 在实践中，判断情节的轻重，一般应从行为人的动机、手段、目的、行为的次数、造成的后果等方面综合考虑，由公安机关办案人员酌情量罚，一般来说，具有下列情节之一的，应视为“情节严重”： 冲闯警戒带、警戒区的，有下列行为之一，构成情节严重，处五日以上十日以下拘留，可以并处五百元以下罚款： 1. 多次或带头冲闯警戒带、警戒区的； 2. 不听劝阻，强行冲闯警戒带、警戒区，情节恶劣的； 3. 冲闯警戒带、警戒区造成不良影响或者造成较严重后果的； 4. 其他情节严重的情形。 （三）阻碍人民警察依法执行职务的，从重处罚。
相关执法参考	**《中华人民共和国治安管理处罚法》**（节录） （2005年8月28日第十届全国人民代表大会常务委员会第十七次会议通过 中华人民共和国主席令第三十八号公布　自2006年3月1日起施行） 第五十条第一款第四项　有下列行为之一的，处警告或者二百元以下罚款；情节严重的，处五日以上十日以下拘留，可以并处五百元以下罚款： （四）强行冲闯公安机关设置的警戒带、警戒区的。 **《中华人民共和国人民警察法》**（节录） （1995年2月28第八届全国人民代表大会常务委员会第十二次会议通过 1995年2月28日中华人民共和国主席令第四十号公布施行） 第十七条　县级以上人民政府公安机关，经上级公安机关和同级人民政府批准，对严重危害社会治安秩序的突发事件，可以根据情况实行现场管制。 公安机关的人民警察依照前款规定，可以采取必要手段强行驱散，并对拒不服从的人员强行带离现场或者立即予以拘留。 第十八条　国家安全机关、监狱、劳动教养管理机关的人民警察和人民法院、人民检察院的司法警察，分别依照有关法律、行政法规的规定履行职权。 **《中华人民共和国集会游行示威法实施条例》**（节录） （1992年5月12日国务院国函［1992］46号批准 根据2010年12月29日国务院第138次常务会议通过的〈国务院关于废止和修改部分行政法规的决定〉修改 国务院令第588号颁布） 第二十条　主管公安机关临时设置的警戒线，应当有明显的标志，必要时还可以设置障碍物。

相关执法参考

《中华人民共和国人民警察使用警械和武器条例》（节录）

（1996年1月16日国务院令第191号颁布　自颁布之日起施行）

第七条　人民警察遇有下列情形之一，经警告无效的，可以使用警棍、催泪弹、高压水枪、特种防暴枪等驱逐性、制服性警械：

（四）强行冲越人民警察为履行职责设置的警戒线的；

（五）以暴力方法抗拒或者阻碍人民警察依法履行职责的；

人民警察依照前款规定使用警械，应当以制止违法犯罪行为为限度；当违法犯罪行为得到制止时，应当立即停止使用。

《交通警察道路执勤执法工作规范》（节录）

（2005年12月14日颁布　自2006年1月1日实施）

第十六条　交通警察发现运载危险化学品车辆发生交通事故的，应当遵守以下规定：

（一）立即向上级报告。

（二）及时向驾驶人、押运人员及其他有关人员了解运载物品的情况和可能造成的危害程度，随时向上级报告。

（三）迅速封闭现场和道路交通，划定警戒区域，严禁无关车辆、人员进入，确保紧急救援通道畅通。

（四）协助有关部门做好现场施救工作。

（五）遇有发生危险品泄漏的事故，在了解所载物品性质前，交通警察不得进入警戒区域。

第二十一条　交通警察遇到正在发生的治安、刑事案件或者根据上级指令赶赴治安、刑事案件现场时，应当采取以下措施：

（一）制止违法犯罪行为，控制嫌疑人。

（二）组织抢救伤者，排除险情，疏散围观群众。

（三）划定警戒区域，保护现场，维护好中心现场及周边道路交通秩序，确保现场处置通道畅通。

（四）进行现场询问，及时组织追缉、堵截。

（五）依法扣押违法犯罪证据。

（六）及时向上级报告案件（事件）性质、事态发展情况。

（七）做好向治安、刑侦等部门的移交工作。

第二十五条　交通警察执行交通警卫任务，应当严格执行以下要求：

（一）遵守交通警卫工作纪律，严格按照不同级别的交通警卫任务的要求，适时采取交通分流、交通控制、交通管制等安全措施。

在确保警卫车辆安全畅通的前提下，尽量减少对社会车辆的影响。

（二）维护交通秩序，严密控制路面情况，及时发现和制止交通违法行为。遇有可能影响交通警卫任务的特殊情况或者车辆、行人强行冲击警卫车队等突发事件，应当及时采取有效措施控制车辆和人员，并迅速向上级报告。

（三）警卫车队到来时，应当按照任务要求合理站位，密切注意道路交通情况，

相关执法参考

及时有效处置各种突发事件。

（四）警卫任务结束后，应当按照指令迅速解除交通管制，加强指挥疏导，尽快恢复道路交通。

第二十六条　交通警察在道路上执行交通管制措施，应当严格按照相关法律、法规规定和工作预案进行。

第二十七条　执行交通管制措施，应当提前告知群众，设置警示标志，提供车辆、行人绕行线路，做好交通指挥、疏导工作，维护交通秩序。

第二十八条　遇有突发事件或者雾、雨、雪等恶劣天气或者自然灾害性事故时，交通警察应当及时向上级报告，由上级机关根据工作预案决定采取限制或者禁止通行等交通管制措施。

第五十条　交通警察在高速公路上发现机动车违法停车的，应当责令驾驶人立即驶离；车辆发生故障或者驾驶人不在现场的，应当指派清障车将机动车拖移至指定地点并告知驾驶人；无法拖移的，应当按照规定设置警告标志。

故障车辆可以在短时间内修复，且不占用行车道或者骑压车道分隔线停车的，可以不拖移车辆，但应当按照规定设置警告标志。

《公安机关警戒带使用管理办法》

（1998 年 3 月 21 日公安部令第 34 号发布　自颁布之日起实施）

第一条　为了规范警戒带的使用和管理，保障公安机关依法有效履行职责，维护社会治安秩序，特制定本办法。

第二条　本办法所称警戒带，是指公安机关按照规定装备，用于依法履行职责在特定场所设置禁止进入范围的专用标志物。

第三条　公安机关及其人民警察在特定场所履行职责时，应当根据本办法的规定使用警戒带。其他任何单位和个人不得使用警戒带，但法律、法规另有规定的除外。

第四条　公安机关使用警戒带，应当以既有利于履行职责，又有利于公民、单位的正常活动为原则。夜间使用警戒带应当配置警示灯或照明灯。使用警戒带的情形消失时，应当立即停止使用和拆除。

第五条　公安机关及其人民警察履行职责时，可以根据现场需要经公安机关现场负责人批准，在下列场所使用警戒带：

（一）警卫工作需要；

（二）集会、游行、示威活动的场所；

（三）治安事件的现场；

（四）刑事案件的现场；

（五）交通事故或交通管制的现场；

（六）灾害事故的现场；

（七）爆破或危险品实（试）验的现场；

（八）重大的文体、商贸等活动的现场；

（九）其他需要使用警戒带的场所。

相关执法参考

第六条　公安机关及其人民警察依法使用警戒带的行为，受法律保护。任何单位和个人不得阻碍、干扰公安机关及其人民警察依法使用警戒带。

第七条　公安机关及其人民警察在使用警戒带设置警戒区时，在场人员应当服从人民警察的指令，无关人员应当及时退出警戒区；未经允许任何人不得跨越警戒带、进入警戒区。

第八条　公安机关及其人民警察违反本规定使用警戒带造成严重后果的，依照有关法律和规定追究主管领导和直接责任人的法律、行政责任。

第九条　对破坏、冲闯警戒带或擅自进入警戒区的，经警告无效，可以强制带离现场，并可依照《中华人民共和国治安管理处罚条例》的规定予以处罚。构成犯罪的，依法追究刑事责任。

第十条　对非法制造、贩卖、使用警戒带的，依照《中华人民共和国人民警察法》第三十六条的规定处罚。

第十一条　县以上公安机关依照《中华人民共和国人民警察法》第三十六条的规定负责警戒带的使用管理工作。

警戒带的技术标准由公安部制定。

第十二条　本办法自公布之日起实施。

八十八、招摇撞骗
（《治安管理处罚法》第51条第1款）

<table>
<tr><td colspan="2">案由</td><td>招摇撞骗</td></tr>
<tr><td colspan="2">概念</td><td>招摇撞骗，是指为谋取非法利益，假冒国家机关工作人员或者其他虚假身份，进行诈骗，尚不够刑事处罚的行为。</td></tr>
<tr><td rowspan="2">违法构成要件</td><td>违法客体</td><td>本行为侵犯的客体是社会管理秩序。</td></tr>
<tr><td>违法客观方面</td><td>本行为在客观方面表现为为谋取非法利益，假冒国家机关工作人员或者其他虚假身份，进行诈骗，尚不够刑事处罚的行为。
1. 行为人必须具有假冒国家机关工作人员或者其他虚假身份的行为。
“国家机关工作人员”是指在国家机关中从事公务的人员。国有公司、企业、事业单位、人民团体中从事公务的人员和国家机关、国有公司、企业、事业单位委派到非国有公司、企业、事业单位、社会团体从事公务的人员，以及其他依照法律从事公务的人员，以国家机关工作人员论。
假冒国家机关工作人员的身份，不单是指非国家机关工作人员冒充国家机关工作人员，而且也包括此种国家机关工作人员冒充他种国家机关工作人员，如普通机关的行政干部冒充公安机关的干部，普通国家干部冒充高级职务的国家干部等。
“假冒其他虚假身份”是指冒充国家机关工作人员以外的其他人员。在实践中主要包括：（1）冒充党、政、军等领导干部的子女、亲属的；（2）冒充新闻媒体记者的；（3）冒充文化艺术、体育、人大、政协等或者其亲属的；（4）冒充国际组织、商社负责人的；（5）冒充其他人员进行招摇撞骗的等，如团员、烈士子弟、私营或集体企业单位的管理人员、采购员等。
2. 行为人必须具有招摇撞骗的行为，即行为人要以假冒国家机关工作人员或者其他虚假身份，招摇炫耀，利用人民群众对国家机关工作人员或其他身份的信任，实施了骗取非法利益的行为。这里所说的非法利益，不单指物质利益，也包括各种非物质利益，例如，为了骗取某种政治待遇或者荣誉待遇，甚至是为了骗取“爱情”，玩弄异性等。
在掌握本行为的客观方面时，还应注意：（1）被假冒的身份，既可以是确有其人或职位，也可以是虚构的职务和人名。（2）假冒行为一般是明示的，即主动用语言、文字表明自己的身份。但在某些情形下，也可能用默示的方式假冒，如某甲酷似某领导人某乙，因而经常引起他人误解。某甲故意模仿某乙的举止出入酒楼骗吃骗喝，服务人员也都认某甲为某乙，没人敢盘问。某甲的冒充行为就是以默示的方式进行的。（3）假冒国家机关工作人员的身份并不要求冒用职权从事公务。在一般情况下，假冒国家机关工作人员的同时，会冒</td></tr>
</table>

<table>
<tr><td rowspan="3">违法构成要件</td><td>违法客观方面</td><td>用其职权，但是，在实践中，也有没有冒用职权的情形，如利用人们对国家机关工作人员的信任、崇敬心理而博得对方好感，从而骗取钱财、感情等，这种情况也构成本违法行为。（4）行为人是否实际骗取了非法利益，不影响本行为的成立，只是作为处罚时酌情考虑的因素之一。</td></tr>
<tr><td>违法主体</td><td>本行为的主体是达到责任年龄、具有责任能力的自然人。</td></tr>
<tr><td>违法主观方面</td><td>本行为的主观方面只能是出于故意，其行为目的是为了谋取非法利益。</td></tr>
<tr><td>认定界限</td><td colspan="2">（一）本行为与招摇撞骗罪的界限。
《刑法》第279条规定的招摇撞骗罪，是指为谋取非法利益，假冒国家机关工作人员的身份或职称，进行诈骗，损害国家机关的威信及其正常活动的行为。两者的区别主要在于：
1. 行为方式有细微的区别。本行为冒充的身份可能是国家机关工作人员，也可能是其他任何行为人以外的人；招摇撞骗罪假冒的只能是国家机关工作人员。
2. 行为的情节和后果不同。这主要是一般违法和犯罪的界限，情节、后果严重的冒充国家机关工作人员招摇撞骗的行为，应以招摇撞骗罪论处，冒充非国家机关的工作人员招摇撞骗的，情节、后果严重的，可能构成诈骗罪，情节、后果一般的冒充国家机关工作人员招摇撞骗行为，以本行为论处。
在实践中，判断招摇撞骗行为的情节、后果是否严重，可以从以下几个方面来判断：（1）次数。如果招摇撞骗多次进行，可以作为情节严重的事实依据；如果只是偶尔为之，并且后果不严重的，不认为是犯罪。（2）结果。不仅要看行为有形的结果，如骗取财物的多少，骗吃骗喝的总价金，骗取娱乐消费的总价款等，还要看无形的结果，如对国家机关的威信和正常活动的影响、破坏程度，冒充的领导的地位高低、社会影响大小等。（3）手段。行为人采取的手段越复杂、越精心，其社会危害性就越大，其主观恶性越深。（4）骗取利益的性质。骗取某种政治待遇、荣誉待遇的社会危害性应严重于骗取物质利益，因为，前种行为对国家机关正常活动的破坏性更大；骗取“爱情”，玩弄异性的社会危害性应严重于骗取物质利益，因为前者行为对被骗者的名誉、心理可能造成很大损害，不是一般的物质利益可以弥补的。（5）是否有冒用职权的行为。行为人除有冒充行为，还冒用职权的，其社会危害性严重于仅用冒充行为而招摇撞骗的。这些标准要结合案情事实综合把握。
（二）本行为与诈骗行为的界限。
《治安管理处罚法》第49条规定的诈骗，是指以非法占有为目的，用虚构事实</td></tr>
</table>

认定界限	或者隐瞒真相的方法，骗取少量公私财物，尚不够刑事处罚的行为。两者都表现为欺骗行为，而且，招摇撞骗也可以像诈骗行为那样骗取财物，在实践中容易混淆。两者的区别主要表现在： 1. 行为侵害的客体不同。本行为侵犯的客体是社会管理秩序，主要是国家机关的威信及其正常活动；而诈骗行为侵犯的客体仅限于公私财产权利。 2. 行为手段不同。本行为的手段只限于假冒国家机关工作人员或者其他虚假身份进行诈骗；诈骗行为的手段并无此限制，而可以利用任何虚构事实、隐瞒真相的手段和方式进行，如编造谎言，假冒身份，伪造、涂改单据，冒领财物等。 3. 行为人的主观目的不同。诈骗行为的目的是希望非法占有公私财物；而招摇撞骗的行为目的是追求非法利益，其内容较诈骗的目的更广泛一些，它可以包括非法占有公私财物，也可以包括其他非法利益。 （三）本行为与敲诈勒索行为的界限。 《治安管理处罚法》第49条规定的敲诈勒索，是指以非法占有为目的，对被害人使用威胁或要挟的方法，强索公私财物的行为。两者的界限主要表现在： 1. 招摇撞骗是以“骗”为特征的，被害人在受骗后往往是“自愿”交出财物或出让其他合法权益。而敲诈勒索行为，虽然也有“诈”的成分，但却是以“恫吓”被害人为特征的，即对财物的持有者、保管者施以恫吓，造成其精神上的恐惧，出于无奈，被迫交出财物或出让其他合法权益。这是两者最主要的区别。 2. 招摇撞骗侵犯的客体是社会管理秩序，主要是国家机关的威信及其正常的活动，其直接侵犯的不仅可能是财产权，也可能是公共利益和公民的其他合法权益。而敲诈勒索侵犯的客体只能是公私财产所有权。 （四）本行为与非治安违法行为的界限。 冒充国家机关工作人员或者其他虚假身份与实施招摇撞骗的行为必须是同时具备的，才能构成本行为。如果行为人只是为了满足心理上的需求，谎称自己是国家机关工作人员或者其他虚假身份，使别人对其尊敬、尊重，满足其虚荣心，但并不以此进行诈骗财物或者其他不法利益的，这种行为就只是属于思想作风问题。因为，这种行为没有对社会造成危害结果，不应以本行为论处，可由有关部门予以批评教育或纪律处分。
处罚标准	（一）构成本行为的，处5日以上10日以下拘留，可以并处500元以下罚款。 （二）情节较轻的，处5日以下拘留或者500元以下罚款。 在实践中，判断情节的轻重，一般应从行为人的动机、手段、目的、行为的次数、造成的后果等方面综合考虑，由公安机关办案人员酌情量罚，一般来说，具有下列情节之一的，应视为“情节较轻”： 1. 未取得实际利益的； 2. 以骗吃、骗喝为目的的； 3. 社会影响较小或未给当事人造成损失或损失较小的；

处罚标准	4. 其他情节较轻的情形。 （三）冒充军警人员招摇撞骗的，从重处罚。
相关执法参考	**《中华人民共和国治安管理处罚法》**（节录） （2005年8月28日第十届全国人民代表大会常务委员会第十七次会议通过 自2006年3月1日起施行） 第五十一条　冒充国家机关工作人员或者以其他虚假身份招摇撞骗的，处五日以上十日以下拘留，可以并处五百元以下罚款；情节较轻的，处五日以下拘留或者五百元以下罚款。 冒充军警人员招摇撞骗的，从重处罚。 **《中华人民共和国刑法》**（节录） （1979年7月1日第五届全国人民代表大会第二次会议通过　1997年3月14日第八届全国人民代表大会第五次会议修订　根据2011年2月25日第十一届全国人民代表大会常务委员会第十九次会议通过的《中华人民共和国刑法修正案（八）》最新修正） 第二百七十九条　冒充国家机关工作人员招摇撞骗的，处三年以下有期徒刑、拘役、管制或者剥夺政治权利；情节严重的，处三年以上十年以下有期徒刑。 冒充人民警察招摇撞骗的，依照前款的规定从重处罚。 第二百六十六条　诈骗公私财物，数额较大的，处三年以下有期徒刑、拘役或者管制，并处或者单处罚金；数额巨大或者有其他严重情节的，处三年以上十年以下有期徒刑，并处罚金；数额特别巨大或者有其他特别严重情节的，处十年以上有期徒刑或者无期徒刑，并处罚金或者没收财产。本法另有规定的，依照规定。 **《最高人民法院关于审理抢劫、抢夺刑事案件适用法律若干问题的意见》**（节录） （2005年6月8日法发［2005］8号颁布　自颁布之日起实施） 九、关于抢劫罪与相似犯罪的界限 1. 冒充正在执行公务的人民警察、联防人员，以抓卖淫嫖娼、赌博等违法行为为名非法占有财物的行为定性 行为人冒充正在执行公务的人民警察“抓赌”、“抓嫖”，没收赌资或者罚款的行为，构成犯罪的，以招摇撞骗罪从重处罚；在实施上述行为中使用暴力或者暴力威胁的，以抢劫罪定罪处罚。行为人冒充治安联防队员“抓赌”、“抓嫖”、没收赌资或者罚款的行为，构成犯罪的，以敲诈勒索罪定罪处罚；在实施上述行为中使用暴力或者暴力威胁的，以抢劫罪定罪处罚。 **《关于进一步加强“名录类”出版物出版管理的通知》**（节录） （2005年9月29日新出法规［2005］1030号颁布　自颁布之日起实施） …… 八、对于利用编辑、出版“名录类”出版物招摇撞骗、诈骗钱财违反治安管理法规或者触犯刑律的，各级新闻出版行政机关要将案件及时移送公安机关。

相关执法参考

《公安部奖励公民举报公安机关警车和涉案车辆违规问题办法》

第一条　为了鼓励公民举报公安机关警车和涉案车辆违规问题，推进公安机关警车和涉案车辆违规问题专项治理工作深入开展，特制定本办法。

第二条　全国公安机关警车和涉案车辆违规问题专项治理工作领导小组办公室（以下简称"公安部专项治理办公室"，设在公安部警务督察局）负责公民向公安部举报公安机关警车和涉案车辆违规问题的受理及其奖励。

第三条　公民可以通过电话、信件等方式（电话：010－66262212；传真：010－66262277；通信地址：北京市东城区东长安街14号公安部警务督察局专项治理办公室，邮政编码：100741）向公安部举报公安机关警车和涉案车辆违规问题。

第四条　公民对以下违规问题的举报，公安部专项治理办公室核查属实后，视情予以一定数额的物质奖励：

（一）公安机关警车方面

1. 使用的警车属于走私的，被盗抢的，非法扣留、扣押的，借用外单位或私人的，应当报废、拼（组）装等不符合国家安全技术标准的；

2. 挪用、套用、使用伪造、变造的警车牌证的；

3. 转借警车、牌证的；

4. 警车未依法进行登记或者牌证不全的；

5. 擅自喷涂警车外观制式或者安装警用标志灯具、警报器的；

6. 酒后或未取得机动车驾驶证、机动车驾驶证被吊销或暂扣期间驾驶警车的；

7. 非执行紧急公务驾驶警车超速行驶、不遵守交通信号标志、不服从交警管理、滥用警灯警报器等交通违法的；

8. 驾驶警车违规参与婚庆、葬礼及为社会车辆带道的；

9. 非法生产、买卖警车及其号牌等专用标志，或者使用警车及其专用标志冒充人民警察招摇撞骗的。

（二）涉案车辆方面

10. 违法扣留、扣押的；

11. 挪用、未按照规定妥善保管涉案车辆的；

12. 违反法定程序和要求处置涉案车辆的。

第五条　举报奖励对象原则上限于实名举报。

对匿名举报的违规问题线索，在调查处理完毕后能够确定举报人真实身份的，可以酌情予以奖励。

第六条　对举报人提供的有关线索经查证属实并符合奖励标准的，经报公安部专项治理办公室负责人批准，确定奖励的对象，并根据举报时效、举报材料的详实程度、举报内容与查实内容相符程度等，确定奖金数额，奖金一般为100元至500元。

第七条　公民举报的事项有下列情形之一的，不予奖励：

（一）举报的违规问题有关地方公安机关已经发现或者正在查处的；

（二）有违规问题的单位和个人在被举报前已经向有关公安机关报告其违规问题并正在整改的。

相关执法参考

第八条　公安部专项治理办公室在查清举报后的10个工作日内将奖励等事宜通知举报人，举报人应当提供有效身份证件或单位证明文件的复印件以便领取奖金。

公安部专项治理办公室在核实有关举报人身份等情况后，根据举报人意愿等情况，通过银行汇款、邮政汇款等方式，及时将奖金汇寄至举报人的有关银行账户或地址；也可以直接派员送达或通知举报人到指定地点领取，举报人应当出具收条。

第九条　举报人在接到公安部专项治理办公室领取奖金通知之日起30日内，不提供有效身份证件、银行账户或汇款地址，不到指定地点领取的，视同放弃奖励。

第十条　本办法由公安部专项治理办公室解释。

第十一条　本办法自公布之日起施行。

八十九、伪造、变造、买卖公文、证件、证明文件、印章

（《治安管理处罚法》第52条第1项）

案由		伪造、变造、买卖公文、证件、证明文件、印章
概念		伪造、变造、买卖公文、证件、证明文件、印章，是指故意伪造、变造、买卖国家机关、人民团体、企业、事业单位或者其他组织的公文、证件、证明文件、印章，尚不够刑事处罚的行为。
违法构成要件	违法客体	本行为侵犯的客体是国家机关、人民团体、企业、事业单位或者其他组织的正常管理活动和信誉。侵犯的对象是国家机关、人民团体、企业、事业单位或者其他组织的公文、证件、证明文件、印章。 “公文”，一般是指有关单位制作的，用以联系事务、指导工作、处理问题的书面文件，如命令、指示、决定、通知、函电等。某些以负责人名义代表单位签发的文件，也属于公文。公文的文字可以是中文，也可以是外文；可以是印刷，也可以是书写的，都具有公文的法律效力。 “证件”，是指有关单位制作、颁发的，用以证明身份、职务、权利义务关系或其他有关事实的凭证，如结婚证、工作证、学生证、护照、户口迁移证、营业执照、驾驶证等。对于伪造、变造部分特殊证件的行为，如变造、伪造船舶户牌，因《治安管理处罚法》另有规定，不以本行为论处。 “证明文件”，是指有关单位颁发的，用以证明某一事实的文件，如未婚证明、户口证明、介绍信等。 “印章”，是指经有关部门批准，依法为有关单位刻制的、以文字与图记表明主体同一性的公章或专用章，他们是有关单位行使职权的符号和标记，公文在加盖公章后始能生效。用于有关单位事务的私人印鉴、图章，也视为“印章”。
	违法客观方面	本行为在客观方面表现为故意伪造、变造、买卖国家机关、人民团体、企业、事业单位或者其他组织的公文、证件、证明文件、印章，尚不够刑事处罚的行为。 “伪造”，是指无权制作者制作假的公文、证件、证明文件或印章，既包括非法制作出一种实际不存在的公文、证件、证明文件或印章，也包括模仿其特征而复印、伪造另一假的公文、证件、证明文件或印章。既包括非国家机关工作人员的伪造或制作，也包括国家机关工作人员未经批准而擅自制造。一般说来，伪造行为必须达到使他人误信的程度，才构成本行为所谓的伪造。另外，模仿有权签发公文、证件、证明文件的负责人的手迹签发公文、证件、证明文件的，也以“伪造”论处。 “变造”，则是对真实的公文、证件、证明文件或印章，利用涂改、擦消、拼接等方法进行加工、改制，以改变其真实内容。

违法构成要件	违法客观方面	“买卖”，即对有关单位的公文、证件、证明文件或者印章实行有偿转让，包括购买和销售两种行为。这里应该注意的是：买卖的印章，可以是真实的，也可以是“伪造”或“变造”的，而对于买卖的公文、证件、证明文件，则必须是真实的，买卖伪造、变造的公文、证件、证明文件的，构成买卖伪造、变造的公文、证件、证明文件行为。 在实践中，本行为的案由可根据具体行为方式和所涉及对象的不同而具体确定，如伪造公文、伪造证件、伪造证明文件、伪造印章、变造公文、买卖公文、变造证明文件等，行为人同时实施数种行为涉及数种对象的，也只认定为一个案由，如伪造、变造公文、证件，伪造证明文件、印章等，不能认定为数个案由，更不能实行并罚。
	违法主体	本行为的主体包括自然人和单位。
	违法主观方面	本行为在主观方面是故意。
认定界限		（一）本行为与非治安违法行为的界限。 在实践中，一些行为人只是出于好奇或收藏，或是出于一些合法目的，如升学、考试等，而伪造、变造、买卖了国家机关、人民团体、企业、事业单位或者其他组织的公文、证件、证明文件、印章的，如果行为人没有使用，或者即使使用了这些公文、证件、证明文件、印章，但对相关机关、人民团体、企业、事业单位或者其他组织的管理活动没有造成影响或者造成的影响非常小，不应以本行为论处。因为，本行为的构成是以对国家机关、人民团体、企业、事业单位或者其他组织的正常管理活动和信誉造成不良影响为要件的，这些行为没有造成影响或者造成的影响非常轻微，所以，不应以本行为论处，可由相关单位批评教育。 （二）本行为与伪造、变造、买卖国家机关公文、证件、印章罪的界限。 《刑法》第280条第1款规定的伪造、变造、买卖国家机关公文、证件、印章罪，是指非法制造、变造、买卖国家机关公文、证件、印章的行为。两者的区别主要表现在： 1. 行为侵犯的客体和对象不同。本行为侵犯的客体是国家机关、人民团体、企业、事业单位或者其他组织的正常管理活动和信誉。侵犯的对象是国家机关、人民团体、企业、事业单位或者其他组织的公文、证件、证明文件、印章。后者侵犯的客体是国家机关的正常管理活动和信誉。犯罪对象是国家机关的公文、证件和印章，不包括证明文件，也不包括人民团体、企业、事业单位或者其他组织的公文、

<table>
<tr><td>认定界限</td><td>证件、印章。另外，本行为买卖的印章，可以是真实的，也可以是“伪造”或“变造”的，而对于买卖的公文、证件，则必须是真实的，买卖国家机关公文、证件、印章罪中的公文、证件、印章都可以是真实的，也可以是变造或伪造的。
2. 行为的情节和后果不同。判断行为的罪与非罪，要看行为的手段是否特殊、情节是否恶劣、后果是否严重，根据的是行为的社会危害程度。一般而言，手段存在特殊情况的，情节不是“较轻”的，造成严重后果的，是犯罪行为，属于刑事法律制裁的对象。否则，是一般治安违法行为，属于治安法律制裁对象。至于具体幅度，配套法律有规定的，从其规定，没有相应规定的，依据一般公众的常识为判断标准来区分社会危害性的严重程度。例如，行为人偶尔伪造上述国家机关印章，伪造的数量也极少，并且没有造成实际危害结果的，均属一般违法行为，不应以犯罪论处。
（三）本行为与伪造公司、企业、事业单位、人民团体印章罪的界限。
《刑法》第280条第2款规定的伪造公司、企业、事业单位、人民团体印章罪，是指伪造公司、企业、事业单位、人民团体的印章的行为。两者的区别主要表现在：
1. 行为侵犯的客体和对象不同。本行为侵犯的客体是国家机关、人民团体、企业、事业单位或者其他组织的正常管理活动和信誉。侵犯的对象是国家机关、人民团体、企业、事业单位或者其他组织的公文、证件、证明文件、印章。后者侵犯的直接客体是公司、企业、事业单位、人民团体的正常活动的声誉，同时构成对社会公共秩序的侵犯。侵犯的对象是公司、企业、事业单位、人民团体的印章，不包括国家机关的印章，也不包括公司、企业、事业单位、人民团体的公文、证件、证明文件。
2. 行为方式不同。本行为包括伪造、变造或买卖等3种方式；伪造公司、企业、事业单位、人民团体印章罪只有一种行为方式，即伪造，不包括变造和买卖，对于变造、买卖公司、企业、事业单位、人民团体印章的，即使情节再恶劣、后果再严重，也不能构成犯罪。
3. 行为的情节和后果不同。这主要是判断行为的罪与非罪，应根据行为的社会危害程度来综合判断。</td></tr>
<tr><td>处罚标准</td><td>（一）构成本行为的，处10日以上15日以下拘留，可以并处1000元以下罚款。
（二）情节较轻的，处5日以上10日以下拘留，可以并处500元以下罚款。
在实践中，判断情节的轻重，一般应从行为人的动机、手段、目的、行为的次数、造成的后果等方面综合考虑，由公安机关办案人员酌情量罚，一般来说，具有下列情节之一的，应视为“情节较轻”：
1. 尚未造成后果或者恶劣影响的；
2. 未取得实际利益的；
3. 其他情节较轻的情形。</td></tr>
</table>

相关执法参考

《中华人民共和国治安管理处罚法》（节录）

（2005年8月28日第十届全国人民代表大会常务委员会第十七次会议通过 中华人民共和国主席令第三十八号公布 自2006年3月1日起施行）

第五十二条第一项 有下列行为之一的，处十日以上十五日以下拘留，可以并处一千元以下罚款；情节较轻的，处五日以上十日以下拘留，可以并处五百元以下罚款：

（一）伪造、变造或者买卖国家机关、人民团体、企业、事业单位或者其他组织的公文、证件、证明文件、印章的；

《中华人民共和国刑法》（节录）

（1979年7月1日第五届全国人民代表大会第二次会议通过 1997年3月14日第八届全国人民代表大会第五次会议修订 根据2011年2月25日第十一届全国人民代表大会常务委员会第十九次会议通过的《中华人民共和国刑法修正案（八）》最新修正）

第二百八十条 伪造、变造、买卖或者盗窃、抢夺、毁灭国家机关的公文、证件、印章的，处三年以下有期徒刑、拘役、管制或者剥夺政治权利；情节严重的，处三年以上十年以下有期徒刑。

伪造公司、企业、事业单位、人民团体的印章的，处三年以下有期徒刑、拘役、管制或者剥夺政治权利。

伪造、变造居民身份证的，处三年以下有期徒刑、拘役、管制或者剥夺政治权利；情节严重的，处三年以上七年以下有期徒刑。

《最高人民法院 最高人民检察院关于办理妨害信用卡管理刑事案件具体应用法律若干问题的解释》（节录）

（2009年10月12日最高人民法院审判委员会第1475次会议 2009年11月12日最高人民检察院第十一届检察委员会第22次会议通过）

第四条第一款 为信用卡申请人制作、提供虚假的财产状况、收入、职务等资信证明材料，涉及伪造、变造、买卖国家机关公文、证件、印章，或者涉及伪造公司、企业、事业单位、人民团体印章，应当追究刑事责任的，依照刑法第二百八十条的规定，分别以伪造、变造、买卖国家机关公文、证件、印章罪和伪造公司、企业、事业单位、人民团体印章罪定罪处罚。

《最高人民法院 最高人民检察院 公安部 国家工商行政管理局关于依法查处盗窃、抢劫机动车案件的规定》（节录）

（公通字［1998］31号）

七、伪造、变造、买卖机动车牌证及机动车入户、过户、验证的有关证明文件的，依照《刑法》第二百八十条第一款的规定处罚。

《最高人民法院关于审理破坏野生动物资源刑事案件具体应用法律若干问题的解释》（节录）

（2000年11月27日1127法释［2000］37号颁布 自2001年12月11日起实施）

第九条 伪造、变造、买卖国家机关颁发的野生动物允许进出口证明书、特许

相关执法参考

猎捕证、狩猎证、驯养繁殖许可证等公文、证件构成犯罪的，依照刑法第二百八十条第一款的规定以伪造、变造、买卖国家机关公文、证件罪定罪处罚。

实施上述行为构成犯罪，同时构成刑法第二百二十五条第二项规定的非法经营罪的，依照处罚较重的规定定罪处罚。

《最高人民法院关于审理破坏森林资源刑事案件具体应用法律若干问题的解释》（节录）

（2000年11月22日法释［2000］36号颁布　自2000年12月11日起实施）

第十三条　对于伪造、变造、买卖林木采伐许可证、木材运输证件，森林、林木、林地权属证书，占用或者征用林地审核同意书、育林基金等缴费收据以及其他国家机关批准的林业证件构成犯罪的，依照刑法第二百八十条第一款的规定，以伪造、变造、买卖国家机关公文、证件罪定罪处罚。

对于买卖允许进出口证明书等经营许可证明，同时触犯刑法第二百二十五条、第二百八十条规定之罪的，依照处罚较重的规定定罪处罚。

《全国人民代表大会常务委员会关于惩治骗购外汇、逃汇和非法买卖外汇犯罪的决定》（节录）

（1998年12月29日第九届全国人民代表大会常务委员会第六次会议通过
1998年12月29日中华人民共和国主席令第十四号公布施行）

二、买卖伪造、变造的海关签发的报关单、进口证明、外汇管理部门核准件等凭证和单据或者国家机关的其他公文、证件、印章的，依照刑法第二百八十条的规定定罪处罚。

《最高人民法院关于审理骗购外汇、非法买卖外汇刑事案件具体应用法律若干问题的解释》（节录）

（1998年8月28日　法释［1998］20号）

第二条　伪造、变造、买卖海关签发的报关单、进口证明、外汇管理机关的核准件等凭证或者购买伪造、变造的上述凭证的，按照刑法第二百八十条第一款的规定定罪处罚。

第六条　实施本解释规定的行为，同时触犯二个以上罪名的，择一重罪从重处罚。

《最高人民法院、最高人民检察院关于办理与盗窃、抢劫、诈骗、抢夺机动车相关刑事案件具体应用法律若干问题的解释》（节录）

（2006年12月25日由最高人民法院审判委员会第1411次会议
2007年2月14日由最高人民检察院第十届检察委员会第71次会议通过
自2007年5月11日起施行　法释［2007］11号）

第二条　伪造、变造、买卖机动车行驶证、登记证书，累计三本以上的，依照刑法第二百八十条第一款的规定，以伪造、变造、买卖国家机关证件罪定罪，处三年以下有期徒刑、拘役、管制或者剥夺政治权利。

相关执法参考

伪造、变造、买卖机动车行驶证、登记证书，累计达到第一款规定数量标准五倍以上的，属于刑法第二百八十条第一款规定中的“情节严重”，处三年以上十年以下有期徒刑。

第四条　实施本解释第一条、第二条、第三条第一款或者第三款规定的行为，事前与盗窃、抢劫、诈骗、抢夺机动车的犯罪分子通谋的，以盗窃罪、抢劫罪、诈骗罪、抢夺罪的共犯论处。

《最高人民法院、最高人民检察院、海关总署关于印发〈办理走私刑事案件适用法律若干问题的意见〉的通知》（节录）

（2002年7月8日　法［2002］139号）

九、关于利用购买的加工贸易登记手册、特定减免税批文等涉税单证进口货物行为的定性处理问题

加工贸易登记手册、特定减免税批文等涉税单证是海关根据国家法律法规以及有关政策性规定，给予特定企业用于保税货物经营管理和减免税优惠待遇的凭证……买卖上述涉税单证情节严重尚未进口货物的，依照刑法第二百八十条的规定定罪处罚。

《关于印发〈关于依法查处盗窃、抢劫机动车案件的规定〉的通知》（节录）

（1998年5月8日　公通字［1998］31号）

七、伪造、变造、买卖机动车牌证及机动车入户、过户、验证的有关证明文件的，依照《刑法》第二百八十条第一款的规定处罚。

……

八、犯本决定规定之罪，依法被追缴、没收的财物和罚金，一律上缴国库。

《最高人民检察院研究室关于买卖伪造的国家机关证件行为是否构成犯罪的问题的答复》（节录）

（1999年6月21日［1999］高检研发第5号）

对于买卖伪造的国家机关证件的行为，依法应当追究责任的，可适用刑法第二百八十条第一款的规定，以买卖国家机关证件罪追究刑事责任。

《最高人民检察院研究室关于买卖尚未加盖印章的空白〈边境证〉行为如何适用法律问题的答复》

（2002年9月25日　［2002］高检研发第19号）

重庆市人民检察院研究室：

你院《关于对买卖尚未加盖印章的空白〈边境证〉案件适用法律问题的请示》（渝检（研）［2002］11号）收悉。经研究，答复如下：

对买卖尚未加盖发证机关的行政印章或者通行专用章印鉴的空白《中华人民共和国边境管理区通行证》的行为，不宜以买卖国家机关证件罪追究刑事责任。国家机关工作人员实施上述行为，构成犯罪的，可以按滥用职权等相关犯罪依法追究刑事责任。

相关执法参考

《最高人民法院研究室关于对行为人通过伪造国家机关公文、证件担任国家工作人员职务并利用职务上的便利侵占本单位财物、收受贿赂、挪用本单位资金等行为如何适用法律问题的答复》

（2004 年 3 月 20 日　法研［2004］38 号）

北京市高级人民法院：

你院［2004］15 号《关于通过伪造国家机关公文、证件担任国家工作人员职务后利用职务便利侵占本单位财物、收受贿赂、挪用本单位资金的行为如何定性的请示》收悉。经研究，答复如下：

行为人通过伪造国家机关公文、证件担任国家工作人员职务以后，又利用职务上的便利实施侵占本单位财物、收受贿赂、挪用本单位资金等行为，构成犯罪的，应当分别以伪造国家机关公文、证件罪和相应的贪污罪、受贿罪、挪用公款罪等追究刑事责任，实行数罪并罚。

《最高人民检察院法律政策研究室关于伪造、变造、买卖政府设立的临时性机构的公文、证件、印章行为如何适用法律问题的答复》

（2003 年 6 月 3 日　［2003］高检研发第 17 号）

江苏省人民检察院研究室：

你院《关于伪造、变造、买卖政府设立的临时性机构公文、证件、印章的行为能否适用刑法第二百八十条第一款规定的请示》（苏检发研字［2003］4 号）收悉。经研究，答复如下：

伪造、变造、买卖各级人民政府设立的行使行政管理权的临时性机构的公文、证件、印章行为，构成犯罪的，应当依照刑法第二百八十条第一款的规定，以伪造、变造、买卖国家机关公文、证件、印章罪追究刑事责任。

《国家工商行政管理总局关于对当事人伪造营业执照行为进行处罚适用法律问题的答复》

（工商企字［2002］第 210 号）

北京市工商行政管理局：

你局《关于工商行政管理机关对当事人伪造营业执照的行为移送公安机关追究刑事责任所适用相关法律问题的请示》（京工商文［2002］104 号）收悉。经研究，答复如下：

一、工商行政管理机关是政府职能部门，营业执照是工商行政管理机关代表国家向从事经营活动的企业，个人依法核发的经营凭证，是企业，个人取得经营资格的政府证明文件。

二、对伪造营业执照的行为，各级工商行政管理机关除依据《公司登记管理条例》第 69 条，《企业法人登记管理条例实施细则》第 63 条第 6 款等项规定予以行政处罚外，对情节严重构成犯罪的，可依据《刑法》第 280 条的规定移交司法机关追究刑事责任。

相关执法参考

《关于通过伪造证据骗取法院民事裁判占有他人财物的行为如何适用法律问题的答复》

（2002年10月24日）

山东省人民检察院研究室：

你院《关于通过伪造证据骗取法院民事裁决占有他人财物的行为能否构成诈骗罪的请示》（鲁检发研字［2001］第11号）收悉经研究答复如下：

以非法占有为目的，通过伪造证据骗取法院民事裁判占有他人财物的行为所侵害的主要是人民法院正常的审判活动可以由人民法院依照民事诉讼法的有关规定作出处理，不宜以诈骗罪追究行为人的刑事责任。如果行为人伪造证据时，实施了伪造公司、企业、事业单位、人民团体印章的行为，构成犯罪的，应当依照刑法第二百八十条第二款的规定，以伪造公司、企业、事业单位、人民团体印章罪追究刑事责任；如果行为人有指使他人作伪证行为，构成犯罪的应当依照刑法第三百零七条第一款的规定，以妨害作证罪追究刑事责任。

《中华人民共和国进出口商品检验法》（节录）

（1989年2月21日第七届全国人民代表大会常务委员会第六次会议通过 根据2002年4月28日第九届全国人民代表大会常务委员会第二十七次会议〈《关于修改中华人民共和国进出口商品检验法》的决定〉修正）

第二十七条　伪造、变造商检单证、印章标志、封识、质量认证标志，构成犯罪的，对直接责任人员比照 刑法第一百六十七条的规定追究刑事责任；情节轻微的，由商检机构处以罚款。

《中华人民共和国野生动物保护法》（节录）

（1988年11月8日第七届全国人民代表大会常务委员会第四次会议通过 根据2009年8月27日第十一届全国人民代表大会常务委员会第十次会议通过的〈全国人民代表大会常务委员会关于修改部分法律的决定〉修改）

第三十七条　伪造、倒卖、转让特许猎捕证狩猎证、驯养繁殖许可证或者允许进出口证明书的，由野生动物 行政主管部门或者工商行政管理部门吊销证件，没收违法所得，可以并处罚款。

伪造、倒卖特许猎捕证或者允许进出口证明书，情节严重、构成 犯罪的，依照刑法有关规定追究刑事责任。

《中华人民共和国对外贸易法》（节录）

（1994年5月12日第八届全国人民代表大会常务委员会第七次会议通过 根据2004年4月6日第十届全国人大常委会第八次会议修订）

第三十四条　在对外贸易活动中，不得有下列行为：

（一）伪造、变造进出口货物原产地标记，伪造、变造或者买卖进出口货物原产地证书、进出口许可证、进出口配额证明或者其他进出口证明文件；

第六十三条违反本法第三十四条规定，依照有关法律、行政法规的规定处罚；构成犯罪的，依法追究刑事责任。

相关执法参考

国务院对外贸易主管部门可以禁止违法行为人自前款规定的行政处罚决定生效之日或者刑事处罚判决生效之日起一年以上三年以下的期限内从事有关的对外贸易经营活动。

《中华人民共和国森林法》（节录）

（1984 年 9 月 20 日第六届全国人民代表大会常务委员会第七次会议通过
根据 2009 年 8 月 27 日第十一届全国人民代表大会常务委员会第十次会议通过的〈全国人民代表大会常务委员会关于修改部分法律的决定〉修改）

第四十二条　违反本法规定，买卖林木采伐许可证、木材运输证件、批准出口文件、允许进出口证明书的，由林业主管部门没收违法买卖的证件、文件和违法所得，并处违法买卖证件、文件的价款一倍以上三倍以下的罚款；构成犯罪的，依法追究刑事责任。

伪造林木采伐许可证、木材运输证件、批准出口文件、允许进出口证明书的，依法追究刑事责任。

《饲料和饲料添加剂管理条例》（节录）

（根据 2001 年 11 月 29 日《国务院关于修改〈饲料和饲料添加剂管理条例〉的决定》修订）

第三十二条　假冒、伪造或者买卖饲料添加剂、添加剂预混合饲料生产许可证、产品批准文号或者产品登记证的，依照刑法关于非法经营罪或者伪造、变造、买卖国家机关公文、证件、印章罪的规定，依法追究刑事责任；尚不够刑事处罚的，由国务院农业行政主管部门或者省、自治区、直辖市人民政府饲料管理部门按照职责权限收缴或者吊销生产许可证、产品批准文号或者产品登记证，没收违法所得，并处违法所得 1 倍以上 5 倍以下的罚款。

《中华人民共和国居民身份证法》（节录）

（2003 年 6 月 28 日第十届全国人民代表大会常务委员会第三次会议通过
自 2004 年 1 月 1 日起施行）

第二条　居住在中华人民共和国境内的年满十六周岁的中国公民，应当依照本法的规定申请领取居民身份证；未满十六周岁的中国公民，可以依照本法的规定申请领取居民身份证。

第十七条　……

伪造、变造的居民身份证和骗领的居民身份证，由公安机关予以收缴。

第十八条　伪造、变造居民身份证的，依法追究刑事责任。

（公安部关于禁止非法生产销售持有使用警用品的通告）

（2011 年 1 月 19 日）

为进一步加强和规范人民警察专用标志、制式服装、证件、警械（包括警棍、催泪器、手铐、脚镣、警绳等警用器械）等警用品管理，维护社会治安秩序，保护人民群众生命财产安全，根据国家有关法律、法规的规定，特通告如下：

相关执法参考	一、严禁任何无生产销售资质的单位、组织和个人生产销售警用品。 二、严禁任何警用品生产单位违法违规生产警用品。 三、严禁任何警用品销售单位向人民警察以外的单位、组织和个人销售警用品。 四、严禁任何单位、组织和个人在互联网非法设置警用品销售网站，发布警用品销售信息。 五、警用品为人民警察专用，其他任何个人和组织不得购买、持有和使用。 六、严禁任何单位、组织和个人非法生产、销售、持有、使用电击器。 七、严禁任何单位、组织和个人生产、销售、穿着、配戴与人民警察制式服装及其标志相仿并足以造成混淆的服装或者标志。 违反上述规定，由公安机关依法处理；构成犯罪的，依法追究刑事责任。 本通告自发布之日起实施。

九十、买卖、使用伪造、变造的公文、证件、证明文件
（《治安管理处罚法》第52条第2项）

案由		买卖、使用伪造、变造的公文、证件、证明文件
概念		买卖、使用伪造、变造的公文、证件、证明文件，是指故意买卖、使用国家机关、人民团体、企业、事业单位或者其他组织的公文、证件、证明文件，尚不够刑事处罚的行为。
违法构成要件	违法客体	本行为侵犯的客体是国家机关、人民团体、企业、事业单位或者其他组织的正常管理活动和信誉。
	违法客观方面	本行为在客观方面表现为故意买卖、使用国家机关、人民团体、企业、事业单位或者其他组织的公文、证件、证明文件，尚不够刑事处罚的行为。 “买卖”、“伪造”、“变造”的含义和上一行为的含义相同，这里不再重复。“使用”是指行为人明知其所用的公文、证件、证明文件是伪造或者变造的，仍然继续使用，欺骗他人的行为。在这里需要注意的是，买卖或者使用的公文、证件、证明文件，必须是“伪造”或者“变造”的，如果是真实的，不构成本行为，应以买卖公文、证件、证明文件行为论处， 根据本行为具体方式和所涉及对象的不同，本行为的案由可具体确定为买卖公文、使用伪造的公文、使用变造的公文、使用伪造的证件、使用变造的证明文件等，如果行为人实施了两种以上的行为、涉及两种以上的对象的，也只构成1个案由，而不应分别认定，更不能实行并罚。
	违法主体	本行为的主体包括单位和个人。
	违法主观方面	本行为在主观方面是故意，即明知是“伪造”、“变造”的公文、证件、证明文件而故意买卖或者使用。
认定界限		本行为与伪造、变造、买卖公文、证件、证明文件、印章的界限。 《治安管理处罚法》第52条第1项规定的伪造、变造、买卖公文、证件、证明文件、印章，是指故意伪造、变造、买卖国家机关、人民团体、企业、事业单位或者其他组织的公文、证件、证明文件、印章，尚不够刑事处罚的行为。两者侵犯的客体相同，都是对国家机关、人民团体、企业、事业单位或者其他组织的正常管理活动和信誉的侵犯。在侵犯对象方面也有相似之处，两者的区别主要表现在行为方式和侵犯的对象有细微的区别：

<table>
<tr><td>认定界限</td><td>1. 行为方式不同。本行为的具体方式包括买卖和使用；而后者的行为方式包括伪造、变造和买卖。
2. 行为侵犯的对象不同。本行为侵犯的对象不包括印章，只包括公文、证件和证明文件。后者侵犯的对象包括公文、证件、证明文件和印章。另外，本行为侵犯的公文、证件、证明文件必须是伪造或者变造的，后者侵犯的公文、证件、证明文件必须是真实的。</td></tr>
<tr><td>处罚标准</td><td>（一）构成本行为的，处10日以上15日以下拘留，可以并处1000元以下罚款。
（二）情节较轻的，处5日以上10日以下拘留，可以并处500元以下罚款。
在实践中，判断情节的轻重，一般应从行为人的动机、手段、目的、行为的次数、造成的后果等方面综合考虑，由公安机关办案人员酌情量罚，一般来说，具有下列情节之一的，应视为“情节较轻”：
1. 尚未造成后果或者恶劣影响的；
2. 未取得实际利益的；
3. 其他情节较轻的情形。</td></tr>
<tr><td>相关执法参考</td><td>《中华人民共和国治安管理处罚法》（节录）
（2005年8月28日第十届全国人民代表大会常务委员会第十七次会议通过　中华人民共和国主席令第三十八号公布　自2006年3月1日起施行）
第五十二条第二项　有下列行为之一的，处十日以上十五日以下拘留，可以并处一千元以下罚款；情节较轻的，处五日以上十日以下拘留，可以并处五百元以下罚款：
（二）买卖或者使用伪造、变造的国家机关、人民团体、企业、事业单位或者其他组织的公文、证件、证明文件的；
《中华人民共和国刑法》（节录）
（1979年7月1日第五届全国人民代表大会第二次会议通过　1997年3月14日第八届全国人民代表大会第五次会议修订　根据2011年2月25日第十一届全国人民代表大会常务委员会第十九次会议通过的《中华人民共和国刑法修正案（八）》最新修正）
第二百八十条　伪造、变造、买卖或者盗窃、抢夺、毁灭国家机关的公文、证件、印章的，处三年以下有期徒刑、拘役、管制或者剥夺政治权利；情节严重的，处三年以上十年以下有期徒刑。
伪造公司、企业、事业单位、人民团体的印章的，处三年以下有期徒刑、拘役、管制或者剥夺政治权利。
伪造、变造居民身份证的，处三年以下有期徒刑、拘役、管制或者剥夺政治权利；情节严重的，处三年以上七年以下有期徒刑。</td></tr>
</table>

相关执法参考

《最高人民法院 最高人民检察院关于办理妨害信用卡管理刑事案件具体应用法律若干问题的解释》（节录）

（2009 年 10 月 12 日最高人民法院审判委员会第 1475 次会议
2009 年 11 月 12 日最高人民检察院第十一届检察委员会第 22 次会议通过）

第四条第一款　为信用卡申请人制作、提供虚假的财产状况、收入、职务等资信证明材料，涉及伪造、变造、买卖国家机关公文、证件、印章，或者涉及伪造公司、企业、事业单位、人民团体印章，应当追究刑事责任的，依照刑法第二百八十条的规定，分别以伪造、变造、买卖国家机关公文、证件、印章罪和伪造公司、企业、事业单位、人民团体印章罪定罪处罚。

《最高人民法院 最高人民检察院 公安部 国家工商行政管理局关于依法查处盗窃、抢劫机动车案件的规定》（节录）

（公通字［1998］31 号）

七、伪造、变造、买卖机动车牌证及机动车入户、过户、验证的有关证明文件的，依照《刑法》第二百八十条第一款的规定处罚。

《最高人民法院关于审理破坏野生动物资源刑事案件具体应用法律若干问题的解释》（节录）

（2000 年 11 月 27 日 1127 法释［2000］37 号颁布
自 2001 年 12 月 11 日起实施）

第九条　伪造、变造、买卖国家机关颁发的野生动物允许进出口证明书、特许猎捕证、狩猎证、驯养繁殖许可证等公文、证件构成犯罪的，依照刑法第二百八十条第一款的规定以伪造、变造、买卖国家机关公文、证件罪定罪处罚。

实施上述行为构成犯罪，同时构成刑法第二百二十五条第二项规定的非法经营罪的，依照处罚较重的规定定罪处罚。

《最高人民法院关于审理破坏森林资源刑事案件具体应用法律若干问题的解释》（节录）

（2000 年 11 月 22 日法释［2000］36 号颁布　自 2000 年 12 月 11 日起实施）

第十三条　对于伪造、变造、买卖林木采伐许可证、木材运输证件，森林、林木、林地权属证书，占用或者征用林地审核同意书、育林基金等缴费收据以及其他国家机关批准的林业证件构成犯罪的，依照刑法第二百八十条第一款的规定，以伪造、变造、买卖国家机关公文、证件罪定罪处罚。

对于买卖允许进出口证明书等经营许可证明，同时触犯刑法第二百二十五条、第二百八十条规定之罪的，依照处罚较重的规定定罪处罚。

《全国人民代表大会常务委员会关于惩治骗购外汇、逃汇和非法买卖外汇犯罪的决定》（节录）

（1998 年 12 月 29 日第九届全国人民代表大会常务委员会第六次会议通过
1998 年 12 月 29 日中华人民共和国主席令第十四号公布施行）

二、买卖伪造、变造的海关签发的报关单、进口证明、外汇管理部门核准件等凭证和单据或者国家机关的其他公文、证件、印章的，依照刑法第二百八十条的规定定罪处罚。

《最高人民法院关于审理骗购外汇、非法买卖外汇刑事案件具体应用法律若干问题的解释》（节录）

（1998年8月28日　法释［1998］20号）

第二条　伪造、变造、买卖海关签发的报关单、进口证明、外汇管理机关的核准件等凭证或者购买伪造、变造的上述凭证的，按照刑法第二百八十条第一款的规定定罪处罚。

第六条　实施本解释规定的行为，同时触犯二个以上罪名的，择一重罪从重处罚。

《最高人民法院、最高人民检察院关于办理与盗窃、抢劫、诈骗、抢夺机动车相关刑事案件具体应用法律若干问题的解释》（节录）

（2006年12月25日由最高人民法院审判委员会第1411次会议
2007年2月14日由最高人民检察院第十届检察委员会第71次会议通过
自2007年5月11日起施行　法释［2007］11号）

第二条　伪造、变造、买卖机动车行驶证、登记证书，累计三本以上的，依照刑法第二百八十条第一款的规定，以伪造、变造、买卖国家机关证件罪定罪，处三年以下有期徒刑、拘役、管制或者剥夺政治权利。

伪造、变造、买卖机动车行驶证、登记证书，累计达到第一款规定数量标准五倍以上的，属于刑法第二百八十条第一款规定中的“情节严重”，处三年以上十年以下有期徒刑。

第四条　实施本解释第一条、第二条、第三条第一款或者第三款规定的行为，事前与盗窃、抢劫、诈骗、抢夺机动车的犯罪分子通谋的，以盗窃罪、抢劫罪、诈骗罪、抢夺罪的共犯论处。

《最高人民法院、最高人民检察院、海关总署关于印发〈办理走私刑事案件适用法律若干问题的意见〉的通知》（节录）

（2002年7月8日　法［2002］139号）

九、关于利用购买的加工贸易登记手册、特定减免税批文等涉税单证进口货物行为的定性处理问题

加工贸易登记手册、特定减免税批文等涉税单证是海关根据国家法律法规以及有关政策性规定，给予特定企业用于保税货物经营管理和减免税优惠待遇的凭证……买卖上述涉税单证情节严重尚未进口货物的，依照刑法第二百八十条的规定定罪处罚。

《关于印发〈关于依法查处盗窃、抢劫机动车案件的规定〉的通知》（节录）

（1998年5月8日　公通字［1998］31号）

七、伪造、变造、买卖机动车牌证及机动车入户、过户、验证的有关证明文件的，依照《刑法》第二百八十条第一款的规定处罚。

……

八、犯本决定规定之罪，依法被追缴、没收的财物和罚金，一律上缴国库。

《最高人民检察院研究室关于
买卖伪造的国家机关证件行为是否构成犯罪的问题的答复》（节录）

（1999年6月21日［1999］高检研发第5号）

对于买卖伪造的国家机关证件的行为，依法应当追究责任的，可适用刑法第二百八十条第一款的规定，以买卖国家机关证件罪追究刑事责任。

《最高人民检察院研究室关于
买卖尚未加盖印章的空白〈边境证〉行为如何适用法律问题的答复》

（2002年9月25日　［2002］高检研发第19号）

重庆市人民检察院研究室：

你院《关于对买卖尚未加盖印章的空白〈边境证〉案件适用法律问题的请示》（渝检（研）［2002］11号）收悉。经研究，答复如下：

对买卖尚未加盖发证机关的行政印章或者通行专用章印鉴的空白《中华人民共和国边境管理区通行证》的行为，不宜以买卖国家机关证件罪追究刑事责任。国家机关工作人员实施上述行为，构成犯罪的，可以按滥用职权等相关犯罪依法追究刑事责任。

《最高人民法院研究室关于对行为人通过伪造国家机关公文、
证件担任国家工作人员职务并利用职务上的便利侵占本单位财物、
收受贿赂、挪用本单位资金等行为如何适用法律问题的答复》

（2004年3月20日　法研［2004］38号）

北京市高级人民法院：

你院［2004］15号《关于通过伪造国家机关公文、证件担任国家工作人员职务后利用职务便利侵占本单位财物、收受贿赂、挪用本单位资金的行为如何定性的请示》收悉。经研究，答复如下：

行为人通过伪造国家机关公文、证件担任国家工作人员职务以后，又利用职务上的便利实施侵占本单位财物、收受贿赂、挪用本单位资金等行为，构成犯罪的，应当分别以伪造国家机关公文、证件罪和相应的贪污罪、受贿罪、挪用公款罪等追究刑事责任，实行数罪并罚。

《最高人民检察院法律政策研究室关于
伪造、变造、买卖政府设立的临时性机构的公文、证件、印章行为
如何适用法律问题的答复》

（2003年6月3日　［2003］高检研发第17号）

江苏省人民检察院研究室：

你院《关于伪造、变造、买卖政府设立的临时性机构公文、证件、印章的行为能否适用刑法第二百八十条第一款规定的请示》（苏检发研字［2003］4号）收悉。

经研究，答复如下：

伪造、变造、买卖各级人民政府设立的行使行政管理权的临时性机构的公文、证件、印章行为，构成犯罪的，应当依照刑法第二百八十条第一款的规定，以伪造、变造、买卖国家机关公文、证件、印章罪追究刑事责任。

《国家工商行政管理总局关于对当事人伪造营业执照行为进行处罚适用法律问题的答复》

（工商企字［2002］第210号）

北京市工商行政管理局：

你局《关于工商行政管理机关对当事人伪造营业执照的行为移送公安机关追究刑事责任所适用相关法律问题的请示》（京工商文［2002］104号）收悉。经研究，答复如下：

一、工商行政管理机关是政府职能部门，营业执照是工商行政管理机关代表国家向从事经营活动的企业，个人依法核发的经营凭证，是企业，个人取得经营资格的政府证明文件。

二、对伪造营业执照的行为，各级工商行政管理机关除依据《公司登记管理条例》第69条，《企业法人登记管理条例实施细则》第63条第6款等项规定予以行政处罚外，对情节严重构成犯罪的，可依据《刑法》第280条的规定移交司法机关追究刑事责任。

《关于通过伪造证据骗取法院民事裁判占有他人财物的行为如何适用法律问题的答复》

（2002年10月24日）

山东省人民检察院研究室：

你院《关于通过伪造证据骗取法院民事裁决占有他人财物的行为能否构成诈骗罪的请示》（鲁检发研字［2001］第11号）收悉经研究答复如下：

以非法占有为目的，通过伪造证据骗取法院民事裁判占有他人财物的行为所侵害的主要是人民法院正常的审判活动可以由人民法院依照民事诉讼法的有关规定作出处理，不宜以诈骗罪追究行为人的刑事责任。如果行为人伪造证据时，实施了伪造公司、企业、事业单位、人民团体印章的行为，构成犯罪的，应当依照刑法第二百八十条第二款的规定，以伪造公司、企业、事业单位、人民团体印章罪追究刑事责任；如果行为人有指使他人作伪证行为，构成犯罪的应当依照刑法第三百零七条第一款的规定，以妨害作证罪追究刑事责任。

《中华人民共和国进出口商品检验法》（节录）

（1989年2月21日第七届全国人民代表大会常务委员会第六次会议通过　根据2002年4月28日第九届全国人民代表大会常务委员会第二十七次会议〈《关于修改中华人民共和国进出口商品检验法》的决定〉修正）

第二十七条　伪造、变造商检单证、印章标志、封识、质量认证标志，构成犯罪的，对直接责任人员比照 刑法第一百六十七条的规定追究刑事责任；情节轻微

相关执法参考

的，由商检机构处以罚款。

《中华人民共和国野生动物保护法》（节录）

（1988年11月8日第七届全国人民代表大会常务委员会第四次会议通过
根据2009年8月27日第十一届全国人民代表大会常务委员会第十次会议通过的〈全国人民代表大会常务委员会关于修改部分法律的决定〉修改）

第三十七条　伪造、倒卖、转让特许猎捕证狩猎证、驯养繁殖许可证或者允许进出口证明书的，由野生动物 行政主管部门或者工商行政管理部门吊销证件，没收违法所得，可以并处罚款。

伪造、倒卖特许猎捕证或者允许进出口证明书，情节严重、构成 犯罪的，依照刑法有关规定追究刑事责任。

《中华人民共和国对外贸易法》（节录）

（1994年5月12日第八届全国人民代表大会常务委员会第七次会议通过
根据2004年4月6日第十届全国人大常委会第八次会议修订）

第三十四条　在对外贸易活动中，不得有下列行为：

（一）伪造、变造进出口货物原产地标记，伪造、变造或者买卖进出口货物原产地证书、进出口许可证、进出口配额证明或者其他进出口证明文件；

第六十三条违反本法第三十四条规定，依照有关法律、行政法规的规定处罚；构成犯罪的，依法追究刑事责任。

国务院对外贸易主管部门可以禁止违法行为人自前款规定的行政处罚决定生效之日或者刑事处罚判决生效之日起一年以上三年以下的期限内从事有关的对外贸易经营活动。

《中华人民共和国森林法》（节录）

（1984年9月20日第六届全国人民代表大会常务委员会第七次会议通过
根据2009年8月27日第十一届全国人民代表大会常务委员会第十次会议通过的〈全国人民代表大会常务委员会关于修改部分法律的决定〉修改）

第四十二条　违反本法规定，买卖林木采伐许可证、木材运输证件、批准出口文件、允许进出口证明书的，由林业主管部门没收违法买卖的证件、文件和违法所得，并处违法买卖证件、文件的价款一倍以上三倍以下的罚款；构成犯罪的，依法追究刑事责任。

伪造林木采伐许可证、木材运输证件、批准出口文件、允许进出口证明书的，依法追究刑事责任。

《中华人民共和国居民身份证法》（节录）

（2003年6月28日第十届全国人民代表大会常务委员会第三次会议通过
自2004年1月1日起施行）

第二条　居住在中华人民共和国境内的年满十六周岁的中国公民，应当依照本法的规定申请领取居民身份证；未满十六周岁的中国公民，可以依照本法的规定申

相关执法参考

请领取居民身份证。

第十七条 ……

伪造、变造的居民身份证和骗领的居民身份证，由公安机关予以收缴。

第十八条 伪造、变造居民身份证的，依法追究刑事责任。

《中华人民共和国行政许可法》（节录）

（2003年8月27日第十届全国人民代表大会常务委员会第四次会议通过 2003年8月27日中华人民共和国主席令第七号公布 自2004年7月1日起施行）

第八十条 被许可人有下列行为之一的，行政机关应当依法给予行政处罚；构成犯罪的，依法追究刑事责任：

（一）涂改、倒卖、出租、出借行政许可证件，或者以其他形式非法转让行政许可的；

（二）超越行政许可范围进行活动的；

（三）向负责监督检查的行政机关隐瞒有关情况、提供虚假材料或者拒绝提供反映其活动情况的真实材料的；

（四）法律、法规、规章规定的其他违法行为。

《中华人民共和国进出口货物原产地条例》（节录）

（2004年9月3日国务院令第416号颁布 自2005年1月1日起施行）

第二十三条 提供虚假材料骗取出口货物原产地证书或者伪造、变造、买卖或者盗窃出口货物原产地证书的，由出入境检验检疫机构、海关处5000元以上10万元以下的罚款；骗取、伪造、变造、买卖或者盗窃作为海关放行凭证的出口货物原产地证书的，处货值金额等值以下的罚款，但货值金额低于5000元的，处5000元罚款。有违法所得的，由出入境检验检疫机构、海关没收违法所得。构成犯罪的，依法追究刑事责任。

九十一、伪造、变造、倒卖有价票证、凭证

（《治安管理处罚法》第52条第3项）

案由		伪造、变造、倒卖有价票证、凭证
概念		伪造、变造、倒卖有价票证、凭证，是指伪造、变造或者倒卖有价票证、凭证，尚不够刑事处罚的行为。
违法构成要件	违法客体	本行为侵犯的客体是有价票证、凭证的公共信用和国家对有价票证、凭证的管理秩序。侵犯的对象是有价票证、凭证。 “有价票证”，是指有关国家机关、公司、企业、事业单位依法印制，并向社会公众发放、销售的，具有一定票面价额，能够在一定范围内流通、使用，能够证明持票人享有要求发票人或受票人支付一定数额的金钱、提供特定服务的权利，或者能够证明其已履行相关法律义务的书面凭证。其代表一定的财产价值和权利，持有者可以用以从事与其有关的活动，从而实现一定的目的。一般包括车票、船票、航空客票、文艺演出票、体育比赛入场券、彩票、机动车油票、电话卡、高校饭票、菜票等。其中，对车票、船票而言，不仅是指狭义的、严格意义上的车票、船票，也包括坐席、卧铺签字号、订购车、船票凭证等广义的车票、船票。 “凭证”，是指有关国家机关、公司、企业、事业单位依法印制，并向社会公众发放的，不具有票面价额、本身无价值而有一定使用价值的无价票证。其可以代表一定的权利，持票人享有要求发票人或受票人提供特定服务之权利，或者能够证明其已履行相关法律义务。一般不可以在市场上流通，无交换价值，不允许公开买卖或者交易。例如，医院挂号证、售楼号、购买某种权利的中签等。
	违法客观方面	本行为在客观方面表现为伪造、变造或者倒卖有价票证、凭证，尚不够刑事处罚的行为。 在这里，伪造、变造、倒卖的“有价票证”、“凭证”可以是真实的，也可以是虚假的。在现实生活中，伪造有价票证、凭证一般有这几种情况： 1. 仿照真实有效的车票、船票、演出票、入场券或者其他票证等的形状、样式、面值、图案、色彩等特征炮制假的车票、船票、演出票、入场券等的行为。在这种情况下，存在与伪造的票证相对应的真实有效的票证。 2. 自行设计、制作足以使一般人误认为是真实有效的车票、船票、演出票、入场券等票证，如根据车票、球票的一般规格、基本特征等，自行设计、制作出假车票、假球票。在这种情况下，不存在与伪造的票证相对应的真实有效的票证。事实上，行为人完全可能设计制作出某些外观上足以使一般人误认为是真实有效的票证的假票证，尤其是对那些票面图案等外形特征经常变化的票证，如彩票等。这种行为同样侵犯了国家对票证的管理秩序，不能放纵不管。

<table>
<tr><td rowspan="3">违法构成要件</td><td>违法客观方面</td><td>3. 承制单位未经票证定制单位的许可，擅自使用原制作真票证的工具、材料、版式所制作的票证。例如，某印刷公司依约承担了某部门交付的印制某种票证的业务。在完成约定量票证的印制任务后，又私下用原工具、材料、版式等非法印制了大量该票证。这种非法制作的票证，既不同于伪造的假票证，也不同于自行设计制造的假票证，其在形式上与真票证完全一致，但实质不具备有效性、合法性，对其制作主体的非法制作行为应以“伪造”论。
伪造的有价票证、凭证应在外观上足以使一般人误认为是真实有效的票证。如果行为人伪造出来的票证完全不可能被人们误认为是真实有效的票证，不能成立本行为。伪造的方法多种多样，手描、拓印、影印、复印、机印，等等，均无不可，具体的伪造票证的方法如何对本行为构成没有影响。
变造的手段一般是对真实有效的票证或者失效的票证进行涂改、挖补、拼接、剪贴、揭层等方法进行加工、处理，以增大票证的面值或者增加票证的数量，或者使其具有形式上的有效性。
“倒卖”，是指买进后卖出的行为，就实际倒卖票证的情况而言，倒卖票证的人多是采取霸占售票窗口或者与售票人员相勾结的方式平价购买车、船票，然后伺机加价或变相加价卖出。也有些不法分子专门守候在退票窗口或其他区域，以低价从退票的人手中购入，然后卖出。在票证热销期，还有些票贩子不惜以高于票面价额的价格购进然后加价卖出。当然，在特殊情况下，倒卖也包括购进后低价、折价卖出的行为。因为高于进价卖出，只是行为人意想的目标，由于种种不确定因素的影响，行为人的这一目标并不一定就能实际得以实现。日常生活中，经常可以见到在临近演出或比赛开场时，票贩子以极低的折扣兜售手中存票的情况，这种情况自然也应以“倒卖”论处。
根据本行为具体方式和所涉及对象的不同，本行为的案由可具体确定为伪造有价票证、变造有价票证、倒卖有价票证、伪造凭证、变造凭证等，如果行为人实施了两种以上的行为、涉及两种以上的对象的，也只构成1个案由，如伪造、变造有价票证、凭证，而不应分别认定，更不能实行并罚。</td></tr>
<tr><td>违法主体</td><td>本行为的主体包括自然人和单位。</td></tr>
<tr><td>违法主观方面</td><td>本行为的主观方面只能是故意。</td></tr>
<tr><td>认定界限</td><td colspan="2">本行为与伪造、倒卖伪造的有价票证罪和倒卖车票、船票罪的界限。
《刑法》第227条第1款规定的伪造、倒卖伪造的有价票证罪，是指伪造或者倒卖伪造的车票、船票、邮票或者其他有价票证，数额较大的行为。第227条第2</td></tr>
</table>

认定界限	款规定的倒卖车票、船票罪，是指倒卖车票、船票，情节严重的行为。本行为与后两罪的界限主要表现在： 1. 行为侵犯的对象有区别。本行为侵犯的对象包括有价票证和凭证，这里的有价票证和凭证，既可能是真实的，也可能是伪造或变造的；伪造、倒卖伪造的有价票证罪侵犯的对象只是伪造的有价票证，不包括“凭证”，也不包括变造的有价票证；倒卖车票、船票罪侵犯的对象只包括车票、船票，其范围更小。 2. 行为方式不同。本行为的具体方式包括伪造、变造、倒卖等3种；伪造、倒卖伪造的有价票证罪的行为方式有两种，即伪造和倒卖；倒卖车票、船票罪的具体行为方式只有“倒卖”。 3. 行为的情节和后果要求不同。根据《刑法》规定，构成伪造、倒卖伪造的有价票证罪的，必须达到“数额较大”的标准，构成倒卖车票、船票罪的，必须达到“情节严重”的要求。因此，“数额较大”、“情节严重”就是本行为与后两罪的主要界限。 根据《最高人民检察院 公安部关于公安机关管辖的刑事案件立案追诉标准的规定（一）》（公通字［2008］36号）的规定，伪造或者倒卖伪造的车票、船票、邮票或者其他有价票证，涉嫌下列情形之一的，应以伪造、倒卖伪造的有价票证罪立案追诉： （1）车票、船票票面数额累计2000元以上，或者数量累计50张以上的； （2）邮票票面数额累计5000元以上，或者数量累计1000枚以上的； （3）其他有价票证价额累计5000元以上，或者数量累计100张以上的； （4）非法获利累计1000元以上的； （5）其他数额较大的情形。 根据《最高人民检察院 公安部关于公安机关管辖的刑事案件立案追诉标准的规定（一）》（公通字［2008］36号）的规定，倒卖车票、船票或者倒卖车票坐席、卧铺签字号以及订购车票、船票凭证，涉嫌下列情形之一的，应以倒卖车票、船票罪立案追诉： （1）票面数额累计5000元以上的； （2）非法获利累计2000元以上的； （3）其他情节严重的情形。在实践中，具体适用“情节严重”的标准时，不仅要考虑票面数额或非法获利的多少，还应综合考虑全案的所有情况，如行为人是否是惯犯、累犯，是否曾多次受过行政处罚，行为人的行为是否严重干扰了正常客运秩序，是否已造成恶劣社会影响等，这些因素对情节是否严重也有重要的影响。
处罚标准	（一）构成本行为的，处10日以上15日以下拘留，可以并处1000元以下罚款。 （二）情节较轻的，处5日以上10日以下拘留，可以并处500元以下罚款。 在实践中，判断情节的轻重，一般应从行为人的动机、手段、目的、行为的次数、造成的后果等方面综合考虑，由公安机关办案人员酌情量罚，一般来说，具有下列情节之一的，应视为“情节较轻”：

处罚标准	1. 尚未造成后果或者恶劣影响的； 2. 未取得实际利益的； 3. 其他情节较轻的情形。
相关执法参考	**《中华人民共和国治安管理处罚法》**（节录） (2005年8月28日第十届全国人民代表大会常务委员会第十七次会议通过 中华人民共和国主席令第三十八号公布 自2006年3月1日起施行) 第五十二条第三项　有下列行为之一的，处十日以上十五日以下拘留，可以并处一千元以下罚款；情节较轻的，处五日以上十日以下拘留，可以并处五百元以下罚款： （三）伪造、变造、倒卖车票、船票、航空客票、文艺演出票、体育比赛入场券或者其他有价票证、凭证的； **《中华人民共和国刑法》**（节录） （1979年7月1日第五届全国人民代表大会第二次会议通过 1997年3月14日第八届全国人民代表大会第五次会议修订 根据2011年2月25日第十一届全国人民代表大会常务委员会第十九次会议通过的《中华人民共和国刑法修正案（八）》最新修正） 第二百二十七条第一款　伪造或者倒卖伪造的车票、船票、邮票或者其他有价票证，数额较大的，处二年以下有期徒刑、拘役或者管制，并处或者单处票证价额一倍以上五倍以下罚金；数额巨大的，处二年以上七年以下有期徒刑，并处票证价额一倍以上五倍以下罚金。 第二百三十一条　单位犯本节第二百二十一条至第二百三十条规定之罪的，对单位判处罚金，并对其直接负责的主管人员和其他直接责任人员，依照本节各该条的规定处罚。 **《最高人民检察院 公安部关于公安机关管辖的刑事案件立案追诉标准的规定（一）》**（节录） （公通字［2008］36号） 第二十九条　［伪造、倒卖伪造的有价票证案（刑法第二百二十七条第一款）］伪造或者倒卖伪造的车票、船票、邮票或者其他有价票证，涉嫌下列情形之一的，应予立案追诉： （一）车票、船票票面数额累计二千元以上，或者数量累计五十张以上的； （二）邮票票面数额累计五千元以上，或者数量累计一千枚以上的； （三）其他有价票证价额累计五千元以上，或者数量累计一百张以上的； （四）非法获利累计一千元以上的； （五）其他数额较大的情形。 第三十条　［倒卖车票、船票案（刑法第二百二十七条第二款）］倒卖车票、船票或者倒卖车票坐席、卧铺签字号以及订购车票、船票凭证，涉嫌下列情形之一的，应予立案追诉：

相关执法参考

（一）票面数额累计五千元以上的；

（二）非法获利累计二千元以上的；

（三）其他情节严重的情形。

第一百条　本规定中的立案追诉标准，除法律、司法解释另有规定的以外，适用于相关的单位犯罪。

第一百零一条　本规定中的“以上”，包括本数。

《最高人民法院关于审理倒卖车票刑事案件有关问题的解释》

（1999年9月6日　法释［1999］17号）

为依法惩处倒卖车票的犯罪活动，根据刑法的有关规定，现就审理倒卖车票刑事案件的有关问题解释如下：

第一条　高价、变相加价倒卖车票或者倒卖坐席、卧铺签字号及订购车票凭证，票面数额在五千元以上，或者非法获利数额在二千元以上的，构成刑法第二百二十七条第二款规定的“倒卖车票情节严重”。

第二条　对于铁路职工倒卖车票或者与其他人员勾结倒卖车票；组织倒卖车票的首要分子；曾因倒卖车票受过治安处罚两次以上或者被劳动教养一次以上，两年内又倒卖车票，构成倒卖车票罪的，依法从重处罚。

《最高人民法院印发关于执行〈中华人民共和国铁路法〉中刑事罚则若干问题的解释的通知》（节录）

（1993年10月11日法发［1993］28号颁布　自颁布之日起实施）

六、对倒卖旅客车票的行为，如何追究刑事责任？

（一）倒卖旅客车票，包括高价、变相加价倒卖车票以及倒卖坐席、卧铺签字号及订购票凭证，非法经营数额在一千元以上，或者非法获利数额在五百元以上的，一般可视为“数额较大”；非法经营数额在一万元以上，或者非法获利数额在五千元以上的，一般可视为“数额巨大”。

倒卖旅客车票虽未达到“数额较大”的起点标准，但曾因倒卖旅客车票受治安处罚二次以上、或者被劳动教养一次以上，两年内又倒卖旅客车票的，也应追究其刑事责任。

（二）“以倒卖旅客车票为常业”，是指连续多次倒卖旅客车票，以倒卖车票所得为其挥霍或者生活主要来源的。

（三）铁路职工倒卖旅客车票或者与其他人员勾结倒卖旅客车票的，依照刑法第一百一十九条的规定及本条第（一）、（二）项的解释，从重处罚。

其他利用职务便利倒卖旅客车票的，也应从重处罚。

《关于非法制作、出售、使用IC电话卡行为如何适用法律问题的答复》

（2003年4月2日［2003］高检研发第10号颁布　自颁布之日起实施）

辽宁省人民检察院研究室：

你院《关于非法制作、出售IC电话卡的行为如何认定的请示》（辽检发研字［2002］8号）收悉。经研究，答复如下：

非法制作或者出售非法制作的IC电话卡，数额较大的，应当依照刑法第二百二十七条第一款的规定，以伪造、倒卖伪造的有价票证罪追究刑事责任，犯罪数额可以根据销售数额认定；明知是非法制作的IC电话卡而使用或者购买并使用，造成电信资费损失数额较大的，应当依照刑法第二百六十四条的规定，以盗窃罪追究刑事责任。

《最高人民法院关于对变造、倒卖变造邮票行为如何适用法律问题的解释》

（2000年12月5日法释［2000］41号颁布　自2000年12月9日起实施）

为了正确适用刑法，现对审理变造、倒卖变造邮票案件如何适用法律问题解释如下：

对变造或者倒卖变造的邮票数额较大的，应当依照刑法第二百二十七条第一款的规定定罪处罚。

《中华人民共和国铁路法》（节录）

（1990年9月7日第七届全国人民代表大会常务委员会第十五次会议通过　根据2009年8月27日第十一届全国人民代表大会常务委员会第十次会议通过的〈全国人民代表大会常务委员会关于修改部分法律的决定〉修改）

第二十七条第一款　国家铁路、地方铁路和专用铁路印制使用的旅客、货物运输票证，禁止伪造和变造。

《中华人民共和国邮政法》（节录）

（1986年12月2日第六届全国人民代表大会常务委员会第十八次会议通过　2009年4月24日第十一届全国人民代表大会常务委员会第八次会议修订）

第三十八条　任何单位和个人不得有下列行为：

（五）伪造邮政专用品或者倒卖伪造的邮政专用品。

《中华人民共和国邮政法实施细则》（节录）

（1990年11月12日国务院令第65号颁布　自颁布之日起实施）

第五十七条第一款　以营利为目的，伪造邮资凭证，未经许可仿印邮票图案或者印制带有“中国人民邮政”字样明信片的，由邮电管理局或其授权单位处以五千元以下罚款，并没收非法所得和非法物品。

第六十条　违反本细则规定，构成犯罪的，由司法机关依法追究刑事责任。

《中华人民共和国民用航空安全保卫条例》（节录）

（1996年7月6日颁布　根据2010年12月29日国务院第138次常务会议通过的〈国务院关于废止和修改部分行政法规的决定〉修改　国务院令第588号颁布）

第二十四条　禁止下列扰乱民用航空营运秩序的行为：

（一）倒卖购票证件、客票和航空运输企业的有效订座凭证；

（二）冒用他人身份证件购票、登机；

第三十四条　违反本条例第十四条的规定或者有本条例第十六条、第二十四条

相关执法参考	第一项、第二十五条所列行为，构成违反治安管理行为的，由民航公安机关依照《中华人民共和国治安管理处罚法》有关规定予以处罚；有本条例第二十四条第二项所列行为的，由民航公安机关依照《中华人民共和国居民身份证法》有关规定予以处罚。 **《仿印邮票图案管理办法》**（节录） （2000年10月8日信息产业部令第4号颁布　自颁布之日起实施） 第二十条　未经国家邮政主管部门批准，任何单位和个人不得对已发行的邮票图案进行再加工。 印刷单位不得承印未经批准的仿印邮票图案和与邮票相似的印件。 任何单位和个人不得经销未经批准的仿印邮票图案制品。 第二十一条　借用仿印邮票图案的名义伪造邮票的，由省邮政管理部门根据《中华人民共和国邮政法实施细则》第五十七条的有关规定给予行政处罚；数额较大，情节严重，构成犯罪的，由司法机关追究刑事责任。 第二十二条　未经批准擅自仿印邮票图案的，由省邮政管理部门根据《中华人民共和国邮政法实施细则》第五十七条的有关规定给予行政处罚。 第二十三条　违反本办法第六条、第十九条、第二十条规定的，由省邮政管理部门给予警告、5千元以上3万元以下罚款的行政处罚。 第二十四条　仿印中华人民共和国成立以前中国各历史时期的邮票图案的，参照本办法执行。

九十二、伪造、变造船舶户牌

（《治安管理处罚法》第52条第4项）

<table>
<tr><td colspan="2">案由</td><td>伪造、变造船舶户牌</td></tr>
<tr><td colspan="2">概念</td><td>伪造、变造船舶户牌，是指行为人违反有关规定，伪造、变造船舶户牌，尚不够刑事处罚的行为。</td></tr>
<tr><td rowspan="2">违法构成要件</td><td>违法客体</td><td>本行为侵犯的客体是国家对船舶的正常管理活动。侵犯的对象是船舶户牌。
“船舶户牌”，是指由船舶登记机关依法统一制作、颁发的，悬挂在船舶指定位置的，表明船名、船号、船籍、船的用途的船名牌。船舶户牌要求按交通行业JT138－94标准，由铝合金板制作，悬挂在舱室左右二侧，内容一般包括：船籍港名称、船舶性质、用途简称、船名、流水号等。</td></tr>
<tr><td>违法客观方面</td><td>本行为在客观方面表现为违反有关规定，伪造、变造船舶户牌，尚不够刑事处罚的行为。
“船舶”，是指各类排水或者非排水的船、艇、筏、水上飞行器、潜水器、移动式平台以及其他水上移动装置，但是，船舶上装备的救生艇筏和长度小于5米的艇筏除外。另外，需要指出的是，不是所有的船舶都需要悬挂船名牌，根据有关规定，趸船、挂桨机船、小型农船和登记机关认为适当的其他船舶必须统一使用船名牌（其中，大型挂桨机船，经登记机关批准，可以不使用船名牌），除此之外的船舶可以不使用船名牌。
“伪造”，是指以特定方式制造外观上足以使一般人误认为是真实有效的船舶户牌。船舶户牌是由铝合金板制作，不法分子很容易伪造与真实户牌料质、格式、颜色、字体、内容一样或者相仿的假牌。但是正规的船牌是用公安部绝密技术处理过的，并采用一次成型技术。而伪造的假牌则在正常阳光下存在颜色偏红或者偏黄、字体较瘦等“硬伤”，用手触摸假牌，上面的字体边沿有棱角，背面会存在敲打过的痕迹。
“变造”，是指利用涂改、拼接、加刻、销抹等手法，非法对真实的船舶户牌进行加工改制，以便形成足以以假充真的假牌。变造是以真实的户牌为基础加工的，实践中一般用的是因未年检或过期而失效的、捡拾或者盗、抢来的真实户牌。
“尚不够刑事处罚”一般是指偶尔伪造、变造，或者伪造、变造的数量不多，没有造成严重后果等情形。
根据本行为具体方式的不同，其案由可具体认定为伪造船舶户牌或变造船舶户牌，行为人同时实施伪造、变造行为的，也只认定为伪造、变造船舶户牌1个案由，不能分别认定，更不能实行并罚。</td></tr>
</table>

违法构成要件	违法主体	本行为的主体包括自然人和单位。
	违法主观方面	本行为的主观方面只能是故意。
认定界限		
处罚标准	（一）构成本行为的，处10日以上15日以下拘留，可以并处1000元以下罚款。 （二）情节较轻的，处5日以上10日以下拘留，可以并处500元以下罚款。 在实践中，判断情节的轻重，一般应从行为人的动机、手段、目的、行为的次数、造成的后果等方面综合考虑，由公安机关办案人员酌情量罚，一般来说，具有下列情节之一的，应视为“情节较轻”： 1. 尚未造成后果或者恶劣影响的； 2. 未取得实际利益的； 3. 其他情节较轻的情形。	
相关执法参考	**《中华人民共和国治安管理处罚法》**（节录） （2005年8月28日第十届全国人民代表大会常务委员会第十七次会议通过 中华人民共和国主席令第三十八号公布 自2006年3月1日起施行） 第五十二条第四项 有下列行为之一的，处十日以上十五日以下拘留，可以并处一千元以下罚款；情节较轻的，处五日以上十日以下拘留，可以并处五百元以下罚款： （四）伪造、变造船舶户牌，买卖或者使用伪造、变造的船舶户牌，或者涂改船舶发动机号码的。 **《中华人民共和国船舶登记条例》**（节录） （1994年6月2日国务院令第155号颁布 自1995年1月1日起实施） 第二条 下列船舶应当依照本条例规定进行登记： （一）在中华人民共和国境内有住所或者主要营业所的中国公民的船舶。 （二）依据中华人民共和国法律设立的主要营业所在中华人民共和国境内的企业法人的船舶。但是，在该法人的注册资本中有外商出资的，中方投资人的出资额不得低于50%。 （三）中华人民共和国政府公务船舶和事业法人的船舶。	

相关执法参考

（四）中华人民共和国港务监督机构认为应当登记的其他船舶。

军事船舶、渔业船舶和体育运动船艇的登记依照有关法规的规定办理。

第三十一条　船舶应当具有下列标志：

（一）船首两舷和船尾标明船名；

（二）船尾船名下方标明船籍港；

（三）船名、船籍港下方标明汉语拼音；

（四）船首和船尾两舷标明吃水标尺；

（五）船舶中部两舷标明载重线。

受船型或者尺寸限制不能在前款规定的位置标明标志的船舶，应当在船上显著位置标明船名和船籍港。

第五十一条　违反本条例规定，有下列情形之一的，船籍港船舶登记机关可以视情节给予警告、根据船舶吨位处以本条例第五十条规定的罚款数额的50%直至没收船舶登记证书：

（一）在办理登记手续时隐瞒真实情况、弄虚作假的；

（二）隐瞒登记事实，造成重复登记的；

（三）伪造、涂改船舶登记证书的。

第五十六条　本条例下列用语的含义是：

（一）“船舶”系指各类机动、非机动船舶以及其他水上移动装置，但是船舶上装备的救生艇筏和长度小于5米的艇筏除外。

（二）“渔业船舶”系指从事渔业生产的船舶以及属于水产系统为渔业生产服务的船舶。

（三）“公务船舶”系指用于政府行政管理目的的船舶。

《中华人民共和国渔业船舶登记办法》（节录）

（1996年1月22日农业部发布，根据1997年12月25日农业部令第39号修订）

第二条　凡中华人民共和国境内的企业法人或中国公民的渔业船舶，以及经中华人民共和国有关主管机关批准成立的外国独资、中外合资（合作）企业的渔业船舶，都应依照本办法进行登记。

第四十条　本办法所称渔业船舶，系指从事渔业生产的船舶，以及属于水产系统为渔业生产服务的船舶，包括捕捞船、养殖船、水产运销船、冷藏加工船、油船、供应船、渔业指导船、科研调查船、教学实习船、渔港工程船、拖轮、交通船、驳船、渔政船和渔监船。

《沿海船舶边防治安管理规定》（节录）

（2000年2月15日公安部令第47号颁布　自2000年5月1日起实施）

第十一条　各类船舶应当依照船舶主管部门的规定编刷船名、船号；未编刷船名、船号或者船名、船号模糊不清的，禁止出海。

船名、船号不得擅自拆换、遮盖、涂改、伪造。禁止悬挂活动船牌号。

第三十三条　违反本规定构成违反治安管理行为的，依照《中华人民共和国治安管理处罚条例》的规定处罚；构成犯罪的，依法追究刑事责任。

九十三、买卖、使用伪造、变造的船舶户牌
（《治安管理处罚法》第52条第4项）

案由		买卖、使用伪造、变造的船舶户牌
概念		买卖、使用伪造、变造的船舶户牌，是指违反国家规定，买卖、使用伪造、变造的船舶户牌，尚不够刑事处罚的行为。
违法构成要件	违法客体	本行为侵犯的客体是国家对船舶的正常管理活动。侵犯的对象是船舶户牌。 “船舶户牌”，是指由船舶登记机关依法统一制作、颁发的，悬挂在船舶指定位置的，表明船名、船号、船籍、船的用途的船名牌。船舶户牌要求按交通行业JT138－94标准，由铝合金板制作，悬挂在舱室左右二侧，内容一般包括：船籍港名称、船舶性质、用途简称、船名、流水号等。这里的“船舶户牌”必须是伪造或变造的船舶户牌。
	违法客观方面	本行为在客观方面表现为违反国家规定，买卖、使用伪造、变造的船舶户牌，尚不够刑事处罚的行为。 在实践中，本行为的具体方式包括两种：买卖和使用。另外，买卖和使用的船舶户牌必须是伪造或变造的，如果行为人买卖或者使用的是真实的船舶户牌，不构成本行为。 根据本行为具体方式和所涉及对象的不同，其案由可具体确定为买卖伪造的船舶户牌、买卖变造的船舶户牌、使用伪造的船舶户牌、使用变造的船舶户牌等，行为人同时实施买卖或使用行为，涉及变造或伪造的船舶户牌的，也只认定为1个案由，即买卖、使用伪造、变造的船舶户牌，而不能分别认定，更不能实行并罚。
	违法主体	本行为的主体包括单位和个人。
	违法主观方面	本行为的主观方面只能是故意，即明知是伪造、变造的船舶户牌而故意买卖或使用。
认定界限		本行为与伪造、变造船舶户牌的界限。 《治安管理处罚法》第52条第4项规定的伪造、变造船舶户牌，是指行为人违反有关规定，伪造、变造船舶户牌，尚不够刑事处罚的行为。两者都是对船舶户牌的侵犯，对国家的船舶管理制度都造成了损害，两者的界限主要表现在侵犯的对象和具体的行为方式上：

认定界限	1. 行为侵犯的对象不同。两者虽然都是对船舶户牌的侵犯，但是，本行为侵犯的船舶户牌必须是伪造或者变造的，不包括真实的船舶户牌；后者侵犯的船舶户牌可以是真实的，也可以是虚假的。 2. 具体的行为方式不同。本行为表现为买卖或者使用；后者表现为伪造或变造。
处罚标准	（一）构成本行为的，处10日以上15日以下拘留，可以并处1000元以下罚款。 （二）情节较轻的，处5日以上10日以下拘留，可以并处500元以下罚款。 在实践中，判断情节的轻重，一般应从行为人的动机、手段、目的、行为的次数、造成的后果等方面综合考虑，由公安机关办案人员酌情量罚，一般来说，具有下列情节之一的，应视为“情节较轻”： 1. 尚未造成后果或者恶劣影响的； 2. 未取得实际利益的； 3. 其他情节较轻的情形。
相关执法参考	**《中华人民共和国治安管理处罚法》**（节录） （2005年8月28日第十届全国人民代表大会常务委员会第十七次会议通过 中华人民共和国主席令第三十八号公布　自2006年3月1日起施行） 第五十二条第四项　有下列行为之一的，处十日以上十五日以下拘留，可以并处一千元以下罚款；情节较轻的，处五日以上十日以下拘留，可以并处五百元以下罚款： （四）伪造、变造船舶户牌，买卖或者使用伪造、变造的船舶户牌，或者涂改船舶发动机号码的。 **《中华人民共和国船舶登记条例》**（节录） （1994年6月2日国务院令第155号颁布　自1995年1月1日起实施） 第二条　下列船舶应当依照本条例规定进行登记： （一）在中华人民共和国境内有住所或者主要营业所的中国公民的船舶。 （二）依据中华人民共和国法律设立的主要营业所在中华人民共和国境内的企业法人的船舶。但是，在该法人的注册资本中有外商出资的，中方投资人的出资额不得低于50%。 （三）中华人民共和国政府公务船舶和事业法人的船舶。 （四）中华人民共和国港务监督机构认为应当登记的其他船舶。 军事船舶、渔业船舶和体育运动船艇的登记依照有关法规的规定办理。 第三十一条　船舶应当具有下列标志： （一）船首两舷和船尾标明船名； （二）船尾船名下方标明船籍港； （三）船名、船籍港下方标明汉语拼音； （四）船首和船尾两舷标明吃水标尺；

相关执法参考

（五）船舶中部两舷标明载重线。

受船型或者尺寸限制不能在前款规定的位置标明标志的船舶，应当在船上显著位置标明船名和船籍港。

第五十一条　违反本条例规定，有下列情形之一的，船籍港船舶登记机关可以视情节给予警告、根据船舶吨位处以本条例第五十条规定的罚款数额的50%直至没收船舶登记证书：

（一）在办理登记手续时隐瞒真实情况、弄虚作假的；

（二）隐瞒登记事实，造成重复登记的；

（三）伪造、涂改船舶登记证书的。

第五十六条　本条例下列用语的含义是：

（一）“船舶”系指各类机动、非机动船舶以及其他水上移动装置，但是船舶上装备的救生艇筏和长度小于5米的艇筏除外。

（二）“渔业船舶”系指从事渔业生产的船舶以及属于水产系统为渔业生产服务的船舶。

（三）“公务船舶”系指用于政府行政管理目的的船舶。

《沿海船舶边防治安管理规定》（节录）

（2000年2月15日公安部令第47号颁布　自2000年5月1日起实施）

第十一条　各类船舶应当依照船舶主管部门的规定编刷船名、船号；未编刷船名、船号或者船名、船号模糊不清的，禁止出海。

船名、船号不得擅自拆换、遮盖、涂改、伪造。禁止悬挂活动船牌号。

第三十三条　违反本规定构成违反治安管理行为的，依照《中华人民共和国治安管理处罚条例》的规定处罚；构成犯罪的，依法追究刑事责任。

九十四、涂改船舶发动机号码
（《治安管理处罚法》第52条第4项）

<table>
<tr><td colspan="2">案由</td><td>涂改船舶发动机号码</td></tr>
<tr><td colspan="2">概念</td><td>涂改船舶发动机号码，是指违反有关规定，擅自涂改船舶发动机号码的行为。</td></tr>
<tr><td rowspan="4">违法构成要件</td><td>违法客体</td><td>本行为侵犯的客体是国家对船舶的正常管理活动。侵犯的对象是船舶的发动机号码。</td></tr>
<tr><td>违法客观方面</td><td>本行为在客观方面表现为违反有关规定，擅自涂改船舶发动机号码的行为。</td></tr>
<tr><td>违法主体</td><td>本行为的主体包括单位和个人。</td></tr>
<tr><td>违法主观方面</td><td>本行为的主观方面只能是故意。</td></tr>
<tr><td colspan="2">认定界限</td><td></td></tr>
<tr><td colspan="2">处罚标准</td><td>（一）构成本行为的，处10日以上15日以下拘留，可以并处1000元以下罚款。
（二）情节较轻的，处5日以上10日以下拘留，可以并处500元以下罚款。
在实践中，判断情节的轻重，一般应从行为人的动机、手段、目的、行为的次数、造成的后果等方面综合考虑，由公安机关办案人员酌情量罚，一般来说，具有下列情节之一的，应视为“情节较轻”：
1. 尚未造成后果或者恶劣影响的；
2. 未取得实际利益的；
3. 其他情节较轻的情形。</td></tr>
</table>

相关执法参考

《中华人民共和国治安管理处罚法》（节录）

（2005年8月28日第十届全国人民代表大会常务委员会第十七次会议通过
中华人民共和国主席令第三十八号公布　自2006年3月1日起施行）

第五十二条第四项　有下列行为之一的，处十日以上十五日以下拘留，可以并处一千元以下罚款；情节较轻的，处五日以上十日以下拘留，可以并处五百元以下罚款：

（四）伪造、变造船舶户牌，买卖或者使用伪造、变造的船舶户牌，或者涂改船舶发动机号码的。

九十五、驾船擅自进入、停靠国家管制的水域、岛屿

（《治安管理处罚法》第53条）

<table>
<tr><td colspan="2">案由</td><td>驾船擅自进入、停靠国家管制的水域、岛屿</td></tr>
<tr><td colspan="2">概念</td><td>驾船擅自进入、停靠国家管制的水域、岛屿，是指违反国家有关规定，擅自进入、停靠禁止、限制进入的水域、岛屿，妨害水域管理秩序，尚不够刑事处罚的行为。</td></tr>
<tr><td rowspan="4">违法构成要件</td><td>违法客体</td><td>本行为侵犯的客体是国家对特定水域、岛屿的管理秩序。</td></tr>
<tr><td>违法客观方面</td><td>本行为在客观方面表现为违反国家有关规定，擅自进入、停靠禁止、限制进入的水域、岛屿，妨害水域管理秩序，尚不够刑事处罚的行为。
“国家禁止、限制进入的水域或者岛屿”是指军事目标、军事重地、军事隔离区，未被开放的水域、港口、水库等。“禁止、限制进入的水域、岛屿”可以是经常性设置的，也可以是在特定时期，出于特定事项而临时设置的。
“禁止进入、停靠”，是指未经批准，一概不准进入、停靠。
“限制进入、停靠”，是指设立一定的条件，如特定时期或者对船舶自身条件的要求，符合条件的才准进入、停靠。最常见的限制是对船舶吨位、船舶类型、船舶载货的限制，或者禁渔期的限制等。</td></tr>
<tr><td>违法主体</td><td>本行为的主体包括个人和单位。法条中使用的违法主体的主语是“船舶”，船舶所有者既可以是自然人，也可以是法人或者其他组织。无论是中国公民，还是外国人抑或无国籍人，均可成为本行为的主体。</td></tr>
<tr><td>违法主观方面</td><td>本行为在主观方面是故意，即明知是限制、禁止进入、停靠的水域、岛屿，而擅自进入、停靠。如果行为人虽然一开始是过失进入、停靠，但是经告知、驱逐后仍不离去，这时，行为人的主观态度已经变成故意了，应该以本行为论处。</td></tr>
<tr><td>认定界限</td><td colspan="2">（一）本行为与非治安违法行为的界限。
在实践中，因避险或不可抗力的原因而进入或停靠限制、禁止进入的水域或岛屿的，在抵港后及时向有关单位报告，原因消除后及时离开的，不以本行为论处。
（二）本行为与聚众冲击军事禁区罪的界限。
《刑法》第371条第1款规定的聚众冲击军事禁区罪，是指聚众冲击军事禁区，严重扰乱军事禁区秩序的行为。在实践中，国家禁止、限制进入的水域或者岛屿也可能属于军事禁区，这时，违反国家有关规定，擅自进入、停靠禁止、限制进入的水域、岛屿的行为就可能构成聚众冲击军事禁区罪。两者的界限主要在于：</td></tr>
</table>

认定界限	1. 行为侵犯的客体和对象不同。本行为侵犯的客体是国家对特定水域、岛屿的管理秩序，侵犯的对象是禁止、限制进入的水域、岛屿；后者侵犯的客体是军事禁区的管理制度，侵犯的对象是军事禁区。“军事禁区”是指国家根据军事设施的性质、作用、安全保密的需要和使用效能的特殊要求，在依法划定的一定范围的陆域、水域和空域采取特殊措施，予以重点保护的区域。军事禁区的范围由国务院和中央军事委员会确定，或者由军区根据国务院和中央军事委员会的规定确定。也就是说，本行为所涉及对象的范围远远大于后者的范围。 2. 行为方式不同。本行为在客观方面表现为违反国家有关规定，擅自进入、停靠禁止、限制进入的水域、岛屿，妨害水域管理秩序，尚不够刑事处罚的行为。后者则表现为聚众冲击军事禁区，扰乱军事禁区正常秩序的行为。也就是说，本行为既可以由1人构成，也可以由多人构成，而后者则必须以聚众的形式，即多人。 3. 违法后果不同。本行为属于治安违法行为，后者则属于刑事违法行为，应予以刑罚处罚。另外，聚众冲击军事禁区罪是结果犯，必须造成“严重扰乱军事禁区秩序”的结果，才能构成该罪。根据《最高人民检察院 公安部关于公安机关管辖的刑事案件立案追诉标准的规定（一）》（公通字［2008］36号）的规定，组织、策划、指挥聚众冲击军事禁区或者积极参加聚众冲击军事禁区，严重扰乱军事禁区秩序，涉嫌下列情形之一的，应予立案追诉：（1）冲击3次以上或者1次冲击持续时间较长的；（2）持械或者采取暴力手段冲击的；（3）冲击重要军事禁区的；（4）发生在战时的；（5）其他严重扰乱军事禁区秩序应予追究刑事责任的情形。 （三）本行为与聚众扰乱军事管理区秩序罪的界限。 《刑法》第371条第2款规定的聚众扰乱军事管理区秩序罪，是指聚众扰乱军事管理区秩序，情节严重，致使军事管理区工作无法进行，造成严重损害的行为。在实践中，国家禁止、限制进入的水域或者岛屿也可能属于军事管理区，这时，违反国家有关规定，擅自进入、停靠禁止、限制进入的水域、岛屿的行为就可能构成扰乱军事管理区秩序罪。两者的界限主要在于： 1. 行为侵犯的客体和对象不同。本行为侵犯的客体是国家对特定水域、岛屿的管理秩序，侵犯的对象是禁止、限制进入的水域、岛屿；后者侵犯的客体是军事管理区的管理制度，侵犯的对象是军事管理区。“军事管理区”是指由国家根据军事设施的性质、作用、安全保密的需要和使用效能的要求而划定的采取比较严格保护措施的一定区域，其范围由国务院和中央军事委员会确定，或者由军区根据国务院和中央军事委员会的规定确定。也就是说，本行为所涉及对象的范围远远大于后者的范围。 2. 行为方式不同。本行为在客观方面表现为违反国家有关规定，擅自进入、停靠禁止、限制进入的水域、岛屿，妨害水域管理秩序，尚不够刑事处罚的行为。后者则表现为聚众扰乱军事管理区正常秩序，情节严重，致使军事管理区工作无法进行，造成严重损失的行为。也就是说，本行为既可以由1人构成，也可以由多人构成，而后者则必须以聚众的形式，即多人。 3. 违法后果不同。本行为属于治安违法行为，后者则属于刑事违法行为，必

认定界限	须具有情节严重并致军事管理区工作无法进行，造成严重损失的情形，才能构成该罪。根据《最高人民检察院 公安部关于公安机关管辖的刑事案件立案追诉标准的规定（一）》（公通字［2008］36号）的规定，组织、策划、指挥聚众扰乱军事管理区秩序或者积极参加聚众扰乱军事管理区秩序，致使军事管理区工作无法进行，造成严重损失，涉嫌下列情形之一的，应予立案追诉：（1）造成人员轻伤以上的；（2）扰乱3次以上或者1次扰乱时间较长的；（3）造成直接经济损失5万元以上的；（4）持械或者采取暴力手段的；（5）扰乱重要军事管理区秩序的；（6）发生在战时的；（7）其他聚众扰乱军事管理区秩序应予追究刑事责任的情形。
处罚标准	（一）构成本行为的，对船舶负责人及有关责任人员处500元以上1000元以下罚款。 （二）情节严重的，处5日以下拘留，并处500元以上1000元以下罚款。 在实践中，判断情节的轻重，一般应从行为人的动机、手段、目的、行为的次数、造成的后果等方面综合考虑，由公安机关办案人员酌情量罚，一般来说，具有下列情节之一的，应视为“情节严重”： 1. 不听制止，强行进入的； 2. 经管理人员要求驶离仍拒不驶离的； 3. 多次进入国家禁止、限制进入的水域或者岛屿、水库的； 4. 其他情节严重的情形。
相关执法参考	**《中华人民共和国治安管理处罚法》**（节录） （2005年8月28日第十届全国人民代表大会常务委员会第十七次会议通过　中华人民共和国主席令第三十八号公布　自2006年3月1日起施行） 第五十三条　船舶擅自进入、停靠国家禁止、限制进入的水域或者岛屿的，对船舶负责人及有关责任人员处五百元以上一千元以下罚款；情节严重的，处五日以下拘留，并处五百元以上一千元以下罚款。 **《中华人民共和国刑法》**（节录） （1979年7月1日第五届全国人民代表大会第二次会议通过　1997年3月14日第八届全国人民代表大会第五次会议修订　根据2011年2月25日第十一届全国人民代表大会常务委员会第十九次会议通过的《中华人民共和国刑法修正案（八）》最新修正） 第三百七十一条　聚众冲击军事禁区，严重扰乱军事禁区秩序的，对首要分子，处五年以上十年以下有期徒刑；对其他积极参加的，处五年以下有期徒刑、拘役、管制或者剥夺政治权利。 聚众扰乱军事管理区秩序，情节严重，致使军事管理区工作无法进行，造成严重损失的，对首要分子，处三年以上七年以下有期徒刑；对其他积极参加的，处三年以下有期徒刑、拘役、管制或者剥夺政治权利。 **《最高人民检察院 公安部关于公安机关管辖的刑事案件立案追诉标准的规定（一）》**（节录） （公通字［2008］36号） 第八十九条　［聚众冲击军事禁区案（刑法第三百七十一条第一款）］组织、

相关执法参考

策划、指挥聚众冲击军事禁区或者积极参加聚众冲击军事禁区，严重扰乱军事禁区秩序，涉嫌下列情形之一的，应予立案追诉：

（一）冲击三次以上或者一次冲击持续时间较长的；

（二）持械或者采取暴力手段冲击的；

（三）冲击重要军事禁区的；

（四）发生在战时的；

（五）其他严重扰乱军事禁区秩序应予追究刑事责任的情形。

第九十条　［聚众扰乱军事管理区秩序案（刑法第三百七十一条第二款）］组织、策划、指挥聚众扰乱军事管理区秩序或者积极参加聚众扰乱军事管理区秩序，致使军事管理区工作无法进行，造成严重损失，涉嫌下列情形之一的，应予立案追诉：

（一）造成人员轻伤以上的；

（二）扰乱三次以上或者一次扰乱时间较长的；

（三）造成直接经济损失五万元以上的；

（四）持械或者采取暴力手段的；

（五）扰乱重要军事管理区秩序的；

（六）发生在战时的；

（七）其他聚众扰乱军事管理区秩序应予追究刑事责任的情形。

第一百零一条　本规定中的“以上”，包括本数。

《中华人民共和国军事设施保护法》（节录）

（1990年2月23日第七届全国人民代表大会常务委员会第十二次会议通过
根据2009年8月27日第十一届全国人民代表大会常务委员会第十次会议通过的〈全国人民代表大会常务委员会关于修改部分法律的决定〉修改）

第七条　国家根据军事设施的性质、作用、安全保密的需要和使用效能的要求，划定军事禁区、军事管理区；没有划入军事禁区、军事管理区的军事设施，也应当采取保护措施。

第八条　军事禁区和军事管理区，由国务院和中央军事委员会确定，或者由军区根据国务院和中央军事委员会的规定确定。

第十五条　禁止陆地、水域军事禁区管理单位以外的人员、车辆、船舶进入禁区，禁止对禁区进行摄影、摄像、录音、勘察、测量、描绘和记述，经军区级以上军事机关批准的除外。

禁止航空器进入空中军事禁区，依照国家有关规定取得许可的除外。

使用军事禁区的摄影、摄像、录音、勘察、测量、描绘和记述资料，应当经军区级以上军事机关审查同意。

第三十二条　有下列行为之一的，适用《中华人民共和国治安管理处罚法》第二十三条的处罚规定：

（一）非法进入军事禁区，不听制止的；

（二）在军事禁区外围安全控制范围内，或者在没有划入军事禁区、军事管理区的军事设施一定距离内，进行危害军事设施安全和使用效能的活动，不听制止的；

相关执法参考

（三）毁坏军事禁区、军事管理区的围墙、铁丝网或者界线标志的。

第三十三条　扰乱军事禁区、军事管理区的管理秩序，情节严重的，对首要分子和直接责任人员依照刑法有关规定追究刑事责任；情节轻微、尚不够刑事处罚的，适用《中华人民共和国治安管理处罚法》第二十三条的处罚规定。

《中华人民共和国香港特别行政区驻军法》（节录）

（1996年12月30日第八届全国人民代表大会常务委员会第二十三次会议通过　自1997年7月1日起施行）

第十二条　香港驻军和香港特别行政区政府共同保护香港特别行政区内的军事设施。

香港驻军会同香港特别行政区政府划定军事禁区。军事禁区的位置、范围由香港特别行政区政府宣布。

香港特别行政区政府应当协助香港驻军维护军事禁区的安全。

香港驻军以外的人员、车辆、船舶和飞行器未经香港驻军最高指挥官或者其授权的军官批准，不得进入军事禁区。军事禁区的警卫人员有权依法制止擅自进入军事禁区和破坏、危害军事设施的行为。

香港驻军对军事禁区内的自然资源、文物古迹以及非军事权益，应当依照香港特别行政区的法律予以保护。

《中华人民共和国澳门特别行政区驻军法》（节录）

（1999年6月28日第九届全国人民代表大会常务委员会第十次会议通过　自1999年12月20日起施行）

第十二条　澳门驻军和澳门特别行政区政府共同保护澳门特别行政区内的军事设施。

澳门驻军会同澳门特别行政区政府划定军事禁区。军事禁区的位置、范围由澳门特别行政区政府宣布。

澳门特别行政区政府应当协助澳门驻军维护军事禁区的安全，禁止任何组织或者个人破坏、危害军事设施。

澳门驻军以外的人员、车辆、船舶和飞行器未经澳门驻军最高指挥官或者其授权的军官批准，不得进入军事禁区。军事禁区的警卫人员有权依法制止擅自进入军事禁区和破坏、危害军事设施的行为。

澳门驻军对军事禁区内的自然资源、文物古迹以及非军事权益，应当依照澳门特别行政区的法律予以保护。

《中华人民共和国军事设施保护法实施办法》（节录）

（2001年1月12日国务院、中央军事委员会令第298号颁布　自颁布之日起实施）

第八条　军事禁区、军事管理区的确定及其范围的划定，以及军事禁区外围安全控制范围的划定，依照军事设施保护法和国务院、中央军事委员会的有关规定办理。

第九条　在水域军事禁区内，禁止非军用船只进入，禁止建筑、设置非军事设施，禁止从事水产养殖、捕捞以及其他有碍军用舰船行动和安全保密的活动。

相关执法参考

第五十一条　违反本办法，构成违反治安管理行为的，由公安机关依法处罚；构成犯罪的，依法追究刑事责任。

《沿海船舶边防治安管理规定》（节录）

（2000年2月15日公安部令第47号颁布　自2000年5月1日起实施）

第二十八条　违反本规定，有下列情形之一的，对船舶负责人及其有关责任人员处一千元以下罚款：

（一）非法进入国家禁止或者限制进入的海域或者岛屿的；

（二）未经许可，将外国籍或者香港、澳门特别行政区、台湾地区的船舶引航到未对上述船舶开放的港口、锚地的；

（三）擅自搭靠外国籍或者香港、澳门特别行政区以及台湾地区船舶的，或者因避险及其他不可抗力的原因被迫搭靠，事后未及时向公安边防部门报告的；

（四）航行于内地与香港、澳门特别行政区之间的小型船舶擅自在非指定的港口停泊、上下人员或者装卸货物的。

第三十一条　本规定的处罚权限如下：

（一）公安边防派出所、边防工作站或者船舶公安检查站可以裁决警告、二百元以下罚款；

（二）县级（含本级）以上公安边防部门可以裁决一千元以下罚款；

（三）对依照本规定第三十条作出的处罚，由地（市）级（含本级）以上公安边防部门裁决。

第三十二条　被处罚人对公安边防部门作出的处罚决定不服的，可以依法申请行政复议或者提起行政诉讼。

第三十三条　违反本规定构成违反治安管理行为的，依照《中华人民共和国治安管理处罚条例》的规定处罚；构成犯罪的，依法追究刑事责任。

第三十五条　公安边防部门在执行职务中，发现船舶或者人员有违反海事管理、渔政管理等行为的，有权予以制止，并移交或者通知有关部门处理。

第三十八条　对我国海域内沿海船舶的治安管理，除法律、法规另有规定外，执行本规定。

第三十九条　对我国陆地界江、界河、界湖船舶的边防治安管理，参照本规定执行。

《中华人民共和国内河交通安全管理条例》（节录）

（2002年6月28日国务院令第355号颁布　根据2010年12月29日国务院第138次常务会议通过的〈国务院关于废止和修改部分行政法规的决定〉修改国务院令第588号颁布）

第二十条　船舶进出港口和通过交通管制区、通航密集区或者航行条件受限制的区域，应当遵守海事管理机构发布的有关通航规定。

任何船舶不得擅自进入或者穿越海事管理机构公布的禁航区。

第六十八条　违反本条例的规定，船舶在内河航行时，有下列情形之一的，由海事管理机构责令改正，处5000元以上5万元以下的罚款；情节严重的，禁止船舶进出港口或者责令停航，并可以对责任船员给予暂扣适任证书或者其他适任证件3个月至6个月的处罚：

相关执法参考	（四）擅自进出内河港口，强行通过交通管制区、通航密集区、航行条件受限制区域或者禁航区的； 第六十九条　违反本条例的规定，船舶未在码头、泊位或者依法公布的锚地、停泊区、作业区停泊的，由海事管理机构责令改正；拒不改正的，予以强行拖离，因拖离发生的费用由船舶所有人或者经营人承担。

九十六、非法以社团名义活动

（《治安管理处罚法》第54条第1款第1项）

<table>
<tr><td colspan="2">案由</td><td>非法以社团名义活动</td></tr>
<tr><td colspan="2">概念</td><td>非法以社团名义活动，是指违反国家规定，未经注册登记，以社会团体名义进行活动，被取缔后，仍进行活动，尚不够刑事处罚的行为。</td></tr>
<tr><td rowspan="2">违法构成要件</td><td>违法客体</td><td>本行为侵犯的客体是国家对社会团体的管理秩序。</td></tr>
<tr><td>违法客观方面</td><td>本行为在客观方面表现为违反国家规定，未经注册登记，以社会团体名义进行活动，被取缔后，仍进行活动，尚不够刑事处罚的行为。
“社会团体”，是指中国公民自愿组成，为实现会员共同意愿，按照其章程开展活动的非营利性社会组织。国家机关以外的组织可以作为单位会员加入社会团体。社会团体常见的形式有协会、学会、联合会、研究会、基金会、联谊会、促进会、商会等。
本行为在客观方面包括5个要件，缺一不可：
1. 违反国家规定。这里的“国家规定”主要是指国务院颁布的《社会团体登记管理条例》的规定。
2. 未经注册登记。成立社会团体，应当经其业务主管单位审查同意，并依照《社会团体登记管理条例》的规定进行登记。全国性的社会团体，由国务院的登记管理机关负责登记管理；地方性的社会团体，由所在地人民政府的登记管理机关负责登记管理；跨行政区域的社会团体，由所跨行政区域的共同上一级人民政府的登记管理机关负责登记管理。社会团体应当具备法人条件，但不得从事营利性活动。不过，下列团体可以不依《社会团体登记管理条例》的规定登记：参加中国人民政治协商会议的人民团体；由国务院机构编制管理机关核定，并经国务院批准免于登记的团体；机关、团体、企业事业单位内部经本单位批准成立、在本单位内部活动的团体。
3. 以社会团体名义进行活动。
4. 被取缔后，仍进行活动。
5. 尚不够刑事处罚。
在实践中，本行为的具体方式主要表现为：
1. 以社会团体名义组织、开展各种学术交流、研讨、联谊等活动；
2. 以社会团体名义在群众中开展各种宣传、咨询、教学等活动；
3. 以社会团体名义在各种新闻媒体中登载文章、启示、声明、广告等。
4. 以社会团体名义印制各种出版物、图片、画册等。</td></tr>
</table>

违法构成要件	违法主体	本行为的主体包括自然人和单位。单位构成本行为的，对其直接负责的主管人员和其他直接责任人员依照本条的规定处罚。其他法律、行政法规对同一行为规定给予单位处罚的，依照其规定处罚。
	违法主观方面	本行为在主观方面是故意。
认定界限		（一）本行为与相关违法犯罪的界限。 行为人在实施本行为时，如果同时有其他违法犯罪活动，则应当追究其他法律责任；如果进行活动的社团，其宗旨和目的是进行分裂国家、破坏国家统一、颠覆国家政权、推翻社会主义制度，勾结境外机构、组织从事间谍活动，从事恐怖活动或者其他犯罪活动的，则应当依据《刑法》的规定定罪处罚。 （二）本行为与招摇撞骗行为的界限。 《治安管理处罚法》第51条第1款规定的招摇撞骗，是指以骗取各种非法利益为目的，冒充国家机关工作人员或者其他虚假身份，进行招摇撞骗活动，尚不够刑事处罚的行为。两者的区别主要表现在： 1. 行为侵犯的客体不同。本行为侵犯的客体是国家对社会团体的管理秩序；招摇撞骗行为侵犯的客体是社会管理秩序。 2. 行为方式不同。本行为表现为违反国家规定，未经注册登记，以社会团体名义进行活动，被取缔后，仍进行活动，尚不够刑事处罚的行为。后者则表现为以骗取各种非法利益为目的，冒充国家机关工作人员或者其他虚假身份，进行招摇撞骗活动，尚不够刑事处罚的行为。本行为的行为方式仅限于以“社会团体名义”，其范围相对较窄，而后者则是“冒充国家机关工作人员或者其他虚假身份”，其范围宽泛得多。 3. 行为目的不同。本行为行为人的目的多种多样，法律没有明确的规定，而后者行为人的目的仅限于骗取各种非法利益。
处罚标准		（一）构成本行为的，处10日以上15日以下拘留，并处500元以上1000元以下罚款。 （二）情节较轻的，处5日以下拘留或者500元以下罚款。 在实践中，判断情节的轻重，一般应从行为人的动机、手段、目的、行为的次数、造成的后果等方面综合考虑，由公安机关办案人员酌情量罚。

相关执法参考

《中华人民共和国治安管理处罚法》（节录）

（2005 年 8 月 28 日第十届全国人民代表大会常务委员会第十七次会议通过
中华人民共和国主席令第三十八号公布　自 2006 年 3 月 1 日起施行）

第五十四条第一款第一项　有下列行为之一的，处十日以上十五日以下拘留，并处五百元以上一千元以下罚款；情节较轻的，处五日以下拘留或者五百元以下罚款：

（一）违反国家规定，未经注册登记，以社会团体名义进行活动，被取缔后，仍进行活动的；

《社会团体登记管理条例》

（1998 年 9 月 25 日国务院第 8 次常务会议通过
1998 年 10 月 25 日国务院令第 250 号发布　自发布之日起施行）

第一章　总　则

第一条　为了保障公民的结社自由，维护社会团体的合法权益，加强对社会团体的登记管理，促进社会主义物质文明、精神文明建设，制定本条例。

第二条　本条例所称社会团体，是指中国公民自愿组成，为实现会员共同意愿，按照其章程开展活动的非营利性社会组织。

国家机关以外的组织可以作为单位会员加入社会团体。

第三条　成立社会团体，应当经其业务主管单位审查同意，并依照本条例的规定进行登记。

社会团体应当具备法人条件。

下列团体不属于本条例规定登记的范围：

（一）参加中国人民政治协商会议的人民团体；

（二）由国务院机构编制管理机关核定，并经国务院批准免于登记的团体；

（三）机关、团体、企业事业单位内部经本单位批准成立、在本单位内部活动的团体。

第四条　社会团体必须遵守宪法、法律、法规和国家政策，不得反对宪法确定的基本原则，不得危害国家的统一、安全和民族的团结，不得损害国家利益、社会公共利益以及其他组织和公民的合法权益，不得违背社会道德风尚。

社会团体不得从事营利性经营活动。

第五条　国家保护社会团体依照法律、法规及其章程开展活动，任何组织和个人不得非法干涉。

第六条　国务院民政部门和县级以上地方各级人民政府民政部门是本级人民政府的社会团体登记管理机关（以下简称登记管理机关）。

国务院有关部门和县级以上地方各级人民政府有关部门、国务院或者县级以上地方各级人民政府授权的组织，是有关行业、学科或者业务范围内社会团体的业务主管单位（以下简称业务主管单位）。

法律、行政法规对社会团体的监督管理另有规定的，依照有关法律、行政法规的规定执行。

相关执法参考

第二章 管 辖

第七条 全国性的社会团体，由国务院的登记管理机关负责登记管理；地方性的社会团体，由所在地人民政府的登记管理机关负责登记管理；跨行政区域的社会团体，由所跨行政区域的共同上一级人民政府的登记管理机关负责登记管理。

第八条 登记管理机关、业务主管单位与其管辖的社会团体的住所不在一地的，可以委托社会团体住所地的登记管理机关、业务主管单位负责委托范围内的监督管理工作。

第三章 成立登记

第九条 申请成立社会团体，应当经其业务主管单位审查同意，由发起人向登记管理机关申请筹备。

第十条 成立社会团体，应当具备下列条件：

（一）有50个以上的个人会员或者30个以上的单位会员；个人会员、单位会员混合组成的，会员总数不得少于50个；

（二）有规范的名称和相应的组织机构；

（三）有固定的住所；

（四）有与其业务活动相适应的专职工作人员；

（五）有合法的资产和经费来源，全国性的社会团体有10万元以上活动资金，地方性的社会团体和跨行政区域的社会团体有3万元以上活动资金；

（六）有独立承担民事责任的能力。

社会团体的名称应当符合法律、法规的规定，不得违背社会道德风尚。社会团体的名称应当与其业务范围、成员分布、活动地域相一致，准确反映其特征。全国性的社会团体的名称冠以“中国”、“全国”、“中华”等字样的，应当按照国家有关规定经过批准，地方性的社会团体的名称不得冠以“中国”、“全国”、“中华”等字样。

第十一条 申请筹备成立社会团体，发起人应当向登记管理机关提交下列文件：

（一）筹备申请书；

（二）业务主管单位的批准文件；

（三）验资报告、场所使用权证明；

（四）发起人和拟任负责人的基本情况、身份证明；

（五）章程草案。

第十二条 登记管理机关应当自收到本条例第十一条所列全部有效文件之日起60日内，作出批准或者不批准筹备的决定；不批准的，应当向发起人说明理由。

第十三条 有下列情形之一的，登记管理机关不予批准筹备：

（一）有根据证明申请筹备的社会团体的宗旨、业务范围不符合本条例第四条的规定的；

（二）在同一行政区域内已有业务范围相同或者相似的社会团体，没有必要成立的；

（三）发起人、拟任负责人正在或者曾经受到剥夺政治权利的刑事处罚，或者不具有完全民事行为能力的；

（四）在申请筹备时弄虚作假的；

相关执法参考

（五）有法律、行政法规禁止的其他情形的。

第十四条　筹备成立的社会团体，应当自登记管理机关批准筹备之日起6个月内召开会员大会或者会员代表大会，通过章程，产生执行机构、负责人和法定代表人，并向登记管理机关申请成立登记。筹备期间不得开展筹备以外的活动。

社会团体的法定代表人，不得同时担任其他社会团体的法定代表人。

第十五条　社会团体的章程应当包括下列事项：

（一）名称、住所；

（二）宗旨、业务范围和活动地域；

（三）会员资格及其权利、义务；

（四）民主的组织管理制度，执行机构的产生程序；

（五）负责人的条件和产生、罢免的程序；

（六）资产管理和使用的原则；

（七）章程的修改程序；

（八）终止程序和终止后资产的处理；

（九）应当由章程规定的其他事项。

第十六条　登记管理机关应当自收到完成筹备工作的社会团体的登记申请书及有关文件之日起30日内完成审查工作。对没有本条例第十三条所列情形，且筹备工作符合要求、章程内容完备的社会团体，准予登记，发给《社会团体法人登记证书》。登记事项包括：

（一）名称；

（二）住所；

（三）宗旨、业务范围和活动地域；

（四）法定代表人；

（五）活动资金；

（六）业务主管单位。

对不予登记的，应当将不予登记的决定通知申请人。

第十七条　依照法律规定，自批准成立之日起即具有法人资格的社会团体，应当自批准成立之日起60日内向登记管理机关备案。登记管理机关自收到备案文件之日起30日内发给《社会团体法人登记证书》。

社会团体备案事项，除本条例第十六条所列事项外，还应当包括业务主管单位依法出具的批准文件。

第十八条　社会团体凭《社会团体法人登记证书》申请刻制印章，开立银行帐户。社会团体应当将印章式样和银行帐号报登记管理机关备案。

第十九条　社会团体成立后拟设立分支机构、代表机构的，应当经业务主管单位审查同意，向登记管理机关提交有关分支机构、代表机构的名称、业务范围、场所和主要负责人等情况的文件，申请登记。

社会团体的分支机构、代表机构是社会团体的组成部分，不具有法人资格，应当按照其所属于的社会团体的章程所规定的宗旨和业务范围，在该社会团体授权的范围内开展活动、发展会员。社会团体的分支机构不得再设立分支机构。

相关执法参考

社会团体不得设立地域性的分支机构。

第四章　变更登记、注销登记

第二十条　社会团体的登记事项、备案事项需要变更的，应当自业务主管单位审查同意之日起30日内，向登记管理机关申请变更登记、变更备案（以下统称变更登记）。

社会团体修改章程，应当自业务主管单位审查同意之日起30日内，报登记管理机关核准。

第二十一条　社会团体有下列情形之一的，应当在业务主管单位审查同意后，向登记管理机关申请注销登记、注销备案（以下统称注销登记）：

（一）完成社会团体章程规定的宗旨的；

（二）自行解散的；

（三）分立、合并的；

（四）由于其他原因终止的。

第二十二条　社会团体在办理注销登记前，应当在业务主管单位及其他有关机关的指导下，成立清算组织，完成清算工作。清算期间，社会团体不得开展清算以外的活动。

第二十三条　社会团体应当自清算结束之日起15日内向登记管理机关办理注销登记。办理注销登记，应当提交法定代表人签署的注销登记申请书、业务主管单位的审查文件和清算报告书。

登记管理机关准予注销登记的，发给注销证明文件，收缴该社会团体的登记证书、印章和财务凭证。

第二十四条　社会团体撤销其所属分支机构、代表机构的，经业务主管单位审查同意后，办理注销手续。

社会团体注销的，其所属分支机构、代表机构同时注销。

第二十五条　社会团体处分注销后的剩余财产，按照国家有关规定办理。

第二十六条　社会团体成立、注销或者变更名称、住所、法定代表人，由登记管理机关予以公告。

第五章　监督管理

第二十七条　登记管理机关履行下列监督管理职责：

（一）负责社会团体的成立、变更、注销的登记或者备案；

（二）对社会团体实施年度检查；

（三）对社会团体违反本条例的问题进行监督检查，对社会团体违反本条例的行为给予行政处罚。

第二十八条　业务主管单位履行下列监督管理职责：

（一）负责社会团体筹备申请、成立登记、变更登记、注销登记前的审查；

（二）监督、指导社会团体遵守宪法、法律、法规和国家政策，依据其章程开展活动；

（三）负责社会团体年度检查的初审；

（四）协助登记管理机关和其他有关部门查处社会团体的违法行为；

相关执法参考

（五）会同有关机关指导社会团体的清算事宜。

业务主管单位履行前款规定的职责，不得向社会团体收取费用。

第二十九条　社会团体的资产来源必须合法，任何单位和个人不得侵占、私分或者挪用社会团体的资产。

社会团体的经费，以及开展章程规定的活动按照国家有关规定所取得的合法收入，必须用于章程规定的业务活动，不得在会员中分配。

社会团体接受捐赠、资助，必须符合章程规定的宗旨和业务范围，必须根据与捐赠人、资助人约定的期限、方式和合法用途使用。社会团体应当向业务主管单位报告接受、使用捐赠、资助的有关情况，并应当将有关情况以适当方式向社会公布。

社会团体专职工作人员的工资和保险福利待遇，参照国家对事业单位的有关规定执行。

第三十条　社会团体必须执行国家规定的财务管理制度，接受财政部门的监督；资产来源属于国家拨款或者社会捐赠、资助的，还应当接受审计机关的监督。

社会团体在换届或者更换法定代表人之前，登记管理机关、业务主管单位应当组织对其进行财务审计。

第三十一条　社会团体应当于每年3月31日前向业务主管单位报送上一年度的工作报告，经业务主管单位初审同意后，于5月31日前报送登记管理机关，接受年度检查。工作报告的内容包括：本社会团体遵守法律法规和国家政策的情况、依照本条例履行登记手续的情况、按照章程开展活动的情况、人员和机构变动的情况以及财务管理的情况。

对于依照本条例第十七条的规定发给《社会团体法人登记证书》的社会团体，登记管理机关对其应当简化年度检查的内容。

第六章　罚　则

第三十二条　社会团体在申请登记时弄虚作假，骗取登记的，或者自取得《社会团体法人登记证书》之日起1年未开展活动的，由登记管理机关予以撤销登记。

第三十三条　社会团体有下列情形之一的，由登记管理机关给予警告，责令改正，可以限期停止活动，并可以责令撤换直接负责的主管人员；情节严重的，予以撤销登记；构成犯罪的，依法追究刑事责任：

（一）涂改、出租、出借《社会团体法人登记证书》，或者出租、出借社会团体印章的；

（二）超出章程规定的宗旨和业务范围进行活动的；

（三）拒不接受或者不按照规定接受监督检查的；

（四）不按照规定办理变更登记的；

（五）擅自设立分支机构、代表机构，或者对分支机构、代表机构疏于管理，造成严重后果的；

（六）从事营利性的经营活动的；

（七）侵占、私分、挪用社会团体资产或者所接受的捐赠、资助的；

（八）违反国家有关规定收取费用、筹集资金或者接受、使用捐赠、资助的。

前款规定的行为有违法经营额或者违法所得的，予以没收，可以并处违法经营额1倍以上3倍以下或者违法所得3倍以上5倍以下的罚款。

第三十四条　社会团体的活动违反其他法律、法规的，由有关国家机关依法处理；有关国家机关认为应当撤销登记的，由登记管理机关撤销登记。

第三十五条　未经批准，擅自开展社会团体筹备活动，或者未经登记，擅自以社会团体名义进行活动，以及被撤销登记的社会团体继续以社会团体名义进行活动的，由登记管理机关予以取缔，没收非法财产；构成犯罪的，依法追究刑事责任；尚不构成犯罪的，依法给予治安管理处罚。

第三十六条　社会团体被责令限期停止活动的，由登记管理机关封存《社会团体法人登记证书》、印章和财务凭证。

社会团体被撤销登记的，由登记管理机关收缴《社会团体法人登记证书》和印章。

第三十七条　登记管理机关、业务主管单位的工作人员滥用职权、徇私舞弊、玩忽职守构成犯罪的，依法追究刑事责任；尚不构成犯罪的，依法给予行政处分。

第七章　附　则

第三十八条　《社会团体法人登记证书》的式样由国务院民政部门制定。

对社会团体进行年度检查不得收取费用。

第三十九条　本条例施行前已经成立的社会团体，应当自本条例施行之日起1年内依照本条例有关规定申请重新登记。

第四十条　本条例自发布之日起施行。1989年10月25日国务院发布的《社会团体登记管理条例》同时废止。

《社会团体分支机构、代表机构登记办法》

（2001年7月30日民政部令第23号颁布　自颁布之日起实施）

第一条　为了加强对社会团体分支机构、代表机构的管理，根据《社会团体登记管理条例》有关规定，制定本办法。

第二条　社会团体的分支机构，是社会团体根据开展活动的需要，依据业务范围的划分或者会员组成的特点，设立的专门从事该社会团体某项业务活动的机构。

分支机构可以称分会、专业委员会、工作委员会、专项基金管理委员会等。

社会团体的代表机构，是社会团体在住所地以外属于其活动区域内设置的代表该社会团体开展活动、承办该社会团体交办事项的机构。

代表机构可以称代表处、办事处、联络处等。

第三条　社会团体设立分支机构、代表机构应当按照章程的规定，履行民主程序，经业务主管单位审查同意后，向负责该社会团体登记的登记管理机关提出申请。经登记管理机关登记后，方可开展活动。

第四条　社会团体申请设立分支机构、代表机构应当具备下列条件：

（一）有规范的名称；

（二）有固定的住所；

（三）有符合章程所规定的业务范围。

相关执法参考

第五条　社会团体申请设立分支机构、代表机构应当向登记管理机关提交下列文件：

（一）设立申请书；

（二）业务主管单位审查同意的意见；

（三）拟任主要负责人基本情况以及本人所在单位人事部门的意见；

（四）住所产权或使用权证明；

（五）社会团体理事会或常务理事会决议；

（六）登记管理机关要求提交的其他材料。

申请书应当包括设立的理由，分支机构、代表机构的业务范围和工作任务。

社会团体设立专项基金管理委员会，应当遵照《社会团体设立专项基金管理机构暂行规定》办理。

社会团体代表机构以及分支机构住所与社会团体住所不在一地的，还需提交拟设在地登记管理机关的意见。

第六条　有下列情形之一的，登记管理机关不予登记：

（一）在社会团体内拟设立的分支机构与已设立的分支机构业务范围相同或者相似的；

（二）拟设立的分支机构冠以行政区划名称，带有地域性特征的；

（三）在分支机构、代表机构下又设立分支机构、代表机构的；

（四）拟设立的分支机构业务与该社会团体宗旨、业务范围无关的；

（五）拟设立代表机构的活动内容、承办事项与该社会团体的业务范围无关的；

（六）拟设立的分支机构、代表机构设定的活动范围超越该社会团体设定的活动地域的；

（七）有法律、行政法规禁止的其他情形的。

第七条　登记管理机关自收到本办法第五条所列全部有效文件之日起60日内作出准予或者不予登记的决定。准予登记的，由登记管理机关发给《社会团体分支机构登记证书》；对不予登记的，应当将不予登记的决定书面通知社会团体，并说明理由。

社会团体分支机构、代表机构登记事项包括：名称、住所、业务范围、活动地域、负责人。

第八条　符合《社会团体登记管理条例》第十七条规定的社会团体设立分支机构、代表机构，应当向登记管理机关备案。登记管理机关自收到备案文件之日起30日内，发给《社会团体分支机构登记证书》或《社会团体代表登记证书》。

第九条　社会团体可以凭登记管理机关颁发的《社会团体分支机构登记证书》或《社会团体代表机构登记证书》向有关部门申请刻制印章。

分支机构因特殊需要建立银行基本存款账户的，由社会团体向登记管理机关申请，经登记管理机关同意后，按有关规定办理。

印章式样、银行账号向登记管理机关备案。

第十条　社会团体办理分支机构、代表机构变更，应当向登记管理机关提交下列文件：

相关执法参考

（一）社会团体法定代表人签署的变更申请书；

（二）社会团体理事会或常务理事会关于变更事项的会议决议。

负责人变更的还需提交本人的基本情况及身份证明。

住所变更的还需提交新住所产权或使用证证明。

第十一条　社会团体决定注销其分支机构、代表机构，应当经业务主管单位审查同意后，向登记管理机关提交下列文件，申请注销登记：

（一）注销登记申请书；

（二）业务主管单位审查同意的意见；

（三）社会团体理事会或常务理事会决议。

登记管理机关准予注销的，发给注销证明文件，收缴该分支机构、代表机构的《社会团体分支机构登记证书》或《社会团体代表机构登记证书》、印章。

第十二条　社会团体的分支机构、代表机构是社会团体的组成部分，不具有法人资格，其法律责任由设立该分支机构、代表机构的社会团体承担。

社会团体的分支机构应当在该社会团体的授权范围内发展会员、收取会费，其发展的会员属于该社会团体的会员，其收取的会费属于该社会团体所有。

社会团体分支机构、代表机构的名称前应当冠以社会团体名称；开展活动，应当使用全称。分支机构、代表机构的英文译名应当与中文名称一致。

第十三条　社会团体在申请设立分支机构、代表机构时弄虚作假的，或者自取得《社会团体分支机构登记证书》或《社会团体代表机构登记证书》之日起1年未开展活动的，由登记管理机关对所设立的分支机构、代表机构予以撤销。

第十四条　社会团体有下列情形之一的，由登记管理机关依据《社会团体登记管理条例》第三十三条规定予以处理：

（一）未经登记，擅自以分支机构、代表机构名义进行活动的；

（二）以分支机构下设的分支机构名义进行活动的；

（三）以地域性分支机构名义进行活动的；

（四）未经批准，擅自开立分支机构银行基本存款账户的；

（五）未尽到管理职责，致使分支机构、代表机构进行违法活动造成严重后果的。

第十五条　社会团体被注销或者被撤销登记的，其所属的分支机构、代表机构同时注销。

第十六条　《社会团体分支机构登记证书》、《社会团体代表机构登记证书》的式样由国务院民政部门制定。

第十七条　本办法实施前已经备案的社会团体分支机构、代表机构，应当自本办法施行之日起1年内依照本办法有关规定申请登记。

第十八条　香港特别行政区、澳门特别行政区、台湾地区和外国社会团体在中国大陆设立分支机构、代表机构的，另行规定。

第十九条　本办法自发布之日起施行。

九十七、被撤销登记的社团继续活动
（《治安管理处罚法》第54条第1款第2项）

案由		被撤销登记的社团继续活动
概念		被撤销登记的社团继续活动，是指被依法撤销的社会团体，违反国家规定，仍然以社会团体的名义进行活动，尚不够刑事处罚的行为。
违法构成要件	违法客体	本行为侵犯的客体是国家对社会团体的管理秩序。
	违法客观方面	本行为在客观方面表现为被依法撤销登记的社会团体，违反国家规定，仍然以社会团体的名义进行活动，尚不够刑事处罚的行为。本行为在客观方面包括4个要件，缺一不可： 1. 违反国家规定。这里的“国家规定”主要是国务院颁布的《社会团体登记管理条例》等。 2. 社会团体依法被撤销登记。这是指该社会团体在成立之初，经过了国家有关部门的登记，是合法成立的社会团体，只是在后来开展活动的过程中，因违反了国家的有关规定或者其他原因，被有权部门依法予以撤销了。 3. 仍以原社会团体名义进行活动。这里需要注意的是：必须是以原社会团体的名义进行活动，如果是以另外的社会团体的名义进行活动，该社会团体如果是确实存在的，该行为可能构成非法以社团名义活动；相反，如果该社会团体根本就不存在，是行为人虚拟出来的，则该行为人的行为应以招摇撞骗行为论处。 4. 尚不够刑事处罚。这主要是指行为的情节和后果较轻，如果情节和后果较重，构成相关犯罪的，应根据《刑法》的规定，追究行为人的刑事责任。
	违法主体	本行为的主体是包括自然人和单位。单位构成本行为的，对其直接负责的主管人员和其他直接责任人员依照本条的规定处罚。其他法律、行政法规对同一行为规定给予单位处罚的，依照其规定处罚。
	违法主观方面	本行为在主观方面是故意，即行为人明知该社会团体已经被撤销，仍然以该社会团体的名义进行活动。另外，需要注意的是本行为的主体只能是被撤销的社会团体的工作人员，如果行为人根本就不是被撤销的社会团体的工作人员的而擅自以该社会团体的名义进行活动的，应以招摇撞骗行为论处。
认定界限		（一）本行为与非法以社团名义活动的界限。 《治安管理处罚法》第54条第1款第1项规定的非法以社团名义活动，是指违反国家规定，未经注册登记，以社会团体名义进行活动，被取缔后，仍进行活动，尚不够刑事处罚的行为。两者同属治安违法行为，都是对社会团体管理秩序的破

认定界限	坏，两者的界限主要表现在： 1. 行为主体不同。非法以社团名义活动的主体可以是任何人；后者的主体只能是被撤销登记的社会团体的工作人员。 2. 行为的客观表现不同。本行为表现为依法被撤销登记的社会团体，仍然以原社会团体的名义进行活动；后者表现为以根本就没有成立过的社会团体的名义进行活动。 （二）本行为与招摇撞骗行为的界限。 《治安管理处罚法》第51条第1款规定的招摇撞骗，是指以骗取各种非法利益为目的，冒充国家机关工作人员或者其他虚假身份，进行招摇撞骗活动，尚不够刑事处罚的行为。两者的区别主要表现在： 1. 行为侵犯的客体不同。本行为侵犯的客体是国家对社会团体的管理秩序；招摇撞骗行为侵犯的客体是社会管理秩序。 2. 行为方式不同。本行为表现为依法被撤销登记的社会团体，仍然以原社会团体的名义进行活动；后者表现为冒充国家机关工作人员或者其他虚假身份，进行招摇撞骗活动。 在实践中，也存在行为人以社团的名义，进行招摇撞骗的行为，这时候，应该具体分析： （1）行为人如果是被撤销社团的工作人员，又以被撤销的社团的名义进行活动的，以本行为论处； （2）行为人擅自以另一合法存在的社会团体的名义进行活动的，符合招摇撞骗的行为特征，应以招摇撞骗论处； （3）行为人擅自以根本就不存在的社会团体的名义进行活动的，经取缔后，仍然进行活动的，应以非法以社团名义活动行为论处。 （4）行为人根本就不是被撤销的社会团体的工作人员，擅自以被撤销的社团名义进行活动的，符合招摇撞骗的特征，应以招摇撞骗行为论处。
处罚标准	（一）构成本行为的，处10日以上15日以下拘留，并处500元以上1000元以下罚款。 （二）情节较轻的，处5日以下拘留或者500元以下罚款。 在实践中，判断情节的轻重，一般应从行为人的动机、手段、目的、行为的次数、造成的后果等方面综合考虑，由公安机关办案人员酌情量罚。
相关执法参考	**《中华人民共和国治安管理处罚法》**（节录） （2005年8月28日第十届全国人民代表大会常务委员会第十七次会议通过 中华人民共和国主席令第三十八号公布 自2006年3月1日起施行） 第五十四条第一款第二项 有下列行为之一的，处十日以上十五日以下拘留，并处五百元以上一千元以下罚款；情节较轻的，处五日以下拘留或者五百元以下罚款：

<table>
<tr>
<td>相关执法参考</td>
<td>

（二）被依法撤销登记的社会团体，仍以社会团体名义进行活动的；

《社会团体登记管理条例》（节录）

（1998年9月25日国务院第8次常务会议通过
1998年10月25日国务院令第250号发布　自发布之日起施行）

第三十五条　未经批准，擅自开展社会团体筹备活动，或者未经登记，擅自以社会团体名义进行活动，以及被撤销登记的社会团体继续以社会团体名义进行活动的，由登记管理机关予以取缔，没收非法财产；构成犯罪的，依法追究刑事责任；尚不构成犯罪的，依法给予治安管理处罚。

第三十六条　社会团体被责令限期停止活动的，由登记管理机关封存《社会团体法人登记证书》、印章和财务凭证。

社会团体被撤销登记的，由登记管理机关收缴《社会团体法人登记证书》和印章。

</td>
</tr>
</table>

九十八、擅自经营需公安机关许可的行业
（《治安管理处罚法》第54条第1款第3项）

<table>
<tr><td colspan="2">案由</td><td>擅自经营需公安机关许可的行业</td></tr>
<tr><td colspan="2">概念</td><td>擅自经营需公安机关许可的行业，是指未经许可，擅自经营按照国家规定需要公安机关许可的行业，尚不够刑事处罚的行为。</td></tr>
<tr><td rowspan="2">违法构成要件</td><td>违法客体</td><td>本行为侵犯的客体是公安机关对某些特定行业的管理秩序。</td></tr>
<tr><td>违法客观方面</td><td>本行为在客观方面表现为未经许可，擅自经营按照国家规定需要公安机关许可的行业，尚不够刑事处罚的行为。
本行为在实践中主要包括两种形式：
1. 未取得许可而擅自经营；
2. 虽然取得了许可，但是超范围经营，即不仅经营了已经取得许可的项目，而且经营了其他需要公安机关许可的项目，对这种情况，情节严重的，公安机关可以吊销许可证。
根据2006年1月26日公安部印发的《公安机关执行〈中华人民共和国治安管理处罚法〉有关问题的解释》的规定，“按照国家规定需要公安机关许可的行业”是指有关法律、行政法规和国务院决定的有关规定，需要由公安机关许可的旅馆业、典当业、公章刻制业、保安培训业。
“旅馆”，是指凡经营接待旅客住宿的旅馆、饭店、宾馆、招待所、客货栈、车马店、浴池等。不论是国营、集体经营，还是合伙经营、个体经营、中外合资、中外合作经营，不论是专营还是兼营，不论是常年经营，还是季节性经营，都纳入旅馆业治安管理。
“公章刻字业”，是指承制各种印章的国有、集体或者个体刻字店（社）。按照1983年4月31日商业部、公安部、国家工商行政管理局《关于严格集体、个体开办旅店刻字业审批手续的通知》规定，申请开办刻字业，必须经公安部门审查同意，由工商行政管理部门发给营业执照，方准营业。
“典当”，是指当户将其动产、财产权利作为当物质押或者将其房地产作为当物抵押给典当行，交付一定比例费用，取得当金，并在约定期限内支付当金利息、偿还当金、赎回当物的行为。“典当行”，是指依照本办法设立的专门从事典当活动的企业法人，其组织形式与组织机构适用《公司法》的有关规定。
“保安培训”，是指为社会提供专业化、有偿安全防范培训的特殊企业，如各地的保安服务公司等。</td></tr>
</table>

<table>
<tr><td rowspan="2">违法构成要件</td><td>违法主体</td><td>本行为的主体是包括自然人、法人和其他组织。无论是中国公民，还是外国人抑或无国籍人，均可成为本行为的主体。</td></tr>
<tr><td>违法主观方面</td><td>本行为在主观方面是故意。</td></tr>
<tr><td>认定界限</td><td colspan="2">（一）本行为与非法经营罪的界限。
《刑法》第225条规定的非法经营罪，是指未经许可经营法律、行政法规规定的专营、专卖物品或者其他限制买卖的物品，买卖进出口许可证、进出口原产地证明以及其他法律、行政法规规定的经营许可证或者批准文件，非法经营证券、期货、保险业务的，或者非法从事资金支付结算业务，以及其他严重扰乱市场秩序的非法经营行为。两者的界限主要在于：
1. 侵犯的客体不同。本行为侵犯的客体是公安机关对某些特定行业的管理秩序。后者侵犯的客体是市场交易的正常秩序。
2. 行为方式不同。本行为在客观方面表现为未经许可，擅自经营按照国家规定需要公安机关许可的行业，尚不够刑事处罚的行为。本行为在实践中主要包括两种形式：（1）未取得许可而擅自经营；（2）虽然取得了许可，但是超范围经营，即不仅经营了已经取得许可的项目，而且经营了其他需要公安机关许可的项目，对这种情况，情节严重的，公安机关可以吊销许可证。后者在客观方面表现为未经许可经营法律、行政法规规定的专营、专卖物品或者其他限制买卖的物品，买卖进出口许可证、进出口原产地证明以及其他法律、行政法规规定的经营许可证或者批准文件，非法经营证券、期货、保险业务的，或者非法从事资金支付结算业务，以及其他严重扰乱市场秩序的非法经营，情节严重的行为。根据《刑法》规定，非法经营罪主要包括以下几种行为方式：（1）未经许可经营法律、行政法规规定的专营、专卖物品或者其他限制买卖的物品。根据规定，我国对一些有关国计民生、人们生命健康安全以及公共利益的物资实行限制经营。只有经过有关部门批准，获取经营许可证后才能经营，没有经过批准而擅自经营的，就属非法经营。这里的“经营”包括收购、储存、运输、加工、批发、销售等有关活动。“限制买卖物品”是指根据规定不允许在市场上自由买卖的物品，如国家不允许自由买卖的重要生产资料和紧俏消费品、国家指定专门单位经营的物品，如烟草专卖品、外汇、金银及其制品等。“限制买卖物品”的范围由国家法律、行政法规规定。（2）买卖进出口许可证、进出口原产地证明以及其他法律、行政法规规定的经营许可证或者批准文件。（3）未经国家有关主管部门批准非法经营证券、期货、保险业务的，或者非法从事资金支付结算业务。（4）其他严重扰乱市场秩序的非法经营行为。例如，非法从事传销活动、彩票交易；倒卖国家禁止或限制进口的废弃物；垄断货源、哄抬物价、囤积居奇；倒卖外汇、执照以及有伤风化的物品等。</td></tr>
</table>

认定界限	3. 行为的性质和情节不同。本行为属于违反治安管理行为，一般情节较轻，后者属于犯罪行为，只有达到“情节严重”的程度，才能构成该罪。根据《最高人民检察院 公安部关于公安机关管辖的刑事案件立案追诉标准的规定（二）》第79条的规定，违反国家规定，进行非法经营活动，扰乱市场秩序，涉嫌下列情形之一的，应以非法经营罪立案追诉： （1）违反国家有关盐业管理规定，非法生产、储运、销售食盐，扰乱市场秩序，具有下列情形之一的： ——非法经营食盐数量在20吨以上的； ——曾因非法经营食盐行为受过两次以上行政处罚又非法经营食盐，数量在10吨以上的。 （2）违反国家烟草专卖管理法律法规，未经烟草专卖行政主管部门许可，无烟草专卖生产企业许可证、烟草专卖批发企业许可证、特种烟草专卖经营企业许可证、烟草专卖零售许可证等许可证明，非法经营烟草专卖品，具有下列情形之一的： ——非法经营数额在5万元以上，或者违法所得数额在2万元以上的； ——非法经营卷烟20万支以上的； ——曾因非法经营烟草专卖品3年内受过两次以上行政处罚，又非法经营烟草专卖品且数额在3万元以上的。 （3）未经国家有关主管部门批准，非法经营证券、期货、保险业务，或者非法从事资金支付结算业务，具有下列情形之一的： ——非法经营证券、期货、保险业务，数额在30万元以上的； ——非法从事资金支付结算业务，数额在200万元以上的； ——违反国家规定，使用销售点终端机具（POS机）等方法，以虚构交易、虚开价格、现金退货等方式向信用卡持卡人直接支付现金，数额在100万元以上的，或者造成金融机构资金20万元以上逾期未还的，或者造成金融机构经济损失10万元以上的； ——违法所得数额在5万元以上的。 （4）非法经营外汇，具有下列情形之一的： ——在外汇指定银行和中国外汇交易中心及其分中心以外买卖外汇，数额在20万美元以上的，或者违法所得数额在五万元以上的； ——公司、企业或者其他单位违反有关外贸代理业务的规定，采用非法手段，或者明知是伪造、变造的凭证、商业单据，为他人向外汇指定银行骗购外汇，数额在500万美元以上或者违法所得数额在50万元以上的； ——居间介绍骗购外汇，数额在100万美元以上或者违法所得数额在10万元以上的。 （5）出版、印刷、复制、发行严重危害社会秩序和扰乱市场秩序的非法出版物，具有下列情形之一的： ——个人非法经营数额在5万元以上的，单位非法经营数额在15万元以上的； ——个人违法所得数额在2万元以上的，单位违法所得数额在5万元以上的；

认定界限	——个人非法经营报纸5000份或者期刊5000本或者图书2000册或者音像制品、电子出版物500张（盒）以上的，单位非法经营报纸15000份或者期刊15000本或者图书5000册或者音像制品、电子出版物1500张（盒）以上的； ——虽未达到上述数额标准，但具有下列情形之一的（“虽未达到上述数额标准”，是指接近上述数额标准且已达到该数额的80%以上的）：两年内因出版、印刷、复制、发行非法出版物受过行政处罚两次以上的，又出版、印刷、复制、发行非法出版物的；因出版、印刷、复制、发行非法出版物造成恶劣社会影响或者其他严重后果的。 （6）非法从事出版物的出版、印刷、复制、发行业务，严重扰乱市场秩序，具有下列情形之一的： ——个人非法经营数额在15万元以上的，单位非法经营数额在50万元以上的； ——个人违法所得数额在5万元以上的，单位违法所得数额在15万元以上的； ——个人非法经营报纸15000份或者期刊15000本或者图书5000册或者音像制品、电子出版物1500张（盒）以上的，单位非法经营报纸50000份或者期刊50000本或者图书15000册或者音像制品、电子出版物5000张（盒）以上的； ——虽未达到上述数额标准，两年内因非法从事出版物的出版、印刷、复制、发行业务受过行政处罚两次以上的，又非法从事出版物的出版、印刷、复制、发行业务的，“虽未达到上述数额标准”，是指接近上述数额标准且已达到该数额的80%以上的。 （7）采取租用国际专线、私设转接设备或者其他方法，擅自经营国际电信业务或者涉港澳台电信业务进行营利活动，扰乱电信市场管理秩序，具有下列情形之一的： ——经营去话业务数额在100万元以上的； ——经营来话业务造成电信资费损失数额在100万元以上的； ——虽未达到上述数额标准（“虽未达到上述数额标准”，是指接近上述数额标准且已达到该数额的80%以上的），但具有下列情形之一的：两年内因非法经营国际电信业务或者涉港澳台电信业务行为受过行政处罚二次以上，又非法经营国际电信业务或者涉港澳台电信业务的；因非法经营国际电信业务或者涉港澳台电信业务行为造成其他严重后果的。 （8）从事其他非法经营活动，具有下列情形之一的： ——个人非法经营数额在5万元以上，或者违法所得数额在1万元以上的； ——单位非法经营数额在50万元以上，或者违法所得数额在10万元以上的； ——虽未达到上述数额标准，但两年内因同种非法经营行为受过两次以上行政处罚，又进行同种非法经营行为的，“虽未达到上述数额标准”，是指接近上述数额标准且已达到该数额的80%以上的； ——其他情节严重的情形。 （二）“典当业”与“寄售业”的界限。 “寄售业”，即“信托寄卖业”，是适应广大群众互通有无，进行多余物品交换

认定界限	的需要而发展起来的一种商业性服务行为，包括信托寄卖商店、委托商店、委托寄卖公司、寄卖店、旧货摊点、古玩店、文物寄售店等。其经营方式主要有：委托寄售，即卖主与寄卖店设定物品的价格，委托商店代为出售；收购，即卖主一次性地将物品直接出售给寄卖店，经过设定、折旧，当即收到所卖的钱；代销，即寄卖店为一些工厂、商店代销一部分滞销、积压的商品，从中提取部分利益。 从本行为客观方面的论述中，我们可以看出，典当具有收取抵押物、质押物后提供临时贷款的性质，本质上从事的是一种金融行为，而寄售行做的则是一种纯商业的买卖，具有中间人的性质，基本上是人们将物品寄存与此，并且委托商行代为销售，代销人按照合同规定获得佣金以及其他费用，其余金额归还委托人。 正是因为"典当"是一种金融行为，国家对典当行的设立门槛非常高，条件非常严：必须取得国家有关部门颁发的典当经营许可证和特种行业许可证，许可证是非常严格的，典当行注册资本最低限额为300万元；从事房地产抵押典当业务的，注册资本最低限额为500万元；从事财产权利质押典当业务的，注册资本最低限额为1000万元。《典当管理办法》第5条还规定，典当行名称中的行业表述应当标明"典当"字样。其他任何经营性组织和机构的名称不得含有"典当"字样，不得经营或者变相经营典当业务。 相反，寄售行成立的条件以及审批程序很简单，资金的要求少则几万，多则几十万都可以。《行政许可法》实施以后，开办寄售行已经无需公安机关审批这一环节，不再需要申领许可证了。
处罚标准	（一）构成本行为的，处10日以上15日以下拘留，并处500元以上1000元以下罚款，同时予以取缔。 取缔应当由违反治安管理行为发生地的县级以上公安机关作出决定，按照《治安管理处罚法》的有关规定采取相应的措施，如责令停止相关经营活动、进入无证经营场所进行检查、扣押与案件有关的需要作为证据的物品等。在取缔的同时，应当依法收缴非法财物、追缴违法所得。 （二）情节较轻的，处5日以下拘留或者500元以下罚款。 "情节较轻"是指未造成较大影响、能主动配合公安机关查处的。 （三）取得公安机关许可的经营者，违反国家有关管理规定，情节严重的，公安机关可以吊销许可证。 在实践中，判断情节的轻重，一般应从行为人的动机、手段、目的、行为的次数、造成的后果等方面综合考虑，由公安机关办案人员酌情量罚。具有下列情形之一的，应认定为"情节严重"： 1. 违法经营的时间较长，营业额较大，社会影响恶劣的； 2. 造成严重后果的； 3. 经公安机关指出后，拒不改正的； 4. 其他情节严重的情形。

相关执法参考

《中华人民共和国治安管理处罚法》（节录）

（2005年8月28日第十届全国人民代表大会常务委员会第十七次会议通过 中华人民共和国主席令第三十八号公布 自2006年3月1日起施行）

第五十四条第一款第三项 有下列行为之一的，处十日以上十五日以下拘留，并处五百元以上一千元以下罚款；情节较轻的，处五日以下拘留或者五百元以下罚款：

（三）未经许可，擅自经营按照国家规定需要由公安机关许可的行业的。

第五十四条第二款 有前款第三项行为的，予以取缔。

第五十四条第二款 取得公安机关许可的经营者，违反国家有关管理规定，情节严重的，公安机关可以吊销许可证。

《中华人民共和国刑法》（节录）

（1979年7月1日第五届全国人民代表大会第二次会议通过 1997年3月14日第八届全国人民代表大会第五次会议修订 根据2011年2月25日第十一届全国人民代表大会常务委员会第十九次会议通过的《中华人民共和国刑法修正案（八）》最新修正）

第二百二十五条 违反国家规定，有下列非法经营行为之一，扰乱市场秩序，情节严重的，处五年以下有期徒刑或者拘役，并处或者单处违法所得一倍以上五倍以下罚金；情节特别严重的，处五年以上有期徒刑，并处违法所得一倍以上五倍以下罚金或者没收财产：

（一）未经许可经营法律、行政法规规定的专营、专卖物品或者其他限制买卖的物品的；

（二）买卖进出口许可证、进出口原产地证明以及其他法律、行政法规规定的经营许可证或者批准文件的；

（三）未经国家有关主管部门批准非法经营证券、期货、保险业务的，或者非法从事资金支付结算业务的；{根据刑法修正案（七）修改此项}

{原条文：未经国家有关主管部门批准，非法经营证券、期货或者保险业务的；}

（四）其他严重扰乱市场秩序的非法经营行为。{原为（三）项}

第二百三十一条 单位犯本节第二百二十一条至第二百三十条规定之罪的，对单位判处罚金，并对其直接负责的主管人员和其他直接责任人员，依照本节各该条的规定处罚。

《最高人民检察院 公安部关于公安机关管辖的刑事案件立案追诉标准的规定（二）》（节录）

（2010年5月7日 公通字［2010］23号 2010年5月18日印发）

第七十九条 ［非法经营案（刑法第二百二十五条）］违反国家规定，进行非法经营活动，扰乱市场秩序，涉嫌下列情形之一的，应予立案追诉：

（一）违反国家有关盐业管理规定，非法生产、储运、销售食盐，扰乱市场秩序，具有下列情形之一的：

相关执法参考

1. 非法经营食盐数量在二十吨以上的；

2. 曾因非法经营食盐行为受过二次以上行政处罚又非法经营食盐，数量在十吨以上的。

（二）违反国家烟草专卖管理法律法规，未经烟草专卖行政主管部门许可，无烟草专卖生产企业许可证、烟草专卖批发企业许可证、特种烟草专卖经营企业许可证、烟草专卖零售许可证等许可证明，非法经营烟草专卖品，具有下列情形之一的：

1. 非法经营数额在五万元以上，或者违法所得数额在二万元以上的；

2. 非法经营卷烟二十万支以上的；

3. 曾因非法经营烟草专卖品三年内受过二次以上行政处罚，又非法经营烟草专卖品且数额在三万元以上的。

（三）未经国家有关主管部门批准，非法经营证券、期货、保险业务，或者非法从事资金支付结算业务，具有下列情形之一的：

1. 非法经营证券、期货、保险业务，数额在三十万元以上的；

2. 非法从事资金支付结算业务，数额在二百万元以上的；

3. 违反国家规定，使用销售点终端机具（POS机）等方法，以虚构交易、虚开价格、现金退货等方式向信用卡持卡人直接支付现金，数额在一百万元以上的，或者造成金融机构资金二十万元以上逾期未还的，或者造成金融机构经济损失十万元以上的；

4. 违法所得数额在五万元以上的。

（四）非法经营外汇，具有下列情形之一的：

1. 在外汇指定银行和中国外汇交易中心及其分中心以外买卖外汇，数额在二十万美元以上的，或者违法所得数额在五万元以上的；

2. 公司、企业或者其他单位违反有关外贸代理业务的规定，采用非法手段，或者明知是伪造、变造的凭证、商业单据，为他人向外汇指定银行骗购外汇，数额在五百万美元以上或者违法所得数额在五十万元以上的；

3. 居间介绍骗购外汇，数额在一百万美元以上或者违法所得数额在十万元以上的。

（五）出版、印刷、复制、发行严重危害社会秩序和扰乱市场秩序的非法出版物，具有下列情形之一的：

1. 个人非法经营数额在五万元以上的，单位非法经营数额在十五万元以上的；

2. 个人违法所得数额在二万元以上的，单位违法所得数额在五万元以上的；

3. 个人非法经营报纸五千份或者期刊五千本或者图书二千册或者音像制品、电子出版物五百张（盒）以上的，单位非法经营报纸一万五千份或者期刊一万五千本或者图书五千册或者音像制品、电子出版物一千五百张（盒）以上的；

4. 虽未达到上述数额标准，但具有下列情形之一的：

(1) 两年内因出版、印刷、复制、发行非法出版物受过行政处罚二次以上的，又出版、印刷、复制、发行非法出版物的；

(2) 因出版、印刷、复制、发行非法出版物造成恶劣社会影响或者其他严重后果的。

（六）非法从事出版物的出版、印刷、复制、发行业务，严重扰乱市场秩序，具有下列情形之一的：

1. 个人非法经营数额在十五万元以上的，单位非法经营数额在五十万元以上的；

2. 个人违法所得数额在五万元以上的，单位违法所得数额在十五万元以上的；

3. 个人非法经营报纸一万五千份或者期刊一万五千本或者图书五千册或者音像制品、电子出版物一千五百张（盒）以上的，单位非法经营报纸五万份或者期刊五万本或者图书一万五千册或者音像制品、电子出版物五千张（盒）以上的；

4. 虽未达到上述数额标准，两年内因非法从事出版物的出版、印刷、复制、发行业务受过行政处罚二次以上的，又非法从事出版物的出版、印刷、复制、发行业务的。

（七）采取租用国际专线、私设转接设备或者其他方法，擅自经营国际电信业务或者涉港澳台电信业务进行营利活动，扰乱电信市场管理秩序，具有下列情形之一的：

1. 经营去话业务数额在一百万元以上的；

2. 经营来话业务造成电信资费损失数额在一百万元以上的；

3. 虽未达到上述数额标准，但具有下列情形之一的：

（1）两年内因非法经营国际电信业务或者涉港澳台电信业务行为受过行政处罚二次以上，又非法经营国际电信业务或者涉港澳台电信业务的；

（2）因非法经营国际电信业务或者涉港澳台电信业务行为造成其他严重后果的。

（八）从事其他非法经营活动，具有下列情形之一的：

1. 个人非法经营数额在五万元以上，或者违法所得数额在一万元以上的；

2. 单位非法经营数额在五十万元以上，或者违法所得数额在十万元以上的；

3. 虽未达到上述数额标准，但两年内因同种非法经营行为受过二次以上行政处罚，又进行同种非法经营行为的；

4. 其他情节严重的情形。

第八十八条　本规定中的“虽未达到上述数额标准”，是指接近上述数额标准且已达到该数额的百分之八十以上的。

第八十九条　对于预备犯、未遂犯、中止犯，需要追究刑事责任的，应予立案追诉。

第九十条　本规定中的立案追诉标准，除法律、司法解释、本规定中另有规定的以外，适用于相应的单位犯罪。

第九十一条　本规定中的“以上”，包括本数。

《公安机关行政许可工作规定》

（2005 年 9 月 17 日公安部令第 80 号颁布　自 2005 年 12 月 1 日起施行）

第一章　总　则

第一条　为了贯彻实施《中华人民共和国行政许可法》（以下简称《行政许可法》），规范公安行政许可工作，制定本规定。

相关执法参考

第二条 公安机关实施行政许可及其监督管理，适用本规定。

法律、法规授权实施行政许可的公安机关内设机构，适用本规定有关公安机关的规定。

第三条 公安机关实施行政许可，应当遵循合法、公开、公平、公正、便民、高效等原则。

第二章 申请与受理

第四条 公安机关依照《行政许可法》第三十条规定进行公示可以采取设置公告栏、触摸屏或者查阅本等方式进行。已经建立公共信息网站的公安机关还应当将该条规定的公示内容以及受理机关的地址、咨询电话在网站上公示。

第五条 公民、法人或者其他组织依法需要取得公安行政许可的，应当向公安机关提出申请。

申请人可以委托代理人提出行政许可申请，也可以通过信函、电报、电传、传真、电子数据交换和电子邮件等方式提出行政许可申请，但是依法应当由申请人到公安机关办公场所当面提出行政许可申请的除外。

对申请人委托代理人提出行政许可申请的，公安机关应当要求当事人出具授权委托书或者在申请表上委托栏中载明委托人和代理人的简要情况，并签名或者盖章，出示委托人身份证件。

第六条 公安机关应当在办公场所便于公众知晓的位置公布受理行政许可的内设机构名称、地址、联系电话。

办公场所分散、行政许可工作量大的公安机关可以设立统一对外、集中受理公安行政许可申请的场所。

第七条 同一行政许可需要公安机关多个内设机构办理的，由最先收到申请的机构或者本机关指定的机构统一受理，并负责统一送达行政许可决定。

接到申请的机构应当将行政许可申请转告有关机构分别提出意见后统一办理，或者组织有关机构联合办理。

第八条 设区的市级以上公安机关可以将自己负责实施的行政许可，委托县、区公安机关受理。

第九条 申请材料有更正痕迹的，受理机关应当要求申请人在更正处签名、盖章或者捺指印确认。

第十条 受理机关接到行政许可申请后，应当就下列事项进行初步审查：

（一）申请事项是否属于依法需要取得行政许可的事项；

（二）申请事项是否属于本机关管辖；

（三）申请材料是否齐全和符合法定形式，内容填写是否正确。

第十一条 受理机关对申请人提出的行政许可申请，经初步审查，按照下列情形分别作出处理：

（一）依法不需要取得行政许可的，应当即时口头告知申请人不予受理，并说明理由；申请人要求书面决定的，公安机关应当出具不予受理决定书；

（二）申请事项依法不属于本机关职权范围的，应当口头告知申请人向有关行政机关申请；申请人要求书面决定的，公安机关应当出具不予受理决定书；

（三）申请材料存在可以当场更正的错误的，应当允许申请人当场更正，并由申请人签字或者捺指印确认；

（四）申请材料不齐全或者不符合法定形式的，应当当场或者在五日内一次告知申请人需要补正的全部内容；逾期不告知的，自收到申请材料之日起即为受理；

（五）申请事项属于本机关职权范围，申请材料齐全、符合法定形式，或者申请人按照本机关的要求提交全部补正申请材料的，应当受理行政许可申请。

第十二条　对申请人通过信函、电报、电传、传真、电子数据交换和电子邮件等方式提出申请的，公安机关应当自收到申请材料之日起五日内按照第十一条的规定分别情形作出处理，并通知申请人。逾期未通知的，视为受理。但因为申请人原因无法通知的除外。

第十三条　公安机关受理行政许可申请的，应当出具受理行政许可申请凭证。受理凭证应当注明申请事项和办理时限、联系人、咨询电话和收到的申请材料的目录，加盖本机关专用章，并注明受理日期。公安机关当场作出行政许可决定的，无需出具受理凭证。

公安机关依据本规定第十一条第（一）项和第（二）项出具的不予受理行政许可申请决定书应当写明理由，告知申请人有申请行政复议或者提起行政诉讼的权利，加盖本机关专用章，并注明日期。

第三章　审查与决定

第十四条　公安机关受理行政许可申请后，除依法可以当场作出许可决定外，应当指定工作人员负责对申请材料进行审查。审查人员审查后应当提出明确的书面审查意见并签名。

第十五条　根据法定条件和程序，需要对申请材料的实质内容进行核实的，公安机关应当指派工作人员进行核查。

核查可以采取实地或者实物查看、检验、检测以及询问、调查等方式进行。核查应当制作核查记录，全面、客观地记载核查情况。核查记录应当由核查人员和被核查方签字确认。

第十六条　公安机关在审查行政许可申请时，涉及专业知识或者技术问题的，可以委托专业机构或者专家进行评审，由专业机构或者专家出具评审意见，也可以召开专家评审会。

公安机关不得事先公开专家名单。专家评审会不公开举行，申请人不得参加专家评审会。

公安机关作出最终决定时应当参考专业机构或者专家评审意见。

第十七条　公安机关对行政许可申请进行审查时，发现行政许可事项直接关系他人重大利益或者直接涉及申请人与他人之间重大利益关系的，应当告知利害关系人行政许可事项，并告知申请人、利害关系人有权进行陈述、申辩和要求听证。

对申请人或者利害关系人的陈述和申辩，公安机关应当记录在案，并纳入行政许可审查范围。

申请人或者利害关系人要求听证的，应当在被告知听证权利之日起五日内提出听证申请。公安机关应当在申请人或者利害关系人提出听证申请之日起二十日内组

相关执法参考

织听证。

第十八条　法律、法规、规章规定实施行政许可应当举行听证的事项，或者公安机关认为需要听证的其他涉及公共安全等公共利益的重大行政许可事项，公安机关应当向社会公告，公告期为十日，并在公告期满后二十日内举行听证，公告期不计入公安机关办理行政许可的期限。

公民、法人或者其他组织在公告期内报名参加听证的，公安机关应当登记。公告期内无人报名参加听证的，公安机关应当在案卷中载明，不再举行听证。报名人数过多难以组织安排的，公安机关可从报名者中采取随机方式确定五至十人参加听证。

第十九条　行政许可听证由负责审查该行政许可申请的工作人员以外的人员担任听证主持人。

申请人、利害关系人不承担组织听证的费用。

经过听证的行政许可，公安机关应当根据听证笔录，作出行政许可决定；未经听证的证据，不得作为行政许可决定的根据。

第二十条　公安机关作出行政许可决定应当经公安机关负责人或者其授权的工作人员批准。

第二十一条　公安机关拟作出的行政许可决定对申请人申请的行政许可范围、数量、期限、内容等事项有重大改变的，应当事先告知申请人，征得其同意，并在申请材料上注明。申请人不同意的，依法作出不予许可的决定。

第二十二条　公安机关办理行政许可，必须遵循《行政许可法》规定的期限。法律、法规另有规定的，依照其规定。

依法应当先经下级公安机关审查后报上级公安机关决定的行政许可，下级公安机关应当自其受理行政许可申请之日起二十日内审查完毕，并将审查意见和全部申请材料报送上级公安机关，上级公安机关应当自收到下级公安机关报送的审查意见和申请材料之日起二十日内作出决定。

第二十三条　公安机关依法收取行政许可费用，必须向交费人开具财政部门统一制发的票据。

第二十四条　被许可人申请变更行政许可事项的，按照行政许可申请程序和期限办理。

第四章　监督检查

第二十五条　公安机关应当按照《行政许可法》第六章的规定加强对被许可人从事行政许可事项活动的监督检查。

第二十六条　监督检查可以采取下列方式：

（一）实地检查；

（二）抽样检查、检验、检测；

（三）查阅从事行政许可事项活动的相关资料；

（四）其他法律、法规、规章规定的监督检查方式。

第二十七条　公安机关监督检查人员公开对被许可事项进行监督检查时，应当向被许可人出示执法身份证件。对公共场所监督检查时，可以采用暗查方式。

相关执法参考

第二十八条　对直接关系公共安全、人身健康、生命财产安全的重要设备、设施，公安机关应当在其职责范围内依法督促设计、建造、安装和使用单位建立健全相应的自检制度。

第二十九条　公安机关监督检查人员在监督检查时，发现直接关系公共安全、人身健康、生命财产安全的重要设备、设施存在安全隐患，能够当场改正的，应当责令设备、设施所属单位当场改正；不能当场改正，无法保证安全的，应当当场口头或者书面责令暂时停止建造、安装或者使用，并在二十四小时内向所属公安机关报告。公安机关应当在接到报告后二日内向建造、安装或者使用单位送达正式处理决定书，责令其限期整改。对属于其他行政机关管辖的，应当及时通知其他行政机关。

被许可单位存在安全隐患，拒不整改的，公安机关应当依法予以处罚或者采取强制措施督促其整改，并可以向社会公布其安全隐患情况，在隐患单位挂牌警示。

第三十条　公安机关应当建立健全被许可人档案。

公安机关对被许可人的监督检查情况和处理结果，应当予以记录，并由监督检查人员签字后归档，保留期限为两年，法律、法规和其他规章另有规定的除外。

第三十一条　被许可活动属于生产经营活动或者直接涉及公众利益的，公安机关可以公布对被许可人的监督检查情况和处理结果以及对被许可人从事许可活动的评价意见。

被许可活动涉及公共安全的，公安机关可以建立被许可单位的公共安全等级评定制度，并向社会公布被许可单位的公共安全等级。

第三十二条　公安机关依照《行政许可法》第六十九条规定撤销行政许可时，应当作出书面决定，并告知被许可人撤销行政许可的法律依据和事实基础，同时责令当事人自行政许可撤销之日起停止从事行政许可事项活动。撤销行政许可应当收回许可证件。当事人拒绝交回的，公安机关应当予以注销，并予公告。

第三十三条　公安机关鼓励个人和组织参与对行政许可事项活动的监督。

个人或者组织向公安机关举报违法从事行政许可事项活动，经查证属实的，公安机关可以给予适当奖励。

第三十四条　对利害关系人根据《行政许可法》第六十九条规定提出的撤销行政许可请求，公安机关应当进行调查，并自收到撤销行政许可请求之日起一个月内作出处理决定，告知利害关系人。情况复杂，不能在规定期限内调查清楚，作出处理决定的，经公安机关负责人批准，可以延长时限。延长时限不超过一个月。

对在法定复议期限内向上一级公安机关提出撤销行政许可请求的，按照行政复议程序处理。

第三十五条　公安机关依法变更或者撤回已经生效的行政许可，应当事前告知被许可人或者向社会公告，并说明理由。

第三十六条　公民依法要求查阅行政许可决定或者监督检查记录的，应当出示身份证明。公安机关不能安排当时查阅的，应当向申请人作出解释，并在五日内安排查阅。

查阅人要求复制有关资料的，应当允许。复制费用由查阅人负担。

涉及国家秘密、商业秘密或者个人隐私的许可资料，不予公开。

第五章　执法监督

第三十七条　上级公安机关及其业务部门应当加强对下级公安机关及其业务部门实施行政许可的监督检查，并将其纳入执法质量考评范围，及时纠正行政许可实施中的违法行为。

公安机关警务督察部门应当加强对行政许可工作的现场督察。

第三十八条　公安机关应当建立健全实施行政许可的举报和投诉制度，公布投诉电话或者信箱。对公民、法人或者其他组织的举报或者投诉，应当及时查处。

第三十九条　公安机关从事行政许可工作的人员具有下列情形之一的，依法给予行政处分，并可以视情调离行政许可工作岗位；构成犯罪的，依法追究刑事责任：

（一）索取或者收受他人财物或者其他利益的；

（二）玩忽职守或者滥用职权的；

（三）一年内受到二次以上投诉，且投诉属实，情节严重、影响恶劣的；

（四）其他违法违纪情形。

第四十条　公安机关从事行政许可的工作人员在实施行政许可工作中有执法过错的，按照《公安机关人民警察执法过错责任追究规定》追究责任；构成犯罪的，依法追究刑事责任。

第六章　附　则

第四十一条　公安机关办理非行政许可审批项目，参照本规定执行。

第四十二条　公安部其他规章对实施某项行政许可有特别规定的，依照特别规定执行。

第四十三条　本规定自2005年12月1日起实行。

《旅馆业治安管理办法》（节录）

（1987年9月23日国务院批准 1987年11月10日公安部发布
根据2010年12月29日国务院第138次常务会议通过的
〈国务院关于废止和修改部分行政法规的决定〉修改　国务院令第588号颁布）

第四条　申请开办旅馆，应经主管部门审查批准，经当地公安机关签署意见，向工商行政管理部门申请登记，领取营业执照后，方准开业。

经批准开业的旅馆，如有歇业、转业、合并、迁移、改变名称等情况，应当在工商行政管理部门办理变更登记后三日内，向当地的县、市公安局、公安分局备案。

第十五条　违反本办法第四条规定开办旅馆的，公安机关可以酌情给予警告或者处以二百元以下罚款；未经登记，私自开业的，公安机关应当协助工商行政管理部门依法处理。

《印铸刻字业暂行管理规则》（节录）

（政务院政治法律委员会批准1951年8月15日公安部发布）

第二条　凡经营铸造厂、制版社（制造钢印、铜版、胶版、石印版、珂罗版、火印、锌印、证明牌号等）、印刷局（以机械或化学材料印刷簿册、证券、商标

相关执法参考

等）、证章店、刻字店、刻字摊（雕刻戳记、印版、印章、胶皮印等）及所有上属性质之营业者，不论专营、兼营、公营、私营，（国家机关专用不以营业为目的者例外）或属何国籍，除法令另有规定者外，均依本规则管理之。

第三条　凡经营印铸刻字业者，须先向该管市（县）人民政府公安局或分局申请登记，办理以下手续：

一、详细填写特种营业登记表两份，附申请人最近二寸半身免冠像片三张，并觅具可靠非同业铺保两家。

二、造具该业股东、职工名册，建筑设备及四邻平面略图（露天刻字摊免缴平面略图）。

三、将填妥之申请登记表，连同像片、略图、名册等送公安局或分局，经核准发给许可证后，须另向该管工商机关申请，领得营业执照后始准营业。

《典当管理办法》（节录）

（2005年2月9日商务部、公安部2005年第8号令颁布
自2005年4月1日起实施）

第二条　在中华人民共和国境内设立典当行，从事典当活动，适用本办法。

第三条　本办法所称典当，是指当户将其动产、财产权利作为当物质押或者将其房地产作为当物抵押给典当行，交付一定比例费用，取得当金，并在约定期限内支付当金利息、偿还当金、赎回当物的行为。

本办法所称典当行，是指依照本办法设立的专门从事典当活动的企业法人，其组织形式与组织机构适用《中华人民共和国公司法》的有关规定。

第四条　商务主管部门对典当业实施监督管理，公安机关对典当业进行治安管理。

第五条　典当行的名称应当符合企业名称登记管理的有关规定。典当行名称中的行业表述应当标明“典当”字样。其他任何经营性组织和机构的名称不得含有“典当”字样，不得经营或者变相经营典当业务。

第十六条　申请人领取《典当经营许可证》后，应当在10日内向所在地县级人民政府公安机关申请典当行《特种行业许可证》，并提供下列材料：

（一）申请报告；

（二）《典当经营许可证》及复印件；

（三）法定代表人、个人股东和其他高级管理人员的简历及有效身份证件复印件；

（四）法定代表人、个人股东和其他高级管理人员的户口所在地县级人民政府公安机关出具的无故意犯罪记录证明；

（五）典当行经营场所及保管库房平面图、建筑结构图；

（六）录像设备、防护设施、保险箱（柜、库）及消防设施安装、设置位置分布图；

（七）各项治安保卫、消防安全管理制度；

（八）治安保卫组织或者治安保卫人员基本情况。

相关执法参考

第十七条　所在地县级人民政府公安机关受理后应当在10日内将申请材料及初步审核结果报设区的市（地）级人民政府公安机关审核批准，设区的市（地）级人民政府公安机关应当在10日内审核批准完毕。经批准的，颁发《特种行业许可证》。

设区的市（地）级人民政府公安机关直接受理的申请，应当在20日内审核批准完毕。经批准的，颁发《特种行业许可证》。

设区的市（地）级人民政府公安机关应当在发证后5日内将审核批准情况报省级人民政府公安机关备案；省级人民政府公安机关应当在5日内将有关情况通报同级商务主管部门。

申请人领取《特种行业许可证》后，应当在10日内到工商行政管理机关申请登记注册，领取营业执照后，方可营业。

《公安机关实施〈保安服务管理条例〉办法》

（2009年12月29日公安部部长办公会议通过　公安部令第112号）

第一章　总　则

第一条　为了规范公安机关对保安服务的监督管理工作，根据《保安服务管理条例》（以下简称《条例》）和有关法律、行政法规规定，制定本办法。

第二条　公安部负责全国保安服务活动的监督管理工作。地方各级公安机关应当按照属地管理、分级负责的原则，对保安服务活动依法进行监督管理。

第三条　省级公安机关负责下列保安服务监督管理工作：

（一）指导本省（自治区）公安机关对保安从业单位、保安培训单位、保安员和保安服务活动进行监督管理；

（二）核发、吊销保安服务公司的保安服务许可证、保安培训单位的保安培训许可证；

（三）审核保安服务公司法定代表人的变更情况；

（四）接受承担保安员枪支使用培训工作的人民警察院校、人民警察培训机构的备案；

（五）依法进行其他保安服务监督管理工作。

直辖市公安机关除行使省级公安机关的保安服务监督管理职能外，还可以直接受理设立保安服务公司或者保安培训单位的申请，核发保安员证，接受保安服务公司跨省、自治区、直辖市提供保安服务的备案。

第四条　设区市的公安机关负责下列保安服务监督管理工作：

（一）受理、审核设立保安服务公司、保安培训单位的申请材料；

（二）接受保安服务公司设立分公司和跨省、自治区、直辖市开展保安服务活动，以及自行招用保安员单位的备案；

（三）组织开展保安员考试，核发、吊销保安员证；

（四）对保安服务活动进行监督检查；

（五）依法进行其他保安服务监督管理工作。

第五条　县级公安机关负责下列保安服务监督管理工作：

相关执法参考

（一）对保安服务活动进行监督检查；

（二）协助进行自行招用保安员单位备案管理工作；

（三）受理保安员考试报名、采集保安员指纹；

（四）依法进行其他保安服务监督管理工作。

公安派出所负责对自行招用保安员单位保安服务活动的日常监督检查。

第六条　各级公安机关应当明确保安服务主管机构，归口负责保安服务监督管理工作。

铁路、交通、民航公安机关和森林公安机关负责对其管辖范围内的保安服务进行日常监督检查。

新疆生产建设兵团公安机关负责对其管辖范围内的保安服务进行监督管理。

第七条　保安服务行业协会在公安机关指导下依法开展提供服务、规范行为、反映诉求等保安服务行业自律工作。

全国性保安服务行业协会在公安部指导下开展推荐保安员服装式样、设计全国统一的保安服务标志、制定保安服务标准、开展保安服务企业资质认证以及协助组织保安员考试等工作。

第八条　公安机关对在保护公共财产和人民群众生命财产安全、预防和制止违法犯罪活动中有突出贡献的保安从业单位和保安员，应当按照国家有关规定给予表彰奖励。

保安员因工伤亡的，依照国家有关工伤保险的规定享受工伤保险待遇，公安机关应当协助落实工伤保险待遇；保安员因公牺牲的，公安机关应当按照国家有关规定，做好烈士推荐工作。

第二章　保安从业单位许可与备案

第九条　申请设立保安服务公司，应当向设区市的公安机关提交下列材料：

（一）设立申请书（应当载明拟设立保安服务公司的名称、住所、注册资本、股东及出资额、经营范围等内容）；

（二）依法设立且具有法定资格的验资机构出具的100万元以上注册资本验资证明，属于国有资产的，应当依照有关法律、行政法规的规定进行资产评估，并提供有关文件；

（三）拟任的保安服务公司法定代表人和总经理、副总经理等主要管理人员的有效身份证件、简历，保安师资格证书复印件，5年以上军队、公安、安全、审判、检察、司法行政或者治安保卫、保安经营管理工作经验证明，县级公安机关开具的无被刑事处罚、劳动教养、收容教育、强制隔离戒毒证明；

（四）拟设保安服务公司住所的所有权或者使用权的有效证明文件和提供保安服务所需的有关设备、交通工具等材料；

（五）专业技术人员名单和法律、行政法规有资格要求的资格证明；

（六）组织机构和保安服务管理制度、岗位责任制度、保安员管理制度材料；

（七）工商行政管理部门核发的企业名称预先核准通知书。

第十条　申请设立提供武装守护押运服务的保安服务公司，除向设区市的公安机关提交本办法第九条规定的材料外，还应当提交下列材料：

相关执法参考

（一）1000万元以上注册资本的有效证明文件；

（二）出资属国有独资或者国有资本占注册资本总额51%以上的有效证明文件；

（三）符合《专职守护押运人员枪支使用管理条例》规定条件的守护押运人员的材料；

（四）符合国家或者行业标准的专用运输车辆以及通信、报警设备的材料；

（五）枪支安全管理制度和保管设施情况的材料。

保安服务公司申请增设武装守护押运业务的，无需提交本办法第九条规定的材料。

第十一条　申请设立中外合资经营、中外合作经营或者外资独资经营的保安服务公司（以下统称外资保安服务公司），除了向公安机关提交本办法第九条、第十条规定的材料外，还应当提交下列材料：

（一）中外合资、中外合作合同；

（二）外方的资信证明和注册登记文件；

（三）拟任的保安服务公司法定代表人和总经理、副总经理等主要管理人员为外国人的，须提供在所属国家或者地区无被刑事处罚记录证明（原居住地警察机构出具并经公证机关公证）、5年以上保安经营管理工作经验证明、在华取得的保安师资格证书复印件。

本办法施行前已经设立的保安服务公司重新申请保安服务许可证，拟任的法定代表人和总经理、副总经理等主要管理人员为外国人的，除需提交前款第三项规定的材料外，还应当提交外国人就业证复印件。

第十二条　省级公安机关应当按照严格控制、防止垄断、适度竞争、确保安全的原则，提出武装守护押运服务公司的规划、布局方案，报公安部批准。

第十三条　设区市的公安机关应当自收到设立保安服务公司申请材料之日起15个工作日内，对申请人提交的材料的真实性进行审核，确认是否属实，并将审核意见报所在地省级公安机关。对设立提供武装守护押运和安全技术防范报警监控运营服务的申请，应当对经营场所、设施建设等情况进行现场考察。

省级公安机关收到设立保安服务公司的申请材料和设区市的公安机关的审核意见后，应当在15个工作日内作出决定：

（一）符合《条例》第八条、第十条和本办法第十二条规定的，决定核发保安服务许可证，或者在已有的保安服务许可证上增注武装守护押运服务；

（二）不符合《条例》第八条、第十条和本办法第十二条规定的，应当作出不予许可的决定，书面通知申请人并说明理由。

第十四条　取得保安服务许可证的申请人应当在办理工商登记后30个工作日内将工商营业执照复印件报送核发保安服务许可证的省级公安机关。

取得保安服务许可证后超过6个月未办理工商登记的，保安服务许可证失效，发证公安机关应当收回保安服务许可证。

第十五条　保安服务公司设立分公司的，应当自分公司设立之日起15个工作日内，向分公司所在地设区市的公安机关备案，并接受备案地公安机关监督管理。备案应当提交下列材料：

相关执法参考

（一）保安服务许可证、工商营业执照复印件；

（二）保安服务公司法定代表人、分公司负责人和保安员基本情况；

（三）拟开展的保安服务项目。

第十六条 保安服务公司拟变更法定代表人的，应当向所在地设区市的公安机关提出申请。设区市的公安机关应当在收到申请后15个工作日内进行审核并报所在地省级公安机关。省级公安机关应当在收到申报材料后15个工作日内审核并予以回复。

第十七条 省级公安机关许可设立提供武装守护押运服务的保安服务公司以及中外合资、中外合作或者外商独资经营的保安服务公司的，应当报公安部备案。

第十八条 自行招用保安员从事本单位安全防范工作的机关、团体、企业、事业单位以及在物业管理区域内开展秩序维护等服务的物业服务企业，应当自开始保安服务之日起30个工作日内向所在地设区市的公安机关备案。备案应当提交下列材料：

（一）单位法人资格证明；

（二）法定代表人（主要负责人）、保安服务分管负责人和保安员的基本情况；

（三）保安服务区域的基本情况；

（四）建立保安服务管理制度、岗位责任制度、保安员管理制度的情况；

（五）保安员在岗培训法律、保安专业知识和技能的情况。

第三章 保安员证申领与保安员招用

第十九条 申领保安员证应当符合下列条件：

（一）年满18周岁的中国公民；

（二）身体健康，品行良好；

（三）初中以上学历；

（四）参加保安员考试，成绩合格；

（五）没有《条例》第十七条规定的情形。

第二十条 参加保安员考试，由本人或者保安从业单位、保安培训单位组织到现住地县级公安机关报名，填报报名表（可以到当地公安机关政府网站上下载），并按照国家有关规定交纳考试费。报名应当提交下列材料：

（一）有效身份证件；

（二）县级以上医院出具的体检证明；

（三）初中以上学历证明。

县级公安机关应当在接受报名时留取考试申请人的指纹，采集数码照片，并现场告知领取准考证时间。

第二十一条 县级公安机关对申请人的报名材料进行审核，符合本办法第十九条第一项、第二项、第三项、第五项规定的，上报设区市的公安机关发给准考证，通知申请人领取。

第二十二条 设区市的公安机关应当根据本地报考人数和保安服务市场需要，合理规划设置考点，提前公布考试方式（机考或者卷考）和时间，每年考试不得少于2次。

考试题目从公安部保安员考试题库中随机抽取。考生凭准考证和有效身份证件参加考试。

第二十三条　申请人考试成绩合格的，设区市的公安机关核发保安员证，由县级公安机关通知申请人领取。

第二十四条　保安从业单位直接从事保安服务的人员应当持有保安员证。

保安从业单位应当招用持有保安员证的人员从事保安服务工作，并与被招用的保安员依法签订劳动合同。

第四章　保安服务

第二十五条　保安服务公司签订保安服务合同前，应当按照《条例》第二十一条的规定，对下列事项进行核查：

（一）客户单位是否依法设立；

（二）被保护财物是否合法；

（三）被保护人员的活动是否合法；

（四）要求提供保安服务的活动依法需经批准的，是否已经批准；

（五）维护秩序的区域是否经业主或者所属单位明确授权；

（六）其他应当核查的事项。

第二十六条　保安服务公司派出保安员提供保安服务，保安服务合同履行地与保安服务公司所在地不在同一省、自治区、直辖市的，应当依照《条例》第二十三条的规定，在开始提供保安服务之前30个工作日内向保安服务合同履行地设区市的公安机关备案，并接受备案地公安机关监督管理。备案应当提交下列材料：

（一）保安服务许可证和工商营业执照复印件；

（二）保安服务公司法定代表人、服务项目负责人有效身份证件和保安员的基本情况；

（三）跨区域经营服务的保安服务合同；

（四）其他需要提供的材料。

第二十七条　经设区的市级以上地方人民政府确定的关系国家安全、涉及国家秘密等治安保卫重点单位不得聘请外资保安服务公司提供保安服务。

为上述单位提供保安服务的保安服务公司不得招用境外人员。

第二十八条　保安服务中使用的技术防范产品，应当符合国家或者行业质量标准。

保安服务中安装报警监控设备应当遵守国家有关安全技术规范。

第二十九条　保安员上岗服务应当穿着全国性保安服务行业协会推荐式样的保安员服装，佩带全国统一的保安服务标志。

提供随身护卫、安全技术防范和安全风险评估服务的保安员上岗服务可以穿着便服，但应当佩带全国统一的保安服务标志。

第三十条　保安从业单位应当根据保安服务和保安员安全需要，为保安员配备保安服务岗位所需的防护、救生等器材和交通、通讯等装备。

保安服务岗位装备配备标准由公安部另行制定。

第三十一条　申请设立保安培训单位，应当向设区市的公安机关提交下列材料：

相关执法参考

（一）设立申请书（应当载明申请人基本情况、拟设立培训单位名称、培训目标、培训规模、培训内容、培训条件和内部管理制度等）；

（二）符合《条例》第三十二条规定条件的证明文件；

（三）申请人、法定代表人的有效身份证件，主要管理人员和师资人员的相关资格证明文件。

第三十二条　公安机关应当自收到申请材料之日起15个工作日内，对申请人提交的材料的真实性进行审核，对培训所需场所、设施等教学条件进行现场考察，并将审核意见报所在地省级公安机关。

省级公安机关收到申请材料和设区市的公安机关的审核意见后，应当在15个工作日内作出决定：

（一）符合《条例》第三十二条规定的，核发保安培训许可证；

（二）不符合《条例》第三十二条规定的，应当作出不予许可的决定，书面通知申请人并说明理由。

第三十三条　人民警察院校、人民警察培训机构对从事武装守护押运服务保安员进行枪支使用培训的，应当在开展培训工作前30个工作日内，向所在地省级公安机关备案。备案应当提交下列材料：

（一）法人资格证明或者批准成立文件；

（二）法定代表人、分管负责人的基本情况；

（三）与培训规模相适应的师资和教学设施情况；

（四）枪支安全管理制度和保管设施建设情况。

第三十四条　保安培训单位应当按照公安部审定的保安员培训教学大纲进行培训。

保安培训单位不得对外提供或者变相提供保安服务。

第六章　监督检查

第三十五条　公安机关应当加强对保安从业单位、保安培训单位的日常监督检查，督促落实各项管理制度。

第三十六条　公安机关应当根据《条例》规定，建立保安服务监督管理信息系统和保安员指纹等人体生物信息管理制度。

保安服务监督管理信息系统建设标准由公安部另行制定。

第三十七条　公安机关对保安服务公司应当检查下列内容：

（一）保安服务公司基本情况；

（二）设立分公司和跨省、自治区、直辖市开展保安服务经营活动情况；

（三）保安服务合同和监控影像资料、报警记录留存制度落实情况；

（四）保安服务中涉及的安全技术防范产品、设备安装、变更、使用情况；

（五）保安服务管理制度、岗位责任制度、保安员管理制度和紧急情况应急预案建立落实情况；

（六）从事武装守护押运服务的保安服务公司公务用枪安全管理制度和保管设施建设情况；

（七）保安员及其服装、保安服务标志与装备管理情况；

相关执法参考

（八）保安员在岗培训和权益保障工作落实情况；

（九）被投诉举报事项纠正情况；

（十）其他需要检查的事项。

第三十八条　公安机关对自行招用保安员单位应当检查下列内容：

（一）备案情况；

（二）监控影像资料、报警记录留存制度落实情况；

（三）保安服务中涉及的安全技术防范产品、设备安装、变更、使用情况；

（四）保安服务管理制度、岗位责任制度、保安员管理制度和紧急情况应急预案建立落实情况；

（五）依法配备的公务用枪安全管理制度和保管设施建设情况；

（六）自行招用的保安员及其服装、保安服务标志与装备管理情况；

（七）保安员在岗培训和权益保障工作落实情况；

（八）被投诉举报事项纠正情况；

（九）其他需要检查的事项。

第三十九条　公安机关对保安培训单位应当检查下列内容：

（一）保安培训单位基本情况；

（二）保安培训教学情况；

（三）枪支使用培训单位备案情况和枪支安全管理制度与保管设施建设管理情况；

（四）其他需要检查的事项。

第四十条　公安机关有关工作人员对保安从业单位和保安培训单位实施监督检查时不得少于2人，并应当出示执法身份证件。

对监督检查情况和处理意见应当如实记录，并由公安机关检查人员和被检查单位的有关负责人签字；被检查单位负责人不在场或者拒绝签字的，公安机关工作人员应当在检查记录上注明。

第四十一条　公安机关在监督检查时，发现依法应当责令限期改正的违法行为，应当制作责令限期改正通知书，送达被检查单位。责令限期改正通知书中应当注明改正期限。

公安机关应当在责令改正期限届满或者收到当事人的复查申请之日起3个工作日内进行复查。对逾期不改正的，依法予以行政处罚。

第四十二条　公安机关应当在办公场所和政府网站上公布下列信息：

（一）保安服务监督管理有关法律、行政法规、部门规章和地方性法规、政府规章等规范性文件；

（二）保安服务许可证、保安培训许可证、保安员证的申领条件和程序；

（三）保安服务公司设立分公司与跨省、自治区、直辖市经营服务、自行招用保安员单位、从事武装守护押运服务保安员枪支使用培训单位的备案材料和程序；

（四）保安服务监督检查工作要求和程序；

（五）举报投诉方式；

（六）其他应当公开的信息。

相关执法参考

第四十三条　以欺骗、贿赂等不正当手段取得保安服务或者保安培训许可，公安机关及其工作人员滥用职权、玩忽职守、违反法定程序准予保安服务或者保安培训许可，或者对不具备申请资格、不符合法定条件的申请人准予保安服务或者保安培训许可的，发证公安机关经查证属实，应当撤销行政许可。撤销保安服务、保安培训许可的，应当按照下列程序实施：

（一）经省、自治区、直辖市人民政府公安机关批准，制作撤销决定书送达当事人；

（二）收缴许可证书；

（三）公告许可证书作废。

第四十四条　保安服务公司、保安培训单位依法破产、解散、终止的，发证公安机关应当依法及时办理许可注销手续，收回许可证件。

第七章　法律责任

第四十五条　保安服务公司有下列情形之一，造成严重后果的，除依照《条例》第四十三条规定处罚外，发证公安机关可以依据《中华人民共和国治安管理处罚法》第五十四条第三款的规定，吊销保安服务许可证：

（一）泄露在保安服务中获知的国家秘密；

（二）指使、纵容保安员阻碍依法执行公务、参与追索债务、采用暴力或者以暴力相威胁的手段处置纠纷；

（三）其他严重违法犯罪行为。

保安培训单位以培训为名进行诈骗等违法犯罪活动，情节严重的，公安机关可以依前款规定，吊销保安培训许可证。

第四十六条　设区的市级以上人民政府确定的关系国家安全、涉及国家秘密等治安保卫重点单位违反《条例》第二十二条规定的，依照《企业事业单位内部治安保卫条例》第十九条的规定处罚。

保安服务公司违反本办法第二十七条第二款规定的，依照前款规定处罚。

第四十七条　保安培训单位以实习为名，派出学员变相开展保安服务的，依照《条例》第四十一条规定，依法给予治安管理处罚，并没收违法所得；构成犯罪的，依法追究刑事责任。

第四十八条　公安机关工作人员在保安服务监督管理中有下列情形的，对直接负责的主管人员和其他直接责任人员依法给予处分；构成犯罪的，依法追究刑事责任：

（一）明知不符合设立保安服务公司、保安培训单位的设立条件却许可的；符合《条例》和本办法规定，应当许可却不予许可的；

（二）违反《条例》规定，应当接受保安从业单位、保安培训单位的备案而拒绝接受的；

（三）接到举报投诉，不依法查处的；

（四）发现保安从业单位和保安培训单位违反《条例》规定，不依法查处的；

（五）利用职权指定安全技术防范产品的生产厂家、销售单位或者指定保安服务提供企业的；

相关执法参考

（六）接受被检查单位、个人财物或者其他不正当利益的；

（七）参与或者变相参与保安服务公司经营活动的；

（八）其他滥用职权、玩忽职守、徇私舞弊的行为。

第八章　附　则

第四十九条　保安服务许可证和保安培训许可证包括正本和副本，正本应当悬挂在保安服务公司或者保安培训单位主要办公场所的醒目位置。

保安服务许可证、保安培训许可证、保安员证式样由公安部规定，省级公安机关制作；其他文书式样由省级公安机关自行制定。

第五十条　对香港特别行政区、澳门特别行政区和台湾地区投资者设立合资、合作或者独资经营的保安服务公司的管理，参照适用外资保安服务公司的相关规定。

第五十一条　本办法自发布之日起施行。

九十九、煽动、策划非法集会、游行、示威

（《治安管理处罚法》第55条）

<table>
<tr><td colspan="2">案由</td><td>煽动、策划非法集会、游行、示威</td></tr>
<tr><td colspan="2">概念</td><td>煽动、策划非法集会、游行、示威，是指煽动、策划非法的集会、游行、示威，不听劝阻，尚不够刑事处罚的行为。</td></tr>
<tr><td rowspan="2">违法构成要件</td><td>违法客体</td><td>本行为侵犯的客体是国家对集会、游行、示威的管理制度。</td></tr>
<tr><td>违法客观方面</td><td>本行为在客观方面表现为行为人实施煽动、策划非法的集会、游行、示威，不听劝阻，尚不够刑事处罚的行为。
“煽动”是指以语言、文字等形式公然宣传。具体煽动办法多种多样，如书写、张贴、散发标语、传单，印刷、出版、散发非法刊物，录制、播放录音、录像，发表演讲，呼喊口号等。
“策划”是指出谋划策、有计划的组织行为。
“集会”是指聚集在公众场所，发表意愿，表达意见的活动。“游行”是指在公共道路、露天公众场所列队进行、表达共同意愿的活动。“示威”是指在露天公共场所或者公共道路上，以集会、游行、静坐等方式，表达要求、抗议或者支持、声援等共同意愿的活动。
“非法的集会、游行、示威”一般包括下面三种情形：
1. 举行集会、游行、示威，未依照法律规定申请的。这里的法律即指《中华人民共和国集会游行示威法》。该法规定对集会、游行、示威实行申请许可原则。这项原则重要内容之一就是必须向公安机关提出申请，申明理由，不经申请而举行集会、游行、示威的，即为非法。
举行集会、游行、示威，必须向主管机关提出申请并获得许可。集会、游行、示威的主管机关是集会、游行、示威举行地的市、县公安局、城市公安分局；游行、示威路线经过两个以上区、县的，主管机关为经过区、县的公安机关的共同上一级公安机关。
下列活动不需申请：（1）国家举行或者根据国家决定举行的庆祝、纪念等活动。（2）国家机关、政党、社会团体、企业事业组织依照法律、组织章程举行的集会。
举行集会、游行、示威，必须有负责人。其负责人必须在举行日期的5日前向主管机关递交书面申请。申请书中应当载明集会、游行的目的、方式、标语、口号、人数、车辆数、使用音响设备的种类与数量、起止时间、地点（包括集会地和解散地）、路线和负责人的姓名、职业和住址。主管机关接到申请书后，应当在申请举行日期的2日前，将许可或者不许可的决定书面通知其负</td></tr>
</table>

违法构成要件	违法客观方面	责人。不许可的，应当说明理由。逾期不通知的，视为许可。申请举行集会、游行、示威要求解决具体问题的，主管机关接到申请书后，可以通知有关机关或者单位，同集会、游行、示威的负责人协商解决问题，并可以将申请举行的时间推迟5日。 2. 行为人虽然按照相关规定提出了申请，但没有获得许可而举行的。集会、游行、示威申请许可原则要求公安机关对申请进行审查，经过公安机关许可后方可举行。虽申请而未获得公安机关的许可举行的，也是非法。这里的没有获得许可的原因很多。《中华人民共和国集会游行示威法》第12条规定，申请举行的集会、游行、示威，有下列情形之一的，不予许可：“（一）反对宪法所确定的基本原则的；（二）危害国家统一、主权和领土完整的；（三）煽动民族分裂的；（四）有充分根据认定申请举行的集会、游行、示威将直接危害公共安全或者严重破坏社会秩序的。” 3. 行为人的申请虽然获得批准，但是，在实际举行游行、集会或示威时，没有按照主管机关许可的起止时间、地点、路线进行等。这里的“起止时间”，是指除经过当地人民政府决定或者批准的以外，限于早6时至晚10时。就集会、游行、示威的地点而言，下列场所未经人民警察许可，不得进入主管机关为维持秩序而临时设置的警戒线以内：国家机关、军事机关、广播电台、电视台、外国驻华使馆领馆等单位所在地。未经国务院或省、自治区、直辖市的人民政府批准，下列场所周边距离10米至300米内，不得举行集会、游行、示威：全国人大常委员会，国务院，中央军事委员会，最高人民法院，最高人民检察院所在地；国宾下榻处；重要军事设施；航空港、火车站和港口。违反上述规定即为“非法举行”。就路线而言，如果游行队伍行进中遇有前面路段临时发生自然灾害事故、交通事故及其他治安灾害事故，或者游行队伍间、游行队伍与围观群众间发生严重冲突和混乱，以及突然发生其他不能预料的情况，致使游行队伍不能按照许可路线进行，人民警察现场负责人有权临时决定改变游行队伍进行路线。主管机关认为按照申请的时间、地点、路线举行集会、游行、示威将对交通秩序和社会秩序造成严重影响的，在决定许可时或者决定许可后，可以变更举行集会、游行、示威的时间、地点、路线，并及时通知其负责人。行为人不遵守上述规定的，不依照人民警察临时改变后的行进路线进行游行活动的，视为“未按照主管机关许可的路线进行”。 “不听劝阻”，是指对非法进行的集会、游行、示威，主管机关依法发出解散命令，拒不服从命令，仍予以进行的情形，这是构成本行为的一个重要的特征。行为人虽实施上述违法行为，但在主管机关依法作出解散命令后，行为人听从解散命令，服从管理的，不构成本行为。“劝阻”既可以是口头形式，也可以是书面形式，但“劝阻”应是合法的，且必须对非法集会、游行、示威的人员发出并能为他们所认识、知悉。如果行为人因未接到“劝阻”命令而没有解散的，不构成本行为。“不听劝阻”一般表现为非暴力，如果行为人使用暴力或威胁方式的，则可能构成相关的犯罪，应以《刑法》的相关规定处理。

违法构成要件	违法客观方面	“尚不够刑事处罚”主要针对非法集会、游行、示威的情节和后果而言的，在具体判断时，要根据行为的次数、行为人的目的、动机、煽动、策划人数的多少、社会影响的大小等综合评价。 本行为是选择性案由，根据行为人具体方式和所涉及对象的不同可具体确认为煽动非法集会、策划非法集会、煽动非法游行、煽动非法示威、策划非法游行等，行为人同时实施煽动和策划行为，涉及数种对象的，也只构成1个案由，如煽动、策划非法集会、游行，不能分别认定，更不能实行并罚。
	违法主体	本行为的主体是特殊主体，即非法集会、游行、示威的煽动者、策划者，单位也可构成本行为。
	违法主观方面	本行为的主观方面表现为故意。
认定界限	（一）本行为与非法集会、游行、示威罪的界限。 《刑法》第296条规定的非法集会、游行、示威罪，是指举行集会、游行、示威，未依照法律规定申请或者申请未获许可，或者未按照主管机关许可的起止时间、地点、路线进行，又拒不服从解散命令，严重破坏社会秩序的行为。两者的区别主要在于情节和后果的轻重不同。只有严重破坏社会秩序的非法集会、游行、示威，才构成该罪。所谓严重破坏社会秩序，一般是指造成社会秩序、交通秩序混乱，致使生产、工作、生活和教学、科研无法正常进行，如致使国家机关、企事业单位和社会团体的工作无法正常进行，致使工厂、企业生产停工，造成交通瘫痪，或者造成恶劣的政治影响等。 （二）本行为与聚众扰乱单位秩序、聚众扰乱公共场所秩序的界限。 《治安管理处罚法》第23条第2款规定的聚众扰乱单位秩序，是指组织、纠集多人，扰乱机关、团体、企业、事业单位秩序，致使工作、生产、营业、医疗、教学、科研不能正常进行，尚未造成严重损失的行为。聚众扰乱公共场所秩序，是指组织、纠集多人，扰乱车站、港口、码头、机场、商场、公园、展览馆或其他公共场所秩序，尚不够刑事处罚的行为。三者的区别主要表现在： 1. 行为侵犯的客体不同。本行为侵犯的客体是国家对集会、游行、示威的管理制度；聚众扰乱单位秩序侵犯的客体是机关、团体的工作秩序和企业、事业单位的工作、生产、营业、医疗、教学、科研秩序；聚众扰乱公共场所秩序侵犯的客体是公共场所秩序。 2. 具体的行为方式不同。本行为虽然在客观上也扰乱了社会秩序，但是，其破坏社会秩序的行为方式仅限于以举行非法集会、游行、示威的方式，其实际发生	

认定界限	的地点范围非常广泛，可能是某一个公共场所、交通线路，也可能是机关、团体、单位的门前、院内，还可能没有单一的地点，而是涉及若干地点、路线，从而既可能扰乱公共秩序，也可能扰乱公共场所、交通秩序，或者二者兼有之。后两种行为的行为方式更加广泛，但在实施的地点范围上，一般较为规定，没有本行为这么宽泛。
处罚标准	构成本行为的，处10日以上15日以下拘留。
相关执法参考	**《中华人民共和国治安管理处罚法》**（节录） （2005年8月28日第十届全国人民代表大会常务委员会第十七次会议通过　自2006年3月1日起施行） 第五十五条　煽动、策划非法集会、游行、示威，不听劝阻的，处十日以上十五日以下拘留。 **《中华人民共和国刑法》**（节录） （1979年7月1日第五届全国人民代表大会第二次会议通过　1997年3月14日第八届全国人民代表大会第五次会议修订　根据2011年2月25日第十一届全国人民代表大会常务委员会第十九次会议通过的《中华人民共和国刑法修正案（八）》最新修正） 第二百九十六条　举行集会、游行、示威，未依照法律规定申请或者申请未获许可，或者未按照主管机关许可的起止时间、地点、路线进行，又拒不服从解散命令，严重破坏社会秩序的，对集会、游行、示威的负责人和直接责任人员，处五年以下有期徒刑、拘役、管制或者剥夺政治权利。 **《最高人民检察院 公安部关于公安机关管辖的刑事案件立案追诉标准的规定（一）》**（节录） （公通字［2008］36号） 第三十八条　［非法集会、游行、示威案（刑法第二百九十六条）］举行集会、游行、示威，未依照法律规定申请或者申请未获许可，或者未按照主管机关许可的起止时间、地点、路线进行，又拒不服从解散命令，严重破坏社会秩序的，应予立案追诉。 第一百零二条　本规定自印发之日起施行。 **《中华人民共和国集会游行示威法》**（节录） （1989年10月31日第七届全国人民代表大会常务委员会第六次会议通过　根据2009年8月27日第十一届全国人民代表大会常务委员会第十次会议通过的〈全国人民代表大会常务委员会关于修改部分法律的决定〉修改） 第二条　在中华人民共和国境内举行集会、游行、示威，均适用本法。 本法所称集会，是指聚集于露天公共场所，发表意见、表达意愿的活动。

相关执法参考

本法所称游行，是指在公共道路、露天公共场所列队行进、表达共同意愿的活动。

本法所称示威，是指在露天公共场所或者公共道路上以集会、游行、静坐等方式，表达要求、抗议或者支持、声援等共同意愿的活动。

文娱、体育活动，正常的宗教活动，传统的民间习俗活动，不适用本法。

第六条　集会、游行、示威的主管机关，是集会、游行、示威举行地的市、县公安局、城市公安分局；游行、示威路线经过两个以上区、县的，主管机关为所经过区、县的公安机关的共同上一级公安机关。

第七条　举行集会、游行、示威，必须依照本法规定向主管机关提出申请并获得许可。

下列活动不需申请：

（一）国家举行或者根据国家决定举行的庆祝、纪念等活动；

（二）国家机关、政党、社会团体、企业事业组织依照法律、组织章程举行的集会。

第八条　举行集会、游行、示威，必须有负责人。

依照本法规定需要申请的集会、游行、示威，其负责人必须在举行日期的五日前向主管机关递交书面申请。申请书中应当载明集会、游行、示威的目的、方式、标语、口号、人数、车辆数、使用音响设备的种类与数量、起止时间、地点（包括集合地和解散地）、路线和负责人的姓名、职业、住址。

第九条　主管机关接到集会、游行、示威申请书后，应当在申请举行日期的二日前，将许可或者不许可的决定书面通知其负责人。不许可的，应当说明理由。逾期不通知的，视为许可。

确因突然发生的事件临时要求举行集会、游行、示威的，必须立即报告主管机关；主管机关接到报告后，应当立即审查决定许可或者不许可。

第十条　申请举行集会、游行、示威要求解决具体问题的，主管机关接到申请书后，可以通知有关机关或者单位同集会、游行、示威的负责人协商解决问题，并可以将申请举行的时间推迟五日。

第十一条　主管机关认为按照申请的时间、地点、路线举行集会、游行、示威，将对交通秩序和社会秩序造成严重影响的，在决定许可时或者决定许可后，可以变更举行集会、游行、示威的时间、地点、路线，并及时通知其负责人。

第十二条　申请举行的集会、游行、示威，有下列情形之一的，不予许可：

（一）反对宪法所确定的基本原则的；

（二）危害国家统一、主权和领土完整的；

（三）煽动民族分裂的；

（四）有充分根据认定申请举行的集会、游行、示威将直接危害公共安全或者严重破坏社会秩序的。

第十三条　集会、游行、示威的负责人对主管机关不许可的决定不服的，可以自接到决定通知之日起三日内，向同级人民政府申请复议，人民政府应当自接到申请复议书之日起三日内作出决定。

相关执法参考

第十四条 集会、游行、示威的负责人在提出申请后接到主管机关通知前，可以撤回申请；接到主管机关许可的通知后，决定不举行集会、游行、示威的，应当及时告知主管机关，参加人已经集合的，应当负责解散。

第十五条 公民不得在其居住地以外的城市发动、组织、参加当地公民的集会、游行、示威。

第十六条 国家机关工作人员不得组织或者参加违背有关法律、法规规定的国家机关工作人员职责、义务的集会、游行、示威。

第十七条 以国家机关、社会团体、企业事业组织的名义组织或者参加集会、游行、示威，必须经本单位负责人批准。

第十八条 对于依法举行的集会、游行、示威，主管机关应当派出人民警察维持交通秩序和社会秩序，保障集会、游行、示威的顺利进行。

第十九条 依法举行的集会、游行、示威，任何人不得以暴力、胁迫或者其他非法手段进行扰乱、冲击和破坏。

第二十条 为了保障依法举行的游行的行进，负责维持交通秩序的人民警察可以临时变通执行交通规则的有关规定。

第二十一条 游行在行进中遇有不可预料的情况，不能按照许可的路线行进时，人民警察现场负责人有权改变游行队伍的行进路线。

第二十二条 集会、游行、示威在国家机关、军事机关、广播电台、电视台、外国驻华使馆领馆等单位所在地举行或者经过的，主管机关为了维持秩序，可以在附近设置临时警戒线，未经人民警察许可，不得逾越。

第二十三条 在下列场所周边距离十米至三百米内，不得举行集会、游行、示威，经国务院或者省、自治区、直辖市的人民政府批准的除外：

（一）全国人民代表大会常务委员会、国务院、中央军事委员会、最高人民法院、最高人民检察院的所在地；

（二）国宾下榻处；

（三）重要军事设施；

（四）航空港、火车站和港口。

前款所列场所的具体周边距离，由省、自治区、直辖市的人民政府规定。

第二十四条 举行集会、游行、示威的时间限于早六时至晚十时，经当地人民政府决定或者批准的除外。

第二十五条 集会、游行、示威应当按照许可的目的、方式、标语、口号、起止时间、地点、路线及其他事项进行。

集会、游行、示威的负责人必须负责维持集会、游行、示威的秩序，并严格防止其他人加入。

集会、游行、示威的负责人在必要时，应当指定专人协助人民警察维持秩序。负责维持秩序的人员应当佩戴标志。

第二十六条 举行集会、游行、示威，不得违反治安管理法规，不得进行犯罪活动或者煽动犯罪。

第二十七条 举行集会、游行、示威，有下列情形之一的，人民警察应当予以制止：

相关执法参考

（一）未依照本法规定申请或者申请未获许可的；

（二）未按照主管机关许可的目的、方式、标语、口号、起止时间、地点、路线进行的；

（三）在进行中出现危害公共安全或者严重破坏社会秩序情况的。

有前款所列情形之一，不听制止的，人民警察现场负责人有权命令解散；拒不解散的，人民警察现场负责人有权依照国家有关规定决定采取必要手段强行驱散，并对拒不服从的人员强行带离现场或者立即予以拘留。

参加集会、游行、示威的人员越过依照本法第二十二条规定设置的临时警戒线、进入本法第二十三条所列不得举行集会、游行、示威的特定场所周边一定范围或者有其他违法犯罪行为的，人民警察可以将其强行带离现场或者立即予以拘留。

第二十八条　举行集会、游行、示威，有违反治安管理行为的，依照治安管理处罚法有关规定予以处罚。

举行集会、游行、示威，有下列情形之一的，公安机关可以对其负责人和直接责任人员处以警告或者十五日以下拘留：

（一）未依照本法规定申请或者申请未获许可的；

（二）未按照主管机关许可的目的、方式、标语、口号、起止时间、地点、路线进行，不听制止的。

第二十九条　举行集会、游行、示威，有犯罪行为的，依照刑法有关规定追究刑事责任。

携带武器、管制刀具或者爆炸物的，依照刑法有关规定追究刑事责任。

未依照本法规定申请或者申请未获许可，或者未按照主管机关许可的起止时间、地点、路线进行，又拒不服从解散命令，严重破坏社会秩序的，对集会、游行、示威的负责人和直接责任人员依照刑法有关规定追究刑事责任。

包围、冲击国家机关，致使国家机关的公务活动或者国事活动不能正常进行的，对集会、游行、示威的负责人和直接责任人员依照刑法有关规定追究刑事责任。

占领公共场所、拦截车辆行人或者聚众堵塞交通，严重破坏公共场所秩序、交通秩序的，对集会、游行、示威的负责人和直接责任人员依照刑法有关规定追究刑事责任。

第三十一条　当事人对公安机关依照本法第二十八条第二款或者第三十条的规定给予的拘留处罚决定不服的，可以自接到处罚决定通知之日起五日内，向上一级公安机关提出申诉，上一级公安机关应当自接到申诉之日起五日内作出裁决；对上一级公安机关裁决不服的，可以自接到裁决通知之日起五日内，向人民法院提起诉讼。

第三十三条　公民在本人居住地以外的城市发动、组织当地公民的集会、游行、示威的，公安机关有权予以拘留或者强行遣回原地。

《中华人民共和国集会游行示威法实施条例》（节录）

（1992年5月12日国务院国函［1992］46号批准 根据2010年12月29日国务院第138次常务会议通过的〈国务院关于废止和修改部分行政法规的决定〉修改 国务院令第588号颁布）

第三条　《集会游行示威法》第二条所称露天公共场所是指公众可以自由出入

相关执法参考

的或者凭票可以进入的室外公共场所，不包括机关、团体、企业事业组织管理的内部露天场所；公共道路是指除机关、团体、企业事业组织内部的专用道路以外的道路和水路。

第四条　文娱、体育活动，正常的宗教活动，传统的民间习俗活动，由各级人民政府或者有关主管部门依照有关的法律、法规和国家其他有关规定进行管理。

第五条　《集会游行示威法》第五条所称武器是指各种枪支、弹药以及其他可用于伤害人身的器械；管制刀具是指匕首、三棱刀、弹簧刀以及其他依法管制的刀具；爆炸物是指具有爆发力和破坏性能，瞬间可以造成人员伤亡、物品毁损的一切爆炸物品。

前款所列武器、管制刀具、爆炸物，在集会、游行、示威中不得携带，也不得运往集会、游行、示威的举行地。

第六条　依照《集会游行示威法》第七条第二款的规定，举行不需要申请的活动，应当维护交通秩序和社会秩序。

第七条　集会、游行、示威由举行地的市、县公安局、城市公安分局主管。

游行、示威路线在同一直辖市、省辖市、自治区辖市或者省、自治区人民政府派出机关所在地区经过两个以上区、县的，由该市公安局或者省、自治区人民政府派出机关的公安处主管；在同一省、自治区行政区域内经过两个以上省辖市、自治区辖市或者省、自治区人民政府派出机关所在地区的，由所在省、自治区公安厅主管；经过两个以上省、自治区、直辖市的，由公安部主管，或者由公安部授权的省、自治区、直辖市公安机关主管。

第八条　举行集会、游行、示威，必须有负责人。

下列人员不得担任集会、游行、示威的负责人：

（一）无行为能力人或者限制行为能力人；

（二）被判处刑罚尚未执行完毕的；

（三）正在被劳动教养的；

（四）正在被依法采取刑事强制措施或者法律规定的其他限制人身自由措施的。

第九条　举行集会、游行、示威，必须由其负责人向本条例第七条规定的主管公安机关亲自递交书面申请；不是由负责人亲自递交书面申请的，主管公安机关不予受理。

集会、游行、示威的负责人在递交书面申请时，应当出示本人的居民身份证或者其他有效证件，并如实填写申请登记表。

第十条　主管公安机关接到集会、游行、示威的申请书后，应当及时审查，在法定期限内作出许可或者不许可的书面决定；决定书应当载明许可的内容，或者不许可的理由。

决定书应当在申请举行集会、游行、示威日的二日前送达其负责人，由负责人在送达通知书上签字。负责人拒绝签收的，送达人应当邀请其所在地基层组织的代表或者其他人作为见证人到场说明情况，在送达通知书上写明拒收的事由和日期，由见证人、送达人签名，将决定书留在负责人的住处，即视为已经送达。

事前约定送达的具体时间、地点，集会、游行、示威的负责人不在约定的时间、地点等候而无法送达的，视为自行撤销申请；主管公安机关未按约定的时间、地点送达的，视为许可。

第十一条　申请举行集会、游行、示威要求解决具体问题的，主管公安机关应当自接到申请书之日起二日内将《协商解决具体问题通知书》分别送交集会、游行、示威的负责人和有关机关或者单位，必要时可以同时送交有关机关或者单位的上级主管部门。有关机关或者单位和申请集会、游行；示威的负责人，应当自接到公安机关的《协商解决具体问题通知书》的次日起二日内进行协商。达成协议的，协议书经双方负责人签字后，由有关机关或者单位及时送交主管公安机关；未达成协议或者自接到《协商解决具体问题通知书》的次日起二日内未进行协商，申请人坚持举行集会、游行、示威的，有关机关或者单位应当及时通知主管公安机关，主管公安机关应当依照本条例第十条规定的程序及时作出许可或者不许可的决定。

主管公安机关通知协商解决具体问题的一方或者双方在外地的，《协商解决具体问题通知书》、双方协商达成的协议书或者未达成协议的通告，送交的开始日和在路途上时间不计算在法定期间内。

第十二条　依照《集会游行示威法》第十五条的规定，公民不得在其居住地以外的城市发动、组织、参加当地公民的集会、游行、示威。本条所称居住地，是指公民常住户口所在地或者向暂住地户口登记机关办理了暂住登记并持续居住半年以上的地方。

第十三条　主管公安机关接到举行集会、游行、示威的申请书后，在决定许可时，有下列情形之一的，可以变更举行集会、游行、示威的时间、地点、路线，并及时通告其负责人：

（一）举行时间在交通高峰期，可能造成交通较长时间严重堵塞的；

（二）举行地或者行经路线正在施工，不能通行的；

（三）举行地为渡口、铁路道口或者是毗邻国（边）境的；

（四）所使用的机动车辆不符合道路养护规定的；

（五）在申请举行集会、游行、示威的同一时间、地点有重大国事活动的；

（六）在申请举行集会、游行、示威的同一时间、地点、路线已经许可他人举行集会、游行、示威的。

主管公安机关在决定许可时，认为需要变更举行集会、游行、示威的时间、地点、路线的，应当在许可决定书中写明。

在决定许可后，申请举行集会、游行、示威的地点、经过的路段发生自然灾害事故、治安灾害事故，尚在进行抢险救灾，举行日前不能恢复正常秩序的，主管公安机关可以变更举行集会、游行、示威的时间、地点、路线，但是应当将《集会游行示威事项变更决定书》于申请举行之日前送达集会、游行、示威的负责人。

第十四条　集会、游行、示威的负责人对主管公安机关不许可的决定不服的，可以自接到不许可决定书之日起三日内向同级人民政府作出的申请复议。人民政府应当自接到复议申请书之日起三日内作出维持或者撤销主管公安机关原决定的复议决定，并将《集会游行示威复议决定书》送达集会、游行、示威的负责人，同时将副本送作出原决定的主管公安机关。人民政府作出的复议决定，主管公安机关和集会、游行、示威的负责人必须执行。

第十五条　集会、游行、示威的负责人在提出申请后接到主管公安机关的通知前，撤回申请的，应当及时到受理申请的主管公安机关办理撤回手续。

集会、游行、示威的负责人接到主管公安机关许可的通知或者人民政府许可的复议决定后，决定不举行集会、游行、示威的，应当在原定举行集会、游行、示威的时间前到原受理的主管公安机关或者人民政府交回许可决定书或者复议决定书。

第十六条　以国家机关、社会团体、企业事业组织的名义组织或者参加集会、游行、示威的，其负责人在递交申请书时，必须同时递交该国家机关、社会团体、企业事业组织负责人签署并加盖公章的证明文件。

第十七条　对依法举行的集会，公安机关应当根据实际需要，派出人民警察维持秩序，保障集会的顺利举行。

对依法举行的游行、示威，负责维持秩序的人民警察应当在主管公安机关许可举行游行、示威的路线或者地点疏导交通，防止他人扰乱、破坏游行、示威秩序，必要时还可以临时变通执行交通规则的有关规定，保障游行、示威的顺利进行。

第十八条　负责维持交通秩序和社会秩序的人民警察，由主管公安机关指派的现场负责人统一指挥。人民警察现场负责人应当同集会、游行示威的负责人保持联系。

第十九条　游行队伍在行进中遇有前方路段临时发生自然灾害事故、交通事故及其他治安灾害事故，或者游行队伍之间、游行队伍与围观群众之间发生严重冲突和混乱，以及突然发生其他不可预料的情况，致使游行队伍不能按照许可的路线行进时，人民警察现场负责人有权临时决定改变游行队伍的行进路线。

第二十条　主管公安机关临时设置的警戒线，应当有明显的标志，必要时还可以设置障碍物。

第二十一条　《集会游行示威法》第二十三条所列不得举行集会、游行、示威的场所的周边距离，是指自上述场所的建筑物周边向外扩展的距离；有围墙或者栅栏的，从围墙或者栅栏的周边开始计算。不得举行集会、游行、示威的场所具体周边距离，由省、自治区．直辖市人民政府规定并予以公布。

省、自治区、协调人民政府规定不得举行集会、游行、示威的场所具体周边距离，应当有利于保护上述场所的安全和秩序，同时便于合法的集会、游行、示威的举行。

第二十二条　集会、游行、示威的负责人必须负责维持集会、游行、示威的秩序，遇有其他人加入集会、游行、示威队伍的，应当进行劝阻，对不听劝阻的，应当立即报告现场维持秩序的人民警察。人民警察接到报告后，应当予以制止。

集会、游行、示威的负责人指定协助人民警察维持秩序的人员所佩戴的标志，应当在举行日前将式样报主管公安机关备案。

第二十三条　依照《集会游行示威法》第二十七条的规定，对非法举行集会、游行、示威或者在集会、游行、示威进行中出现危害公共安全或者严重破坏社会秩序情况的，人民警察有权立即予以制止。对不听制止，需要命令解散的，应当通过广播、喊话等明确方式告知在场人员在限定时间内按照指定通道离开现场。对在限定时间内拒不离去的，人民警察现场负责人有权依照国家有关规定，命令使用警械或者采用其他警用手段强行驱散；对继续滞留现场的人员，可以强行带离现场或者立即予以拘留。

第二十四条　拒绝、阻碍人民警察依法执行维持交通秩序和社会秩序职务，应当给予治安管理处罚的，依照治安管理处罚法的规定予以处罚；构成犯罪的，依法追究刑事责任。

违反本条例第五条的规定，尚不构成犯罪的，依照治安管理处罚法的规定予以处罚。

第二十五条　依照《集会游行示威法》第二十九条、第三十条的规定，需要依法追究刑事责任的，由举行地主管公安机关依照刑事诉讼法规定的程序办理。

第二十六条　依照《集会游行示威法》第三十三条的规定予以拘留的，公安机关应当在二十四小时内进行讯问；需要强行遣回原地的，由行为地的主管公安机关制作《强行遣送决定书》，并派人民警察执行。负责执行的人民警察应当将被遣送人送回其居住地，连同《强行遣送决定书》交给被遣送人居住地公安机关，由居住地公安机关依法处理。

第二十七条　依照《集会游行示威法》第二十八条、第三十条以及本条例第二十四条的规定，对当事人给予治安管理处罚的，依照治安管理处罚法规定的程序，由行为地公安机关决定和执行。被处罚人对处罚决定不服的，可以申请复议；对上一级公安机关的复议决定不服的，可以依照法律规定向人民法院提起诉讼。

第二十八条　对于依照《集会游行示威法》第二十七条的规定被强行带离现场或者立即予以拘留的，公安机关应当在二十四小时以内进行讯问。不需要追究法律责任的，可以令其具结悔过后释放；需要追究法律责任的，依照有关法律规定办理。

第二十九条　在举行集会、游行、示威的过程中，破坏公私财物或者侵害他人身体造成伤亡的，应当依法承担赔偿责任。

第三十条　外国人在中国境内举行集会、游行、示威，适用本条例的规定。

外国人在中国境内要求参加中国公民举行的集会、游行、示威的，集会、游行；示威的负责人在申请书中应当载明；未经主管公安机关批准，不得参加。

《信访条例》（节录）

（2005 年 1 月 10 日国务院令第 431 号颁布　自 2005 年 5 月 1 日起施行）

第十八条　信访人采用走访形式提出信访事项的，应当到有关机关设立或者指定的接待场所提出。

多人采用走访形式提出共同的信访事项的，应当推选代表，代表人数不得超过 5 人。

第二十条　信访人在信访过程中应当遵守法律、法规，不得损害国家、社会、集体的利益和其他公民的合法权利，自觉维护社会公共秩序和信访秩序，不得有下列行为：

相关执法参考	（一）在国家机关办公场所周围、公共场所非法聚集，围堵、冲击国家机关，拦截公务车辆，或者堵塞、阻断交通的； （二）携带危险物品、管制器具的； （三）侮辱、殴打、威胁国家机关工作人员，或者非法限制他人人身自由的； （四）在信访接待场所滞留、滋事，或者将生活不能自理的人弃留在信访接待场所的； （五）煽动、串联、胁迫、以财物诱使、幕后操纵他人信访或者以信访为名借机敛财的； （六）扰乱公共秩序、妨害国家和公共安全的其他行为。 第四十七条　违反本条例第十八条、第二十条规定的，有关国家机关工作人员应当对信访人进行劝阻、批评或者教育。 经劝阻、批评和教育无效的，由公安机关予以警告、训诫或者制止；违反集会游行示威的法律、行政法规，或者构成违反治安管理行为的，由公安机关依法采取必要的现场处置措施、给予治安管理处罚；构成犯罪的，依法追究刑事责任。

一百、不按规定登记住宿旅客信息

（《治安管理处罚法》第56条第1款）

<table>
<tr><td colspan="2">案由</td><td>不按规定登记住宿旅客信息</td></tr>
<tr><td colspan="2">概念</td><td>不按规定登记住宿旅客信息，是指旅馆业的工作人员对住宿的旅客不按规定登记姓名、身份证件种类和号码的行为。</td></tr>
<tr><td rowspan="4">违法构成要件</td><td>违法客体</td><td>本行为侵犯的客体是公安机关对旅馆业的治安管理秩序。
根据公安部《旅馆业治安管理办法》规定，“旅馆业”包括经营接待旅客住宿的旅馆、饭店、宾馆、招待所、客货栈、车马店、浴池等，包括国营、集体、合伙经营、个体经营、中外合资、中外合作经营、专营、兼营。</td></tr>
<tr><td>违法客观方面</td><td>本行为在客观方面表现为旅馆业的工作人员对住宿的旅客不按规定登记姓名、身份证件种类和号码的行为。
这里的“规定”主要是指《旅馆业治安管理办法》。
根据有关规定，旅馆接待旅客住宿必须登记，投宿的旅客一律凭证件登记住宿，“证件”包括居民身份证、军人通行证、护照、港澳同胞回乡证、工作证、学生证、离退休证、介绍信等。境内旅客填写《旅客住宿登记单》，境外旅客填写《临时住宿登记单》。夫妻关系旅客住宿包房的，应查验其夫妻关系的有效证明。旅馆应设专职人员负责店簿登记工作，登记员应仔细检验旅客身份证件，认真比照核实登记项目，按照统一格式填写《旅客住宿登记簿》。接待境外旅客住宿，应当在24小时内向当地公安机关报送住宿登记表。现在全国各地逐步推行旅馆业住宿登记计算机管理，对旅客登记信息基本上都实现了网上报送，要求旅馆将旅客信息及时输录入电脑、上传到所在辖区派出所，更有利于通过网络验证证件真伪，以及查控违法犯罪嫌疑人。
本行为的表现形式包括：
1. 行为人根本不登记旅客的信息便住宿；
2. 行为人虽然进行了登记，但不按要求逐项认真登记，不审查旅客的证件；
3. 行为人只登记了1人的相关信息，但实际上却是多人住宿；
4. 行为人对登记的旅客信息不输入电脑，或者上传率不达标等。</td></tr>
<tr><td>违法主体</td><td>本行为的主体是特殊主体，即旅馆业的工作人员，包括负责人、管理人员、登记验证人员、楼层服务人员、客房服务人员、旅馆餐厅服务人员、门卫人员、旅馆停车场管理人员等。</td></tr>
<tr><td>违法主观方面</td><td>本行为的主观方面表现为故意。</td></tr>
</table>

认定界限	
处罚标准	构成本行为的，处200元以上500元以下罚款。
相关执法参考	**《中华人民共和国治安管理处罚法》**（节录） （2005年8月28日第十届全国人民代表大会常务委员会第十七次会议通过 中华人民共和国主席令第三十八号公布　自2006年3月1日起施行） 第五十六条第一款　旅馆业的工作人员对住宿的旅客不按规定登记姓名、身份证件种类和号码的，或者明知住宿的旅客将危险物质带入旅馆，不予制止的，处二百元以上五百元以下罚款。 **《旅馆业治安管理办法》**（节录） （1987年9月23日国务院批准 1987年11月10日公安部发布　根据2010年12月29日国务院第138次常务会议通过的〈国务院关于废止和修改部分行政法规的决定〉修改　国务院令第588号颁布） 第二条　凡经营接待旅客住宿的旅馆、饭店、宾馆、招待所、客货栈、车马店、浴池等（以下统称旅馆），不论是国营、集体经营，还是合伙经营、个体经营、中外合资、中外合作经营，不论是专营还是兼营，不论是常年经营，还是季节性经营，都必须遵守本办法。 第六条　旅馆接待旅客住宿必须登记。登记时，应当查验旅客的身份证件，按规定的项目如实登记。 接待境外旅客住宿，还应当在二十四小时内向当地公安机关报送住宿登记表。 第十七条　违反本办法第六、十一、十二条规定的，依照《中华人民共和国治安管理处罚法》有关条款的规定，处罚有关人员；发生重大事故、造成严重后果构成犯罪的，依法追究刑事责任。 第十八条　当事人对公安机关的行政处罚决定不服的，按照《中华人民共和国治安管理处罚法》第一百零二条的规定办理。

一百零一、不制止住宿旅客带入危险物质

（《治安管理处罚法》第56条第1款）

案由		不制止住宿旅客带入危险物质
概念		不制止住宿旅客带入危险物质，是指旅馆业的工作人员明知住宿的旅客将危险物质带入旅馆，不予制止的行为。
违法构成要件	违法客体	本行为侵犯的客体是公安机关对旅馆业的治安管理秩序。 根据公安部《旅馆业治安管理办法》规定，“旅馆业”包括经营接待旅客住宿的旅馆、饭店、宾馆、招待所、客货栈、车马店、浴池等，包括国营、集体、合伙经营、个体经营、中外合资、中外合作经营、专营、兼营。
	违法客观方面	本行为在客观方面表现为旅馆业的工作人员明知住宿的旅客将危险物质带入旅馆，不予制止的行为。 这里所说的“危险物质”包括爆炸性物质、毒害性物质、放射性物质、腐蚀性物质或者传染病病原体等。 1.“爆炸性物质”是指在瞬间能发生剧烈的化学反应，放出大量的高温高压气体，对周围介质产生巨大的破坏作用的物质。“爆炸性物品”根据其特性和用途可以分为：（1）起爆药，常用的起爆药有雷汞、特屈拉辛等；（2）猛炸药，常用的猛炸药有梯恩梯、黑索金、泰安等；（3）火药，常用的火药有黑火药（即有烟火药）和无烟火药；（4）烟火剂，烟花剂主要包括照明剂、燃烧剂及烟幕剂等；（5）起爆器材和其他爆炸制品，起爆器材包括雷管、导火索、导爆索等，爆炸制品包括各种弹药和烟花爆竹等。 2.“毒害性物质”是指少量或微量进入人体或动物机体内，就能迅速发生中毒反应，很快致人或动物死亡的物品。通常把致死量在1克以内的有毒物品叫剧毒物品。剧毒物品按照其化学类别和毒性大小分为：（1）A级无机剧毒物品，常见的A级无机剧毒物品有氰化物、磷化物、砷化物等，如氰化钾。（2）B级无机剧毒物品，常见的B级无机剧毒物品有亚硝酸钙、砷酸铵等。（3）A级有机剧毒物品，常见的A级有机剧毒物品有氯苯乙酮、阿托品、吗啡、海洛因等。（4）B级有机剧毒物品，常见的B级有机剧毒物品包括可待因、三氯硝基甲烷和部分农药等。“毒害性物质”的具体种类较多，国家有关部门也颁布了相关的规定，如《剧毒化学品名录》（2002版）、《剧毒物品品名表》（GB58－93）、《高毒物品目录》（卫法监发〔2003〕142号）等，有兴趣的读者可查阅，这里不再赘述。 3.“放射性物质”是指通过原子核裂变时能够自发的放出射线，发生放射性衰变的物质，放射性物质在放出射线后，将变成具有不同性质的新元素，大部分新元素还会继续反射出射线。放射性物质对人类有着广泛的使用价值，但是，如果使用不当或防护不当，不仅会对人体、环境产生放射性污染，还有可能被违法犯罪分子利用，作为违法犯罪的工具。

违法构成要件	违法客观方面	4.“腐蚀性物质”是指能够灼伤皮肤，引起皮肤红肿、腐烂，食用后会迅速破坏肠胃等组织器官，严重的会在短时间内导致死亡；同时，也会对其他物品造成腐蚀损坏的物质。常见的腐蚀性物质有硫酸、硝酸和盐酸等。 5.“传染病病原体”是指能够引起传染病发生的细菌、病毒等病原体物质。 根据我国《传染病防治法》的规定，传染病分为甲类、乙类和丙类。甲类传染病是指：鼠疫、霍乱；乙类传染病是指：传染性非典型肺炎、艾滋病、病毒性肝炎、脊髓灰质炎、人感染高致病性禽流感、麻疹、流行性出血热、狂犬病、流行性乙型脑炎、登革热、炭疽、细菌性和阿米巴性痢疾、肺结核、伤寒和副伤寒、流行性脑脊髓膜炎、百日咳、白喉、新生儿破伤风、猩红热、布鲁氏菌病、淋病、梅毒、钩端螺旋体病、血吸虫病、疟疾；丙类传染病是指：流行性感冒、流行性腮腺炎、风疹、急性出血性结膜炎、麻风病、流行性和地方性斑疹伤寒、黑热病、包虫病、丝虫病，除霍乱、细菌性和阿米巴性痢疾、伤寒和副伤寒以外的感染性腹泻病。 传染病病原体主要包括病菌、寄生虫和病毒三类，常见的传染病病原体有乙肝病毒、结核杆菌、艾滋病病毒等。根据《中华人民共和国传染病防治法实施办法》的规定，传染病的菌（毒）种分为三类。一类传染病的菌（毒）种包括：鼠疫耶尔森氏菌、霍乱弧菌；天花病毒、艾滋病病毒；二类传染病的菌（毒）种包括：布氏菌、炭疽菌、麻风杆菌、肝炎病毒、狂犬病毒、出血热病毒、登革热病毒；斑疹伤塞立克次体；三类传染病的菌（毒）种包括：脑膜炎双球菌、链球菌、淋病双球菌、结核杆菌、百日咳嗜血杆菌、白喉棒状杆菌、沙门氏菌、志贺氏菌、破伤风梭状杆菌；钩端螺旋体、梅毒螺旋体；乙型脑炎病毒、脊髓灰质炎病毒、流感病毒、流行性腮腺炎病毒、麻疹病毒、风疹病毒。另外，卫生部于2006年1月11日印发了《人间传染的病原微生物名录》（卫科教发［2006］15号），对人间传染的病原微生物的种类进行了规范。 本行为的危害性在于：如果旅客工作人员明知旅客将危险物质带入旅馆而不予制止，可能会发生火灾、爆炸、中毒等灾害事故。而旅馆一般人员众多，比较集中，这些事故的发生，可能导致大规模死伤事故，造成人民生命财产损失，严重危害公共安全。
	违法主体	本行为的主体是特殊主体，即旅馆业的工作人员，包括负责人、管理人员、登记验证人员、楼层服务人员、客房服务人员、旅馆餐厅服务人员、门卫人员、旅馆停车场管理人员等。
	违法主观方面	本行为的主观方面只能是故意。

<table>
<tr><td>认定界限</td><td></td></tr>
<tr><td>处罚标准</td><td>构成本行为的，处200元以上500元以下罚款。</td></tr>
<tr><td>相关执法参考</td><td>

《中华人民共和国治安管理处罚法》（节录）
（2005年8月28日第十届全国人民代表大会常务委员会第十七次会议通过　中华人民共和国主席令第三十八号公布　自2006年3月1日起施行）

第五十六条第一款　旅馆业的工作人员对住宿的旅客不按规定登记姓名、身份证件种类和号码的，或者明知住宿的旅客将危险物质带入旅馆，不予制止的，处二百元以上五百元以下罚款。

《旅馆业治安管理办法》（节录）
（1987年9月23日国务院批准1987年11月10日公安部发布　根据2010年12月29日国务院第138次常务会议通过的〈国务院关于废止和修改部分行政法规的决定〉修改　国务院令第588号颁布）

第二条　凡经营接待旅客住宿的旅馆、饭店、宾馆、招待所、客货栈、车马店、浴池等（以下统称旅馆），不论是国营、集体经营，还是合伙经营、个体经营、中外合资、中外合作经营，不论是专营还是兼营，不论是常年经营，还是季节性经营，都必须遵守本办法。

第十一条　严禁旅客将易燃、易爆、剧毒、腐蚀性和放射性等危险物品带入旅馆。

第十七条　违反本办法第六、十一、十二条规定的，依照《中华人民共和国治安管理处罚法》有关条款的规定，处罚有关人员；发生重大事故、造成严重后果构成犯罪的，依法追究刑事责任。

第十八条　当事人对公安机关的行政处罚决定不服的，按照《中华人民共和国治安管理处罚法》第一百零二条的规定办理。

</td></tr>
</table>

一百零二、明知住宿旅客是犯罪嫌疑人不报告
（《治安管理处罚法》第56条第2款）

案由		明知住宿旅客是犯罪嫌疑人不报告
概念		明知住宿旅客是犯罪嫌疑人不报告，是指旅馆业的工作人员明知住宿旅客是犯罪嫌疑人或者被公安机关通缉的人员，不向公安机关报告的行为。
违法构成要件	违法客体	本行为侵犯的客体是公安机关对旅馆业的管理秩序。 根据公安部《旅馆业治安管理办法》规定，“旅馆业”包括经营接待旅客住宿的旅馆、饭店、宾馆、招待所、客货栈、车马店、浴池等，包括国营、集体、合伙经营、个体经营、中外合资、中外合作经营、专营、兼营。
	违法客观方面	本行为在客观方面表现为旅馆业的工作人员明知住宿旅客是犯罪嫌疑人或者被公安机关通缉的人员，不向公安机关报告的行为。 举报违法犯罪是每一个单位和公民的义务，旅馆业由于其工作性质的特殊，其工作人员向公安机关报告违法犯罪信息，是其法定的职责，相关人员必须履行。在日常工作中，旅馆要指定专人负责协查案犯的工作，旅馆安全保卫负责人必须亲自主持，负责将通缉材料的有关内容传示服务台和有关人员，对公安机关下发的通缉材料要保管收存好，并逐件进行登记，不得向通缉案犯通风报信，不得知情不报或隐瞒包庇，要严格保密，不向无关人员谈论密级通缉材料。旅馆业的情况报告制度意义重大，多年来，这项制度在协助公安机关核查各种被通缉、通报的人员，抓捕犯罪嫌疑人，维护社会治安，打击违法犯罪活动方面起到了重要作用。如果旅馆业不履行报告义务，势必给违法犯罪嫌疑人、通缉人员等留下漏网空间，不仅危害到旅馆本身的安全，也给社会造成重大的安全隐患。 在适用本行为时，应该注意的是，构成本行为的“不报告”的对象，必须是涉嫌犯罪的人员或者是被公安机关通缉的人员，如果“不报告”的只是一般违法人员，如卖淫、嫖娼等，不能以本行为论处。
	违法主体	本行为的主体是特殊主体，即旅馆业的工作人员，包括负责人、管理人员、登记验证人员、楼层服务人员、客房服务人员、旅馆餐厅服务人员、门卫人员、旅馆停车场管理人员等。
	违法主观方面	本行为在主观方面是故意。

认定界限	本行为与窝藏、包庇罪的界限。 《刑法》第310条规定的窝藏、包庇罪，是指明知是犯罪的人而为其提供隐藏处所、财物，帮助其逃匿或者作假证明包庇的行为。两者的区别除危害后果和情节的轻重不同外，主要在于行为的具体内容不同。本行为是指旅馆业的工作人员明知住宿旅客是犯罪嫌疑人或者被公安机关通缉的人员不向公安机关报告的行为，纯属知情不报的行为，一般表现为不作为的方式，后者不仅有知情不报的行为，而且还可能有隐瞒、包庇行为。如果仅有知情不报行为是不可能构成犯罪的，只有具有隐瞒、包庇行为的，才可能构成窝藏、包庇罪。因为，窝藏、包庇罪的客观方面要求行为人不仅为明知是犯罪的人而提供隐藏处所，还要有帮助其逃匿的行为。这种提供隐藏处所，要求行为人将行为对象收容于隐密处所，而使他人难以发现；帮助其逃匿，要求行为人以藏匿以外的方法，使行为对象得以隐匿或逃避而不为人所发觉。这些都得是积极的作为才能构成的。而旅馆经营者仅仅不向公安机关报告，并没有想隐匿、隐藏行为对象，也没有想使其不为人所发觉的主观意思，至于行为对象会不会被人发现是违法犯罪嫌疑人或通缉人员，会不会被公安机关抓获，经营者是不关心、不在乎的。这种知情不报的行为与隐藏包庇的积极作为是有明显区别的。
处罚标准	（一）构成本行为的，处200元以上500元以下罚款。 （二）情节严重的，处5日以下拘留，可以并处500元以下罚款。 在实践中，判断情节的轻重，一般应从行为人的动机、手段、目的、行为的次数、造成的后果等方面综合考虑，由公安机关办案人员酌情量罚。一般来说，具有下列情形之一的，应认定为“情节严重”： 1. 曾因违反本规定被公安机关处理，又实施违反本规定的行为的； 2. 明知住宿的旅客是犯罪嫌疑人员或者是被公安机关通缉的人员而不报告的，导致通缉犯逃脱，或者妨碍公安机关侦查破案的； 3. 明知犯罪嫌疑人利用住宿房间，实施违法犯罪行为，不及时报告的，造成较严重后果的； 4. 其他情节严重的情形。
相关执法参考	**《中华人民共和国治安管理处罚法》**（节录） （2005年8月28日第十届全国人民代表大会常务委员会第十七次会议通过　中华人民共和国主席令第三十八号公布　自2006年3月1日起施行） 第五十六条第二款　旅馆业的工作人员明知住宿的旅客是犯罪嫌疑人员或者被公安机关通缉的人员，不向公安机关报告的，处二百元以上五百元以下罚款；情节严重的，处五日以下拘留，可以并处五百元以下罚款。 **《中华人民共和国刑法》**（节录） （1979年7月1日第五届全国人民代表大会第二次会议通过　1997年3月14日第八届全国人民代表大会第五次会议修订　根据2011年2月25日第十一届全国人民代表大会常务委员会第十九次会议通过的《中华人民共和国刑法修正案（八）》最新修正） 第三百一十条　明知是犯罪的人而为其提供隐藏处所、财物，帮助其逃匿或者

相关执法参考

作假证明包庇的，处三年以下有期徒刑、拘役或者管制；情节严重的，处三年以上十年以下有期徒刑。

犯前款罪，事前通谋的，以共同犯罪论处。

第三百六十二条　旅馆业、饮食服务业、文化娱乐业、出租汽车业等单位的人员，在公安机关查处卖淫、嫖娼活动时，为违法犯罪分子通风报信，情节严重的，依照本法第三百一十条的规定定罪处罚。

《旅馆业治安管理办法》（节录）

（1987年9月23日国务院批准 1987年11月10日公安部发布　根据2010年12月29日国务院第138次常务会议通过的〈国务院关于废止和修改部分行政法规的决定〉修改　国务院令第588号颁布）

第二条　凡经营接待旅客住宿的旅馆、饭店、宾馆、招待所、客货栈、车马店、浴池等（以下统称旅馆），不论是国营、集体经营，还是合伙经营、个体经营、中外合资、中外合作经营，不论是专营还是兼营，不论是常年经营，还是季节性经营，都必须遵守本办法。

第九条　旅馆工作人员发现违法犯罪分子，形迹可疑的人员和被公安机关通缉的罪犯，应当立即向当地公安机关报告，不得知情不报或隐瞒包庇。

第十六条　旅馆工作人员违反本办法第九条规定的，公安机关可以酌情给予警告或者处以二百元以下罚款；情节严重构成犯罪的，依法追究刑事责任。旅馆负责人参与违法犯罪活动，其所经营的旅馆已成为犯罪活动场所的，公安机关除依法追究其责任外，对该旅馆还应当会同工商行政管理部门依法处理。

第十八条　当事人对公安机关的行政处罚决定不服的，按照《中华人民共和国治安管理处罚法》第一百零二条的规定办理。

一百零三、将房屋出租给无身份证件人居住
（《治安管理处罚法》第57条第1款）

<table>
<tr><td colspan="2">案由</td><td>将房屋出租给无身份证件人居住</td></tr>
<tr><td colspan="2">概念</td><td>将房屋出租给无身份证件人居住，是指违反国家有关规定，将房屋出租给无身份证件的人居住的行为。</td></tr>
<tr><td rowspan="4">违法构成要件</td><td>违法客体</td><td>本行为侵犯的客体是公安机关对出租房屋的管理秩序。
“出租房屋”是指除旅馆以外，以营利为目的，公民私有或单位所有的，用于出租供他人居住的房屋，不包括用于商业用途的厂房、仓储库房、办公楼、酒店、美容院、商铺等。“出租房屋”不仅包括城市房屋，还包括农村乡镇的房屋，不仅包括合法房屋，还包括违章建筑房屋。</td></tr>
<tr><td>违法客观方面</td><td>本行为在客观方面表现为违反国家有关规定，将房屋出租给无身份证件的人居住的行为。
违反国家有关规定，主要是指《租赁房屋治安管理规定》等有关房屋租赁的法律法规、规章等。“身份证件”包括所有能证明承租人身份的证件，如居民身份证、工作证、学生证、户口簿、军官证等。这里的“无身份证件”既包括承租人因各种原因，如没有办理、遗失等，根本就没有身份证件，也包括行为人有身份证件但拒不出示。</td></tr>
<tr><td>违法主体</td><td>本行为的主体是特殊主体，只有房屋出租人才能成为本行为违法主体。房屋出租人包括房屋所有权人、实际占有人、委托代管人、单位房屋管理人、转租人等。单位也能成为本行为的主体。</td></tr>
<tr><td>违法主观方面</td><td>本行为的主观方面只能是故意。</td></tr>
<tr><td>认定界限</td><td colspan="2">承租人以虚假的身份证件租赁房屋，房屋出租人是否构成本行为？
在实践中，房屋承租人可能因为种种原因，不愿出示自己真实的身份证件，而是以虚假的证件欺骗出租人，这时，出租人是否构成本行为呢？我们认为，这时对出租人不能以本行为论处。本行为在客观上要求行为人将房屋出租给没有身份证件的人居住，但是，出租人对于承租人身份证件的真假，往往缺乏辨别的本事，要求出租人对承租人的身份证件的真假进行辨别，是一种太高的要求，现代科技的发展，有些身份证件已经能够做到以假乱真的程度了，因此，只要出租人查验了承租人的相关身份证件的，即不构成本行为。当然，如果承租人的身份证件明显是虚假的，靠一般人的经验是完全可以识别的，出租人明知出租人是虚假的身份证件而将房屋出租给承租人的，应以本行为论处。</td></tr>
</table>

处罚标准	构成本行为的，处200元以上500元以下罚款。
相关执法参考	**《中华人民共和国治安管理处罚法》**（节录） （2005年8月28日第十届全国人民代表大会常务委员会第十七次会议通过 中华人民共和国主席令第三十八号公布　自2006年3月1日起施行） 第五十七条第一款　房屋出租人将房屋出租给无身份证件的人居住的，或者不按规定登记承租人姓名、身份证件种类和号码的，处二百元以上五百元以下罚款。 **《租赁房屋治安管理规定》**（节录） （1995年3月6日公安部令第24号颁布　自颁布之日起实施） 第二条　本规定所称的租赁房屋，是指旅馆业以外以营利为目的，公民私有和单位所有出租用于他人居住的房屋。 第七条　房屋出租人的治安责任： （一）不准将房屋出租给无合法有效证件的承租人； （二）与承租人签订租赁合同，承租人是外来暂住人员的，应当带领其到公安派出所申报暂住户口登记，并办理暂住证； （三）对承租人的姓名、性别、年龄、常住户口所在地、职业或者主要经济来源、服务处所等基本情况进行登记并向公安派出所备案； （四）发现承租人有违法犯罪活动或者有违法犯罪嫌疑的，应当及时报告公安机关； （五）对出租的房屋经常进行安全检查，及时发现和排除不安全隐患，保障承租人的居住安全； （六）房屋停止租赁的，应当到公安派出所办理注销手续； （七）房屋出租单位或者个人委托代理人管理出租房屋的，代理人必须遵守有关规定，承担相应责任。 第九条　违反本规定的行为，由县（市）公安局或者城市公安分局予以处罚： （一）出租人未向公安机关办理登记手续或者未签订治安责任保证书出租房屋的，责令限期补办手续并没收非法所得，情节严重的可以并处月租金五倍以下的罚款； （二）出租人将房屋出租给无合法有效证件承租人的，处以警告、月租金三倍以下的罚款； （三）出租人不履行治安责任，发现承租人利用所租房屋进行违法犯罪活动或者有违法犯罪嫌疑不制止、不报告，或者发生案件、治安灾害事故的，责令停止出租，可以并处月租金十倍以下的罚款； （四）承租人将承租房屋转租、转借他人未按规定报告公安机关的，处以警告，没收非法所得； （五）承租人利用出租房屋非法生产、储存、经营易燃、易爆、有毒等危险物品的，没收物品，处月租金十倍以下罚款。

相关执法参考

第十条　对出租或承租的单位违反规定的，依照本规定第九条由县（市）公安局或者城市公安分局予以处罚，同时对单位的主管负责人或者直接责任人处以月工资两倍以下的罚款。

第十一条　违反本规定构成违反治安管理行为的，依照《中华人民共和国治安管理处罚条例》有关规定处罚；构成犯罪的，依法追究刑事责任。

第十二条　被处罚人和单位对依照本规定作出的处罚决定不服的，可以依照《行政复议条例》的有关规定向上一级公安机关申请复议。复议期间，不停止处罚决定的执行。

《公安部、中央社会治安综合治理委员会办公室、民政部、建设部、国家税务总局、国家工商行政管理总局关于进一步加强和改进出租房屋管理工作有关问题的通知》（节录）

（2004 年 11 月 12 日公通字［2004］83 号颁布　自颁布之日起实施）

三、依法加强对出租房屋的管理。各部门要加大工作力度，规范房屋租赁活动。对房主违反出租房屋管理规定的行为，按照下列规定严肃查处：

（一）符合出租条件但未办理租赁登记备案手续的，由房地产管理部门责令补办手续。

（二）不符合出租条件而出租的，由房地产管理部门依法给予处罚。

（三）办理房屋租赁登记备案后未到房屋所在地公安派出所签订治安责任保证书，经通知拒不改正的，由公安部门依照《租赁房屋治安管理规定》第九条第（一）项的规定予以处罚。

（四）将房屋出租给无合法有效证件人员的，由公安部门依照《租赁房屋治安管理规定》第九条第（二）项的规定予以处罚。

（五）明知承租人违反爆炸、剧毒、易燃、放射性等危险物品管理规定，利用出租房屋生产、销售、储存、使用危险物品，不及时制止、报告，尚未造成严重后果的，由公安部门依照《租赁房屋治安管理规定》第九条第（三）项的规定予以处罚；构成犯罪的，依照《中华人民共和国刑法》第一百三十六条的规定追究刑事责任。

（六）明知是赃物而窝藏的，由公安部门依照《中华人民共和国治安管理处罚条例》第二十四条第（一）项的规定予以处罚；构成犯罪的，依照《中华人民共和国刑法》第三百一十二条的规定追究刑事责任。

（七）违反消防安全规定，占用防火间距的，由公安消防机构依照《中华人民共和国消防法》第四十八条第（二）项的规定予以处罚。

（八）出租房屋有重大火灾隐患，经公安部门通知不加改正的，由公安部门依照《中华人民共和国治安管理处罚条例》第二十六条第（八）项的规定予以处罚。

（九）不按照规定为暂住人员申报暂住户口登记的，由公安部门依照《中华人民共和国治安管理处罚条例》第二十九条第（五）项的规定予以处罚。

（十）介绍或者容留卖淫的，由公安部门依照《中华人民共和国治安管理处罚条例》第三十条的规定予以处罚；构成犯罪的，依照《中华人民共和国刑法》第三百五十九条的规定追究刑事责任。

相关执法参考	（十一）为他人进行赌博活动提供出租房屋的，由公安部门依照《中华人民共和国治安管理处罚条例》第三十二条第（一）项的规定予以处罚；构成犯罪的，依照《中华人民共和国刑法》第三百零三条的规定追究刑事责任。 （十二）为他人制作、贩卖淫秽图书、光盘或者其他淫秽物品提供出租房屋的，由公安部门依照《中华人民共和国治安管理处罚条例》第三十二条第（二）项的规定予以处罚；构成犯罪的，依照《中华人民共和国刑法》第三百六十三条的规定追究刑事责任。 （十三）明知是有犯罪行为的人而为其提供出租房屋，帮助其逃避或者为其作假证明的，由公安部门依照《中华人民共和国刑法》第三百一十条的规定追究刑事责任。 （十四）有税收违法行为的，由税务部门依法给予处罚。

一百零四、不按规定登记承租人信息

（《治安管理处罚法》第 57 条第 1 款）

<table>
<tr><td colspan="2">案由</td><td>不按规定登记承租人信息</td></tr>
<tr><td colspan="2">概念</td><td>不按规定登记承租人信息，是指违反有关规定，不登记承租人姓名、身份证件种类和号码的行为。</td></tr>
<tr><td rowspan="4">违法构成要件</td><td>违法客体</td><td>本行为侵犯的客体是公安机关对出租房屋的管理制度。
“出租房屋”是指除旅馆以外，以营利为目的，公民私有或单位所有的，用于出租供他人居住的房屋，不包括用于商业用途的厂房、仓储库房、办公楼、酒店、美容院、商铺等。“出租房屋”不仅包括城市房屋，还包括农村乡镇的房屋，不仅包括合法房屋，还包括违章建筑房屋。</td></tr>
<tr><td>违法客观方面</td><td>本行为在客观方面表现为违反有关规定，不登记承租人姓名、身份证件种类和号码的行为。
根据有关规定，出租人在出租房屋不仅要检查承租人有无合法身份证件，还要将承租人姓名和身份证件的种类和号码登记，并向公安派出所备案。这是《租赁房屋治安管理规定》为出租人设定的法定义务，这样规定有利于公安机关主动掌握租赁房屋信息，掌握承租房客真实情况，加强对暂住人口管理。如果出租人不登记承租人的身份证件，不仅会造成治安隐患，而且不利于保障出租人的合法权益和安全。</td></tr>
<tr><td>违法主体</td><td>本行为的主体是特殊主体，只有房屋出租人才能成为本行为违法主体。房屋出租人包括房屋所有权人、实际占有人、委托代管人、单位房屋管理人、转租人等。单位也能成为本行为的主体。</td></tr>
<tr><td>违法主观方面</td><td>本行为的主观方面只能是故意。</td></tr>
<tr><td>认定界限</td><td colspan="2">在转租人成为违法主体的情况下，原出租人的法律责任如何认定？
在这种情况下，虽然《租赁房屋治安管理规定》只规定了出租人承担申报备案的责任，但是，也不能排除原出租人依旧要承担申报备案之外的法律责任。毕竟，转租是必须在出租人同意的情况下才能进行的，既然要经出租人同意，出租人就无法完全免责。这时，出租人应当与转租人共同负担对承租人的情况报告责任。
当然，转租人（原承租人）如果没有经过原出租人的同意而擅自转租的情况不在此列。擅自转租时，原出租人是无法掌握新承租人的具体情况的，要求其承担新承租人的情况报告责任是不合情理的。正如《城市房屋租赁管理办法》第 24 条规</td></tr>
</table>

认定界限	定，如承租人擅自转租，“出租人有权终止合同，收回房屋，因此而造成损失的，由承租人赔偿”。这里就体现出在承租人擅自转租的情况下，原出租人可以免除责任而由原承租人承担法律责任的道理。
处罚标准	构成本行为的，处200元以上500元以下罚款。
相关执法参考	**《中华人民共和国治安管理处罚法》**（节录） （2005年8月28日第十届全国人民代表大会常务委员会第十七次会议通过 中华人民共和国主席令第三十八号公布 自2006年3月1日起施行） 第五十七条第一款 房屋出租人将房屋出租给无身份证件的人居住的，或者不按规定登记承租人姓名、身份证件种类和号码的，处二百元以上五百元以下罚款。 **《租赁房屋治安管理规定》**（节录） （1995年3月6日公安部令第24号颁布 自颁布之日起实施） 第二条 本规定所称的租赁房屋，是指旅馆业以外以营利为目的，公民私有和单位所有出租用于他人居住的房屋。 第七条 房屋出租人的治安责任： （一）不准将房屋出租给无合法有效证件的承租人； （二）与承租人签订租赁合同，承租人是外来暂住人员的，应当带领其到公安派出所申报暂住户口登记，并办理暂住证； （三）对承租人的姓名、性别、年龄、常住户口所在地、职业或者主要经济来源、服务处所等基本情况进行登记并向公安派出所备案； （四）发现承租人有违法犯罪活动或者有违法犯罪嫌疑的，应当及时报告公安机关； （五）对出租的房屋经常进行安全检查，及时发现和排除不安全隐患，保障承租人的居住安全； （六）房屋停止租赁的，应当到公安派出所办理注销手续； （七）房屋出租单位或者个人委托代理人管理出租房屋的，代理人必须遵守有关规定，承担相应责任。 第九条 违反本规定的行为，由县（市）公安局或者城市公安分局予以处罚： （一）出租人未向公安机关办理登记手续或者未签订治安责任保证书出租房屋的，责令限期补办手续并没收非法所得，情节严重的可以并处月租金五倍以下的罚款； （二）出租人将房屋出租给无合法有效证件承租人的，处以警告、月租金三倍以下的罚款； （三）出租人不履行治安责任，发现承租人利用所租房屋进行违法犯罪活动或者有违法犯罪嫌疑不制止、不报告，或者发生案件、治安灾害事故的，责令停止出

相关执法参考

租，可以并处月租金十倍以下的罚款；

（四）承租人将承租房屋转租、转借他人未按规定报告公安机关的，处以警告，没收非法所得；

（五）承租人利用出租房屋非法生产、储存、经营易燃、易爆、有毒等危险物品的，没收物品，处月租金十倍以下罚款。

第十条　对出租或承租的单位违反规定的，依照本规定第九条由县（市）公安局或者城市公安分局予以处罚，同时对单位的主管负责人或者直接责任人处以月工资两倍以下的罚款。

第十一条　违反本规定构成违反治安管理行为的，依照《中华人民共和国治安管理处罚条例》有关规定处罚；构成犯罪的，依法追究刑事责任。

第十二条　被处罚人和单位对依照本规定作出的处罚决定不服的，可以依照《行政复议条例》的有关规定向上一级公安机关申请复议。复议期间，不停止处罚决定的执行。

《公安部、中央社会治安综合治理委员会办公室、民政部、建设部、国家税务总局、国家工商行政管理总局关于进一步加强和改进出租房屋管理工作有关问题的通知》（节录）

（2004年11月12日公通字［2004］83号颁布　自颁布之日起实施）

三、依法加强对出租房屋的管理。各部门要加大工作力度，规范房屋租赁活动。对房主违反出租房屋管理规定的行为，按照下列规定严肃查处：

（一）符合出租条件但未办理租赁登记备案手续的，由房地产管理部门责令补办手续。

（二）不符合出租条件而出租的，由房地产管理部门依法给予处罚。

（三）办理房屋租赁登记备案后未到房屋所在地公安派出所签订治安责任保证书，经通知拒不改正的，由公安部门依照《租赁房屋治安管理规定》第九条第（一）项的规定予以处罚。

（四）将房屋出租给无合法有效证件人员的，由公安部门依照《租赁房屋治安管理规定》第九条第（二）项的规定予以处罚。

（五）明知承租人违反爆炸、剧毒、易燃、放射性等危险物品管理规定，利用出租房屋生产、销售、储存、使用危险物品，不及时制止、报告，尚未造成严重后果的，由公安部门依照《租赁房屋治安管理规定》第九条第（三）项的规定予以处罚；构成犯罪的，依照《中华人民共和国刑法》第一百三十六条的规定追究刑事责任。

（六）明知是赃物而窝藏的，由公安部门依照《中华人民共和国治安管理处罚条例》第二十四条第（一）项的规定予以处罚；构成犯罪的，依照《中华人民共和国刑法》第三百一十二条的规定追究刑事责任。

（七）违反消防安全规定，占用防火间距的，由公安消防机构依照《中华人民共和国消防法》第四十八条第（二）项的规定予以处罚。

（八）出租房屋有重大火灾隐患，经公安部门通知不加改正的，由公安部门依

相关执法参考	照《中华人民共和国治安管理处罚条例》第二十六条第（八）项的规定予以处罚。 （九）不按照规定为暂住人员申报暂住户口登记的，由公安部门依照《中华人民共和国治安管理处罚条例》第二十九条第（五）项的规定予以处罚。 （十）介绍或者容留卖淫的，由公安部门依照《中华人民共和国治安管理处罚条例》第三十条的规定予以处罚；构成犯罪的，依照《中华人民共和国刑法》第三百五十九条的规定追究刑事责任。 （十一）为他人进行赌博活动提供出租房屋的，由公安部门依照《中华人民共和国治安管理处罚条例》第三十二条第（一）项的规定予以处罚；构成犯罪的，依照《中华人民共和国刑法》第三百零三条的规定追究刑事责任。 （十二）为他人制作、贩卖淫秽图书、光盘或者其他淫秽物品提供出租房屋的，由公安部门依照《中华人民共和国治安管理处罚条例》第三十二条第（二）项的规定予以处罚；构成犯罪的，依照《中华人民共和国刑法》第三百六十三条的规定追究刑事责任。 （十三）明知是有犯罪行为的人而为其提供出租房屋，帮助其逃避或者为其作假证明的，由公安部门依照《中华人民共和国刑法》第三百一十条的规定追究刑事责任。 （十四）有税收违法行为的，由税务部门依法给予处罚。

一百零五、明知承租人利用出租屋犯罪不报告

（《治安管理处罚法》第57条第2款）

<table>
<tr><td colspan="2">案由</td><td>明知承租人利用出租屋犯罪不报告</td></tr>
<tr><td colspan="2">概念</td><td>明知承租人利用出租屋犯罪不报告，是指违反国家有关规定，明知承租人利用出租房屋进行犯罪活动，不向公安机关报告的行为。</td></tr>
<tr><td rowspan="4">违法构成要件</td><td>违法客体</td><td>本行为侵犯的客体是公安机关对出租房屋的管理制度。
“出租房屋”是指除旅馆以外，以营利为目的，公民私有或单位所有的，用于出租供他人居住的房屋，不包括用于商业用途的厂房、仓储库房、办公楼、酒店、美容院、商铺等。“出租房屋”不仅包括城市房屋，还包括农村乡镇的房屋，不仅包括合法房屋，还包括违章建筑房屋。</td></tr>
<tr><td>违法客观方面</td><td>本行为在客观方面表现为违反国家有关规定，明知承租人利用出租房屋进行犯罪活动，不向公安机关报告的行为。
出租人有义务对承租人如何利用房屋的情况进行掌握，不能不闻不问，要对承租人的职业、主要经济来源、服务处所进行登记并向公安派出所备案，对出租房屋经常进行安全检查。一旦发现承租人有违法犯罪活动或者有违法犯罪嫌疑的，应当及时报告公安机关。
在实践中，承租人利用出租房屋进行犯罪活动的案件主要包括：容留卖淫、非法行医、吸毒、容留吸毒、贩毒、传销、窝赃、销赃、造假、贩假、伪造印章、复制贩卖淫秽物品、非法生产、储存、经营易燃、易爆、有毒等。
另外，在适用本行为时，应当注意，必须是承租人利用出租房屋进行犯罪活动的，出租人才构成本行为，如果承租人只是利用出租房屋进行一般的违法活动，没有构成犯罪的，不能以本行为论处。</td></tr>
<tr><td>违法主体</td><td>本行为的主体是特殊主体，只有房屋出租人才能成为本行为违法主体。房屋出租人包括房屋所有权人、实际占有人、委托代管人、单位房屋管理人、转租人等。单位也能成为本行为的主体。</td></tr>
<tr><td>违法主观方面</td><td>本行为的主观方面只能是出于故意。</td></tr>
<tr><td>认定界限</td><td colspan="2">（一）本行为与危险物品肇事罪的联系。
《刑法》第136条规定的危险物品肇事罪，是指违反爆炸性、易燃性、放射性、毒害性、腐蚀性物品的管理规定，在生产、储存、运输、使用中，由于过失发生重大事故，造成严重后果的行为。在实践中，出租人明知承租人利用出租房屋进行违</td></tr>
</table>

认定界限	法犯罪活动，不向公安机关报告的行为的，可能会构成《刑法》第136条规定的危险物品肇事罪。 承租人可能构成危险物品肇事罪的依据在于公安部于2004年发布的《关于进一步加强和改进出租房屋管理工作有关问题的通知》，该《通知》第3条第5项规定："明知承租人违反爆炸、剧毒、易燃、放射性等危险物品管理规定，利用出租房屋生产、销售、储存、使用危险物品，不及时制止、报告，尚未造成严重后果的，由公安部门依照《租赁房屋治安管理规定》第9条第（三）项的规定予以处罚；构成犯罪的，依照《刑法》第136条的规定追究刑事责任。" 因此，出租人明知承租人违反爆炸、剧毒、易燃、放射性等危险物品管理规定，利用出租房屋生产、销售、储存、使用危险物品，不及时制止、报告的，这种行为便可能构成犯罪。这是属于特殊条款的规定，主要是为了加强对社会公共安全危害性巨大的危险物品的管理。出租人明知承租人利用出租房屋进行其他犯罪活动，不向公安机关报告的行为不会构成犯罪。 （二）本行为与窝藏、包庇罪或其他犯罪的界限。 《刑法》第310条规定的窝藏、包庇罪，是指明知是犯罪的人而为其提供隐藏处所、财物，帮助其逃匿或者作假证明包庇的行为。本行为要求出租人在出租房屋前必须不是明知承租人是有犯罪行为的人，否则，就会构成明知是犯罪的人而提供出租房屋行为，这会导致行为人构成窝藏、包庇罪或其他犯罪的共犯。区分的关键在于出租人明知承租人是有犯罪行为的人的时间是在租房前还是租房后。如果出租人在将房屋出租之后才发现承租人是有犯罪行为的人，如果不报告的，以本行为论处。 根据公安部《关于进一步加强和改进出租房屋管理工作有关问题的通知》第3条第13项："明知是有犯罪行为的人而为其提供出租房屋，帮助其逃避或者为其作假证明的，由公安部门依照《刑法》第310条的规定追究刑事责任。"《刑法》第310条第1款规定的是窝藏、包庇罪。并且，第310条第2款又规定："犯前款罪，事前通谋的，以共同犯罪论处"，这样，如果出租人明知承租人是有犯罪行为的人而提供出租房屋，并且事前有通谋的，出租人会与有犯罪行为的人就其所犯的罪构成共同犯罪，这就不只是窝藏、包庇罪了。例如，明知是卖淫人员，提供出租房屋，容留或者介绍卖淫的，情节严重的，可能构成《刑法》第359条规定的容留、介绍卖淫罪；为他人进行赌博活动提供出租房屋的，情节严重的，可能构成《刑法》第303条规定的赌博罪；为他人制作、贩卖淫秽图书、光盘或者其他淫秽物品提供出租房屋的，情节严重的，可能构成《刑法》第363条规定的制作、复制、贩卖、传播淫秽物品牟利罪。
处罚标准	（一）构成本行为的，处200元以上500元以下罚款。 （二）情节严重的，处5日以下拘留，可以并处500元以下罚款。 在实践中，判断情节的轻重，一般应从行为人的动机、手段、目的、行为的次数、造成的后果等方面综合考虑，由公安机关办案人员酌情量罚。一般来说，有下列情形之一的，应认定为"情节严重"：

处罚标准	1. 曾因违反出租房屋规定被公安机关处理，又实施同类行为的； 2. 明知承租人利用出租房屋进行犯罪活动被公安机关查获后，房屋出租人不配合公安机关对房屋进行检查、搜查，影响公安机关正常的办案工作； 3. 房屋承租人利用出租房屋进行犯罪活动，造成较严重后果的； 4. 其他情节严重的情形。
相关执法参考	**《中华人民共和国治安管理处罚法》**（节录） （2005年8月28日第十届全国人民代表大会常务委员会第十七次会议通过　中华人民共和国主席令第三十八号公布　自2006年3月1日起施行） 第五十七条第二款　房屋出租人明知承租人利用出租房屋进行犯罪活动，不向公安机关报告的，处二百元以上五百元以下罚款；情节严重的，处五日以下拘留，可以并处五百元以下罚款。 **《租赁房屋治安管理规定》**（节录） （1995年3月6日公安部令第24号颁布　自颁布之日起实施） 第二条　本规定所称的租赁房屋，是指旅馆业以外以营利为目的，公民私有和单位所有出租用于他人居住的房屋。 第七条　房屋出租人的治安责任： （一）不准将房屋出租给无合法有效证件的承租人； （二）与承租人签订租赁合同，承租人是外来暂住人员的，应当带领其到公安派出所申报暂住户口登记，并办理暂住证； （三）对承租人的姓名、性别、年龄、常住户口所在地、职业或者主要经济来源、服务处所等基本情况进行登记并向公安派出所备案； （四）发现承租人有违法犯罪活动或者有违法犯罪嫌疑的，应当及时报告公安机关； （五）对出租的房屋经常进行安全检查，及时发现和排除不安全隐患，保障承租人的居住安全； （六）房屋停止租赁的，应当到公安派出所办理注销手续； （七）房屋出租单位或者个人委托代理人管理出租房屋的，代理人必须遵守有关规定，承担相应责任。 第八条　房屋承租人的治安责任： （一）必须持有本人居民身份证或者其他合法身份证件； （二）租赁房屋住宿的外来暂住人员，必须按户口管理规定，在三日内到公安派出所申报暂住户口登记； （三）将承租房屋转租或者转借他人的，应当向当地公安派出所申报备案； （四）安全使用出租房屋，发现承租房屋有不安全隐患，应当及时告知出租人予以消除； （五）承租的房屋不准用于生产、储存、经营易燃、易爆、有毒等危险物品； （六）集体承租或者单位承租房屋的，应当建立安全管理制度。

相关执法参考

第九条　违反本规定的行为，由县（市）公安局或者城市公安分局予以处罚：

（一）出租人未向公安机关办理登记手续或者未签订治安责任保证书出租房屋的，责令限期补办手续并没收非法所得，情节严重的可以并处月租金五倍以下的罚款；

（二）出租人将房屋出租给无合法有效证件承租人的，处以警告、月租金三倍以下的罚款；

（三）出租人不履行治安责任，发现承租人利用所租房屋进行违法犯罪活动或者有违法犯罪嫌疑不制止、不报告，或者发生案件、治安灾害事故的，责令停止出租，可以并处月租金十倍以下的罚款；

（四）承租人将承租房屋转租、转借他人未按规定报告公安机关的，处以警告，没收非法所得；

（五）承租人利用出租房屋非法生产、储存、经营易燃、易爆、有毒等危险物品的，没收物品，处月租金十倍以下罚款。

第十条　对出租或承租的单位违反规定的，依照本规定第九条由县（市）公安局或者城市公安分局予以处罚，同时对单位的主管负责人或者直接责任人处以月工资两倍以下的罚款。

第十一条　违反本规定构成违反治安管理行为的，依照《中华人民共和国治安管理处罚条例》有关规定处罚；构成犯罪的，依法追究刑事责任。

第十二条　被处罚人和单位对依照本规定作出的处罚决定不服的，可以依照《行政复议条例》的有关规定向上一级公安机关申请复议。复议期间，不停止处罚决定的执行。

《公安部、中央社会治安综合治理委员会办公室、民政部、建设部、国家税务总局、国家工商行政管理总局关于进一步加强和改进出租房屋管理工作有关问题的通知》（节录）

（2004年11月12日公通字［2004］83号颁布　自颁布之日起实施）

三、依法加强对出租房屋的管理。各部门要加大工作力度，规范房屋租赁活动。对房主违反出租房屋管理规定的行为，按照下列规定严肃查处：

（一）符合出租条件但未办理租赁登记备案手续的，由房地产管理部门责令补办手续。

（二）不符合出租条件而出租的，由房地产管理部门依法给子处罚。

（三）办理房屋租赁登记备案后未到房屋所在地公安派出所签订治安责任保证书，经通知拒不改正的，由公安部门依照《租赁房屋治安管理规定》第九条第（一）项的规定予以处罚。

（四）将房屋出租给无合法有效证件人员的，由公安部门依照《租赁房屋治安管理规定》第九条第（二）项的规定予以处罚。

（五）明知承租人违反爆炸、剧毒、易燃、放射性等危险物品管理规定，利用出租房屋生产、销售、储存、使用危险物品，不及时制止、报告，尚未造成严重后果的，由公安部门依照《租赁房屋治安管理规定》第九条第（三）项的规定予以

<table>
<tr>
<td>相关执法参考</td>
<td>处罚；构成犯罪的，依照《中华人民共和国刑法》第一百三十六条的规定追究刑事责任。
（六）明知是赃物而窝藏的，由公安部门依照《中华人民共和国治安管理处罚条例》第二十四条第（一）项的规定予以处罚；构成犯罪的，依照《中华人民共和国刑法》第三百一十二条的规定追究刑事责任。
（七）违反消防安全规定，占用防火间距的，由公安消防机构依照《中华人民共和国消防法》第四十八条第（二）项的规定予以处罚。
（八）出租房屋有重大火灾隐患，经公安部门通知不加改正的，由公安部门依照《中华人民共和国治安管理处罚条例》第二十六条第（八）项的规定予以处罚。
（九）不按照规定为暂住人员申报暂住户口登记的，由公安部门依照《中华人民共和国治安管理处罚条例》第二十九条第（五）项的规定予以处罚。
（十）介绍或者容留卖淫的，由公安部门依照《中华人民共和国治安管理处罚条例》第三十条的规定予以处罚；构成犯罪的，依照《中华人民共和国刑法》第三百五十九条的规定追究刑事责任。
（十一）为他人进行赌博活动提供出租房屋的，由公安部门依照《中华人民共和国治安管理处罚条例》第三十二条第（一）项的规定予以处罚；构成犯罪的，依照《中华人民共和国刑法》第三百零三条的规定追究刑事责任。
（十二）为他人制作、贩卖淫秽图书、光盘或者其他淫秽物品提供出租房屋的，由公安部门依照《中华人民共和国治安管理处罚条例》第三十二条第（二）项的规定予以处罚；构成犯罪的，依照《中华人民共和国刑法》第三百六十三条的规定追究刑事责任。
（十三）明知是有犯罪行为的人而为其提供出租房屋，帮助其逃避或者为其作假证明的，由公安部门依照《中华人民共和国刑法》第三百一十条的规定追究刑事责任。
（十四）有税收违法行为的，由税务部门依法给予处罚。</td>
</tr>
</table>

一百零六、制造噪声干扰正常生活

（《治安管理处罚法》第58条）

<table>
<tr><td colspan="2">案由</td><td>制造噪声干扰正常生活</td></tr>
<tr><td colspan="2">概念</td><td>制造噪声干扰正常生活，是指违反噪声管理规定，制造噪声，干扰到他人生活，影响了他人的工作或者休息的行为。</td></tr>
<tr><td rowspan="2">违法构成要件</td><td>违法客体</td><td>本行为侵犯的客体是他人正常的生活秩序。</td></tr>
<tr><td>违法客观方面</td><td>本行为在客观方面表现为违反噪声管理规定，制造噪声，干扰到他人生活，影响了他人的工作或者休息的行为。
我国《环境噪声污染防治法》第2条将环境“噪声”定义为“是指在工业生产、建筑施工、交通运输和社会生活中所产生的干扰周围生活环境的声音”。这里所说的“噪声”，既包括“社会生活噪声”，也包括工业噪声、建筑施工噪声和交通运输噪声。行为人制造社会生活噪声、工业噪声、建筑施工噪声和交通运输噪声，干扰他人正常工作或休息的，以本行为论处。在现实生活中，制造噪声的方式很多，如建筑施工、交通运输、播放音响、观看电视、家庭卡拉OK、演奏乐器、举办舞会、大型宴会、装修房屋、开办家庭作坊、饲养动物、空调声等。
在司法实践中，判断“噪声”是否干扰他人的工作或生活，其标准有两个：
1. 音量是否超过2008年环境保护部和国家质量监督检验检疫总局联合颁布的《声环境质量标准（GB 3096－2008）》[①]，该标准具有强制执行力，其具体内容可在相关网站上查询，这里不再赘述。
2. “噪声”是否构成“干扰”，要看是否造成对他人生活、工作或者休息的影响。如果超过标准但周围居民不在家或者不认为有影响的，或者虽然噪音很大，但是邻居家房间隔音做得很好而不受干扰的，也不构成“干扰”。这种影响主要在于他人的感受。
在实践中，本行为的具体方式主要包括：
1. 在居民区内停放的机动车报警器长时间鸣响，经告知后不及时纠正的；
2. 经营场所的排油烟机、空调室外机噪声过大，影响他人正常休息的；
3. 夜晚在公共场所娱乐，影响他人正常休息的；
4. 为招揽顾客，使用喇叭长时间叫卖或者播放音乐的；
5. 使用音响设备、播放高音喇叭，影响他人休息或者工作的；
6. 在居民区楼房内，夜间娱乐，影响邻居休息的；</td></tr>
</table>

① 查阅网址：http：//bz. mep. gov. cn/bzwb/wlhj/shjzlbz/200809/W020081017396740198261. pdf。

<table>
<tr><td rowspan="3">违法构成要件</td><td>违法客观方面</td><td>7. 在休息时间，装修房屋，影响他人休息的；
8. 其他制造噪声干扰他人正常生活的。</td></tr>
<tr><td>违法主体</td><td>本行为的主体是一般主体，单位和个人均可成为本行为的主体。</td></tr>
<tr><td>违法主观方面</td><td>本行为的主观方面只能是故意。</td></tr>
<tr><td colspan="2">认定界限</td><td>本行为与饲养动物干扰他人正常生活行为的界限。
在日常生活中，行为人在家中饲养动物，而动物的叫声也会干扰到邻居，这种行为是按本行为论处还是按《治安管理处罚法》第 72 规定的饲养动物干扰正常生活行为论处？
饲养动物产生噪声扰邻，同时符合两种违法行为的构成，这就产生了法条竞合关系。按照特别法优于一般法的原则，应该适用《治安管理处罚法》第 72 条的规定，按饲养动物干扰正常生活行为论处。</td></tr>
<tr><td colspan="2">处罚标准</td><td>（一）构成本行为的，处警告。
（二）警告后不改正的，处 200 元以上 500 元以下罚款。
在处罚构成本行为的人时，应该首先适用警告，只有行为人在警告后拒不改正的，才能处 200 元以上 500 元以下罚款，不能对行为人直接处 200 元以上 500 元以下罚款。</td></tr>
<tr><td colspan="2">相关执法参考</td><td>《中华人民共和国治安管理处罚法》（节录）
（2005 年 8 月 28 日第十届全国人民代表大会常务委员会第十七次会议通过　中华人民共和国主席令第三十八号公布　自 2006 年 3 月 1 日起施行）
第五十八条　违反关于社会生活噪声污染防治的法律规定，制造噪声干扰他人正常生活的，处警告；警告后不改正的，处二百元以上五百元以下罚款。
《中华人民共和国环境噪声污染防治法》（节录）
（1996 年 10 月 29 日第八届全国人民代表大会常务委员会第二十二次会议通过　1996 年 10 月 29 日中华人民共和国主席令第七十七号公布　自 1997 年 3 月 1 日起施行）
第二条　本法所称环境噪声，是指在工业生产、建筑施工、交通运输和社会生活中所产生的干扰周围生活环境的声音。</td></tr>
</table>

相关执法参考

本法所称环境噪声污染，是指所产生的环境噪声超过国家规定的环境噪声排放标准，并干扰他人正常生活、工作和学习的现象。

第七条　任何单位和个人都有保护声环境的义务，并有权对造成环境噪声污染的单位和个人进行检举和控告。

第四十八条　违反本法第十四条的规定，建设项目中需要配套建设的环境噪声污染防治设施没有建成或者没有达到国家规定的要求，擅自投入生产或者使用的，由批准该建设项目的环境影响报告书的环境保护行政主管部门责令停止生产或者使用，可以并处罚款。

第四十九条　违反本法规定，拒报或者谎报规定的环境噪声排放申报事项的，县级以上地方人民政府环境保护行政主管部门可以根据不同情节，给予警告或者处以罚款。

第五十条　违反本法第十五条的规定，未经环境保护行政主管部门批准，擅自拆除或者闲置环境噪声污染防治设施，致使环境噪声排放超过规定标准的，由县级以上地方人民政府环境保护行政主管部门责令改正，并处罚款。

第五十一条　违反本法第十六条的规定，不按照国家规定缴纳超标准排污费的，县级以上地方人民政府环境保护行政主管部门可以根据不同情节，给予警告或者处以罚款。

第五十二条　违反本法第十七条的规定，对经限期治理逾期未完成治理任务的企业事业单位，除依照国家规定加收超标准排污费外，可以根据所造成的危害后果处以罚款，或者责令停业、搬迁、关闭。

前款规定的罚款由环境保护行政主管部门决定。责令停业、搬迁、关闭由县级以上人民政府按照国务院规定的权限决定。

第五十三条　违反本法第十八条的规定，生产、销售、进口禁止生产、销售、进口的设备的，由县级以上人民政府经济综合主管部门责令改正；情节严重的，由县级以上人民政府经济综合主管部门提出意见，报请同级人民政府按照国务院规定的权限责令停业、关闭。

第五十四条　违反本法第十九条的规定，未经当地公安机关批准，进行产生偶发性强烈噪声活动的，由公安机关根据不同情节给予警告或者处以罚款。

第五十五条　排放环境噪声的单位违反本法第二十一条的规定，拒绝环境保护行政主管部门或者其他依照本法规定行使环境噪声监督管理权的部门、机构现场检查或者在被检查时弄虚作假的，环境保护行政主管部门或者其他依照本法规定行使环境噪声监督管理权的监督管理部门、机构可以根据不同情节，给予警告或者处以罚款。

第五十六条　建筑施工单位违反本法第三十条第一款的规定，在城市市区噪声敏感建筑物集中区域内，夜间进行禁止进行的产生环境噪声污染的建筑施工作业的，由工程所在地县级以上地方人民政府环境保护行政主管部门责令改正，可以并处罚款。

第五十七条　违反本法第三十四条的规定，机动车辆不按照规定使用声响装置的，由当地公安机关根据不同情节给予警告或者处以罚款。

相关执法参考

机动船舶有前款违法行为的，由港务监督机构根据不同情节给予警告或者处以罚款。

铁路机车有第一款违法行为的，由铁路主管部门对有关责任人员给予行政处分。

第五十八条　违反本法规定，有下列行为之一的，由公安机关给予警告，可以并处罚款：

（一）在城市市区噪声敏感建筑物集中区域内使用高音广播喇叭；

（二）违反当地公安机关的规定，在城市市区街道、广场、公园等公共场所组织娱乐、集会等活动，使用音响器材，产生干扰周围生活环境的过大音量的；

（三）未按本法第四十六条和第四十七条规定采取措施，从家庭室内发出严重干扰周围居民生活的环境噪声的。

第五十九条　违反本法第四十三条第二款、第四十四条第二款的规定，造成环境噪声污染的，由县级以上地方人民政府环境保护行政主管部门责令改正，可以并处罚款。

第六十条　违反本法第四十四条第一款的规定，造成环境噪声污染的，由公安机关责令改正，可以并处罚款。

省级以上人民政府依法决定由县级以上地方人民政府环境保护行政主管部门行使前款规定的行政处罚权的，从其决定。

第六十一条　受到环境噪声污染危害的单位和个人，有权要求加害人排除危害；造成损失的，依法赔偿损失。

赔偿责任和赔偿金额的纠纷，可以根据当事人的请求，由环境保护行政主管部门或者其他环境噪声污染防治工作的监督管理部门、机构调解处理；调解不成的，当事人可以向人民法院起诉。当事人也可以直接向人民法院起诉。

第六十二条　环境噪声污染防治监督管理人员滥用职权、玩忽职守、徇私舞弊的，由其所在单位或者上级主管机关给予行政处分；构成犯罪的，依法追究刑事责任。

第六十三条　本法中下列用语的含义是：

（一）“噪声排放”是指噪声源向周围生活环境辐射噪声。

（二）“噪声敏感建筑物”是指医院、学校、机关、科研单位、住宅等需要保持安静的建筑物。

（三）“噪声敏感建筑物集中区域”是指医疗区、文教科研区和以机关或者居民住宅为主的区域。

（四）“夜间”是指晚二十二点至晨六点之间的期间。

（五）“机动车辆”是指汽车和摩托车。

一百零七、违法承接典当物品

（《治安管理处罚法》第59条第1项）

<table>
<tr><td colspan="2">案由</td><td>违法承接典当物品</td></tr>
<tr><td colspan="2">概念</td><td>违法承接典当物品，是指典当业的工作人员承接典当物品，不查验有关证明，不履行登记手续，尚不够刑事处罚的行为。</td></tr>
<tr><td rowspan="2">违法构成要件</td><td>违法客体</td><td>本行为侵犯的客体是国家对典当业的管理制度。</td></tr>
<tr><td>违法客观方面</td><td>本行为在客观方面表现为典当业的工作人员承接典当物品，不查验有关证明，不履行登记手续，尚不够刑事处罚的行为。
“典当”，是指当户将其动产、财产权利作为当物质押或者将其房地产作为当物抵押给典当行，交付一定比例费用，取得当金，并在约定期限内支付当金利息、偿还当金、赎回当物的行为。“典当行”，是指依照《典当管理办法》设立的专门从事典当活动的企业法人，其组织形式与组织机构适用《公司法》的有关规定。典当业是特种行业，商务主管部门对典当业实施监督管理，公安机关对典当业进行治安管理。在2004年6月29日公布的《国务院对确需保留的行政审批项目设定行政许可的决定》中，对《典当业特种行业许可证》核发依然予以保留并设定行政许可。目前，对典当也进行规范的主要是《典当管理办法》，根据《典当管理办法》的规定，典当行应当建立、健全收当、续当、赎当查验证件（照）制度；通缉协查核对制度和可疑情况报告制度；经营场所内设置录像设备（录像资料至少保存2个月）；典当行不得收当赃物和来源不明的物品；典当行收当国家统收、专营、专卖物品，须经有关部门批准；办理出当与赎当，当户均应当出具本人的有效身份证件；当户为单位的，经办人员应当出具单位证明和经办人的有效身份证件；委托典当中，被委托人应当出具典当委托书、本人和委托人的有效身份证件；出当时，当户应当如实向典当行提供当物的来源及相关证明材料，典当行应当查验当户出具的上述证明文件；典当行发现公安机关通报协查的人员或者赃物以及《典当管理办法》第27条所列其他财物的，应当立即向公安机关报告有关情况。
根据上述规定，如果典当经营者承接典当的物品不查验有关证明、不履行登记手续，就可能会使典当行成为违法犯罪分子盗窃、诈骗违法犯罪活动销赃的渠道。所以，典当业工作人员承接典当的物品，查验有关证明、履行登记手续，是其法定义务，不履行即构成治安违法。
本行为包括两种方式：不查验有关证明和不履行登记手续。两者具备其一，即构成本行为。</td></tr>
</table>

<table>
<tr><td rowspan="2">违法构成要件</td><td>违法主体</td><td>本行为的主体是特殊主体，只有典当业的工作人员才能成为本行为的违法主体。这里的“典当业的工作人员”是指合法成立的、有营业执照的典当业的工作人员，对无照经营的典当业，应该以擅自经营需公安机关许可的行业论处，而不成立本行为。</td></tr>
<tr><td>违法主观方面</td><td>本行为的主观方面既可以是出于故意，也可以是出于过失。</td></tr>
<tr><td>认定界限</td><td colspan="2"></td></tr>
<tr><td>处罚标准</td><td colspan="2">（一）构成本行为的，处500元以上1000元以下罚款。
（二）情节严重的，处5日以上10日以下拘留，并处500元以上1000元以下罚款。
在实践中，判断情节的轻重，一般应从行为人的动机、手段、目的、行为的次数、造成的后果等方面综合考虑，由公安机关办案人员酌情量罚。一般来说，有下列情形之一的，应认定为“情节严重”：
1. 造成较严重后果的；
2. 多次不履行查验有关证明和登记手续的；
3. 违法收购物品数量较大的；
4. 经有关部门提出后，仍不按照规定执行的；
5. 其他情节严重的情形。</td></tr>
<tr><td>相关执法参考</td><td colspan="2">《中华人民共和国治安管理处罚法》（节录）
（2005年8月28日第十届全国人民代表大会常务委员会第十七次会议通过　中华人民共和国主席令第三十八号公布　自2006年3月1日起施行）
第五十九条第一项　有下列行为之一的，处五百元以上一千元以下罚款；情节严重的，处五日以上十日以下拘留，并处五百元以上一千元以下罚款：
（一）典当业工作人员承接典当的物品，不查验有关证明、不履行登记手续，或者明知是违法犯罪嫌疑人、赃物，不向公安机关报告的；
《典当管理办法》（节录）
（2005年2月9日商务部、公安部2005年第8号令颁布　自2005年4月1日起实施）
第三条　本办法所称典当，是指当户将其动产、财产权利作为当物质押或者将其房地产作为当物抵押给典当行，交付一定比例费用，取得当金，并在约定期限内支付当金利息、偿还当金、赎回当物的行为。</td></tr>
</table>

相关执法参考

本办法所称典当行，是指依照本办法设立的专门从事典当活动的企业法人，其组织形式与组织机构适用《中华人民共和国公司法》的有关规定。

第四条　商务主管部门对典当业实施监督管理，公安机关对典当业进行治安管理。

第五条　典当行的名称应当符合企业名称登记管理的有关规定。典当行名称中的行业表述应当标明“典当”字样。其他任何经营性组织和机构的名称不得含有“典当”字样，不得经营或者变相经营典当业务。

第五十一条　典当行应当如实记录、统计质押当物和当户信息，并按照所在地县级以上人民政府公安机关的要求报送备查。

第六十八条　在调查、侦查典当行违法犯罪行为过程中，商务主管部门与公安机关应当相互配合。商务主管部门和公安机关发现典当行有违反本办法行为的，应当进行调查、核实，并相互通报查处结果；涉嫌构成犯罪的，商务主管部门应当及时移送公安机关处理。

《商务部、公安部关于贯彻实施〈典当管理办法〉的有关问题通知》（节录）

（2005年5月17日颁布　自颁布之日起实施）

二、加强合作，做好典当业管理工作

各级商务主管部门、公安机关要按照《办法》规定，各司其职，切实做好典当行业的各项管理工作。第一，要按照《行政许可法》、《办法》等法律、法规的规定，把好市场准入关。各地商务主管部门要认真做好新增典当行及分支机构的初审工作，公安机关要认真做好《特种行业许可证》核发工作。要依法规范审批行为，确保审批工作公开、公平、公正地进行，杜绝盲目审批和违法违规审批。第二，要认真做好日常业务监管和治安管理工作。商务主管部门要严格按照《办法》，规范典当行经营行为。要建立并落实定期检查、不定期抽查、行业统计和重大事项报告等制度，实行动态监管和全过程监督。对于超业务范围经营和超过规定标准收取利息、费用等违规行为，应当及时查处。公安机关对典当业的治安管理实行归口管理。日常治安管理工作由公安机关治安部门负责。公安机关要加强典当业治安管理防范措施，严格要求经营动产或者财产权利质押典当业务的典当行，按照《办法》有关规定，填写《典当物品登记表》（附件），报公安机关备查；要定期和不定期对典当行进行治安安全检查，预防、发现和依法打击典当业内发生的违法犯罪行为，积极构筑典当业治安管理防控一体化机制，依法维护典当行的治安秩序；当户出当或赎当机动车的，车辆管理部门应当按照《办法》有关规定，为典当行办理机动车质押登记即停驶或复驶手续，并收回或发还号牌和行驶证。绝当后应当凭机动车交易发票办理机动车转移登记。第三，要做好变更管理工作。一方面要增强服务意识，简化办事程序，及时办理有关变更手续。另一方面要对典当行对外转让股份加强管理，防止不具备资格的企业和个人进入典当业，特别是防止典当行借机变相集资吸储或者倒卖经营资格的行为发生。

各级商务主管部门和公安机关要相互配合，形成合力，提高监管的有效性。一是增强协作意识，及时通报典当行市场准入、日常业务监管、治安管理、变更及年

相关执法参考

审方面的信息，搞好与相关部门的衔接与合作。二是商务主管部门在监督管理工作中发现违法犯罪案件线索，应当及时向公安机关通报并依法办理移交手续。三是严厉打击违法违规经营行为，对妨害依法执行公务的案件特别是暴力抗法案件，公安机关要迅速依法立案查处。

三、关于执行《办法》中的具体问题

（一）关于新增典当行申请材料初审问题。设立典当行或者典当行申请设立分支机构的申请材料报商务部以前，地方商务主管部门应当将涉及治安管理方面的有关申请材料转交同级人民政府公安机关进行初审，公安机关收到商务主管部门转交的材料后，应当在5个工作日内形成初步审核意见，通报同级商务主管部门（具体操作程序由各省、自治区、直辖市商务主管部门与公安厅、局确定）。各省、自治区、直辖市公安厅、局治安部门应当将初步审核意见书面报公安部治安管理局备案。各地商务主管部门、公安机关在初审典当行申请材料时，应就安全防范措施问题，重点审查经营场所及保管库房平面图、建筑结构图、安全防范设施安装、设置位置分布图、相关文字材料及申请人做出的书面承诺。

（二）关于《特种行业许可证》核发问题。典当行《特种行业许可证》核发工作，由设区的市（地）级人民政府公安机关负责；直辖市典当行《特种行业许可证》核发工作，由直辖市公安机关负责。公安机关应在安全防范措施安装完毕并达到验收要求后核发《特种行业许可证》。对申请人有正当理由未能在规定时限内办理《特种行业许可证》的，地方公安机关可以延期。对缓办或者迟办的，应要求申请人书面说明理由。

（三）关于高级管理人员的范围。《办法》第十六条第（四）项规定的“其他高级管理人员”，是指典当行的董事、监事、经理、财务负责人。对人户分离、在暂住地登记居住6个月以上的，除户籍所在地公安机关出具证明外，居住地公安机关应出具暂住期间有无故意犯罪记录的证明。

（四）关于已开办典当行的安全达标问题。商务主管部门、公安机关应要求现有的安全制度未达标的典当行按照《办法》的规定，在2005年8月1日前整改，建立、健全有关安全制度。典当行房屋建筑、经营设施和安全防范设施不符合《办法》第十条要求的，应当在2006年4月1日前达到规定的条件。核发《特种行业许可证》的公安机关应当会同商务主管部门组织辖区内典当行做好对照检查和整改工作。

有关执行情况，请各省、自治区、直辖市及新疆生产建设兵团商务主管部门及时上报商务部市场体系建设司，各省、自治区、直辖市及新疆生产建设兵团公安厅、局及时上报公安部治安管理局。

一百零八、典当业工作人员发现违法犯罪嫌疑人、赃物不报告
（《治安管理处罚法》第59条第1项）

<table>
<tr><td colspan="2">案由</td><td>典当业工作人员发现违法犯罪嫌疑人、赃物不报告</td></tr>
<tr><td colspan="2">概念</td><td>典当业工作人员发现违法犯罪嫌疑人、赃物不报告是指典当业工作人员发现违法犯罪嫌疑人、赃物，不向公安机关报告，尚不够刑事处罚的行为。</td></tr>
<tr><td rowspan="4">违法构成要件</td><td>违法客体</td><td>本行为侵犯的客体是国家对典当业的管理制度。</td></tr>
<tr><td>违法客观方面</td><td>本行为在客观方面表现为典当业的工作人员在典当工作中，发现违法犯罪嫌疑人、赃物，不向公安机关报告，尚不够刑事处罚的行为。
目前，对典当也进行规范的主要是《典当管理办法》，根据《典当管理办法》的规定，典当业的工作人员在典当工作中发现了违法犯罪嫌疑人或者赃物，向公安机关报告，是其法定义务，不履行即构成治安违法。在适用本行为时，应注意：
1. 必须是在典当工作中。如果行为人虽然是典当业的工作人员，但是是在日常生活中发现违法犯罪嫌疑人或者赃物的，行为人即使没有向公安机关报告，也不构成本行为，不能以本行为论处。
2. 发现的对象包括一般违法嫌疑人和犯罪嫌疑人，赃物包括一般违法的赃物，也包括犯罪行为的赃物。
3. 报告的方式多种多样，包括书面的，也包括口头的等。
4. 必须是向公安机关报告，如果行为人向其他机关报告的，也可能构成本行为。</td></tr>
<tr><td>违法主体</td><td>本行为的主体是特殊主体，只有典当业的工作人员才能成为本行为的违法主体。这里的“典当业的工作人员”是指合法成立的、有营业执照的典当业的工作人员，对无照经营的典当业，应该以擅自经营需公安机关许可的行业论处，而不成立本行为。</td></tr>
<tr><td>违法主观方面</td><td>本行为的主观方面既可以是出于故意，也可以是出于过失。</td></tr>
<tr><td>认定界限</td><td colspan="2">本行为与窝藏、包庇罪的界限。
《刑法》第310条规定的窝藏、包庇罪，是指明知是犯罪的人而为其提供隐藏处所、财物，帮助其逃匿或者作假证明包庇的行为。两者的界限主要表现在：</td></tr>
</table>

认定界限	1. 行为主体不同。本行为的主体是特殊主体，只有典当业的工作人员才能成为本行为的违法主体。后者的主体是一般主体，包括所有达到刑事责任年龄，具有责任能力的自然人。 2. 行为方式不同。本行为表现为典当业工作人员发现违法犯罪嫌疑人、赃物，不向公安机关报告，尚不够刑事处罚的行为，这是一种消极的不作为行为。后者却表现为明知是犯罪的人而为其提供隐藏处所、财物，帮助其逃匿或者作假证明包庇的行为，这是一种积极的作为。 3. 行为的后果和情节不同。本行为属于一般治安违法行为，后果和情节一般较轻；后者是一种犯罪行为，后果和情节一般较重，需要给予刑罚处罚。 4. 行为人的主观态度不同。本行为既可以由故意构成，也可以由过失构成；后者只能由故意构成。
处罚标准	（一）构成本行为的，处 500 元以上 1000 元以下罚款。 （二）情节严重的，处 5 日以上 10 日以下拘留，并处 500 元以上 1000 元以下罚款。 在实践中，判断情节的轻重，一般应从行为人的动机、手段、目的、行为的次数、造成的后果等方面综合考虑，由公安机关办案人员酌情量罚。一般来说，有下列情形之一的，应认定为"情节严重"： 1. 明知是公安机关通报寻查的赃物或有赃物嫌疑的物品而收购，且造成较严重后果的； 2. 多次发现违法犯罪嫌疑人或者赃物而不向公安机关报告的； 3. 导致违法犯罪嫌疑人逃脱或者赃物无法追回的； 4. 经有关部门处理后再次构成本行为的； 5. 严重影响了相关案件的侦破的； 6. 其他情节严重的情形。
相关执法参考	**《中华人民共和国治安管理处罚法》**（节录） （2005 年 8 月 28 日第十届全国人民代表大会常务委员会第十七次会议通过 中华人民共和国主席令第三十八号公布 自 2006 年 3 月 1 日起施行） 第五十九条第一项 有下列行为之一的，处五百元以上一千元以下罚款；情节严重的，处五日以上十日以下拘留，并处五百元以上一千元以下罚款： （一）典当业工作人员承接典当的物品，不查验有关证明、不履行登记手续，或者明知是违法犯罪嫌疑人、赃物，不向公安机关报告的； **《典当管理办法》**（节录） （2005 年 2 月 9 日商务部、公安部 2005 年第 8 号令颁布 自 2005 年 4 月 1 日起实施） 第三条 本办法所称典当，是指当户将其动产、财产权利作为当物质押或者将其房地产作为当物抵押给典当行，交付一定比例费用，取得当金，并在约定期限内支付当金利息、偿还当金、赎回当物的行为。

相关执法参考	本办法所称典当行，是指依照本办法设立的专门从事典当活动的企业法人，其组织形式与组织机构适用《中华人民共和国公司法》的有关规定。 第四条　商务主管部门对典当业实施监督管理，公安机关对典当业进行治安管理。 第五十二条　典当行发现公安机关通报协查的人员或者赃物以及本办法第二十七条所列其他财物的，应当立即向公安机关报告有关情况。 第五十三条　对属于赃物或者有赃物嫌疑的当物，公安机关应当依法予以扣押，并依照国家有关规定处理。 第六十五条　典当行违反本办法第三十五条第三款或者第五十一条规定的，由县级以上人民政府公安机关责令改正，并处200元以上1000元以下罚款。 第六十六条　典当行违反本办法第五十二条规定的，由县级以上人民政府公安机关责令改正，并处2000元以上1万元以下罚款；造成严重后果或者屡教不改的，处5000元以上3万元以下罚款。 对明知是赃物而窝藏、销毁、转移的，依法给予治安管理处罚；构成犯罪的，依法追究刑事责任。 第六十八条　在调查、侦查典当行违法犯罪行为过程中，商务主管部门与公安机关应当相互配合。商务主管部门和公安机关发现典当行有违反本办法行为的，应当进行调查、核实，并相互通报查处结果；涉嫌构成犯罪的，商务主管部门应当及时移送公安机关处理。

一百零九、违法收购废旧专用器材
（《治安管理处罚法》第59条第2项）

<table>
<tr><td colspan="2">案由</td><td>违法收购废旧专用器材</td></tr>
<tr><td colspan="2">概念</td><td>违法收购废旧专用器材，是指行为人违反国家规定，收购铁路、油田、供电、电信、矿山、水利、测量和城市公用设施等废旧专用器材，尚不够刑事处罚的行为。</td></tr>
<tr><td rowspan="4">违法构成要件</td><td>违法客体</td><td>本行为侵犯的客体是国家对废旧专用器材的管理制度。</td></tr>
<tr><td>违法客观方面</td><td>本行为在客观方面表现为行为人违反国家规定，收购铁路、油田、供电、电信、矿山、水利、测量和城市公用设施等废旧专用器材，尚不够刑事处罚的行为。</td></tr>
<tr><td>违法主体</td><td>本行为的主体是一般主体，包括单位和个人。</td></tr>
<tr><td>违法主观方面</td><td>本行为的主观方面表现为故意，即明知是废旧的专用器材而收购。</td></tr>
<tr><td>认定界限</td><td colspan="2">本行为与收购赃物行为的界限。
《治安管理处罚法》第59条第3项规定的收购赃物，明知是公安机关通报寻查的赃物而收购的行为。在实践中，铁路、油田、供电、电信、矿山、水利、测量和城市公用设施等废旧专用器材往往是相关违法犯罪的赃物，如盗窃得到的、诈骗得来的等，两者的区别主要表现在：
1. 行为侵犯的对象不同。本行为侵犯的对象仅指铁路、油田、供电、电信、矿山、水利、测量和城市公用设施等废旧专用器材，其可能是赃物，也可能不是赃物；后者侵犯的对象只能是赃物，而且必须是公安机关通报寻查的赃物。
2. 行为人的主观心态不同。本行为在主观上表现为明知是铁路、油田、供电、电信、矿山、水利、测量和城市公用设施等废旧专用器材而购买，后者却表现为明知是公安机关通报寻查的赃物而收购，两者“明知”的内容不同。行为人明知其收购的铁路、油田、供电、电信、矿山、水利、测量和城市公用设施等废旧专用器材是公安机关通报寻查的赃物的，应以收购赃物论处，情节严重的，还可能构成收购赃物罪。</td></tr>
</table>

<table>
<tr><td>处罚标准</td><td>（一）构成本行为的，处500元以上1000元以下罚款。
（二）情节严重的，处5日以上10日以下拘留，并处500元以上1000元以下罚款。
在实践中，判断情节的轻重，一般应从行为人的动机、手段、目的、行为的次数、造成的后果等方面综合考虑，由公安机关办案人员酌情量罚。一般来说，有下列情形之一的，应认定为“情节严重”：
1. 违反国家规定，收购铁路、油田、供电、电信、矿山、水利、测量和城市公用设施等废旧专用器材的，有较严重后果的；
2. 多次违反规定予以收购的；
3. 收购废旧专用器材价值较大的；
4. 其他情节严重的情形。</td></tr>
<tr><td>相关执法参考</td><td>《中华人民共和国治安管理处罚法》（节录）
（2005年8月28日第十届全国人民代表大会常务委员会第十七次会议通过
中华人民共和国主席令第三十八号公布　自2006年3月1日起施行）
第五十九条第二项　有下列行为之一的，处五百元以上一千元以下罚款；情节严重的，处五日以上十日以下拘留，并处五百元以上一千元以下罚款：
（二）违反国家规定，收购铁路、油田、供电、电信、矿山、水利、测量和城市公用设施等废旧专用器材的；
《再生资源回收管理办法》
（2006年5月17日商务部第5次部务会议审议通过
经发展改革委、公安部、建设部、工商总局、环保总局同意
自2007年5月1日起施行）
第一章　总　则
第一条　为促进再生资源回收，规范再生资源回收行业的发展，节约资源，保护环境，实现经济与社会可持续发展，根据《中华人民共和国清洁生产促进法》、《中华人民共和国固体废物污染环境防治法》等法律法规，制定本办法。
第二条　本办法所称再生资源，是指在社会生产和生活消费过程中产生的，已经失去原有全部或部分使用价值，经过回收、加工处理，能够使其重新获得使用价值的各种废弃物。
再生资源包括废旧金属、报废电子产品、报废机电设备及其零部件、废造纸原料（如废纸、废棉等）、废轻化工原料（如橡胶、塑料、农药包装物、动物杂骨、毛发等）、废玻璃等。
第三条　在中华人民共和国境内从事再生资源回收经营活动的企业和个体工商户（统称“再生资源回收经营者”）应当遵守本办法。
法律法规和规章对进口可用作原料的固体废物、危险废物、报废汽车的回收管理另有规定的，从其规定。
第四条　国家鼓励全社会各行各业和城乡居民积攒交售再生资源。</td></tr>
</table>

相关执法参考

第五条　国家鼓励以环境无害化方式回收处理再生资源，鼓励开展有关再生资源回收处理的科学研究、技术开发和推广。

第二章　经营规则

第六条　从事再生资源回收经营活动，必须符合工商行政管理登记条件，领取营业执照后，方可从事经营活动。

第七条　从事再生资源回收经营活动，应当在取得营业执照后30日内，按属地管理原则，向登记注册地工商行政管理部门的同级商务主管部门或者其授权机构备案。

备案事项发生变更时，再生资源回收经营者应当自变更之日起30日内（属于工商登记事项的自工商登记变更之日起30日内）向商务主管部门办理变更手续。

第八条　回收生产性废旧金属的再生资源回收企业和回收非生产性废旧金属的再生资源回收经营者，除应当按照本办法第七条规定向商务主管部门备案外，还应当在取得营业执照后15日内，向所在地县级人民政府公安机关备案。

备案事项发生变更时，前款所列再生资源回收经营者应当自变更之日起15日内（属于工商登记事项的自工商登记变更之日起15日内）向县级人民政府公安机关办理变更手续。

第九条　生产企业应当通过与再生资源回收企业签订收购合同的方式交售生产性废旧金属。收购合同中应当约定所回收生产性废旧金属的名称、数量、规格，回收期次，结算方式等。

第十条　再生资源回收企业回收生产性废旧金属时，应当对物品的名称、数量、规格、新旧程度等如实进行登记。

出售人为单位的，应当查验出售单位开具的证明，并如实登记出售单位名称、经办人姓名、住址、身份证号码；出售人为个人的，应当如实登记出售人的姓名、住址、身份证号码。

登记资料保存期限不得少于两年。

第十一条　再生资源回收经营者在经营活动中发现有公安机关通报寻查的赃物或有赃物嫌疑的物品时，应当立即报告公安机关。

公安机关对再生资源回收经营者在经营活动中发现的赃物或有赃物嫌疑的物品应当依法予以扣押，并开列扣押清单。有赃物嫌疑的物品经查明不是赃物的，应当依法及时退还；经查明确属赃物的，依照国家有关规定处理。

第十二条　再生资源的收集、储存、运输、处理等全过程应当遵守相关国家污染防治标准、技术政策和技术规范。

第十三条　再生资源回收经营者从事旧货收购、销售、储存、运输等经营活动应当遵守旧货流通的有关规定。

第十四条　再生资源回收可以采取上门回收、流动回收、固定地点回收等方式。

再生资源回收经营者可以通过电话、互联网等形式与居民、企业建立信息互动，实现便民、快捷的回收服务。

第三章 监督管理

第十五条 商务主管部门是再生资源回收的行业主管部门，负责制定和实施再生资源回收产业政策、回收标准和回收行业发展规划。

发展改革部门负责研究提出促进再生资源发展的政策，组织实施再生资源利用新技术、新设备的推广应用和产业化示范。

公安机关负责再生资源回收的治安管理。

工商行政管理部门负责再生资源回收经营者的登记管理和再生资源交易市场内的监督管理。

环境保护行政管理部门负责对再生资源回收过程中环境污染的防治工作实施监督管理，依法对违反污染环境防治法律法规的行为进行处罚。

建设、城乡规划行政管理部门负责将再生资源回收网点纳入城市规划，依法对违反城市规划、建设管理有关法律法规的行为进行查处和清理整顿。

第十六条 商务部负责制定和实施全国范围内再生资源回收的产业政策、回收标准和回收行业发展规划。

县级以上商务主管部门负责制定和实施本行政区域内具体的行业发展规划和其他具体措施。

县级以上商务主管部门应当设置负责管理再生资源回收行业的机构，并配备相应人员。

第十七条 县级以上城市商务主管部门应当会同发展改革（经贸）、公安、工商、环保、建设、城乡规划等行政管理部门，按照统筹规划、合理布局的原则，根据本地经济发展水平、人口密度、环境和资源等具体情况，制定再生资源回收网点规划。

再生资源回收网点包括社区回收、中转、集散、加工处理等回收过程中再生资源停留的各类场所。

第十八条 跨行政区域转移再生资源进行储存、处置的，应当依照《中华人民共和国固体废物污染环境防治法》第二十三条的规定办理行政许可。

第十九条 再生资源回收行业协会是行业自律性组织，履行如下职责：

（一）反映企业的建议和要求，维护行业利益；

（二）制定并监督执行行业自律性规范；

（三）经法律法规授权或主管部门委托，进行行业统计、行业调查，发布行业信息；

（四）配合行业主管部门研究制定行业发展规划、产业政策和回收标准。

再生资源回收行业协会应当接受行业主管部门的业务指导。

第四章 罚 则

第二十条 未依法取得营业执照而擅自从事再生资源回收经营业务的，由工商行政管理部门依照《无照经营查处取缔办法》予以处罚。

凡超出工商行政管理部门核准的经营范围的，由工商行政管理部门按照有关规定予以处罚。

第二十一条 违反本办法第七条规定，由商务主管部门给予警告，责令其限期改正；逾期拒不改正的，可视情节轻重，对再生资源回收经营者处500元以上2000

元以下罚款，并可向社会公告。

第二十二条　违反本办法第八条规定，由县级人民政府公安机关给予警告，责令其限期改正；逾期拒不改正的，可视情节轻重，对再生资源回收经营者处500元以上2000元以下罚款，并可向社会公告。

第二十三条　再生资源回收企业违反本办法第十条第一、二款规定，收购生产性废旧金属未如实进行登记的，由公安机关依据《废旧金属收购业治安管理办法》的有关规定予以处罚。

第二十四条　违反本办法第十条第三款规定的，由公安机关责令改正，并处500元以上1000元以下罚款。

第二十五条　违反本办法第十一条规定，发现赃物或有赃物嫌疑的物品而未向公安机关报告的，由公安机关给予警告，处500元以上1000元以下罚款；造成严重后果或屡教不改的，处以1000元以上5000元以下罚款。

第二十六条　有关行政管理部门工作人员严重失职、滥用职权、徇私舞弊、收受贿赂，侵害再生资源回收经营者合法权益的，有关主管部门应当视情节给予相应的行政处分；构成犯罪的，依法追究刑事责任。

第五章　附　则

第二十七条　本办法所称“生产性废旧金属”，是指用于建筑、铁路、通讯、电力、水利、油田、市政设施及其他生产领域，已失去原有全部或部分使用价值的金属材料和金属制品。

第二十八条　本办法由商务部、发展改革委、公安部、工商总局、环保总局、建设部负责解释。

各省、自治区、直辖市商务、发展改革（经贸）、公安、工商、环保、建设、城乡规划主管部门可依据本办法，根据当地经济发展客观实际，制定实施细则。

第二十九条　本办法自2007年5月1日起施行。

《废旧金属收购业治安管理办法》

（1994年1月25日公安部令第16号发布　自颁布之日起实施）

第一条　为了加强以废旧金属收购业的治安管理，保护合法经营，预防和打击违法犯罪活动，制定本办法。

第二条　本办法所称废旧金属，是指生产性废旧金属和非生产性废旧金属。生产性废旧金属和非生产性废旧金属的具体分类由公安部会同有关部门规定。

第三条　生产性废旧金属，按照国务院有关规定由有权经营生产性废旧金属收购业的企业收购。收购废旧金属的其他企业和个体工商户只能收购非生产性废旧金属，不得收购生产性废旧金属。

第四条　收购生产性废旧金属的企业，应当经其业务主管部门审查同意，向所在地县级人民政府公安机关申请核发特种行业许可证，并向同级工商行政管理部门申请登记，领取特种行业许可证和营业执照后，方准开业。

收购非生产性废旧金属的企业和个体工商户，应当向所在地县级人民政府工商行政管理部门申请登记，领取营业执照，并向同级公安机关备案后，方准开业。

相关执法参考

第五条　收购废旧金属的企业应当有固定的经营场所。收购废旧金属的个体工商户应当有所在地常住户口或者暂住户口。

第六条　收购废旧金属的企业和个体工商户有关闭、歇业、合并、迁移、改变名称、变更法定代表人等情形之一时，应当在15日前向原发证的公安机关申请办理注销、变更手续或者向原备案的公安机关办理注销、变更的备案手续，并向工商行政管理部门办理注销、变更登记。

第七条　在铁路、矿区、油田、机场、港口、施工工地、军事禁区和金属冶炼加工企业附近，不得设点收购废旧金属。

第八条　收购废旧金属的企业在收购生产性废旧金属是，应当查验出售单位开具的证明，对出售单位的名称和经办人的姓名、住址、身份证号码以及物品的名称、数量、规格、新旧程序等如实进行登记。

第九条　收购废旧金属的企业和个体工商户不得收购下列金属物品：

（一）枪支、弹药和爆炸物品；

（二）剧毒、放射性物品及其容器；

（三）铁路、油田、供电、电信通讯、矿山、水利、测量和城市公用设施等专用器材；

（四）公安机关通报寻查的赃物或者有赃物嫌疑的物品。

第十条　收购废旧金属的企业和个体工商户发现有出售公安机关通报寻查的赃物或者有赃物嫌疑的物品的，应当立即报告公安机关。

公安机关对赃物或者有赃物嫌疑的物品应当予以扣留，并开付收据。有赃物嫌疑的物品经查明不是赃物的，应当及时退还；赃物或者有赃物嫌疑的物品经查明确属赃物的，依照国家有关规定处理。

第十一条　公安机关应当对收购废旧金属的企业和个体工商户进行治安业务指导和检查。收购企业和个体工商户应当协助公安人员查处违法犯罪分子，据实反映情况，不得知情不报或者隐瞒包庇。

第十二条　公安机关对领取特种行业许可证的收购企业实行年审制度。

第十三条　有下列情形之一的，由公安机关给予相应处罚：

（一）违反本办法第四条第一款规定，未领取特种行业许可证收购生产性废旧金属时，予以取缔，没收非法收购的物品及非法所得，可以并处5000元以上10000元以下的罚款；

（二）违反本办法第四条第二款规定，未履行备案手续收购非行产性废旧金属的，予以警告或者处以500元以下的罚款；

（三）违反本办法第六条规定，未向公安机关办理注销、变更手续的，予以警告或者处以200元以下的罚款；

（四）违反本办法第七条规定，非法设点收购废旧金属的，予以取缔，没收非法收购的物品及非法所得，可以并处5000元以上10000元以下的罚款；

（五）违反本办法第八条规定，收购生产性废旧金属时未如实登记的，视情节轻重，处以2000元以上5000元以下的罚款、责令停业整顿或者吊销特种行业许可证；

（六）违反本办法第九条规定，收购禁止收购的金属物品的，视情节轻重，处以2000元以上10000元以下的罚款、责令停业整顿或者吊销特种行业许可证。

有前款所列第（一）、（二）、（四）、（五）、（六）项情形之一，构成犯罪的，依法追究刑事责任。

第十四条　当事人对公安机关作出的具体行政行为不服的，可以自得知该具体行政行为之日起15日内向上一级公安机关申请复议；对复议决定不服的，可以自接到复议决定通知之日起15日内向人民法院提起诉讼。

第十五条　对严格执行本办法，协助公安机关查获违法犯罪分子，作出显著成绩的单位和个人，由公安机关给予表彰或者奖励。

第十六条　特种行业许可证由公安部制定统一式样，由省、自治区、直辖市公安厅（局）负责印制。特种行业许可证工本费的收费标准由公安部会同有关部门制定。

第十七条　本办法自发布之日起施行。

《国内贸易部 公安部关于印发〈生产性废旧金属和非生产性废旧金属分类〉的通知》

（1994年9月24日内贸再办字［1994］第228号颁布　自颁布之日起实施）

各省、自治区、直辖市、计划单列市贸易厅（商务、商业厅局）、物资局（厅、集团总公司）、供销社，公安厅（局）：

根据国务院批准的《废旧金属收购业治安管理办法》第二条的规定，国内贸易部和公安部制定了《生产性废旧金属和非生产性废旧金属的分类》，现印发你们，请遵照执行。

生产性废旧金属和非生产性废旧金属分类

（1994年9月24日）

一、生产性废旧金属是指：用于建筑、铁路、通讯、电力、水利、油田、国防及其他生产领域，并已失去原有使用价值的金属材料和金属制品。包括：

（一）废钢铁

汤道、跑钢、钢包底、渣钢、钢坯切头、钢材切头、板边、废钢坯、废钢锭模、废次材、氧化铁皮；

钢屑、铁屑、边角料、浇冒口、废铸钢件、废铸铁件；

废机床、废锅炉、废冶金设备、废矿山设备、废化工设备、废轻纺设备、废采油设备、废石油化工设备；

废铸铁管、废钢管、废暖气片、废水暖零件、废水泵；

加工生产过程中产生的废半成品、废零件、废次产品、废结构件、废机械零件、散碎铁；

各种铁路废器材：废钢轨、废道钉、废道叉、废车轮、废闸瓦、废轴、废防滑器、废机车零件、废机车等；

报废的城市公共设施：废井盖、废铁蓖子、废护栏等；

相关执法参考

报废的农田水利设施和农业机械：废拖拉机、废收割机等；

报废的各种输电器材和设备；

报废的各种机动车辆、船舶及其零件；

报废或退役的各种武器准备；

废钢丝绳、废钢丝。

（二）废合金钢

各种牌号合金和合金钢的切头、边角料、屑末；

机械设备中的废合金钢零件；

发动机中的废合金零件；

各种废刀具：废铣刀、废拉刀、废插齿刀、废滚齿刀、废绞刀、废丝锥、废板牙、废钻头、废模具；

废滚动轴承、废弹簧、废不锈钢容器、废硬质合金等。

（三）废有色金属

各种有色金属切头、屑末、边角料；

各种机械设备中的废有色金属零部件（含合金零件）；各种废有色金属材料：废丝、废管、废棒、废带等；

废电器、废电缆、废电线、各种废铜漆包线、废导电板、废铅电瓶等；

废滑动轴承、废轴瓦、废轴衬；

废弹壳、废飞机铝、废汽车水箱、废铅管、废铅字、废铅板、废锡基合金、废有色金属器皿等。

（四）废稀贵金属

含金、银的废液：镀金废液、镀银废液、废定影液、废腐蚀液等；

镀金、镀银的废电子元件、废器皿、废钟表件，金银电镀的废夹具、残极；

废感光乳剂、废胶片、废相纸、废X光片等；

电器产品的废触头、废银锌电池；

电子工业的废印刷电路板、废集成电路块、废电容器、废继电器及其他废电子元件；

通讯设备中的废调节器、废起动器、电话废继电器等；

废贵金属丝：废银丝、废铂（含合金）丝、废金丝、废热电偶丝、废铂（含合金）网、废银网等；

废喷丝头、废贵金属坩埚、废贵金属器皿、废贵金属电极、废贵金属触点等；

含贵金属的工业废渣：玻璃纤维工业的废耐火砖（拉丝模废衬砖）、硝酸工业的转化炉灰尘，电解阳极泥，含贵金属的废催化剂、灰泥等；

工艺美术及贵金属加工厂产生的贵重金属屑末、废饰线、烫金衬纸、贵金属边角料等。

二、非生产性废旧金属是指：城乡居民及企、事业单位用于生活资料和农村居民用于农业生产的小型家具，在已失去原有的使用价值后的金属制品。包括：

（一）废钢铁

废锅勺、废炉具、废炊具、废缝纫机、废旧自行车、钢铁制的废生活用品；

相关执法参考	废农用工具：废镰刀、废锄头、废镐、废锹、废犁铧、废水车及零件、报废的小型农用机具和粮食加工设备、废人力车及其废零件等。 （二）废合金钢：废不锈钢餐具等。 （三）废有色金属 报废的有色金属生活用品：铜、铅、锌、锡制成的生活器皿、佛像、香炉、蜡台等。 废牙膏皮、有色金属的废药管等。

一百一十、收购赃物、有赃物嫌疑的物品
（《治安管理处罚法》第59条第3项）

<table>
<tr><td colspan="2">案由</td><td>收购赃物、有赃物嫌疑的物品</td></tr>
<tr><td colspan="2">概念</td><td>收购赃物、有赃物嫌疑的物品，是指违反国家规定，收购公安机关通报寻查的赃物或者有赃物嫌疑的物品，尚不够刑事处罚的行为。</td></tr>
<tr><td rowspan="4">违法构成要件</td><td>违法客体</td><td>本行为侵犯的客体是公安机关的正常管理秩序。侵犯的对象是赃物、有赃物嫌疑的物品。</td></tr>
<tr><td>违法客观方面</td><td>本行为在客观方面表现为违反国家规定，收购公安机关通报寻查的赃物或者有赃物嫌疑的物品，尚不够刑事处罚的行为。
这里的“赃物”既包括违法所得的赃物，也包括犯罪所得的赃物。但是，必须是公安机关通报寻查的赃物。
这里的“收购”行为，既包括支付相应价金的购买行为，也包括“以物易物”的交换行为。</td></tr>
<tr><td>违法主体</td><td>本行为的主体是一般主体，单位和个人都可以构成。</td></tr>
<tr><td>违法主观方面</td><td>本行为在主观方面是故意，即明知是赃物或者有赃物嫌疑的物品而收购。</td></tr>
<tr><td>认定界限</td><td colspan="2">本行为与掩饰、隐瞒犯罪所得、犯罪所得收益罪的界限。
《刑法》第312条规定的掩饰、隐瞒犯罪所得、犯罪所得收益罪，是指明知是犯罪所得及其产生的收益而予以窝藏、转移、收购、代为销售或者以其他方法掩饰、隐瞒的行为。该罪根据《刑法修正案（六）》进行了修正，取消了原来的“窝藏、转移、收购、销售赃物罪”。两者的区别主要表现在：
1. 行为侵犯的客体和对象不同。本行为侵犯的客体是公安机关的正常管理秩序，侵犯的对象是赃物、有赃物嫌疑的物品，这里的“赃物”既包括违法所得的赃物，也包括犯罪所得的赃物。但是，必须是公安机关通报寻查的赃物。后者侵犯的客体是司法机关对赃物的追缴和对犯罪案件的追查活动，侵犯的对象是犯罪所得及其产生的收益，不仅包括犯罪人因犯罪而直接获得的赃物，而且包括行为人利用这些赃物所产生的其他收益。
2. 行为方式不同。本行为在客观方面表现为违反国家规定，收购公安机关通</td></tr>
</table>

<table>
<tr><td>认定界限</td><td>报寻查的赃物或者有赃物嫌疑的物品，尚不够刑事处罚的行为。后者在客观上表现为明知是犯罪所得及其产生的收益而予以窝藏、转移、收购、代为销售或者以其他方法掩饰、隐瞒的行为。“窝藏”是指提供犯罪所得及其收益的处所，使司法机关难以发现的行为。“转移”是指以各种方法改变犯罪所得及其收益存放地点的行为。转移的方式多种多样，既包括传统意义上所说的转移，如搬运、工具运输等，还包括通过转账或者其他结算方式协助转移资金等非传统意义上的转移。“收购”是指有偿取得犯罪所得及其收益后加以出卖的行为，收购和收买是不同的，收购是为卖而买，收买则是为用而买。“代为销售”是指受犯罪人的委托，销售犯罪所得及其收益。“以其他方法掩饰、隐瞒”是指以上述方式以外的方式对犯罪所得及其收益进行掩饰、隐瞒，如无偿收受赃物、介绍买卖赃物、买赃自用等。可见，掩饰、隐瞒犯罪所得、犯罪所得收益罪的行为方式更加多种多样，不仅包括收购，还包括窝藏、转移、代为销售或者其他方法，而本行为仅限于收购。
3. 行为的情节和后果不同。本行为属一般治安违法行为，一般情节和后果都较轻；掩饰、隐瞒犯罪所得、犯罪所得收益罪属于刑事犯罪的一种，一般情节和后果都较为严重，需要给予刑罚处罚。</td></tr>
<tr><td>处罚标准</td><td>（一）构成本行为的，处500元以上1000元以下罚款。
（二）情节严重的，处5日以上10日以下拘留，并处500元以上1000元以下罚款。
在实践中，判断情节的轻重，一般应从行为人的动机、手段、目的、行为的次数、造成的后果等方面综合考虑，由公安机关办案人员酌情量罚。一般来说，有下列情形之一的，应认定为“情节严重”：
1. 明知是公安机关通报寻查的赃物或有赃物嫌疑的物品而收购，且造成较严重后果的；
2. 多次收购，且造成较严重后果的；
3. 收购赃物或有赃物嫌疑的物品数量或价值较大的；
4. 造成收购的赃物损毁、无法追回或其他较严重后果的；
5. 其他情节严重的情形。</td></tr>
<tr><td>相关执法参考</td><td>《中华人民共和国治安管理处罚法》（节录）
（2005年8月28日第十届全国人民代表大会常务委员会第十七次会议通过　中华人民共和国主席令第三十八号公布　自2006年3月1日起施行）
第五十九条第三项　有下列行为之一的，处五百元以上一千元以下罚款；情节严重的，处五日以上十日以下拘留，并处五百元以上一千元以下罚款：
（三）收购公安机关通报寻查的赃物或者有赃物嫌疑的物品的；
《中华人民共和国刑法》（节录）
（1979年7月1日第五届全国人民代表大会第二次会议通过　1997年3月14日第八届全国人民代表大会第五次会议修订　根据2011年2月25日第十一届全国人民代表大会常务委员会第十九次会议通过的《中华人民共和国刑法修正案（八）》最新修正）
第三百一十二条　明知是犯罪所得及其产生的收益而予以窝藏、转移、收购、</td></tr>
</table>

认定界限

代为销售或者以其他方法掩饰、隐瞒的，处三年以下有期徒刑、拘役或者管制，并处或者单处罚金；情节严重的，处三年以上七年以下有期徒刑，并处罚金。{根据刑法修正案（六）修改}

{原条文：明知是犯罪所得的赃物而予以窝藏、转移、收购或者代为销售的，处三年以下有期徒刑、拘役或者管制，并处或者单处罚金。}

单位犯前款罪的，对单位判处罚金，并对其直接负责的主管人员和其他直接责任人员，依照前款的规定处罚。{刑法修正案（七）增加此款}

《最高人民法院关于审理洗钱等刑事案件具体应用法律若干问题的解释》（节录）

（2009年9月21日由最高人民法院审判委员会第1474次会议通过
法释［2009］15号　自2009年11月11日起施行）

第一条第一款　刑法第一百九十一条、第三百一十二条规定的“明知”，应当结合被告人的认知能力，接触他人犯罪所得及其收益的情况，犯罪所得及其收益的种类、数额，犯罪所得及其收益的转换、转移方式以及被告人的供述等主、客观因素进行认定。

第二款　具有下列情形之一的，可以认定被告人明知系犯罪所得及其收益，但有证据证明确实不知道的除外：

（一）知道他人从事犯罪活动，协助转换或者转移财物的；

（二）没有正当理由，通过非法途径协助转换或者转移财物的；

（三）没有正当理由，以明显低于市场的价格收购财物的；

（四）没有正当理由，协助转换或者转移财物，收取明显高于市场的“手续费”的；

（五）没有正当理由，协助他人将巨额现金散存于多个银行账户或者在不同银行账户之间频繁划转的；

（六）协助近亲属或者其他关系密切的人转换或者转移与其职业或者财产状况明显不符的财物的；

（七）其他可以认定行为人明知的情形。

第三条　明知是犯罪所得及其产生的收益而予以掩饰、隐瞒，构成刑法第三百一十二条规定的犯罪，同时又构成刑法第一百九十一条或者第三百四十九条规定的犯罪的，依照处罚较重的规定定罪处罚。

第四条　刑法第一百九十一条、第三百一十二条、第三百四十九条规定的犯罪，应当以上游犯罪事实成立为认定前提。上游犯罪尚未依法裁判，但查证属实的，不影响刑法第一百九十一条、第三百一十二条、第三百四十九条规定的犯罪的审判。

上游犯罪事实可以确认，因行为人死亡等原因依法不予追究刑事责任的，不影响刑法第一百九十一条、第三百一十二条、第三百四十九条规定的犯罪的认定。

上游犯罪事实可以确认，依法以其他罪名定罪处罚的，不影响刑法第一百九十一条、第三百一十二条、第三百四十九条规定的犯罪的认定。

认定界限

本条所称“上游犯罪”，是指产生刑法第一百九十一条、第三百一十二条、第三百四十九条规定的犯罪所得及其收益的各种犯罪行为。

《最高人民法院、最高人民检察院关于办理与盗窃、抢劫、诈骗、抢夺机动车相关刑事案件具体应用法律若干问题的解释》（节录）

（2006年12月25日由最高人民法院审判委员会第1411次会议、2007年2月14日由最高人民检察院第十届检察委员会第71次会议通过　法释［2007］11号　自2007年5月11日起施行）

第一条　明知是盗窃、抢劫、诈骗、抢夺的机动车，实施下列行为之一的，依照刑法第三百一十二条的规定，以掩饰、隐瞒犯罪所得、犯罪所得收益罪定罪，处三年以下有期徒刑、拘役或者管制，并处或者单处罚金：

（一）买卖、介绍买卖、典当、拍卖、抵押或者用其抵债的；

（二）拆解、拼装或者组装的；

（三）修改发动机号、车辆识别代号的；

（四）更改车身颜色或者车辆外形的；

（五）提供或者出售机动车来历凭证、整车合格证、号牌以及有关机动车的其他证明和凭证的；

（六）提供或者出售伪造、变造的机动车来历凭证、整车合格证、号牌以及有关机动车的其他证明和凭证的。

实施第一款规定的行为涉及盗窃、抢劫、诈骗、抢夺的机动车五辆以上或者价值总额达到五十万元以上的，属于刑法第三百一十二条规定的“情节严重”，处三年以上七年以下有期徒刑，并处罚金。

第四条　实施本解释第一条、第二条、第三条第一款或者第三款规定的行为，事前与盗窃、抢劫、诈骗、抢夺机动车的犯罪分子通谋的，以盗窃罪、抢劫罪、诈骗罪、抢夺罪的共犯论处。

第五条　对跨地区实施的涉及同一机动车的盗窃、抢劫、诈骗、抢夺以及掩饰、隐瞒犯罪所得、犯罪所得收益行为，有关公安机关可以依照法律和有关规定一并立案侦查，需要提请批准逮捕、移送审查起诉、提起公诉的，由该公安机关所在地的同级人民检察院、人民法院受理。

第六条　行为人实施本解释第一条、第三条第三款规定的行为，涉及的机动车有下列情形之一的，应当认定行为人主观上属于上述条款所称“明知”：

（一）没有合法有效的来历凭证；

（二）发动机号、车辆识别代号有明显更改痕迹，没有合法证明的。

《最高人民法院、最高人民检察院关于办理盗窃油气、破坏油气设备等刑事案件具体应用法律若干问题的解释》

（2007年1月15日颁布　自2007年1月19日起实施）

第五条　明知是盗窃犯罪所得的油气或者油气设备，而予以窝藏、转移、收购、加工、代为销售或者以其他方法掩饰、隐瞒的，依照刑法第三百一十二条的规定定罪处罚。

认定界限

实施前款规定的犯罪行为，事前通谋的，以盗窃犯罪的共犯定罪处罚。

《最高人民法院 最高人民检察院 公安部 国家工商行政管理局关于依法查处盗窃、抢劫机动车案件的规定》（节录）

（公通字［1998］31号）

二、明知是盗窃、抢劫所得机动车而予以窝藏、转移、收购或者代为销售的，依照《刑法》第三百一十二条的规定处罚。

对明知是盗窃、抢劫所得机动车而予以拆解、改装、拼装、典当、倒卖的，视为窝藏、转移、收购或者代为销售，依照《刑法》第三百一十二条的规定处罚。

三、国家指定的车辆交易市场、机动车经营企业（含典当、拍卖行）以及从事机动车修理、零部件销售企业的主管人员或者其他直接责任人员，明知是盗窃、抢劫的机动车而予以窝藏、转移、拆解、拼装、收购或者代为销售的，依照《刑法》第三百一十二条的规定处罚。单位组织实施上述行为的，由工商行政管理机关予以处罚。

四、本规定第二条和第三条中的行为人事先与盗窃、抢劫机动车辆的犯罪分子通谋的，分别以盗窃、抢劫犯罪的共犯论处。

五、机动车交易必须在国家指定的交易市场或合法经营企业进行，其交易凭证经工商行政管理机关验证盖章后办理登记或过户手续，私下交易机动车辆属于违法行为，由工商行政管理机关依法处理。

明知是赃车而购买，以收购赃物罪定罪处罚。单位的主管人员或者其他直接责任人员明知是赃车购买的，以收购赃物罪定罪处罚。

明知是赃车而介绍买卖的，以收购、销售赃物罪的共犯论处。

十二、对明知是赃车而购买的，应将车辆无偿追缴；对违反国家规定购买车辆，经查证是赃车的，公安机关可以根据《刑事诉讼法》第一百一十条和第一百一十四条规定进行追缴和扣押。对不明知是赃车而购买的，结案后予以退还买主。

十三、对购买赃车后使用非法提供的入户、过户手续或者使用伪造、变造的入户、过户手续为赃车入户、过户的，应当吊销牌证，并将车辆无偿追缴；已将入户、过户车辆变卖的，追缴变卖所得并责令赔偿经济损失。

十四、对直接从犯罪分子处追缴的被盗窃、抢劫的机动车辆，经检验鉴定，查证属实后，可依法先行返还失主，移送案件时附清单、照片及其他证据。在返还失主前，按照赃物管理规定管理，任何单位和个人都不得挪用、损毁或者自行处理。

十五、盗窃、抢劫机动车案件，由案件发生地公安机关立案侦查，赃车流入地公安机关应当予以配合。跨地区系列盗窃、抢劫机动车案件，由最初受理的公安机关立案侦查；必要时，可由主要犯罪地公安机关立案侦查，或者由上级公安机关指定立案侦查。

十六、各地公安机关扣押或者协助管辖单位追回的被盗窃、抢劫的机动车应当移送管辖单位依法处理，不得以任何理由扣留或者索取费用。拖延不交的，给予单位领导行政处分。

十七、本规定所称的“明知”，是指知道或者应当知道。有下列情形之一的，可视为应当知道，但有证据证明属被蒙骗的除外：

认定界限

（一）在非法的机动车交易场所和销售单位购买的；

（二）机动车证件手续不全或者明显违反规定的；

（三）机动车发动机号或者车架号有更改痕迹，没有合法证明的；

（四）以明显低于市场价格购买机动车的。

十八、本规定自公布之日起执行。对侵占、抢夺，诈骗机动车案件的查处参照本规定的原则办理。本规定公布后尚未办结的案件，适用本规定。

《最高人民法院、最高人民检察院、公安部、国家烟草专卖局关于印发〈关于办理假冒伪劣烟草制品等刑事案件适用法律问题座谈会纪要〉的通知》（节录）

（2003年12月23日颁布　自颁布之日起实施）

七、关于窝藏、转移非法制售的烟草制品行为的定罪处罚问题

明知是非法制售的烟草制品而予以窝藏、转移的，依照刑法第三百一十二条的规定，以窝藏、转移赃物罪定罪处罚。

《最高人民检察院关于事先与犯罪分子有通谋，事后对赃物予以窝藏或者代为销售或者收买的，应如何适用法律的问题的批复》

（1995年2月13日高检发研字［1995］2号颁布　自颁布之日起实施）

四川省人民检察院：

你院川检（研）［1994］47号《关于事先与犯罪分子有通谋，事后对赃物予以窝藏或者代为销售或者收买的，应如何适用法律的问题的请示》收悉。经研究，同意你院的意见，即：与盗窃、诈骗、抢劫、抢夺、贪污、敲诈勒索等其他犯罪分子事前通谋，事后对犯罪分子所得赃物予以窝藏、代为销售或者收买的，应按犯罪共犯追究刑事责任。事前未通谋，事后明知是犯罪赃物而予以窝藏、代为销售或者收买的，应按窝赃、销赃罪追究刑事责任。

《废旧金属收购业治安管理办法》（节录）

（1994年1月25日公安部令第16号发布　自颁布之日起实施）

第九条　收购废旧金属的企业和个体工商户不得收购下列金属物品：

（一）枪支、弹药和爆炸物品；

（二）剧毒、放射性物品及其容器；

（三）铁路、油田、供电、电信通讯、矿山、水利、测量和城市公用设施等专用器材；

（四）公安机关通报寻查的赃物或者有赃物嫌疑的物品。

第十条　收购废旧金属的企业和个体工商户发现有出售公安机关通报寻查的赃物或者有赃物嫌疑的物品的，应当立即报告公安机关。

公安机关对赃物或者有赃物嫌疑的物品应当予以扣留，并开付收据。有赃物嫌疑的物品经查明不是赃物的，应当及时退还；赃物或者有赃物嫌疑的物品经查明确属赃物的，依照国家有关规定处理。

《报废汽车回收管理办法》（节录）

（2001年6月16日国务院令第307号颁布　自颁布之日起实施）

第十三条　报废汽车回收企业对回收的报废汽车应当逐车登记；发现回收的报

认定界限

废汽车有盗窃、抢劫或者其他犯罪嫌疑的，应当及时向公安机关报告。

报废汽车回收企业不得拆解、改装、拼装、倒卖有犯罪嫌疑的汽车及其“五大总成”和其他零配件。

第二十三条　违反本办法第十三条的规定，报废汽车回收企业明知或者应知是有盗窃、抢劫或者其他犯罪嫌疑的汽车、“五大总成”以及其他零配件，未向公安机关报告，擅自拆解、改装、拼装、倒卖的，由公安机关依法没收汽车、“五大总成”以及其他零配件，处1万元以上5万元以下的罚款；由原审批发证部门分别吊销《资格认定书》、《特种行业许可证》、营业执照；构成犯罪的，依法追究刑事责任。

《机动车修理业、报废机动车回收业治安管理办法》（节录）

（1999年3月25日公安部令第38号颁布　自颁布之日起实施）

第五条　严禁利用机动车修理业、报废机动车回收业进行走私、销赃等违法犯罪活动。

第十条　机动车修理企业和个体工商户承修车辆、报废机动车回收企业回收报废机动车时，发现下列可疑情况，应立即报告当地公安机关：

（一）证明、证件有变造、伪造痕迹的；

（二）送修车辆与机动车行驶证或回收车辆与报废证明不符的；

（三）车辆发动机号码、车架号码有改动痕迹或车辆有其他明显改动、破坏痕迹的；

（四）送修人要求更改发动机号码、车架号码的；

（五）公安机关查控的机动车辆；

（六）交通肇事逃逸嫌疑车辆及其他可疑情况。

第十二条　机动车修理企业和个体工商户严禁从事下列活动：

（一）明知是盗窃、抢劫所得机动车而予以改装、拼装、倒卖；

（二）无公安交通管理部门出具的机动车变更、改装审批证明而更换发动机、车身（架）、改装车型、改变车身颜色；

（三）更改发动机号码或车架号码；

（四）回收报废机动车；

（五）非法拼（组）装汽车、摩托车；

（六）明知是交通肇事逃逸车辆未向公安机关报告而修理的。

第十三条　报废机动车回收企业严禁从事下列活动：

（一）明知是盗窃、抢劫所得机动车而予以拆解、改装、拼装、倒卖；

（二）回收无公安交通管理部门出具的机动车报废证明的机动车的；

（三）利用报废机动车拼装整车。

第十五条　机动车修理企业和个体工商户、报废机动车回收企业明知是盗窃、抢劫所得机动车而予以拆解、改装、拼装、倒卖的，对其直接负责的主管人员和其他直接责任人员依照国家有关规定追究刑事责任；尚不构成犯罪的，依照《中华人民共和国治安管理处罚条例》予以处罚。

一百一十一、收购国家禁止收购的其他物品
（《治安管理处罚法》第59条第4项）

案由		收购国家禁止收购的其他物品
概念		收购国家禁止收购的其他物品，是指行为人违反国家规定，收购国家禁止收购的其他物品，尚不够刑事处罚的行为。
违法构成要件	违法客体	本行为侵犯的客体是国家对禁止收购物品的管理制度。
	违法客观方面	本行为在客观方面表现为行为人违反国家规定，收购国家禁止收购的其他物品，尚不够刑事处罚的行为。 在实践中，“国家禁止收购的其他物品”一般包括枪支、弹药、爆炸物品等。需要注意的是，这里的“其他物品”不包括危险物质，根据《治安管理处罚法》第30条的规定，非法收购危险物质的，应以非法买卖危险物质行为论处。 这里的“收购”行为，既包括支付相应价金的购买行为，也包括“以物易物”的交换行为。
	违法主体	本行为的主体是一般主体，单位和个人都可以构成。
	违法主观方面	本行为的主观方面只能是故意，即行为人明知是国家禁止收购的物品而收购。
认定界限		本行为与非法买卖枪支、弹药、爆炸物罪的界限。 《刑法》第125条第1款规定非法买卖枪支、弹药、爆炸物罪，是指行为人违反法律规定，未经国家有关部门批准，非法买卖枪支、弹药、爆炸物的行为。两者区别主要表现在： 1. 行为方式不同。本行为表现为收购，即买入，后者表现为买卖，既包括买入，也包括卖出。 2. 行为侵犯的对象不同。本行为侵犯的对象是国家禁止收购的其他物品，这里的其他物品不包括公安机关通报寻查的赃物或者有赃物嫌疑的物品，也不能包括危险物质（根据《治安管理处罚法》第30条的规定，非法收购危险物质的，应以非法买卖危险物质行为论处），除此之外的所有物品，只要是国家禁止收购的，都

<table>
<tr><td>认定界限</td><td>可能成为本行为侵犯的对象；后者侵犯的对象只是枪支、弹药、爆炸物。
3. 行为的情节和后果不同。本行为属于一般治安违法行为，一般情节和后果较轻；后者属于刑事犯罪的一种，一般后果和情节都较严重，需要给予刑罚处罚。根据《最高人民法院关于审理非法制造、买卖、运输枪支、弹药、爆炸物等刑事案件具体应用法律若干问题的解释》的规定，个人或者单位非法买卖枪支、弹药、爆炸物，具有下列情形之一的，以非法买卖枪支、弹药、爆炸物罪论处：
（1）非法买卖军用枪支1支以上的；
（2）非法买卖以火药为动力发射枪弹的非军用枪支1支以上或者以压缩气体等为动力的其他非军用枪支2支以上的；
（3）非法买卖军用子弹10发以上、气枪铅弹500发以上或者其他非军用子弹100发以上的；
（4）非法买卖手榴弹1枚以上的；
（5）非法买卖爆炸装置的；
（6）非法买卖炸药、发射药、黑火药1千克以上或者烟火药3千克以上、雷管30枚以上或者导火索、导爆索30米以上的；
（7）具有销售、使用爆炸物品资格的单位超过限额买卖炸药、发射药、黑火药10千克以上或者烟火药30千克以上、雷管300枚以上或者导火索、导爆索300米以上的；
（8）多次非法买卖弹药、爆炸物的；
（9）虽未达到上述最低数量标准，但具有造成严重后果等其他恶劣情节的。</td></tr>
<tr><td>处罚标准</td><td>（一）构成本行为的，处500元以上1000元以下罚款。
（二）情节严重的，处5日以上10日以下拘留，并处500元以上1000元以下罚款。
在实践中，判断情节的轻重，一般应从行为人的动机、手段、目的、行为的次数、造成的后果等方面综合考虑，由公安机关办案人员酌情量罚。一般来说，有下列情形之一的，应认定为“情节严重”：
1. 多次违反国家规定收购，且造成较严重后果的；
2. 收购物品数量或价值较大的；
3. 其他情节严重的情形。</td></tr>
<tr><td>相关执法参考</td><td>《中华人民共和国治安管理处罚法》（节录）
（2005年8月28日第十届全国人民代表大会常务委员会第十七次会议通过　中华人民共和国主席令第三十八号公布　自2006年3月1日起施行）
第五十九条第四项　有下列行为之一的，处五百元以上一千元以下罚款；情节严重的，处五日以上十日以下拘留，并处五百元以上一千元以下罚款：
（四）收购国家禁止收购的其他物品的。</td></tr>
</table>

相关执法参考

《中华人民共和国刑法》（节录）

（1979年7月1日第五届全国人民代表大会第二次会议通过　1997年3月14日第八届全国人民代表大会第五次会议修订　根据2011年2月25日第十一届全国人民代表大会常务委员会第十九次会议通过的《中华人民共和国刑法修正案（八）》最新修正）

第一百二十五条第一款　非法制造、买卖、运输、邮寄、储存枪支、弹药、爆炸物的，处三年以上十年以下有期徒刑；情节严重的，处十年以上有期徒刑、无期徒刑或者死刑。

第三款　单位犯前两款罪的，对单位判处罚金，并对其直接负责的主管人员和其他直接责任人员，依照第一款的规定处罚。

《最高人民法院关于审理非法制造、买卖、运输枪支、弹药、爆炸物等刑事案件具体应用法律若干问题的解释》（节录）

（2001年5月10日最高人民法院审判委员会第1174次会议通过，根据2009年11月9日最高人民法院审判委员会第1476次会议修正）

第一条　个人或者单位非法制造、买卖、运输、邮寄、储存枪支、弹药、爆炸物，具有下列情形之一的，依照刑法第一百二十五条第一款的规定，以非法制造、买卖、运输、邮寄、储存枪支、弹药、爆炸物罪定罪处罚：

（一）非法制造、买卖、运输、邮寄、储存军用枪支一支以上的；

（二）非法制造、买卖、运输、邮寄、储存以火药为动力发射枪弹的非军用枪支一支以上或者以压缩气体等为动力的其他非军用枪支二支以上的；

（三）非法制造、买卖、运输、邮寄、储存军用子弹十发以上、气枪铅弹五百发以上或者其他非军用子弹一百发以上的；

（四）非法制造、买卖、运输、邮寄、储存手榴弹一枚以上的；

（五）非法制造、买卖、运输、邮寄、储存爆炸装置的；

（六）非法制造、买卖、运输、邮寄、储存炸药、发射药、黑火药一千克以上或者烟火药三千克以上、雷管三十枚以上或者导火索、导爆索三十米以上的；

（七）具有生产爆炸物品资格的单位不按照规定的品种制造，或者具有销售、使用爆炸物品资格的单位超过限额买卖炸药、发射药、黑火药十千克以上或者烟火药三十千克以上、雷管三百枚以上或者导火索、导爆索三百米以上的；

（八）多次非法制造、买卖、运输、邮寄、储存弹药、爆炸物的；

（九）虽未达到上述最低数量标准，但具有造成严重后果等其他恶劣情节的。

介绍买卖枪支、弹药、爆炸物的，以买卖枪支、弹药、爆炸物罪的共犯论处。

第二条　非法制造、买卖、运输、邮寄、储存枪支、弹药、爆炸物，具有下列情形之一的，属于刑法第一百二十五条第一款规定的“情节严重”：

（一）非法制造、买卖、运输、邮寄、储存枪支、弹药、爆炸物的数量达到本解释第一条第（一）、（二）、（三）、（六）、（七）项规定的最低数量标准五倍以上的；

（二）非法制造、买卖、运输、邮寄、储存手榴弹三枚以上的；

（三）非法制造、买卖、运输、邮寄、储存爆炸装置，危害严重的；

相关执法参考

（四）达到本解释第一条规定的最低数量标准，并具有造成严重后果等其他恶劣情节的。

第七条　非法制造、买卖、运输、邮寄、储存、盗窃、抢夺、持有、私藏、携带成套枪支散件的，以相应数量的枪支计；非成套枪支散件以每三十件为一成套枪支散件计。

第八条　刑法第一百二十五条第一款规定的“非法储存”，是指明知是他人非法制造、买卖、运输、邮寄的枪支、弹药而为其存放的行为，或者非法存放爆炸物的行为。

刑法第一百二十八条第一款规定的“非法持有”，是指不符合配备、配置枪支、弹药条件的人员，违反枪支管理法律、法规的规定，擅自持有枪支、弹药的行为。

刑法第一百二十八条第一款规定的“私藏”，是指依法配备、配置枪支、弹药的人员，在配备、配置枪支、弹药的条件消除后，违反枪支管理法律、法规的规定，私自藏匿所配备、配置的枪支、弹药且拒不交出的行为。

第九条　因筑路、建房、打井、整修宅基地和土地等正常生产、生活需要，以及因从事合法的生产经营活动而非法制造、买卖、运输、邮寄、储存爆炸物，数量达到本解释第一条规定标准，没有造成严重社会危害，并确有悔改表现的，可依法从轻处罚；情节轻微的，可以免除处罚。

具有前款情形，数量虽达到本解释第二条规定标准的，也可以不认定为刑法第一百二十五条第一款规定的“情节严重”。

在公共场所、居民区等人员集中区域非法制造、买卖、运输、邮寄、储存爆炸物，或者因非法制造、买卖、运输、邮寄、储存爆炸物三年内受到两次以上行政处罚又实施上述行为，数量达到本解释规定标准的，不适用前两款量刑的规定。

第十条　实施非法制造、买卖、运输、邮寄、储存、盗窃、抢夺、持有、私藏其他弹药、爆炸物品等行为，参照本解释有关条文规定的定罪量刑标准处罚。

《最高人民法院对执行〈关于审理非法制造、买卖、运输枪支、弹药、爆炸物等刑事案件具体应用法律若干问题的解释〉有关问题的通知》

（2001年9月17日法［2001］129号颁布　自颁布之日起实施）

各省、自治区、直辖市高级人民法院，解放军军事法院，新疆维吾尔自治区高级人民法院生产建设兵团分院：

我院《关于审理非法制造、买卖、运输枪支、弹药、爆炸物等刑事案件具体应用法律若干问题的解释》（以下简称《解释》）公布施行后，地方各级人民法院陆续审理了一批非法制造、买卖、运输枪支、弹药、爆炸物等案件，对于推动“治爆缉枪”专项斗争的深入进行，维护社会治安秩序，发挥了积极作用。鉴于此类案件的社会影响较大，为准确适用法律，依法严厉打击涉枪涉爆犯罪活动，现就审理这类案件适用《解释》的有关问题通知如下：

一、对于《解释》施行前，行为人因生产、生活所需非法制造、买卖、运输枪支、弹药、爆炸物没有造成严重社会危害，经教育确有悔改表现的，可以依照刑法

相关执法参考

第十三条的规定，不作为犯罪处理。

二、对于《解释》施行后发生的非法制造、买卖、运输枪支、弹药、爆炸物等行为，构成犯罪的，依照刑法和《解释》的有关规定定罪处罚。行为人确因生产、生活所需而非法制造、买卖、运输枪支、弹药、爆炸物，没有造成严重社会危害，经教育确有悔改表现的，可依法免除或者从轻处罚。

以上通知，请认真遵照执行。执行中如有问题，请及时报告我院。

《最高人民法院关于办理非法制造、买卖、运输非军用枪支、弹药刑事案件适用法律问题的解释》

（1995年9月20日法发［1995］20号颁布　自颁布之日起实施）

一、非法制造、买卖、运输非军用枪支、非军用枪支主要零部件或者其专用弹药，构成犯罪的，依照刑法第一百一十二条的规定定罪处罚。

非军用枪支是指射击运动枪、猎枪、麻醉注射枪、气枪、钢珠枪、催泪枪、电击枪以及其他足以致人伤亡或者使人丧失知觉的枪支。

二、非法制造、买卖、运输非军用枪支、弹药，有下列情形之一的，依照刑法第一百一十二条规定，判处七年以下有期徒刑：

1. 制造非军用枪支1支或者买卖、运输2支以上的；

2. 制造非军用枪支成套散件1套以上或者买卖、运输2套以上的；

3. 制造非军用枪支主要零部件50件以上或者买卖、运输100件以上的；

4. 制造非军用枪支专用子弹500发以上或者买卖、运输1000发以上的；

5. 虽未达到上述各项最低数量标准，但具有其他情形，应依法追究刑事责任的。

三、非法制造、买卖、运输非军用枪支、弹药的数量达到本解释第二条规定的各项最低数量标准5倍以上，或者具有其他严重情节的，依照刑法第一百一十二条规定，判处七年以上有期徒刑或者无期徒刑。

四、非法制造、买卖、运输非军用枪支、弹药情节特别严重，或者造成严重后果的，依照全国人大常委会《关于严惩严重危害社会治安的犯罪分子的决定》第一条第四项的规定处罚。

《废旧金属收购业治安管理办法》（节录）

（1994年1月25日公安部令第16号发布　自颁布之日起实施）

第九条　收购废旧金属的企业和个体工商户不得收购下列金属物品：

（一）枪支、弹药和爆炸物品；

（二）剧毒、放射性物品及其容器；

（三）铁路、油田、供电、电信通讯、矿山、水利、测量和城市公用设施等专用器材；

（四）公安机关通报寻查的赃物或者有赃物嫌疑的物品。

第十四条　当事人对公安机关作出的具体行政行为不服的，可以自得知该具体行政行为之日起15日内向上一级公安机关申请复议；对复议决定不服的，可以自接到复议决定通知之日起15日内向人民法院提起诉讼。

一百一十二、隐藏、转移、变卖、损毁依法扣押、查封、冻结的财物

（《治安管理处罚法》第60条第1项）

<table>
<tr><td colspan="2">案由</td><td>隐藏、转移、变卖、损毁依法扣押、查封、冻结的财物</td></tr>
<tr><td colspan="2">概念</td><td>隐藏、转移、变卖、损毁依法扣押、查封、冻结的财物，是指行为人隐藏、转移、变卖、损毁行政执法机关依法扣押、查封、冻结的财物，尚不够刑事处罚的行为。</td></tr>
<tr><td rowspan="2">违法构成要件</td><td>违法客体</td><td>本行为侵犯的客体是国家行政执法机关的执法办案活动。行为侵犯的对象是依法被扣押、查封、冻结的财物。</td></tr>
<tr><td>违法客观方面</td><td>本行为在客观方面表现为行为人隐藏、转移、变卖、损毁行政执法机关依法扣押、查封、冻结的财物，尚不够刑事处罚的行为。
1. “行政执法机关”是指具有行政执法权的机关，如公安机关、工商行政管理机关、税务机关等。
2. 本行为侵犯的对象必须是行政执法机关在执法办案中依法扣押、查封、冻结的财物。
“财物”，包括动产和不动产。
“办案”，是指办理行政案件，如果公安机关是在办理刑事案件，行为人的相关行为不构成本行为，应以其他规定论处。
“扣押”，是指将与案件有关的物品、财产等予以暂时扣留，易地保存，不允许当事人占有、使用、转移、处分的行为。
“查封”，是指对需要采取财产保全措施的财物清点以后，加贴封条，就地封存或者易地封存，不准任何人转移和处理的强制性措施。
“冻结”，是指在办理案件中，就被申请人在金融机构的存款、资金等，向有关银行、信用社等金融机构发出协助执行通知书，不准被申请人提取或转移的强制措施。
“扣押、查封、冻结”是行政执法机关采取的一种行政强制措施，未经法定机关批准，任何单位、个人不得隐藏、转移、变卖、毁损已被扣押、查封、冻结的财产。行为人对其他行政强制措施的侵犯，不构成本行为。
3. 行为人采取了隐藏、转移、变卖或者损毁的方式。
“隐藏”，是指将已被扣押、查封的财物就地隐藏，收藏起来，使办案机关难以发现。
“转移”，是指将已被扣押、查封、冻结的财物从一个处所转移到另一个处所。
“变卖”，是指将扣押、查封的财物予以出卖。
“毁损”，就是毁灭、损坏，被毁灭的财物从物质形态上消失，被损坏的财物将失去或者减少其价值。</td></tr>
</table>

<table>
<tr><td rowspan="3">违法构成要件</td><td>违法客观方面</td><td>行为人只要实施了隐藏、转移、变卖、毁损四种行为中的任何一种，就构成本行为。如果行为人以其他方式侵害被“扣押、查封、冻结”的财物的，不构成本行为。
在实践中，本行为一般表现为：将已经查封的财物重新开封，将财物隐藏或者转移、变卖或者毁损；将已经扣押而又责成当事人保管的特定物品隐藏、转移、变卖、毁损；将已经冻结的存款，通过金融机构的关系人或者其他途径予以解冻并转移或者提取。
本行为属于选择性案由，具体案由应根据行为方式和所涉及对象而定，如隐藏依法冻结的财物、转移依法冻结的财物、变卖依法冻结的财物、损毁依法冻结的财物等，行为人实施多种行为，涉及多种对象的，也只构成本行为1个案由，如隐藏、转移依法扣押、查封、冻结的财物等，而不能分别认定，更不能实行并罚。</td></tr>
<tr><td>违法主体</td><td>本行为的主体包括单位和个人。</td></tr>
<tr><td>违法主观方面</td><td>本行为的主观方面只能是故意，即明知是被扣押、查封、冻结的财物而故意隐藏、转移、变卖或者毁损。</td></tr>
<tr><td>认定界限</td><td colspan="2">（一）本行为与非法处置查封、扣押、冻结的财产罪的界限。
《刑法》第314条规定的非法处置查封、扣押、冻结的财产罪，是指隐藏、转移、变卖、故意毁损已被司法机关查封、扣押、冻结的财产，情节严重的行为。两者在行为方式上都表现为隐藏、转移、变卖或者损毁，在主观上也都是故意，两者的区别主要在于：
1. 行为侵犯的对象不同。本行为侵犯的是行政执法机关依法扣押、查封、冻结的财物，而后者侵犯的是司法机关查封、扣押、冻结的财物。
2. 行为侵犯的客体不同。本行为侵犯的客体是行政执法机关的执法办案活动，而且，只是行政办案，后者侵犯的客体是司法机关的执法活动，司法机关的执法活动既包括行政办案，也包括刑事办案和民事办案等。
3. 行为的情节和后果不同。本行为对情节和后果没有要求，行为人只要明知是被扣押、查封、冻结的财物而故意隐藏、转移、变卖或者毁损，即构成本行为，后者还要求必须达到“情节严重”的程度。
在实践中需要注意的是，由于两者侵害对象的不同，决定了行为人构成本行为，即使情节再严重，也不可能构成《刑法》第314条规定的非法处置查封、扣押、冻结的财产罪。</td></tr>
</table>

<table>
<tr><td>认定界限</td><td>
（二）本行为与妨害公务罪的界限。
《刑法》第277条规定的妨害公务罪，是指以暴力、威胁的方法，阻碍国家机关工作人员依法执行职务的行为，其表现形式包括：
1. 以暴力或者威胁的方法阻碍国家机关工作人员依法执行职务。
2. 以暴力、威胁方法阻碍各级人民代表大会代表执行代表职务。
3. 在自然灾害和突发事件中，以暴力、威胁方法阻碍红十字会工作人员依法履行职责。
4. 故意阻碍国家安全机关、公安机关依法执行国家安全工作任务，未使用暴力、威胁方法，但造成严重后果的。
从妨害公务罪表现形式的列举中，我们可以看出，本行为的隐藏、转移、变卖或者损毁方式，不会存在构成妨害公务罪的可能。因此，行为人构成本行为，即使情节、后果严重，也不会构成妨害公务罪。
</td></tr>
<tr><td>处罚标准</td><td>
构成本行为的，处5日以上10日以下拘留，并处200元以上500元以下罚款。
</td></tr>
<tr><td>相关执法参考</td><td>
《中华人民共和国治安管理处罚法》（节录）
（2005年8月28日第十届全国人民代表大会常务委员会第十七次会议通过　中华人民共和国主席令第三十八号公布　自2006年3月1日起施行）
第六十条第一项　有下列行为之一的，处五日以上十日以下拘留，并处二百元以上五百元以下罚款：
（一）隐藏、转移、变卖或者损毁行政执法机关依法扣押、查封、冻结的财物的；
《中华人民共和国刑法》（节录）
（1979年7月1日第五届全国人民代表大会第二次会议通过　1997年3月14日第八届全国人民代表大会第五次会议修订　根据2011年2月25日第十一届全国人民代表大会常务委员会第十九次会议通过的《中华人民共和国刑法修正案（八）》最新修正）
第三百一十四条　隐藏、转移、变卖、故意毁损已被司法机关查封、扣押、冻结的财产，情节严重的，处三年以下有期徒刑、拘役或者罚金。
《最高人民法院关于适用财产刑若干问题的规定》（节录）
（2000年12月13日法释［2000］45号颁布　自2000年12月19日起实施）
第十一条　自判决指定的期限届满第二日起，人民法院对于没有法定减免事由不缴纳罚金的，应当强制其缴纳。
对于隐藏、转移、变卖、损毁已被扣押、冻结财产情节严重的，依照刑法第三百一十四条的规定追究刑事责任。
</td></tr>
</table>

相关执法参考

《中华人民共和国行政诉讼法》（节录）

（1989年4月4日中华人民共和国主席令第十六号公布
自1990年10月1日起施行）

第四十九条　诉讼参与人或者其他人有下列行为之一的，人民法院可以根据情节轻重，予以训诫、责令具结悔过或者处一千元以下的罚款、十五日以下的拘留；构成犯罪的，依法追究刑事责任：

（四）隐藏、转移、变卖、毁损已被查封、扣押、冻结的财产的；

一百一十三、伪造、隐匿、毁灭证据

（《治安管理处罚法》第60条第2项）

<table>
<tr><td colspan="2">案由</td><td>伪造、隐匿、毁灭证据</td></tr>
<tr><td colspan="2">概念</td><td>伪造、隐匿、毁灭证据，是指行为人伪造、隐匿、毁灭证据，影响行政执法机关依法办案，尚不够刑事处罚的行为。</td></tr>
<tr><td rowspan="4">违法构成要件</td><td>违法客体</td><td>本行为侵犯的客体是行政执法机关的行政执法活动。
“行政执法机关”是指具有行政执法权的机关，如公安机关、工商行政管理机关、税务机关等。</td></tr>
<tr><td>违法客观方面</td><td>本行为在客观方面表现为行为人伪造、隐匿、毁灭证据，影响行政执法机关依法办案，尚不够刑事处罚的行为。
“证据”是认定案件事实，判断违法嫌疑人是否有违法行为、情节轻重，决定当事人是否承担责任、承担多大的责任的根据。这里的证据必须是行政执法机关办理行政案件的证据，如果是其他机关的证据，或者是行政执法机关办理其他案件，如刑事案件的证据，都不构成本行为。
“伪造”，是指制造虚假的证据，如制造虚假的书证、物证、鉴定结论、勘验检查笔录等。“伪造”既包括制造出原先并不存在的虚假证据，也包括改变原有证据的内容，从而改变其证明效力。要说明的是，伪造证据不包括提供虚假证言，行为人提供虚假证言，构成《治安管理处罚法》规定的提供虚假证言行为，因此，这里的伪造的“证据”应该是除“证言”以外的其他证据。
“隐匿”，是指行为人故意将能够证明案件事实的证据隐藏起来，使他人难以发现的行为。
“毁灭”，是指销毁证据，使之完全或部分消失或者丧失证据的作用，毁灭的手段很多，如烧毁、水洗等，不论什么手段，只要使证据无法再现而完全或部分丧失证据作用，就可以认定是毁灭证据。
行为人实施伪造、隐匿、毁灭行为之一的，即可构成本行为，而不需要同时具备，其具体案由根据具体方式而定，如伪造证据、隐匿证据或毁灭证据，行为人同时实施两种以上的行为的，也只构成1个案由，如伪造、隐匿证据，而不能分别认定，更不能实行并罚。</td></tr>
<tr><td>违法主体</td><td>本行为的主体是达到责任年龄，具有责任年龄的自然人。</td></tr>
<tr><td>违法主观方面</td><td>本行为在主观方面是故意，即明知是行政执法机关办案的证据而伪造、隐匿或者毁灭的。</td></tr>
</table>

认定界限	（一）本行为与非治安违法行为的界限。 在实践中，行为人即使实施了伪造、隐匿、毁灭证据的行为，但是，并没有影响到行政执法机关办案的，或者影响非常轻微的，都可以不以治安违法行为论处。另外，行为人因过失毁灭了相关证据的，也不构成本行为。 （二）本行为与伪证罪的界限。 《刑法》第305条规定的伪证罪，是指在刑事诉讼中，证人、鉴定人、记录人和翻译人对与案件有重要关系的情节，故意作虚假证明、鉴定、记录、翻译，意图陷害他人或者隐匿罪证的行为。两者的区别主要在于实施的时间和行为主体不同： 1. 本行为发生在行政执法机关的行政执法过程中，办理的是行政案件；后者发生在刑事诉讼中，有关单位办理的是刑事案件。 2. 本行为的主体是一般主体，任何人都可能构成；后者的主体是特殊主体，即只有证人、鉴定人、记录人和翻译人才能构成。 3. 行为侵害的对象不同。本行为侵害的证据是办理行政案件的证据，后者侵害是是办理刑事案件的证据，所以，本行为即使情节和后果严重，也不会构成伪证罪。 （三）伪造证据与提供虚假证言的界限。 《治安管理处罚法》第60条第2项规定的提供虚假证言是指提供虚假证言，影响行政执法机关依法办案的行为。在本行为客观方面的论述中，已经做过说明：伪造的“证据”应该是除“证言”以外的其他证据。行为人只有伪造除证言以外的证据，如物证、书证、鉴定结论等，才构成伪造证据行为。因此，两者在实践中不难界定。
处罚标准	构成本行为的，处5日以上10日以下拘留，并处200元以上500元以下罚款。
相关执法参考	**《中华人民共和国治安管理处罚法》**（节录） （2005年8月28日第十届全国人民代表大会常务委员会第十七次会议通过　中华人民共和国主席令第三十八号公布　自2006年3月1日起施行） 第六十条第二项　有下列行为之一的，处五日以上十日以下拘留，并处二百元以上五百元以下罚款： （二）伪造、隐匿、毁灭证据或者提供虚假证言、谎报案情，影响行政执法机关依法办案的；

相关执法参考

《中华人民共和国刑法》（节录）

（1979年7月1日第五届全国人民代表大会第二次会议通过　1997年3月14日第八届全国人民代表大会第五次会议修订　根据2011年2月25日第十一届全国人民代表大会常务委员会第十九次会议通过的《中华人民共和国刑法修正案（八）》最新修正）

第三百零五条　在刑事诉讼中，证人、鉴定人、记录人、翻译人对与案件有重要关系的情节，故意作虚假证明、鉴定、记录、翻译，意图陷害他人或者隐匿罪证的，处三年以下有期徒刑或者拘役；情节严重的，处三年以上七年以下有期徒刑。

一百一十四、提供虚假证言

（《治安管理处罚法》第60条第2项）

<table>
<tr><td colspan="2">案由</td><td>提供虚假证言</td></tr>
<tr><td colspan="2">概念</td><td>提供虚假证言，是指行为人提供虚假证言，影响行政执法机关依法办案的行为。</td></tr>
<tr><td rowspan="4">违法构成要件</td><td>违法客体</td><td>本行为侵犯的客体是行政执法机关的行政执法活动。</td></tr>
<tr><td>违法客观方面</td><td>本行为在客观方面表现为行为人提供虚假证言，影响行政执法机关依法办案的行为。
“虚假证言”就是非真实的证言，既包括捏造不存在的事实，也包括隐瞒客观存在的事实。一般来说，“提供虚假证言”的主体专指证人而言。在我国三大诉讼法中，证人证言是一种独立的证据形式，证人不包括当事人、鉴定人、记录人、翻译人等。但是，行政执法与司法诉讼有不同的特点，在刑事诉讼中，当事人、鉴定人、记录人、翻译人等如果提供虚假证言，会构成诬告陷害罪、包庇罪、伪证罪等，由刑事法律来制约这种行为；在民事、行政诉讼中，法院可以采取强制措施来排除这种行为。但是，在行政执法中，没有专门规定对证人之外的人提供虚假证言的制裁措施。如果《治安管理处罚法》规定的证人也不包括当事人、鉴定人、记录人、翻译人等，则这些人对案件作虚假陈述的情况将无法受到处理。所以，这里规定的“证言”应该是所有知道案件情况的人，包括当事人、鉴定人、记录人、翻译人等，他们也有义务向行政执法机关陈述自己知道的案件事实。因此，当事人、鉴定人、记录人、翻译人等提供虚假证言，影响行政执法机关依法办案的，也以本行为论处。</td></tr>
<tr><td>违法主体</td><td>本行为的主体是达到责任年龄、具有责任能力的自然人。</td></tr>
<tr><td>违法主观方面</td><td>本行为的主观方面只能是故意。</td></tr>
<tr><td>认定界限</td><td colspan="2">（一）本行为与非治安违法行为的界限。
在实践中，行为人由于对案情了解得不完全或记忆不清，作了虚假证明，由于行为人在主观上没有罪过，因此，不能认定为本行为。另外，虚假证言的范围需要</td></tr>
</table>

<table>
<tr><td>认定界限</td><td>明确，不是说只要证言中有虚假内容的都能构成虚假证言，只有提供了影响行政执法办案机关办案的虚假证言，即对案件有重要关系的情节才构成本行为。也就是说，如果行为人只是对非重要关系的情节作虚假证言，没有影响到案件主要事实的查明，没有影响到案件的定性，没有影响到对他人行为的认定和处罚的，可以不认为构成本行为。

（二）本行为与伪证罪，毁灭、伪造证据罪，帮助毁灭、伪造证据罪，包庇罪的界限。

这些犯罪都要求发生在诉讼程序中，不在诉讼程序中发生的，不会构成犯罪。而本行为是发生在行政执法机关办案过程中的，所以，即使情节严重也不会构成相应的犯罪。</td></tr>
<tr><td>处罚标准</td><td>构成本行为的，处5日以上10日以下拘留，并处200元以上500元以下罚款。</td></tr>
<tr><td>相关执法参考</td><td>《中华人民共和国治安管理处罚法》（节录）
（2005年8月28日第十届全国人民代表大会常务委员会第十七次会议通过　中华人民共和国主席令第三十八号公布　自2006年3月1日起施行）
第六十条第二项　有下列行为之一的，处五日以上十日以下拘留，并处二百元以上五百元以下罚款：
（二）伪造、隐匿、毁灭证据或者提供虚假证言、谎报案情，影响行政执法机关依法办案的；</td></tr>
</table>

一百一十五、谎报案情
（《治安管理处罚法》第60条第2项）

<table>
<tr><td colspan="2">案由</td><td>谎报案情</td></tr>
<tr><td colspan="2">概念</td><td>谎报案情，是指行为人故意谎报案情，影响行政执法机关依法办案的行为。</td></tr>
<tr><td rowspan="4">违法构成要件</td><td>违法客体</td><td>本行为侵犯的客体是行政执法机关的行政执法活动。</td></tr>
<tr><td>违法客观方面</td><td>本行为在客观方面表现为故意谎报案情，影响行政执法机关依法办案，尚不够刑事处罚的行为。
“谎报案情”，是指捏造或者歪曲事实，向行政机关报假案的行为。谎报案情的动机多种多样，有的是好奇，有的是因为自己作案而谎报案情以转移警方注意力，有的是为了自己的案件能引起办案机关重视而谎报案情，有的则是为了栽赃嫁祸他人。
另外，构成本行为必须以影响行政执法机关依法办案为要件，如果没有影响或者影响非常轻微的，不构成本行为。</td></tr>
<tr><td>违法主体</td><td>本行为的主体是达到责任年龄、具有责任能力的自然人。</td></tr>
<tr><td>违法主观方面</td><td>本行为的主观方面只能是故意。</td></tr>
<tr><td>认定界限</td><td colspan="2">（一）本行为与非治安违法行为的界限。
构成本行为的，必须是已经影响了行政执法机关依法办案的行为，如果行为人仅仅因为好奇而谎报案情，对行政执法机关的行政执法活动没有造成影响或者造成了轻微的影响的，不宜以本行为论处。
（二）本行为与相关刑事犯罪的界限。
本行为与《刑法》第305条规定的伪证罪，第306条规定的辩护人、诉讼代理人毁灭证据、伪造证据罪，第307条2款规定的帮助毁灭、伪造证据罪，以及第310条规定的包庇罪在表现形式上有相似之处，但是，相互之间并不存在对应关系，</td></tr>
</table>

认定界限	本行为是发生在行政执法机关的行政执法活动中，影响的是行政执法机关的行政办案活动，而这些犯罪都要求发生在诉讼程序中，影响的也是司法机关的执法活动，所以，构成本行为的，即使情节严重，也不构成这些犯罪。
处罚标准	构成本行为的，处5日以上10日以下拘留，并处200元以上500元以下罚款。
相关执法参考	**《中华人民共和国治安管理处罚法》**（节录） （2005年8月28日第十届全国人民代表大会常务委员会第十七次会议通过 中华人民共和国主席令第三十八号公布 自2006年3月1日起施行） 第六十条第二项 有下列行为之一的，处五日以上十日以下拘留，并处二百元以上五百元以下罚款： （二）伪造、隐匿、毁灭证据或者提供虚假证言、谎报案情，影响行政执法机关依法办案的；

一百一十六、窝藏、转移、代销赃物

（《治安管理处罚法》第60条第3项）

<table>
<tr><td colspan="2">案由</td><td>窝藏、转移、代销赃物</td></tr>
<tr><td colspan="2">概念</td><td>窝藏、转移、代销赃物，是指行为人明知是赃物而窝藏、转移或者代为销售，尚不够刑事处罚的行为。</td></tr>
<tr><td rowspan="2">违法构成要件</td><td>违法客体</td><td>本行为侵犯的客体是有关单位的正常执法活动。这里的“有关单位”既包括行政执法机关，也包括司法机关。</td></tr>
<tr><td>违法客观方面</td><td>本行为在客观方面表现为行为人明知是赃物而窝藏、转移或者代为销售，尚不够刑事处罚的行为。
1.“窝藏”，即帮助违法犯罪分子将赃物收留、隐藏，使别人不易发现的行为。窝藏赃物的表现形式包括为违法犯罪分子提供藏匿赃物的场所、寄藏赃物、加工赃物、收受赃物等。
“寄藏赃物”，是指接受委托而保管赃物，既可能是有偿的，也可以是无偿的。
“加工赃物”，是指通过对赃物外观的变化，使赃物便于隐藏的行为。“加工赃物”的具体方式多种多样，有拆卸（化整为零）、组装（组零成整）、改变颜色、改变性能等。
“收受赃物”，是指因违法犯罪分子的赠与而无偿取得赃物。在此情况下，对违法犯罪分子来说，是处理赃物的一种方式，对窝赃人来说，是贪图私利或囿于私情而接受赃物，由于这种行为在客观上同样妨害了办案机关查处违法犯罪的活动，行为人对赃物存在着明知，因而，也应认定为是窝藏赃物的行为。
此外，收取以赃物充当抵押品的行为，也属于窝藏赃物的行为。
2.“转移”，是指搬运、运输赃物，也就是通过搬移、运送使赃物离开原地点。对行为人来讲，只要行为人在主观上明知所转移的是他人违法犯罪的赃物，客观上实施了改变赃物存放地点的行为，不论这种转移是有偿还是无偿，转移使用的是什么工具，转移的距离是远还是近，在转移的过程中行为人是否实际紧随或者接触赃物，都构成本行为。
3.“代为销售”，是指受违法犯罪分子委托，为其销售赃物。代为销售包括为他人推销、代销赃物，也包括介绍买卖赃物，即充当赃物买卖的中介人等。只要行为人在主观上明知是赃物，客观上实施了替违法犯罪分子销售赃物的行为，就应以本行为论处。应注意的是，“代为销售”，不包括买赃自用的行为，因为，《治安管理处罚法》第59条已经将收购赃物单独列为一个独立的案由，行为人明知是赃物而购买的，以收购赃物行为论处。
在实践中认定本行为时，应注意以下几点：</td></tr>
</table>

违法构成要件	违法客观方面	1. “赃物”既包括“犯罪所得的”，也包括一般违法所得的。 2. 行为人处理自己违法、犯罪所得赃物的行为，不构成本行为，因为这种行为已经被先前的相关违法、犯罪行为所吸收。 3. 行为人“明知”是赃物，包括“确实知道”和“应该知道”。“应该知道”的情况应该根据案件的具体情况综合判断。 4. 行为人侵犯的是司法机关的正常管理活动，并不仅仅限于行政执法机关。 本行为属选择性案由，根据具体行为方式的不同，具体案由可确定为窝藏赃物、转移赃物、代销赃物等，同时实施两种以上行为的，也只认定为1个案由，而不能分别认定，更不能并罚。
	违法主体	本行为的主体包括单位和个人。
	违法主观方面	本行为的主观方面只能是故意。
认定界限	(一) 本行为与掩饰、隐瞒犯罪所得、犯罪所得收益罪的界限。 《刑法》第312条规定的掩饰、隐瞒犯罪所得、犯罪所得收益罪，是指明知是犯罪所得及其产生的收益而予以窝藏、转移、收购、代为销售或者以其他方法掩饰、隐瞒的行为。两者的区别主要表现在： 1. 行为侵犯的客体和对象不同。本行为侵犯的客体是有关单位的正常执法活动，侵犯的对象是“赃物”，本行为涉及的赃物包括一般违法所得的赃物和犯罪所得的赃物。这里的“有关单位”既包括行政执法机关，也包括司法机关；后者侵犯的客体只是司法机关的正常执法活动，侵犯的对象是犯罪所得及其产生的收益，不仅包括犯罪人因犯罪而直接获得的赃物，而且包括行为人利用这些赃物所产生的其他收益，但是不包括一般违法所得及其收益。 2. 行为方式不同。本行为在客观方面表现为行为人明知是赃物而窝藏、转移或者代为销售，尚不够刑事处罚的行为。后者在客观上表现为明知是犯罪所得及其产生的收益而予以窝藏、转移、收购、代为销售或者以其他方法掩饰、隐瞒的行为。本行为不包括收购行为，后者包括收购行为。 3. 行为的情节和后果不同。本行为属于治安违法行为，后者属于犯罪行为。在行为方式和对象一致的情况下，这是两者最重要的区别。在实践中，对于无法计价的赃物，应根据其行为情节综合判断其危害性；对于可以计价的赃物，可以将数额的大小视为情节是否严重的一个重要因素，以确定行为的社会危害程度。需要注意的是，金额的大小并不是判断行为社会危害性的唯一因素，还应综合行为人的目的、动机、手段、造成的社会影响、行为人的一贯表现等诸多因素，综合评判。	

<table>
<tr><td>认定界限</td><td>
（二）本行为与收购赃物、有赃物嫌疑的物品行为的界限。

《治安管理处罚法》第59条第3项规定的收购赃物、有赃物嫌疑的物品，是指违反国家规定，收购公安机关通报寻查的赃物或者有赃物嫌疑的物品，尚不够刑事处罚的行为。两者的界限主要在于：
1. 行为侵犯的客体不同。本行为侵犯的客体是有关单位的正常执法活动。这里的“有关单位”既包括行政执法机关，也包括司法机关。后者侵犯的客体是公安机关的正常管理秩序。
2. 侵犯的对象不同。本行为侵犯的对象仅限于赃物，后者侵犯的对象不仅包括赃物，而且包括有赃物嫌疑的物品，但是，必须是公安机关通报寻查的，公安机关没有通报寻查的，不属于该行为侵犯的对象。
3. 行为方式不同。本行为在客观方面表现为行为人明知是赃物而窝藏、转移或者代为销售，尚不够刑事处罚的行为。后者则表现为违反国家规定，收购公安机关通报寻查的赃物或者有赃物嫌疑的物品，尚不够刑事处罚的行为。可见，本行为的具体方式包括窝藏、转移或者代为销售，而不包括“收购”，后者则仅限于“收购”。
</td></tr>
<tr><td>处罚标准</td><td>
构成本行为的，处5日以上10日以下拘留，并处200元以上500元以下罚款。
</td></tr>
<tr><td>相关执法参考</td><td>
《中华人民共和国治安管理处罚法》（节录）
（2005年8月28日第十届全国人民代表大会常务委员会第十七次会议通过　中华人民共和国主席令第三十八号公布　自2006年3月1日起施行）

第六十条第三项　有下列行为之一的，处五日以上十日以下拘留，并处二百元以上五百元以下罚款：
（三）明知是赃物而窝藏、转移或者代为销售的；

《中华人民共和国刑法》（节录）
（1979年7月1日第五届全国人民代表大会第二次会议通过　1997年3月14日第八届全国人民代表大会第五次会议修订　根据2011年2月25日第十一届全国人民代表大会常务委员会第十九次会议通过的《中华人民共和国刑法修正案（八）》最新修正）

第三百一十二条　明知是犯罪所得及其产生的收益而予以窝藏、转移、收购、代为销售或者以其他方法掩饰、隐瞒的，处三年以下有期徒刑、拘役或者管制，并处或者单处罚金；情节严重的，处三年以上七年以下有期徒刑，并处罚金。{根据刑法修正案（六）修改}
{原条文：明知是犯罪所得的赃物而予以窝藏、转移、收购或者代为销售的，处三年以下有期徒刑、拘役或者管制，并处或者单处罚金。}
单位犯前款罪的，对单位判处罚金，并对其直接负责的主管人员和其他直接责任人员，依照前款的规定处罚。{刑法修正案（七）增加此款}
</td></tr>
</table>

相关执法参考

《最高人民法院关于审理洗钱等刑事案件
具体应用法律若干问题的解释》（节录）

（2009年9月21日由最高人民法院审判委员会第1474次会议通过
法释［2009］15号　自2009年11月11日起施行）

第一条第一款　刑法第一百九十一条、第三百一十二条规定的“明知”，应当结合被告人的认知能力，接触他人犯罪所得及其收益的情况，犯罪所得及其收益的种类、数额，犯罪所得及其收益的转换、转移方式以及被告人的供述等主、客观因素进行认定。

第二款　具有下列情形之一的，可以认定被告人明知系犯罪所得及其收益，但有证据证明确实不知道的除外：

（一）知道他人从事犯罪活动，协助转换或者转移财物的；

（二）没有正当理由，通过非法途径协助转换或者转移财物的；

（三）没有正当理由，以明显低于市场的价格收购财物的；

（四）没有正当理由，协助转换或者转移财物，收取明显高于市场的“手续费”的；

（五）没有正当理由，协助他人将巨额现金散存于多个银行账户或者在不同银行账户之间频繁划转的；

（六）协助近亲属或者其他关系密切的人转换或者转移与其职业或者财产状况明显不符的财物的；

（七）其他可以认定行为人明知的情形。

第三条　明知是犯罪所得及其产生的收益而予以掩饰、隐瞒，构成刑法第三百一十二条规定的犯罪，同时又构成刑法第一百九十一条或者第三百四十九条规定的犯罪的，依照处罚较重的规定定罪处罚。

第四条　刑法第一百九十一条、第三百一十二条、第三百四十九条规定的犯罪，应当以上游犯罪事实成立为认定前提。上游犯罪尚未依法裁判，但查证属实的，不影响刑法第一百九十一条、第三百一十二条、第三百四十九条规定的犯罪的审判。

上游犯罪事实可以确认，因行为人死亡等原因依法不予追究刑事责任的，不影响刑法第一百九十一条、第三百一十二条、第三百四十九条规定的犯罪的认定。

上游犯罪事实可以确认，依法以其他罪名定罪处罚的，不影响刑法第一百九十一条、第三百一十二条、第三百四十九条规定的犯罪的认定。

本条所称“上游犯罪”，是指产生刑法第一百九十一条、第三百一十二条、第三百四十九条规定的犯罪所得及其收益的各种犯罪行为。

《最高人民法院、最高人民检察院关于办理与盗窃、抢劫、诈骗、
抢夺机动车相关刑事案件具体应用法律若干问题的解释》（节录）

（2006年12月25日由最高人民法院审判委员会第1411次会议、
2007年2月14日由最高人民检察院第十届检察委员会第71次会议通过
自2007年5月11日起施行　法释［2007］11号）

第一条　明知是盗窃、抢劫、诈骗、抢夺的机动车，实施下列行为之一的，依照刑法第三百一十二条的规定，以掩饰、隐瞒犯罪所得、犯罪所得收益罪定罪，处三年以下有期徒刑、拘役或者管制，并处或者单处罚金：

（一）买卖、介绍买卖、典当、拍卖、抵押或者用其抵债的；

（二）拆解、拼装或者组装的；

（三）修改发动机号、车辆识别代号的；

（四）更改车身颜色或者车辆外形的；

（五）提供或者出售机动车来历凭证、整车合格证、号牌以及有关机动车的其他证明和凭证的；

（六）提供或者出售伪造、变造的机动车来历凭证、整车合格证、号牌以及有关机动车的其他证明和凭证的。

实施第一款规定的行为涉及盗窃、抢劫、诈骗、抢夺的机动车五辆以上或者价值总额达到五十万元以上的，属于刑法第三百一十二条规定的“情节严重”，处三年以上七年以下有期徒刑，并处罚金。

第四条　实施本解释第一条、第二条、第三条第一款或者第三款规定的行为，事前与盗窃、抢劫、诈骗、抢夺机动车的犯罪分子通谋的，以盗窃罪、抢劫罪、诈骗罪、抢夺罪的共犯论处。

第五条　对跨地区实施的涉及同一机动车的盗窃、抢劫、诈骗、抢夺以及掩饰、隐瞒犯罪所得、犯罪所得收益行为，有关公安机关可以依照法律和有关规定一并立案侦查，需要提请批准逮捕、移送审查起诉、提起公诉的，由该公安机关所在地的同级人民检察院、人民法院受理。

第六条　行为人实施本解释第一条、第三条第三款规定的行为，涉及的机动车有下列情形之一的，应当认定行为人主观上属于上述条款所称“明知”：

（一）没有合法有效的来历凭证；

（二）发动机号、车辆识别代号有明显更改痕迹，没有合法证明的。

《最高人民法院、最高人民检察院关于办理
盗窃油气、破坏油气设备等刑事案件具体应用法律若干问题的解释》
（2007 年 1 月 15 日颁布　自 2007 年 1 月 19 日起实施）

第五条　明知是盗窃犯罪所得的油气或者油气设备，而予以窝藏、转移、收购、加工、代为销售或者以其他方法掩饰、隐瞒的，依照刑法第三百一十二条的规定定罪处罚。

实施前款规定的犯罪行为，事前通谋的，以盗窃犯罪的共犯定罪处罚。

《最高人民法院 最高人民检察院 公安部 国家工商行政管理局关于
依法查处盗窃、抢劫机动车案件的规定》（节录）
（公通字［1998］31 号）

二、明知是盗窃、抢劫所得机动车而予以窝藏、转移、收购或者代为销售的，依照《刑法》第三百一十二条的规定处罚。

对明知是盗窃、抢劫所得机动车而予以拆解、改装、拼装、典当、倒卖的，视

相关执法参考

为窝藏、转移、收购或者代为销售，依照《刑法》第三百一十二条的规定处罚。

三、国家指定的车辆交易市场、机动车经营企业（含典当、拍卖行）以及从事机动车修理、零部件销售企业的主管人员或者其他直接责任人员，明知是盗窃、抢劫的机动车而予以窝藏、转移、拆解、拼装、收购或者代为销售的，依照《刑法》第三百一十二条的规定处罚。单位组织实施上述行为的，由工商行政管理机关予以处罚。

四、本规定第二条和第三条中的行为人事先与盗窃、抢劫机动车辆的犯罪分子通谋的，分别以盗窃、抢劫犯罪的共犯论处。

五、机动车交易必须在国家指定的交易市场或合法经营企业进行，其交易凭证经工商行政管理机关验证盖章后办理登记或过户手续，私下交易机动车辆属于违法行为，由工商行政管理机关依法处理。

明知是赃车而购买，以收购赃物罪定罪处罚。单位的主管人员或者其他直接责任人员明知是赃车购买的，以收购赃物罪定罪处罚。

明知是赃车而介绍买卖的，以收购、销售赃物罪的共犯论处。

十二、对明知是赃车而购买的，应将车辆无偿追缴；对违反国家规定购买车辆，经查证是赃车的，公安机关可以根据《刑事诉讼法》第一百一十条和第一百一十四条规定进行追缴和扣押。对不明知是赃车而购买的，结案后予以退还买主。

十七、本规定所称的“明知”，是指知道或者应当知道。有下列情形之一的，可视为应当知道，但有证据证明属被蒙骗的除外：

（一）在非法的机动车交易场所和销售单位购买的；

（二）机动车证件手续不全或者明显违反规定的；

（三）机动车发动机号或者车架号有更改痕迹，没有合法证明的；

（四）以明显低于市场价格购买机动车的。

《最高人民法院、最高人民检察院、公安部、国家烟草专卖局关于印发〈关于办理假冒伪劣烟草制品等刑事案件适用法律问题座谈会纪要〉的通知》（节录）

（2003年12月23日颁布　自颁布之日起实施）

七、关于窝藏、转移非法制售的烟草制品行为的定罪处罚问题

明知是非法制售的烟草制品而予以窝藏、转移的，依照刑法第三百一十二条的规定，以窝藏、转移赃物罪定罪处罚。

《公安部 中央社会治安综合治理委员会办公室 民政部 建设部 国家税务总局 国家工商行政管理总局关于进一步加强和改进出租房屋管理工作有关问题的通知》（节录）

（2004年11月12日公通字［2004］83号颁布　自颁布之日起实施）

（六）明知是赃物而窝藏的，由公安部门依照《中华人民共和国治安管理处罚条例》第二十四条第（一）项的规定予以处罚；构成犯罪的，依照《中华人民共和国刑法》第三百一十二条的规定追究刑事责任。

相关执法参考

《最高人民检察院关于事先与犯罪分子有通谋，事后对赃物予以窝藏或者代为销售或者收买的，应如何适用法律的问题的批复》

（1995年2月13日高检发研字［1995］2号颁布　自颁布之日起实施）

四川省人民检察院：

你院川检（研）〔1994〕47号《关于事先与犯罪分子有通谋，事后对赃物予以窝藏或者代为销售或者收买的，应如何适用法律的问题的请示》收悉。经研究，同意你院的意见，即：与盗窃、诈骗、抢劫、抢夺、贪污、敲诈勒索等其他犯罪分子事前通谋，事后对犯罪分子所得赃物予以窝藏、代为销售或者收买的，应按犯罪共犯追究刑事责任。事前未通谋，事后明知是犯罪赃物而予以窝藏、代为销售或者收买的，应按窝赃、销赃罪追究刑事责任。

《废旧金属收购业治安管理办法》（节录）

（1994年1月25日公安部令第16号发布　自颁布之日起实施）

第九条　收购废旧金属的企业和个体工商户不得收购下列金属物品：

（一）枪支、弹药和爆炸物品；

（二）剧毒、放射性物品及其容器；

（三）铁路、油田、供电、电信通讯、矿山、水利、测量和城市公用设施等专用器材；

（四）公安机关通报寻查的赃物或者有赃物嫌疑的物品。

第十条　收购废旧金属的企业和个体工商户发现有出售公安机关通报寻查的赃物或者有赃物嫌疑的物品的，应当立即报告公安机关。

公安机关对赃物或者有赃物嫌疑的物品应当予以扣留，并开付收据。有赃物嫌疑的物品经查明不是赃物的，应当及时退还；赃物或者有赃物嫌疑的物品经查明确属赃物的，依照国家有关规定处理。

《报废汽车回收管理办法》（节录）

（2001年6月16日国务院令第307号颁布　自颁布之日起实施）

第十三条　报废汽车回收企业对回收的报废汽车应当逐车登记；发现回收的报废汽车有盗窃、抢劫或者其他犯罪嫌疑的，应当及时向公安机关报告。

报废汽车回收企业不得拆解、改装、拼装、倒卖有犯罪嫌疑的汽车及其“五大总成”和其他零配件。

第二十三条　违反本办法第十三条的规定，报废汽车回收企业明知或者应知是有盗窃、抢劫或者其他犯罪嫌疑的汽车、“五大总成”以及其他零配件，未向公安机关报告，擅自拆解、改装、拼装、倒卖的，由公安机关依法没收汽车、“五大总成”以及其他零配件，处1万元以上5万元以下的罚款；由原审批发证部门分别吊销《资格认定书》、《特种行业许可证》、营业执照；构成犯罪的，依法追究刑事责任。

《机动车修理业、报废机动车回收业治安管理办法》（节录）

（1999年3月25日公安部令第38号颁布　自颁布之日起实施）

第五条　严禁利用机动车修理业、报废机动车回收业进行走私、销赃等违法犯

相关执法参考	罪活动。 第十条　机动车修理企业和个体工商户承修车辆、报废机动车回收企业回收报废机动车时，发现下列可疑情况，应立即报告当地公安机关： （一）证明、证件有变造、伪造痕迹的； （二）送修车辆与机动车行驶证或回收车辆与报废证明不符的； （三）车辆发动机号码、车架号码有改动痕迹或车辆有其他明显改动、破坏痕迹的； （四）送修人要求更改发动机号码、车架号码的； （五）公安机关查控的机动车辆； （六）交通肇事逃逸嫌疑车辆及其他可疑情况。 第十二条　机动车修理企业和个体工商户严禁从事下列活动： （一）明知是盗窃、抢劫所得机动车而予以改装、拼装、倒卖； （二）无公安交通管理部门出具的机动车变更、改装审批证明而更换发动机、车身（架）、改装车型、改变车身颜色； （三）更改发动机号码或车架号码； （四）回收报废机动车； （五）非法拼（组）装汽车、摩托车； （六）明知是交通肇事逃逸车辆未向公安机关报告而修理的。 第十三条　报废机动车回收企业严禁从事下列活动： （一）明知是盗窃、抢劫所得机动车而予以拆解、改装、拼装、倒卖； （二）回收无公安交通管理部门出具的机动车报废证明的机动车的； （三）利用报废机动车拼装整车。 第十五条　机动车修理企业和个体工商户、报废机动车回收企业明知是盗窃、抢劫所得机动车而予以拆解、改装、拼装、倒卖的，对其直接负责的主管人员和其他直接责任人员依照国家有关规定追究刑事责任；尚不构成犯罪的，依照《中华人民共和国治安管理处罚条例》予以处罚。

一百一十七、违反监督管理规定

（《治安管理处罚法》第60条第4项）

<table>
<tr><td colspan="2">案由</td><td>违反监督管理规定</td></tr>
<tr><td colspan="2">概念</td><td>违反监督管理规定，是指被依法执行管制、剥夺政治权利或者在缓刑、保外就医等监外执行中的罪犯或者被依法采取刑事强制措施的人，违反法律、行政法规和国务院公安部门有关监督管理规定，尚不够刑事处罚的行为。</td></tr>
<tr><td rowspan="2">违法构成要件</td><td>违法客体</td><td>本行为侵犯的客体是公安司法机关的监督管理活动。</td></tr>
<tr><td>违法客观方面</td><td>本行为在客观方面表现为被依法执行管制、剥夺政治权利或者在缓刑、保外就医等监外执行中的罪犯或者被依法采取刑事强制措施的人，违反法律、行政法规和公安部门有关监督管理规定，尚不够刑事处罚的行为。
管制、剥夺政治权利是《刑法》规定的两种刑罚，缓刑、假释、保外就医分别是《刑法》和《刑事诉讼法》中规定的对罪犯执行程序中的一些特殊执行方式。
“管制”，是由人民法院判决，对犯罪分子不予关押，在一定期限内限制其一定自由，交由公安机关管束和监督的一种刑罚方法。管制是我国《刑法》规定的五种主刑之一，是主刑中最轻的刑罚。管制的期限，为3个月以上2年以下。被判处管制的犯罪分子，由公安机关执行。
我国《刑法》第39条规定：“被判处管制的犯罪分子，在执行期间，应当遵守下列规定：遵守法律、行政法规，服从监督；未经执行机关批准，不得行使言论、出版、集会、结社、游行、示威自由的权利；按照执行机关规定报告自己的活动情况；遵守执行机关关于会客的规定；离开所居住的市、县或者迁居，应当报经执行机关批准。”
“剥夺政治权利”，是指依法剥夺犯罪分子一定期限参加国家管理和政治活动权利的刑罚方法。剥夺政治权利既可以附加适用，也可以独立适用。法律规定附加适用剥夺政治权利的，一般是较重的犯罪，独立适用剥夺政治权利的，一般都适用于较轻的犯罪。
《刑法》第54条规定：“剥夺政治权利是剥夺下列权利：选举权和被选举权；言论、出版、集会、结社、游行、示威自由的权利；担任国家机关职务的权利；担任国有公司、企业、事业单位和人民团体领导职务的权利。”第58条规定：“被剥夺政治权利的犯罪分子，在执行期间，应当遵守法律、行政法规和国务院公安部门有关监督管理的规定，服从监督；不得行使本法第54条规定的各项权利。”
“缓刑”，是一种执行刑罚的制度，而不是一种刑罚，是指人民法院对被判处一定刑罚的犯罪分子在一定条件下暂缓执行或不执行的法律制度。也就是</td></tr>
</table>

<table>
<tr><td rowspan="2">违法构成要件</td><td>违法客观方面</td><td>说，对一些特定的犯罪分子，在其具备了法定的条件之后，可以在一定的期间内不予关押暂缓其刑罚的执行。缓刑制度有利于改造罪犯，也有利于社会的稳定。
《刑法》第 75 条规定：“被宣告缓刑的犯罪分子，应当遵守下列规定：遵守法律、行政法规，服从监督；按照考察机关的规定报告自己的活动情况；遵守考察机关关于会客的规定；离开所居住的市、县或者迁居，应当报经考察机关批准。”第 77 条第 2 款规定：“被宣告缓刑的犯罪分子，在缓刑考验期限内，违反法律、行政法规或者国务院公安部门有关缓刑的监督管理规定，情节严重的，应当撤销缓刑，执行原判刑罚。”
“假释”，是指对于被判处有期徒刑、无期徒刑的犯罪分子，在执行一定刑期以后，由于确有悔改表现，不致再危害社会，而附有条件地将其提前释放的一项刑罚执行制度。假释与减刑一样，也是惩办与宽大相结合的刑事政策在刑罚执行制度上的具体体现。正确地执行假释制度，对于鼓励犯罪分子认罪伏法，激发犯罪分子接受教育改造的积极性，具有十分重要的意义。
《刑法》第 84 条规定：“被宣告假释的犯罪分子，应当遵守下列规定：遵守法律、行政法规，服从监督；按照监督机关的规定报告自己的活动情况；遵守监督机关关于会客的规定；离开所居住的市、县或者迁居，应当报经监督机关批准。”第 86 条规定：“被假释的犯罪分子，在假释考验期限内犯新罪，应当撤销假释，依照本法第 71 条的规定实行数罪并罚。……被假释的犯罪分子，在假释考验期限内，有违反法律、行政法规或者国务院公安部门有关假释的监督管理规定的行为，尚未构成新的犯罪的，应当依照法定程序撤销假释，收监执行未执行完毕的刑罚。”
“保外就医”，属于我国《刑事诉讼法》规定的执行程序中的执行变更程序，是指有严重疾病的罪犯应当提出保证人，保证人应当保证被暂予监外执行进行治疗的罪犯必须遵守保外就医的有关规定的一种暂予监外执行程序。其法律依据在于《刑事诉讼法》第 214 条第 1 项：“对于被判处有期徒刑或者拘役的罪犯，有严重疾病需要保外就医的，可以暂予监外执行。对于适用保外就医可能有社会危险性的罪犯，或者自伤自残的罪犯，不得保外就医。”
“其他监外执行中的罪犯”，包括怀孕或者正在哺乳自己婴儿的妇女。《刑事诉讼法》第 214 条第 2 项规定：“对于被判处有期徒刑或者拘役的罪犯，怀孕或者正在哺乳自己婴儿的妇女的，可以暂予监外执行。”
“刑事强制措施”，是指公安机关、国家安全机关、人民检察院和人民法院为保证刑事诉讼活动的顺利进行，依法对犯罪嫌疑人、被告人或者现行犯、重大嫌疑分子所采取的强制性限制其人身自由或暂时剥夺其人身自由的各种法定强制方法。我国《刑事诉讼法》共规定了五种强制措施：拘传、取保候审、监视居住、拘留和逮捕。</td></tr>
<tr><td>违法主体</td><td>本行为的主体是特殊主体，即被依法执行管制、剥夺政治权利或者在缓刑、保外就医等监外执行中的罪犯或者被依法采取刑事强制措施的人。</td></tr>
</table>

<table>
<tr><td rowspan="1">违法构成要件</td><td>违法主观方面</td><td>本行为的主观方面只能是故意。</td></tr>
<tr><td>认定界限</td><td colspan="2">

（一）如何理解“违反法律、行政法规和国务院公安部门有关监督管理规定”？

《治安管理处罚法》规定本案由的目的，是为了确保执法秩序，保证执法活动的顺利进行。如果被依法执行管制、剥夺政治权利或者在缓刑、保外就医等监外执行中的罪犯或者被依法采取刑事强制措施的人在刑罚执行或采取强制措施期间又违反了其他法律、行政法规和国务院公安部门有关监督管理规定而受到追究，至少会在程序上给原有的程序带来冲突，招致混乱，影响原有执法活动的顺利进行。而且，上述人员如果在此期间又有新的违法行为，至少说明其忽视司法机关、行政执法机关必要的约束与监督，仍然实施危害社会管理秩序的行为，也代表着其主观恶性较大。因此，法律对上述人员提出了高标准的行为要求，不仅要遵纪守法，而且要严格遵纪守法，要负比普通公民更加严格的注意义务。

所以，上述人员有违反任何法律、行政法规和国务院公安部门有关监督管理规定的行为，只要是故意的，哪怕是交通违法行为，都可以按本行为论处。当然，对其新的违法行为，也同时要依法追究责任。

（二）本行为与破坏监管秩序罪的界限。

《刑法》第315条规定的破坏监管秩序罪，是指依法被关押的罪犯，破坏监管秩序，情节严重的行为。两者的界限主要在于：

1. 行为侵犯的客体不同。本行为侵犯的客体是公安司法机关的监督管理活动。后者侵犯的客体是我国劳改机关的监管秩序。目前，我国的劳改机关包括：监狱、劳动改造管教队（简称劳改队）、少年犯管教所、看守所和拘役所。

2. 行为主体不同。两者都是特殊主体，本行为的主体是包括被依法执行管制、剥夺政治权利或者在缓刑、保外就医等监外执行中的罪犯或者被依法采取刑事强制措施的人。后者的主体仅限于被依法判处刑罚，并被强制在劳改机关服刑的罪犯。

3. 行为方式不同。本行为在客观方面表现为违反法律、行政法规和公安部门有关监督管理规定，尚不够刑事处罚的行为。后者在客观方面表现为依法被关押的罪犯，有法定破坏监管秩序行为之一，情节严重的行为，其中，“法定破坏监管秩序行为”包括：（1）殴打监管人员；（2）组织其他被监管人破坏监管秩序；（3）聚众闹事，扰乱正常监管秩序；（4）殴打、体罚或者指使他人殴打、体罚其他被监管人员。

4. 构成的标准不同。本行为属于治安违法行为，一般情节较轻，后者属于犯罪行为，根据规定，必须达到情节严重的程度，才可构成该罪。“情节严重”，一般包括：（1）多次殴打监管人员或者为抗拒改造而殴打监管人员或者殴打监管人员致伤的；（2）多次组织其他被监管人破坏监管秩序或者组织的人数众多或者建立了较

</td></tr>
</table>

认定界限

严密组织形式破坏监管秩序的；（3）多次聚众闹事扰乱监管秩序或者聚众绝食，影响恶劣或者聚众冲击办公场所毁坏财物的；（4）多次殴打、体罚或者指使他人殴打体罚其他被监管人或者致人伤害的；（5）其他情节严重的。

（三）本行为与正当申诉的界限。

根据我国的有关规定，申诉权是罪犯或者被依法采取刑事强制措施的人的法定权利之一。《宪法》第41条规定，中华人民共和国公民对于任何国家机关和国家工作人员的违法失职行为，有向有关国家机关提出申诉、控告或者检举的权利。对于公民的申诉、控告或检举，有关国家机关必须查清事实，负责处理。由于国家机关和国家工作人员侵犯公民权利而受到损失的人，有依照法律规定取得赔偿的权利。《刑事诉讼法》第203条规定："当事人及其法定代理人、近亲属，对已经发生法律效力的判决、裁定，可以向人民法院或者人民检察院提出申诉，但是不能停止判决、裁定的执行。"第204条规定："当事人及其法定代理人、近亲属的申诉符合下列情形之一的，人民法院应当重新审判：（1）有新的证据证明原判决、裁定认定的事实确有错误的；（2）据以定罪量刑的证据不确实、不充分或者证明案件事实的主要证据之间存在矛盾的；（3）原判决、裁定适用法律确有错误的；（4）审判人员在审理该案件的时候，有贪污受贿、徇私舞弊，枉法裁判行为的。"可见，罪犯或者被依法采取刑事强制措施的人基于上述理由向有关部门提出申诉的，有关部门应当及时转达，而不能视为不认罪服法的表现。应当说，有关部门不转达罪犯或者被依法采取刑事强制措施的人的申诉也是一种违法失职的行为。即使其申诉多次被驳回，有关部门也不应扣押其申诉。因有关部门扣押罪犯或者被依法采取刑事强制措施的人的正常申诉而引起的抗议性行为，一般不宜以本行为论处。当然，罪犯或者被依法采取刑事强制措施的人以申诉为名而进行破坏监管秩序的，应以本行为论处，符合其他条件的，还可构成破坏监管秩序罪。

（四）本行为与控告行为的界限。

根据相关规定，罪犯或者被依法采取刑事强制措施的人对有关部门及其工作人员的违法行为具有控告权。有关部门及其工作人员对罪犯或者被依法采取刑事强制措施的人向有关党政机关写的控告信应及时转交或做出妥善处理，而不得对控告人压制、打击和报复。因压制和打击罪犯或者被依法采取刑事强制措施的人的控告行为而引发的抗议性行为，一般不宜以本行为论处。当然，如果罪犯或者被依法采取刑事强制措施的人以行使控告权为名，散步谣言，煽动骚乱的，则可以构成本行为，符合其他条件的，还可构成破坏监管秩序罪。

（五）本行为与抗议性行为的界限。

司法实践中，有些罪犯或者被依法采取刑事强制措施的人由于受到民警的不公正待遇，甚至受到民警的打骂、体罚虐待，内心抱屈，但又得不到申冤的机会，遂产生抵触的对立情绪，为了求得公正待遇，便采取一些抗议性的行为，如绝食、拒绝劳动、自伤、不服管教等。显然，此类行为的动机是为了引起劳改机关的重视，求得公正待遇。因此，一般也不宜以本行为论处。

<table>
<tr><td>处罚标准</td><td>构成本行为的，处 5 日以上 10 日以下拘留，并处 200 元以上 500 元以下罚款。</td></tr>
<tr><td>相关执法参考</td><td>

《中华人民共和国治安管理处罚法》（节录）

（2005 年 8 月 28 日第十届全国人民代表大会常务委员会第十七次会议通过　中华人民共和国主席令第三十八号公布　自 2006 年 3 月 1 日起施行）

第六十条第四项　有下列行为之一的，处五日以上十日以下拘留，并处二百元以上五百元以下罚款：

（四）被依法执行管制、剥夺政治权利或者在缓刑、保外就医等监外执行中的罪犯或者被依法采取刑事强制措施的人，有违反法律、行政法规和国务院公安部门有关监督管理规定的行为。

《中华人民共和国刑法》（节录）

（1979 年 7 月 1 日第五届全国人民代表大会第二次会议通过　1997 年 3 月 14 日第八届全国人民代表大会第五次会议修订　根据 2011 年 2 月 25 日第十一届全国人民代表大会常务委员会第十九次会议通过的《中华人民共和国刑法修正案（八）》最新修正）

第三十八条　管制的期限，为三个月以上二年以下。

判处管制，可以根据犯罪情况，同时禁止犯罪分子在执行期间从事特定活动，进入特定区域、场所，接触特定的人。{**刑法修正案（八）增加此款**}

对判处管制的犯罪分子，依法实行社区矫正。{**根据刑法修正案（八）修改**}

{**原条文：被判处管制的犯罪分子，由公安机关执行。**}

违反第二款规定的禁止令的，由公安机关依照《中华人民共和国治安管理处罚法》的规定处罚。{**刑法修正案（八）增加此款**}

第七十六条　对宣告缓刑的犯罪分子，在缓刑考验期限内，依法实行社区矫正，如果没有本法第七十七条规定的情形，缓刑考验期满，原判的刑罚就不再执行，并公开予以宣告。{**根据刑法修正案（八）修改**}

{**原条文：被宣告缓刑的犯罪分子，在缓刑考验期限内，由公安机关考察，所在单位或者基层组织予以配合，如果没有本法第七十七条规定的情形，缓刑考验期满，原判的刑罚就不再执行，并公开予以宣告。**}

第七十七条　被宣告缓刑的犯罪分子，在缓刑考验期限内犯新罪或者发现判决宣告以前还有其他罪没有判决的，应当撤销缓刑，对新犯的罪或者新发现的罪作出判决，把前罪和后罪所判处的刑罚，依照本法第六十九条的规定，决定执行的刑罚。

被宣告缓刑的犯罪分子，在缓刑考验期限内，违反法律、行政法规或者国务院有关部门关于缓刑的监督管理规定，或者违反人民法院判决中的禁止令，情节严重的，应当撤销缓刑，执行原判刑罚。{**根据刑法修正案（八）修改**}

{**原第二款：被宣告缓刑的犯罪分子，在缓刑考验期限内，违反法律、行政法规或者国务院公安部门有关缓刑的监督管理规定，情节严重的，应当撤销缓刑，执行原判刑罚。**}

</td></tr>
</table>

相关执法参考

第八十五条　对假释的犯罪分子，在假释考验期限内，依法实行社区矫正，如果没有本法第八十六条规定的情形，假释考验期满，就认为原判刑罚已经执行完毕，并公开予以宣告。｛根据刑法修正案（八）修改｝

｛原条文：被假释的犯罪分子，在假释考验期限内，由公安机关予以监督，如果没有本法第八十六条规定的情形，假释考验期满，就认为原判刑罚已经执行完毕，并公开予以宣告。｝

第八十六条　被假释的犯罪分子，在假释考验期限内犯新罪，应当撤销假释，依照本法第七十一条的规定实行数罪并罚。

在假释考验期限内，发现被假释的犯罪分子在判决宣告以前还有其他罪没有判决的，应当撤销假释，依照本法第七十条的规定实行数罪并罚。

被假释的犯罪分子，在假释考验期限内，有违反法律、行政法规或者国务院有关部门关于假释的监督管理规定的行为，尚未构成新的犯罪的，应当依照法定程序撤销假释，收监执行未执行完毕的刑罚。｛根据刑法修正案（八）修改｝

｛原第三款：被假释的犯罪分子，在假释考验期限内，有违反法律、行政法规或者国务院公安部门有关假释的监督管理规定的行为，尚未构成新的犯罪的，应当依照法定程序撤销假释，收监执行未执行完毕的刑罚。｝

第三百一十五条　依法被关押的罪犯，有下列破坏监管秩序行为之一，情节严重的，处三年以下有期徒刑：

（一）殴打监管人员的；

（二）组织其他被监管人破坏监管秩序的；

（三）聚众闹事，扰乱正常监管秩序的；

（四）殴打、体罚或者指使他人殴打、体罚其他被监管人的。

《看守所留所执行刑罚罪犯管理办法》

（2008年2月14日公安部部长办公会议通过

公安部令第98号发布　自2008年7月1日起施行）

第一条　为了规范看守所对留所执行刑罚罪犯的管理，做好罪犯改造工作，根据《中华人民共和国刑事诉讼法》、《中华人民共和国监狱法》、《中华人民共和国看守所条例》等有关法律、法规，结合看守所执行刑罚的实际，制定本办法。

第二条　被判处有期徒刑的罪犯，在被交付执行前，剩余刑期在一年以下的，由看守所代为执行刑罚。

被判处拘役的罪犯，由看守所执行刑罚。

未成年犯，由未成年犯管教所执行刑罚。

第三条　看守所应当设置专门监区或者监室监管罪犯。监区和监室应当设在看守所警戒围墙内。

第四条　看守所管理罪犯应当坚持惩罚与改造相结合、教育和劳动相结合的原则，将罪犯改造为守法公民。

第五条　罪犯的人格不受侮辱，人身安全和合法财产不受侵犯，罪犯享有辩护、申诉、控告、检举以及其他未被依法剥夺或者限制的权利。

罪犯应当遵守法律、法规和看守所管理规定，服从管理，接受教育，按照规定参加劳动。

第六条　看守所应当保障罪犯的合法权益，为罪犯行使权利提供必要的条件。

第七条　看守所对罪犯执行刑罚的活动依法接受人民检察院的法律监督。

第二章　刑罚的执行

第一节　收押

第八条　看守所在收到交付执行的人民法院送达的人民检察院起诉书副本和人民法院判决书、裁定书、执行通知书、结案登记表的当日，应当办理罪犯收押手续，填写收押登记表，载明罪犯基本情况、收押日期等，并由民警签字后，将罪犯转入罪犯监区或者监室。

第九条　对于判决前未被羁押，判决后需要羁押执行刑罚的罪犯，看守所应当凭本办法第八条所列文书收押，并采集罪犯十指指纹信息。

对于发现余罪的罪犯，需要将其羁押到立案地看守所的，立案地看守所凭拘留证、逮捕证复印件收押。对于人民法院异地再审开庭，需要将罪犯临时羁押在异地看守所的，异地看守所凭提起刑事再审的诉讼文书、提审手续收押。

第十条　按照本办法第九条收押罪犯时，看守所应当进行健康和人身、物品安全检查。对罪犯的非生活必需品，应当登记，代为保管；对违禁品，应当予以没收。

对女性罪犯的人身检查，由女性人民警察进行。

第十一条　办理罪犯收押手续时应当建立罪犯档案。罪犯档案一人一档，分为正档和副档。正档包括收押凭证、暂予监外执行决定书、减刑、假释裁定书、释放证明书等法律文书；副档包括收押登记、谈话教育、罪犯考核、奖惩、疾病治疗、财物保管登记等管理记录。

第十二条　收押罪犯后，看守所应当在五日内向罪犯家属或者监护人发出罪犯执行刑罚地点通知书。对收押的外国籍罪犯，应当在二十四小时内报告所属公安机关。

第二节　对罪犯申诉、控告、检举的处理

第十三条　罪犯对已经发生法律效力的判决、裁定不服，提出申诉的，看守所应当及时将申诉材料转递给人民检察院和作出生效判决的人民法院。罪犯也可以委托其亲属或者律师提出申诉。

第十四条　罪犯有权控告、检举违法犯罪行为。看守所应当设置控告、检举信箱，接受罪犯的控告、检举材料。罪犯也可以直接向民警控告、检举。

第十五条　对罪犯向看守所提交的控告、检举材料，看守所应当自收到材料之日起十五日内作出处理；对罪犯向人民法院、人民检察院提交的控告、检举材料，看守所应当自收到材料之日起五日予以转送。

看守所对控告、检举作出处理或者转送有关部门处理的，应当及时将有关情况或者处理结果通知具名控告、检举的罪犯。

第十六条　看守所在执行刑罚过程中，发现判决可能有错误的，应当提请人民检察院或者人民法院处理。

第三节 暂予监外执行

第十七条 罪犯符合刑事诉讼法规定的暂予监外执行条件的，本人或者其家属可以向看守所提出书面申请，管教民警或者看守所医生也可以提出书面意见。

第十八条 看守所接到暂予监外执行申请或者意见后，应当召开所务会研究，初审同意后根据不同情形对罪犯进行病情鉴定、生活不能自理鉴定或者妊娠检查，未通过初审的，应当告知原因。

所务会应当有书面记录，并由与会人员签名。

第十九条 对暂予监外执行罪犯的病情鉴定，应当到省级人民政府指定的医院进行；妊娠检查，应当到医院进行；生活不能自理鉴定，由看守所分管所领导、管教民警、看守所医生、驻所检察人员等组成鉴定小组进行；对正在哺乳自己婴儿的妇女，看守所应当通知罪犯户籍所在地或者居住地的公安机关出具相关证明。

生活不能自理，是指因病、伤残或者年老体弱致使日常生活中起床、用餐、行走、如厕等不能自行进行，必须在他人协助下才能完成。

对于自伤自残的罪犯，不得暂予监外执行。

第二十条 罪犯需要保外就医的，应当由罪犯或者罪犯家属提出保证人。保证人由看守所审查确定。

第二十一条 保证人应当具备下列条件：

（一）愿意承担保证人义务，具有完全民事行为能力；

（二）人身自由未受到限制，享有政治权利；

（三）有固定的住所和收入，有条件履行保证人义务；

（四）与被保证人共同居住或者居住在同一县级公安机关辖区。

第二十二条 保证人应当签署保外就医保证书。

第二十三条 罪犯保外就医期间，保证人应当履行下列义务：

（一）监督被保证人遵守法律和有关规定；

（二）发现被保证人擅自离开居住区域或者有违法犯罪行为的，立即向执行机关报告；

（三）为被保证人的治疗、护理、复查以及正常生活提供必要的条件和保障；

（四）督促和协助被保证人按照规定履行定期复查病情和向执行机关报告；

（五）被保证人保外就医情形消失，或者被保证人死亡的，立即向执行机关报告。

第二十四条 对需要暂予监外执行的罪犯，看守所应当填写暂予监外执行审批表，并附病情鉴定或者妊娠检查证明，或者生活不能自理鉴定，或者哺乳自己婴儿证明；需要保外就医的，应当同时附保外就医保证书。县级看守所应当将有关材料报经所属公安机关审核同意后，报地市级公安机关审批；地市级以上看守所应当将有关材料报所属公安机关审批。

看守所在报送审批材料的同时，应当将暂予监外执行审批表副本、病情鉴定或者妊娠检查诊断证明、生活不能自理鉴定、哺乳自己婴儿证明、保外就医保证书等有关材料的复印件抄送人民检察院驻所检察机构。

第二十五条 看守所收到批准机关暂予监外执行决定书后，应当办理罪犯出所

相关执法参考

手续，发给暂予监外执行通知书，并告知罪犯应当遵守的规定。

第二十六条 看守所应当将暂予监外执行的罪犯送交负责执行的县级公安机关。

第二十七条 暂予监外执行罪犯服刑地和居住地不在同一省级或者地市级公安机关辖区，需要回居住地暂予监外执行的，服刑地的省级公安机关监管部门或者地市级公安机关监管部门应当书面通知居住地的同级公安机关监管部门，由居住地的公安机关监管部门指定看守所接收罪犯档案、负责办理收监或者刑满释放等手续。

第二十八条 看守所收到执行地公安机关关于暂予监外执行罪犯的收监执行通知书后，应当立即将罪犯收监。

第二十九条 罪犯在暂予监外执行期间刑期届满的，看守所应当为其办理刑满释放手续。

第三十条 罪犯暂予监外执行期间死亡的，看守所应当将执行地公安机关的书面通知归入罪犯档案，并在登记表中注明。

第四节 减刑、假释的提请

第三十一条 罪犯符合减刑、假释条件的，由管教民警提出建议，报看守所所务会研究决定。所务会应当有书面记录，并由与会人员签名。

第三十二条 看守所所务会研究同意后，应当将拟提请减刑、假释的罪犯名单以及减刑、假释意见在看守所内公示。公示期限为七个工作日。公示期内，如有民警或者罪犯对公示内容提出异议，看守所应当重新召开所务会复核，并告知复核结果。

第三十三条 公示完毕，看守所所长应当在罪犯减刑、假释审批表上签署意见，加盖看守所公章，制作提请减刑、假释建议书，经所属公安机关审核后，连同有关材料一起提请所在地中级人民法院裁定。

第三十四条 执行地公安机关向看守所提出暂予监外执行罪犯减刑、假释建议的，应当提供暂予监外执行罪犯确有悔改或者立功、重大立功表现的事实材料。看守所接到相关建议和材料后，应当召开所务会研究，报经所属公安机关审核后，提请所在地中级人民法院裁定。

第三十五条 看守所提请人民法院审理减刑、假释案件时，应当送交下列材料：

（一）提请减刑、假释建议书；

（二）终审人民法院的判决书、裁定书、历次减刑裁定书的复印件；

（三）罪犯确有悔改或者立功、重大立功表现的证明材料；

（四）罪犯评审鉴定表、奖惩审批表等有关材料。

第三十六条 在人民法院作出减刑、假释裁定前，看守所发现罪犯不符合减刑、假释条件的，应当书面撤回减刑、假释建议书；在减刑、假释裁定生效后，看守所发现罪犯不符合减刑、假释条件的，应当书面向作出裁定的人民法院提出撤销裁定建议。

第三十七条 看守所收到人民法院假释裁定书后，应当办理罪犯出所手续，发给假释证明书，并于三日内将罪犯的有关材料寄送罪犯居住地的县级公安机关。

第三十八条　被假释的罪犯被人民法院裁定撤销假释的，看守所应当在收到撤销假释裁定后将罪犯收监。

第三十九条　罪犯在假释期间未违反相关规定的，假释考验期满时，看守所应当为罪犯办理刑满释放手续。罪犯在假释期间死亡的，看守所应当将执行地公安机关的书面通知归入罪犯档案，并在登记表中注明。

第五节　释放

第四十条　看守所应当在罪犯服刑期满三十日前，将拟释放的罪犯通知罪犯原户籍所在地的县级公安机关和司法行政部门。

第四十一条　罪犯服刑期满，看守所应当按期释放，发给刑满释放证明书，并告知其在规定期限内，持刑满释放证明书到原户籍所在地的公安派出所办理户籍登记手续；有代管钱物的，看守所应当如数发还。刑满释放人员患有重病的，看守所应当通知其家属接回。

第四十二条　外国籍罪犯被判处附加驱逐出境的，看守所应当在罪犯服刑期满前十日通知所属公安机关出入境管理部门。

第三章　管　理

第一节　分押分管

第四十三条　看守所应当根据罪犯的犯罪类型、刑罚种类、性格特征、心理状况、健康状况、改造表现等，对罪犯实行分别关押和管理。罪犯数量少的，可以集中关押。

第四十四条　看守所应当根据罪犯的改造表现，对罪犯实行宽严有别的分级处遇。对罪犯适用分级处遇，按照有关规定，依据对罪犯改造表现的考核结果确定，并应当根据情况变化适时调整。

对不同处遇等级的罪犯，看守所应当在其活动范围、会见通讯、接收物品、文体活动、奖励等方面，分别实施相应的处遇。

第二节　会见、通讯、临时出所

第四十五条　罪犯可以与其亲属或者监护人每月会见一至二次，每次不超过一小时。每次前来会见罪犯的人员不超过三人。因特殊情况需要延长会见时间，增加会见人数，或者其亲属、监护人以外的人要求会见的，应当经看守所领导批准。

第四十六条　罪犯与受委托的律师会见，由律师向看守所提出申请，看守所应当查验授权委托书、律师事务所介绍信和律师执业证，并在四十八小时内予以安排。

第四十七条　依据我国参加的国际公约和缔结的领事条约的有关规定，外国驻华使（领）馆官员要求探视其本国籍罪犯，或者外国籍罪犯亲属、监护人首次要求会见的，应当向省级公安机关提出书面申请。看守所根据省级公安机关的书面通知予以安排。外国籍罪犯亲属或者监护人再次要求会见的，可以直接向看守所提出申请。

外国籍罪犯拒绝其所属国驻华使（领）馆官员或者其亲属、监护人探视的，看守所不予安排，但罪犯应当出具本人签名的书面声明。

第四十八条　经看守所领导批准，罪犯可以用指定的固定电话与其亲友、监护

相关执法参考

人通话；外国籍罪犯还可以与其所属国驻华使（领）馆通话。通话费用由罪犯本人承担。

第四十九条　少数民族罪犯可以使用其本民族语言文字会见、通讯；外国籍罪犯可以使用其本国语言文字会见、通讯。

第五十条　会见应当在看守所会见室进行。

第五十一条　会见、通讯应当遵守看守所的有关规定。对违反规定的，看守所可以中止会见、通讯。

第五十二条　罪犯可以与其亲友或者监护人通信。看守所应当对罪犯的来往信件进行检查，发现有碍罪犯改造内容的信件可以扣留。

罪犯写给看守所的上级机关和司法机关的信件，不受检查。

第五十三条　办案机关因办案需要向罪犯了解有关情况的，应当出具办案机关证明和办案人员工作证，并经看守所领导批准后在看守所内进行。

第五十四条　因起赃、辨认、出庭作证、接受审判等需要将罪犯提出看守所的，由办案机关出具公函，经看守所领导批准后提出，并当日送回。

侦查机关因办理其他案件需要将罪犯临时寄押到异地看守所取证，并持有侦查机关所在的地市级以上公安机关公函的，看守所应当允许提出，并办理相关手续。

人民法院因再审开庭需要将罪犯提出看守所，并持有人民法院刑事再审决定书或者刑事裁定书，或者人民检察院抗诉书的，看守所应当允许提出，并办理相关手续。

第五十五条　被判处拘役的罪犯每月可以回家一至二日，由罪犯本人提出申请，管教民警签署意见，经看守所所长审核后，报所属公安机关批准。

第五十六条　被判处拘役的外国籍罪犯提出探亲申请的，看守所应当报地市级以上公安机关审批。地市级以上公安机关作出批准决定的，应当报上一级公安机关备案。

被判处拘役的外国籍罪犯探亲时，不得出境。

第五十七条　对于准许回家的拘役罪犯，看守所应当发给回家证明，并告知应当遵守的相关规定。

罪犯回家时间不能集中使用，不得将刑期末期作为回家时间，变相提前释放罪犯。

第五十八条　罪犯需要办理婚姻登记等必须由本人实施的民事法律行为的，应当向看守所提出书面申请，经看守所领导批准后出所办理，由二名以上民警押解。

第五十九条　罪犯进行民事诉讼需要出庭时，应当委托诉讼代理人代为出庭。对于涉及人身关系的诉讼等必须由罪犯本人出庭的，凭人民法院出庭通知书办理临时离所手续，由人民法院司法警察负责押解看管，并于当日返回。

罪犯因特殊情况不宜离所出庭的，看守所可以与人民法院协商，根据《中华人民共和国民事诉讼法》第一百二十一条的规定，由人民法院到看守所开庭审理。

第六十条　罪犯遇有配偶、父母、子女病危或者死亡，确需本人回家处理的，由当地公安派出所出具证明，经看守所所属公安机关领导批准，可以暂时离所，由二名以上民警押解，并于当日返回。

相关执法参考

第三节　生活、卫生

第六十一条　罪犯伙食按照国务院财政部门、公安部门制定的实物量标准执行。

第六十二条　罪犯应当着囚服。

第六十三条　对少数民族罪犯，应当尊重其生活、饮食习惯。罪犯患病治疗期间，看守所应当适当提高伙食标准。

第六十四条　看守所对罪犯收受的物品应当进行检查，非日常生活用品由看守所登记保管。罪犯收受的钱款，由看守所代为保管，并开具记账卡交与罪犯。

看守所检查、接收送给罪犯的物品、钱款后，应当开具回执交与送物人、送款人。

罪犯可以依照有关规定使用物品和支出钱款。罪犯刑满释放时，钱款余额和本人物品由其本人领回。

第六十五条　对患病的罪犯，看守所应当及时治疗；对患有传染病需要隔离治疗的，应当及时隔离治疗。

第六十六条　罪犯在服刑期间死亡的，看守所应当立即报告所属公安机关，并通知罪犯家属和人民检察院、原判人民法院。外国籍罪犯死亡的，应当立即层报至省级公安机关。

罪犯死亡的，由看守所所属公安机关或者医院对死亡原因作出鉴定。罪犯家属有异议的，可以向人民检察院提出。

第四节　考核、奖惩

第六十七条　看守所应当依照公开、公平、公正的原则，对罪犯改造表现实行量化考核。考核情况由管教民警填写。考核以罪犯认罪服法、遵守监规、接受教育、参加劳动等情况为主要内容。

考核结果作为对罪犯分级处遇、奖惩和提请减刑、假释的依据。

第六十八条　罪犯有下列情形之一的，看守所可以给予表扬、物质奖励或者记功：

（一）遵守管理规定，努力学习，积极劳动，有认罪服法表现的；

（二）阻止违法犯罪活动的；

（三）爱护公物或者在劳动中节约原材料，有成绩的；

（四）进行技术革新或者传授生产技术，有一定成效的；

（五）在防止或者消除灾害事故中作出一定贡献的；

（六）对国家和社会有其他贡献的。

对罪犯的物质奖励或者记功意见由管教民警提出，物质奖励由看守所领导批准，记功由看守所所务会研究决定。被判处有期徒刑的罪犯有前款所列情形之一，在服刑期间一贯表现好，离开看守所不致再危害社会的，看守所可以根据情况准其离所探亲。

第六十九条　罪犯申请离所探亲的，应当由其家属担保，经看守所所务会研究同意后，报所属公安机关领导批准。探亲时间不含路途时间，为三至七日。罪犯在探亲期间不得离开其亲属居住地，不得出境。

相关执法参考

看守所所务会应当有书面记录，并由与会人员签名。

不得将罪犯离所探亲时间安排在罪犯刑期末期，变相提前释放罪犯。

第七十条　对离所探亲的罪犯，看守所应当发给离所探亲证明书。罪犯应当在抵家的当日携带离所探亲证明书到当地公安派出所报到。返回看守所时，由该公安派出所将其离所探亲期间的表现在离所探亲证明书上注明。

第七十一条　罪犯有下列破坏监管秩序情形之一，情节较轻的，予以警告；情节较重的，予以记过；情节严重的，予以禁闭；构成犯罪的，依法追究刑事责任：

（一）聚众哄闹，扰乱正常监管秩序的；

（二）辱骂或者殴打民警的；

（三）欺压其他罪犯的；

（四）偷窃、赌博、打架斗殴、寻衅滋事的；

（五）有劳动能力拒不参加劳动或者消极怠工，经教育不改的；

（六）以自伤、自残手段逃避劳动的；

（七）在生产劳动中故意违反操作规程，或者有意损坏生产工具的；

（八）有违反看守所管理规定的其他行为的。

对罪犯的记过、禁闭由管教民警提出意见，报看守所领导批准。禁闭时间为五至十日，禁闭期间暂停会见、通讯。

第七十二条　看守所对被禁闭的罪犯，应当指定专人进行教育帮助。对确已悔悟的，可以提前解除禁闭，由管教民警提出书面意见，报看守所领导批准；禁闭期满的，应当立即解除禁闭。

第四章　教育改造

第七十三条　看守所应当建立对罪犯的教育改造制度，对罪犯进行法制、道德、文化、技能等教育。

第七十四条　对罪犯的教育应当根据罪犯的犯罪类型、犯罪原因、恶性程度及其思想、行为、心理特征，坚持因人施教、以理服人、注重实效的原则，采取集体教育与个别教育相结合，所内教育与所外教育相结合的方法。

第七十五条　有条件的看守所应当设立教室、谈话室、文体活动室、图书室、阅览室、电化教育室、心理咨询室等教育改造场所，并配备必要的设施。

第七十六条　看守所应当结合时事、政治、重大事件等，适时对罪犯进行集体教育。

第七十七条　看守所应当根据每一名罪犯的具体情况，适时进行有针对性的教育。

第七十八条　看守所应当积极争取社会支持，配合看守所开展社会帮教活动。看守所可以组织罪犯到社会上参观学习，接受教育。

第七十九条　看守所应当根据不同情况，对罪犯进行文化教育，鼓励罪犯自学。

罪犯可以参加国家举办的高等教育自学考试，看守所应当为罪犯学习和考试提供方便。

第八十条　看守所应当加强监区文化建设，组织罪犯开展适当的文体活动，创造有益于罪犯身心健康和发展的改造环境。

第八十一条　看守所应当组织罪犯参加劳动，培养劳动技能，积极创造条件，组织罪犯参加各类职业技术教育培训。

第八十二条　看守所对罪犯的劳动时间，参照国家有关劳动工时的规定执行。

罪犯有在法定节日和休息日休息的权利。

第八十三条　看守所对于参加劳动的罪犯，可以酌情发给报酬并执行国家有关劳动保护的规定。

第八十四条　罪犯在劳动中致伤、致残或者死亡的，由看守所参照国家劳动保险的有关规定处理。

第五章　附　则

第八十五条　罪犯在看守所内又犯新罪的，由看守所侦查；重大、复杂案件由所属公安机关侦查。

第八十六条　看守所发现罪犯有判决前尚未发现的犯罪行为的，应当书面报告所属公安机关。

第八十七条　地市级以上公安机关可以根据实际情况设置集中关押留所执行刑罚罪犯的看守所。

第八十八条　各省、自治区、直辖市公安厅、局和新疆生产建设兵团公安局可以依据本办法制定实施细则。

第八十九条　本办法自2008年7月1日起施行。

《公安机关对被管制、剥夺政治权利、缓刑、假释、保外就医罪犯的监督管理规定》

（1995年2月21日公安部令第23号颁布　自颁布之日起实施）

第一章　总　则

第一条　为了保障刑事诉讼的顺利进行和刑事判决、裁定的严格执行，加强对被管制、剥夺政治权利、缓刑、假释、保外就医罪犯的监督管理，根据刑法、刑事诉讼法和治安管理处罚条例，制定本规定。

第二条　对被管制、剥夺政治权利、缓刑、假释、保外就医罪犯的监督管理，由县（市）公安局、城市公安分局负责组织实施。

第三条　公安机关对被管制、剥夺政治权利、缓刑、假释、保外就医罪犯进行监督管理，必须落实监督管理责任制，依法管理、文明管理。

第四条　公安机关收到人民法院对罪犯作出的管制、剥夺政治权利、缓刑、假释、保外就医的判决、裁定、决定或者监狱管理机关对罪犯批准保外就医的决定后，应当及时组成监督考察小组，建立被监督管理罪犯档案，并制定和落实监督管理的具体措施。

第五条　经公安机关批准，被管制、剥夺政治权利、缓刑、假释、保外就医的罪犯迁居时，原执行的公安机关应当向迁入地负责执行的公安机关介绍罪犯的情况，移送监督考察档案。

第六条　公安机关应当向人民检察院、人民法院和监狱管理机关及时通报被管

相关执法参考

制、剥夺政治权利、缓刑、假释、保外就医罪犯的监督管理情况。

第七条　公安机关对被管制、剥夺政治权利、缓刑、假释、保外就医罪犯的监督管理工作，接受人民检察院的监督。

第二章　对被管制、剥夺政治权利罪犯的监督管理

第八条　对被判处管制、剥夺政治权利的罪犯、县（市）公安局、城市公安分局应当指定罪犯居住地的公安派出所具体负责监督考察，罪犯居住地街道居民委员会、村民委员会或者原所在单位协助进行监督。

第九条　负责监督考察被管制、剥夺政治权利罪犯的公安机关，应当按照人民法院的判决，向罪犯及其原所在单位或者居住地的群众，宣布其犯罪事实、被管制或者剥夺政治权利的期限，以及罪犯在执行期间必须遵守的规定。

第十条　公安机关应当向被判处管制的罪犯宣布，在服刑期间必须遵守下列规定：

（一）遵守国家法律、法规和公安部制定的有关规定；

（二）积极参加生产劳动或者工作；

（三）定期向监督考察小组报告自己的活动情况；

（四）迁居或者离开所居住区域时必须经公安机关批准；

（五）遵守公安机关制定的具体监督管理措施。

第十一条　被管制的罪犯需要离开所居住区域的，必须经公安机关批准，取得外出证明。到达和离开目的地时，必须向当地公安派出所报告，并由目的地公安派出所在外出证明上注明往返时间及表现情况。返回执行地时，必须立即报告并将证明交回公安机关。

第十二条　公安机关应当向被判处剥夺政治权利的罪犯宣布，在执行期间必须遵守下列规定：

（一）遵守国家法律、法规和公安部制定的有关规定；

（二）不得享有选举权和被选举权；

（三）不得组织或者参加集会、游行、示威、结社活动；

（四）不得接受采访、发表演说；

（五）不得在境内外发表、出版、发行有损国家荣誉、利益或者其他具有社会危害性的言论、书籍、音像制品等；

（六）不得担任国家机关职务；

（七）不得担任企业、事业单位和人民团体领导职务；

（八）遵守公安机关制定的具体监督管理措施。

第十三条　对被管制、剥夺政治权利的罪犯违反本规定尚未构成犯罪的，由公安机关依法给予治安管理处罚；构成犯罪的，依法追究刑事责任。

第十四条　管制、剥夺政治权利执行期满，公安机关应当通知本人，并向群众公开宣布解除管制或者恢复政治权利。

罪犯在管制、剥夺政治权利期间死亡的，公安机关应当及时通报原判人民法院或者原关押监狱。

解除管制的，应当发给《解除管制通知书》，其中被附加剥夺政治权利的，应

当同时宣布恢复政治权利。

第三章　对被宣告缓刑、假释罪犯的监督管理

第十五条　对被宣告缓刑、假释的罪犯，在缓刑、假释考验期限内，由县（市）公安局、城市公安分局指定罪犯居住地公安派出所进行监督考察，罪犯居住地街道居民委员会、村民委员会或者原所在单位协助进行监督。

第十六条　负责监督考察被宣告缓刑、假释罪犯的公安机关，应当根据人民法院的判决、裁定，向罪犯原所在单位或者住地的群众，宣布其犯罪事实、考察期限，以及考验期间必须遵守的规定。

第十七条　公安机关应当向被宣告缓刑或者假释的罪犯宣布必须遵守下列规定：

（一）遵守国家法律、法规和公安部制定的有关规定；

（二）定期向执行机关报告自己的活动情况；

（三）迁居或者离开所居住区域必须经公安机关批准；

（四）附加剥夺政治权利的缓刑、假释罪犯必须遵守本规定第十二条的规定；

（五）遵守公安机关制定的具体监督管理措施。

第十八条　对被宣告缓刑、假释的罪犯，公安机关应当定期向罪犯原所在单位或者居住地的街道居民委员会、村民委员会了解其表现情况，建立考察档案。

第十九条　被宣告假释的罪犯在考验期限内有违反本规定的行为，尚未构成新的犯罪有收监必要的，公安机关应当向人民法院提出撤销假释的建议。人民法院裁定撤销假释的，公安机关应当及时将罪犯送交监狱收监执行。

第二十条　对被宣告缓刑、假释的罪犯违反本规定尚未构成犯罪的，由公安机关依法给予治安管理处罚；构成犯罪的，公安机关应当依法报请人民法院撤销缓刑、假释，追究其刑事责任。

第二十一条　缓刑考验期满，被宣告缓刑的罪犯在缓刑考验间没有再犯新罪的，原判刑罚不再执行，公安机关应当向本人宣布并通报原判决人民法院。

假释考验期满，被宣告假释的罪犯在考验期间没有再犯新罪的，就认为原判刑罚已经执行完毕，公安机关应当向本人宣布并通报原裁定人民法院和罪犯原关押的监狱。

罪犯缓刑、假释期间死亡的，公安机关应当及时通报原判人民法院和原关押监狱。

第四章　对保外就医罪犯的监督管理

第二十二条　对被保外就医的罪犯，由县（市）公安局、城市公安分局指定罪犯居住地或者就医地的公安派出所负责监督，街道居民委员会、村民委员会或者原所在单位协助进行监督。必要时，公安机关可以指派专人进行监护。

第二十三条　公安机关应当向被保外就医的罪犯及其原所在单位和居住地群众宣布其犯罪事实、保外就医的原因以及罪犯在保外就医期间必须遵守的规定。

第二十四条　公安机关应当向被保外就医的罪犯宣布，在保外就医期间必须遵守下列规定：

（一）遵守国家法律、法规和公安部制定的有关规定；

（二）在指定的医院接受治疗；

（三）确因治疗、护理的特殊要求，需要转院或者离开所居住区域的，必须经公安机关批准；

（四）进行治疗疾病以外的社会活动必须经公安关批准；

（五）遵守公安机关制定的具体监督管理措施。

第二十五条　公安机关发现被保外就医的罪犯具有下列情形之一的，应当通知原关押监狱及时收监：

（一）骗取保外就医的；

（二）经治疗疾病痊愈或者病情基本好转可以收监的；

（三）以自伤、自残、欺骗等手段故意拖延保外就医时间的；

（四）办理保外就医后并不就医的；

（五）违反监督管理规定经教育不改的。

第二十六条　对被保外就医的罪犯在保外就医期间违反本规定尚未构成犯罪的，由公安机关依法给予治安管理处罚；构成犯罪的，应当依法追究刑事责任。

第二十七条　罪犯在保外就医期间刑期届满的，公安机关应当及时通报原服刑的监狱，办理释放手续。

罪犯在保外就医期间死亡的，公安机关应当及时通报原关押监狱。

第五章　附　则

第二十八条　本规定自发布之日起施行。

《公安部关于实施〈公安机关对被管制、剥夺政治权利、缓刑、假释、保外就医罪犯的监督管理规定〉有关问题的通知》

（1995 年 3 月 8 日公通字［1995］22 号颁布　自颁布之日起实施）

各省、自治区、直辖市公安厅、局：

为了保障刑事诉讼的顺利进行和刑事判决、裁定的严格执行，加强对被管制、剥夺政治权利、缓刑、假释、保外就医罪犯的监督管理，公安部制定了《公安机关对被管制、剥夺政治权利、缓刑、假释、保外就医罪犯的监督管理规定》（以下简称《规定》），并已于 1995 年 2 月 21 日以公安部令发布实施。现就实施中的有关问题通知如下：

一、各级公安机关要组织全体人民警察、保卫干部和居民委员会、村民委员会的治安保卫人员认真学习《规定》，并利用各种形式和传播媒介公开宣传，不仅全体人民警察要熟悉《规定》，而且要使全社会都了解《规定》的内容。

二、各级公安机关要认真执行《规定》，对监外罪犯从严管理。对正在监外的罪犯，要按照《规定》的内容，重新落实监督管理措施，尽可能做到对被管制、剥夺政治权利、缓刑、假释、保外就医罪犯不漏管、不失控，并且管严、管住。要按《规定》要求，及时组成监督考察小组，根据案情、罪犯的表现以及监管需要来选择、确定监督考察小组的成员，建立考察档案，加强对监外的这几种罪犯的管理。

三、关于剥夺政治权利。《规定》第十二条第（四）、（五）项规定的“不得接受采访、发表演说”；“不得在境内外发表、出版、发行有损国家荣誉、利益或者其

相关执法参考	他具有社会危害性的言论、书籍、音像制品等”中的“其他”主要包括：召开新闻发布会和向境内外发表文章、绘画、诗歌、词句、雕塑、签名信、公开信、宣言、标语、传单等。 四、关于具体监督管理措施。在现实斗争中，尤其是在隐蔽战线的斗争中，一些敌对势力和敌对分子与我搞所谓的“合法”斗争，他们也认真研究我们的法律、法规和规定，钻法律的空子。为了进一步严密对被管制、剥夺政治权利、缓刑、假释、保外就医罪犯的监督管理，防止并挫败其与我搞“合法”斗争的阴谋，监督考察小组可以根据现实斗争的需要，综合考虑罪犯所犯罪行的性质、一贯表现等情况，研究、制定并落实具体的监督管理措施。只要其违反了这些措施，就可以按照《治安管理处罚条例》的规定进行处罚。 各地在执行《规定》中的问题，请及时报部。

一百一十八、协助组织、运送他人偷越国（边）境

（《治安管理处罚法》第61条）

案由		协助组织、运送他人偷越国（边）境
概念		协助组织、运送他人偷越国（边）境，是指违反国（边）境管理法律法规，在组织或者运送他人偷越国（边）境的过程中，起协助作用，为组织或运送人员实施犯罪提供物质上或者精神上的帮助的行为。
违法构成要件	违法客体	本行为侵犯的客体是国家对国（边）境的正常管理秩序。
	违法客观方面	本行为在客观方面表现为违反国（边）境管理法律法规，在组织或者运送他人偷越国（边）境的过程中，起协助作用，为组织或运送人员实施犯罪提供物质上或者精神上的帮助的行为。 “国（边）境”，是国境和边境的统称。“国境”只指国家与国家之间的疆界，我国与其他国家之间尚未划定但实际由两国控制的地域之间的交界线，也属于边境的组成部分。“边境”，专指我国内地与香港、澳门特别行政区以及台湾地区相互之间的地域交界线。需要注意的是，无论是国境还是边境，都包括两重含义：一是地理上的实际国（边）境。二是法律上的虚拟国（边）境，这主要通过国家在对外开放口岸和指定口岸对出入境人员设置的边防检查来体现。只有经过边防检查，才构成法律上的出入境，相关人员即使已经进入我国领土，在未经过边防检查之前，仍是未入境；相反，一旦通过了边防检查，尽管暂时尚未离开中国领土，也被视为已经出境。 “偷越”，是指不具备合法出入国（边）境条件而非法出入国（边）境，包括在设关处越境，也包括在不设关处越境。越境又包括出境和入境两种情况。 本行为具体包括两种行为方式：协助组织和协助运送。 1. 协助组织行为。组织他人偷越国（边）境的行为一般是构成犯罪的，构成本行为的一般只是在组织他人偷越国（边）境中起协助作用的。根据2002年2月6日实施的《最高人民法院关于审理组织、运送他人偷越国（边）境等刑事案件适用法律若干问题的解释》第1条中的规定，“组织”，是指领导、策划、指挥或者在首要分子指挥下，实施拉拢、引诱、介绍他人偷越国（边）境等行为，除此之外，沟通、串连、安排等行为，也可以成为组织行为的表现形式。 本行为中的“协助”，是为了组织他人偷越国（边）境的而提供一种帮助，起协助作用，为组织人员提供物质上、精神上的帮助的行为。行为人本身不是“组织”行为的实行者，没有参与到与领导、策划、指挥行为相关的行为中去。例如，不是在首要分子指挥下实施的一些拉拢、引诱、介绍、沟通、

违法构成要件	违法客观方面	串连、安排等行为，或者，在组织他人偷越国（边）境的行为中起帮助作用的行为，如充当爪牙、望风放哨、保镖、打手、管账人等行为，这些就是典型的协助组织行为。 在组织他人偷越国（边）境的行为中，对于组织者，不论主犯、从犯，应以犯罪论处，追究其刑事责任；对于协助组织行为，应以本行为论处，追究其治安违法责任。 2. 协助运送行为。运送他人偷越国（边）境的行为一般也是构成犯罪的。“运送”，是指违反国（边）境管理法律法规，故意将偷越国（边）境人员送出或者接入境内的行为。运送的方式一般要使用交通运输工具，如车、船、航空器等运送，也可能是徒步带领他人、护送他人偷越，具体的运送方式不影响本行为的成立。 “协助运送”，是为了运送他人偷越国（边）境的而提供的一种帮助，起协助作用。行为人本身不是直接运送行为的实行者，只是为运送行为提供帮助作用，如提供交通工具、通讯工具、指示偷越地点、探听和传递有利于偷越的信息、清除偷越障碍等。 在运送他人偷越国（边）境的行为中，对于运送者，一般以犯罪论处，追究其刑事责任；对于协助运送行为，应当以本行为论处，追究其治安违法责任。 本行为是选择性案由，根据具体行为方式，可具体确定为协助组织他人偷越国（边）境或协助运送他人偷越国（边）境，行为人同时实施协助组织和协助运送行为的，也只构成一个案由，即协助组织、运送他人偷越国（边）境，不能分别认定，更不能实行并罚。
	违法主体	本行为的主体是一般主体。
	违法主观方面	本行为的主观方面表现为故意，不管其主观目的如何，不影响本行为的成立。
认定界限	（一）本行为与组织他人偷越国（边）境罪的界限。 《刑法》第318条规定的组织他人偷越国（边）境罪，是指违反出入国（边）境管理法规，非法组织他人偷越国（边）境的行为。两者的区别主要在于行为人在组织他人偷越国（边）境行为中所起的作用不同：行为人只要是在他人偷越国（边）境行为中起到了组织作用的，一般就应该认定为组织他人偷越国（边）境罪，相反，行为人没有起到组织作用，只是对具体的组织行为起到了协助的作用，即帮助组织行为得以顺利完成，对此应以本行为论处。具体“组织”和“协助组织”的论述参见本行为基本特征的阐述，这里不再重复。	

<table>
<tr><td rowspan="1">认定界限</td><td>
另外，在组织他人偷越国（边）境犯罪中，也不能排除可能存在“情节显著轻微危害不大”的情形，具体怎样认定“情节显著轻微危害不大”，应该结合具体案情，综合判断，无法划定统一标准。对因“情节显著轻微危害不大的”而不认为是犯罪的，应以本行为论处。
另外，要注意，协助行为很容易转化为从犯行为，如果协助行为人是直接在主犯的指挥安排下，直接参与了组织他人偷越国（边）境的实行行为，而不只是提供帮助，则其行为不能按协助行为论处，应当按共同犯罪的从犯论处。
（二）本行为与运送他人偷越国（边）境罪的界限。
《刑法》第321条规定的运送他人偷越国（边）境罪，是指违反出入国（边）境管理法规，运送他人偷越国（边）境的行为。两者的区别主要在于行为人在运送他人偷越国（边）境行为中所起的作用不同：行为人只要是直接实施了运送他人偷越国（边）境的行为，就应该认定为运送他人偷越国（边）境罪，相反，行为人并没有直接运送，只是对运送行为起到了协助的作用，即帮助“运送”行为得以顺利完成，对此，应以本行为论处。具体“运送”和“协助运送”的论述参见本行为基本特征的阐述，这里不再重复。
另外，在运送他人偷越国（边）境犯罪中，也不能排除可能存在“情节显著轻微危害不大”的情形，具体怎样认定“情节显著轻微危害不大”，应该结合具体案情，综合判断，无法划定统一标准。对因“情节显著轻微危害不大的”而不认为是犯罪的，应以本行为论处。
另外，要注意，协助行为很容易转化为从犯行为，如果协助行为人是直接在主犯的指挥安排下，直接参与了运送他人偷越国（边）境的实行行为，而不只是提供帮助，则其行为不能按协助行为论处，应当按共同犯罪的从犯论处。
</td></tr>
<tr><td>处罚标准</td><td>
构成本行为的，处10日以上15日以下拘留，并处1000元以上5000元以下罚款。
</td></tr>
<tr><td>相关执法参考</td><td>
《中华人民共和国治安管理处罚法》（节录）
（2005年8月28日第十届全国人民代表大会常务委员会第十七次会议通过　中华人民共和国主席令第三十八号公布　自2006年3月1日起施行）
第六十一条　协助组织或者运送他人偷越国（边）境的，处十日以上十五日以下拘留，并处一千元以上五千元以下罚款。
《中华人民共和国刑法》（节录）
（1979年7月1日第五届全国人民代表大会第二次会议通过　1997年3月14日第八届全国人民代表大会第五次会议修订　根据2011年2月25日第十一届全国人民代表大会常务委员会第十九次会议通过的《中华人民共和国刑法修正案（八）》最新修正）
第三百一十八条　组织他人偷越国（边）境的，处二年以上七年以下有期徒刑，并处罚金；有下列情形之一的，处七年以上有期徒刑或者无期徒刑，并处罚金
</td></tr>
</table>

相关执法参考

或者没收财产：

（一）组织他人偷越国（边）境集团的首要分子；

（二）多次组织他人偷越国（边）境或者组织他人偷越国（边）境人数众多的；

（三）造成被组织人重伤、死亡的；

（四）剥夺或者限制被组织人人身自由的；

（五）以暴力、威胁方法抗拒检查的；

（六）违法所得数额巨大的；

（七）有其他特别严重情节的。

犯前款罪，对被组织人有杀害、伤害、强奸、拐卖等犯罪行为，或者对检查人员有杀害、伤害等犯罪行为的，依照数罪并罚的规定处罚。

第三百二十一条　运送他人偷越国（边）境的，处五年以下有期徒刑、拘役或者管制，并处罚金；有下列情形之一的，处五年以上十年以下有期徒刑，并处罚金：

（一）多次实施运送行为或者运送人数众多的；

（二）所使用的船只、车辆等交通工具不具备必要的安全条件，足以造成严重后果的；

（三）违法所得数额巨大的；

（四）有其他特别严重情节的。

在运送他人偷越国（边）境中造成被运送人重伤、死亡，或者以暴力、威胁方法抗拒检查的，处七年以上有期徒刑，并处罚金。

犯前两款罪，对被运送人有杀害、伤害、强奸、拐卖等犯罪行为，或者对检查人员有杀害、伤害等犯罪行为的，依照数罪并罚的规定处罚。

《公安机关执行〈中华人民共和国治安管理处罚法〉有关问题的解释》（二）（节录）

（2007年1月8日　公通字［2007］1号）

九、关于运送他人偷越国（边）境、偷越国（边）境和吸食、注射毒品行为的法律适用问题

对运送他人偷越国（边）境、偷越国（边）境和吸食、注射毒品行为的行政处罚，适用《治安管理处罚法》第六十一条、第六十二条第二款和第七十二条第三项的规定，不再适用全国人民代表大会常务委员会《关于严惩组织、运送他人偷越国（边）境犯罪的补充规定》和《关于禁毒的决定》的规定。

《最高人民法院关于审理组织、运送他人偷越国（边）境等刑事案件适用法律若干问题的解释》（节录）

（2002年1月30日　法释［2002］3号）

为依法严惩组织、运送他人偷越国（边）境等犯罪活动，根据刑法有关规定，现就审理这类案件具体应用法律的若干问题解释如下：

相关执法参考

第一条　领导、策划、指挥他人偷越国（边）境或者在首要分子指挥下，实施拉拢、引诱、介绍他人偷越国（边）境等行为的，属于刑法第三百一十八条规定的“组织他人偷越国（边）境”。

第二条　刑法第三百一十八条第（二）项、第三百二十一条第（一）项规定的“人数众多”，一般是指组织、运送他人偷越国（边）境人数在十人以上。

《公安部关于妨害国（边）境管理犯罪案件立案标准及有关问题的通知》（节录）

（2000年3月31日　公通字［2000］30号）

一、立案标准

（一）组织他人偷越国（边）境案

1. 组织他人偷越国（边）境的，应当立案侦查。

2. 组织他人偷越国（边）境，具有下列情形之一的，应当立为重大案件：

（1）一次组织20－49人偷越国（边）境的；

（2）组织他人偷越国（边）境3－4次的；

（3）造成被组织人重伤1－2人的；

（4）剥夺或者限制被组织人人身自由的；

（5）以暴力、威胁方法抗拒检查的；

（6）违法所得人民币5－20万元的；

（7）有其他严重情节的。

3. 组织他人偷越国（边）境，具有下列情形之一的，应当立为特别重大案件：

（1）一次组织50人以上偷越国（边）境的；

（2）组织他人偷越国（边）境5次以上的；

（3）造成被组织人重伤3人以上或者死亡1人以上的；

（4）违法所得20万元以上的；

（5）有其他特别严重情节的。

（五）运送他人偷越国（边）境案

1. 运送他人偷越国（边）境的，应当立案侦查。

2. 运送他人偷越国（边）境，具有下列情形之一的，应当立为重大案件：

（1）一次运送20－49人偷越国（边）境的；

（2）运送他人偷越国（边）境3－4次的；

（3）使用简陋、破旧、报废、通气状况很差的船只或者车辆等不具备必要安全条件的交通工具运送他人偷越国（边）境），足以造成严重后果的；

（4）违法所得5－20万元的；

（5）造成被运送人重伤1－2人的；

（6）以暴力、威胁方法抗拒检查的；

（7）有其他严重情节的。

3. 运送他人偷越国（边）境，具有下列情形之一的，应当立为特别重大案件：

（1）一次运送50人以上偷越国（边）境的；

（2）运送他人偷越国（边）境5次以上的；

相关执法参考

（3）造成被运送人重伤3人以上或者死亡1人以上的；

（4）违法所得20万元以上的；

（5）有其他特别严重情节的。

二、案件管辖分工

（一）《刑法》规定的组织他人偷越国（边）境案、运送他人偷越国（边）境案、偷越国（边）境案和破坏界碑、界桩案由公安机关边防部门管辖。边境管理区和沿海地区（限于地、市行政辖区）以外发生的上述案件由刑事侦查部门管辖。刑事侦查部门管辖骗取出境证件案、提供伪造、变造的出入境证件案、出售出入境证件案和破坏永久性测量标志案。

（二）县（市）级公安机关边防大队、刑事侦查部门在所属公安机关的领导下，按管辖分工具体承办发生在本管辖区境内的妨害国（边）境管理犯罪案件；地（市）级以上公安机关边防支队、刑事侦查部门及海警支队负责侦查重大涉外妨害国（边）境管理犯罪案件、重大集团犯罪案件和下级单位侦查有困难的犯罪案件，其中，省级以上公安机关边防部门、刑事侦查部门主要负责协调、组织、指挥侦查跨区域妨害国（边）境管理犯罪案件。

（三）办理案件的单位要及时将妨害国（边）境管理人员情况通报其户籍所在地县（市）公安边防大队，妨害国（边）境管理人员的户口在边境管理区和沿海地区以外的，办案单位要通报其户籍所在地县（市）公安局。

三、办案协作

（一）公安机关的其他部门在边境管理区和沿海地区发现边防部门管辖的妨害国（边）境管理犯罪案件线索或接到公民报案、举报、控告的，应当先接受，然后及时移送所在地公安机关边防部门办理；边防部门发现在边境管理区和沿海地区以外发生的妨害国（边）境管理犯罪案件线索或接到公民对这类案件的报案、举报、控告的，也应先接受，然后及时移送所在地公安机关刑事侦查部门。

（二）主办单位已依法立案侦查的，协作单位要从大局出发，无条件地予以配合；通报的犯罪线索经查证符合立案条件的，要依法立案侦查，并及时将结果反馈提供线索一方。

（二）侦查跨省、自治区、直辖市（以下简称省、区、市）妨害国（边）境管理犯罪案件，要从有利于查清全案、深挖组织者、扩大战果出发，由省、区、市公安机关边防部门或刑事侦查部门进行协调，特别重大的妨害国（边）境管理犯罪案件，应在公安部边防管理局和刑事侦查局组织、协调下进行侦查。

四、案件处理

（一）对妨害国（边）境管理行为，构成犯罪、需要追究刑事责任的，要依法立案侦查，移送人民检察院审查起诉。

（二）对妨害国（边）境管理行为，尚不构成犯罪的，按照全国人大常委会《关于严惩组织、运送他人偷越国（边）境犯罪的补充规定》、《中华人民共和国出境入境边防检查条例》等法律、行政法规处理。

（三）对办理妨害国（边）境管理犯罪案件的罚没款，要依法一律上缴国库。财政部核拨用于办理妨害国（边）境管理犯罪案件的办案补助经费，要专款专用。

相关执法参考

各地接到本通知后，请认真贯彻执行，执行中的问题，请及时报部。

《中华人民共和国出境入境边防检查条例》（节录）

（1995年7月6日国务院第34次常务会议通过　国务院令第182号发布
自1995年9月1日起施行）

第二条　出境、入境边防检查工作由公安部主管。

第三十三条　协助他人非法出境、入境，情节轻微尚不构成犯罪的，处以2000元以上10000元以下的罚款；有非法所得的，没收非法所得。

第三十六条　出境、入境的交通运输工具载运不准出境、入境人员，偷越国（边）境人员及未持有效出境、入境证件的人员出境、入境的，对其负责人按每载运一人处以5000元以上10000元以下的罚款。

第四十二条　被处罚人对边防检查站作出的处罚决定不服的，可以自接到处罚决定书之日起15日内，向边防检查站所在地的县级公安机关申请复议；有关县级公安机关应当自接到复议申请书之日起15日内作出复议决定；被处罚人对复议决定不服的，可以自接到复议决定书之日起15日内，向人民法院提起诉讼。

《中华人民共和国外国人入境出境管理法实施细则》（节录）

（1986年12月3日国务院批准1986年12月27日公安部、外交部发布
1994年7月13日国务院批准修订1994年7月15日公安部、外交部发布）

第十一条　外国航空器或者船舶抵达中国口岸时，其负责人负有下列责任：

（一）机长、船长或者代理人必须向边防检查站提交机组人员、船员名单和旅客名单；

（二）如果载有企图偷越国境的人员，发现后应立即向边防检查站报告，听候处理；

（三）对于不准入境的人员，必须负责用原交通工具带走，对由于不可抗拒的原因不能立即离境的人，必须负责其在中国停留期间的费用和离开时的旅费。

第四十一条　对违反本实施细则第十一条规定，拒绝承担责任的交通工具负责人或者其代理人，可以处1000元以上、10000元以下的罚款，或者处3日以上、10日以下的拘留。

第四十八条　由于不可抗拒的原因而违反《外国人入境出境管理法》及本实施细则的，可免予处罚。

外国人无力缴纳罚款的，可以改处拘留。

第四十九条　本章规定的各项罚款、拘留处罚，也适用于协助外国人非法入境或出境、造成外国人非法居留或者停留、聘雇私自谋职的外国人、为未持有效旅行证件的外国人前往不对外国人开放的地区旅行提供方便的有关责任者。

第五十条　被处罚人对公安机关的罚款、拘留处罚不服的，在接到通知之日起15日内，可以通过原裁决机关或者直接向上一级公安机关申诉，上一级公安机关自接到申诉之日起15日内作出最后裁决。被处罚人也可以直接向当地人民法院提起诉讼。

第五十一条　本章规定的处罚，由公安机关执行。

一百一十九、为偷越国（边）境人员提供条件

（《治安管理处罚法》第62条第1款）

<table>
<tr><td colspan="2">案由</td><td>为偷越国（边）境人员提供条件</td></tr>
<tr><td colspan="2">概念</td><td>为偷越国（边）境人员提供条件，是指违反国（边）境管理法律法规，明知是偷越国（边）境的人员而为其偷越提供条件，尚不够刑事处罚的行为。</td></tr>
<tr><td rowspan="4">违法构成要件</td><td>违法客体</td><td>本行为侵犯的客体是国家对国（边）境的正常管理活动。</td></tr>
<tr><td>违法客观方面</td><td>本行为在客观方面表现为违反国（边）境管理法律法规，明知是偷越国（边）境的人员而为其偷越提供条件，尚不够刑事处罚的行为。
1. 提供条件。“提供条件”包括办理护照、签证以及其他出入境证件，或者提供金钱、食宿、交通工具、通讯工具等条件。这里的“提供”既可以是有偿的，也可以是无偿的，提供的各种证件既可以是真实的，也可以是变造或伪造的，都不影响本行为的成立。
2. 提供条件帮助的是偷越国边境的人。“国（边）境”，是国境和边境的统称。“国境”只指国家与国家之间的疆界，我国与其他国家之间尚未划定但实际由两国控制的地域之间的交界线，也属于边境的组成部分。“边境”，专指我国内地与香港、澳门特别行政区以及台湾地区相互之间的地域交界线。需要注意的是，无论是国境还是边境，都包括两重含义：一是地理上的实际国（边）境。二是法律上的虚拟国（边）境，这主要通过国家在对外开放口岸和指定口岸对出入境人员设置的边防检查来体现。只有经过边防检查，才构成法律上的出入境，相关人员即使已经进入我国领土，在未经过边防检查之前，仍是未入境；相反，一旦通过了边防检查，尽管暂时尚未离开中国领土，也被视为已经出境。
如果行为人提供条件帮助的是组织或运送偷越国（边）境的人，而不是偷越的人，则可能构成协助组织、运送偷越国（边）境行为或者构成组织他人偷越国（边）境、运送他人偷越国（边）境罪的从犯。</td></tr>
<tr><td>违法主体</td><td>本行为的主体是一般主体，单位和自然人都可以构成。</td></tr>
<tr><td>违法主观方面</td><td>本行为的主观方面只能是故意，即明知其违法行为对象是企图偷越国（边）境的人员。如果是上当受骗，不知其所帮助的人员是要偷越国（边）境的，不构成本行为。</td></tr>
</table>

认定界限

（一）本行为与协助组织、运送他人偷越国（边）境的界限。

《治安管理处罚法》第61条规定的协助组织、运送他人偷越国（边）境，是指违反国（边）境管理法律法规，在组织或者运送他人偷越国（边）境的过程中，起协助作用，为组织或运送人员实施犯罪提供物质上或者精神上的帮助的行为。从广义上来说，本行为的“提供条件”包括提供虚假护照、签证、非法办理护照、签证、故意放行偷渡人员、充当爪牙、望风放哨、保镖、打手、管帐人、提供交通工具、通讯工具、指示偷越地点、探听和传递有利于偷越的信息、清除偷越障碍等方式，协助组织、运送他人偷越国（边）境其实也是一种提供条件的行为，两者之间存在着细微的区别：一般来说，本行为提供条件帮助的对象是偷越国（边）境的行为人；而后者的“协助”行为直接帮助的是“组织”或“运送”的人，一般不直接协助偷越者。

（二）本行为与相关违法犯罪的界限。

本行为中的“提供条件”，正如上面所说的那样，其方式多种多样，其中的许多表现都已经规定有单独的罪状或者规定为单独的违法行为，但是，在实践中，还存在有些行为既没构成犯罪，也没有相应的法律、法规规定为治安违法行为，不处罚又不合适，因此，《治安管理处罚法》的规定实际上是个兜底规定，将以前没有规定为犯罪和其他治安违法行为的，实际上又对偷越国（边）境人员起到帮助作用的行为，规定为本行为。

在实践中，法律法规已经规定为其他行为的，以相应的违法或犯罪行为论处，其余对偷越国（边）境人员提供帮助的行为，以本行为论处，可以排除出本行为的包括：

1. 组织、运送他人偷越国（边）境的，以组织他人偷越国（边）境罪、运送他人偷越国（边）境罪论处。

2. 以劳务输出、经贸往来或者其他名义弄虚作假，骗取护照、通行证、旅行证、海员证、签证（注）等出境证件（以下简称出境证件），为组织他人偷越国（边）境使用的，这会构成骗取出境证件罪。但如果上述行为不是为组织他人偷越使用，而是为一般人偷越国（边）境使用，且行为情节不是太严重，没有造成什么危害结果的，则构成本行为。

3. 为他人提供伪造、变造的护照、通行证、旅行证、海员证、签证（注）等出入境证件（以下简称出入境证件）的，会构成提供伪造、变造的出入境证件罪。

4. 出售出入境证件的，会构成出售出入境证件罪。

5. 负责办理护照、签证以及其他出入境证件的国家机关工作人员，对明知是企图偷越国（边）境的人员，予以办理出入境证件的，或者边防、海关等国家机关工作人员，对明知是偷越国（边）境的人员，予以放行的，会构成办理偷越国（边）境人员出入境证件罪和放行偷越国（边）境人员罪。

<table>
<tr><td>处罚标准</td><td>构成本行为的，处5日以上10日以下拘留，并处500元以上2000元以下罚款。</td></tr>
<tr><td>相关执法参考</td><td>

《中华人民共和国治安管理处罚法》（节录）
（2005年8月28日第十届全国人民代表大会常务委员会第十七次会议通过 中华人民共和国主席令第三十八号公布 自2006年3月1日起施行）
第六十二条第一款 为偷越国（边）境人员提供条件的，处五日以上十日以下拘留，并处五百元以上二千元以下罚款。
《中华人民共和国刑法》（节录）
（1979年7月1日第五届全国人民代表大会第二次会议通过 1997年3月14日第八届全国人民代表大会第五次会议修订 根据2011年2月25日第十一届全国人民代表大会常务委员会第十九次会议通过的《中华人民共和国刑法修正案（八）》最新修正）
第三百一十九条 以劳务输出、经贸往来或者其他名义，弄虚作假，骗取护照、签证等出境证件，为组织他人偷越国（边）境使用的，处三年以下有期徒刑，并处罚金；情节严重的，处三年以上十年以下有期徒刑，并处罚金。
单位犯前款罪的，对单位判处罚金，并对其直接负责的主管人员和其他直接责任人员，依照前款的规定处罚。
第三百二十条 为他人提供伪造、变造的护照、签证等出入境证件，或者出售护照、签证等出入境证件的，处五年以下有期徒刑，并处罚金；情节严重的，处五年以上有期徒刑，并处罚金。
第四百一十五条 负责办理护照、签证以及其他出入境证件的国家机关工作人员，对明知是企图偷越国（边）境的人员，予以办理出入境证件的，或者边防、海关等国家机关工作人员，对明知是偷越国（边）境的人员，予以放行的，处三年以下有期徒刑或者拘役；情节严重的，处三年以上七年以下有期徒刑。
《最高人民法院关于审理组织、运送他人偷越国（边）境等刑事案件适用法律若干问题的解释》（节录）
（2002年1月30日 法释［2002］3号）
为依法严惩组织、运送他人偷越国（边）境等犯罪活动，根据刑法有关规定，现就审理这类案件具体应用法律的若干问题解释如下：
第三条 为组织他人偷越国（边）境使用、骗取出境证件五份以上，或者非法收取办证费三十万元以上的，属于刑法第三百一十九条第一款规定的骗取出境证件罪“情节严重”。
第四条 具有下列情形之一的，属于刑法第三百二十条规定的“情节严重”：
（一）为他人提供伪造、变造的护照、签证等出入境证件五份以上或者出售护照、签证等出入境证件五份以上的；
（二）违法所得三十万元以上的；
</td></tr>
</table>

相关执法参考

（三）有其他严重情节的。

《公安部关于妨害国（边）境管理犯罪案件立案标准及有关问题的通知》（节录）

（2000年3月31日　公通字［2000］30号）

各省、自治区、直辖市公安厅、局，新疆生产建设兵团公安局：

一、立案标准

（一）组织他人偷越国（边）境案

1. 组织他人偷越国（边）境的，应当立案侦查。

2. 组织他人偷越国（边）境，具有下列情形之一的，应当立为重大案件：

（1）一次组织20－49人偷越国（边）境的；

（2）组织他人偷越国（边）境3－4次的；

（3）造成被组织人重伤1－2人的；

（4）剥夺或者限制被组织人人身自由的；

（5）以暴力、威胁方法抗拒检查的；

（6）违法所得人民币5－20万元的；

（7）有其他严重情节的。

3. 组织他人偷越国（边）境，具有下列情形之一的，应当立为特别重大案件：

（1）一次组织50人以上偷越国（边）境的；

（2）组织他人偷越国（边）境5次以上的；

（3）造成被组织人重伤3人以上或者死亡1人以上的；

（4）违法所得20万元以上的；

（5）有其他特别严重情节的。

（二）骗取出境证件案

1. 以劳务输出、经贸往来或者其他名义弄虚作假，骗取护照、通行证、旅行证、海员证、签证（注）等出境证件（以下简称出境证件），为他人偷越国（边）境使用的，应当立案侦查。

2. 骗取出境证件，具有下列情形之一的，应当立为重大案件：

（1）骗取出境证件5－19本（份、个）的；

（2）为违法犯罪分子骗取出境证件的；

（3）违法所得10－20万元的；

（4）有其他严重情节的。

3. 骗取出境证件，具有下列情形之一的，应当立为特别重大案件：

（1）骗取出境证件20本（份、个）以上的；

（2）违法所得20万元以上的；

（3）有其他特别严重情节的。

（三）提供伪造、变造的出入境证件案

1. 为他人提供伪造、变造的护照、通行证、旅行证、海员证、签证（注）等出入境证件（以下简称出入境证件）的，应当立案侦查。

相关执法参考

2. 为他人提供伪造、变造的出入境证件，具有下列情节之一的，应当立为重大案件：

（1）为他人提供伪造、变造的出入境证件5－19本（份、个）的；

（2）为违法犯罪分子提供伪造、变造的出入境证件的；

（3）违法所得10－20万元的；

（4）有其他严重情节的。

3. 为他人提供伪造、变造的出入境证件，具有下列情形之一的，应当立为特别重大案件：

（1）为他人提供伪造、变造的出入境证件20本（份、个）以上的；

（2）违法所得20万元以上的；

（3）有其他特别严重情节的。

（四）出售出入境证件案

1. 出售出入境证件的，应当立案侦查。

2. 出售出入境证件，具有下列情形之一的，应当立为重大案件：

（1）出售出入境证件5－19本（份、个）的；

（2）给违法犯罪分子出售出入境证件的；

（3）违法所得10－20万元的；

（4）有其他严重情节的。

3. 出售出入境证件，具有下列情形之一的，应当立为特别重大案件：

（1）出售出入境证件20本（份、个）以上的；

（2）违法所得20万元以上的；

（3）有其他特别严重情节的。

（五）运送他人偷越国（边）境案

1. 运送他人偷越国（边）境的，应当立案侦查。

2. 运送他人偷越国（边）境，具有下列情形之一的，应当立为重大案件：

（1）一次运送20－49人偷越国（边）境的；

（2）运送他人偷越国（边）境3－4次的；

（3）使用简陋、破旧、报废、通气状况很差的船只或者车辆等不具备必要安全条件的交通工具运送他人偷越国（边）境），足以造成严重后果的；

（4）违法所得5－20万元的；

（5）造成被运送人重伤1－2人的；

（6）以暴力、威胁方法抗拒检查的；

（7）有其他严重情节的。

3. 运送他人偷越国（边）境，具有下列情形之一的，应当立为特别重大案件：

（1）一次运送50人以上偷越国（边）境的；

（2）运送他人偷越国（边）境5次以上的；

（3）造成被运送人重伤3人以上或者死亡1人以上的；

（4）违法所得20万元以上的；

（5）有其他特别严重情节的。

一百二十、偷越国（边）境

（《治安管理处罚法》第62条第2款）

<table>
<tr><td colspan="2">案由</td><td>偷越国（边）境</td></tr>
<tr><td colspan="2">概念</td><td>偷越国（边）境，是指违反国（边）境管理法规，偷越国（边）境，尚不够刑事处罚的行为。</td></tr>
<tr><td rowspan="4">违法构成要件</td><td>违法客体</td><td>本行为侵犯的客体是国家对国（边）境的管理秩序。侵犯的对象是国（边）境。
“国（边）境”，是国境和边境的统称。“国境”只指国家与国家之间的疆界，我国与其他国家之间尚未划定但实际由两国控制的地域之间的交界线，也属于边境的组成部分。“边境”，专指我国内地与香港、澳门特别行政区以及台湾地区相互之间的地域交界线。需要注意的是，无论是国境还是边境，都包括两重含义：一是地理上的实际国（边）境。二是法律上的虚拟国（边）境，这主要通过国家在对外开放口岸和指定口岸对出入境人员设置的边防检查来体现。只有经过边防检查，才构成法律上的出入境，相关人员即使已经进入我国领土，在未经过边防检查之前，仍是未入境；相反，一旦通过了边防检查，尽管暂时尚未离开中国领土，也被视为已经出境。</td></tr>
<tr><td>违法客观方面</td><td>本行为在客观方面表现为违反国（边）境管理法规，偷越国（边）境，尚不够刑事处罚的行为。
“偷越”，是指违反国（边）境管理法律、法规，不具备合法出入国（边）境条件而非法出入国（边）境的行为。“偷越”既可以在国家设置的出入境口岸、边防站等处偷越，也可以在不设关处偷越，既包括出境，也包括入境，既包括从陆上偷越，也包括从海上或空中偷越。</td></tr>
<tr><td>违法主体</td><td>本行为的主体是达到责任年龄、具有责任能力的自然人，既包括我国公民，也包括外国人和无国籍人。</td></tr>
<tr><td>违法主观方面</td><td>本行为在主观方面只能是故意。</td></tr>
<tr><td colspan="2">认定界限</td><td>（一）本行为与非治安违法行为的界限。
由于我国国（边）境线漫长，国（边）境区的边民、渔民很多，对那些边民、渔民为探亲访友、赶集、过境作业等原因偶尔非法出入国（边）境，或是为贪图省</td></tr>
</table>

认定界限	事而非法出入国（边）境情节不严重的，以及不知具体分界而在国（边）境地区误出误入的，可以不作为治安违法行为处理。 （二）本行为与偷越国（边）境罪的界限。 《刑法》第322条的规定的偷越国（边）境罪，是指违反出入国（边）境管理法规，偷越国（边）境，情节严重的行为。两者的区别只是在于情节是否严重，只有“情节严重的”才构成犯罪，可见，偷越国（边）境是否情节严重，是两者的唯一界限。根据最高人民法院在2002年颁布的《关于审理组织、运送他人偷越国（边）境等刑事案件适用法律若干问题的解释》的规定，偷越国（边）境，具有下列情形之一的，属于“情节严重”：在境外实施损害国家利益的行为的；偷越国（边）境3次以上的；拉拢、引诱他人一起偷越国（边）境的；因偷越国（边）境被行政处罚后一年内又偷越国（边）境的；有其他严重情节的。“其他严重情节”的认定，应根据行为人的目的、动机、手段、造成的后果等因素，结合行为人的一贯表现综合考虑。
处罚标准	构成本行为的，处5日以下拘留或者500元以下罚款。
相关执法参考	**《中华人民共和国治安管理处罚法》**（节录） （2005年8月28日第十届全国人民代表大会常务委员会第十七次会议通过 中华人民共和国主席令第三十八号公布 自2006年3月1日起施行） 第六十二条第二款 偷越国（边）境的，处五日以下拘留或者五百元以下罚款。 **《中华人民共和国刑法》**（节录） （1979年7月1日第五届全国人民代表大会第二次会议通过 1997年3月14日第八届全国人民代表大会第五次会议修订 根据2011年2月25日第十一届全国人民代表大会常务委员会第十九次会议通过的《中华人民共和国刑法修正案（八）》最新修正） 第三百二十二条 违反国（边）境管理法规，偷越国（边）境，情节严重的，处一年以下有期徒刑、拘役或者管制，并处罚金。 **《公安机关执行〈中华人民共和国治安管理处罚法〉有关问题的解释》（二）**（节录） （2007年1月8日 公通字［2007］1号） 九、关于运送他人偷越国（边）境、偷越国（边）境和吸食、注射毒品行为的法律适用问题 对运送他人偷越国（边）境、偷越国（边）境和吸食、注射毒品行为的行政处罚，适用《治安管理处罚法》第六十一条、第六十二条第二款和第七十二条第三项的规定，不再适用全国人民代表大会常务委员会《关于严惩组织、运送他人偷越

相关执法参考

国（边）境犯罪的补充规定》和《关于禁毒的决定》的规定。

《最高人民法院关于审理组织、运送他人偷越国（边）境等刑事案件适用法律若干问题的解释》（节录）

（2002年1月30日　法释［2002］3号）

第五条　偷越国（边）境，具有下列情形之一的，属于刑法第三百二十二条规定的“情节严重”：

（一）在境外实施损害国家利益的行为的；

（二）偷越国（边）境三次以上的；

（三）拉拢、引诱他人一起偷越国（边）境的；

（四）因偷越国（边）境被行政处罚后一年内又偷越国（边）境的；

（五）有其他严重情节的。

《公安部关于妨害国（边）境管理犯罪案件立案标准及有关问题的通知》（节录）

（2000年3月31日　公通字［2000］30号）

各省、自治区、直辖市公安厅、局，新疆生产建设兵团公安局：

一、立案标准

（六）偷越国（边）境案

1. 偷越国（边）境，具有下列情形之一的，应当立案侦查：

（1）偷越国（边）境3次以上，屡教不改的；

（2）实施违法行为后偷越国（边）境的；

（3）在偷越国（边）境时对执法人员施以暴力、威胁手段的；

（4）造成重大涉外事件和恶劣影响的；

（5）有其他严重情节的。

2. 偷越国（边）境，具有下列情形之一的，应当立为重大案件：

（1）为逃避刑罚偷越国（边）境的；

（2）以走私、贩毒等犯罪为目的偷越国（边）境的；

（3）有其他特别严重情节的。

《中华人民共和国公民出境入境管理法》（节录）

（1985年11月22日第六届全国人民代表大会常务委员会第十三次会议通过　根据2009年8月27日第十一届全国人民代表大会常务委员会第十次会议通过的〈全国人民代表大会常务委员会关于修改部分法律的决定〉修改）

第二条　中国公民凭国务院主管机关及其授权的机关签发的有效护照或者其他有效证件出境、入境，无需办理签证。

第三条　中国公民出境、入境，从对外开放的或者指定的口岸通行，接受边防检查机关的检查。

第十四条　对违反本法规定，非法出境、入境，伪造、涂改、冒用、转让出境、入境证件的，公安机关可以处以警告或者十日以下的拘留处罚；情节严重，构成犯罪的，依法追究刑事责任。

相关执法参考

第十五条　受公安机关拘留处罚的公民对处罚不服的，在接到通知之日起十五日内，可以向上一级公安机关提出申诉，由上一级公安机关作出最后的裁决，也可以直接向当地人民法院提起诉讼。

《中华人民共和国公民出境入境管理法实施细则》（节录）

（1986年12月3日国务院批准1986年12月26日公安部、外交部、交通部发布 根据2010年12月29日国务院第138次常务会议通过的〈国务院关于废止和修改部分行政法规的决定〉修改　国务院令第588号颁布）

第二条　本实施细则适用于中国公民因私事出境、入境。所称“私事”，是指：定居、探亲、访友、继承财产、留学、就业，旅游和其他非公务活动。

第十四条　中国公民应当从对外开放的或者指定的口岸出境、入境，向边防检查站出示中华人民共和国护照或者其他出境入境证件，填交出境、入境登记卡，接受查验。

第二十三条　持用伪造、涂改等无效证件或者冒用他人证件出境、入境的，除收缴证件外，处以警告或者5日以下拘留；情节严重，构成犯罪的，依法追究刑事责任。

第二十四条　伪造、涂改、转让、买卖出境入境证件的，处10日以下拘留；情节严重，构成犯罪的，依法追究刑事责任。

第二十五条　编造情况，提供假证明，或者以行贿等手段，获取出境入境证件，情节较轻的，处以警告或者5日以下拘留；情节严重，构成犯罪的，依法追究刑事责任。

第二十六条　公安机关的工作人员在执行《中华人民共和国公民出境入境管理法》和本实施细则时，如有利用职权索取、收受贿赂或者有其他违法失职行为，情节轻微的，由主管部门酌情予以行政处分；情节严重，构成犯罪的，依法追究刑事责任。

《中华人民共和国外国人入境出境管理法》（节录）

（1985年11月22日第六届全国人民代表大会常务委员会第十三次会议通过 1985年11月22日中华人民共和国主席令第三十一号公布 自1986年2月1日起施行）

第二条　外国人入境、过境和在中国境内居留，必须经中国政府主管机关许可。

第三条　外国人入境、出境、过境，必须从对外国人开放的或者指定的口岸通行，接受边防检查机关的检查。

外国的交通工具入境、出境、过境，必须从对外国人开放的或者指定的口岸通行，接受边防检查机关的检查和监护。

第二十九条　对违反本法规定，非法入境、出境的，在中国境内非法居留或者停留的，未持有效旅行证件前往不对外国人开放的地区旅行的，伪造、涂改、冒用、转让入境、出境证件的，县级以上公安机关可以处以警告、罚款或者十日以下拘留处罚；情节严重，构成犯罪的，依法追究刑事责任。

受公安机关罚款或者拘留处罚的外国人，对处罚不服的，在接到通知之日起十五日内，可以向上一级公安机关提出申诉，由上一级公安机关作出最后的裁决，也可以直接向当地人民法院提起诉讼。

第三十条　有本法第二十九条所列行为情节严重的，公安部可以处以限期出境或者驱逐出境处罚。

第三十一条　本法所称的外国人是指依照《中华人民共和国国籍法》不具有中国国籍的人。

第三十二条　同中国毗邻国家的外国人，居住在两国边境接壤地区的，临时入中国国境、出中国国境，有两国之间协议的按照协议执行，没有协议的按照中国政府的规定执行。

《中华人民共和国外国人入境出境管理法实施细则》（节录）

（1986 年 12 月 3 日国务院批准　1986 年 12 月 27 日公安部、外交部发布
1994 年 7 月 13 日国务院批准修订　根据 2010 年 4 月 24 日《国务院关于修改〈中华人民共和国外国人入境出境管理法实施细则〉的决定》修订）

第一条　外国人入境，应当向中国的外交代表机关、领事机关或者外交部授权的其他驻外机关申请办理签证。

外国人持有中国国内被授权单位的函电，并持有与中国有外交关系或者官方贸易往来国家的普通护照，因下列事由确需紧急来华而来不及在上述中国驻外机关申办签证的，也可以向公安部授权的口岸签证机关申请办理签证：

（一）中方临时决定邀请来华参加交易会的；

（二）应邀来华参加投标或者正式签订经贸合同的；

（三）按约来华监装出口、进口商检或者参加合同验收的；

（四）应邀参加设备安装或者工程抢修的；

（五）应中方要求来华解决索赔问题的；

（六）应邀来华提供科技咨询的；

（七）应邀来华团组办妥签证后，经中方同意临时增换的；

（八）看望危急病人或者处理丧事的；

（九）直接过境人员由于不可抗拒的原因不能在 24 小时内乘原机离境或者需改乘其他交通工具离境的；

（十）其他被邀请确实来不及在上述中国驻外机关申请签证，并持有指定的主管部门同意在口岸申办签证的函电的。

不属上述情况者，口岸签证机关不得受理其签证申请。

第十一条　外国航空器或者船舶抵达中国口岸时，其负责人负有下列责任：

（一）机长、船长或者代理人必须向边防检查站提交机组人员、船员名单和旅客名单；

（二）如果载有企图偷越国境的人员，发现后应立即向边防检查站报告，听候处理；

（三）对于不准入境的人员，必须负责用原交通工具带走，对由于不可抗拒的

原因不能立即离境的人，必须负责其在中国停留期间的费用和离开时的旅费。

第四十条　对非法入出中国国境的外国人，可以处1000元以上、1万元以下的罚款，或者处3日以上、10日以下的拘留，也可以并处限期出境或者驱逐出境；情节严重，构成犯罪的，依法追究刑事责任。

第四十一条　对违反本实施细则第十一条规定，拒绝承担责任的交通工具负责人或者其代理人，可以处1000元以上、1万元以下的罚款，或者处3日以上、10日以下的拘留。

第四十八条　由于不可抗拒的原因而违反《外国人入境出境管理法》及本实施细则的，可免予处罚。

外国人无力缴纳罚款的，可以改处拘留。

第四十九条　本章规定的各项罚款、拘留处罚，也适用于协助外国人非法入境或出境、造成外国人非法居留或者停留、聘雇私自谋职的外国人、为未持有效旅行证件的外国人前往不对外国人开放的地区旅行提供方便的有关责任者。

第五十条　被处罚人对公安机关的罚款、拘留处罚不服的，在接到通知之日起15日内，可以通过原裁决机关或者直接向上一级公安机关申诉，上一级公安机关自接到申诉之日起15日内作出最后裁决。被处罚人也可以直接向当地人民法院提起诉讼。

第五十一条　本章规定的处罚，由公安机关执行。

《中华人民共和国出境入境边防检查条例》

（1995年7月6日国务院第34次常务会议通过　国务院令第182号发布
自1995年9月1日起施行）

第一章　总　则

第一条　为维护中华人民共和国的主权、安全和社会秩序，便利出境、入境的人员和交通运输工具的通行，制定本条例。

第二条　出境、入境边防检查工作由公安部主管。

第三条　中华人民共和国在对外开放的港口、航空港、车站和边境通道等口岸设立出境入境边防检查站（以下简称边防检查站）。

第四条　边防检查站为维护国家主权、安全和社会秩序，履行下列职责：

（一）对出境、入境的人员及其行李物品、交通运输工具及其载运的货物实施边防检查；

（二）按照国家有关规定对出境、入境的交通运输工具进行监护；

（三）对口岸的限定区域进行警戒，维护出境、入境秩序；

（四）执行主管机关赋予的和其他法律、行政法规规定的任务。

第五条　出境、入境的人员和交通运输工具，必须经对外开放的口岸或者主管机关特许的地点通行，接受边防检查、监护和管理。

出境、入境的人员，必须遵守中华人民共和国的法律、行政法规。

第六条　边防检查人员必须依法执行公务。

任何组织和个人不得妨碍边防检查人员依法执行公务。

相关执法参考

第二章　人员的检查和管理

第七条　出境、入境的人员必须按照规定填写出境、入境登记卡，向边防检查站交验本人的有效护照或者其他出境、入境证件（以下简称出境、入境证件），经查验核准后，方可出境、入境。

第八条　出境、入境的人员有下列情形之一的，边防检查站有权阻止其出境、入境：

（一）未持出境、入境证件的；

（二）持有无效出境、入境证件的；

（三）持用他人出境、入境证件的；

（四）持用伪造或者涂改的出境、入境证件的；

（五）拒绝接受边防检查的；

（六）未在限定口岸通行的；

（七）国务院公安部门、国家安全部门通知不准出境、入境的；

（八）法律、行政法规规定不准出境、入境的。

出境、入境的人员有前款第（三）项、第（四）项或者中国公民有前款第（七）项、第（八）项所列情形之一的，边防检查站可以扣留或者收缴其出境、入境证件。

第九条　对交通运输工具的随行服务员工出境、入境的边防检查、管理，适用本条例的规定。但是，中华人民共和国与有关国家或者地区订有协议的，按照协议办理。

第十条　抵达中华人民共和国口岸的船舶的外国籍船员及其随行家属和香港、澳门、台湾船员及其随行家属，要求在港口城市登陆、住宿的，应当由船长或者其代理人向边防检查站申请办理登陆、住宿手续。

经批准登陆、住宿的船员及其随行家属，必须按照规定的时间返回船舶。登陆后有违法行为，尚未构成犯罪的，责令立即返回船舶，并不得再次登陆。

从事国际航行船舶上的中国船员，凭本人的出境、入境证件登陆、住宿。

第十一条　申请登陆的人员有本条例第八条所列情形之一的，边防检查站有权拒绝其登陆。

第十二条　上下外国船舶的人员，必须向边防检查人员交验出境、入境证件或者其他规定的证件，经许可后，方可上船、下船。口岸检查、检验单位的人员需要登船执行公务的，应当着制服并出示证件。

第十三条　中华人民共和国与毗邻国家（地区）接壤地区的双方公务人员、边境居民临时出境、入境的边防检查，双方订有协议的，按照协议执行；没有协议的，适用本条例的规定。

毗邻国家的边境居民按照协议临时入境的，限于在协议规定范围内活动；需要到协议规定范围以外活动的，应当事先办理入境手续。

第十四条　边防检查站认为必要时，可以对出境、入境的人员进行人身检查。人身检查应当由两名与受检查人同性别的边防检查人员进行。

第十五条　出境、入境的人员有下列情形之一的，边防检查站有权限制其活动

相关执法参考

范围，进行调查或者移送有关机关处理：

（一）有持用他人出境、入境证件嫌疑的；

（二）有持用伪造或者涂改的出境、入境证件嫌疑的；

（三）国务院公安部门、国家安全部门和省、自治区、直辖市公安机关、国家安全机关通知有犯罪嫌疑的；

（四）有危害国家安全、利益和社会秩序嫌疑的。

第三章　交通运输工具的检查和监护

第十六条　出境、入境的交通运输工具离、抵口岸时，必须接受边防检查。对交通运输工具的入境检查，在最先抵达的口岸进行；出境检查，在最后离开的口岸进行。在特殊情况下，经主管机关批准，对交通运输工具的入境、出境检查，也可以在特许的地点进行。

第十七条　交通运输工具的负责人或者有关交通运输部门，应当事先将出境、入境的船舶、航空器、火车离、抵口岸的时间、停留地点和载运人员、货物情况，向有关的边防检查站报告。

交通运输工具抵达口岸时，船长、机长或者其代理人必须向边防检查站申报员工和旅客的名单；列车长及其他交通运输工具的负责人必须申报员工和旅客的人数。

第十八条　对交通运输工具实施边防检查时，其负责人或者代理人应当到场协助边防检查人员进行检查。

第十九条　出境、入境的交通运输工具在中国境内必须按照规定的路线、航线行驶。外国船舶未经许可不得在非对外开放的港口停靠。

出境的交通运输工具自出境检查后到出境前，入境的交通运输工具自入境后到入境检查前，未经边防检查站许可，不得上下人员、装卸物品。

第二十条　中国船舶需要搭靠外国船舶的，应当由船长或者其代理人向边防检查站申请办理搭靠手续；未办理手续的，不得擅自搭靠。

第二十一条　边防检查站对处于下列情形之一的出境、入境交通运输工具，有权进行监护：

（一）离、抵口岸的火车、外国船舶和中国客船在出境检查后到出境前、入境后到入境检查前和检查期间；

（二）火车及其他机动车辆在国（边）界线距边防检查站较远的区域内行驶期间；

（三）外国船舶在中国内河航行期间；

（四）边防检查站认为有必要进行监护的其他情形。

第二十二条　对随交通运输工具执行监护职务的边防检查人员，交通运输工具的负责人应当提供必要的办公、生活条件。

被监护的交通运输工具和上下该交通运输工具的人员应当服从监护人员的检查。

第二十三条　未实行监护措施的交通运输工具，其负责人应当自行管理，保证该交通运输工具和员工遵守本条例的规定。

相关执法参考

第二十四条　发现出境、入境的交通运输工具载运不准出境、入境人员，偷越国（边）境人员及未持有效出境、入境证件的人员的，交通运输工具负责人应当负责将其遣返，并承担由此发生的一切费用。

第二十五条　出境、入境的交通运输工具有下列情形之一的，边防检查站有权推迟或者阻止其出境、入境：

（一）离、抵口岸时，未经边防检查站同意，擅自出境、入境的；

（二）拒绝接受边防检查、监护的；

（三）被认为载有危害国家安全、利益和社会秩序的人员或者物品的；

（四）被认为载有非法出境、入境人员的；

（五）拒不执行边防检查站依法作出的处罚或者处理决定的；

（六）未经批准擅自改变出境、入境口岸的。

边防检查站在前款所列情形消失后，对有关交通运输工具应当立即放行。

第二十六条　出境、入境的船舶、航空器，由于不可预见的紧急情况或者不可抗拒的原因，驶入对外开放口岸以外地区的，必须立即向附近的边防检查站或者当地公安机关报告并接受检查和监护；在驶入原因消失后，必须立即按照通知的时间和路线离去。

第四章　行李物品、货物的检查

第二十七条　边防检查站根据维护国家安全和社会秩序的需要，可以对出境、入境人员携带的行李物品和交通运输工具载运的货物进行重点检查。

第二十八条　出境、入境的人员和交通运输工具不得携带、载运法律、行政法规规定的危害国家安全和社会秩序的违禁物品；携带、载运违禁物品的，边防检查站应当扣留违禁物品，对携带人、载运违禁物品的交通运输工具负责人依照有关法律、行政法规的规定处理。

第二十九条　任何人不得非法携带属于国家秘密的文件、资料和其他物品出境；非法携带属于国家秘密的文件、资料和其他物品的，边防检查站应当予以收缴，对携带人依照有关法律、行政法规规定处理。

第三十条　出境、入境的人员携带或者托运枪支、弹药，必须遵守有关法律、行政法规的规定，向边防检查站办理携带或者托运手续；未经许可，不得携带、托运枪支、弹药出境、入境。

第五章　处　罚

第三十一条　对违反本条例规定的处罚，由边防检查站执行。

第三十二条　出境、入境的人员有下列情形之一的，处以500元以上2000元以下的罚款或者依照有关法律、行政法规的规定处以拘留：

（一）未持出境、入境证件的；

（二）持用无效出境、入境证件的；

（三）持用他人出境、入境证件的；

（四）持用伪造或者涂改的出境、入境证件的。

第三十三条　协助他人非法出境、入境，情节轻微尚不构成犯罪的，处以2000元以上10000元以下的罚款；有非法所得的，没收非法所得。

相关执法参考

第三十四条　未经批准携带或者托运枪支、弹药出境、入境的，没收其枪支、弹药，并处以1000元以上5000元以下的罚款。

第三十五条　有下列情形之一的，处以警告或者500元以下罚款：

（一）未经批准进入口岸的限定区域或者进入后不服从管理，扰乱口岸管理秩序的；

（二）污辱边防检查人员的；

（三）未经批准或者未按照规定登陆、住宿的。

第三十六条　出境、入境的交通运输工具载运不准出境、入境人员，偷越国（边）境人员及未持有效出境、入境证件的人员出境、入境的，对其负责人按每载运一人处以5000元以上10000元以下的罚款。

第三十七条　交通运输工具有下列情形之一的，对其负责人处以10000元以上30000元以下的罚款：

（一）离、抵口岸时，未经边防检查站同意，擅自出境、入境的；

（二）未按照规定向边防检查站申报员工、旅客和货物情况的，或者拒绝协助检查的；

（三）交通运输工具在入境后到入境检查前、出境检查后到出境前，未经边防检查站许可，上下人员、装卸物品的。

第三十八条　交通运输工具有下列情形之一的，对其负责人给予警告并处500元以上5000元以下的罚款：

（一）出境、入境的交通运输工具在中国境内不按照规定的路线行驶的；

（二）外国船舶未经许可停靠在非对外开放港口的；

（三）中国船舶未经批准擅自搭靠外国籍船舶的。

第三十九条　出境、入境的船舶、航空器，由于不可预见的紧急情况或者不可抗拒的原因，驶入对外开放口岸对外地区，没有正当理由不向附近边防检查站或者当地公安机关报告的；或者在驶入原因消失后，没有按照通知的时间和路线离去的，对其负责人处以10000元以下的罚款。

第四十条　边防检查站执行罚没款处罚，应当向被处罚人出具收据。罚没款应当按照规定上缴国库。

第四十一条　出境、入境的人员违反本条例的规定，构成犯罪的，依法追究刑事责任。

第四十二条　被处罚人对边防检查站作出的处罚决定不服的，可以自接到处罚决定书之日起15日内，向边防检查站所在地的县级公安机关申请复议；有关县级公安机关应当自接到复议申请书之日起15日内作出复议决定；被处罚人对复议决定不服的，可以自接到复议决定书之日起15日内，向人民法院提起诉讼。

第六章　附　则

第四十三条　对享有外交特权与豁免权的外国人入境、出境的边防检查，法律有特殊规定的，从其规定。

第四十四条　外国对中华人民共和国公民和交通运输工具入境、过境、出境的检查和管理有特别规定的，边防检查站可以根据主管机关的决定采取相应的措施。

相关执法参考	第四十五条　对往返香港、澳门、台湾的中华人民共和国公民和交通运输工具的边防检查，适用本条例的规定；法律、行政法规有专门规定的，从其规定。 第四十六条　本条例下列用语的含义： “出境、入境的人员”，是指一切离开、进入或者通过中华人民共和国国（边）境的中国籍、外国籍和无国籍人； “出境、入境的交通运输工具”，是指一切离开、进入或者通过中华人民共和国国（边）境的船舶、航空器、火车和机动车辆、非机动车辆以及驮畜； “员工”，是指出境、入境的船舶、航空器、火车和机动车辆的负责人、驾驶员、服务员和其他工作人员。 第四十七条　本条例自1995年9月1日起施行。1952年7月29日中央人民政府政务院批准实施的《出入国境治安检查暂行条例》和1965年4月30日国务院发布的《边防检查条例》同时废止。

一百二十一、故意损坏文物、名胜古迹

（《治安管理处罚法》第63条第1项）

<table>
<tr><td colspan="2">案由</td><td>故意损坏文物、名胜古迹</td></tr>
<tr><td colspan="2">概念</td><td>故意损坏文物、名胜古迹，是指刻划、涂污或者以其他方式故意损坏国家保护的文物、名胜古迹，尚不够刑事处罚的行为。</td></tr>
<tr><td rowspan="2">违法构成要件</td><td>违法客体</td><td>本行为侵犯的客体是国家对文物、名胜古迹的管理秩序。行为侵犯的对象是文物和名胜古迹。</td></tr>
<tr><td>违法客观方面</td><td>本行为在客观方面表现为行为人以刻划、涂污或者其他方式故意损坏国家保护的文物、名胜古迹，尚不够刑事处罚的行为。
“国家保护的文物”，是指历史遗留下来的，在文化发展史上有价值的东西，如碑刻、工具、生活器皿和各种艺术品等。根据《文物保护法》第2条，在中华人民共和国境内，下列文物受国家保护：具有历史、艺术、科学价值的古文化遗址、古墓葬、古建筑、石窟寺和石刻、壁画；与重大历史事件、革命运动或者著名人物有关的以及具有重要纪念意义、教育意义或者史料价值的近代现代重要史迹、实物、代表性建筑；历史上各时代珍贵的艺术品、工艺美术品；历史上各时代重要的文献资料以及具有历史、艺术、科学价值的手稿和图书资料等；反映历史上各时代、各民族社会制度、社会生产、社会生活的代表性实物。文物包括不可移动文物和可移动文物，古文化遗址、古墓葬、古建筑、石窟寺、石刻、壁画、近代现代重要史迹和代表性建筑等属于不可移动文物，可以被分别确定为全国重点文物保护单位，省级文物保护单位，市、县级文物保护单位；而历史上各时代重要实物、艺术品、文献、手稿、图书资料、代表性实物等属于可移动文物，分为珍贵文物和一般文物，珍贵文物又分为一级文物、二级文物、三级文物。
“名胜古迹”，是指具有重大历史、艺术、科学价值，并被核定为全国或地方文物保护单位的风景区或与名人事迹、历史大事有关而值得后人登临凭吊的胜地和建筑物。它有如下特点：（1）具有重大历史、艺术、科学价值，那些虽然具有久远历史，但并无艺术或科学价值的古迹，不能认定为名胜古迹。（2）得到了官方的公开认可，并非一切风景名胜都是名胜古迹，那些风景虽好，但并无古迹可言的旅游区，或者虽然具有悠久历史但尚未被国家核定为名胜古迹的，不属于名胜古迹。（3）它是胜地和建筑物，通常是特定的区域或亭台楼阁、庙宇等，不是一般的文物。
“故意损坏”是指行为人以刻划、涂污或者其他方式，致使国家保护的文物或者名胜古迹部分破损、完全毁灭或者玷污的行为。故意损坏的方式，一般包括刻划、泼扔污物、乱涂、乱写、乱画等，也包括故意攀爬导致损坏。无论</td></tr>
</table>

<table>
<tr><td rowspan="3">违法构成要件</td><td>违法客观方面</td><td>什么手段，无论程度深浅，只要使文物、名胜古迹的外表、物理特性发生变化的，而且无论事后这些变化是否能够被复原，都可视为对文物、名胜古迹造成了损坏。</td></tr>
<tr><td>违法主体</td><td>本行为的主体是达到责任年龄、具有责任能力的自然人。</td></tr>
<tr><td>违法主观方面</td><td>本行为的主观方面只能是故意。</td></tr>
<tr><td>认定界限</td><td colspan="2">（一）本行为与故意损毁文物罪的界限。
《刑法》第 324 条第 1 款规定的故意损毁文物罪，是指违反文物保护法规，明知是国家保护的珍贵文物或者被确认为全国重点文物保护单位、省级文物保护单位的文物而予以故意损毁的行为。两者的主要区别在于行为侵犯的对象不同，故意损毁文物罪侵犯的对象是包括国家保护的珍贵文物或者被确认为全国重点文物保护单位、省级文物保护单位的文物，根据《刑法》的规定，行为人只要损毁了这些文物，即构成犯罪，因此，从理论上说，本行为侵犯的对象是只能是除此之外的文物或者名胜古迹。当然，行为人即使侵犯了国家保护的珍贵文物或者被确认为全国重点文物保护单位、省级文物保护单位的文物，也可能属于“情节显著轻微，不认为是犯罪”的情况，在这种情况下，对行为人以本行为论处。
另外，要注意的是，故意损毁文物罪要求所损毁的文物必须是珍贵文物或者被确定为全国重点文物保护单位、省级文物保护单位的文物。如果不属于珍贵文物或者被确定为全国重点文物保护单位、省级文物保护单位的文物，即使将其损毁了，即使情节再严重，也不会构成犯罪。至于所损毁的文物的等级，要依据《文物保护法》及其实施细则和《文物藏品定级标准》等法律、法规，委托文物鉴定部门鉴定，将其鉴定结论作为定案证据。
（二）本行为与故意损毁名胜古迹罪的界限。
《刑法》第 324 条第 2 款规定的故意损毁名胜古迹罪，是指违反文物保护法规，明知是国家保护的名胜古迹而予以损毁，情节严重的行为。两者的区别主要在于：
1. 行为侵犯的对象不同。本行为侵犯的对象包括文物和名胜古迹，后者侵犯的对象只是名胜古迹。
2. 行为的情节不同。行为人在故意损毁名胜古迹的情况下，情节的不同，可能构成性质完全不同的行为：情节严重的，以故意损毁名胜古迹罪论处，否则，以本行为定性处理。“情节严重”一般应根据行为人的目的、动机、手段、造成的危</td></tr>
</table>

<table>
<tr><td>认定界限</td><td>害后果、行为次数等因素综合判断。根据《最高人民检察院 公安部关于公安机关管辖的刑事案件立案追诉标准的规定（一）》（公通字［2008］36号）的规定，故意损毁国家保护的名胜古迹，涉嫌下列情形之一的，应予立案追诉：
（1）造成国家保护的名胜古迹严重损毁的；
（2）损毁国家保护的名胜古迹3次以上或者3处以上，尚未造成严重毁损后果的；
（3）损毁手段特别恶劣的；
（4）其他情节严重的情形。</td></tr>
<tr><td>处罚标准</td><td>（一）构成本行为的，处警告或者200元以下罚款。
（二）情节较重的，处5日以上10日以下拘留，并处200元以上500元以下罚款。
在实践中，判断情节的轻重，一般应从行为人的动机、手段、目的、行为的次数、造成的后果等方面综合考虑，由公安机关办案人员酌情量罚。一般来说，具有下列情形之一的，应认定为“情节较重”：
1. 行为人采取刻划、涂污等方式损坏国家保护的文物、名胜古迹，被管理人员发现，不听制止，继续实施上述行为的；
2. 损毁国家保护的文物，造成一定后果，尚不够追究刑事责任的；
3. 多次实施上述行为的；
4. 其他情节较重的情形。</td></tr>
<tr><td>相关执法参考</td><td>《中华人民共和国治安管理处罚法》（节录）
（2005年8月28日第十届全国人民代表大会常务委员会第十七次会议通过　中华人民共和国主席令第三十八号公布　自2006年3月1日起施行）
第六十三条第一项　有下列行为之一的，处警告或者二百元以下罚款；情节较重的，处五日以上十日以下拘留，并处二百元以上五百元以下罚款：
（一）刻划、涂污或者以其他方式故意损坏国家保护的文物、名胜古迹的；
《中华人民共和国刑法》（节录）
（1979年7月1日第五届全国人民代表大会第二次会议通过　1997年3月14日第八届全国人民代表大会第五次会议修订　根据2011年2月25日第十一届全国人民代表大会常务委员会第十九次会议通过的《中华人民共和国刑法修正案（八）》最新修正）
第三百二十四条　故意损毁国家保护的珍贵文物或者被确定为全国重点文物保护单位、省级文物保护单位的文物的，处三年以下有期徒刑或者拘役，并处或者单处罚金；情节严重的，处三年以上十年以下有期徒刑，并处罚金。
故意损毁国家保护的名胜古迹，情节严重的，处五年以下有期徒刑或者拘役，并处或者单处罚金。
过失损毁国家保护的珍贵文物或者被确定为全国重点文物保护单位、省级文物保护单位的文物，造成严重后果的，处三年以下有期徒刑或者拘役。</td></tr>
</table>

相关执法参考

《最高人民检察院 公安部关于公安机关管辖的刑事案件立案追诉标准的规定（一）》（节录）

（公通字［2008］36号）

第四十六条　［故意损毁文物案（刑法第三百二十四条第一款）］故意损毁国家保护的珍贵文物或者被确定为全国重点文物保护单位、省级文物保护单位的文物的，应予立案追诉。

第四十七条　［故意损毁名胜古迹案（刑法第三百二十四条第二款）］故意损毁国家保护的名胜古迹，涉嫌下列情形之一的，应予立案追诉：

（一）造成国家保护的名胜古迹严重损毁的；

（二）损毁国家保护的名胜古迹三次以上或者三处以上，尚未造成严重毁损后果的；

（三）损毁手段特别恶劣的；

（四）其他情节严重的情形。

第一百零一条　本规定中的“以上”，包括本数。

《全国人民代表大会常务委员会关于〈中华人民共和国刑法〉有关文物的规定适用于具有科学价值的古脊椎动物化石、古人类化石的解释》

（2005年12月29日第十届全国人民代表大会常务委员会第十九次会议通过）

全国人民代表大会常务委员会根据司法实践中遇到的情况，讨论了关于走私、盗窃、损毁、倒卖或者非法转让具有科学价值的古脊椎动物化石、古人类化石的行为适用刑法有关规定的问题，解释如下：

刑法有关文物的规定，适用于具有科学价值的古脊椎动物化石、古人类化石。

《中华人民共和国文物保护法》（节录）

（1982年11月19日第五届全国人民代表大会常务委员会第二十五次会议通过　根据2007年12月29日第十届全国人民代表大会常务委员会第三十一次会议《关于修改〈中华人民共和国文物保护法〉的决定》第二次修正）

第二条　在中华人民共和国境内，下列文物受国家保护：

（一）具有历史、艺术、科学价值的古文化遗址、古墓葬、古建筑、石窟寺和石刻、壁画；

（二）与重大历史事件、革命运动或者著名人物有关的以及具有重要纪念意义、教育意义或者史料价值的近代现代重要史迹、实物、代表性建筑；

（三）历史上各时代珍贵的艺术品、工艺美术品；

（四）历史上各时代重要的文献资料以及具有历史、艺术、科学价值的手稿和图书资料等；

（五）反映历史上各时代、各民族社会制度、社会生产、社会生活的代表性实物。

文物认定的标准和办法由国务院文物行政部门制定，并报国务院批准。

具有科学价值的古脊椎动物化石和古人类化石同文物一样受国家保护。

相关执法参考

第三条 古文化遗址、古墓葬、古建筑、石窟寺、石刻、壁画、近代现代重要史迹和代表性建筑等不可移动文物，根据它们的历史、艺术、科学价值，可以分别确定为全国重点文物保护单位，省级文物保护单位，市、县级文物保护单位。

历史上各时代重要实物、艺术品、文献、手稿、图书资料、代表性实物等可移动文物，分为珍贵文物和一般文物；珍贵文物分为一级文物、二级文物、三级文物。

第五条 中华人民共和国境内地下、内水和领海中遗存的一切文物，属于国家所有。

古文化遗址、古墓葬、石窟寺属于国家所有。国家指定保护的纪念建筑物、古建筑、石刻、壁画、近代现代代表性建筑等不可移动文物，除国家另有规定的以外，属于国家所有。

国有不可移动文物的所有权不因其所依附的土地所有权或者使用权的改变而改变。

下列可移动文物，属于国家所有：

（一）中国境内出土的文物，国家另有规定的除外；

（二）国有文物收藏单位以及其他国家机关、部队和国有企业、事业组织等收藏、保管的文物；

（三）国家征集、购买的文物；

（四）公民、法人和其他组织捐赠给国家的文物；

（五）法律规定属于国家所有的其他文物。

属于国家所有的可移动文物的所有权不因其保管、收藏单位的终止或者变更而改变。

国有文物所有权受法律保护，不容侵犯。

第六十四条 违反本法规定，有下列行为之一，构成犯罪的，依法追究刑事责任：

（二）故意或者过失损毁国家保护的珍贵文物的；

《中华人民共和国非物质文化遗产法》（节录）

（2011年2月25日第十一届全国人民代表大会常务委员会第十九次会议通过 自2011年6月1日起施行）

第二条 本法所称非物质文化遗产，是指各族人民世代相传并视为其文化遗产组成部分的各种传统文化表现形式，以及与传统文化表现形式相关的实物和场所。包括：

（一）传统口头文学以及作为其载体的语言；

（二）传统美术、书法、音乐、舞蹈、戏剧、曲艺和杂技；

（三）传统技艺、医药和历法；

（四）传统礼仪、节庆等民俗；

（五）传统体育和游艺；

（六）其他非物质文化遗产。

相关执法参考

属于非物质文化遗产组成部分的实物和场所，凡属文物的，适用《中华人民共和国文物保护法》的有关规定。

《中华人民共和国文物保护法实施条例》（节录）

（2003年5月18日国务院令第377号颁布　自2003年7月1日起实施）

第八条　全国重点文物保护单位和省级文物保护单位自核定公布之日起1年内，由省、自治区、直辖市人民政府划定必要的保护范围，做出标志说明，建立记录档案，设置专门机构或者指定专人负责管理。

设区的市、自治州级和县级文物保护单位自核定公布之日起1年内，由核定公布该文物保护单位的人民政府划定保护范围，做出标志说明，建立记录档案，设置专门机构或者指定专人负责管理。

《风景名胜区条例》（节录）

（2006年9月19日国务院令第474号颁布　自2006年12月1日起实施）

第二条　风景名胜区的设立、规划、保护、利用和管理，适用本条例。

本条例所称风景名胜区，是指具有观赏、文化或者科学价值，自然景观、人文景观比较集中，环境优美，可供人们游览或者进行科学、文化活动的区域。

第八条　风景名胜区划分为国家级风景名胜区和省级风景名胜区。

自然景观和人文景观能够反映重要自然变化过程和重大历史文化发展过程，基本处于自然状态或者保持历史原貌，具有国家代表性的，可以申请设立国家级风景名胜区；具有区域代表性的，可以申请设立省级风景名胜区。

第二十六条　在风景名胜区内禁止进行下列活动：

（一）开山、采石、开矿、开荒、修坟立碑等破坏景观、植被和地形地貌的活动；

（二）修建储存爆炸性、易燃性、放射性、毒害性、腐蚀性物品的设施；

（三）在景物或者设施上刻划、涂污；

（四）乱扔垃圾。

第四十条　违反本条例的规定，有下列行为之一的，由风景名胜区管理机构责令停止违法行为、恢复原状或者限期拆除，没收违法所得，并处50万元以上100万元以下的罚款：

（一）在风景名胜区内进行开山、采石、开矿等破坏景观、植被、地形地貌的活动的；

（二）在风景名胜区内修建储存爆炸性、易燃性、放射性、毒害性、腐蚀性物品的设施的；

（三）在核心景区内建设宾馆、招待所、培训中心、疗养院以及与风景名胜资源保护无关的其他建筑物的。

县级以上地方人民政府及其有关主管部门批准实施本条第一款规定的行为的，对直接负责的主管人员和其他直接责任人员依法给予降级或者撤职的处分；构成犯罪的，依法追究刑事责任。

第四十一条　违反本条例的规定，在风景名胜区内从事禁止范围以外的建设活动，未经风景名胜区管理机构审核的，由风景名胜区管理机构责令停止建设、限期拆除，对个人处2万元以上5万元以下的罚款，对单位处20万元以上50万元以下的罚款。

第四十二条　违反本条例的规定，在国家级风景名胜区内修建缆车、索道等重大建设工程，项目的选址方案未经国务院建设主管部门核准，县级以上地方人民政府有关部门核发选址意见书的，对直接负责的主管人员和其他直接责任人员依法给予处分；构成犯罪的，依法追究刑事责任。

第四十三条　违反本条例的规定，个人在风景名胜区内进行开荒、修坟立碑等破坏景观、植被、地形地貌的活动的，由风景名胜区管理机构责令停止违法行为、限期恢复原状或者采取其他补救措施，没收违法所得，并处1000元以上1万元以下的罚款。

第四十四条　违反本条例的规定，在景物、设施上刻划、涂污或者在风景名胜区内乱扔垃圾的，由风景名胜区管理机构责令恢复原状或者采取其他补救措施，处50元的罚款；刻划、涂污或者以其他方式故意损坏国家保护的文物、名胜古迹的，按照治安管理处罚法的有关规定予以处罚；构成犯罪的，依法追究刑事责任。

第四十六条　违反本条例的规定，施工单位在施工过程中，对周围景物、水体、林草植被、野生动物资源和地形地貌造成破坏的，由风景名胜区管理机构责令停止违法行为、限期恢复原状或者采取其他补救措施，并处2万元以上10万元以下的罚款；逾期未恢复原状或者采取有效措施的，由风景名胜区管理机构责令停止施工。

《古人类化石和古脊椎动物化石保护管理办法》（节录）

（2006年7月3日文化部部务会议审议通过　文化部令第38号公布
自公布之日起施行）

第二条　本办法所称古人类化石和古脊椎动物化石，指古猿化石、古人类化石及其与人类活动有关的第四纪古脊椎动物化石。

第四条　古人类化石和古脊椎动物化石分为珍贵化石和一般化石；珍贵化石分为三级。古人类化石、与人类有祖裔关系的古猿化石、代表性的与人类有旁系关系的古猿化石、代表性的与人类起源演化有关的第四纪古脊椎动物化石为一级化石；其他与人类有旁系关系的古猿化石、系统地位暂不能确定的古猿化石、其他重要的与人类起源演化有关的第四纪古脊椎动物化石为二级化石；其他有科学价值的与人类起源演化有关的第四纪古脊椎动物化石为三级化石。

一、二、三级化石和一般化石的保护和管理，按照国家有关一、二、三级文物和一般文物保护管理的规定实施。

第五条　古人类化石和古脊椎动物化石地点以及遗迹地点，纳入不可移动文物的保护和管理体系，并根据其价值，报请核定公布为各级文物保护单位。

《文物藏品定级标准》

（2001年4月5日文化部部务会议通过　2001年4月9日文化部令第19号颁布
自颁布之日起实施）

根据《中华人民共和国文物保护法》和《中华人民共和国文物保护法实施细

相关执法参考

则》的有关规定，特制定本标准。

文物藏品分为珍贵文物和一般文物。珍贵文物分为一、二、三级。具有特别重要历史、艺术、科学价值的代表性文物为一级文物；具有重要历史、艺术、科学价值的为二级文物；具有比较重要历史、艺术、科学价值的为三级文物。具有一定历史、艺术、科学价值的为一般文物。

一、一级文物定级标准

（一）反映中国各个历史时期的生产关系及其经济制度、政治制度，以及有关社会历史发展的特别重要的代表性文物；

（二）反映历代生产力的发展、生产技术的进步和科学发明创造的特别重要的代表性文物；

（三）反映各民族社会历史发展和促进民族团结、维护祖国统一的特别重要的代表性文物；

（四）反映历代劳动人民反抗剥削、压迫和著名起义领袖的特别重要的代表性文物；

（五）反映历代中外关系和在政治、经济、军事、科技、教育、文化、艺术、宗教、卫生、体育等方面相互交流的特别重要的代表性文物；

（六）反映中华民族抗御外侮，反抗侵略的历史事件和重要历史人物的特别重要的代表性文物；

（七）反映历代著名的思想家、政治家、军事家、科学家、发明家、教育家、文学家、艺术家等特别重要的代表性文物，著名工匠的特别重要的代表性作品；

（八）反映各民族生活习俗、文化艺术、工艺美术、宗教信仰的具有特别重要价值的代表性文物；

（九）中国古旧图书中具有特别重要价值的代表性的善本；

（十）反映有关国际共产主义运动中的重大事件和杰出领袖人物的革命实践活动，以及为中国革命做出重大贡献的国际主义战士的特别重要的代表性文物；

（十一）与中国近代（1840－1949）历史上的重大事件、重要人物、著名烈士、著名英雄模范有关的特别重要的代表性文物；

（十二）与中华人民共和国成立以来的重大历史事件、重大建设成就、重要领袖人物、著名烈士、著名英雄模范有关的特别重要的代表性文物；

（十三）与中国共产党和近代其他各党派、团体的重大事件，重要人物、爱国侨胞及其他社会知名人士有关的特别重要的代表性文物；

（十四）其他具有特别重要历史、艺术、科学价值的代表性文物。

二、二级文物定级标准

（一）反映中国各个历史时期的生产力和生产关系及其经济制度、政治制度，以及有关社会历史发展的具有重要价值的文物；

（二）反映一个地区、一个民族或某一个时代的具有重要价值的文物；

（三）反映某一历史人物、历史事件或对研究某一历史问题有重要价值的文物；

（四）反映某种考古学文化类型和文化特征，能说明某一历史问题的成组文物；

（五）历史、艺术、科学价值一般，但材质贵重的文物；

（六）反映各地区、各民族的重要民俗文物；

（七）历代著名艺术家或著名工匠的重要作品；

（八）古旧图书中有具有重要价值的善本；

（九）反映中国近代（1840－1949）历史上的重大事件、重要人物、著名烈士、著名英雄模范的具有重要价值的文物；

（十）反映中华人民共和国成立以来的重大历史事件、重大建设成就、重要领袖人物、著名烈士、著名英雄模范的具有重要价值的文物；

（十一）反映中国共产党和近代其他各党派、团体的重大事件，重要人物、爱国侨胞及其他社会知名人士的具有重要价值的文物；

（十二）其他具有重要历史、艺术、科学价值的文物。

三、三级文物定级标准

（一）反映中国各个历史时期的生产力和生产关系及其经济制度、政治制度，以及有关社会历史发展的比较重要的文物；

（二）反映一个地区、一个民族或某一时代的具有比较重要价值的文物；

（三）反映某一历史事件或人物，对研究某一历史问题有比较重要价值的文物；

（四）反映某种考古学文化类型和文化特征的具有比较重要价值的文物；

（五）具有比较重要价值的民族、民俗文物；

（六）某一历史时期艺术水平和工艺水平较高，但有损伤的作品；

（七）古旧图书中具有比较重要价值的善本；

（八）反映中国近代（1840－1949）历史上的重大事件、重要人物、著名烈士、著名英雄模范的具有比较重要价值的文物；

（九）反映中华人民共和国成立以来的重大历史事件、重大建设成就、重要领袖人物、著名烈士、著名英雄模范的具有比较重要价值的文物；

（十）反映中国共产党和近代其他各党派、团体的重大事件，重要人物、爱国侨胞及其他社会知名人士的具有比较重要价值的文物；

（十一）其他具有比较重要的历史、艺术、科学价值的文物。

四、一般文物定级标准

（一）反映中国各个历史时期的生产力和生产关系及其经济制度、政治制度，以及有关社会历史发展的具有一定价值的文物；

（二）具有一定价值的民族、民俗文物；

（三）反映某一历史事件、历史人物，具有一定价值的文物；

（四）具有一定价值的古旧图书、资料等；

（五）具有一定价值的历代生产、生活用具等；

（六）具有一定价值的历代艺术品、工艺品等；

（七）其他具有一定历史、艺术、科学价值的文物。

五、博物馆、文物单位等有关文物收藏机构，均可用本标准对其文物藏品鉴选和定级。社会上其他散存的文物，需要定级时，可照此执行。

六、本标准由国家文物局负责解释。

相关执法参考

附：一级文物定级标准举例

一、玉、石器　时代确切，质地优良，在艺术上和工艺上有特色和有特别重要价值的；有确切出土地点，有刻文、铭记、款识或其他重要特征，可作为断代标准的；有明显地方特点，能代表考古学一种文化类型、一个地区或作坊杰出成就的；能反映某一时代风格和艺术水平的有关民族关系和中外关系的代表作。

二、陶器　代表考古学某一文化类型，其造型和纹饰具有特别重要价值的；有确切出土地点可作为断代标准的；三彩作品中造型优美、色彩艳丽、具有特别重要价值的；紫砂器中，器形完美，出于古代与近代名家之手的代表性作品。

三、瓷器　时代确切，在艺术上或工艺上有特别重要价值的；在纪年或确切出土地点可作为断代标准的；造型、纹饰、釉色等能反映时代风格和浓郁民族色彩的；有文献记载的名瓷、历代官窑及民窑的代表作。

四、铜器　造型、纹饰精美，能代表某个时期工艺铸造技术水平的；有确切出土地点可作为断代标准的；铭文反映重大历史事件、重要历史人物的或书法艺术水平高的；在工艺发展史上具有特别重要价值的。

五、铁器　在中国冶铸、锻造史上，占有特别重要地位的钢铁制品；有明确出土地点和特别重要价值的铁质文物；有铭文或错金银、镶嵌等精湛工艺的古代器具；历代名人所用，或与重大历史事件有直接联系的铁制历史遗物。

六、金银器　工艺水平高超，造型或纹饰十分精美，具有特别重要价值的；年代、地点确切或有名款，可作断代标准的金银制品。

七、漆器　代表某一历史时期典型工艺品种和特点的；造型、纹饰、雕工工艺水平高超的；著名工匠的代表作。

八、雕塑　造型优美、时代确切，或有题记款识，具有鲜明时代特点和艺术风格的金属、玉、石、木、泥和陶瓷、髹漆、牙骨等各种质地的、具有特别重要价值的雕塑作品。

九、石刻砖瓦　时代较早，有代表性的石刻；刻有年款或物主铭记可作为断代标准的造像碑；能直接反映社会生产、生活，神态生动、造型优美的石雕；技法精巧、内容丰富的画像石；有重大史料价值或艺术价值的碑碣墓志；文字或纹饰精美，历史、艺术价值特别重要的砖瓦。

十、书法绘画　元代以前比较完整的书画；唐以前首尾齐全有年款的写本；宋以前经卷中有作者或纪年且书法水平较高的；宋、元时代有名款或虽无名款而艺术水平较高的；具有特别重要价值的历代名人手迹；明清以来特别重要艺术流派或著名书画家的精品。

十一、古砚　时代确切，质地良好、遗存稀少的；造型与纹饰具有鲜明时代特征，工艺水平很高的端、歙等四大名砚；有确切出土地点，或流传有绪，制作精美，保存完好，可作断代标准的；历代重要历史人物使用过的或题铭价值很高的；历代著名工匠的代表作。

十二、甲骨　所记内容具有特别重要的史料价值，龟甲、兽骨比较完整的；所刻文字精美或具有特点，能起断代作用的。

十三、玺印符牌　具有特别重要价值的官私玺、印、封泥和符牌；明、清篆刻中主要流派或主要代表人物的代表作。

十四、钱币　在中国钱币发展史上占有特别重要地位、具有特别重要价值的历代钱币、钱范和钞版。

十五、牙骨角器　时代确切，在雕刻艺术史上具有特别重要价值的；反映民族工艺特点和工艺发展史的；各个时期著名工匠或艺术家代表作，以及历史久远的象牙制品。

十六、竹木雕　时代确切，具有特别重要价值，在竹木雕工艺史上有独特风格，可作为断代标准的；制作精巧、工艺水平极高的；著名工匠或艺术家的代表作。

十七、家具　元代以前（含元代）的木质家具及精巧冥器；明清家具中以黄花梨、紫檀、鸡翅木、铁梨、乌木等珍贵木材制作、造型优美、保存完好、工艺精良的；明清时期制作精良的髹饰家具；明清及近现代名人使用的或具有重大历史价值的家具。

十八、珐琅　时代确切，具有鲜明特点，造型、纹饰、釉色、工艺水平很高的珐琅制品。

十九、织绣　时代、产地准确的；能代表一个历史时期工艺水平的具有特别重要价值的不同织绣品种的典型实物；色彩艳丽，纹饰精美，具有典型时代特征的；著名织绣工艺家的代表作。

二十、古藉善本　元以前的碑贴、写本、印本；明清两代著名学者、藏书家撰写或整理校订的、在某一学科领域有重要价值的稿本、抄本；在图书内容、版刻水平、纸张、印刷、装帧等方面有特色的明清印本（包括刻本、活字本、有精美版画的印本、彩色套印本）、抄本；有明清时期著名学者、藏书家批校题跋、且批校题跋内容具有重要学术资料价值的印本、抄本。

二十一、碑帖拓本　元代以前的碑帖拓本；明代整张拓片和罕见的拓本；初拓精本；原物重要且已佚失，拓本流传极少的清代或近代拓本；明清时期精拓套帖；清代及清代以前有历代名家重要题跋的拓本。

二十二、武器　在武器发展史上，能代表一个历史阶段军械水平的；在重要战役或重要事件中使用的；历代著名人物使用的、具有特别重要价值的武器。

二十三、邮品　反映清代、民国、解放区邮政历史的、存量稀少的；中华人民共和国建国以来具有特别重要价值的邮票和邮品。

二十四、文件、宣传品　反映重大历史事件，内容重要，具有特别重要意义的正式文件或文件原稿；传单、标语、宣传画、号外、捷报；证章、奖章、纪念章等。

二十五、档案文书　从某一侧面反映社会生产关系、经济制度、政治制度和土地、人口、疆域变迁以及重大历史事件、重要历史人物事迹的历代诏谕、文告、题本、奏折、诰命、舆图、人丁黄册、田亩钱粮簿册、红白契约、文据、书札等官方档案和民间文书中，具有特别重要价值的。

二十六、名人遗物　已故中国共产党著名领袖人物、各民主党派著名领导人、著名爱国侨领、著名社会活动家的具有特别重要价值的手稿、信札、题词、题字等以及具有特别重要意义的用品。

注：二、三级文物定级标准举例可依据一级文物定级标准举例类推。

《关于印发〈近现代文物征集参考范围〉和〈近现代一级文物藏品定级标准（试行）〉的通知》

（2003年5月13日国家文物局颁布　自颁布之日起实施）

各省、自治区、直辖市文化厅局）、文物局、文管会，直属博物馆，有关行业博物馆：

新中国成立以来，特别是改革开放以来，我国革命文物和革命纪念馆工作取得了令人瞩目的成绩。据不完全统计，目前全国收藏、展示1840年以来的近代文物（含革命文物）的博物馆、纪念馆已达400多所，征集、保管近代文物50多万件，举办丰富多彩的陈列展览和宣传教育活动，在社会主义政治文明、精神文明和物质文明建设中发挥了重要作用。但从全国总的情况看，当前近现代文物保护、研究和展示、宣传工作中还存在一些带有普遍性的问题。

一是收藏尚不够丰富，反映我国近现代社会发展变化的文物普遍收藏较少，反映社会主义革命和建设的文物收藏更少，有的地区，有的博物馆几乎是空白。这不仅难已全面反映一个半世纪艰难曲折、波澜壮阔的中国近现代历史，也导致许多博物馆、纪念馆的陈列展览缺乏珍贵实物的支撑，往往以相互雷同、重复的照片、复制品填充展面，达不到应有的吸引力和感染力。随着现代科学技术和经济建设的快速发展，社会生产、生活和物质条件迅猛改善，近现代历史上各类具有重要价值的实物资料加速灭亡。除与中共党史有关的革命文物较受重视外，1840－1949年间、新中国成立以来的许多颇具收藏意义的其他文物史料尚未得到系统征集，抢救保护工作日趋紧迫，刻不容缓。

二是涉及近现代文物管理的法制建设相对滞后，《文物保护法》、《革命纪念馆工作试行条例》、《博物馆藏品管理办法》、《文物藏品定级标准》等法规，均未具体规范近现代文物的保护范围和价值认定。面对浩如烟海的近现代实物资料，各地文博单位在实际工作中难以准确把握哪些属于有价值的近现代文物，征集范畴、价值判断的随意性较大，在一定程度上影响了近现代文物保护和宣传工作的健康发展。

为进一步加强近现代文物征集、保护基础工作，我局根据《文物保护法》、《文物藏品定级标准》等法规，结合1993－1999年开展全国近现代一级文物（革命文物）鉴定确认工作中积累的经验，组织起草了《近现代文物征集参考范围》（草案）、《近现代一级文物藏品鉴定标准（试行）》（草案），并在征求各地文物部门及博物馆、纪念馆意见的基础上，组织有关专家作了反复讨论和修改。

现将我局审定的《近现代文物征集参考范围》、《近现代一级文物藏品鉴定标准（试行）》印发给你们，供参照执行。执行过程中的意见和建议，请及时反馈我局。

附件一：

近现代文物征集参考范围

中华人民共和国成立以来，特别是改革开放以来，近现代文物特别是革命文物征集、保护工作取得了令人瞩目的成绩。各地博物馆、纪念馆运用近现代文物向人民群众和青少年进行爱国主义、革命传统教育，普及科学文化知识，特别是传播近现代以来中国人民为民族独立和解放而艰苦拼搏的历史知识，在社会主义政治文明、精神文明和物质文明建设中发挥了重要作用。但从全国总的情况看，反映我国近现代社会发展变化的文物征集面较窄，收藏较少，反映社会主义革命和建设的文物收藏更少。这不仅难以全面反映1840年以来波澜壮阔、艰难曲折的中国近现代历史，也导致许多博物馆、纪念馆的陈列展览缺乏珍贵文物的支撑，吸引力和感染力受到局限。随着现代科学技术和经济建设的快速发展，社会生产、生活和物质条件迅猛改善，近现代历史上各类具有重要价值的在、实物资料加速灭亡，抢救保护工作日趋紧迫，刻不容缓。

为加强近现代文物的征集工作，特提出以下征集范围：

一、反映中国近现代社会历史变革及有关社会历史发展的文物。

1. 近代中国（1840年-1919年“五四运动”爆发之前）重大事件、重要人物、著名烈士和爱国志士的有关文物。

2. 现代中国（1919年“五四运动”爆发-1949年9月30日）重大事件、重要人物、著名英烈和爱国志士的有关文物。

3. 当代中国（1949年10月1日中华人民共和国成立以来）重大事件、重要人物、著名英烈和爱国志士的有关文物。

重点征集：

——中国共产党成立以来重大历史事件、重要领袖人物、著名革命烈士的有关文物。

——近代以来中国各党派、团体的重大事件、重要人物和著名爱国侨领、社会知名人士的有关文物。

——近代以来中国著名的思想家、政治家、革命家、军事家、科学家、发明家、教育家、文学家、艺术家、企业家等和其他社会名流的有关文物。

——国际共产主义运动中的重大事件、重要人物，以及为中国革命和建设作出重大贡献的国际友人的有关文物。

二、反映中国近现代政治、经济、军事、科技、教育、文化、卫生、体育、宗教等方面发展的文物。

1. 有关政权建设、政治制度、政策法令等的文物。

2. 有关经济建设、经济制度、经济政策、生产技术、生产工具、重要产品等的文物。重点征集工业、农业、商品、财税、交通、海关、邮电、能源、金融（货币）等领域的代表性文物。

3. 有关国防建设、军队建制武器装备等的文物。

4. 有关科技体制、科技设备、科技发明、科技成果等的文物。

5. 有关教育制度、教育发展、重大活动和重要成果等的文物。

6. 有关文化（含艺术、新闻出版等）事业发展、重大活动和重要成果的文物。

7. 有关卫生、体育事业发展、重大活动和重要成果等的文物。

8. 有关宗教工作、宗教组织、宗教政策等的文物。

三、反映中国近现代各民族的社会发展及民族关系、民族团结、民族自治、维护祖国统一等方面的文物。

四、反映中国近现代各民族的生产活动、生活习俗、文化艺术和宗教信仰等方面的文物。

1. 各民族有代表性的生产工具、生活用品和有关宗教信仰的典型物品。

2. 各民族有代表性的年画、剪纸、风筝、皮影、雕刻、漆器。

附件二：

近现代一级文物藏品定级标准（试行）

第一条　为加强对近现代文物的保护和管理，深入开展爱国主义和革命传统教育，促进社会主义政治文明、精神文明和物质文明建设，根据《中华人民共和国文物保护法》、《文物藏品定级标准》等，制定本标准。

第二条　近现代文物藏品是指博物馆、纪念馆和其他文物收藏单位收藏的1840年以来的文物，按照历史、艺术、科学价值区分为珍贵文物和一般文物，珍贵文物分为一级文物、二级文物、三级文物。

本标准适用于综合类博物馆、近现代历史类博物馆、纪念馆、名人故居陈列馆（室）的近现代一级文物藏品。其他文物收藏单位、其他级别的近现代文物藏品可比照本标准确定等级。

第三条　一级文物必须是经过科学考证，确为原件、源流具有确凿依据且数量仅有或稀有的珍贵文物，并应具有以下一项或几项条件：

（一）对反映全国性重大历史事件、人物具有直接见证意义或重要佐证意义的；

（二）对反映地方性重大历史具有直接见证意义或重要佐证意义的；

（三）某一领域中的重大发明、发现，具有开创性、代表性或里程碑意义的；

（四）文物反映的物主明确并拥有很高知名度，且能反映物主主要业绩的；

（五）有确切、生动的形成经过和流传经过的；

（六）载有时代特征或特殊意义的铭文、注记或图案标志的。

第四条　近现代文物种类繁多，依其形式，用途和意义，可分为文献，手稿，书刊传单，勋章徽章证件，旗帜，印信图章，武器装备（含各种军用物品），反映社会发展的文物，反映祖国大陆与港、澳、台关系的文物，反映对外关系的文物，音像制品，名人遗物，艺术品、工艺美术品，货币、邮票等实用艺术类物品，实用器材，杂项等十六类。各类一级文物的定级壁画、蜡染、服饰、头饰、刺绣、地毯等民间艺术品、工艺品。

五、映近代以来中国人民反抗剥削压迫的重大事件和重要人物的文物。

六、反映近代以来中国人民抵御外侮、反抗侵略的重大事件和重要人物的文物。

七、反映近代以来中外关系、友好往来和政治、经济、军事、科技、文化、艺术、卫生、体育、宗教等方面相互交流的文物。

1. 中国参与创建联合国和参与联合国活动，以及参与其他国际组织、各种国际会议的有关文物。

2. 中国与世界各国建立外交关系的有关文物。

3. 中国对外交往、与其他国家合作交流的有关文物。

4. 中国参与各类国际竞赛、评比活动并获奖的有关文物。

5. 中国政府、政党及其领导人与外国政府、政党及其领导人友好交往，中国民间团体、知名人士与国际友好团体、友好人士交往的有关文物。标准，按不同种类分别确定。

第五条　文献：各种重要会议之决议、决定、宣言，各种机关（党派、政府、军队、团体及其他机构）的文书、布告、电报、报告、指示、通知、总结等原始正式文件，凡数量稀少并具有下列情况之一的，确定为一级文物：

（一）1840年以来全国性党、政、军机构（包括太平天国、同盟会、中华民国临时政府、各民主党派等）成力后第一次印发的文告、宣言；

（二）1949年以前有影响的地方性党、政、军机关（包括各省、市军政府、都督府、苏维埃政府等）成立后第一次印发的文书、文告；

（三）1949年以前全国和省级以上群众团体（工会、农会、青年团等）第一次代表大会印发的重要文件；

（四）具有重大历史意义的会议的重要决议、决定、宣言等；

（五）国家首次颁布并有重要意义的法律、法规等；

（六）反映重大事件且有特殊形成经过和流传经过的文件；

（七）虽非第一次，但有重要内容，并盖有发文机关印信关防和发文者印章的，有张贴和使用痕迹的布告、文件；

（八）确知元件已无存，最早的翻印件并有特殊情节，现存数量为仅有或极其稀少的重要文献；

（九）其他具有重要历史意义或特殊意义的文献。

第六条　手稿：全国性领袖人物、著名军政人物、著名烈士、著名英雄模范人物、著名作家及各界公认的著名人物等亲笔起草的文件、电报、作品、信涵、题词等的原件，凡具有下列情况之一的，确定为一级文物：

（一）著名人物为重要会议、重要事件起草的文件、电报、文告原稿；

（二）著名人物为报刊所写的有广泛影响的新闻、社论、评论原稿；

（三）著名人物作有重要批语或重要修改并保留手迹的文稿；

（四）著名人物的日记、笔记或其他记录，有重要史料价值的；

（五）著名人物为重要会议、重要活动、著名英烈人物所写的有重要内容和广泛影响的题词；

（六）著名人物为具有重要历史地位的机构、书刊等提写的名称中有特殊意义的；

（七）著名人物所写具有重要 内容或对重大事件有佐证价值的信涵；

相关执法参考

（八）著名作家的代表性著作的手稿；

（九）其他具有重要历史意义或特殊意义的手稿。

第七条　书刊、传单：书刊包括书籍、报纸、期刊、号外、时事材料、文件汇编等印刷品；传单包括重大事件和历史大规模群众性运动中散发、张贴的传单、标语、漫画，重要战役的捷报，也包括交战双方向敌方散发的宣传品。数量稀少并有下列情况之一的，确定为一级文物：

（一）在全国或某一地区产生过重大影响，年代较早，存世已很稀少的书刊；

（二）具有重要历史意义的原始版本或最早版本、存世稀少的出版物；

（三）领袖或著名人物阅读过并写有重要眉批、评语和心得的书刊；

（四）反映重大历史事件，具有典型性，现存稀少或流传经过有特殊情节的书刊、传单；

（五）因战乱或其他原因，有些报刊已残缺，现存部分极珍贵，对重大史实有佐证作用的；

（六）其他具有重要历史意义或特殊意义的书刊、传单。

第八条　勋章、徽章、证件：各类奖章、勋章、奖状（立功喜报）、纪念章、机关（学校、团体）证章、证件、证书、代表证，以及其他标志符号等，有下列情况之一的，确定为一级文物：

（一）勋章（奖章）等级和受勋人身份很高，留存数量稀少的；

（二）中央级机关颁发给著名英雄模范、先进人物的勋章、奖章、奖状、证书、喜报（1949 年以前颁发机关可放宽至大战略区、大行政区）；

（三）在奥运会和世界性运动会上所得的金质奖章及证书，以及打破世界记录和全国记录的奖章及证书；

（四）反映重大历史事件，有特殊情节的勋章、奖章、奖状、纪念章、证章；

（五）著名人物出席重要会议的代表证，编号、发怔机关及印章齐全者；

（六）物主不详，但铭文、编号齐全，或设计图案独特新颖，由权威机关制发，对重大事件有佐证作用的纪念章、证章，数量稀少的；

（七）具有重大影响的著名学校、著名人物的毕业证书和学位证书；

（八）其他具有重要历史意义或特殊 的勋章、徽章、证件。

第九条　旗帜：国旗、军旗、奖旗、舰旗、队旗、锦旗、贺幛等各种标志性、识别性旗帜，有下列情况之一的，确定为一级文物：

（一）立法机关通过的国旗、军旗设计图案及样品；

（二）在重大场合首次使用的国旗、军旗；

（三）在特殊场合使用过的国旗、军旗及其他旗帜（地球卫星第一次带上太空的国旗，第一次插上珠穆朗玛峰的国旗等）；

（四）著名英模单位在作战时或执行任务时使用的旗帜（红旗、国旗、军旗、队旗等）；

（五）高级领导机关授予著名英模单位的奖旗、锦旗；

（六）著名学校、军舰使用过的第一面校旗、舰旗等；

（七）其他具有重要历史意义或特殊意义的旗帜、贺幛、挽幛。

第十条　印信图章：国家机关、军队、政党、群众团体等使用过的关防、公章、各种印信，著名人物个人使用过的印章等，有下列情况之一的，确定为一级文物：

（一）中央国家机关（如太平天国、中华民国、北洋军阀政府、中华苏维埃共和国中央执行委员会、中华人民共和国中央人民政府、中央军委等）使用过的玺印、关防、印章；

（二）各省、市、自治区人民政府首次使用的印章；

（三）1949年以前各地军、政高级领导机关使用过的印章、关防；

（四）著名历史人物使用过的有代表性的个人印章；

（五）其他有特殊意义或流传经过的印信图章。

第十一条　武器装备：各种兵器、弹药和军用车辆、机械、器具、地图、通讯器材、防护器材、观测器材、医疗器材及其他军用物品，有下列情况之一的，确定为一级文物：

（一）高级将领、重大武装起义中的领袖人物或代表人物在重要军事行动中使用过的兵器、望远镜及其他物品；

（二）著名战斗英雄或英雄单位使用过的有特殊标志、特殊功勋或被授予称号的有关兵器、机械、器具、装备及其他物品；

（三）在军事史上具有重大意义的兵器、装备、舰船、航空航天器材及其他物品；

（四）在著名战争、战役、战斗中缴获敌人的有重要意义的兵器、装备及其他物品；

（五）1949年以前各根据地兵工厂制造的有代表性的兵器及相关物品；

（六）有铭文、有特殊流传经过和特殊意义的兵器、装备及其他物品；

（七）有重要历史佐证意义，可揭露敌方侵略罪行的武器和其他军用物品；

（八）其他具有重要历史意义或特殊意义的武器装备及军用物品。

第十二条　反映社会发展的文物：反映近现代中国社会、经济、文化、科技、民族、宗教信仰及生态等各方面发展变化的重要遗存和见证物，下列具有典型性、代表性的，确定为一级文物：

（一）映中国近现代这会性质、社会制度变化的重要文物（如签定的不平等条约、设立租界的界碑、反映帝国主义对华经济文化侵蚀，太平天国、洋务运动、推翻帝制、建立民国，中华人民共和国成立，土地制度、土地改革、农业合作化、公私合营、人民公社、“革委会”、家庭联产承包责任制等社会变革的重要文物）；

（二）映中国经济发展的重要文物（如反映生产力发展各阶段的代表性生产工具、近代老字号企业、经济特区、国有企业、民营企业、股份制企业、基础设施建设、资源、生态、人民生活水平等的重要文物）；

（三）映中国科技发展水平的文物（包括有重要意义的各种仪器、科学实验、重大成果、发明专利等）；

（四）反映中国教育、卫生、文化、体育等事业发展的重要文物；

（五）映中国民族关系、民族自治区建设等方面的重要文物；

相关执法参考

（六）反映中国国防建设（军队、民兵、武警、国防设施、国防科技等）的重要文物；

（七）其他具有重要历史意义或特殊意义的反映社会发展的文物。

第十三条 反映祖国大陆与港、澳、台关系的文物，下列具有重大意义的，确定为一级文物：

（一）反映收回台湾主权和促进台湾回归祖国的重要文物；

（二）反映中国与英国、葡萄牙谈判及收回香港、澳门主权的重要文物；

（三）反映祖国大陆与港、澳、台地区经济、文化往来等方面的重要文物。

第十四条 反映对外关系的文物：中外友好往来及政治、经济、军事、科技、文化、艺术、卫生、体育、宗教等方面相互交流的文物，下列具有重大意义的，确定为一级文物：

（一）中国代表参与联合国创建和参与联合国工作的重要文物；

（二）中国代表参与各种国际组织、国际会议活动的重要文物；

（三）反映中国与外国签定条约、发表联合声明，以及中国发布宣言、文告、照会等的重要文物；；

（四）反映中国与邻居划定边界的重要文物（如界碑）；

（五）外国国家元首、政治首脑、各方面要员赠送中国领导人的有重大意义的礼品；

（六）中国与外国的城市间结为友好城市的代表性、标志性文物；

（七）与外国友好团体、民间组织交往中有典型意义的文物；

（八）其他具有重要历史意义或特殊意义的反映对外关系的文物。

第十五条 音像制品：照片（含底片）、录音带、录音唱片、记录片、录象带、光盘等，形成时间较早、存世稀少、能反映重要人物的重要活动、对重大历史事件有佐证意义的原版作品，或流传经过中有特殊情节的原版作品，确定为一级文物。

第十六条 名人遗物：领袖人物、著名烈士、著名英模及社会各界名人的遗存物，凡不能归入以上十类文物的，除名人日常生活的一般用品外，可酌情选取最能体现名人成长过程和生平业绩的，定为一级文物。

第十七条 艺术品、工艺美术品：从两个互相区别又互有联系的角度确定一级文物。一是从近代历史的角度出发，对享有盛誉的作者创作的表现近现代重大历史题材、堪称代表作的作品，或者有极特殊的情节、特殊意义的作品，确定为一级文物；二是从艺术水平和艺术发展史的角度出发，对极少数确已受到公认的、艺术价值极高、具有时代意义的作品，确定为一级文物。

第十八条 货币、邮票等实用艺术类物品：从两个互相区别有互有联系的角度确定一级文物。一是从近现代历史的角度出发，对表现近现代重大历史题材的，或者有极特殊情节、特殊意义的实用艺术类物品，确定为一级文物；二是从艺术水平和艺术发展史 的角度出发，对极少数具有时代独创性、首创性和唯一性的，确已受到公认、价值极为突出的实用艺术类物品，确定为一级文物。

第十九条 金器、银器、铜器、玉器、漆器等实用器物：材质、工艺极其珍惜或经济价值特别昂贵的，确定为一级文物。

相关执法参考	第二十条　杂项：不能归入以上十五类文物的，列为杂项。其中确定有重大历史意义或其他特殊意义的，确定为一级文物。 第二十一条　一级文物集品的确定。集品是指那些由若干部件构成的不可分割的组合式文物藏品，如成套的报纸、期刊，多卷本文集，著名人物的多本日记，名人书信、手稿合订本，成套的军装（含军帽、军上衣、军裤、帽徽、肩章、领章、胸章、臂章、腰带、佩剑）等。凡部件齐全的，作为一个完整集品，按各类一级文物的定级标准定为一级文物（一个编号下含若干分号）；凡部件不全的，作为残缺的集品，对其中确符合一级文物定级标准的，将现有部件尚不完整的集品定为一级文物，待发现尚缺的部件后再作补充，直到补充完整。

一百二十二、违法实施危及文物安全的活动

（《治安管理处罚法》第63条第2项）

<table>
<tr><td colspan="2">案由</td><td>违法实施危及文物安全的活动</td></tr>
<tr><td colspan="2">概念</td><td>违法实施危及文物安全的活动，是指违反国家规定，在文物保护单位附近进行爆破、挖掘等活动，危及文物安全，尚不够刑事处罚的行为。</td></tr>
<tr><td rowspan="3">违法构成要件</td><td>违法客体</td><td>本行为侵犯的客体是国家对文物的管理秩序。</td></tr>
<tr><td>违法客观方面</td><td>本行为在客观方面表现为违反国家规定，在文物保护单位附近进行爆破、挖掘等活动，危及文物安全，尚不够刑事处罚的行为。
“文物保护单位”是指古文化遗址、古墓葬、古建筑、石窟寺、石刻、壁画、近代现代重要史迹和代表性建筑等不可移动文物。根据它们的历史、艺术、科学价值，可以分别确定为全国重点文物保护单位，省级文物保护单位，市、县级文物保护单位。
违反“国家规定”，是指文物保护法律法规中的相关规定。
《文物保护法》在第17条规定：“文物保护单位的保护范围内不得进行其他建设工程或者爆破、钻探、挖掘等作业。但是，因特殊情况需要在文物保护单位的保护范围内进行其他建设工程或者爆破、钻探、挖掘等作业的，必须保证文物保护单位的安全，并经核定公布该文物保护单位的人民政府批准，在批准前应当征得上一级人民政府文物行政部门同意；在全国重点文物保护单位的保护范围内进行其他建设工程或者爆破、钻探、挖掘等作业的，必须经省、自治区、直辖市人民政府批准，在批准前应当征得国务院文物行政部门同意。”
关于“保护范围”，《文物保护法》第15条规定：“各级文物保护单位，分别由省、自治区、直辖市人民政府和市、县级人民政府划定必要的保护范围，作出标志说明，建立记录档案，并区别情况分别设置专门机构或者专人负责管理。全国重点文物保护单位的保护范围和记录档案，由省、自治区、直辖市人民政府文物行政部门报国务院文物行政部门备案。”
“危及文物安全”，是指因为在文物保护单位附近进行爆破、挖掘等活动，可能导致古建筑或古文化遗址的倒塌等情形，相关文物保护单位是否实际受到损害，不影响本行为的成立。如果该爆破、挖掘活动根本就不会对文物的安全造成危害的，不构成本行为。</td></tr>
<tr><td>违法主体</td><td>本行为的主体是一般主体，包括单位和个人。单位构成本行为的，对其直接负责的主管人员和其他直接责任人员依照本条的规定处罚。其他法律、行政法规对同一行为规定给予单位处罚的，依照其规定处罚。</td></tr>
</table>

<table>
<tr><td rowspan="1">违法构成要件</td><td>违法主观方面</td><td>本行为的主观方面只能是故意，即行为人明知是在文物保护单位附近，而进行爆破、挖掘等活动。</td></tr>
<tr><td>认定界限</td><td colspan="2">（一）本行为与非治安违法行为的界限。

在实践中，判断行为人的爆破、挖掘或其他行为是否构成本行为，关键在于：
1. 行为是否违反了国家有关文物保护单位的规定。有时候，行为确实危及了文物安全，而且还可能已经对文物造成了一定的损害，但是，该行为是经过有关单位批准的，只是由于某些特殊原因的出现才出现危及文物安全的情形或造成对文物的损害，这种行为不构成本行为，因为，其没有违反国家有关文物保护单位的规定。
2. 行为是否危及文物安全。只有危及到文物安全的，才会构成违法，如果行为人虽然进行了爆破、挖掘等活动，但很轻微，对文物不会造成任何危害影响的，不构成本行为。
以上两个因素缺一不可。

（二）本行为与过失损毁文物罪的界限。

《刑法》第324条第3款规定的过失损毁文物罪，是指违反文物保护法规，过失损毁国家保护的珍贵文物或者被确定为全国重点文物保护单位、省级文物保护单位的文物，造成严重后果的行为。两者的区别主要在于：
1. 行为人的主观心态不同。本行为在主观方面只能是故意，而过失损毁文物罪表现为过失。
2. 行为情节和后果不同。本行为表现为危及文物安全，但情节和后果都较轻的情况，而过失损毁文物罪必须是造成了“严重后果”的行为。特别要指出的是，过失损毁文物罪也是要求所损毁的文物是国家保护的珍贵文物或者被确定为全国重点文物保护单位、省级文物保护单位的文物，如果不是上述文物，即使情节、后果再严重，也不可能构成犯罪。根据《最高人民检察院 公安部关于公安机关管辖的刑事案件立案追诉标准的规定（一）》（公通字［2008］36号）的规定，过失损毁国家保护的珍贵文物或者被确定为全国重点文物保护单位、省级文物保护单位的文物，涉嫌下列情形之一的，应予立案追诉：
（1）造成珍贵文物严重损毁的；
（2）造成被确定为全国重点文物保护单位、省级文物保护单位的文物严重损毁的；
（3）造成珍贵文物损毁3件以上的；
（4）其他造成严重后果的情形。</td></tr>
</table>

处罚标准	（一）构成本行为的，处警告或者200元以下罚款。 （二）情节较重的，处5日以上10日以下拘留，并处200元以上500元以下罚款。 在实践中，判断情节的轻重，一般应从行为人的动机、手段、目的、行为的次数、造成的后果等方面综合考虑，由公安机关办案人员酌情量罚。一般来说，具有下列情形之一的，应认定为“情节较重”： 1. 多次实施或者造成一定后果的； 2. 未经批准，擅自在文物保护单位附近进行爆破、挖掘等活动，不听制止，继续实施的； 3. 在全国重点文物保护单位、省级文物保护单位的保护范围内实施上述行为，尚不够追究刑事责任的； 4. 其他情节较重的情形。
相关执法参考	**《中华人民共和国治安管理处罚法》**（节录） （2005年8月28日第十届全国人民代表大会常务委员会第十七次会议通过　中华人民共和国主席令第三十八号公布　自2006年3月1日起施行） 第六十三条第二项　有下列行为之一的，处警告或者二百元以下罚款；情节较重的，处五日以上十日以下拘留，并处二百元以上五百元以下罚款： （二）违反国家规定，在文物保护单位附近进行爆破、挖掘等活动，危及文物安全的。 **《中华人民共和国刑法》**（节录） （1979年7月1日第五届全国人民代表大会第二次会议通过　1997年3月14日第八届全国人民代表大会第五次会议修订　根据2011年2月25日第十一届全国人民代表大会常务委员会第十九次会议通过的《中华人民共和国刑法修正案（八）》最新修正） 第三百二十四条　故意损毁国家保护的珍贵文物或者被确定为全国重点文物保护单位、省级文物保护单位的文物的，处三年以下有期徒刑或者拘役，并处或者单处罚金；情节严重的，处三年以上十年以下有期徒刑，并处罚金。 故意损毁国家保护的名胜古迹，情节严重的，处五年以下有期徒刑或者拘役，并处或者单处罚金。 过失损毁国家保护的珍贵文物或者被确定为全国重点文物保护单位、省级文物保护单位的文物，造成严重后果的，处三年以下有期徒刑或者拘役。 **《最高人民检察院 公安部关于公安机关管辖的刑事案件立案追诉标准的规定（一）》**（节录） （公通字［2008］36号） 第四十八条　［过失损毁文物案（刑法第三百二十四条第三款）］过失损毁国家保护的珍贵文物或者被确定为全国重点文物保护单位、省级文物保护单位的文物，涉嫌下列情形之一的，应予立案追诉：

（一）造成珍贵文物严重损毁的；

（二）造成被确定为全国重点文物保护单位、省级文物保护单位的文物严重损毁的；

（三）造成珍贵文物损毁三件以上的；

（四）其他造成严重后果的情形。

第一百零一条　本规定中的“以上”，包括本数。

《中华人民共和国文物保护法》（节录）

（1982年11月19日第五届全国人民代表大会常务委员会第二十五次会议通过　根据2007年12月29日第十届全国人民代表大会常务委员会第三十一次会议《关于修改〈中华人民共和国文物保护法〉的决定》第二次修正）

第二条　在中华人民共和国境内，下列文物受国家保护：

（一）具有历史、艺术、科学价值的古文化遗址、古墓葬、古建筑、石窟寺和石刻、壁画；

（二）与重大历史事件、革命运动或者著名人物有关的以及具有重要纪念意义、教育意义或者史料价值的近代现代重要史迹、实物、代表性建筑；

（三）历史上各时代珍贵的艺术品、工艺美术品；

（四）历史上各时代重要的文献资料以及具有历史、艺术、科学价值的手稿和图书资料等；

（五）反映历史上各时代、各民族社会制度、社会生产、社会生活的代表性实物。

文物认定的标准和办法由国务院文物行政部门制定，并报国务院批准。

具有科学价值的古脊椎动物化石和古人类化石同文物一样受国家保护。

第三条　古文化遗址、古墓葬、古建筑、石窟寺、石刻、壁画、近代现代重要史迹和代表性建筑等不可移动文物，根据它们的历史、艺术、科学价值，可以分别确定为全国重点文物保护单位，省级文物保护单位，市、县级文物保护单位。

历史上各时代重要实物、艺术品、文献、手稿、图书资料、代表性实物等可移动文物，分为珍贵文物和一般文物；珍贵文物分为一级文物、二级文物、三级文物。

第十五条　各级文物保护单位，分别由省、自治区、直辖市人民政府和市、县级人民政府划定必要的保护范围，作出标志说明，建立记录档案，并区别情况分别设置专门机构或者专人负责管理。全国重点文物保护单位的保护范围和记录档案，由省、自治区、直辖市人民政府文物行政部门报国务院文物行政部门备案。

县级以上地方人民政府文物行政部门应当根据不同文物的保护需要，制定文物保护单位和未核定为文物保护单位的不可移动文物的具体保护措施，并公告施行。

第十六条　各级人民政府制定城乡建设规划，应当根据文物保护的需要，事先由城乡建设规划部门会同文物行政部门商定对本行政区域内各级文物保护单位的保护措施，并纳入规划。

第十七条　文物保护单位的保护范围内不得进行其他建设工程或者爆破、钻

相关执法参考

探、挖掘等作业。但是，因特殊情况需要在文物保护单位的保护范围内进行其他建设工程或者爆破、钻探、挖掘等作业的，必须保证文物保护单位的安全，并经核定公布该文物保护单位的人民政府批准，在批准前应当征得上一级人民政府文物行政部门同意；在全国重点文物保护单位的保护范围内进行其他建设工程或者爆破、钻探、挖掘等作业的，必须经省、自治区、直辖市人民政府批准，在批准前应当征得国务院文物行政部门同意。

第十八条　根据保护文物的实际需要，经省、自治区、直辖市人民政府批准，可以在文物保护单位的周围划出一定的建设控制地带，并予以公布。

在文物保护单位的建设控制地带内进行建设工程，不得破坏文物保护单位的历史风貌；工程设计方案应当根据文物保护单位的级别，经相应的文物行政部门同意后，报城乡建设规划部门批准。

第十九条　在文物保护单位的保护范围和建设控制地带内，不得建设污染文物保护单位及其环境的设施，不得进行可能影响文物保护单位安全及其环境的活动。对已有的污染文物保护单位及其环境的设施，应当限期治理。

第二十条　建设工程选址，应当尽可能避开不可移动文物；因特殊情况不能避开的，对文物保护单位应当尽可能实施原址保护。

实施原址保护的，建设单位应当事先确定保护措施，根据文物保护单位的级别报相应的文物行政部门批准，并将保护措施列入可行性研究报告或者设计任务书。

无法实施原址保护，必须迁移异地保护或者拆除的，应当报省、自治区、直辖市人民政府批准；迁移或者拆除省级文物保护单位的，批准前须征得国务院文物行政部门同意。全国重点文物保护单位不得拆除；需要迁移的，须由省、自治区、直辖市人民政府报国务院批准。

依照前款规定拆除的国有不可移动文物中具有收藏价值的壁画、雕塑、建筑构件等，由文物行政部门指定的文物收藏单位收藏。

本条规定的原址保护、迁移、拆除所需费用，由建设单位列入建设工程预算。

第二十一条　国有不可移动文物由使用人负责修缮、保养；非国有不可移动文物由所有人负责修缮、保养。非国有不可移动文物有损毁危险，所有人不具备修缮能力的，当地人民政府应当给予帮助；所有人具备修缮能力而拒不依法履行修缮义务的，县级以上人民政府可以给予抢救修缮，所需费用由所有人负担。

对文物保护单位进行修缮，应当根据文物保护单位的级别报相应的文物行政部门批准；对未核定为文物保护单位的不可移动文物进行修缮，应当报登记的县级人民政府文物行政部门批准。

文物保护单位的修缮、迁移、重建，由取得文物保护工程资质证书的单位承担。

对不可移动文物进行修缮、保养、迁移，必须遵守不改变文物原状的原则。

第二十二条　不可移动文物已经全部毁坏的，应当实施遗址保护，不得在原址重建。但是，因特殊情况需要在原址重建的，由省、自治区、直辖市人民政府文物行政部门报省、自治区、直辖市人民政府批准；全国重点文物保护单位需要在原址重建的，由省、自治区、直辖市人民政府报国务院批准。

相关执法参考

第二十三条　核定为文物保护单位的属于国家所有的纪念建筑物或者古建筑，除可以建立博物馆、保管所或者辟为参观游览场所外，作其他用途的，市、县级文物保护单位应当经核定公布该文物保护单位的人民政府文物行政部门征得上一级文物行政部门同意后，报核定公布该文物保护单位的人民政府批准；省级文物保护单位应当经核定公布该文物保护单位的省级人民政府的文物行政部门审核同意后，报该省级人民政府批准；全国重点文物保护单位作其他用途的，应当由省、自治区、直辖市人民政府报国务院批准。国有未核定为文物保护单位的不可移动文物作其他用途的，应当报告县级人民政府文物行政部门。

第二十四条　国有不可移动文物不得转让、抵押。建立博物馆、保管所或者辟为参观游览场所的国有文物保护单位，不得作为企业资产经营。

第二十五条　非国有不可移动文物不得转让、抵押给外国人。

非国有不可移动文物转让、抵押或者改变用途的，应当根据其级别报相应的文物行政部门备案；由当地人民政府出资帮助修缮的，应当报相应的文物行政部门批准。

第二十六条　使用不可移动文物，必须遵守不改变文物原状的原则，负责保护建筑物及其附属文物的安全，不得损毁、改建、添建或者拆除不可移动文物。

对危害文物保护单位安全、破坏文物保护单位历史风貌的建筑物、构筑物，当地人民政府应当及时调查处理，必要时，对该建筑物、构筑物予以拆迁。

第六十六条　有下列行为之一，尚不构成犯罪的，由县级以上人民政府文物主管部门责令改正，造成严重后果的，处五万元以上五十万元以下的罚款；情节严重的，由原发证机关吊销资质证书：

（一）擅自在文物保护单位的保护范围内进行建设工程或者爆破、钻探、挖掘等作业的；

（二）在文物保护单位的建设控制地带内进行建设工程，其工程设计方案未经文物行政部门同意、报城乡建设规划部门批准，对文物保护单位的历史风貌造成破坏的；

（三）擅自迁移、拆除不可移动文物的；

（四）擅自修缮不可移动文物，明显改变文物原状的；

（五）擅自在原址重建已全部毁坏的不可移动文物，造成文物破坏的；

（六）施工单位未取得文物保护工程资质证书，擅自从事文物修缮、迁移、重建的。

刻划、涂污或者损坏文物尚不严重的，或者损毁依照本法第十五条第一款规定设立的文物保护单位标志的，由公安机关或者文物所在单位给予警告，可以并处罚款。

第六十七条　在文物保护单位的保护范围内或者建设控制地带内建设污染文物保护单位及其环境的设施的，或者对已有的污染文物保护单位及其环境的设施未在规定的期限内完成治理的，由环境保护行政部门依照有关法律、法规的规定给予处罚。

相关执法参考

《中华人民共和国文物保护法实施条例》（节录）

（2003年5月18日国务院令第377号颁布　自2003年7月1日起实施）

第七条　历史文化名城，由国务院建设行政主管部门会同国务院文物行政主管部门报国务院核定公布。

历史文化街区、村镇，由省、自治区、直辖市人民政府城乡规划行政主管部门会同文物行政主管部门报本级人民政府核定公布。

县级以上地方人民政府组织编制的历史文化名城和历史文化街区、村镇的保护规划，应当符合文物保护的要求。

第八条　全国重点文物保护单位和省级文物保护单位自核定公布之日起1年内，由省、自治区、直辖市人民政府划定必要的保护范围，作出标志说明，建立记录档案，设置专门机构或者指定专人负责管理。

设区的市、自治州级和县级文物保护单位自核定公布之日起1年内，由核定公布该文物保护单位的人民政府划定保护范围，作出标志说明，建立记录档案，设置专门机构或者指定专人负责管理。

第九条　文物保护单位的保护范围，是指对文物保护单位本体及周围一定范围实施重点保护的区域。

文物保护单位的保护范围，应当根据文物保护单位的类别、规模、内容以及周围环境的历史和现实情况合理划定，并在文物保护单位本体之外保持一定的安全距离，确保文物保护单位的真实性和完整性。

第十条　文物保护单位的标志说明，应当包括文物保护单位的级别、名称、公布机关、公布日期、立标机关、立标日期等内容。民族自治地区的文物保护单位的标志说明，应当同时用规范汉字和当地通用的少数民族文字书写。

第十一条　文物保护单位的记录档案，应当包括文物保护单位本体记录等科学技术资料和有关文献记载、行政管理等内容。

文物保护单位的记录档案，应当充分利用文字、音像制品、图画、拓片、摹本、电子文本等形式，有效表现其所载内容。

第十二条　古文化遗址、古墓葬、石窟寺和属于国家所有的纪念建筑物、古建筑，被核定公布为文物保护单位的，由县级以上地方人民政府设置专门机构或者指定机构负责管理。其他文物保护单位，由县级以上地方人民政府设置专门机构或者指定机构、专人负责管理；指定专人负责管理的，可以采取聘请文物保护员的形式。

文物保护单位有使用单位的，使用单位应当设立群众性文物保护组织；没有使用单位的，文物保护单位所在地的村民委员会或者居民委员会可以设立群众性文物保护组织。文物行政主管部门应当对群众性文物保护组织的活动给予指导和支持。

负责管理文物保护单位的机构，应当建立健全规章制度，采取安全防范措施；其安全保卫人员，可以依法配备防卫器械。

第十三条　文物保护单位的建设控制地带，是指在文物保护单位的保护范围外，为保护文物保护单位的安全、环境、历史风貌对建设项目加以限制的区域。

相关执法参考

文物保护单位的建设控制地带，应当根据文物保护单位的类别、规模、内容以及周围环境的历史和现实情况合理划定。

第十四条　全国重点文物保护单位的建设控制地带，经省、自治区、直辖市人民政府批准，由省、自治区、直辖市人民政府的文物行政主管部门会同城乡规划行政主管部门划定并公布。

省级、设区的市、自治州级和县级文物保护单位的建设控制地带，经省、自治区、直辖市人民政府批准，由核定公布该文物保护单位的人民政府的文物行政主管部门会同城乡规划行政主管部门划定并公布。

第十五条　承担文物保护单位的修缮、迁移、重建工程的单位，应当同时取得文物行政主管部门发给的相应等级的文物保护工程资质证书和建设行政主管部门发给的相应等级的资质证书。其中，不涉及建筑活动的文物保护单位的修缮、迁移、重建，应当由取得文物行政主管部门发给的相应等级的文物保护工程资质证书的单位承担。

第十六条　申领文物保护工程资质证书，应当具备下列条件：

（一）有取得文物博物专业技术职务的人员；

（二）有从事文物保护工程所需的技术设备；

（三）法律、行政法规规定的其他条件。

第十七条　申领文物保护工程资质证书，应当向省、自治区、直辖市人民政府文物行政主管部门或者国务院文物行政主管部门提出申请。省、自治区、直辖市人民政府文物行政主管部门或者国务院文物行政主管部门应当自收到申请之日起30个工作日内作出批准或者不批准的决定。决定批准的，发给相应等级的文物保护工程资质证书；决定不批准的，应当书面通知当事人并说明理由。文物保护工程资质等级的分级标准和审批办法，由国务院文物行政主管部门制定。

第十八条　文物行政主管部门在审批文物保护单位的修缮计划和工程设计方案前，应当征求上一级人民政府文物行政主管部门的意见。

第十九条　危害全国重点文物保护单位安全或者破坏其历史风貌的建筑物、构筑物，由省、自治区、直辖市人民政府负责调查处理。

危害省级、设区的市、自治州级、县级文物保护单位安全或者破坏其历史风貌的建筑物、构筑物，由核定公布该文物保护单位的人民政府负责调查处理。

危害尚未核定公布为文物保护单位的不可移动文物安全的建筑物、构筑物，由县级人民政府负责调查处理。

第五十五条　违反本条例规定，未取得相应等级的文物保护工程资质证书，擅自承担文物保护单位的修缮、迁移、重建工程的，由文物行政主管部门责令限期改正；逾期不改正，或者造成严重后果的，处5万元以上50万元以下的罚款；构成犯罪的，依法追究刑事责任。

违反本条例规定，未取得建设行政主管部门发给的相应等级的资质证书，擅自承担含有建筑活动的文物保护单位的修缮、迁移、重建工程的，由建设行政主管部门依照有关法律、行政法规的规定予以处罚。

一百二十三、偷开机动车

（《治安管理处罚法》第64条第1项）

<table>
<tr><td colspan="2">案由</td><td>偷开机动车</td></tr>
<tr><td colspan="2">概念</td><td>偷开机动车，是指未经同意，私自偷开他人机动车的行为。</td></tr>
<tr><td rowspan="4">违法构成要件</td><td>违法客体</td><td>本行为侵犯的客体是交通管理秩序。侵犯的对象是他人的机动车。
这里的“他人机动车”，是指他人以各种方式占有的机动车，“占有”包括合法占有和非法占有，只要不属于行为人自己合法占有的机动车，都属于他人的机动车。例如，行为人偷开他人盗窃来的机动车，也构成偷开他人机动车。</td></tr>
<tr><td>违法客观方面</td><td>本行为在客观方面表现为行为人未经同意，私自偷开他人机动车的行为。
“机动车”，是指以动力装置驱动或者牵引，上道路行驶的供人员乘用或者用于运送物品以及进行工程专项作业的轮式车辆。偷开非机动车不构成本行为。
“偷开”是未经占有人允许、同意，私自启动后驾驶的行为。“偷开”不是以非法占有为目的，有的出于好奇心，有的为了炫耀自己，有的是为偷学驾驶技术，也有的是为送人、拉货等。在实践中，行为人“偷开”后一般会将机动车返回原处，但也有在偷开之后，将机动车随处乱抛、不管不问的。
偷开机动车包括有驾驶证的人偷开和无驾驶证的人偷开两种情形。</td></tr>
<tr><td>违法主体</td><td>本行为的主体是达到责任年龄、具有责任能力的自然人。</td></tr>
<tr><td>违法主观方面</td><td>本行为在主观方面表现为故意，动机多种多样，但一定不是以“非法占有为目的”，否则，就构成了盗窃。</td></tr>
<tr><td>认定界限</td><td colspan="2">（一）偷开他人机动车并将机动车丢失的，应如何处理？
根据《最高人民法院关于审理盗窃案件具体应用法律若干问题的解释》第12条第4项的规定，为练习开车、游乐等目的，多次偷开机动车辆，并将机动车辆丢失的，以盗窃罪定罪处罚。在这里应该注意的是，行为人必须是多次偷开他人机动车辆并丢失的，这里的多次应该是指3次以上，如果行为人只是偶尔的一次、两次偷开，由于不小心而将机动车丢失的，不能认定为盗窃罪，只能以本行为论处。
（二）偷开他人机动车造成车辆损坏的，应如何处理？
根据《最高人民法院关于审理盗窃案件具体应用法律若干问题的解释》第12</td></tr>
</table>

认定界限	条第4项的规定，偷开机动车造成车辆损坏的，应以故意毁坏财物罪论处。在这里，应该注意的是，该车辆的损坏应该达到了比较严重的程度，如果只是造成车辆的轻微擦伤，不应以故意毁坏财物罪论处，应认定为本行为，车辆的损坏只是作为处罚时从重的情节之一。 （三）偷开他人机动车造成交通肇事的，应如何处理？ 根据《最高人民法院关于审理盗窃案件具体应用法律若干问题的解释》第12条第4项的规定，偷开机动车发生交通事故，后果严重的，以交通肇事罪论处，不构成交通肇事罪的，以本行为论处，交通肇事的情节在处罚时是从重处罚的情节之一。 （四）本行为与盗窃机动车的界限。 在实践中，某些盗窃机动车的犯罪嫌疑人，在被有关部门查获时，往往声称自己只是“偷开”，对这种行为应如何认定呢？认定的关键在于判断行为人有没有“非法占有的目的”，具体在判断时，可以从以下几个方面来分析行为人的主观动机： 1. 行为人与机动车占有者的关系。一般偷开的人多数与机动车的占有人认识； 2. 偷开的手段、方式。一般的偷开机动车，行为人一般使用占有人遗忘的钥匙，或者用别的钥匙或措施，较容易就能将机动车开走；而盗窃的一般使用比较专业的作案手段、工具； 3. 对机动车的损坏程度。偷开机动车的人一般比较小心，尽量不损坏所偷开的机动车，而盗窃的人为了尽量早点将机动车偷走，往往不会顾忌对机动车造成损坏； 4. 机动车的行驶路线。偷开机动车的人一般选择比较熟悉的路线，也不太躲避他人。 在判断行为人是否具有“非法占有”的目的时，还应结合行为人的职业、收入、平时表现、有无前科等因素来综合判断。在没有确凿的证据证明行为人具有“非法占有”的目的的情况下，对行为人只能认定为偷开机动车，以本行为论处。
处罚标准	（一）构成本行为的，处500元以上1000元以下罚款。 （二）情节严重的，处10日以上15日以下拘留，并处500元以上1000元以下罚款。 在实践中，判断情节的轻重，一般应从行为人的动机、手段、目的、行为的次数、造成的后果等方面综合考虑，由公安机关办案人员酌情量罚。一般来说，具有下列情形之一的，应认定为“情节较重”： 1. 偷开机动车发生交通事故或者造成机动车损坏的； 2. 多次偷开他人机动车或因同一行为受过处罚的； 3. 无驾驶证偷开他人机动车的； 4. 给他人造成较大损失的； 5. 其他情节较重的情形。

相关执法参考

《中华人民共和国治安管理处罚法》（节录）

（2005年8月28日第十届全国人民代表大会常务委员会第十七次会议通过　中华人民共和国主席令第三十八号公布　自2006年3月1日起施行）

第六十四条第一项　有下列行为之一的，处五百元以上一千元以下罚款；情节严重的，处十日以上十五日以下拘留，并处五百元以上一千元以下罚款：

（一）偷开他人机动车的；

《中华人民共和国刑法》（节录）

（1979年7月1日第五届全国人民代表大会第二次会议通过　1997年3月14日第八届全国人民代表大会第五次会议修订　根据2011年2月25日第十一届全国人民代表大会常务委员会第十九次会议通过的《中华人民共和国刑法修正案（八）》最新修正）

第二百六十四条　盗窃公私财物，数额较大的，或者多次盗窃、入户盗窃、携带凶器盗窃、扒窃的，处三年以下有期徒刑、拘役或者管制，并处或者单处罚金；数额巨大或者有其他严重情节的，处三年以上十年以下有期徒刑，并处罚金；数额特别巨大或者有其他特别严重情节的，处十年以上有期徒刑或者无期徒刑，并处罚金或者没收财产。{根据刑法修正案（八）修改}

{原条文：盗窃公私财物，数额较大或者多次盗窃的，处三年以下有期徒刑、拘役或者管制，并处或者单处罚金；数额巨大或者有其他严重情节的，处三年以上十年以下有期徒刑，并处罚金；数额特别巨大或者有其他特别严重情节的，处十年以上有期徒刑或者无期徒刑，并处罚金或者没收财产；有下列情形之一的，处无期徒刑或者死刑，并处没收财产：

（一）盗窃金融机构，数额特别巨大的；

（二）盗窃珍贵文物，情节严重的。}

第二百七十五条　故意毁坏公私财物，数额较大或者有其他严重情节的，处三年以下有期徒刑、拘役或者罚金；数额巨大或者有其他特别严重情节的，处三年以上七年以下有期徒刑。

《最高人民法院关于审理盗窃案件具体应用法律若干问题的解释》（节录）

（1998年3月17日　法释［1998］4号）

第十二条　审理盗窃案件，应当注意区分盗窃罪与其他犯罪的界限：

（三）为盗窃其他财物，盗窃机动车辆当犯罪工具使用的，被盗机动车辆的价值计入盗窃数额；为实施其他犯罪盗窃机动车辆的，以盗窃罪和所实施的其他犯罪实行数罪并罚。为实施其他犯罪，偷开机动车辆当犯罪工具使用后，将偷开的机动车辆送回原处或者停放到原处附近，车辆未丢失的，按照其所实施的犯罪从重处罚。

（四）为练习开车、游乐等目的，多次偷开机动车辆，并将机动车辆丢失的，以盗窃罪定罪处罚；在偷开机动车辆过程中发生交通肇事构成犯罪，又构成其他罪的，应当以交通肇事罪和其他罪实行数罪并罚；偷开机动车辆造成车辆损坏的，按

相关执法参考

照刑法第二百七十五条的规定定罪处罚；偶尔偷开机动车辆，情节轻微的，可以不认为是犯罪。

《最高人民法院关于审理交通肇事刑事案件具体应用法律若干问题的解释》（节录）

（2000年11月15日法释［2000］33号颁布　自2000年11月21日起实施）

第一条　从事交通运输人员或者非交通运输人员，违反交通运输管理法规发生重大交通事故，在分清事故责任的基础上，对于构成犯罪的，依照刑法第一百三十三条的规定定罪处罚。

第二条　交通肇事具有下列情形之一的，处三年以下有期徒刑或者拘役：

（一）死亡一人或者重伤三人以上，负事故全部或者主要责任的；

（二）死亡三人以上，负事故同等责任的；

（三）造成公共财产或者他人财产直接损失，负事故全部或者主要责任，无能力赔偿数额在三十万元以上的。

交通肇事致一人以上重伤，负事故全部或者主要责任，并具有下列情形之一的，以交通肇事罪定罪处罚：

（一）酒后、吸食毒品后驾驶机动车辆的；

（二）无驾驶资格驾驶机动车辆的；

（三）明知是安全装置不全或者安全机件失灵的机动车辆而驾驶的；

（四）明知是无牌证或者已报废的机动车辆而驾驶的；

（五）严重超载驾驶的；

（六）为逃避法律追究逃离事故现场的。

《中华人民共和国道路交通安全法》（节录）

（2003年10月28日第十届全国人民代表大会常务委员会第五次会议通过　2003年10月28日中华人民共和国主席令第八号公布　自2004年5月1日起施行）

第一百一十九条　本法中下列用语的含义：

（一）“道路”，是指公路、城市道路和虽在单位管辖范围但允许社会机动车通行的地方，包括广场、公共停车场等用于公众通行的场所。

（二）“车辆”，是指机动车和非机动车。

（三）“机动车”，是指以动力装置驱动或者牵引，上道路行驶的供人员乘用或者用于运送物品以及进行工程专项作业的轮式车辆。

（四）“非机动车”，是指以人力或者畜力驱动，上道路行驶的交通工具，以及虽有动力装置驱动但设计最高时速、空车质量、外形尺寸符合有关国家标准的残疾人机动轮椅车、电动自行车等交通工具。

（五）“交通事故”，是指车辆在道路上因过错或者意外造成的人身伤亡或者财产损失的事件。

一百二十四、无证驾驶、偷开航空器、机动船舶

（《治安管理处罚法》第 64 条第 2 项）

案由		无证驾驶、偷开航空器、机动船舶
概念		无证驾驶、偷开航空器、机动船舶，是指行为人没有取得相关驾驶证件而驾驶或偷开他人航空器或机动船舶，尚不够刑事处罚的行为。
违法构成要件	违法客体	本行为侵犯的客体是交通管理秩序。侵犯的对象是他人占有的航空器或机动船舶。
	违法客观方面	本行为在客观方面表现为行为人没有取得相关驾驶证件而驾驶或偷开他人占有的航空器或机动船舶，尚不够刑事处罚的行为。 对航空器、机动船舶而言，驾驶这些交通工具，对驾驶员有着特定的资格要求，要求其具备一定条件，通过一定的考核，取得法定的某种资格，才准许驾驶。 这里的“他人占有的航空器或机动船舶”，是指他人以各种方式，如购买、租借等方式占有的航空器或机动船舶，“占有”包括合法占有和非法占有，只要不属于行为人自己合法占有的，都属于他人的航空器或机动船舶。例如，行为人无证偷开他人盗窃来的机动船舶，也构成本行为。 “航空器”，一般指在大气层中飞行的人造物体，常见的有客机、货机、直升飞机、轻型飞机、水上飞机、飞艇、热气球、动力伞等。“机动船舶”，是指以动力装置驱动或者牵引，在河、江、湖、海等水中航行的，供人员乘用或者用于运送物品以及进行工程专项作业的各种船舶。 本行为在实践中主要包括 3 种方式： 1. 无证驾驶航空器或机动船舶的。在这种情况下，行为人一般是经过了航空器或机动船舶占有人的批准而驾驶，该行为的危害性主要表现在无证驾驶上。对航空器或机动船舶的占有人而言，他可能知道行为人是无证的，也可能不知道行为人是无证的，这不影响本行为的成立。 2. 行为人有证，但是偷开航空器或机动船舶的。在这种情况下，行为人虽然持有相关的证件，但是，行为人没有经过占有人的同意而偷开航空器或机动船舶，其危害性主要表现在“偷开”上。 3. 无证偷开航空器或机动船舶。在这种情况下，行为人既没有相关证件，也没有经过相关占有人的同意，属于本行为中情节严重的行为。对这种行为，一般应从重处罚。 本行为是选择性案由，根据具体行为方式和所涉及对象的不同，案由可具体确定为无证驾驶航空器、偷开航空器、无证驾驶机动船舶、偷开机动船舶等，行为人既无证又偷开的，也只认定为一个案由，不能分别认定，更不能实行并罚。

<table>
<tr><td rowspan="2">违法构成要件</td><td>违法主体</td><td>本行为的主体是达到责任年龄、具有责任能力的自然人。</td></tr>
<tr><td>违法主观方面</td><td>本行为的主观方面只能是故意。</td></tr>
<tr><td>认定界限</td><td colspan="2">本行为与盗窃罪的界限。
在本行为中，行为人偷开他人航空器或机动船舶的行为，容易与盗窃罪混淆，行为人在盗窃航空器或机动船舶后，往往要将航空器或机动船舶驶离原地，在这个过程中，如果被公安机关查获，行为人往往声称自己只是“偷开”，企图逃避《刑法》的制裁。这时候，区分两种行为的关键就在于行为人有没有非法占有的目的，具体在判断时，参照本书关于偷开机动车和盗窃机动车界限的论述，这里不再重复。</td></tr>
<tr><td>处罚标准</td><td colspan="2">（一）构成本行为的，处500元以上1000元以下罚款。
（二）情节严重的，处10日以上15日以下拘留，并处500元以上1000元以下罚款。
在实践中，判断情节的轻重，一般应从行为人的动机、手段、目的、行为的次数、造成的后果等方面综合考虑，由公安机关办案人员酌情量罚。一般来说，具有下列情形之一的，应认定为“情节较重”：
1. 多次实施上述行为或因同一行为受过处罚的；
2. 造成损坏的；
3. 给他人造成较大损失的；
4. 其他情节较重的情形。</td></tr>
<tr><td>相关执法参考</td><td colspan="2">《中华人民共和国治安管理处罚法》（节录）
（2005年8月28日第十届全国人民代表大会常务委员会第十七次会议通过　中华人民共和国主席令第三十八号公布　自2006年3月1日起施行）
第六十四条第二项　有下列行为之一的，处五百元以上一千元以下罚款；情节严重的，处十日以上十五日以下拘留，并处五百元以上一千元以下罚款：
（二）未取得驾驶证驾驶或者偷开他人航空器、机动船舶的。
《中华人民共和国刑法》（节录）
（1979年7月1日第五届全国人民代表大会第二次会议通过　1997年3月14日第八届全国人民代表大会第五次会议修订　根据2011年2月25日第十一届全国人民代表大会常务委员会第十九次会议通过的《中华人民共和国刑法修正案（八）》最新修正）
第二百六十四条　盗窃公私财物，数额较大的，或者多次盗窃、入户盗窃、携</td></tr>
</table>

相关执法参考

带凶器盗窃、扒窃的，处三年以下有期徒刑、拘役或者管制，并处或者单处罚金；数额巨大或者有其他严重情节的，处三年以上十年以下有期徒刑，并处罚金；数额特别巨大或者有其他特别严重情节的，处十年以上有期徒刑或者无期徒刑，并处罚金或者没收财产。{根据刑法修正案（八）修改}

{原条文：盗窃公私财物，数额较大或者多次盗窃的，处三年以下有期徒刑、拘役或者管制，并处或者单处罚金；数额巨大或者有其他严重情节的，处三年以上十年以下有期徒刑，并处罚金；数额特别巨大或者有其他特别严重情节的，处十年以上有期徒刑或者无期徒刑，并处罚金或者没收财产；有下列情形之一的，处无期徒刑或者死刑，并处没收财产：

（一）盗窃金融机构，数额特别巨大的；

（二）盗窃珍贵文物，情节严重的。}

《中华人民共和国民用航空法》（节录）

（1995年10月30日中华人民共和国主席令第五十六号公布
根据2009年8月27日第十一届全国人民代表大会常务委员会第十次会议通过的
〈全国人民代表大会常务委员会关于修改部分法律的决定〉修改）

第三十九条　本法所称航空人员，是指下列从事民用航空活动的空勤人员和地面人员：

（一）空勤人员，包括驾驶员、领航员、飞行机械人员、飞行通信员、乘务员；

（二）地面人员，包括民用航空器维修人员、空中交通管制员、飞行签派员、航空电台通信员。

第四十条　航空人员应当接受专门训练，经考核合格，取得国务院民用航空主管部门颁发的执照，方可担任其执照载明的工作。

空勤人员和空中交通管制员在取得执照前，还应当接受国务院民用航空主管部门认可的体格检查单位的检查，并取得国务院民用航空主管部门颁发的体格检查合格证书。

第四十一条　空勤人员在执行飞行任务时，应当随身携带执照和体格检查合格证书，并接受国务院民用航空主管部门的查验。

第四十二条　航空人员应当接受国务院民用航空主管部门定期或者不定期的检查和考核；经检查、考核合格的，方可继续担任其执照载明的工作。

空勤人员还应当参加定期的紧急程序训练。

空勤人员间断飞行的时间超过国务院民用航空主管部门规定时限的，应当经过检查和考核；乘务员以外的空勤人员还应当经过带飞。经检查、考核、带飞合格的，方可继续担任其执照载明的工作。

第二百零五条　违反本法第四十条的规定，未取得航空人员执照、体格检查合格证书而从事相应的民用航空活动的，由国务院民用航空主管部门责令停止民用航空活动，在国务院民用航空主管部门规定的限期内不得申领有关执照和证书，对其所在单位处以二十万元以下的罚款。

相关执法参考

《中华人民共和国海船船员适任考试、评估和发证规则》（节录）

（2004年6月30日交通部令2004年第6号颁布　自2004年8月1日起实施）

第三条　在中国籍海船上任职的船长、高级船员和值班水手、值班机工应当持有与其所服务的船舶航区、种类、等级或主机类别和所担任的职务相符的有效适任证书。但有本规则第六十六条规定情形的，应当持有本规则第八章规定的适任证书特免证明。

在装备有全球海上遇险和安全系统（以下简称GMDSS）的船舶、近海移动装置、海上平台或设施上任职的船长、驾驶员和无线电人员还应持有GMDSS无线电人员适任证书。

在军事船舶、渔船、非机动船、非营业的游艇、体育运动船和构造简单的木船上服务的船员不适用本条上述规定。

第八十八条　船员从事或者参与伪造、变造、出售、转让船员适任证书谋取非法利益，有违法所得的，海事管理机构对该船员处以不超过违法所得3倍的罚款，但最高不得超过3万元，没有违法所得的，可处以不超过1万元的罚款。

第八十九条　以欺骗、贿赂、隐瞒有关情况或者提供虚假证明材料等不正当的手段向海事管理机构骗取适任证书、特免证明、承认签证的，海事管理机构应当拒绝受理或不予签发，1年内不予受理相应申请；通过上述方式已经取得适任证书、特免证明、承认签证的，海事管理机构应当注销该适任证书、特免证明或承认签证，3年内不予受理相应申请。

对有前款规定行为的申请人或船员，海事管理机构可处以1000元以下的罚款。

第九十条　船员、适任证书申请人有其他违反海上船员管理秩序行为的，由海事管理机构按照《中华人民共和国海上海事行政处罚规定》进行处罚。

第九十一条　主管机关和海事管理机构发现持证船员有非法取得的适任证书或伪造、变造的适任证书，应当予以没收和注销。

一百二十五、破坏、污损坟墓

（《治安管理处罚法》第 65 条第 1 项）

<table>
<tr><td colspan="2">案由</td><td>破坏、污损坟墓</td></tr>
<tr><td colspan="2">概念</td><td>破坏、污损坟墓，是指故意破坏、污损他人坟墓，尚不够刑事处罚的行为。</td></tr>
<tr><td rowspan="4">违法构成要件</td><td>违法客体</td><td>本行为侵犯的客体是良好的社会风尚和社会管理秩序。侵犯的对象是他人的坟墓。
“坟墓”是指埋葬人的遗体、骨灰，供生者祭扫、缅怀死者的地方，包括坟头、墓壁、墓地及其他相关的物品，如墓碑等。</td></tr>
<tr><td>违法客观方面</td><td>本行为在客观方面表现为故意破坏、污损他人坟墓，尚不够刑事处罚的行为。
“破坏”包括从实体上进行破坏，如砸毁，也包括从内容上进行破坏，如涂改墓碑的内容，甚至可以对墓碑不进行一点有形的破坏，只是将墓碑挪走，这些都构成了对坟墓的破坏。
“污损”是指将污物泼洒在坟墓上，也包括泼洒在墓碑上。这里的“污物”应作广义的理解，包括所有能够使生者感情受到伤害的有形物质，例如，行为人故意将米饭泼洒在他人的坟墓上，这也是一种污损坟墓的行为。
本行为是选择性案由，根据行为方式的不同，可具体确定为破坏坟墓或污损坟墓，同时实施破坏和污损行为的，也只认定为 1 个案由，不能分别认定，更不能实行并罚。</td></tr>
<tr><td>违法主体</td><td>本行为的主体是达到责任年龄、具有责任能力的自然人。</td></tr>
<tr><td>违法主观方面</td><td>本行为的主观方面只能是故意，即明知是他人的坟墓而故意破坏、污损。</td></tr>
<tr><td>认定界限</td><td colspan="2">（一）本行为与侮辱尸体罪的界限。
《刑法》第 302 条规定的侮辱尸体罪，是指侮辱尸体，需要追究刑事责任的行为。两者的区别主要在于：
1. 行为对象不同。本行为侵犯的对象是坟墓，侮辱尸体罪侵犯的对象是尸体。
2. 行为人的情节和后果不同。行为人只是破坏或污损了坟墓，并没有造成对</td></tr>
</table>

认定界限	尸体的损毁的，应以本行为论处；如果行为人破坏坟墓后，又对坟墓中的尸体、骨灰等进行毁坏、丢弃，情节和后果严重的，应以侮辱尸体罪论处。如果行为人既破坏了坟墓，破坏后又对尸体、骨灰进行毁坏、丢弃的，这实际上是两个相互独立的行为，应分别认定为破坏坟墓和毁坏、丢弃尸骨、骨灰，应分别认定，合并处罚。 （二）本行为与盗窃行为的界限。 《治安管理处罚法》第49条规定的盗窃，是指以非法占有为目的，秘密盗取少量公私财物，尚不够刑事处罚的行为。在实践中，行为人出于盗窃他人坟墓中物品的目的，往往会先破坏他人的坟墓，这时，两者存在竞合关系，应如何认定呢？一般来说，行为人的盗窃行为如果构成了盗窃罪，以盗窃罪论处而不以本行为处理是很容易理解的。比较难处理的是行为人的盗墓行为也没有构成犯罪，只是一般的盗窃行为，这时候应如何处理呢？从理论上说，行为人破坏坟墓的行为只是其实施盗窃的一种手段，盗窃行为才是其破坏坟墓的目的，所以，两者存在着手段行为与目的行为的关系，手段行为被目的行为吸收，因此，对行为人应以盗窃行为论处，不能实行并罚，在处罚时，破坏坟墓的行为可以作为从重处罚的情节。
处罚标准	（一）构成本行为的，处5日以上10日以下拘留。 （二）情节严重的，处10日以上15日以下拘留，可以并处1000元以下罚款。 在实践中，判断情节的轻重，一般应从行为人的动机、手段、目的、行为的次数、造成的后果等方面综合考虑，由公安机关办案人员酌情量罚。一般来说，具有下列情形之一的，应认定为“情节较重”： 1. 对他人的坟墓破坏程度比较严重的； 2. 因破坏坟墓行为引起民族纠纷、民族矛盾； 3. 因破坏坟墓引发其他治安、刑事案件； 4. 具有其他恶劣情节。
相关执法参考	**《中华人民共和国治安管理处罚法》**（节录） （2005年8月28日第十届全国人民代表大会常务委员会第十七次会议通过　中华人民共和国主席令第三十八号公布　自2006年3月1日起施行） 第六十五条第一项　有下列行为之一的，处五日以上十日以下拘留；情节严重的，处十日以上十五日以下拘留，可以并处一千元以下罚款： （一）故意破坏、污损他人坟墓或者毁坏、丢弃他人尸骨、骨灰的。 **《中华人民共和国刑法》**（节录） （1979年7月1日第五届全国人民代表大会第二次会议通过　1997年3月14日第八届全国人民代表大会第五次会议修订　根据2011年2月25日第十一届全国人民代表大会常务委员会第十九次会议通过的《中华人民共和国刑法修正案（八）》最新修正） 第三百零二条　盗窃、侮辱尸体的，处三年以下有期徒刑、拘役或者管制。

相关执法参考

《国务院侨务办公室、公安部、最高人民检察院、最高人民法院民政部关于制止和惩处盗掘华侨祖墓违法犯罪活动的联合通知》

（1984 年 8 月 13 日侨政会字第 039 号颁布　自颁布之日起实施）

各省、自治区、直辖市人民政府，各省、自治区、直辖市侨务办公室、公安厅（局）、人民检察院、高级人民法院、民政厅（局）：

近几年来，不少地方发生了盗掘华侨祖墓的违法犯罪活动，特别是在福建、广东等省的某些侨乡，这类违法犯罪活动更为猖獗。有些盗墓分子结伙流窜，到处挖掘坟墓，盗取金银、珠宝等陪葬物；有些甚至将盗取的棺木重新油漆后，高价出售。

海外侨胞和港、澳、台同胞基于思祖怀乡的感情，一向对祖墓特别重视。许多侨胞飘洋过海，千里迢迢回到祖国寻根问祖，祭扫祖先坟墓。盗掘华侨祖墓的行为，严重损伤了华侨思念祖国的感情，在国内外造成了极坏的影响，应采取必要措施，坚决制止盗墓活动，依法严厉惩处盗墓分子。

为此，特作如下通知：

一、对华侨祖墓应予保护，任何单位或个人不得私自挖掘、拆毁，非经县以上人民政府批准不得迁移。

二、盗掘坟墓是违法行为，各地公安机关应及时制止和查处。对盗掘华侨祖墓的，应严肃处理。

三、对盗掘坟墓窃获少量财物或情节显著轻微的，由公安机关根据《治安管理处罚条例》以盗窃行为加重处罚；对盗掘坟墓窃获财物数额较大的应依照刑法的有关规定以盗窃罪论处；对 2 人以上共同进行盗墓犯罪活动的，其首要分子及教唆者应依法从重惩处。

四、各地侨务、民政、公安、司法部门应进行保护华侨祖墓的宣传教育，并可根据当地实际情况公布打击盗墓活动的典型案例，加强法制宣传。

五、对盗掘港澳同胞、台湾同胞和外籍华人祖墓的违法犯罪行为，均按本通知规定的精神惩处。

一百二十六、毁坏、丢弃尸骨、骨灰
（《治安管理处罚法》第65条第1项）

<table>
<tr><td colspan="2">案由</td><td>毁坏、丢弃尸骨、骨灰</td></tr>
<tr><td colspan="2">概念</td><td>毁坏、丢弃尸骨、骨灰，是指故意毁坏、丢弃他人尸骨、骨灰的行为。</td></tr>
<tr><td rowspan="4">违法构成要件</td><td>违法客体</td><td>本行为侵犯的客体是良好的社会风尚和社会管理秩序。本行为侵犯的对象是他人的尸骨、骨灰。
“尸骨”是指人的尸体腐烂后遗留下的骨头，包括完整的和零散的。“骨灰”是指人体被焚烧后的遗留物。</td></tr>
<tr><td>违法客观方面</td><td>本行为在客观方面表现为故意毁坏、丢弃他人尸骨、骨灰的行为。
故意毁坏、丢弃他人尸骨、骨灰的行为不仅大大伤害了生者对死者的敬爱、追慕之情，给死者亲属造成极大的精神痛苦，而且破坏社会善良的风俗和传统，该行为往往引发其他违法行为或民事纠纷，造成矛盾激化，甚至民族间的冲突，影响社会的安定团结。
本行为是选择性案由，应根据具体行为方式和具体对象的不同来确定具体的案由，如毁坏尸骨、丢弃尸骨、丢弃骨灰等，行为人既毁坏又丢弃，同时涉及尸骨和骨灰的，也只认定为1个案由，不能分别认定，更不能实行并罚。</td></tr>
<tr><td>违法主体</td><td>本行为的主体是达到责任年龄、具有责任能力的自然人。</td></tr>
<tr><td>违法主观方面</td><td>本行为的主观方面只能是故意，如果行为人是无意中造成他人尸骨、骨灰损坏的，如施工中无意碰到等，不以本行为论处，一般可按民事纠纷处理。</td></tr>
<tr><td colspan="2">认定界限</td><td>（一）本行为与侮辱尸体罪的界限。
《刑法》第302条规定的侮辱尸体罪，是指侮辱尸体，需要追究刑事责任的行为。两者的区别主要在于：
1. 行为方式有区别。本行为的方式包括毁坏和丢弃两种，侮辱尸体罪的行为方式是侮辱，具体侮辱的方式很多，如凌辱、猥亵、毁损，也可以包括丢弃尸体等。也就是说，侮辱尸体罪的行为方式比本行为的方式更宽泛。
2. 行为对象有区别。本行为的对象是尸骨和骨灰；侮辱尸体罪的行为对象是尸体，尸体已经蜕化分离的，如“骨灰”、“遗骨”或“遗发”等，不能成为侮辱尸体罪侵犯的对象。在实践中，行为人侮辱“骨灰”、“遗骨”或“遗发”，情节严重的，应以侮辱罪论处，而不能认定为侮辱尸体罪，因为该行为的实质是对生者的侮辱。</td></tr>
</table>

<table>
<tr><td>认定界限</td><td>3. 行为性质不同。本行为是治安违法行为，后者是犯罪行为。
（二）本行为与破坏坟墓行为的界限。
《治安管理处罚法》第65条第1项规定的破坏坟墓，是指故意破坏他人坟墓，尚不够刑事处罚的行为。在实践中，行为人为了毁坏或丢弃尸骨、骨灰，往往需要先对他人坟墓进行破坏，再实施毁坏或丢弃尸骨、骨灰行为，这时候，破坏坟墓行为与毁坏、丢弃骨灰行为之间存在着目的行为和手段行为之间的关系，按照目的行为吸收手段行为的原理，对该行为不能以两种行为论处，即不能实行并罚，只能按照毁坏、丢弃尸骨、骨灰行为论处，破坏坟墓的行为只是作为在处罚时从重的情节。
如果行为人的目的只是为了破坏坟墓，在对坟墓进行破坏后，又对尸骨、骨灰进行毁坏、丢弃的，这就构成了两个独立的行为，因为，破坏坟墓并不必然要毁坏、丢弃尸骨、骨灰，应分别定性，合并处罚。</td></tr>
<tr><td>处罚标准</td><td>（一）构成本行为的，处5日以上10日以下拘留。
（二）情节严重的，处10日以上15日以下拘留，可以并处1000元以下罚款。
在实践中，判断情节的轻重，一般应从行为人的动机、手段、目的、行为的次数、造成的后果等方面综合考虑，由公安机关办案人员酌情量罚。一般来说，具有下列情形之一的，应认定为“情节较重”：
1. 对他人的尸骨、骨灰破坏程度比较严重的；
2. 因毁坏、丢弃尸骨、骨灰行为引起民族纠纷、民族矛盾；
3. 因毁坏、丢弃尸骨、骨灰引发其他治安、刑事案件；
4. 多次实施的；
5. 具有其他恶劣情节的。</td></tr>
<tr><td>相关执法参考</td><td>《中华人民共和国治安管理处罚法》（节录）
（2005年8月28日第十届全国人民代表大会常务委员会第十七次会议通过　中华人民共和国主席令第三十八号公布　自2006年3月1日起施行）
第六十五条第一项　有下列行为之一的，处五日以上十日以下拘留；情节严重的，处十日以上十五日以下拘留，可以并处一千元以下罚款：
（一）故意破坏、污损他人坟墓或者毁坏、丢弃他人尸骨、骨灰的。
《中华人民共和国刑法》（节录）
（1979年7月1日第五届全国人民代表大会第二次会议通过　1997年3月14日第八届全国人民代表大会第五次会议修订　根据2011年2月25日第十一届全国人民代表大会常务委员会第十九次会议通过的《中华人民共和国刑法修正案（八）》最新修正）
第三百零二条　盗窃、侮辱尸体的，处三年以下有期徒刑、拘役或者管制。</td></tr>
</table>

一百二十七、违法停放尸体

（《治安管理处罚法》第65条第2项）

案由		违法停放尸体
概念		违法停放尸体，是指在公共场所停放尸体或者因停放尸体影响他人正常生活、工作秩序，不听劝阻，尚不够刑事处罚的行为。
违法构成要件	违法客体	本行为侵犯的客体是社会的正常管理秩序，侵犯的对象是人的尸体，而不包括动物的尸体。 “尸体”是指自然人死亡后所遗留的躯体。在实践中认定“尸体”时，应注意以下几点： 1. 尚未死亡的被害人的身体，不是尸体。 2. 尸体已经蜕化分离的，如“骨灰”、“遗骨”或“遗发”等，不能称为尸体。 3. “尸体”除包括整具遗体外，还包括已经成形的死胎、尸体的部分及成为其内容的物。
	违法客观方面	本行为在客观方面表现为在公共场所停放尸体或者因停放尸体影响他人正常生活、工作秩序，不听劝阻，尚不够刑事处罚的行为。本行为在客观上表现为两种形式： 1. 在公共场所停放尸体。“公共场所”，包括车站、港口、码头、机场、商场、公园、展览馆和其他公共场所。“其他公共场所”包括礼堂、公共食堂、公共浴池、宾馆等供不特定多数人随时出入、停留和使用的场所。行为人只要在这些场所违法停放了尸体，即构成本行为。 2. 因停放尸体影响他人正常生活、工作秩序，不听劝阻的。这里停放尸体的场所不能是公共场所，只能是公共场所以外的地方，如别人的家中、有关单位等。 （1）行为必须影响了他人的正常生活、工作秩序。 （2）不听劝阻。不听劝阻的行为，包括有关工作人员的劝阻，或者周围群众的批评、劝阻，也包括前来处理案件的到场民警的劝阻。如果行为人经劝阻改正了自己的行为，停止了违法停放行为，则不构成本行为。
	违法主体	本行为的主体是达到责任年龄、具有责任能力的自然人。
	违法主观方面	本行为的主观方面只能是故意。

认定界限

（一）本行为与扰乱公共场所秩序的界限。

《治安管理处罚法》第 23 条第 1 款第 2 项规定的扰乱公共场所秩序，是指扰乱车站、港口、码头、机场、商场、公园、展览馆或其他公共场所秩序的行为。本行为的第一种表现形式，即在公共场所停放尸体的行为，客观上也扰乱了公共场所的秩序，只是因为该行为方式的特殊性，即停放尸体，所以，《治安管理处罚法》将其单独规定出来，作为一种独立的案由。在实践中认定本行为时，主要应注意行为方式，行为人只要是违法在公共场所停放尸体的，即构成本行为，而不能以扰乱公共秩序行为论处。

（二）本行为与扰乱单位秩序的界限。

《治安管理处罚法》第 23 条第 1 款第 1 项规定的扰乱单位秩序，是指扰乱机关、团体、企业、事业单位秩序，致使工作、生产、营业、医疗、教学、科研不能正常进行，尚未造成严重损失的行为。本行为的第二种方式，即因停放尸体影响他人正常生活、工作秩序，不听劝阻的行为，在客观上也可能扰乱有关单位的工作秩序。只是由于本行为行为方式的特殊性，所以《治安管理处罚法》将其独立出来，规定为一种独立的案由，两者的区别主要在于本行为行为方式的特殊性。在实践中，行为人只要在有关单位违法停放尸体，影响了有关单位的正常工作秩序，不听劝阻的，即应以本行为论处，而不能认定为扰乱单位秩序。

（三）本行为与聚众扰乱公共场所秩序罪的界限。

《刑法》第 291 条规定的聚众扰乱公共场所秩序罪，是指聚众扰乱车站、码头、民用航空站、商场、公园、影剧院、展览会、运动场或者其他公共场所秩序，抗拒、阻碍国家治安管理工作人员依法执行职务，情节严重的行为。本行为在客观上也可能表现为聚集多人，在公共场所违法停放尸体的行为，也可能造成对公共场所秩序的破坏，情节严重的，也可能构成聚众扰乱公共场所秩序罪。两者的区别主要在于情节的轻重和危害后果的不同，情节严重的聚众在公共场所违法停放尸体的行为，以聚众扰乱公共场所秩序罪论处。“情节严重”一般是指：扰乱公共场所秩序致人重伤、死亡或者致使公私财产遭受重大损失的；多次聚众在公共场所违法停放尸体的等。

另外需要注意的是，聚众扰乱公共场所秩序罪的主体只能是起组织、策划、指挥作用的首要分子，一般的参与人员不构成该罪，也就是说，只有对聚众在公共场所违法停放尸体的首要分子，才能以聚众扰乱公共场所秩序罪论处，对其他的一般参与人员，仍然应以本行为论处。

（四）本行为与聚众扰乱社会秩序罪的界限。

《刑法》第 290 条第 1 款规定的聚众扰乱社会秩序罪，是指聚众扰乱社会秩序，情节严重，致工作、生产、营业和教学、科研无法进行，造成严重损失的行为。本行为在实践中也可能表现为聚集多人，在有关单位违法停放尸体，从而影响有关单

认定界限	位的工作秩序，情节严重的，也可能构成聚众扰乱社会秩序罪。两者的区别参见上面有关本行为与聚众扰乱公共场所秩序罪的界限，这里不再重复。
处罚标准	（一）构成本行为的，处5日以上10日以下拘留。 （二）情节严重的，处10日以上15日以下拘留，可以并处1000元以下罚款。 在实践中，判断情节的轻重，一般应从行为人的动机、手段、目的、行为的次数、造成的后果等方面综合考虑，由公安机关办案人员酌情量罚。一般来说，具有下列情形之一的，应认定为“情节较重”： 1. 造成群众围观、秩序混乱，社会影响恶劣的； 2. 持续时间较长，严重影响他人正常工作、生活秩序的； 3. 伴有侮辱性、煽动性、鼓动性等言论和行为的； 4. 多次实施的； 5. 其他情节严重的情形。
相关执法参考	**《中华人民共和国治安管理处罚法》**（节录） （2005年8月28日第十届全国人民代表大会常务委员会第十七次会议通过　中华人民共和国主席令第三十八号公布　自2006年3月1日起施行） 第六十五条第二项　有下列行为之一的，处五日以上十日以下拘留；情节严重的，处十日以上十五日以下拘留，可以并处一千元以下罚款： （二）在公共场所停放尸体或者因停放尸体影响他人正常生活、工作秩序，不听劝阻的。 **《中华人民共和国刑法》**（节录） （1979年7月1日第五届全国人民代表大会第二次会议通过　1997年3月14日第八届全国人民代表大会第五次会议修订　根据2011年2月25日第十一届全国人民代表大会常务委员会第十九次会议通过的《中华人民共和国刑法修正案（八）》最新修正） 第二百九十条　聚众扰乱社会秩序，情节严重，致使工作、生产、营业和教学、科研无法进行，造成严重损失的，对首要分子，处三年以上七年以下有期徒刑；对其他积极参加的，处三年以下有期徒刑、拘役、管制或者剥夺政治权利。 聚众冲击国家机关，致使国家机关工作无法进行，造成严重损失的，对首要分子，处五年以上十年以下有期徒刑；对其他积极参加的，处五年以下有期徒刑、拘役、管制或者剥夺政治权利。 第二百九十一条　聚众扰乱车站、码头、民用航空站、商场、公园、影剧院、展览会、运动场或者其他公共场所秩序，聚众堵塞交通或者破坏交通秩序，抗拒、阻碍国家治安管理工作人员依法执行职务，情节严重的，对首要分子，处五年以下有期徒刑、拘役或者管制。

相关执法参考

《殡葬管理条例》（节录）

（1997年7月11日国务院令第225号颁布　自1997年7月21日起实施）

第二十一条　办理丧事活动妨害公共秩序、危害公共安全、侵害他人合法权益的，由民政部门予以制止；构成违反治安管理行为的，由公安机关依法给予治安管理处罚；构成犯罪的，依法追究刑事责任。

一百二十八、卖淫
（《治安管理处罚法》第66条第1款）

<table>
<tr><td colspan="2">案由</td><td>卖淫</td></tr>
<tr><td colspan="2">概念</td><td>卖淫，是指以营利为目的，通过接受或约定接受报酬，自愿出卖肉体，与不特定的对方进行性行为的行为。
这里的“性行为”，既包括男女异性之间生殖器的结合，也包括男女之间、同性之间“口交”以及其他反自然的性交行为。</td></tr>
<tr><td rowspan="4">违法构成要件</td><td>违法客体</td><td>本行为侵犯的客体是社会风尚和社会治安管理秩序。</td></tr>
<tr><td>违法客观方面</td><td>本行为在客观方面表现为营利为目的，接受或约定接受报酬，自愿出卖肉体，与不特定的对方进行性行为的行为。这里的性行为，既包括男女异性之间生殖器的结合，也包括男女之间、同性之间的手淫、口淫行为以及其他反自然的性交行为。卖淫者以女性为主，但不限于女性，也包括男性。卖淫的对象既包括同性，也包括异性。
自愿出卖肉体中的“自愿”，是指卖淫者出卖自己的肉体给“买淫”者时是自愿的，买淫者并没有违背卖淫者的意志。当然，卖淫的人也可能是被强迫卖淫的，但是，这种强迫只能来自于第三人，而不能直接来自于“买淫者”，否则，“卖淫”的人不仅不构成本行为，反而成为了强奸罪的被害人。
“卖淫”是以接收或约定接收报酬为特点的，卖淫者是否实际收到报酬，不影响行为的成立，只要双方就卖淫活动达成一致，就应认定为卖淫行为。“达成一致”既包括明确的一致，也包括默示的一致。
“卖淫”中的给付报酬，可以是“买淫”者亲自给付，也可能是他人支付，可以是直接给予卖淫者，也可以交给第三人。
另外，“卖淫”并不以性行为的实际进行或完成为必要条件，如果因为行为人意志以外的原因而没有完成的，也应认定为卖淫。</td></tr>
<tr><td>违法主体</td><td>本行为的主体是达到责任年龄、具有责任能力的自然人。</td></tr>
<tr><td>违法主观方面</td><td>本行为的主观方面只能是故意。不管其主观目的、动机如何，不影响本行为的成立。</td></tr>
</table>

认定界限

（一）本行为的行为主体是否包括男性？

1992年12月11日，最高人民法院、最高人民检察院印发了《关于执行〈全国人民代表大会常务委员会关于严禁卖淫嫖娼的决定〉的若干问题的解答》（法发［1992］42号），该《解答》第9条规定，组织、协助组织、强迫、引诱、容留、介绍他人卖淫中的“他人”，主要是指女人，也包括男人。从该司法解释的规定来看，男性既然可以被强迫、引诱、容留、介绍去卖淫，当然，男性就可以成为卖淫行为的主体。

（二）本行为与一般陪侍娱乐服务的界限。

一般的娱乐陪侍服务，是指行为人以出卖色相的手段，提供不包括性满足在内的一般色情服务，如陪吃、陪喝、陪跳、陪聊天、陪旅游等。对一般的娱乐陪侍服务，虽然也是不合法的行为，但是，在实践中也不能将其一律视为卖淫活动。区分两者的关键在于是否发生了“性行为”，这里的“性行为”也应做广义的理解，既包括男女异性之间生殖器的结合，也包括男女之间、同性之间口交以及其他反自然的性交行为。在实践中，如果在陪侍过程中发生了无论什么方式的性行为，如帮对方手淫、口交、抠摸、抚弄对方生殖器等，无论是买方还是卖方进行，只要陪侍人员是同意或默认的，都可以认为发生了性行为，都可以认定为卖淫。当然，如果在陪侍人员不同意的情况下，被陪侍人员违背陪侍人员的意志，强行进行的，陪侍人员不构成本行为（情节严重的，被陪侍人员可能构成强奸罪）。如果没有进行性行为，只有一般的搂抱、亲吻、抚摸等与生殖器无关的动作，不能认定为发生性行为，在这种情况下，双方既缺乏卖淫嫖娼的故意，也不符合卖淫嫖娼的客观表现，也就不构成卖淫嫖娼。

（三）本行为与传播性病罪的界限。

《刑法》第360条第1款规定的传播性病罪，是指明知自己患有梅毒、淋病等严重性病而进行卖淫、嫖娼的行为。从表述上看，本行为仅指卖淫，后者包括卖淫和嫖娼两种行为。除此之外，两者的主要区别在于：

1. 从主观上来看，行为人是否知道自己患有严重性病。“严重性病”，是指传染性强、危害大、发病率高的性病，如梅毒、淋病等。如果行为人明知自己所患的只是一般的性病，在客观上证明又不属于严重性病而卖淫的，则不构成犯罪。如果行为人根本不知道自己患有性病而卖淫，也不构成犯罪。行为人是否知道，应该根据实际情况综合判断，根据《最高人民检察院 公安部关于公安机关管辖的刑事案件立案追诉标准的规定（一）》（公通字［2008］36号）的规定，具有下列情形之一的，可以认定为“明知”：（1）有证据证明曾到医疗机构就医，被诊断为患有严重性病的；（2）根据本人的知识和经验，能够知道自己患有严重性病的；（3）通过其他方法能够证明是“明知”的。如果行为人确实不知道自己患有严重性病而卖淫、嫖娼的，不构成该罪。

2. 从客观上看，一方面，看行为人是否已经实际患有严重性病，另一方面看

认定界限	行为人是否实施了卖淫行为。如果行为人认为自己患有严重性病而实际上并未患有严重性病，即使实施了卖淫行为，也不能构成犯罪。如果行为人实施的不是肉体交易性质的性行为，而只是一般的通奸、姘居、淫乱取乐行为，也不能构成犯罪。另外，卖淫人员实际是否已造成他人染上性病的结果，不影响该罪的成立。 （四）在卖淫过程中是否存在强奸？ 卖淫行为要求卖淫者必须是出于“自愿”，如果在卖淫过程中，出现其他原因，卖淫者不愿继续提供性服务，其性权利也是受法律保护的人身权利，不得侵犯。这时强行与之发生性关系的，构成强奸罪。即使卖淫人员已收嫖资，但是，在卖淫过程中不管什么原因而拒绝发生性关系后，买淫者便不能强迫，不能违背其意志使用暴力或威胁手段与其发生性关系，否则，构成强奸罪。
处罚标准	（一）构成本行为的，处10日以上15日以下拘留，可以并处5000元以下罚款。 （二）情节较轻的，处5日以下拘留或者500元以下罚款。 在实践中，判断情节的轻重，一般应从行为人的动机、手段、目的、行为的次数、造成的后果等方面综合考虑，由公安机关办案人员酌情量罚。一般来说，具有下列情形之一的，应认定为“情节较轻”： 1. 确因生活所迫卖淫且所得不多的； 2. 已谈好价钱或给付钱物，着手实施，尚未发生性关系的； 3. 在歌舞等娱乐场所、桑拿按摩等服务场所查获的，以营利为目的手淫、口淫行为； 4. 被诱骗、胁迫卖淫的； 5. 主动投案，并如实交代卖淫违法行为的； 6. 初次卖淫，且认错态度好，表示悔改的； 7. 其他情节较轻的情形。 另外，1991年9月4日通过的《全国人民代表大会常务委员会关于严禁卖淫嫖娼的决定》中关于对卖淫嫖娼人员施行收容教育和劳动教养的措施，目前仍然有效。根据该《决定》的规定，对卖淫、嫖娼的，可以由公安机关会同有关部门强制集中进行法律、道德教育和生产劳动，使之改掉恶习。期限为6个月至2年。具体办法由国务院规定。因卖淫、嫖娼被公安机关处理后又卖淫、嫖娼的，实行劳动教养，并由公安机关处5000元以下罚款。对卖淫、嫖娼的，一律强制进行性病检查。对患有性病的，进行强制治疗。
相关执法参考	**《中华人民共和国治安管理处罚法》**（节录） （2005年8月28日第十届全国人民代表大会常务委员会第十七次会议通过 中华人民共和国主席令第三十八号公布 自2006年3月1日起施行） 第六十六条第一款 卖淫、嫖娼的，处十日以上十五日以下拘留，可以并处五千元以下罚款；情节较轻的，处五日以下拘留或者五百元以下罚款。

相关执法参考

《中华人民共和国刑法》（节录）

（1979年7月1日第五届全国人民代表大会第二次会议通过　1997年3月14日第八届全国人民代表大会第五次会议修订　根据2011年2月25日第十一届全国人民代表大会常务委员会第十九次会议通过的《中华人民共和国刑法修正案（八）》最新修正）

第三百六十条　明知自己患有梅毒、淋病等严重性病卖淫、嫖娼的，处五年以下有期徒刑、拘役或者管制，并处罚金。

嫖宿不满十四周岁的幼女的，处五年以上有期徒刑，并处罚金。

《最高人民检察院 公安部关于公安机关管辖的刑事案件立案追诉标准的规定（一）》（节录）

（公通字［2008］36号）

第八十条　［传播性病案（刑法第三百六十条第一款）］明知自己患有梅毒、淋病等严重性病卖淫、嫖娼的，应予立案追诉。

具有下列情形之一的，可以认定为本条规定的“明知”：

（一）有证据证明曾到医疗机构就医，被诊断为患有严重性病的；

（二）根据本人的知识和经验，能够知道自己患有严重性病的；

（三）通过其他方法能够证明是“明知”的。

《全国人民代表大会常务委员会关于严禁卖淫嫖娼的决定》（节录）

（1991年9月4日第七届全国人民代表大会常务委员会第二十一次会议通过　根据2009年8月27日第十一届全国人民代表大会常务委员会第十次会议通过的〈全国人民代表大会常务委员会关于修改部分法律的决定〉修改）

四、卖淫、嫖娼的，依照《中华人民共和国治安管理处罚法》的规定处罚。

对卖淫、嫖娼的，可以由公安机关会同有关部门强制集中进行法律、道德教育和生产劳动，使之改掉恶习。期限为六个月至二年。具体办法由国务院规定。

因卖淫、嫖娼被公安机关处理后又卖淫、嫖娼的，实行劳动教养，并由公安机关处五千元以下罚款。

对卖淫、嫖娼的，一律强制进行性病检查。对患有性病的，进行强制治疗。

五、明知自己患有梅毒、淋病等严重性病卖淫、嫖娼的，处五年以下有期徒刑、拘役或者管制，并处五千元以下罚金。

嫖宿不满十四岁的幼女的，依照刑法关于强奸罪的规定处罚。

《最高人民法院 最高人民检察院关于执行〈全国人民代表大会常务委员会关于严禁卖淫嫖娼的决定〉的若干问题的解答》（节录）

（1992年12月11日　法发［1992］42号　自颁布之日起实施）

八、怎样认定传播性病罪？

根据《决定》第五条第一款的规定，传播性病罪，是指明知自己患有梅毒、淋病等严重性病而进行卖淫嫖娼的行为。

（一）本罪属特殊主体，即已满十六岁，具有刑事责任能力，且患有梅毒、淋

相关执法参考

病等严重性病的人。中国公民和外国人均可成为本罪的主体。

（二）必须实施了卖淫、嫖娼的行为。至于实际是否已造成他人染上性病的结果，不影响本罪的成立。行为人通过其他方式（如通奸等）将性病传播给他人的，不构成本罪。

（三）具备以下情形之一的，可以认定为"明知"：

1. 有证据证明曾到医院就医，被诊断为患有严重性病的；

2. 根据本人的知识和经验，能够知道自己患有严重性病的；

3. 通过其他方法能够证明被告人是"明知"的。

九、对《决定》中提到的"他人"、"多人"、"多次"应当怎样理解？

（一）组织、协助组织、强迫、引诱、容留、介绍他人卖淫中的"他人"，主要是指女人，也包括男人。

（二）《决定》和本《解答》中的"多人"、"多次"的"多"，是指"三"以上的数（含本数）。

《国务院法制办公室对浙江省人民政府法制办公室〈关于转送审查处理公安部公复字［2001］4号批复的请示〉的复函》

（2003年5月22日国法函［2003］155号颁布　自颁布之日起实施）

浙江省人民政府法制办公室：

你办《关于转送审查处理公安部公复字［2001］4号批复的请示》（浙府法［2003］5号）收悉。我们征求了全国人大常委会法工委意见，他们认为，公安部对卖淫嫖娼的含义进行解释符合法律规定的权限，公安部公复字［2001］4号批复的内容与法律的规定是一致的，卖淫嫖娼是指通过金钱交易一方向另一方提供性服务，以满足对方性欲的行为，至于具体性行为采用什么方式，不影响对卖淫嫖娼行为的认定。据此，公安部公复字［2001］4号批复的规定是合法的。

《公安部关于对未成年卖淫嫖娼人员能否收容教育问题的批复》

（公复字［2010］7号）

北京市公安局：

你局《关于对未成年卖淫嫖娼人员能否执行收容教育的请示》（京公法字［2010］929号）收悉。现批复如下：

公安机关办理未成年人卖淫嫖娼案件，应当贯彻教育、感化、挽救的方针，从严控制决定收容教育。凡是可以由其家长或者监护人负责管教的，不予决定收容教育。

《公安部关于对同性之间以钱财为媒介的性行为定性处理问题的批复》

（2001年2月28日公复字［2001］4号颁布　自颁布之日起实施）

广西壮族自治区公安厅：

你厅《关于对以金钱为媒介的同性之间的性行为如何定性的请示》（桂公传发［2001］325号）收悉。现批复如下：

相关执法参考

根据《中华人民共和国治安管理处罚条例》和全国人大常委会《关于严禁卖淫嫖娼的决定》的规定，不特定的异性之间或者同性之间以金钱、财物为媒介发生不正当性关系的行为，包括口淫、手淫、鸡奸等行为，都属于卖淫嫖娼行为，对行为人应当依法处理。

自本批复下发之日起，《公安部关于对以营利为目的的手淫、口淫等行为定性处理问题的批复》（公复字［1995］6号）同时废止。

《关于在查禁卖淫嫖娼等违法犯罪活动中加强对卖淫妇女教育挽救工作的通知》

（公通字［2010］64号）

各省、自治区、直辖市公安厅、局，人力资源社会保障厅、局，卫生厅、局，妇女联合会，新疆生产建设兵团公安局、人事局、劳动保障局、卫生局、妇女联合会：

今年以来，各级公安机关不断加大工作力度，深入开展社会治安整治行动，严厉打击卖淫嫖娼等违法犯罪活动，有效净化了社会风气，赢得了广大群众和社会各界的普遍赞誉。近期，中央领导同志多次做出重要批示，要求把打击重点对准卖淫嫖娼活动的组织者、经营者及幕后"保护伞"，对一般卖淫妇女要重在教育、挽救。为认真贯彻落实中央领导同志的重要批示精神，在查禁卖淫嫖娼等违法犯罪活动中进一步突出打击查处重点，切实加强对卖淫妇女的教育挽救工作，现将有关要求通知如下：

一、正确处理打击查处和教育挽救的关系，充分认识加强对卖淫妇女教育挽救工作的重要性。严厉打击卖淫嫖娼等违法犯罪活动的组织者、策划者、为首分子和幕后"保护伞"，加强对卖淫妇女等违法人员的教育、挽救，是查禁卖淫嫖娼等违法犯罪活动工作的两个重要方面，二者相辅相承，不可偏废。坚持打击查处和教育挽救并重是落实宽严相济的刑事司法政策，贯彻教育与处罚相结合、重在教育转化执法原则的具体体现。坚持打击查处和教育挽救并重，有利于突出打击重点，惩治首恶；有利于强化教育功效，治病救人；有利于提升执法效果，促进社会和谐。各级公安机关要正确理解打击查处与教育挽救的内在联系，充分认识做好卖淫妇女教育挽救工作，在减少卖淫嫖娼案件方面所发挥的重要作用。在打击卖淫嫖娼等违法犯罪活动中，要切实将对卖淫妇女的教育挽救工作融入到查禁卖淫嫖娼等违法犯罪活动工作的各个环节，坚决防止和纠正重打击查处、轻教育挽救的做法，努力实现执法效果和社会效果的有机统一。

二、突出打击重点，改进执法方式，规范执法行为。各级公安机关要坚持严打方针不动摇，始终把打击的矛头对准组织、强迫、引诱、容留、介绍妇女卖淫，嫖宿幼女的组织者、幕后操纵者、骨干分子和违法经营场所的组织者、经营者及幕后"保护伞"。要牢固树立情报先导、精确打击的理念，进一步增强打击查处工作的精确性，坚决避免打击查处无目标，随意采取扫荡式、粗放式的方法开展工作。工作中，要注意区分不同情形，严格依法办事。对被犯罪分子以拐卖、强奸、殴打、非法拘禁等方式强迫卖淫的受害妇女，要迅速解救，不得进行处罚，同时，要启动刑事案件受害人救助机制，为其治疗伤病，动员其检举揭发犯罪分子，配合公安机关

相关执法参考

办案；对不满十四周岁的卖淫少女，要以教育为主，不予处罚；对已满十四周岁不满十八周岁的，要从轻或者减轻处罚；对被诱骗、教唆卖淫或初次卖淫，无卖淫恶习的，可不予收容教育。工作中，既要坚持严格、公正、规范执法，又要坚持理性、平和、文明执法，注意保护卖淫妇女和娱乐服务场所从业人员的人身权和健康权、名誉权、隐私权，不得歧视、辱骂、殴打，不得采取游街示众、公开曝光等侮辱人格尊严方式羞辱妇女。对被处罚的卖淫妇女，要征询并尊重其意见，有选择性地通知其家属；对被查获的未成年卖淫女，要尽量缩小知情范围。对娱乐服务场所从业人员，不得采取向其亲属通报从业情况等做法进行羞辱，避免制造家庭矛盾；对已纳入娱乐服务场所治安管理信息系统的从业人员，要严格做好信息保密工作，除侦查办案、治安管理等工作需要外，不得对外泄露。

三、明确部门职责，进一步细化教育挽救工作措施。在开展教育挽救卖淫妇女工作中，各级公安机关、人力资源社会保障部门、卫生部门和妇联组织要加强组织领导，明确职责分工，强化沟通协作，落实人员、经费，共同推动各项教育、挽救措施的落实。公安机关要充分发挥职能优势，依托治安拘留所、收容教育所等场所，对被治安拘留、被收容教育的卖淫妇女积极开展法制、道德教育和劳动技能培训，促使其尽快转化。人力资源社会保障部门要大力开展职业培训和就业指导工作，向年轻妇女群体传授劳动技能，免费提供就业岗位信息和职业介绍服务，帮助其通过合法劳动自食其力，推动年轻妇女群体的就业。卫生部门要积极开展卖淫妇女艾滋病、性病的自愿咨询检测及干预工作，医疗卫生机构要充分利用开设的自愿咨询检测门诊，积极开展卖淫妇女艾滋病、性病防治工作，切实关心关注她们的身心健康。对公安机关在执法工作中查获、送检送治的患艾滋病、性病的卖淫妇女，医疗机构要给予积极治疗。妇联组织要充分发挥密切联系妇女群众的优势，依托各级维权阵地，积极整合资源，主动协调、配合人力资源社会保障、卫生等部门，做好对有不良习性的妇女帮扶帮教、思想感化工作，引导她们转变思想，树立正确的世界观、人生观、价值观。要积极依托社会各方面培训资源，充分利用妇联创办的女子院校、妇干校、创业就业培训基地、人才培训中心等阵地，面向缺乏生活技能的妇女开展有针对性的培训，大力推进小额贴息贷款政策的实施，为其创业就业创造条件。

四、细化工作措施，做好舆论引导，确保教育挽救工作有序平稳开展。教育、挽救卖淫妇女是一项政策性强的工作。各级公安机关、人力资源社会保障部门、卫生部门和妇联组织要进一步细化工作措施，积极稳妥有序推进。具体操作中，可选择一些有条件的地市先行试点，积累经验，逐步推广。宣传发动中，要选择好切入点、把握好尺度，从保护妇女合法权益、促进妇女就业、提高妇女文化水平的角度开展宣传发动，不得公开使用卖淫妇女的指称；在帮助这些妇女培训、求职、就业等过程中，不得向相关机构和人员透露她们的身份，以保护其隐私；要注重从关爱、帮助的角度出发，引导社会各界尤其是媒体，正面宣传报道，不侮辱歧视她们，使其更好地回归社会、融入社会。各级公安机关、人力资源社会保障部门、卫生部门和妇联组织要加强对下检查指导，对工作中因执法不规范，造成侵害卖淫妇女人身权、人格权等问题，引发社会舆论不满的，要依纪依规严肃追究相关人员的

相关执法参考

责任；构成犯罪的，要依法追究刑事责任。

各地接此通知后，请即报告党委、政府，并传达至各基层单位，抓好贯彻落实。有关工作情况，请及时按系统上报。

《卖淫嫖娼人员收容教育办法》

（1993年9月4日国务院令第127号颁布　根据2010年12月29日国务院第138次常务会议通过的〈国务院关于废止和修改部分行政法规的决定〉修改　国务院令第588号颁布）

第一条　为了教育、挽救卖淫、嫖娼人员，制止性病蔓延，根据《全国人民代表大会常务委员会关于严禁卖淫嫖娼的决定》，制定本办法。

第二条　本办法所称收容教育，是指对卖淫、嫖娼人员集中进行法律教育和道德教育、组织参加生产劳动以及进行性病检查、治疗的行政强制教育措施。

收容教育工作实行教育、感化、挽救的方针。

第三条　收容教育工作由公安部主管。

第四条　收容教育所的设立，由省、自治区、直辖市或者自治州、设区的市的公安机关根据收容教育工作的需要提出方案，报同级人民政府批准。

地方计委、财政部门应当将收容教育所的基本建设投资和所需经费列入基建计划和财政预算。

第五条　收容教育所根据工作需要，配备辅导、医务、财会等工作人员。

第六条　收容教育所应当设置收容室以及教育、劳动、医疗、文体活动等场所。

第七条　对卖淫、嫖娼人员，除依照《中华人民共和国治安管理处罚法》第六十六条的规定处罚外，对尚不够实行劳动教养的，可以由公安机关决定收容教育。

对有下列情形之一的卖淫、嫖娼人员，可以不予收容教育：

（一）年龄不满十四周岁的；

（二）患有性病以外其他急性传染病的；

（三）怀孕或者哺乳本人所生一周岁以内婴儿的；

（四）被拐骗、强迫卖淫的。

第八条　对卖淫、嫖娼人员实行收容教育，由县级公安机关决定。决定实行收容教育的，有关县级公安机关应当填写收容教育决定书。收容教育决定书副本应当交给被收容教育人员本人，并自决定之日起十五日内通知其家属、所在单位和户口所在地的公安派出所。

第九条　收容教育期限为六个月至二年。

收容教育日期自执行之日起计算。

第十条　收容教育所对入所的被收容教育人员，应当进行性病检查和治疗。检查和治疗性病的费用一般由本人或者家属负担。

第十一条　收容教育所对被收容教育人员，应当按照性别和有无性病实行分别管理。

相关执法参考

被收容教育的女性人员，应当由女性工作人员进行管理。

第十二条　收容教育所应当依法管理，建立、健全各项管理制度，严禁打骂、体罚或者以其他方式侮辱被收容教育人员。

被收容教育人员应当遵守收容教育所的各项管理制度，服从管理。

第十三条　对被收容教育人员应当进行法律教育和道德教育，并组织他们参加生产劳动，学习生产技能，增强劳动观念。

被收容教育人员参加生产劳动所获得的劳动收入，用于改善被收容教育人员的生活和收容教育所的建设。对参加生产劳动的被收容教育人员，可以按照规定支付一定的劳动报酬。收容教育所对劳动收入和支出应当单独建帐，严格管理。

收容教育所应当实行文明管理，组织被收容教育人员开展有益的文化体育活动。

第十四条　被收容教育人员在收容教育期间的生活费用一般由本人或者家属负担。

第十五条　被收容教育人员入所时携带的物品需要由收容教育所保管的，收容教育所应当造册登记，妥善保管，在被收容教育人员离所时将原物交还本人。

第十六条　收容教育所应当允许被收容教育人员的家属探访。

被收容教育人员在收容教育期间，遇有子女出生、家属患严重疾病、死亡以及其他正当理由需要离所的，由其家属或者其所在单位担保并交纳保证金后，经所长批准，可以离所。离所期限一般不超过七日。

保证金收取办法由公安部规定。

第十七条　被收容教育人员在收容教育期间确有悔改表现或者有立功表现以及其他特殊情况的，可以给予表扬或者提前解除收容教育。需要提前解除收容教育的，由收容教育所提出意见，报原决定对其实行收容教育的公安机关批准。但是，提前解除收容教育的，实际执行的收容教育期限不得少于原决定收容教育期限的二分之一。

第十八条　对拒绝接受教育或者不服从管理的被收容教育人员，可以给予警告或者延长收容教育期限。需要延长收容教育期限的，由收容教育所提出意见，报原决定对其实行收容教育的公安机关批准。但是，延长收容教育期限的，实际执行的收容教育期限最长不得超过二年。

收容教育期间发现被收容教育人员有其他违法犯罪行为尚未处理的，依照有关法律、法规处理。

第十九条　对收容教育期满的人员，应当按期解除收容教育，发给解除收容教育证明书，并通知其家属或者所在单位领回。

第二十条　被收容教育人员对收容教育决定不服的，可以依法申请行政复议；对行政复议决定不服的，可以依照《中华人民共和国行政诉讼法》的规定向人民法院提起诉讼。

第二十一条　被收容教育人员在收容教育期间死亡的，应当由公安机关组织法医或者指定医生作出死亡鉴定，经同级人民检察院检验，报上一级公安机关和人民检察院备案，并填写死亡通知书，通知被收容教育人员家属、所在单位和户口所在地公安派出所；家属不予认领的，由公安机关拍照后处理。

第二十二条 本办法由公安部负责解释。

第二十三条 本办法自发布之日起施行。

《收容教育所管理办法》

（2000年4月24日公安部令第50号颁布 自颁布之日起实施）

第一章 总 则

第一条 为加强和规范收容教育所的管理，根据国务院《卖淫嫖娼人员收容教育办法》及有关规定，制定本办法。

第二条 收容教育所是公安机关依法对卖淫、嫖娼人员进行法律和道德教育、组织参加劳动生产以及进行性病检查、治疗的行政强制教育场所。

第三条 收容教育所应当坚持教育、感化、挽救的方针，实行依法、严格、科学、文明管理，通过教育、心理矫治和性病治疗，使被收容教育人员成为身心健康的守法公民。

第四条 收容教育所的设立，由省、自治区、直辖市或者自治州、设区的市的公安机关根据收容教育工作的需要提出方案，报同级人民政府批准。

收容教育所的管理由设立收容教育所的公安机关负责。

收容教育所的名称为“某省、自治区、直辖市、自治州（盟、市）公安局收容教育所”。

第五条 收容教育所设所长一人，政治委员（教导员）一人，副所长一至三人，根据实际需要配备辅导、医务、财会等民警和相应数量的工勤人员。

民警的配备：一般不得少于十二人，月平均收容教育超过一百人的，一般按月平均收容教育人数的百分之十五的比例配备，其中医务人员不得少于二人，并应有一定数量的女民警。

所长、政治委员（教导员）、副所长必须具有大专以上学历，从事辅导、医务、财会工作的民警必须具有中专以上学历。

收容教育所根据实际需要，可以设置必要的工作机构。

第六条 收容教育所民警应当严格遵守宪法和法律，忠于职守，秉公执法，严守纪律，清正廉洁。

严禁打骂、体罚、虐待、侮辱被收容教育人员，或者为谋取私利，利用被收容教育人员提供劳务，切实保障被收容教育人员的合法权益。

严禁索要、收受、侵占被收容教育人员及其亲属的财物，或者违反规定，私自为被收容教育人员传递信件或者物品。

严禁私放被收容教育人员。

第七条 收容教育所应当设置办公区、收容教育区、劳动生产区、医疗区等，配备必要的医疗设施和教育、文体活动器材及交通、通讯设备。

第八条 收容教育所的基本建设、必要的设备、器材以及日常管理所需经费，报请当地计委、财政部门列入基建计划和财政预算。

第二章 入 所

第九条 收容教育所接收被收容教育人员，须凭县级以上公安机关签发的《收容教育决定书》。

第十条 收容教育所接收被收容教育人员，应当填写《收容教育人员入所登记表》，并对其进行健康和性病检查，填写《收容教育人员健康及性病检查表》。

凡具有下列情形之一的卖淫、嫖娼人员可以不予接收：

（一）年龄不满十四周岁的；

（二）患有性病以外其他急性传染病和严重疾病的；

（三）怀孕或者哺乳自己婴儿的；

（四）被拐骗、强迫卖淫的；

（五）有严重伤情的。

对接收后发现不应收容教育的，应当提请办案单位依法作其他处理；对吸食、注射毒品成瘾的，应当先行强制戒毒；对可能患有精神病的，由办案单位负责鉴定。

第十一条 收容教育所接收被收容教育人员，应当告知其依法享有的合法权益和必须遵守的所规，并在入所后的二十四小时内进行第一次谈话。

第十二条 收容教育所接收被收容教育人员，应当对其人身和携带的物品进行检查，严防将违禁物品带入所内。对女性被收容教育人员的人身检查，应当由女工作人员进行。

非日常用品及现金应当登记造册，填写《财物保管登记表》，由收容教育所代为保管。

第十三条 收容教育所应当建立被收容教育人员档案，实行计算机管理。

被收容教育人员入所后应当拍摄半身免冠一寸照片，照片连同底片归入其档案。

档案内容应当包括：《收容教育决定书》、《收容教育人员入所登记表》、《收容教育人员健康及性病检查表》、《收容教育人员财物保管登记表》、《提前解除或延长收容教育审批表》、《收容教育人员请假出所审批表》、《收容教育人员请假离所保证金缴纳通知书》、《收容教育人员准假证明》、《收容教育人员所外就医审批表》、《收容教育人员所外就医证明》、《担保人保证书》、《办案机关询问收容教育人员登记表》、在所期间表现情况（奖惩及学习情况等）记录、《收容教育人员出所鉴定表》、《解除收容教育证明书》等。

被收容教育人员在收容教育期间死亡的，应当将《收容教育人员死亡鉴定》、《收容教育人员死亡通知书》、《死亡收容教育人员财物处理登记表》归入其档案。

收容教育所依照有关法律和规定，保管被收容教育人员档案。办案机关查阅被收容教育人员档案，须持办案机关的证明及办案人有效证件并经所长批准。

第三章 管 理

第十四条 收容教育所应当建立健全严格的管理制度和岗位责任制，实行规范化管理。被收容教育人员必须遵守收容教育所的各项管理制度，服从管理。

第十五条 收容教育所实行出入所登记制度。非本所工作人员不得进入收容教育区；特殊情况须进入的，应当经所长批准，由工作人员带领。

相关执法参考

第十六条　办案机关询问被收容教育人员，须持办案机关的证明及办案人有效证件办理登记手续，经所长批准，在所内指定地点进行。询问人员不得少于二人。

第十七条　收容教育所实行二十四小时值班巡视制度。值班人员要严守岗位，不得擅离职守，发现问题要及时报告，妥善处理。

第十八条　收容教育所应当保障安全，经常进行安全检查，消除隐患，严防被收容教育人员逃跑、自杀、行凶、互殴等事故和危害收容教育所安全行为的发生。

第十九条　收容教育所对被收容教育人员，应当按性别、有无性病和是否成年等不同情况实行分别管理。

女性被收容教育人员，应当由女性工作人员进行管理。

第二十条　收容教育所应当严格实行被收容教育人员行为规范和一日生活制度。

第二十一条　收容教育所对被收容教育人员，应当按过错程度和悔改表现实行严格管理、普通管理、宽松管理的分级管理和考核制度。根据考核结果，适时升降等级。

第二十二条　被收容教育人员确有悔改或者立功表现的，可以给予表扬、升级或者提前解除收容教育。

需要提前解除收容教育的，由收容教育所提出意见，报原决定收容教育的公安机关批准，同时向主管收容教育所的公安机关备案。提前解除收容教育的，实际执行的收容教育期限不得少于原决定收容教育期限的二分之一。

第二十三条　收容教育所对拒绝接受教育、不服从管理或者有危害收容教育所安全行为的被收容教育人员，可以予以警告、降级或者延长收容教育。

需要延长收容教育的，由收容教育所提出意见，报原决定收容教育的公安机关批准，同时向主管收容教育所的公安机关备案。延长收容教育的，实行执行的收容教育期限最长不得超过二年。

第二十四条　被收容教育人员对收容教育决定或者延长收容教育决定不服，依法申请复议或者向人民法院提起行政诉讼的，收容教育所应当及时将材料转交有关部门。

第二十五条　被收容教育人员的举报、控告等材料，收容教育所应当及时送交有关部门或者上级主管机关处理。

第二十六条　被收容教育人员主动坦白违法犯罪行为的，收容教育所应当建议有关部门依法从宽处理。

收容教育期间，发现被收容教育人员有其他违法犯罪行为尚未处理或者有新的违法犯罪行为的，收容教育所应当及时通知办案机关依法处理。

第二十七条　被收容教育人员在所期间，遇有子女出生、直系亲属患严重疾病、死亡以及其他正当理由需要离所的，由家属或者其所在单位担保并交纳保证金，经所长批准并报主管收容教育所的公安机关备案后，可以离所。经批准离所的，发给《收容教育人员准假证明》。离所期限一般不超过七日。

第二十八条　保证金按准假天数收取，每日最高不得超过一千元。无力交纳的，可以适当减免。

保证金由保证人持公安机关出具的《收容教育人员请假离所保证金缴纳通知书》向公安机关指定的银行专户一次性交纳。

第二十九条　经批准离所的被收容教育人员按期回所的，保证金应当如数退还；对逾期不归的，收容教育所应当负责追回，并由主管收容教育所的公安机关对其处以一千元以下的罚款；保证人未履行保证义务的，由主管收容教育所的公安机关处以一千元以下罚款，构成违反治安管理行为的，依照《治安管理处罚条例》予以处罚。罚款可以从保证金中扣除，其余部分的保证金应当退还。

第三十条　对患有严重疾病或者传染病的被收容教育人员，收容教育所不具备医疗条件或者短期内无法治愈的，经省级人民政府指定的县级以上医院诊断鉴定后，由家属或者其所在单位担保，收容教育所提出意见，报主管收容教育所的公安机关批准，可以予以所外就医，并通报原决定收容教育的公安机关。

自伤、自残的，不予所外就医。

第三十一条　批准所外就医的，收容教育所应发给《收容教育人员所外就医证明》，并与被收容教育人员所在单位、街道（乡、镇）和常住户口所在地或者暂住地公安派出所共同签订联合帮教协议。

所外就医的被收容教育人员应当定期回所报告，行动不便或者路途较远的可以书面报告。收容教育所应当定期考察，日常的监督、考察、帮教工作由被收容教育人员所在单位、街道（乡、镇）和常住户口所在地或者暂住地公安派出所负责。

所外就医的被收容教育人员，有新的违法犯罪行为，按有关法律法规处理；无新的违法犯罪行为，收容教育期满的可按期解除收容教育；有立功表现的，可按规定提前解除收容教育。

所外就医情形消失的，应当立即收回所内执行。

第三十二条　被收容教育人员在收容教育期间死亡的，应当由主管收容教育所的公安机关组织法医或者指定医生作出死亡鉴定，经同级人民检察院检验，报上一级公安机关和人民检察院备案，并填写《收容教育人员死亡通知书》，通知死者的家属、所在单位和户口所在地公安派出所；家属不予认领尸体的，由公安机关拍照后处理。其遗留财物在有关法律规定的时限内无人领取的，上缴国库。

第四章　教　育

第三十三条　收容教育所对被收容教育人员的教育，应当坚持因人施教，分类施教、以理服人、感化挽救的原则，坚持集体教育与个别教育相结合，所内教育与社会教育相结合。实现教育的课堂化、制度化、规范化和系统化。

第三十四条　收容教育所应当对被收容教育人员进行法律、道德、文化、卫生教育，组织参加劳动生产，学习劳动技能。

第三十五条　对文盲、半文盲的被收容教育人员，收容教育所应当开展扫除文盲教育，有条件的可以开展小学、中学文化补习；对具有高中以上文化的被收容教育人员，鼓励其自学，可以组织其参加各类自学考试。

第三十六条　收容教育所对被收容教育人员的劳动教育应当坚持立足思想转变、着眼解教就业、因人因地制宜的原则，有条件的可以组织被收容教育人员参加职业技术培训。

相关执法参考

对参加劳动生产的被收容教育人员，应当保证安全，并按规定支付一定的劳动报酬。

第三十七条　收容教育所应当组织被收容教育人员开展有益的文化体育活动。

第五章　生活卫生、性病治疗

第三十八条　被收容教育人员的收容室应当通风、采光，防暑、防寒、防潮。收容教育所应当定期开展安全检查，防止火灾和其他自然灾害。

收容室人均使用面积不得少于三平方米。

第三十九条　被收容教育人员在所期间的生活、医疗费用由本人或者家属负担。确有困难的，可以由收容教育所报请当地财政部门解决。

收费标准由公安机关商物价部门根据当地实际情况统一制定。

第四十条　被收容教育人员或者家属交纳的生活、医疗费用由收容教育所开具收据后统一保管，并建立使用账目。

第四十一条　被收容教育人员的食堂应当单独设置。收容教育所应当在规定的标准内，力求调剂改善，并按月公布伙食账目。

对少数民族被收容教育人员，应当根据民族风俗习惯，在生活上给予适当照顾。

第四十二条　收容教育所应当设置卫生所或者医务室并建立卫生防疫制度。应当有供被收容教育人员淋浴、理发和洗晒被服的设施、设备；应当保持收容室内外的清洁卫生，定期消毒，绿化、美化收容教育所环境。

第四十三条　收容教育所应当定期对被收容教育人员进行身体检查；积极配合当地卫生部门，对被收容教育人员进行强制性病检查；对患有性病的被收容教育人员应当实行隔离治疗。

第四十四条　收容教育所对患有其他疾病的被收容教育人员应当及时治疗。病情严重的，经所长批准，可以住院治疗，并应当派民警值班看护，严防发生脱逃、自杀等事故。

发现被收容教育人员患有传染病的，必须立即隔离治疗。

第四十五条　收容教育所开展劳动生产的收入，应当用于改善被收容教育人员的生活和收容教育所的建设。劳动生产的收入和支出应当单独设置账目，严格管理。

第六章　通信、会见

第四十六条　被收容教育人员来往信件由收容教育所统一登记、收发。信件内不得夹寄违禁物品。

第四十七条　收容教育所允许被收容教育人员的家属按照有关规定进行探访。一般情况下，每月可探访一次，每次不超过三人。

其他人员、国外、境外亲属要求会见的，须经收容教育所所长批准。

第四十八条　会见人应当持有效证件和证明，经收容教育所查验登记。无证件、证明或者人证不符的，不准会见。

第四十九条　会见须在会见室或者指定地点进行。会见人员应当遵守有关规定，违者可责令停止会见。

相关执法参考

第五十条　捎带或者邮寄给被收容教育人员的物品，须经收容教育所检查、登记后交本人。

第七章　出　所

第五十一条　对收容教育期满的被收容教育人员，应当立即解除收容教育，发给《解除收容教育证明书》，通知家属或者单位领回，同时通报其常住户口所在地或者暂住地公安派出所。

第五十二条　收容教育期限自执行之日起计算。

被收容教育人员被刑事拘留的行为与被决定收容教育的行为系同一行为，其被刑事拘留一日折抵收容教育一日。

被收容教育人员因同一行为被公安机关治安拘留后，并被决定收容教育的，治安拘留期限不应当折抵收容教育期限。

被收容教育人员请假离所和所外就医的期限应当计算在收容教育期限内。违反有关规定的，离所期限不计算在收容教育期限内。

第五十三条　因被收容教育人员有其他违法犯罪行为，决定予以刑事拘留、逮捕、劳动教养或者少年收容教养的，收容教育所应当根据有关法律文书办理出所手续，并将其在所期间的表现形成书面材料随案移交。第五十四条被收容教育人员出所时，收容教育所应当在《收容教育人员入所登记表》上载明出所原因及去向。返还代为保管的财物，并由被收容教育人员在《收容教育人员财物保管登记表》上签字捺印。

第五十五条　对解除收容教育的人员，收容教育所应当定期回访，积极配合有关部门做好帮教工作。

第八章　附　则

第五十六条　收容教育所实行等级化管理，具体办法由公安部制定。

第五十七条　收容教育所的管理文书格式由公安部统一制定，各省、自治区、直辖市公安厅、局自行印制。

第五十八条　本办法自发布之日起施行。

《娱乐场所管理条例》（节录）

（2006年1月29日国务院令第458号颁布　自2006年3月1日起实施）

第二条　本条例所称娱乐场所，是指以营利为目的，并向公众开放、消费者自娱自乐的歌舞、游艺等场所。

第三条　县级以上人民政府文化主管部门负责对娱乐场所日常经营活动的监督管理；县级以上公安部门负责对娱乐场所消防、治安状况的监督管理。

第五条　有下列情形之一的人员，不得开办娱乐场所或者在娱乐场所内从业：

（一）曾犯有组织、强迫、引诱、容留、介绍卖淫罪，制作、贩卖、传播淫秽物品罪，走私、贩卖、运输、制造毒品罪，强奸罪，强制猥亵、侮辱妇女罪，赌博罪，洗钱罪，组织、领导、参加黑社会性质组织罪的；

（二）因犯罪曾被剥夺政治权利的；

（三）因吸食、注射毒品曾被强制戒毒的；

相关执法参考

（四）因卖淫、嫖娼曾被处以行政拘留的。

第十四条　娱乐场所及其从业人员不得实施下列行为，不得为进入娱乐场所的人员实施下列行为提供条件：

（一）贩卖、提供毒品，或者组织、强迫、教唆、引诱、欺骗、容留他人吸食、注射毒品；

（二）组织、强迫、引诱、容留、介绍他人卖淫、嫖娼；

（三）制作、贩卖、传播淫秽物品；

（四）提供或者从事以营利为目的的陪侍；

（五）赌博；

（六）从事邪教、迷信活动；

（七）其他违法犯罪行为。

娱乐场所的从业人员不得吸食、注射毒品，不得卖淫、嫖娼；娱乐场所及其从业人员不得为进入娱乐场所的人员实施上述行为提供条件。

第三十二条　文化主管部门、公安部门和其他有关部门的工作人员依法履行监督检查职责时，有权进入娱乐场所。娱乐场所应当予以配合，不得拒绝、阻挠。

文化主管部门、公安部门和其他有关部门的工作人员依法履行监督检查职责时，需要查阅闭路电视监控录像资料、从业人员名簿、营业日志等资料的，娱乐场所应当及时提供。

第三十六条　任何单位或者个人发现娱乐场所内有违反本条例行为的，有权向文化主管部门、公安部门等有关部门举报。

文化主管部门、公安部门等有关部门接到举报，应当记录，并及时依法调查、处理；对不属于本部门职责范围的，应当及时移送有关部门。

第四十二条　娱乐场所实施本条例第十四条禁止行为的，由县级公安部门没收违法所得和非法财物，责令停业整顿3个月至6个月；情节严重的，由原发证机关吊销娱乐经营许可证，对直接负责的主管人员和其他直接责任人员处1万元以上2万元以下的罚款。

第四十九条　娱乐场所未按照本条例规定建立从业人员名簿、营业日志，或者发现违法犯罪行为未按照本条例规定报告的，由县级人民政府文化主管部门、县级公安部门依据法定职权责令改正，给予警告；情节严重的，责令停业整顿1个月至3个月。

第五十三条　娱乐场所违反有关治安管理或者消防管理法律、行政法规规定的，由公安部门依法予以处罚；构成犯罪的，依法追究刑事责任。

娱乐场所违反有关卫生、环境保护、价格、劳动等法律、行政法规规定的，由有关部门依法予以处罚；构成犯罪的，依法追究刑事责任。

娱乐场所及其从业人员与消费者发生争议的，应当依照消费者权益保护的法律规定解决；造成消费者人身、财产损害的，由娱乐场所依法予以赔偿。

第五十七条　本条例所称从业人员，包括娱乐场所的管理人员、服务人员、保安人员和在娱乐场所工作的其他人员。

《公安派出所实行公共娱乐服务场所治安管理责任制暂行规定》

（1998年11月3日公通字［1998］73号颁布　自颁布之日起实施）

一、为加强公共娱乐服务场所（以下简称“场所”）的治安管理工作，根据《人民警察法》，结合公安派出所工作改革，制定本规定。

二、本规定所称的场所是指各类为公众提供休闲、娱乐、健身服务的场所。

三、公安派出所负责辖区内场所的治安管理工作，县、市公安局和城市公安分局治安部门归口业务指导、监督和检查。

四、公安派出所对辖区内场所的开业提出治安审核意见，报上级公安机关治安部门审批。

五、公安派出所要把全面掌握辖区场所的基本治安情况作为工作的一项重要内容，建立治安管理工作责任制，明确派出所长、责任区民警的职责、任务和工作纪律。派出所负责人和责任区民警对辖区内场所的治安工作负直接管理责任。

六、公安派出所对发生在场所的卖淫嫖娼、赌博、吸贩毒品等违法犯罪活动要及时发现和打击，并报告上级公安机关；对治安秩序混乱和存在治安隐患的场所，要及时提出警告和整改意见，并监督整改；对拒不改正的，依照《治安管理处罚条例》和有关法律法规的规定予以查处；超出派出所法定权限或查处难度大的，应及时报告上级公安机关，由上级公安机关查处。

七、上级公安机关接到公安派出所请求查处场所治安问题的报告后，要立即组织人员查处，并将查处结果及时通知派出所。对不采取查处措施或弄虚作假、隐瞒案情，包庇、纵容违法犯罪活动的，依据《人民警察法》的有关规定，给予直接负责的主管人员和其他直接责任人员行政处分；构成犯罪的，依法追究刑事责任。

八、上级公安机关治安部门要采取对场所明查暗访等方式强化对派出所工作的监督检查，并根据派出所的工作情况，提出奖惩意见。

九、公安派出所因管理不力，致使辖区内场所存在的卖淫嫖娼、赌博、制贩传播淫秽物品、吸贩毒品等严重危害社会治安秩序的问题，不能及时得到解决的，按下列规定追究派出所负责人和责任区民警的责任。

（一）对群众举报不予核查或对场所内存在的治安问题隐瞒不报或场所因治安问题被上级公安机关直接查处的，派出所负责人、责任区民警离岗培训。培训结束后，原则上不得回原岗位工作。

（二）辖区内场所一年内被上级公安机关直接查处两次以上的，撤销该辖区公安派出所负责人的职务。

（三）公安派出所无正当理由拒不执行上级公安机关查处场所治安问题决定或命令的；或弄虚作假、隐瞒案情、包庇纵容违法犯罪活动的，上级公安机关要依照《公安机关实施停止执行职务和禁闭措施的规定》，停止派出所负责人和责任区民警执行职务；造成严重后果、影响恶劣的，予以禁闭；情节严重，构成犯罪的，依法追究其刑事责任。

相关执法参考	（四）公安派出所民警参与或变相参与场所经营、充当后台和“保护伞”或借工作之便敲诈勒索、索贿受贿或违法实施处罚、收取费用的，视情节轻重给予停止执行职务、禁闭，直至给予撤职、开除等行政处分；构成犯罪的，依法追究刑事责任。 十、本规定自发布之日起实行。各省、自治区、直辖市公安厅、局可根据本规定制定具体实施办法。

一百二十九、嫖娼

（《治安管理处罚法》第66条第1款）

案由		嫖娼
概念		嫖娼，是指以给付报酬或约定给付报酬为手段，换取卖淫者肉体作乐，进行不正当性行为的行为。
违法构成要件	违法客体	本行为侵犯的客体是社会风尚和社会治安管理秩序。
	违法客观方面	本行为在客观方面以给付报酬或约定给付报酬为手段，换取卖淫者肉体作乐，进行不正当性行为的行为。 嫖娼的人俗称嫖客。嫖客可以是男性，也可以是女性。在这里应该注意，被“嫖”的人一定要是女性，因为只有这样，才符合嫖“娼”的特点，也就是说，男性卖淫，买淫者不构成本行为，不能以嫖娼论处。 “报酬”应做广义的理解，既包括金钱，也包括财物，包括动产，也包括不动产，甚至包括某些非物质的利益，如介绍工作等。“报酬”可以是嫖娼者自己给付，也可以是通过他人给付，可以是直接给付卖淫者，也可以是交给第三人。报酬是否实际给付不影响本行为的成立。 “性行为”，既包括男女异性之间生殖器的结合，也包括男女之间、同性之间口交以及其他非自然的性交行为。 另外，“嫖娼”并不以性行为的实际进行或完成为必要条件，如果因为行为人意志以外的原因而没有完成的，符合其他要件的，也应认定为嫖娼。
	违法主体	本行为的主体是达到责任年龄、具有责任能力的自然人。
	违法主观方面	本行为的主观方面表现为故意，不管其主观目的、动机如何，不影响本行为的成立。
认定界限		（一）嫖娼过程是否存在强奸？ 嫖娼行为要求被嫖的人，即卖淫者必须是出于自愿，如果在卖淫过程中，出现其他原因，卖淫者不愿继续提供性服务，其性权利也是受法律保护的人身权利，不得侵犯。这时强行与之发生性关系的，构成强奸罪。即使卖淫女已收嫖资，但在卖淫过程中由于各种原因拒绝发生性关系后，嫖客就不能强迫，不能违背其意志使用暴力或威胁手段强行发生性关系，否则，构成强奸罪。

认定界限	（二）本行为与嫖宿幼女罪的界限。 《刑法》第360条第2款规定的嫖宿幼女罪，是指嫖宿不满14周岁的幼女的行为。两者的区别主要在于行为人的主观心态和嫖宿的对象不同： 1. 嫖宿幼女罪在主观上必须是明知是幼女而嫖宿的，这里的“明知”包括行为人确知和应知，在实践中，有的卖淫女很难从体态特征、行为服饰等推断其确切年龄，如果行为人根据卖淫女的体态特征、行为服饰很难知道卖淫女是不满14周岁的幼女的，即行为人缺乏“明知”的主观要件，即使被嫖宿的人确实是幼女，对行为人也不能以嫖宿幼女罪论处。只能以嫖娼论处。 2. 本行为的对象是“娼”，即女性卖淫者，嫖宿幼女罪的对象是不满14周岁的幼女。另外，需要注意的是，嫖宿幼女罪嫖宿的对象必须是“卖淫”的幼女，如果幼女根本不是处于卖淫者的地位，则无论行为人以暴力手段还是用非暴力、平和的手段，如金钱利诱、欺骗幼女与之发生关系的，均构成强奸罪。 （三）本行为与传播性病罪的界限。 《刑法》第360条第1款规定的传播性病罪，是指明知自己患有梅毒、淋病等严重性病而进行卖淫、嫖娼的行为。从表述上看，本行为仅指嫖娼，后者包括卖淫和嫖娼两种行为。除此之外，两者的主要区别在于： 1. 从主观上来看，行为人是否知道自己患有严重性病。“严重性病”，是指传染性强、危害大、发病率高的性病，如梅毒、淋病等。如果行为人明知自己所患的只是一般的性病，在客观上证明又不属于严重性病而嫖娼的，则不构成犯罪。如果行为人根本不知道自己患有性病而嫖娼，也不构成犯罪。行为人是否知道，应该根据实际情况综合判断，根据《最高人民检察院 公安部关于公安机关管辖的刑事案件立案追诉标准的规定（一）》（公通字［2008］36号）的规定，具有下列情形之一的，可以认定为“明知”：（1）有证据证明曾到医疗机构就医，被诊断为患有严重性病的；（2）根据本人的知识和经验，能够知道自己患有严重性病的；（3）通过其他方法能够证明是“明知”的。如果行为人确实不知道自己患有严重性病而卖淫、嫖娼的，不构成该罪。 2. 从客观上看，一方面，看行为人是否已经实际患有严重性病，另一方面看行为人是否实施了嫖娼行为。如果行为人认为自己患有严重性病而实际上并未患有严重性病，即使实施了嫖娼行为，也不能构成犯罪。如果行为人实施的不是嫖娼性质的性行为，而只是一般的通奸、姘居、淫乱取乐行为，也不能构成犯罪。另外，嫖娼人员实际是否已造成他人染上性病的结果，不影响该罪的成立。
处罚标准	（一）构成本行为的，处10日以上15日以下拘留，可以并处5000元以下罚款。 （二）情节较轻的，处5日以下拘留或者500元以下罚款。 在实践中，判断情节的轻重，一般应从行为人的动机、手段、目的、行为的次数、造成的后果等方面综合考虑，由公安机关办案人员酌情量罚。一般来说，具有下列情形之一的，应认定为“情节较轻”：

处罚标准	1. 已给付金钱等财物并着手实施，但由于行为人主观意志以外的原因尚未发生性关系的； 2. 主动投案，并如实交代嫖娼违法行为的； 3. 对在歌舞等娱乐场所、桑拿按摩等服务场所查获的，以营利为目的发生手淫、口淫行为的； 4. 初次嫖娼，且认错态度好，表示悔改的； 5. 其他情节较轻情形的。 1991年9月4日通过的《全国人民代表大会常务委员会关于严禁卖淫嫖娼的决定》中关于对卖淫嫖娼人员施行收容教育和劳动教养的措施，目前仍然有效。根据该《决定》的规定，对卖淫、嫖娼的，可以由公安机关会同有关部门强制集中进行法律、道德教育和生产劳动，使之改掉恶习。期限为6个月至2年。具体办法由国务院规定。因卖淫、嫖娼被公安机关处理后又卖淫、嫖娼的，实行劳动教养，并由公安机关处5000元以下罚款。对卖淫、嫖娼的，一律强制进行性病检查。对患有性病的，进行强制治疗。
相关执法参考	**《中华人民共和国治安管理处罚法》**（节录） （2005年8月28日第十届全国人民代表大会常务委员会第十七次会议通过　中华人民共和国主席令第三十八号公布　自2006年3月1日起施行） 第六十六条第一款　卖淫、嫖娼的，处十日以上十五日以下拘留，可以并处五千元以下罚款；情节较轻的，处五日以下拘留或者五百元以下罚款。 **《中华人民共和国刑法》**（节录） （1979年7月1日第五届全国人民代表大会第二次会议通过　1997年3月14日第八届全国人民代表大会第五次会议修订　根据2011年2月25日第十一届全国人民代表大会常务委员会第十九次会议通过的《中华人民共和国刑法修正案（八）》最新修正） 第三百六十条　明知自己患有梅毒、淋病等严重性病卖淫、嫖娼的，处五年以下有期徒刑、拘役或者管制，并处罚金。 嫖宿不满十四周岁的幼女的，处五年以上有期徒刑，并处罚金。 **《最高人民检察院 公安部关于公安机关管辖的刑事案件立案追诉标准的规定（一）》**（节录） （公通字［2008］36号） 第八十条　［传播性病案（刑法第三百六十条第一款）］明知自己患有梅毒、淋病等严重性病卖淫、嫖娼的，应予立案追诉。 具有下列情形之一的，可以认定为本条规定的“明知”： （一）有证据证明曾到医疗机构就医，被诊断为患有严重性病的； （二）根据本人的知识和经验，能够知道自己患有严重性病的； （三）通过其他方法能够证明是“明知”的。 第八十一条　［嫖宿幼女案（刑法第三百六十条第二款）］行为人知道被害人是或者可能是不满十四周岁的幼女而嫖宿的，应予立案追诉。

相关执法参考

《最高人民检察院关于构成嫖宿幼女罪主观上是否需要具备明知要件的解释》

（2001 年 6 月 11 日高检发释字［2001］3 号颁布　自颁布之日起实施）

为依法办理嫖宿幼女犯罪案件，对嫖宿幼女行为如何适用法律问题解释如下：

行为人知道被害人是或者可能是不满十四周岁幼女而嫖宿的，适用刑法第三百六十条第二款的规定，以嫖宿幼女罪追究刑事责任。

《国务院法制办公室对浙江省人民政府法制办公室〈关于转送审查处理公安部公复字［2001］4 号批复的请示〉的复函》

（2003 年 5 月 22 日国法函［2003］155 号颁布　自颁布之日起实施）

浙江省人民政府法制办公室：

你办《关于转送审查处理公安部公复字［2001］4 号批复的请示》（浙府法［2003］5 号）收悉。我们征求了全国人大常委会法工委意见，他们认为，公安部对卖淫嫖娼的含义进行解释符合法律规定的权限，公安部公复字［2001］4 号批复的内容与法律的规定是一致的，卖淫嫖娼是指通过金钱交易一方向另一方提供性服务，以满足对方性欲的行为，至于具体性行为采用什么方式，不影响对卖淫嫖娼行为的认定。据此，公安部公复字［2001］4 号批复的规定是合法的。

《公安部关于对未成年卖淫嫖娼人员能否收容教育问题的批复》

（公复字［2010］7 号）

北京市公安局：

你局《关于对未成年卖淫嫖娼人员能否执行收容教育的请示》（京公法字［2010］929 号）收悉。现批复如下：

公安机关办理未成年人卖淫嫖娼案件，应当贯彻教育、感化、挽救的方针，从严控制决定收容教育。凡是可以由其家长或者监护人负责管教的，不予决定收容教育。

《公安部关于对同性之间以钱财为媒介的性行为定性处理问题的批复》

（2001 年 2 月 28 日公复字［2001］4 号颁布　自颁布之日起实施）

广西壮族自治区公安厅：

你厅《关于对以金钱为媒介的同性之间的性行为如何定性的请示》（桂公传发［2001］325 号）收悉。现批复如下：

根据《中华人民共和国治安管理处罚条例》和全国人大常委会《关于严禁卖淫嫖娼的决定》的规定，不特定的异性之间或者同性之间以金钱、财物为媒介发生不正当性关系的行为，包括口淫、手淫、鸡奸等行为，都属于卖淫嫖娼行为，对行为人应当依法处理。

自本批复下发之日起，《公安部关于对以营利为目的的手淫、口淫等行为定性处理问题的批复》（公复字［1995］6 号）同时废止。

相关执法参考

《最高人民法院关于行为人不明知是不满十四周岁的幼女双方自愿发生性关系是否构成强奸罪问题的批复》

（2003年1月17日法释［2003］4号颁布　自2003年12月4日起实施）

辽宁省高级人民法院：

你院《关于行为人不明知是不满十四周岁的幼女而与其自愿发生性关系，是否构成强奸罪问题的请示》收悉。经研究，答复如下：

行为人明知是不满十四周岁的幼女而与其发生性关系，不论幼女是否自愿，均应依照刑法第二百三十六条第二款的规定，以强奸罪定罪处罚；行为人确实不知对方是不满十四周岁的幼女，双方自愿发生性关系，未造成严重后果，情节显著轻微的，不认为是犯罪。

《全国人民代表大会常务委员会关于严禁卖淫嫖娼的决定》（节录）

（1991年9月4日第七届全国人民代表大会常务委员会第二十一次会议通过　根据2009年8月27日第十一届全国人民代表大会常务委员会第十次会议通过的〈全国人民代表大会常务委员会关于修改部分法律的决定〉修改）

四、卖淫、嫖娼的，依照《中华人民共和国治安管理处罚法》的规定处罚。

对卖淫、嫖娼的，可以由公安机关会同有关部门强制集中进行法律、道德教育和生产劳动，使之改掉恶习。期限为六个月至二年。具体办法由国务院规定。

因卖淫、嫖娼被公安机关处理后又卖淫、嫖娼的，实行劳动教养，并由公安机关处五千元以下罚款。

对卖淫、嫖娼的，一律强制进行性病检查。对患有性病的，进行强制治疗。

五、明知自己患有梅毒、淋病等严重性病卖淫、嫖娼的，处五年以下有期徒刑、拘役或者管制，并处五千元以下罚金。

嫖宿不满十四岁的幼女的，依照刑法关于强奸罪的规定处罚。

《最高人民法院 最高人民检察院关于执行〈全国人民代表大会常务委员会关于严禁卖淫嫖娼的决定〉的若干问题的解答》（节录）

（1992年12月11日　法发［1992］42号　自颁布之日起实施）

八、怎样认定传播性病罪？

根据《决定》第五条第一款的规定，传播性病罪，是指明知自己患有梅毒、淋病等严重性病而进行卖淫嫖娼的行为。

（一）本罪属特殊主体，即已满十六岁，具有刑事责任能力，且患有梅毒、淋病等严重性病的人。中国公民和外国人均可成为本罪的主体。

（二）必须实施了卖淫、嫖娼的行为。至于实际是否已造成他人染上性病的结果，不影响本罪的成立。行为人通过其他方式（如通奸等）将性病传播给他人的，不构成本罪。

（三）具备以下情形之一的，可以认定为“明知”：

1. 有证据证明曾到医院就医，被诊断为患有严重性病的；

相关执法参考

2. 根据本人的知识和经验，能够知道自己患有严重性病的；

3. 通过其他方法能够证明被告人是“明知”的。

《卖淫嫖娼人员收容教育办法》

（1993年9月4日国务院令第127号颁布　根据2010年12月29日国务院第138次常务会议通过的〈国务院关于废止和修改部分行政法规的决定〉修改　国务院令第588号颁布）

第一条　为了教育、挽救卖淫、嫖娼人员，制止性病蔓延，根据《全国人民代表大会常务委员会关于严禁卖淫嫖娼的决定》，制定本办法。

第二条　本办法所称收容教育，是指对卖淫、嫖娼人员集中进行法律教育和道德教育、组织参加生产劳动以及进行性病检查、治疗的行政强制教育措施。

收容教育工作实行教育、感化、挽救的方针。

第三条　收容教育工作由公安部主管。

第四条　收容教育所的设立，由省、自治区、直辖市或者自治州、设区的市的公安机关根据收容教育工作的需要提出方案，报同级人民政府批准。

地方计委、财政部门应当将收容教育所的基本建设投资和所需经费列入基建计划和财政预算。

第五条　收容教育所根据工作需要，配备辅导、医务、财会等工作人员。

第六条　收容教育所应当设置收容室以及教育、劳动、医疗、文体活动等场所。

第七条　对卖淫、嫖娼人员，除除依照《中华人民共和国治安管理处罚法》第六十六条的规定处罚外，对尚不够实行劳动教养的，可以由公安机关决定收容教育。

对有下列情形之一的卖淫、嫖娼人员，可以不予收容教育：

（一）年龄不满十四周岁的；

（二）患有性病以外其他急性传染病的；

（三）怀孕或者哺乳本人所生一周岁以内婴儿的；

（四）被拐骗、强迫卖淫的。

第八条　对卖淫、嫖娼人员实行收容教育，由县级公安机关决定。决定实行收容教育的，有关县级公安机关应当填写收容教育决定书。收容教育决定书副本应当交给被收容教育人员本人，并自决定之日起十五日内通知其家属、所在单位和户口所在地的公安派出所。

第九条　收容教育期限为六个月至二年。

收容教育日期自执行之日起计算。

第十条　收容教育所对入所的被收容教育人员，应当进行性病检查和治疗。检查和治疗性病的费用一般由本人或者家属负担。

第十一条　收容教育所对被收容教育人员，应当按照性别和有无性病实行分别管理。

被收容教育的女性人员，应当由女性工作人员进行管理。

第十二条　收容教育所应当依法管理，建立、健全各项管理制度，严禁打骂、体罚或者以其他方式侮辱被收容教育人员。

被收容教育人员应当遵守收容教育所的各项管理制度，服从管理。

第十三条　对被收容教育人员应当进行法律教育和道德教育，并组织他们参加生产劳动，学习生产技能，增强劳动观念。

被收容教育人员参加生产劳动所获得的劳动收入，用于改善被收容教育人员的生活和收容教育所的建设。对参加生产劳动的被收容教育人员，可以按照规定支付一定的劳动报酬。收容教育所对劳动收入和支出应当单独建帐，严格管理。

收容教育所应当实行文明管理，组织被收容教育人员开展有益的文化体育活动。

第十四条　被收容教育人员在收容教育期间的生活费用一般由本人或者家属负担。

第十五条　被收容教育人员入所时携带的物品需要由收容教育所保管的，收容教育所应当造册登记，妥善保管，在被收容教育人员离所时将原物交还本人。

第十六条　收容教育所应当允许被收容教育人员的家属探访。

被收容教育人员在收容教育期间，遇有子女出生、家属患严重疾病、死亡以及其他正当理由需要离所的，由其家属或者其所在单位担保并交纳保证金后，经所长批准，可以离所。离所期限一般不超过七日。

保证金收取办法由公安部规定。

第十七条　被收容教育人员在收容教育期间确有悔改表现或者有立功表现以及其他特殊情况的，可以给予表扬或者提前解除收容教育。需要提前解除收容教育的，由收容教育所提出意见，报原决定对其实行收容教育的公安机关批准。但是，提前解除收容教育的，实际执行的收容教育期限不得少于原决定收容教育期限的二分之一。

第十八条　对拒绝接受教育或者不服从管理的被收容教育人员，可以给予警告或者延长收容教育期限。需要延长收容教育期限的，由收容教育所提出意见，报原决定对其实行收容教育的公安机关批准。但是，延长收容教育期限的，实际执行的收容教育期限最长不得超过二年。

收容教育期间发现被收容教育人员有其他违法犯罪行为尚未处理的，依照有关法律、法规处理。

第十九条　对收容教育期满的人员，应当按期解除收容教育，发给解除收容教育证明书，并通知其家属或者所在单位领回。

第二十条　被收容教育人员对收容教育决定不服的，可以依法申请行政复议；对行政复议决定不服的，可以依照《中华人民共和国行政诉讼法》的规定向人民法院提起诉讼。

第二十一条　被收容教育人员在收容教育期间死亡的，应当由公安机关组织法医或者指定医生作出死亡鉴定，经同级人民检察院检验，报上一级公安机关和人民检察院备案，并填写死亡通知书，通知被收容教育人员家属、所在单位和户口所在地公安派出所；家属不予认领的，由公安机关拍照后处理。

第二十二条　本办法由公安部负责解释。

第二十三条　本办法自发布之日起施行。

一百三十、拉客招嫖

（《治安管理处罚法》第66条第2款）

案由		拉客招嫖
概念		拉客招嫖，是指在公共场所拉客招嫖，尚不够刑事处罚的行为。
违法构成要件	违法客体	本行为侵犯的客体是社会风尚和社会治安管理秩序。
	违法客观方面	本行为在客观方面表现为在公共场所拉客招嫖，尚不够刑事处罚的行为。 “公共场所”，包括车站、港口、码头、机场、商场、公园、展览馆和其他公共场所。“其他公共场所”包括礼堂、公共食堂、公共浴池、宾馆等供不特定多数人随时出入、停留和使用的场所。 “拉客招嫖”是指在公共场所，以引诱、介绍、招揽等方式，介绍他人进行以给付或约定给付报酬为目的的性行为的行为。拉客招嫖的行为人既可能与买淫者进行实际性的谈判，如交易价格、交易地点等，也可能与买淫者只进行意向性的谈判，而将实际性的谈判交由“买卖”双方自己直接谈判。只要行为人在公共场所实施了促使卖淫嫖娼活动进行的活动，都可以认定为拉客招嫖。 “报酬”应做广义的理解，既包括金钱，也包括财物，包括动产，也包括不动产，甚至包括某些非物质的利益，如介绍工作等。 拉客招嫖的人既可以是卖淫者本人，也可以是卖淫者以外的其他人。 “性行为”，既包括男女异性之间生殖器的结合，也包括男女之间、同性之间口交以及其他非自然的性交行为。 另外，“拉客招嫖”并不以卖淫嫖娼行为的实际进行或完成为必要条件，行为人只要实施了拉客招嫖的行为，即使卖淫嫖娼行为没有进行，如嫖客和妓女之间没有谈好“交易价格”，也构成本行为。
	违法主体	本行为的主体是达到责任年龄、具有责任能力的自然人。
	违法主观方面	本行为的主观方面只能是故意，本行为一般以营利为目的，但也不排除其他目的和动机，如朋友之间“帮忙”等。

<table>
<tr><td>认定界限</td><td>

（一）本行为与介绍卖淫的界限。

《治安管理处罚法》第67条规定的介绍卖淫，是指为卖淫者和嫖客进行居间介绍，尚不够刑事处罚的行为。两者的区别主要表现在行为的地点不同。本行为实施的地点必须是“公共场所”，即车站、港口、码头、机场、商场、公园、展览馆和其他公共场所。介绍卖淫的地点多种多样，也包括在“公共场所”介绍卖淫，在这种情况下，该行为实际触犯了两个法条，发生了法条竞合，行为人的同一行为同时构成了拉客招嫖和介绍卖淫，按照“择一重罚论处”的原则，对行为人以介绍卖淫行为论处。

另外，拉客招嫖的行为人既包括卖淫者本人，也包括为他人拉客招嫖，而介绍卖淫行为只是为他人介绍卖淫，行为人自己并不直接卖淫。

（二）本行为与介绍卖淫罪的界限。

《刑法》第359条第1款规定的介绍卖淫罪，是指在卖淫者和嫖客之间牵线搭桥的行为。本行为在实质上也是一种介绍卖淫的行为，但是，本行为对发生的地点具有明确的规定，即本行为实施的地点必须是“公共场所”，即车站、港口、码头、机场、商场、公园、展览馆和其他公共场所。而介绍卖淫的地点多种多样，既包括在“公共场所”，也包括在非公共场所。

另外，介绍卖淫罪属于犯罪行为，其情节和后果比本行为严重的多，根据《最高人民检察院 公安部关于公安机关管辖的刑事案件立案追诉标准的规定（一）》（公通字［2008］36号）的规定，介绍他人卖淫，涉嫌下列情形之一的，应以介绍卖淫罪立案追诉：

1. 介绍2人次以上卖淫的；
2. 介绍已满14周岁未满18周岁的未成年人卖淫的；
3. 被介绍卖淫的人患有艾滋病或者患有梅毒、淋病等严重性病的；
4. 其他介绍卖淫应予追究刑事责任的情形。

</td></tr>
<tr><td>处罚标准</td><td>构成本行为的，处5日以下拘留或者500元以下罚款。</td></tr>
<tr><td>相关执法参考</td><td>

《中华人民共和国治安管理处罚法》（节录）

（2005年8月28日第十届全国人民代表大会常务委员会第十七次会议通过
中华人民共和国主席令第三十八号公布　自2006年3月1日起施行）

第六十六条第二款　在公共场所拉客招嫖的，处五日以下拘留或者五百元以下罚款。

第六十七条　引诱、容留、介绍他人卖淫的，处十日以上十五日以下拘留，可以并处五千元以下罚款；情节较轻的，处五日以下拘留或者五百元以下罚款。

</td></tr>
</table>

相关执法参考

《中华人民共和国刑法》（节录）

（1979 年 7 月 1 日第五届全国人民代表大会第二次会议通过　1997 年 3 月 14 日第八届全国人民代表大会第五次会议修订　根据 2011 年 2 月 25 日第十一届全国人民代表大会常务委员会第十九次会议通过的《中华人民共和国刑法修正案（八）》最新修正）

第三百五十九条第一款　引诱、容留、介绍他人卖淫的，处五年以下有期徒刑、拘役或者管制，并处罚金；情节严重的，处五年以上有期徒刑，并处罚金。

第三百六十一条　旅馆业、饮食服务业、文化娱乐业、出租汽车业等单位的人员，利用本单位的条件，组织、强迫、引诱、容留、介绍他人卖淫的，依照本法第三百五十八条、第三百五十九条的规定定罪处罚。

前款所列单位的主要负责人，犯前款罪的，从重处罚。

《最高人民检察院 公安部关于公安机关管辖的刑事案件立案追诉标准的规定（一）》（节录）

（公通字［2008］36 号）

第七十八条　［引诱、容留、介绍卖淫案（刑法第三百五十九条第一款）］引诱、容留、介绍他人卖淫，涉嫌下列情形之一的，应予立案追诉：

（一）引诱、容留、介绍二人次以上卖淫的；

（二）引诱、容留、介绍已满十四周岁未满十八周岁的未成年人卖淫的；

（三）被引诱、容留、介绍卖淫的人患有艾滋病或者患有梅毒、淋病等严重性病的；

（四）其他引诱、容留、介绍卖淫应予追究刑事责任的情形。

第一百零一条　本规定中的“以上”，包括本数。

一百三十一、引诱、容留、介绍卖淫

（《治安管理处罚法》第67条）

<table>
<tr><td colspan="2">案由</td><td>引诱、容留、介绍卖淫</td></tr>
<tr><td colspan="2">概念</td><td>引诱、容留、介绍卖淫，是指勾引、诱使他人卖淫，或者为卖淫者和嫖客进行居间介绍，或者为他人卖淫提供场所或创造其他便利条件，尚不够刑事处罚的行为。</td></tr>
<tr><td rowspan="2">违法构成要件</td><td>违法客体</td><td>本行为侵犯的客体是社会风尚和社会治安管理秩序。</td></tr>
<tr><td>违法客观方面</td><td>本行为在客观方面表现为引诱、容留、介绍他人卖淫，尚不够刑事处罚的行为。
这里的“他人”，既包括女性，也包括男性，既包括还没有卖淫经历的人，也包括原本就以卖淫为业或已经多次卖淫的人。
“引诱”，是指行为人利用物质利益或非物质利益作诱饵，或者其他手段，拉拢、勾引、劝导、怂恿、诱惑、唆使他人从事卖淫活动。“物质利益”，包括金钱和具有财产价值的物品，如金银首饰、珠宝古玩、家电房产等，包括动产和不动产。“非物质利益”，是指金钱、物质利益以外的其他利益，如提供工作机会、调换优越工作、给予出国机会等。“其他手段”，包括向他人宣扬腐朽生活方式，灌输“性解放”、“性自由”、“卖淫正当”等腐朽思想，或者向他人允诺提供毒品等。引诱的方式多种多样，可以是书面的，也可以是口头的。引诱者实施引诱的内容是否实现，对本行为的构成没有影响。
“容留”，是指行为人为他人卖淫提供场所或者其他便利条件的行为。这里说的提供场所，是指行为人安排供他人卖淫的处所或者其他指定的地方。这里的“场所”，不仅限于房屋，汽车、船舶等交通工具也可作为提供的场所。这里的“其他便利条件”，是指行为人为他人卖淫提供需要的物品、用具等条件，比如，为他人卖淫把风、望哨等。在实践中，为他人卖淫提供场所以外的其他便利条件，也是促成他人卖淫活动得以实现的重要条件，也是容留他人卖淫的一种表现形式，因此，我们不能仅仅将“容留”理解为专指为他人卖淫提供场所。行为人容留他人卖淫的时间长短、是否获利等，不影响本行为的成立。
“介绍”，是指在卖淫者和嫖客之间牵线搭桥、沟通撮合，促使他人卖淫活动得以实现的行为。在实践中，介绍的方式多表现为双向介绍，如将卖淫者引见给嫖客，或将嫖客领到卖淫者住处当面进行撮合，但也不排斥单向介绍，如单纯地向卖淫者提供信息，由卖淫者自行去联系嫖客等。介绍可以是当面进行的，也可以不是当面进行的，如通过“互联网”、电话进行的介绍等。
本行为是选择性案由，根据具体行为方式的不同，本行为的案由可具体确</td></tr>
</table>

<table>
<tr><td rowspan="3">违法构成要件</td><td>违法客观方面</td><td>定为引诱卖淫、容留卖淫或介绍卖淫，行为人同时实施两种以上行为的，也只构成1个案由，不能分别认定，更不能实行并罚。</td></tr>
<tr><td>违法主体</td><td>本行为的主体是达到责任年龄、具有责任能力的自然人。</td></tr>
<tr><td>违法主观方面</td><td>本行为的主观方面表现为故意。</td></tr>
<tr><td>认定界限</td><td colspan="2">（一）本行为与引诱、容留、介绍卖淫罪的界限。
《刑法》第359条第1款规定的引诱、容留、介绍卖淫罪，是指利用金钱、物质等手段诱使他人卖淫，为他人卖淫提供场所，以及在卖淫者和嫖客之间牵线搭桥的行为。两者的区别主要在于情节和后果的轻重不同。引诱、容留、介绍他人卖淫，情节显著轻微、危害不大的，应是一般违法行为，以本行为论处，情节、后果严重的，构成引诱、容留、介绍卖淫罪，按照《刑法》的有关规定处理。在实践中，具体衡量行为情节和后果的轻重时，应当综合考虑反映和决定行为社会危害性和行为人主观恶性、人身危险性轻重的各种主客观情节，如引诱、容留、介绍他人卖淫的次数、人数，所采取的手段、造成的后果、行为的动机和目的、行为的对象、行为人的惯常情况和事后态度等。根据《最高人民检察院 公安部关于公安机关管辖的刑事案件立案追诉标准的规定（一）》（公通字［2008］36号）的规定，引诱、容留、介绍他人卖淫，涉嫌下列情形之一的，应予立案追诉：
1. 引诱、容留、介绍2人次以上卖淫的；
2. 引诱、容留、介绍已满14周岁未满18周岁的未成年人卖淫的；
3. 被引诱、容留、介绍卖淫的人患有艾滋病或者患有梅毒、淋病等严重性病的；
4. 其他引诱、容留、介绍卖淫应予追究刑事责任的情形。
对于初次或偶尔引诱、介绍、容留卖淫的，事后有真诚悔改表现的；基于某种精神压力，如亲朋好友关系而短期容留他人卖淫，且未造成严重后果的等，一般应作为治安违法行为，即本行为处理。
（二）本行为与引诱幼女卖淫罪的界限。
《刑法》第359条第2款规定的引诱幼女卖淫罪，是指利用金钱、物质等手段诱使不满14周岁的幼女卖淫的行为。在实践中，如果行为人引诱卖淫的对象是幼女，无论情节轻重，都会构成引诱幼女卖淫罪。在实践中，在适用引诱幼女卖淫罪</td></tr>
</table>

认定界限	时，应注意：行为人必须是明知被引诱对象是幼女的，才构成引诱幼女卖淫罪，这里的“明知”是指确切知道或者应当知道，只要行为人具有引诱幼女卖淫的目的，或者明知可能是幼女，仍引诱其卖淫的，即为“明知”。如果行为人不择手段、不计后果地引诱别人卖淫，至于被引诱人是否是幼女则置之不顾，只要被引诱卖淫的实际上是幼女，就可以认定为引诱幼女卖淫罪。 另外，引诱幼女卖淫罪的对象只是幼女，不包括幼男。如果行为人引诱幼男卖淫的，不能构成引诱幼女卖淫罪，只能以引诱卖淫罪论处。 （三）如何区分引诱卖淫与强迫卖淫？ 在实践中，引诱卖淫与强迫卖淫往往难以划清界限。强迫卖淫一般肯定会构成犯罪，而引诱卖淫不一定会构成犯罪，可能只是一般治安违法。因此，正确区分二者，对公安机关执法办案非常重要。在引诱卖淫中，一方面，行为人往往交替使用引诱、强迫手段，即引诱中带有强迫，在强迫时又辅以引诱，即“软硬兼施”。对于这类案件的正确处理，关键是要认清这种复杂行为的本质，即总的说来是否违背卖淫者的意志。如果卖淫者从事卖淫活动是其意志自主选择的结果，应认定为引诱卖淫（罪）；相反，如果他人卖淫是因其意志自由受到行为人行为的限制，卖淫者不是出于自愿而卖淫的，应认定为强迫卖淫罪。另一方面，引诱与强迫又常常顺序发生相互转化。行为人如果引诱不成转而强迫；或者引诱得逞后因卖淫者想回头从良，又迫其继续卖淫；或者强迫他人卖淫，达到目的后又以引诱手段促其自甘堕落而变为自愿长期卖淫。在这类案件中，事实上先后存在两个性质不同、不能相互吸收又无牵连关系的行为，应分别成立引诱卖淫行为（罪）与强迫卖淫罪，实行并罚。
处罚标准	（一）构成本行为的，处10日以上15日以下拘留，可以并处5000元以下罚款。 （二）情节较轻的，处5日以下拘留或者500元以下罚款。 在实践中，判断情节的轻重，一般应从行为人的动机、手段、目的、行为的次数、造成的后果等方面综合考虑，由公安机关办案人员酌情量罚。一般来说，具有下列情形之一的，应认定为“情节较轻”： 1. 引诱、容留、介绍未遂的； 2. 卖淫行为未遂的； 3. 不以营利为目的的； 4. 主动投案，并如实交代违法行为的； 5. 初次违法，且认错态度好，表示悔改的； 6. 其他情节较轻的情形。
相关执法参考	**《中华人民共和国治安管理处罚法》**（节录） （2005年8月28日第十届全国人民代表大会常务委员会第十七次会议通过　中华人民共和国主席令第三十八号公布　自2006年3月1日起施行） 第六十七条　引诱、容留、介绍他人卖淫的，处十日以上十五日以下拘留，可以并处五千元以下罚款；情节较轻的，处五日以下拘留或者五百元以下罚款。

相关执法参考

《中华人民共和国刑法》（节录）

（1979年7月1日第五届全国人民代表大会第二次会议通过　1997年3月14日第八届全国人民代表大会第五次会议修订　根据2011年2月25日第十一届全国人民代表大会常务委员会第十九次会议通过的《中华人民共和国刑法修正案（八）》最新修正）

第三百五十九条　引诱、容留、介绍他人卖淫的，处五年以下有期徒刑、拘役或者管制，并处罚金；情节严重的，处五年以上有期徒刑，并处罚金。

引诱不满十四周岁的幼女卖淫的，处五年以上有期徒刑，并处罚金。

《最高人民检察院 公安部关于公安机关管辖的刑事案件立案追诉标准的规定（一）》（节录）

（公通字［2008］36号）

第七十八条　［引诱、容留、介绍卖淫案（刑法第三百五十九条第一款）］引诱、容留、介绍他人卖淫，涉嫌下列情形之一的，应予立案追诉：

（一）引诱、容留、介绍二人次以上卖淫的；

（二）引诱、容留、介绍已满十四周岁未满十八周岁的未成年人卖淫的；

（三）被引诱、容留、介绍卖淫的人患有艾滋病或者患有梅毒、淋病等严重性病的；

（四）其他引诱、容留、介绍卖淫应予追究刑事责任的情形。

第七十九条　［引诱幼女卖淫案（刑法第三百五十九条第二款）］引诱不满十四周岁的幼女卖淫的，应予立案追诉。

第一百零一条　本规定中的“以上”，包括本数。

第一百零二条　本规定自印发之日起施行。

《公安部关于印发〈公安机关执行中华人民共和国治安管理处罚法有关问题的解释〉的通知》（节录）

（2006年1月23日公通字［2006］12号颁布　自颁布之日起实施）

七、关于强制性教育措施问题。《治安管理处罚法》第76条规定，对有“引诱、容留、介绍他人卖淫”，“制作、运输、复制、出售、出租淫秽的书刊、图片、影片、音像制品等淫秽物品或者利用计算机信息网络、电话以及其他通讯工具传播淫秽信息”，“以营利为目的，为赌博提供条件的，或者参与赌博赌资较大的”行为，“屡教不改的，可以按照国家规定采取强制性教育措施”。这里的“强制性教育措施”目前是指劳动教养；“按照国家规定”是指按照《治安管理处罚法》和其他有关劳动教养的法律、行政法规的规定；“屡教不改”是指有上述行为被依法判处刑罚执行期满后五年内又实施前述行为之一，或者被依法予以罚款、行政拘留、收容教育、劳动教养执行期满后三年内实施前述行为之一，情节较重，但尚不够刑事处罚的情形。

《最高人民法院研究室关于容留不满14岁的幼女卖淫应如何定罪处罚问题的电话答复》

（1992年3月5日颁布　自颁布之日起实施）

四川省高级人民法院：

相关执法参考

你院《对容留不满14岁的幼女卖淫的应如何定罪处罚的请示》收悉。经研究，答复如下：

基本同意你院的倾向性意见，即：对容留不满14岁的幼女卖淫的犯罪分子，未实施引诱幼女卖淫的行为，也未与引诱幼女卖淫的犯罪分子事前通谋的，应当依照《关于严禁卖淫嫖娼的决定》第三条第一款的规定，以容留他人卖淫罪定罪处罚。至于是否属于容留他人卖淫罪的情节严重，应根据案件的具体情节，全面考虑后才能认定。

《全国人民代表大会常务委员会关于严禁卖淫嫖娼的决定》（节录）

（1991年9月4日第七届全国人民代表大会常务委员会第二十一次会议通过　根据2009年8月27日第十一届全国人民代表大会常务委员会第十次会议通过的〈全国人民代表大会常务委员会关于修改部分法律的决定〉修改）

三、引诱、容留、介绍他人卖淫的，处五年以下有期徒刑或者拘役，并处五千元以下罚金；情节严重的，处五年以上有期徒刑，并处一万元以下罚金；情节较轻的，依照《中华人民共和国治安管理处罚法》的规定处罚。

引诱不满十四岁的幼女卖淫的，依照本决定第二条关于强迫不满十四岁的幼女卖淫的规定处罚。

六、旅馆业、饮食服务业、文化娱乐业、出租汽车业等单位的人员，利用本单位的条件，组织、强迫、引诱、容留、介绍他人卖淫的，依照本决定第一条、第二条、第三条的规定处罚。

前款所列单位的主要负责人，有前款规定的行为的，从重处罚。

七、旅馆业、饮食服务业、文化娱乐业、出租汽车业等单位，对发生在本单位的卖淫、嫖娼活动，放任不管、不采取措施制止的，由公安机关处一万元以上十万元以下罚款，并可以责令其限期整顿、停业整顿，经整顿仍不改正的，由工商行政主管部门吊销营业执照；对直接负责的主管人员和其他直接责任人员，由本单位或者上级主管部门予以行政处分，由公安机关处一千元以下罚款。

八、旅馆业、饮食服务业、文化娱乐业、出租汽车业等单位的负责人和职工，在公安机关查处卖淫、嫖娼活动时，隐瞒情况或者为违法犯罪分子通风报信的，依照刑法第一百六十二条的规定处罚。

九、有查禁卖淫、嫖娼活动职责的国家工作人员，为使违法犯罪分子逃避处罚，向其通风报信、提供便利的，依照刑法第一百八十八条的规定处罚。

犯前款罪，事前与犯罪分子通谋的，以共同犯罪论处。

十、组织、强迫、引诱、容留、介绍他人卖淫以及卖淫的非法所得予以没收。

罚没收入一律上缴国库。

《最高人民法院 最高人民检察院关于执行〈全国人民代表大会常务委员会关于严禁卖淫嫖娼的决定〉的若干问题的解答》（节录）

（1992年12月11日　法发［1992］42号　自颁布之日起实施）

六、怎样认定引诱、容留、介绍他人卖淫罪？

引诱、容留、介绍他人卖淫罪是一个选择性罪名。引诱、容留、介绍他人卖淫

相关执法参考

这三种行为，不论是同时实施还是只实施其中一种行为，均构成本罪。如：介绍他人卖淫的，定介绍他人卖淫罪；兼有引诱、容留、介绍他人卖淫三种行为的，定引诱、容留、介绍他人卖淫罪，不实行数罪并罚。

引诱、容留、介绍他人卖淫是否以营利为目的，不影响本罪的成立。

根据《决定》第三条第二款的规定，引诱不满十四岁的幼女卖淫的，依照《决定》第二条第一款关于强迫不满十四岁的幼女卖淫的规定处罚，定强迫他人卖淫罪。

七、哪些是引诱、容留、介绍他人卖淫罪中“情节严重”的行为？

引诱、容留、介绍他人卖淫，情节严重的，一般有以下几种情形：

（一）多次引诱、容留、介绍他人卖淫的；

（二）引诱、容留、介绍多人卖淫的；

（三）引诱、容留、介绍明知是有严重性病的人卖淫的；

（四）容留、介绍不满十四岁的幼女卖淫的；

（五）引诱、容留、介绍他人卖淫具有其他严重情节的。

九、对《决定》中提到的“他人”、“多人”、“多次”应当怎样理解？

（一）组织、协助组织、强迫、引诱、容留、介绍他人卖淫中的“他人”，主要是指女人，也包括男人。

（二）《决定》和本《解答》中的“多人”、“多次”的“多”，是指“三”以上的数（含本数）。

《娱乐场所管理条例》（节录）

（2006年1月29日国务院令第458号颁布　自2006年3月1日起实施）

第二条　本条例所称娱乐场所，是指以营利为目的，并向公众开放、消费者自娱自乐的歌舞、游艺等场所。

第三条　县级以上人民政府文化主管部门负责对娱乐场所日常经营活动的监督管理；县级以上公安部门负责对娱乐场所消防、治安状况的监督管理。

第五条　有下列情形之一的人员，不得开办娱乐场所或者在娱乐场所内从业：

（一）曾犯有组织、强迫、引诱、容留、介绍卖淫罪，制作、贩卖、传播淫秽物品罪，走私、贩卖、运输、制造毒品罪，强奸罪，强制猥亵、侮辱妇女罪，赌博罪，洗钱罪，组织、领导、参加黑社会性质组织罪的；

（二）因犯罪曾被剥夺政治权利的；

（三）因吸食、注射毒品曾被强制戒毒的；

（四）因卖淫、嫖娼曾被处以行政拘留的。

第十四条　娱乐场所及其从业人员不得实施下列行为，不得为进入娱乐场所的人员实施下列行为提供条件：

（一）贩卖、提供毒品，或者组织、强迫、教唆、引诱、欺骗、容留他人吸食、注射毒品；

（二）组织、强迫、引诱、容留、介绍他人卖淫、嫖娼；

（三）制作、贩卖、传播淫秽物品；

相关执法参考

（四）提供或者从事以营利为目的的陪侍；

（五）赌博；

（六）从事邪教、迷信活动；

（七）其他违法犯罪行为。

第三十六条　任何单位或者个人发现娱乐场所内有违反本条例行为的，有权向文化主管部门、公安部门等有关部门举报。

文化主管部门、公安部门等有关部门接到举报，应当记录，并及时依法调查、处理；对不属于本部门职责范围的，应当及时移送有关部门。

第四十二条　娱乐场所实施本条例第十四条禁止行为的，由县级公安部门没收违法所得和非法财物，责令停业整顿3个月至6个月；情节严重的，由原发证机关吊销娱乐经营许可证，对直接负责的主管人员和其他直接责任人员处1万元以上2万元以下的罚款。

第五十二条　因擅自从事娱乐场所经营活动被依法取缔的，其投资人员和负责人终身不得投资开办娱乐场所或者担任娱乐场所的法定代表人、负责人。

娱乐场所因违反本条例规定，被吊销或者撤销娱乐经营许可证的，自被吊销或者撤销之日起，其法定代表人、负责人5年内不得担任娱乐场所的法定代表人、负责人。

娱乐场所因违反本条例规定，2年内被处以3次警告或者罚款又有违反本条例的行为应受行政处罚的，由县级人民政府文化主管部门、县级公安部门依据法定职权责令停业整顿3个月至6个月；2年内被2次责令停业整顿又有违反本条例的行为应受行政处罚的，由原发证机关吊销娱乐经营许可证。

《公安派出所实行公共娱乐服务场所治安管理责任制暂行规定》

（1998年11月3日公通字［1998］73号颁布　自颁布之日起实施）

一、为加强公共娱乐服务场所（以下简称“场所”）的治安管理工作，根据《人民警察法》，结合公安派出所工作改革，制定本规定。

二、本规定所称的场所是指各类为公众提供休闲、娱乐、健身服务的场所。

三、公安派出所负责辖区内场所的治安管理工作，县、市公安局和城市公安分局治安部门归口业务指导、监督和检查。

四、公安派出所对辖区内场所的开业提出治安审核意见，报上级公安机关治安部门审批。

五、公安派出所要把全面掌握辖区场所的基本治安情况作为工作的一项重要内容，建立治安管理工作责任制，明确派出所长、责任区民警的职责、任务和工作纪律。派出所负责人和责任区民警对辖区内场所的治安工作负直接管理责任。

六、公安派出所对发生在场所的卖淫嫖娼、赌博、吸贩毒品等违法犯罪活动要及时发现和打击，并报告上级公安机关；对治安秩序混乱和存在治安隐患的场所，要及时提出警告和整改意见，并监督整改；对拒不改正的，依照《治安管理处罚条例》和有关法律法规的规定予以查处；超出派出所法定权限或查处难度大的，应及时报告上级公安机关，由上级公安机关查处。

相关执法参考

七、上级公安机关接到公安派出所请求查处场所治安问题的报告后，要立即组织人员查处，并将查处结果及时通知派出所。对不采取查处措施或弄虚作假、隐瞒案情，包庇、纵容违法犯罪活动的，依据《人民警察法》的有关规定，给予直接负责的主管人员和其他直接责任人员行政处分；构成犯罪的，依法追究刑事责任。

八、上级公安机关治安部门要采取对场所明查暗访等方式强化对派出所工作的监督检查，并根据派出所的工作情况，提出奖惩意见。

九、公安派出所因管理不力，致使辖区内场所存在的卖淫嫖娼、赌博、制贩传播淫秽物品、吸贩毒品等严重危害社会治安秩序的问题，不能及时得到解决的，按下列规定追究派出所负责人和责任区民警的责任。

（一）对群众举报不予核查或对场所内存在的治安问题隐瞒不报或场所因治安问题被上级公安机关直接查处的，派出所负责人、责任区民警离岗培训。培训结束后，原则上不得回原岗位工作。

（二）辖区内场所一年内被上级公安机关直接查处两次以上的，撤销该辖区公安派出所负责人的职务。

（三）公安派出所无正当理由拒不执行上级公安机关查处场所治安问题决定或命令的；或弄虚作假、隐瞒案情、包庇纵容违法犯罪活动的，上级公安机关要依照《公安机关实施停止执行职务和禁闭措施的规定》，停止派出所负责人和责任区民警执行职务；造成严重后果、影响恶劣的，予以禁闭；情节严重，构成犯罪的，依法追究其刑事责任。

（四）公安派出所民警参与或变相参与场所经营、充当后台和“保护伞”或借工作之便敲诈勒索、索贿受贿或违法实施处罚、收取费用的，视情节轻重给予停止执行职务、禁闭，直至给予撤职、开除等行政处分；构成犯罪的，依法追究刑事责任。

十、本规定自发布之日起实行。各省、自治区、直辖市公安厅、局可根据本规定制定具体实施办法。

一百三十二、制作、运输、复制、出售、出租淫秽物品

（《治安管理处罚法》第68条）

案由		制作、运输、复制、出售、出租淫秽物品
概念		制作、运输、复制、出售、出租淫秽物品，是指制作、运输、复制、出售、出租淫秽物品，尚不够刑事处罚的行为。
违法构成要件	违法客体	本行为侵犯的客体是社会风尚和社会治安管理秩序。 “淫秽物品”是指具体描绘性行为或者露骨宣扬色情的诲淫性的书刊、影片、录像带、录音带、图片及其他淫秽物品。“淫秽物品”主要包括以下几类： 1. 淫秽音像制品，如电影胶片、电视片、录像带、幻灯片、激光视盘或者淫秽录音带、唱片、激光唱盘等； 2. 淫秽读物，如原版的境外淫秽书刊画报，境内出版社出版的外国、港澳台淫秽色情小说，境内不法分子翻印制作的港澳台淫秽小册子以及翻印的中国古代淫秽书籍、淫秽抄本；淫秽宣传品； 3. 淫秽图照，如诲淫的裸体男女或男女性交、变态性行为的图片； 4. 淫秽实物，即实物本身就是淫秽物品，而不是指印有图画的实物； 5. 淫药，其种类参见卫生部、公安部、海关总署联合发布的《关于严格查禁淫药的通知》附件《淫药品种表》； 6. 淫秽游戏软件，它是以计算机和游戏机作为演示和传播媒介的； 7. 其他淫秽物品，即除淫秽的影片、录像带、录音带、图片、书刊以外的，通过文字、声音、形象等形式表现淫秽内容的影碟、音碟、电子出版物等物品。 有关人体生理、医学知识的科学著作不是淫秽物品，包含有色情内容的有艺术价值的文学、艺术作品不视为淫秽物品。 根据相关规定，对是否属于“淫秽物品”存在争议的，司法机关应委托当地省、自治区、直辖市出版主管部门组织具有专门知识和一定政治素养的人进行鉴定。淫秽出版物的鉴定必须有3名以上出版主管部门指派，经司法机关聘请的人进行，鉴定后，应写出鉴定书；鉴定人、指派鉴定的单位应在鉴定书上签字或者加盖印章，鉴定书应当具体地写明鉴定结论的根据。
	违法客观方面	本行为在客观方面表现为制作、运输、复制、出售、出租淫秽物品，尚不够刑事处罚的行为。 “制作”，是指通过某种方式，导致淫秽物品产生，使之可见之于世的行为。制作的方法多种多样，如编写、摄制、绘制、雕刻、研制、设计等。“可见之于世”是指可以通过感觉器官感受到，如看见、听到、摸到等。制作的结果可能是有形的，如书刊、录音带等，也可能是无形的，如各种电子信息等。 “运输”，是指通过人体或交通工具，将淫秽物品从一地送到另外一地的行为。有一点要注意，如果当事人携带、夹带少量淫秽物品，其目的是为了自

违法构成要件	违法客观方面	已观看或使用的，不按运输处理。 “复制”，是指以印刷、复印、临摹、拓印、录像、翻录、翻拍等方式，将某一淫秽物品制作多份的行为。行为人将已有的淫秽物品仿造为多个，为其广泛散播创造了可能，这也是复制行为危险性的集中表现。 “出售”，是指以牟利为目的，将明知是淫秽书刊、图片、影片、音像制品等的淫秽物品，公开或私下卖出的行为。 “出租”，是指以牟利为目的，对明知是淫秽书刊、图片、影片、音像制品等的淫秽物品，收取一定的租金，租给别人使用的行为。 本行为是选择性案由，根据具体的方式确定具体的案由，如制作淫秽物品、运输淫秽物品、复制淫秽物品、出售淫秽物品和出租淫秽物品，行为人实施几种方式的，可根据具体的方式确定案由，如制作、运输淫秽物品，复制、出售、出租淫秽物品等，不能分别认定，更不能实行并罚。
	违法主体	本行为的主体包括单位和个人。
	违法主观方面	本行为的主观方面只能是故意，即行为人明知是淫秽物品而制作、运输、复制、出售、出租。
认定界限		（一）本行为与非治安违法行为的界限。 在实践中，行为人出于自己使用或者与朋友共同“分享”等目的而故意制作、复制少量的淫秽物品的，不应认定为本行为；另外，行为人出于自己使用或观看的目的而随身携带、夹带少量的淫秽物品的，也不应认定为本行为。 如果是朋友之间，偶尔支付少量的报酬而观看、使用或转让淫秽物品的行为，也不应认定为出租、出售行为。 具体评价该行为是否构成本行为，应根据行为人的目的、动机、次数、淫秽物品的性质、造成的社会影响等因素综合判断，不能简单认定。 （二）如何认定“淫秽物品”？ 《刑法》第367条规定，淫秽物品，是指具体描绘性行为或者露骨宣扬色情的诲淫性的书刊、影片、录像带、录音带、图片及其他淫秽物品。有关人体生理、医学知识的科学著作不是淫秽物品。包含有色情内容的有艺术价值的文学、艺术作品不视为淫秽物品。另外，根据《最高人民法院、最高人民检察院关于办理利用互联网、移动通讯终端、声讯台制作、复制、出版、贩卖、传播淫秽电子信息刑事案件具体应用法律若干问题的解释》第9条的规定，“其他淫秽物品”，包括具体描绘性行为或者露骨宣扬色情的诲淫性的视频文件、音频文件、电子刊物、图片、文章、短信息等互联网、移动通讯终端电子信息和声讯台语音信息。有关人体生理、

认定界限	医学知识的电子信息和声讯台语音信息不是淫秽物品。包含色情内容的有艺术价值的电子文学、艺术作品不视为淫秽物品。 《新闻出版署关于认定淫秽及色情出版物的暂行规定》第2条规定，淫秽出版物是指在整体上宣扬淫秽行为，具有下列内容之一，挑动人们的性欲，足以导致普通人腐化堕落，而又没有艺术价值或者科学价值的出版物：（1）淫亵性地具体描写性行为、性交及其心理感受；（2）公然宣扬色情淫荡形象；（3）淫亵性地描述或者传授性技巧；（4）具体描写乱伦、强奸或者其他性犯罪的手段、过程或者细节，足以诱发犯罪的；（5）具体描写少年儿童的性行为；（6）淫亵性地具体描写同性恋的性行为或者其他性变态行为，或者具体描写与性变态有关的暴力、虐待、侮辱行为；（7）其他令普通人不能容忍的对性行为淫亵性描写。 对是否属于淫秽物品有异议的，应依照程序送请鉴定。 （三）本行为与制作、复制、出版、贩卖、传播淫秽物品牟利罪的界限。 《刑法》第363条第1款规定的制作、复制、出版、贩卖、传播淫秽物品牟利罪，是指以牟利为目的，制作、复制、出版、贩卖、传播色情的诲淫性的书刊、影片、录像带、录音带、图片及其他淫秽物品的行为。《治安管理处罚法》规定的制作、运输、复制、出售、出租淫秽物品，是指制作、运输、复制、出售、出租淫秽物品，尚不够刑事处罚的行为。两者的界限主要在于： 1. 行为目的不同。本行为不以牟利为必要条件，对于制作、运输、复制等行为来说，可以不是以牟利为目的，如好奇、自己观看等；而制作、复制、出版、贩卖、传播淫秽物品牟利罪必须是以牟利为目的。 2. 行为方式不同。本行为的具体方式包括制作、运输、复制、出售、出租等五种；而后者的行为方式包括制作、复制、出版、贩卖、传播，虽然也是五种，但具体的行为方式有细微区别。 3. 行为的情节和后果不同。在实践中，如果行为人以牟利为目的制作、运输、复制、出售、出租淫秽物品的，也可能构成制作、复制、出版、贩卖、传播淫秽物品牟利罪，区别的关键就在于情节和后果的轻重，根据《最高人民检察院 公安部关于公安机关管辖的刑事案件立案追诉标准的规定（一）》（公通字［2008］36号）的规定，具有下列情形之一的，应以制作、复制、出版、贩卖、传播淫秽物品牟利罪立案追诉： （1）以牟利为目的，制作、复制、出版、贩卖、传播淫秽物品，涉嫌下列情形之一的，应予立案追诉： ——制作、复制、出版淫秽影碟、软件、录像带50至100张（盒）以上，淫秽音碟、录音带100至200张（盒）以上，淫秽扑克、书刊、画册100至200副（册）以上，淫秽照片、画片500至1000张以上的； ——贩卖淫秽影碟、软件、录像带100至200张（盒）以上，淫秽音碟、录音带200至400张（盒）以上，淫秽扑克、书刊、画册200至400副（册）以上，淫秽照片、画片1000至2000张以上的； ——向他人传播淫秽物品达200至500人次以上，或者组织播放淫秽影、像达

认定界限	10 至 20 场次以上的； ——制作、复制、出版、贩卖、传播淫秽物品，获利 5000 至 1 万元以上的。 （2）以牟利为目的，利用互联网、移动通讯终端制作、复制、出版、贩卖、传播淫秽电子信息，涉嫌下列情形之一的，应予立案追诉： ——制作、复制、出版、贩卖、传播淫秽电影、表演、动画等视频文件 20 个以上的； ——制作、复制、出版、贩卖、传播淫秽音频文件 100 个以上的； ——制作、复制、出版、贩卖、传播淫秽电子刊物、图片、文章、短信息等 200 件以上的； ——制作、复制、出版、贩卖、传播的淫秽电子信息，实际被点击数达到 1 万次以上的； ——以会员制方式出版、贩卖、传播淫秽电子信息，注册会员达 200 人以上的； ——利用淫秽电子信息收取广告费、会员注册费或者其他费用，违法所得 1 万元以上的； ——数量或者数额虽未达到上述规定标准，但分别达到其中两项以上标准的 50% 以上的； ——造成严重后果的。 （3）利用聊天室、论坛、即时通信软件、电子邮件等方式，涉嫌下列情形之一的，应予立案追诉： ——制作、复制、出版、贩卖、传播淫秽电影、表演、动画等视频文件 20 个以上的； ——制作、复制、出版、贩卖、传播淫秽音频文件 100 个以上的； ——制作、复制、出版、贩卖、传播淫秽电子刊物、图片、文章、短信息等 200 件以上的； ——制作、复制、出版、贩卖、传播的淫秽电子信息，实际被点击数达到 1 万次以上的； ——以会员制方式出版、贩卖、传播淫秽电子信息，注册会员达 200 人以上的； ——利用淫秽电子信息收取广告费、会员注册费或者其他费用，违法所得 1 万元以上的； ——数量或者数额虽未达到上述规定标准，但分别达到其中两项以上标准的 50% 以上的； ——造成严重后果的。 （4）以牟利为目的，通过声讯台传播淫秽语音信息，涉嫌下列情形之一的，应予立案追诉： ——向 100 人次以上传播的； ——违法所得 1 万元以上的； ——造成严重后果的。

认定界限	(5) 明知他人用于出版淫秽书刊而提供书号、刊号的，应予立案追诉。 (四) 本行为与传播淫秽物品罪的界限。 《刑法》第364条第1款规定的传播淫秽物品罪，是指不以牟利为目的，在社会上传播淫秽的书刊、影片、录像带、录音带、图片或者其他淫秽物品，情节严重的行为。两者的界限主要在于： 1. 行为目的不同。传播淫秽物品罪必须是不以牟利为目的，而本行为却没有这样的要求，行为人可能是为了牟利，也可能不是为了牟利。 2. 行为的具体方式不同。本行为的具体方式包括制作、复制、运输、出卖、出租等五种，后者的行为方式仅限于传播。 3. 行为的情节和后果不同。在实践中，如果行为人不以牟利为目的而制作、运输、复制、出售、出租淫秽物品的，也可能构成传播淫秽物品罪。区别的关键就在于情节和后果的轻重，根据《最高人民检察院 公安部关于公安机关管辖的刑事案件立案追诉标准的规定（一）》（公通字［2008］36号）的规定，行为人具有下列情形之一的，以传播淫秽物品罪论处： （1）传播淫秽的书刊、影片、音像、图片或者其他淫秽物品，涉嫌下列情形之一的，应予立案追诉： ——向他人传播300至600人次以上的； ——造成恶劣社会影响的。 （2）不以牟利为目的，利用互联网、移动通讯终端传播淫秽电子信息，涉嫌下列情形之一的，应予立案追诉： ——制作、复制、出版、贩卖、传播淫秽电影、表演、动画等视频文件40个以上的； ——制作、复制、出版、贩卖、传播淫秽音频文件200个以上的； ——制作、复制、出版、贩卖、传播淫秽电子刊物、图片、文章、短信息等400件以上的； ——制作、复制、出版、贩卖、传播的淫秽电子信息，实际被点击数达到2万次以上的； ——以会员制方式出版、贩卖、传播淫秽电子信息，注册会员达400人以上的； ——数量分别达到上述两项以上标准的50%的； ——造成严重后果的。 （3）利用聊天室、论坛、即时通信软件、电子邮件等方式，涉嫌下列情形之一的，应予立案追诉： ——制作、复制、出版、贩卖、传播淫秽电影、表演、动画等视频文件40个以上的； ——制作、复制、出版、贩卖、传播淫秽音频文件200个以上的； ——制作、复制、出版、贩卖、传播淫秽电子刊物、图片、文章、短信息等400件以上的；

认定界限	——制作、复制、出版、贩卖、传播的淫秽电子信息，实际被点击数达到2万次以上的； ——以会员制方式出版、贩卖、传播淫秽电子信息，注册会员达400人以上的； ——数量分别达到上述项两项以上标准的50%的； ——造成严重后果的。
处罚标准	（一）构成本行为的，处10日以上15日以下拘留，可以并处3000元以下罚款。 （二）情节较轻的，处5日以下拘留或者500元以下罚款。 在实践中，判断情节的轻重，一般应从行为人的动机、手段、目的、行为的次数、造成的后果等方面综合考虑，由公安机关办案人员酌情量罚。一般来说，具有下列情形之一的，应认定为“情节较轻”： 1. 数量较小的； 2. 影响较小的； 3. 主动投案，并如实交代违法行为的； 4. 初次实施本行为，且认错态度好，表示悔改的； 5. 其他情节较轻的情形。
相关执法参考	**《中华人民共和国治安管理处罚法》**（节录） （2005年8月28日第十届全国人民代表大会常务委员会第十七次会议通过　中华人民共和国主席令第三十八号公布　自2006年3月1日起施行） 第六十八条　制作、运输、复制、出售、出租淫秽的书刊、图片、影片、音像制品等淫秽物品或者利用计算机信息网络、电话以及其他通讯工具传播淫秽信息的，处十日以上十五日以下拘留，可以并处三千元以下罚款；情节较轻的，处五日以下拘留或者五百元以下罚款。 **《中华人民共和国刑法》**（节录） （1979年7月1日第五届全国人民代表大会第二次会议通过　1997年3月14日第八届全国人民代表大会第五次会议修订　根据2011年2月25日第十一届全国人民代表大会常务委员会第十九次会议通过的《中华人民共和国刑法修正案（八）》最新修正） 第三百六十三条　以牟利为目的，制作、复制、出版、贩卖、传播淫秽物品的，处三年以下有期徒刑、拘役或者管制，并处罚金；情节严重的，处三年以上十年以下有期徒刑，并处罚金；情节特别严重的，处十年以上有期徒刑或者无期徒刑，并处罚金或者没收财产。 为他人提供书号，出版淫秽书刊的，处三年以下有期徒刑、拘役或者管制，并处或者单处罚金；明知他人用于出版淫秽书刊而提供书号的，依照前款的规定处罚。 第三百六十四条　传播淫秽的书刊、影片、音像、图片或者其他淫秽物品，情节严重的，处二年以下有期徒刑、拘役或者管制。

相关执法参考

组织播放淫秽的电影、录像等音像制品的，处三年以下有期徒刑、拘役或者管制，并处罚金；情节严重的，处三年以上十年以下有期徒刑，并处罚金。

制作、复制淫秽的电影、录像等音像制品组织播放的，依照第二款的规定从重处罚。

向不满十八周岁的未成年人传播淫秽物品的，从重处罚。

第三百六十六条　单位犯本节第三百六十三条、第三百六十四条、第三百六十五条规定之罪的，对单位判处罚金，并对其直接负责的主管人员和其他直接责任人员，依照各该条的规定处罚。

第三百六十七条　本法所称淫秽物品，是指具体描绘性行为或者露骨宣扬色情的诲淫性的书刊、影片、录像带、录音带、图片及其他淫秽物品。

有关人体生理、医学知识的科学著作不是淫秽物品。

包含有色情内容的有艺术价值的文学、艺术作品不视为淫秽物品。

《最高人民检察院 公安部关于公安机关管辖的刑事案件立案追诉标准的规定（一）》（节录）

（公通字［2008］36号）

第八十二条　［制作、复制、出版、贩卖、传播淫秽物品牟利案（刑法第三百六十三条第一款、第二款）］以牟利为目的，制作、复制、出版、贩卖、传播淫秽物品，涉嫌下列情形之一的，应予立案追诉：

（一）制作、复制、出版淫秽影碟、软件、录像带五十至一百张（盒）以上，淫秽音碟、录音带一百至二百张（盒）以上，淫秽扑克、书刊、画册一百至二百副（册）以上，淫秽照片、画片五百至一千张以上的；

（二）贩卖淫秽影碟、软件、录像带一百至二百张（盒）以上，淫秽音碟、录音带二百至四百张（盒）以上，淫秽扑克、书刊、画册二百至四百副（册）以上，淫秽照片、画片一千至二千张以上的；

（三）向他人传播淫秽物品达二百至五百人次以上，或者组织播放淫秽影、像达十至二十场次以上的；

（四）制作、复制、出版、贩卖、传播淫秽物品，获利五千至一万元以上的。

以牟利为目的，利用互联网、移动通讯终端制作、复制、出版、贩卖、传播淫秽电子信息，涉嫌下列情形之一的，应予立案追诉：

（一）制作、复制、出版、贩卖、传播淫秽电影、表演、动画等视频文件二十个以上的；

（二）制作、复制、出版、贩卖、传播淫秽音频文件一百个以上的；

（三）制作、复制、出版、贩卖、传播淫秽电子刊物、图片、文章、短信息等二百件以上的；

（四）制作、复制、出版、贩卖、传播的淫秽电子信息，实际被点击数达到一万次以上的；

（五）以会员制方式出版、贩卖、传播淫秽电子信息，注册会员达二百人以上的；

相关执法参考

（六）利用淫秽电子信息收取广告费、会员注册费或者其他费用，违法所得一万元以上的；

（七）数量或者数额虽未达到本款第（一）项至第（六）项规定标准，但分别达到其中两项以上标准的百分之五十以上的；

（八）造成严重后果的。

利用聊天室、论坛、即时通信软件、电子邮件等方式，实施本条第二款规定行为的，应予立案追诉。

以牟利为目的，通过声讯台传播淫秽语音信息，涉嫌下列情形之一的，应予立案追诉：

（一）向一百人次以上传播的；

（二）违法所得一万元以上的；

（三）造成严重后果的。

第八十四条 ［传播淫秽物品案（刑法第三百六十四条第一款）］传播淫秽的书刊、影片、音像、图片或者其他淫秽物品，涉嫌下列情形之一的，应予立案追诉：

（一）向他人传播三百至六百人次以上的；

（二）造成恶劣社会影响的。

不以牟利为目的，利用互联网、移动通讯终端传播淫秽电子信息，涉嫌下列情形之一的，应予立案追诉：

（一）数量达到本规定第八十二条第二款第（一）项至第（五）项规定标准二倍以上的；

（二）数量分别达到本规定第八十二条第二款第（一）项至第（五）项两项以上标准的；

（三）造成严重后果的。

利用聊天室、论坛、即时通信软件、电子邮件等方式，实施本条第二款规定行为的，应予立案追诉。

第一百条 本规定中的立案追诉标准，除法律、司法解释另有规定的以外，适用于相关的单位犯罪。

第一百零一条 本规定中的“以上”，包括本数。

《最高人民法院 最高人民检察院关于办理利用互联网、移动通讯终端、声讯台制作、复制、出版、贩卖、传播淫秽电子信息刑事案件具体应用法律若干问题的解释（二）》（节录）

（2010年1月18日最高人民法院审判委员会第1483次会议、2010年1月14日最高人民检察院第十一届检察委员会第28次会议通过 法释［2010］3号）

第一条 以牟利为目的，利用互联网、移动通讯终端制作、复制、出版、贩卖、传播淫秽电子信息的，依照《最高人民法院、最高人民检察院关于办理利用互联网、移动通讯终端、声讯台制作、复制、出版、贩卖、传播淫秽电子信息刑事案件具体应用法律若干问题的解释》第一条、第二条的规定定罪处罚。

相关执法参考

以牟利为目的，利用互联网、移动通讯终端制作、复制、出版、贩卖、传播内容含有不满十四周岁未成年人的淫秽电子信息，具有下列情形之一的，依照刑法第三百六十三条第一款的规定，以制作、复制、出版、贩卖、传播淫秽物品牟利罪定罪处罚：

（一）制作、复制、出版、贩卖、传播淫秽电影、表演、动画等视频文件十个以上的；

（二）制作、复制、出版、贩卖、传播淫秽音频文件五十个以上的；

（三）制作、复制、出版、贩卖、传播淫秽电子刊物、图片、文章等一百件以上的；

（四）制作、复制、出版、贩卖、传播的淫秽电子信息，实际被点击数达到五千次以上的；

（五）以会员制方式出版、贩卖、传播淫秽电子信息，注册会员达一百人以上的；

（六）利用淫秽电子信息收取广告费、会员注册费或者其他费用，违法所得五千元以上的；

（七）数量或者数额虽未达到第（一）项至第（六）项规定标准，但分别达到其中两项以上标准一半以上的；

（八）造成严重后果的。

实施第二款规定的行为，数量或者数额达到第二款第（一）项至第（七）项规定标准五倍以上的，应当认定为刑法第三百六十三条第一款规定的“情节严重”；达到规定标准二十五倍以上的，应当认定为“情节特别严重”。

第二条　利用互联网、移动通讯终端传播淫秽电子信息的，依照《最高人民法院、最高人民检察院关于办理利用互联网、移动通讯终端、声讯台制作、复制、出版、贩卖、传播淫秽电子信息刑事案件具体应用法律若干问题的解释》第三条的规定定罪处罚。

利用互联网、移动通讯终端传播内容含有不满十四周岁未成年人的淫秽电子信息，具有下列情形之一的，依照刑法第三百六十四条第一款的规定，以传播淫秽物品罪定罪处罚：

（一）数量达到第一条第二款第（一）项至第（五）项规定标准二倍以上的；

（二）数量分别达到第一条第二款第（一）项至第（五）项两项以上标准的；

（三）造成严重后果的。

第三条　利用互联网建立主要用于传播淫秽电子信息的群组，成员达三十人以上或者造成严重后果的，对建立者、管理者和主要传播者，依照刑法第三百六十四条第一款的规定，以传播淫秽物品罪定罪处罚。

第四条　以牟利为目的，网站建立者、直接负责的管理者明知他人制作、复制、出版、贩卖、传播的是淫秽电子信息，允许或者放任他人在自己所有、管理的网站或者网页上发布，具有下列情形之一的，依照刑法第三百六十三条第一款的规定，以传播淫秽物品牟利罪定罪处罚：

（一）数量或者数额达到第一条第二款第（一）项至第（六）项规定标准五倍以上的；

相关执法参考

（二）数量或者数额分别达到第一条第二款第（一）项至第（六）项两项以上标准二倍以上的；

（三）造成严重后果的。

实施前款规定的行为，数量或者数额达到第一条第二款第（一）项至第（七）项规定标准二十五倍以上的，应当认定为刑法第三百六十三条第一款规定的“情节严重”；达到规定标准一百倍以上的，应当认定为“情节特别严重”。

第五条　网站建立者、直接负责的管理者明知他人制作、复制、出版、贩卖、传播的是淫秽电子信息，允许或者放任他人在自己所有、管理的网站或者网页上发布，具有下列情形之一的，依照刑法第三百六十四条第一款的规定，以传播淫秽物品罪定罪处罚：

（一）数量达到第一条第二款第（一）项至第（五）项规定标准十倍以上的；

（二）数量分别达到第一条第二款第（一）项至第（五）项两项以上标准五倍以上的；

（三）造成严重后果的。

第六条　电信业务经营者、互联网信息服务提供者明知是淫秽网站，为其提供互联网接入、服务器托管、网络存储空间、通讯传输通道、代收费等服务，并收取服务费，具有下列情形之一的，对直接负责的主管人员和其他直接责任人员，依照刑法第三百六十三条第一款的规定，以传播淫秽物品牟利罪定罪处罚：

（一）为五个以上淫秽网站提供上述服务的；

（二）为淫秽网站提供互联网接入、服务器托管、网络存储空间、通讯传输通道等服务，收取服务费数额在二万元以上的；

（三）为淫秽网站提供代收费服务，收取服务费数额在五万元以上的；

（四）造成严重后果的。

实施前款规定的行为，数量或者数额达到前款第（一）项至第（三）项规定标准五倍以上的，应当认定为刑法第三百六十三条第一款规定的“情节严重”；达到规定标准二十五倍以上的，应当认定为“情节特别严重”。

第七条　明知是淫秽网站，以牟利为目的，通过投放广告等方式向其直接或者间接提供资金，或者提供费用结算服务，具有下列情形之一的，对直接负责的主管人员和其他直接责任人员，依照刑法第三百六十三条第一款的规定，以制作、复制、出版、贩卖、传播淫秽物品牟利罪的共同犯罪处罚：

（一）向十个以上淫秽网站投放广告或者以其他方式提供资金的；

（二）向淫秽网站投放广告二十条以上的；

（三）向十个以上淫秽网站提供费用结算服务的；

（四）以投放广告或者其他方式向淫秽网站提供资金数额在五万元以上的；

（五）为淫秽网站提供费用结算服务，收取服务费数额在二万元以上的；

（六）造成严重后果的。

实施前款规定的行为，数量或者数额达到前款第（一）项至第（五）项规定标准五倍以上的，应当认定为刑法第三百六十三条第一款规定的“情节严重”；达到规定标准二十五倍以上的，应当认定为“情节特别严重”。

相关执法参考

第八条　实施第四条至第七条规定的行为，具有下列情形之一的，应当认定行为人“明知”，但是有证据证明确实不知道的除外：

（一）行政主管机关书面告知后仍然实施上述行为的；

（二）接到举报后不履行法定管理职责的；

（三）为淫秽网站提供互联网接入、服务器托管、网络存储空间、通讯传输通道、代收费、费用结算等服务，收取服务费明显高于市场价格的；

（四）向淫秽网站投放广告，广告点击率明显异常的；

（五）其他能够认定行为人明知的情形。

第九条　一年内多次实施制作、复制、出版、贩卖、传播淫秽电子信息行为未经处理，数量或者数额累计计算构成犯罪的，应当依法定罪处罚。

第十条　单位实施制作、复制、出版、贩卖、传播淫秽电子信息犯罪的，依照《中华人民共和国刑法》、《最高人民法院、最高人民检察院关于办理利用互联网、移动通讯终端、声讯台制作、复制、出版、贩卖、传播淫秽电子信息刑事案件具体应用法律若干问题的解释》和本解释规定的相应个人犯罪的定罪量刑标准，对直接负责的主管人员和其他直接责任人员定罪处罚，并对单位判处罚金。

第十一条　对于以牟利为目的，实施制作、复制、出版、贩卖、传播淫秽电子信息犯罪的，人民法院应当综合考虑犯罪的违法所得、社会危害性等情节，依法判处罚金或者没收财产。罚金数额一般在违法所得的一倍以上五倍以下。

第十二条　《最高人民法院、最高人民检察院关于办理利用互联网、移动通讯终端、声讯台制作、复制、出版、贩卖、传播淫秽电子信息刑事案件具体应用法律若干问题的解释》和本解释所称网站，是指可以通过互联网域名、IP地址等方式访问的内容提供站点。

以制作、复制、出版、贩卖、传播淫秽电子信息为目的建立或者建立后主要从事制作、复制、出版、贩卖、传播淫秽电子信息活动的网站，为淫秽网站。

第十三条　以前发布的司法解释与本解释不一致的，以本解释为准。

《最高人民法院、最高人民检察院关于办理利用互联网、移动通讯终端、声讯台制作、复制、出版、贩卖、传播淫秽电子信息刑事案件具体应用法律若干问题的解释》（节录）

（2004年9月3日　法释［2004］11号）

第一条　以牟利为目的，利用互联网、移动通讯终端制作、复制、出版、贩卖、传播淫秽电子信息，具有下列情形之一的，依照刑法第三百六十三条第一款的规定，以制作、复制、出版、贩卖、传播淫秽物品牟利罪定罪处罚：

（一）制作、复制、出版、贩卖、传播淫秽电影、表演、动画等视频文件二十个以上的；

（二）制作、复制、出版、贩卖、传播淫秽音频文件一百个以上的；

（三）制作、复制、出版、贩卖、传播淫秽电子刊物、图片、文章、短信息等二百件以上的；

（四）制作、复制、出版、贩卖、传播的淫秽电子信息，实际被点击数达到一

相关执法参考

万次以上的；

（五）以会员制方式出版、贩卖、传播淫秽电子信息，注册会员达二百人以上的；

（六）利用淫秽电子信息收取广告费、会员注册费或者其他费用，违法所得一万元以上的；

（七）数量或者数额虽未达到第（一）项至第（六）项规定标准，但分别达到其中两项以上标准一半以上的；

（八）造成严重后果的。

利用聊天室、论坛、即时通信软件、电子邮件等方式，实施第一款规定行为的，依照刑法第三百六十三条第一款的规定，以制作、复制、出版、贩卖、传播淫秽物品牟利罪定罪处罚。

第二条　实施第一条规定的行为，数量或者数额达到第一条第一款第（一）项至第（六）项规定标准五倍以上的，应当认定为刑法第三百六十三条第一款规定的"情节严重"；达到规定标准二十五倍以上的，应当认定为"情节特别严重"。

第三条　不以牟利为目的，利用互联网或者转移通讯终端传播淫秽电子信息，具有下列情形之一的，依照刑法第三百六十四条第一款的规定，以传播淫秽物品罪定罪处罚；

（一）数量达到第一条第一款第（一）项至第（五）项规定标准二倍以上的；

（二）数量分别达到第一条第一款第（一）项至第（五）项两项以上标准的；

（三）造成严重后果的。

利用聊天室、论坛、即时通信软件、电子邮件等方式，实施第一款规定行为的，依照刑法第三百六十四条第一款的规定，以传播淫秽物品罪定罪处罚。

第四条　明知是淫秽电子信息而在自己所有、管理或者使用的网站或者网页上提供直接链接的，其数量标准根据所链接的淫秽电子信息的种类计算。

第五条　以牟利为目的，通过声讯台传播淫秽语音信息，具有下列情形之一的，依照刑法第三百六十三条第一款的规定，对直接负责的主管人员和其他直接责任人员以传播淫秽物品牟利罪定罪处罚：

（一）向一百人次以上传播的；

（二）违法所得一万元以上的；

（三）造成严重后果的。

实施前款规定行为，数量或者数额达到前款第（一）项至第（二）项规定标准五倍以上的，应当认定为刑法第三百六十三条第一款规定的"情节严重"；达到规定标准二十五倍以上的，应当认定为"情节特别严重"。

第六条　实施本解释前五条规定的犯罪，具有下列情形之一的，依照刑法第三百六十三条第一款、第三百六十四条第一款的规定从重处罚：

（一）制作、复制、出版、贩卖、传播具体描绘不满十八周岁未成年人性行为的淫秽电子信息的；

（二）明知是具体描绘不满十八周岁的未成年人性行为的淫秽电子信息而在自己所有、管理或者使用的网站或者网页上提供直接链接的；

（三）向不满十八周岁的未成年人贩卖、传播淫秽电子信息和语音信息的；

（四）通过使用破坏性程序、恶意代码修改用户计算机设置等方法，强制用户访问、下载淫秽电子信息的。

第七条　明知他人实施制作、复制、出版、贩卖、传播淫秽电子信息犯罪，为其提供互联网接入、服务器托管、网络存储空间、通讯传输通道、费用结算等帮助的，对直接负责的主管人员和其他直接责任人员，以共同犯罪论处。

第八条　利用互联网、移动通讯终端、声讯台贩卖、传播淫秽书刊、影片、录像带、录音带等以实物为载体的淫秽物品的，依照《最高人民法院关于审理非法出版物刑事案件具体应用法律若干问题的解释》的有关规定定罪处罚。

第九条　刑法第三百六十七条第一款规定的“其他淫秽物品”，包括具体描绘性行为或者露骨宣扬色情的诲淫性的视频文件、音频文件、电子刊物、图片、文章、短信息等互联网、移动通讯终端电子信息和声讯台语音信息。

有关人体生理、医学知识的电子信息和声讯台语音信息不是淫秽物品。包含色情内容的有艺术价值的电子文学、艺术作品不视为淫秽物品。

《最高人民法院关于审理非法出版物刑事案件具体应用法律若干问题的解释》（节录）

（1998年12月17日颁布　自1998年12月23日起实施）

第八条　以牟利为目的，实施刑法第三百六十三条第一款规定的行为，具有下列情形之一的，以制作、复制、出版、贩卖、传播淫秽物品牟利罪定罪处罚：

（一）制作、复制、出版淫秽影碟、软件、录像带五十至一百张（盒）以上，淫秽音碟、录音带一百至二百张（盒）以上，淫秽扑克、书刊、画册一百至二百副（册）以上，淫秽照片、画片五百至一千张以上的；

（二）贩卖淫秽影碟、软件、录像带一百至二百张（盒）以上，淫秽音碟、录音带二百至四百张（盒）以上，淫秽扑克、书刊、画册二百至四百副（册）以上，淫秽照片、画片一千至二千张以上的；

（三）向他人传播淫秽物品达二百至五百人次以上，或者组织播放淫秽影、像达十至二十场次以上的；

（四）制作、复制、出版、贩卖、传播淫秽物品，获利五千至一万元以上的。

以牟利为目的，实施刑法第三百六十三条第一款规定的行为，具有下列情形之一的，应当认定为制作、复制、出版、贩卖、传播淫秽物品牟利罪“情节严重”：

（一）制作、复制、出版淫秽影碟、软件、录像带二百五十至五百张（盒）以上，淫秽音碟、录音带五百至一千张（盒）以上，淫秽扑克、书刊、画册五百至一千副（册）以上，淫秽照片、画片二千五百至五千张以上的；

（二）贩卖淫秽影碟、软件、录像带五百至一千张（盒）以上，淫秽音碟、录音带一千至二千张（盒）以上，淫秽扑克、书刊、画册一千至二千副（册）以上，淫秽照片、画片五千至一万张以上的；

（三）向他人传播淫秽物品达一千至二千人次以上，或者组织播放淫秽影、像达五十至一百场次以上的；

相关执法参考

（四）制作、复制、出版、贩卖、传播淫秽物品，获利三万至五万元以上的。

以牟利为目的，实施刑法第三百六十三条第一款规定的行为，其数量（数额）达到前款规定的数量（数额）五倍以上的，应当认定为制作、复制、出版、贩卖、传播淫秽物品牟利罪"情节特别严重"。

第十条　向他人传播淫秽的书刊、影片、音像、图片等出版物达三百至六百人次以上或者造成恶劣社会影响的，属于"情节严重"，依照刑法第三百六十四条第一款的规定，以传播淫秽物品罪定罪处罚。

组织播放淫秽的电影、录像等音像制品达十五至三十场次以上或者造成恶劣社会影响的，依照刑法第三百六十四条第二款的规定，以组织播放淫秽音像制品罪定罪处罚。

第十六条　出版单位与他人事前通谋，向其出售、出租或者以其他形式转让该出版单位的名称、书号、刊号、版号，他人实施本解释第二条、第四条、第八条、第九条、第十条、第十一条规定的行为，构成犯罪的，对该出版单位应当以共犯论处。

第十七条　本解释所称"经营数额"，是指以非法出版物的定价数额乘以行为人经营的非法出版物数量所得的数额。

本解释所称"违法所得数额"，是指获利数额。

非法出版物没有定价或者以境外货币定价的，其单价数额应当按照行为人实际出售的价格认定。

《新闻出版署关于认定淫秽及色情出版物的暂行规定》

（1988年12月27日颁布　自颁布之日起实施）

第一条　为了实施国务院《关于严禁淫秽物品的规定》和《关于重申严禁淫秽出版物的规定》，明确淫秽及色情出版物的认定标准，特制定本暂行规定。

第二条　淫秽出版物是指在整体上宣扬淫秽行为，具有下列内容之一，挑动人们的性欲，足以导致普通人腐化堕落，而又没有艺术价值或者科学价值的出版物：

（一）淫亵性地具体描写性行为、性交及其心理感受；

（二）公然宣扬色情淫荡形象；

（三）淫亵性地描述或者传授性技巧；

（四）具体描写乱伦、强奸或者其他性犯罪的手段、过程或者细节，足以诱发犯罪的；

（五）具体描写少年儿童的性行为；

（六）淫亵性地具体描写同性恋的性行为或者其他性变态行为，或者具体描写与性变态有关的暴力、虐待、侮辱行为；

（七）其他令普通人不能容忍的对性行为淫亵性描写。

第三条　色情出版物是指在整体上不是淫秽的，但其中一部分有第二条（一）至（七）项规定的内容，对普通人特别是未成年人的身心健康有毒害，而缺乏艺术价值或者科学价值的出版物。

第四条　夹杂淫秽、色情内容而具有艺术价值的文艺作品；表现人体美的美术作品；有关人体的解剖生理知识、生育知识、疾病防治和其他有关性知识、性道德、

相关执法参考

性社会学等自然科学和社会科学作品，不属于淫秽出版物、色情出版物的范围。

第五条　淫秽出版物、色情出版物由新闻出版署负责鉴定或者认定。新闻出版署组织有关部门的专家组成淫秽及色情出版物鉴定委员会，承担淫秽出版物、色情出版物的鉴定工作。

各省、自治区、直辖市新闻出版局组织有关部门的专家组成淫秽及色情出版物鉴定委员会，对本行政区域内发现的淫秽出版物、色情出版物提出鉴定或者认定意见报新闻出版署。

《新闻出版署、公安部关于鉴定淫秽录像带、淫秽图片有关问题的通知》

（1993年1月19日新出联［1993］第1号颁布　自颁布之日起实施）

各省、自治区、直辖市新闻出版局、音像归口管理部门，公安厅、局：

为认真贯彻执行全国人大常委会《关于惩治走私、制作、贩卖、传播淫秽物品的犯罪分子的决定》，及时打击处理走私、制作、贩卖、传播淫秽物品的违法犯罪分子，提高办案效率，现对审查鉴定淫秽录像带、淫秽图片的有关问题通知如下：

一、办理走私、制作、贩卖、传播淫秽物品案件中，对查获的录像带、图片、扑克、手抄本等，需审查认定是否为淫秽物品的，国内出版单位正式出版发行的录像带、图片等出版物由省级以上新闻出版管理部门、音像归口管理部门负责鉴定；其他由地、市以上公安机关治安部门负责鉴定。

淫秽录像带、淫秽图片的鉴定标准依照全国人大常委会《关于惩治走私、制作、贩卖、传播淫秽物品的犯罪分子的决定》、国务院《关于严禁淫秽物品的规定》和新闻出版署发布的《关于认定淫秽及色情出版物的暂行规定》（［88］新出办字第1512号）执行。

二、鉴定机关进行鉴定工作时，应当指定三名具有专业知识，熟悉鉴定标准，办事公正，坚持原则，作风正派的同志负责审查鉴定。其他人员一律不得参加。严禁借审查鉴定之机扩大观看范围。

三、审查鉴定淫秽物品应当制作《淫秽物品审查鉴定书》一式三份（式样附后），鉴定结论必须准确、简明。由两名以上鉴定人员签字，并加盖“淫秽物品审查鉴定专用章”。对送审鉴定和收缴的淫秽物品，必须严格按照国务院《关于严禁淫秽物品的规定》、公安部《关于收管处理淫秽物品的通知》（［83］公发（治）165号）的规定执行。

四、当事人对鉴定结论提出不同意见需重新鉴定的，应当由地、市级的宣传、新闻出版、音像归口管理机关、公安机关等部门组成的鉴定组重新鉴定。

出版单位对鉴定结论提出不同意见时，由省级新闻出版管理部门、音像归口管理部门报新闻出版署鉴定。

其他出版物的审查鉴定，仍按规定执行。

《公安部关于对出售带有淫秽内容的文物的行为可否予以治安管理处罚问题的批复》

（公复字［2010］3号）

北京市公安局：

相关执法参考

你局《关于对出售带有淫秽内容的文物的行为可否予以治安处罚的请示》（京公法字［2010］500号）收悉。现批复如下：

公安机关查获的带有淫秽内容的物品可能是文物的，应当依照《中华人民共和国文物保护法》等有关规定进行文物认定。经文物行政部门认定为文物的，不得对合法出售文物的行为予以治安管理处罚。

《关于携带、藏匿淫秽VCD是否属于传播淫秽物品问题的批复》

（1998年11月9日公复字［1998］6号颁布　自颁布之日起实施）

江苏省公安厅：

你厅《关于携带、藏匿淫秽VCD是否属传播淫秽物品的请示》（苏公厅［1998］449号）收悉。现批复如下：

1990年7月6日最高人民法院、最高人民检察院《关于办理淫秽物品刑事案件具体应用法律的规定》，已于1994年8月29日被废止，不再执行。对于携带、藏匿淫秽VCD的行为，不能简单地视为“传播”，而应注意广泛搜集证据，根据主客观相统一的原则，来判断是否构成“传播”行为。如果行为人主观上没有“传播”故意，只是为了自己观看，不能认定为“传播淫秽物品”，但应当没收淫秽VCD，并对当事人进行必要的法制教育。此外，还应注意扩大线索，挖掘来源，及时查获有关违法犯罪活动。

《公安部对〈关于鉴定淫秽物品有关问题的请示〉的批复》

（1998年11月27日公复字［1998］8号颁布　自颁布之日起实施）

江苏省公安厅：

你厅《关于鉴定淫秽物品有关问题的请示》（苏公厅［1998］459号）收悉。现批复如下：

鉴于近年来各地公安机关查获淫秽物品数量不断增加、查禁任务日趋繁重的情况，为及时打击处理走私、制作、贩卖、传播淫秽物品的违法犯罪分子，今后各地公安机关查获的物品，需审查认定是否为淫秽物品的，可以由县级以上公安机关治安部门负责鉴定工作，但要指定两名政治、业务素质过硬的同志共同进行，其他人员一律不得参加。当事人提出不同意见需重新鉴定的，由上一级公安机关治安部门会同同级新闻出版、音像归口管理等部门重新鉴定。对送审鉴定和收缴的淫秽物品，由县级以上公安机关治安部门统一集中，登记造册，适时组织全部销毁。

对于淫秽物品鉴定工作中与新闻出版、音像归口管理等部门的配合问题，仍按现行规定执行。

《公安部关于对拨打境外色情电话定性处理的批复》

（1996年2月14日公复字［1996］5号颁布　自颁布之日起实施）

河北省公安厅：

你厅《关于对拨打国际色情电话行为如何定性处理的请示》（冀公治［1995］284号）收悉。现批复如下：

相关执法参考	对盗用他人或单位电话打境外色情电话的以盗窃论处，构成犯罪的，依照1992年12月11日最高人民法院、最高人民检察院《关于办理盗窃案件具体应用法律的若干问题的解释》第一条第四项的规定按盗窃罪追究刑事责任；不构成犯罪的，依照《治安管理处罚条例》第二十三条的规定处罚。对聚众拨打收听境外色情电话，录制并传播色情电话内容，教唆他人拨打色情电话，传播色情电话号码的，以传播淫秽物品论处，情节较轻的，依照《治安管理处罚条例》进行处罚；情节严重，构成犯罪的，依法追究刑事责任。对使用自己的电话打境外色情电话，尚不需要处罚的，由公安机关予以训诫或者所在单位、街道给予批评教育。

一百三十三、传播淫秽信息

（《治安管理处罚法》第 68 条）

<table>
<tr><td colspan="2">案由</td><td>传播淫秽信息</td></tr>
<tr><td colspan="2">概念</td><td>传播淫秽信息，是指利用计算机信息网络、电话以及其他通讯工具传播淫秽信息，尚不够刑事处罚的行为。</td></tr>
<tr><td rowspan="2">违法构成要件</td><td>违法客体</td><td>本行为侵犯的客体是社会风尚和社会治安管理秩序。本行为侵犯的对象是淫秽信息。</td></tr>
<tr><td>违法客观方面</td><td>本行为在客观方面表现为利用计算机信息网络、电话以及其他通讯工具传播淫秽信息，尚不够刑事处罚的行为。
根据《最高人民法院、最高人民检察院关于办理利用互联网、移动通讯终端、声讯台制作、复制、出版、贩卖、传播淫秽电子信息刑事案件具体应用法律若干问题的解释》第 9 条的规定，《刑法》第 367 条第 1 款规定的“其他淫秽物品”，包括具体描绘性行为或者露骨宣扬色情的诲淫性的视频文件、音频文件、电子刊物、图片、文章、短信息等互联网、移动通讯终端电子信息和声讯台语音信息。因此，本行为所涉及的“淫秽信息”实际上是属于淫秽物品的范畴的。中国互联网协会、互联网新闻信息服务工作委员会于 2004 年 6 月 10 日颁布并施行的《互联网站禁止传播淫秽色情等不良信息自律规范》第 3 条进一步明确规定了“淫秽信息”的范围，根据该规范的规定，“淫秽信息”是指在整体上宣扬淫秽行为，具有下列内容之一，挑动人们性欲，导致普通人腐化、堕落，而又没有艺术或科学价值的文字、图片、音频、视频等信息内容，包括：
1. 淫亵性地具体描写性行为、性交及其心理感受；
2. 宣扬色情淫荡形象；
3. 淫亵性地描述或者传授性技巧；
4. 具体描写乱伦、强奸及其他性犯罪的手段、过程或者细节，可能诱发犯罪的；
5. 具体描写少年儿童的性行为；
6. 淫亵性地具体描写同性恋的性行为或者其他性变态行为，以及具体描写与性变态有关的暴力、虐待、侮辱行为；
7. 其他令普通人不能容忍的对性行为淫亵性描写。
《治安管理处罚法》之所以单独将该行为规定为一个独立的案由，其主要原因就在于该行为传播方式的特殊性。只有利用计算机信息网络、电话以及其他通讯工具传播淫秽信息，才能构成本行为。这里的“计算机信息网络”，既包括互联网，也包括局域网、远程网等网络，是指由计算机及其相关的配套设备、设施构成的，按照一定的应用目标和规则对信息进行采集、加工、存储、</td></tr>
</table>

<table>
<tr><td rowspan="3">违法构成要件</td><td>违法客观方面</td><td>传输、检索等处理的计算机系统。
在实践中，本行为的表现方式一般包括：
1. 利用互联网、移动通讯终端传播淫秽电影、表演、动画等视频文件、音频文件、淫秽电子刊物、图片、文章、短信息等；
2. 以会员制的方式传播淫秽电子信息；
3. 利用淫秽电子信息收取广告费、会员注册费或者其他费用；
4. 利用聊天室、论坛、即时通信软件、电子邮件等方式传播淫秽信息；
5. 明知是淫秽电子信息而在自己所有、管理或者使用的网站或者网页上提供直接链接；
6. 明知是具体描绘不满18周岁的未成年人性行为的淫秽电子信息而在自己所有、管理或者使用的网站或者网页上提供直接链接的；
7. 通过使用破坏性程序、恶意代码修改用户计算机设置等方法，强制用户访问、下载淫秽电子信息；
8. 明知他人实施传播淫秽电子信息，为其提供互联网接入、服务器托管、网络存储空间、通讯传输通道、费用结算等帮助；
9. 通过声讯台传播淫秽语音信息，如语音“聊性”服务等。
在认定中应该注意，有些传播淫秽信息行为，行为人在国内设站，专向国外客人提供淫秽信息。虽然传播淫秽信息的对象全在国外，而这种活动在国外可能也不属于违法，但由于该行为是在我国实施的，其仍然构成违反我国法律的行为，应依我国法律予以制裁。</td></tr>
<tr><td>违法主体</td><td>本行为的主体包括单位和个人。</td></tr>
<tr><td>违法主观方面</td><td>本行为的主观方面只能是故意。行为人大多具有营利的目的，但是，也有人是为了寻求刺激而传播，因此，行为人是否具有营利的目的，对本行为的构成没有影响。</td></tr>
<tr><td>认定界限</td><td colspan="2">（一）本行为与制作、运输、复制、出售、出租淫秽物品行为的界限。
《治安管理处罚法》第68条规定的制作、运输、复制、出售、出租淫秽物品，是指制作、运输、复制、出售、出租淫秽物品，尚不够刑事处罚的行为。两者的界限主要包括：
1. 行为方式不同。本行为在客观方面表现为利用计算机信息网络、电话以及其他通讯工具传播淫秽信息，尚不够刑事处罚的行为。后者的具体方式包括制作、运输、复制、出售和出租，其方式更加多种多样。
2. 行为侵犯的对象不同。本行为涉及的对象只是“淫秽信息”，而后者涉及的对象是淫秽物品，淫秽物品既包括“有形”的淫秽物品，如录音带、录像带、书刊</td></tr>
</table>

认定界限	等，也包括“无形的”淫秽物品，即本行为所说的“淫秽信息”。也就是说，后者涉及的范围比前者更宽。 在实践中，行为人利用计算机信息网络、电话以及其他通讯工具出租、出售淫秽信息的，实际上也属于“传播”的性质，按照特殊法优于一般法的原则，对行为人以本行为论处，而不能认定为出租、出售淫秽物品行为。 （二）本行为与制作、复制、出版、贩卖、传播淫秽物品牟利罪和传播淫秽物品罪的界限。 《刑法》第363条第1款规定的制作、复制、出版、贩卖、传播淫秽物品牟利罪，是指以牟利为目的，制作、复制、出版、贩卖、传播色情的诲淫性的书刊、影片、录像带、录音带、图片及其他淫秽物品的行为。《刑法》第364条第1款规定的传播淫秽物品罪，是指不以牟利为目的，在社会上传播淫秽的书刊、影片、录像带、录音带、图片或者其他淫秽物品，情节严重的行为。《治安管理处罚法》规定的传播淫秽信息，是指利用计算机信息网络、电话以及其他通讯工具传播淫秽信息，尚不够刑事处罚的行为。本行为与后两罪的界限主要在于： 1. 行为目的不同。本行为和传播淫秽物品罪对是否以牟利为目的并没有要求，行为人既可能是以牟利为目的，也可能不是以牟利为目的，而制作、复制、出版、贩卖、传播淫秽物品牟利罪必须是以牟利为目的。 2. 行为涉及的对象不同。本行为涉及的对象只是“淫秽信息”，而后两罪涉及的对象是淫秽物品，淫秽物品既包括“有形”的淫秽物品，如录音带、录像带、书刊等，也包括“无形的”淫秽物品，即本行为所说的“淫秽信息”。也就是说，后两者涉及的范围比前者更宽。 3. 行为方式不同。本行为的传播行为仅限于利用计算机信息网络、电话以及其他通讯工具传播，而后两者的传播方式包括前者，但不限于前者，其方式更多。 4. 行为的情节和后果不同。本行为属于治安违法行为，后两者属于犯罪行为，因此，本行为与后两者区别的关键就在于情节和后果的轻重。 根据《最高人民检察院 公安部关于公安机关管辖的刑事案件立案追诉标准的规定（一）》（公通字［2008］36号）的规定，具有下列情形之一的，应以制作、复制、出版、贩卖、传播淫秽物品牟利罪立案追诉： （1）以牟利为目的，制作、复制、出版、贩卖、传播淫秽物品，涉嫌下列情形之一的，应予立案追诉： ——制作、复制、出版淫秽影碟、软件、录像带50至100张（盒）以上，淫秽音碟、录音带100至200张（盒）以上，淫秽扑克、书刊、画册100至200副（册）以上，淫秽照片、画片500至1000张以上的； ——贩卖淫秽影碟、软件、录像带100至200张（盒）以上，淫秽音碟、录音带200至400张（盒）以上，淫秽扑克、书刊、画册200至400副（册）以上，淫秽照片、画片1000至2000张以上的； ——向他人传播淫秽物品达200至500人次以上，或者组织播放淫秽影、像达10至20场次以上的；

认定界限	——制作、复制、出版、贩卖、传播淫秽物品，获利5000至1万元以上的。 （2）以牟利为目的，利用互联网、移动通讯终端制作、复制、出版、贩卖、传播淫秽电子信息，涉嫌下列情形之一的，应予立案追诉： ——制作、复制、出版、贩卖、传播淫秽电影、表演、动画等视频文件20个以上的； ——制作、复制、出版、贩卖、传播淫秽音频文件100个以上的； ——制作、复制、出版、贩卖、传播淫秽电子刊物、图片、文章、短信息等200件以上的； ——制作、复制、出版、贩卖、传播的淫秽电子信息，实际被点击数达到1万次以上的； ——以会员制方式出版、贩卖、传播淫秽电子信息，注册会员达200人以上的； ——利用淫秽电子信息收取广告费、会员注册费或者其他费用，违法所得1万元以上的； ——数量或者数额虽未达到上述规定标准，但分别达到其中两项以上标准的50%以上的； ——造成严重后果的。 （3）利用聊天室、论坛、即时通信软件、电子邮件等方式，涉嫌下列情形之一的，应予立案追诉： ——制作、复制、出版、贩卖、传播淫秽电影、表演、动画等视频文件20个以上的； ——制作、复制、出版、贩卖、传播淫秽音频文件100个以上的； ——制作、复制、出版、贩卖、传播淫秽电子刊物、图片、文章、短信息等200件以上的； ——制作、复制、出版、贩卖、传播的淫秽电子信息，实际被点击数达到1万次以上的； ——以会员制方式出版、贩卖、传播淫秽电子信息，注册会员达200人以上的； ——利用淫秽电子信息收取广告费、会员注册费或者其他费用，违法所得1万元以上的； ——数量或者数额虽未达到上述规定标准，但分别达到其中两项以上标准的50%以上的； ——造成严重后果的。 （4）以牟利为目的，通过声讯台传播淫秽语音信息，涉嫌下列情形之一的，应予立案追诉： ——向100人次以上传播的； ——违法所得1万元以上的； ——造成严重后果的。 （5）明知他人用于出版淫秽书刊而提供书号、刊号的，应予立案追诉。

<table>
<tr><td>认定界限</td><td>
根据《最高人民检察院 公安部关于公安机关管辖的刑事案件立案追诉标准的规定（一）》（公通字［2008］36号）的规定，行为人具有下列情形之一的，以传播淫秽物品罪论处：
（1）传播淫秽的书刊、影片、音像、图片或者其他淫秽物品，涉嫌下列情形之一的，应予立案追诉：
——向他人传播300至600人次以上的；
——造成恶劣社会影响的。
（2）不以牟利为目的，利用互联网、移动通讯终端传播淫秽电子信息，涉嫌下列情形之一的，应予立案追诉：
——制作、复制、出版、贩卖、传播淫秽电影、表演、动画等视频文件40个以上的；
——制作、复制、出版、贩卖、传播淫秽音频文件200个以上的；
——制作、复制、出版、贩卖、传播淫秽电子刊物、图片、文章、短信息等400件以上的；
——制作、复制、出版、贩卖、传播的淫秽电子信息，实际被点击数达到2万次以上的；
——以会员制方式出版、贩卖、传播淫秽电子信息，注册会员达400人以上的；
——数量分别达到上述两项以上标准的50%的；
——造成严重后果的。
（3）利用聊天室、论坛、即时通信软件、电子邮件等方式，涉嫌下列情形之一的，应予立案追诉：
——制作、复制、出版、贩卖、传播淫秽电影、表演、动画等视频文件40个以上的；
——制作、复制、出版、贩卖、传播淫秽音频文件200个以上的；
——制作、复制、出版、贩卖、传播淫秽电子刊物、图片、文章、短信息等400件以上的；
——制作、复制、出版、贩卖、传播的淫秽电子信息，实际被点击数达到2万次以上的；
——以会员制方式出版、贩卖、传播淫秽电子信息，注册会员达400人以上的；
——数量分别达到上述项两项以上标准的50%的；
——造成严重后果的。
</td></tr>
<tr><td>处罚标准</td><td>
（一）构成本行为的，处10日以上15日以下拘留，可以并处3000元以下罚款。
（二）情节较轻的，处5日以下拘留或者500元以下罚款。
在实践中，判断情节的轻重，一般应从行为人的动机、手段、目的、行为的次数、造成的后果等方面综合考虑，由公安机关办案人员酌情量罚。一般来说，具有下列情形之一的，应认定为“情节较轻”：
1. 传播淫秽信息数量较小的；
</td></tr>
</table>

处罚标准	2. 影响较小的； 3. 主动投案，并如实交代违法行为的； 4. 初次实施本行为，且认错态度好，表示悔改的； 5. 其他情节较轻的情形。

相关执法参考

《中华人民共和国治安管理处罚法》（节录）

（2005年8月28日第十届全国人民代表大会常务委员会第十七次会议通过 中华人民共和国主席令第三十八号公布 自2006年3月1日起施行）

第六十八条 制作、运输、复制、出售、出租淫秽的书刊、图片、影片、音像制品等淫秽物品或者利用计算机信息网络、电话以及其他通讯工具传播淫秽信息的，处十日以上十五日以下拘留，可以并处三千元以下罚款；情节较轻的，处五日以下拘留或者五百元以下罚款。

《中华人民共和国刑法》（节录）

（1979年7月1日第五届全国人民代表大会第二次会议通过 1997年3月14日第八届全国人民代表大会第五次会议修订 根据2011年2月25日第十一届全国人民代表大会常务委员会第十九次会议通过的《中华人民共和国刑法修正案（八）》最新修正）

第三百六十三条 以牟利为目的，制作、复制、出版、贩卖、传播淫秽物品的，处三年以下有期徒刑、拘役或者管制，并处罚金；情节严重的，处三年以上十年以下有期徒刑，并处罚金；情节特别严重的，处十年以上有期徒刑或者无期徒刑，并处罚金或者没收财产。

为他人提供书号，出版淫秽书刊的，处三年以下有期徒刑、拘役或者管制，并处或者单处罚金；明知他人用于出版淫秽书刊而提供书号的，依照前款的规定处罚。

第三百六十四条 传播淫秽的书刊、影片、音像、图片或者其他淫秽物品，情节严重的，处二年以下有期徒刑、拘役或者管制。

组织播放淫秽的电影、录像等音像制品的，处三年以下有期徒刑、拘役或者管制，并处罚金；情节严重的，处三年以上十年以下有期徒刑，并处罚金。

制作、复制淫秽的电影、录像等音像制品组织播放的，依照第二款的规定从重处罚。

向不满十八周岁的未成年人传播淫秽物品的，从重处罚。

第三百六十七条 本法所称淫秽物品，是指具体描绘性行为或者露骨宣扬色情的诲淫性的书刊、影片、录像带、录音带、图片及其他淫秽物品。

有关人体生理、医学知识的科学著作不是淫秽物品。

包含有色情内容的有艺术价值的文学、艺术作品不视为淫秽物品。

《最高人民检察院 公安部关于公安机关管辖的刑事案件立案追诉标准的规定（一）》（节录）

（公通字［2008］36号）

第八十二条 ［制作、复制、出版、贩卖、传播淫秽物品牟利案（刑法第三百

相关执法参考

六十三条第一款、第二款)] 以牟利为目的，制作、复制、出版、贩卖、传播淫秽物品，涉嫌下列情形之一的，应予立案追诉：

(一) 制作、复制、出版淫秽影碟、软件、录像带五十至一百张（盒）以上，淫秽音碟、录音带一百至二百张（盒）以上，淫秽扑克、书刊、画册一百至二百副（册）以上，淫秽照片、画片五百至一千张以上的；

(二) 贩卖淫秽影碟、软件、录像带一百至二百张（盒）以上，淫秽音碟、录音带二百至四百张（盒）以上，淫秽扑克、书刊、画册二百至四百副（册）以上，淫秽照片、画片一千至二千张以上的；

(三) 向他人传播淫秽物品达二百至五百人次以上，或者组织播放淫秽影、像达十至二十场次以上的；

(四) 制作、复制、出版、贩卖、传播淫秽物品，获利五千至一万元以上的。

以牟利为目的，利用互联网、移动通讯终端制作、复制、出版、贩卖、传播淫秽电子信息，涉嫌下列情形之一的，应予立案追诉：

(一) 制作、复制、出版、贩卖、传播淫秽电影、表演、动画等视频文件二十个以上的；

(二) 制作、复制、出版、贩卖、传播淫秽音频文件一百个以上的；

(三) 制作、复制、出版、贩卖、传播淫秽电子刊物、图片、文章、短信息等二百件以上的；

(四) 制作、复制、出版、贩卖、传播的淫秽电子信息，实际被点击数达到一万次以上的；

(五) 以会员制方式出版、贩卖、传播淫秽电子信息，注册会员达二百人以上的；

(六) 利用淫秽电子信息收取广告费、会员注册费或者其他费用，违法所得一万元以上的；

(七) 数量或者数额虽未达到本款第（一）项至第（六）项规定标准，但分别达到其中两项以上标准的百分之五十以上的；

(八) 造成严重后果的。

利用聊天室、论坛、即时通信软件、电子邮件等方式，实施本条第二款规定行为的，应予立案追诉。

以牟利为目的，通过声讯台传播淫秽语音信息，涉嫌下列情形之一的，应予立案追诉：

(一) 向一百人次以上传播的；

(二) 违法所得一万元以上的；

(三) 造成严重后果的。

第八十四条 ［传播淫秽物品案（刑法第三百六十四条第一款)］传播淫秽的书刊、影片、音像、图片或者其他淫秽物品，涉嫌下列情形之一的，应予立案追诉：

(一) 向他人传播三百至六百人次以上的；

(二) 造成恶劣社会影响的。

相关执法参考

不以牟利为目的，利用互联网、移动通讯终端传播淫秽电子信息，涉嫌下列情形之一的，应予立案追诉：

（一）数量达到本规定第八十二条第二款第（一）项至第（五）项规定标准二倍以上的；

（二）数量分别达到本规定第八十二条第二款第（一）项至第（五）项两项以上标准的；

（三）造成严重后果的。

利用聊天室、论坛、即时通信软件、电子邮件等方式，实施本条第二款规定行为的，应予立案追诉。

第一百条　本规定中的立案追诉标准，除法律、司法解释另有规定的以外，适用于相关的单位犯罪。

第一百零一条　本规定中的“以上”，包括本数。

《最高人民法院 最高人民检察院关于办理利用互联网、移动通讯终端、声讯台制作、复制、出版、贩卖、传播淫秽电子信息刑事案件具体应用法律若干问题的解释（二）》（节录）

（2010年1月18日最高人民法院审判委员会第1483次会议、2010年1月14日最高人民检察院第十一届检察委员会第28次会议通过　法释［2010］3号）

第一条　以牟利为目的，利用互联网、移动通讯终端制作、复制、出版、贩卖、传播淫秽电子信息的，依照《最高人民法院、最高人民检察院关于办理利用互联网、移动通讯终端、声讯台制作、复制、出版、贩卖、传播淫秽电子信息刑事案件具体应用法律若干问题的解释》第一条、第二条的规定定罪处罚。

以牟利为目的，利用互联网、移动通讯终端制作、复制、出版、贩卖、传播内容含有不满十四周岁未成年人的淫秽电子信息，具有下列情形之一的，依照刑法第三百六十三条第一款的规定，以制作、复制、出版、贩卖、传播淫秽物品牟利罪定罪处罚：

（一）制作、复制、出版、贩卖、传播淫秽电影、表演、动画等视频文件十个以上的；

（二）制作、复制、出版、贩卖、传播淫秽音频文件五十个以上的；

（三）制作、复制、出版、贩卖、传播淫秽电子刊物、图片、文章等一百件以上的；

（四）制作、复制、出版、贩卖、传播的淫秽电子信息，实际被点击数达到五千次以上的；

（五）以会员制方式出版、贩卖、传播淫秽电子信息，注册会员达一百人以上的；

（六）利用淫秽电子信息收取广告费、会员注册费或者其他费用，违法所得五千元以上的；

（七）数量或者数额虽未达到第（一）项至第（六）项规定标准，但分别达到其中两项以上标准一半以上的；

（八）造成严重后果的。

实施第二款规定的行为，数量或者数额达到第二款第（一）项至第（七）项规定标准五倍以上的，应当认定为刑法第三百六十三条第一款规定的“情节严重”；达到规定标准二十五倍以上的，应当认定为“情节特别严重”。

第二条　利用互联网、移动通讯终端传播淫秽电子信息的，依照《最高人民法院、最高人民检察院关于办理利用互联网、移动通讯终端、声讯台制作、复制、出版、贩卖、传播淫秽电子信息刑事案件具体应用法律若干问题的解释》第三条的规定定罪处罚。

利用互联网、移动通讯终端传播内容含有不满十四周岁未成年人的淫秽电子信息，具有下列情形之一的，依照刑法第三百六十四条第一款的规定，以传播淫秽物品罪定罪处罚：

（一）数量达到第一条第二款第（一）项至第（五）项规定标准二倍以上的；

（二）数量分别达到第一条第二款第（一）项至第（五）项两项以上标准的；

（三）造成严重后果的。

第三条　利用互联网建立主要用于传播淫秽电子信息的群组，成员达三十人以上或者造成严重后果的，对建立者、管理者和主要传播者，依照刑法第三百六十四条第一款的规定，以传播淫秽物品罪定罪处罚。

第四条　以牟利为目的，网站建立者、直接负责的管理者明知他人制作、复制、出版、贩卖、传播的是淫秽电子信息，允许或者放任他人在自己所有、管理的网站或者网页上发布，具有下列情形之一的，依照刑法第三百六十三条第一款的规定，以传播淫秽物品牟利罪定罪处罚：

（一）数量或者数额达到第一条第二款第（一）项至第（六）项规定标准五倍以上的；

（二）数量或者数额分别达到第一条第二款第（一）项至第（六）项两项以上标准二倍以上的；

（三）造成严重后果的。

实施前款规定的行为，数量或者数额达到第一条第二款第（一）项至第（七）项规定标准二十五倍以上的，应当认定为刑法第三百六十三条第一款规定的“情节严重”；达到规定标准一百倍以上的，应当认定为“情节特别严重”。

第五条　网站建立者、直接负责的管理者明知他人制作、复制、出版、贩卖、传播的是淫秽电子信息，允许或者放任他人在自己所有、管理的网站或者网页上发布，具有下列情形之一的，依照刑法第三百六十四条第一款的规定，以传播淫秽物品罪定罪处罚：

（一）数量达到第一条第二款第（一）项至第（五）项规定标准十倍以上的；

（二）数量分别达到第一条第二款第（一）项至第（五）项两项以上标准五倍以上的；

（三）造成严重后果的。

第六条　电信业务经营者、互联网信息服务提供者明知是淫秽网站，为其提供互联网接入、服务器托管、网络存储空间、通讯传输通道、代收费等服务，并收取服务费，具有下列情形之一的，对直接负责的主管人员和其他直接责任人员，依照刑法第三百六十三条第一款的规定，以传播淫秽物品牟利罪定罪处罚：

（一）为五个以上淫秽网站提供上述服务的；

（二）为淫秽网站提供互联网接入、服务器托管、网络存储空间、通讯传输通道等服务，收取服务费数额在二万元以上的；

（三）为淫秽网站提供代收费服务，收取服务费数额在五万元以上的；

（四）造成严重后果的。

实施前款规定的行为，数量或者数额达到前款第（一）项至第（三）项规定标准五倍以上的，应当认定为刑法第三百六十三条第一款规定的“情节严重”；达到规定标准二十五倍以上的，应当认定为“情节特别严重”。

第七条　明知是淫秽网站，以牟利为目的，通过投放广告等方式向其直接或者间接提供资金，或者提供费用结算服务，具有下列情形之一的，对直接负责的主管人员和其他直接责任人员，依照刑法第三百六十三条第一款的规定，以制作、复制、出版、贩卖、传播淫秽物品牟利罪的共同犯罪处罚：

（一）向十个以上淫秽网站投放广告或者以其他方式提供资金的；

（二）向淫秽网站投放广告二十条以上的；

（三）向十个以上淫秽网站提供费用结算服务的；

（四）以投放广告或者其他方式向淫秽网站提供资金数额在五万元以上的；

（五）为淫秽网站提供费用结算服务，收取服务费数额在二万元以上的；

（六）造成严重后果的。

实施前款规定的行为，数量或者数额达到前款第（一）项至第（五）项规定标准五倍以上的，应当认定为刑法第三百六十三条第一款规定的“情节严重”；达到规定标准二十五倍以上的，应当认定为“情节特别严重”。

第八条　实施第四条至第七条规定的行为，具有下列情形之一的，应当认定行为人“明知”，但是有证据证明确实不知道的除外：

（一）行政主管机关书面告知后仍然实施上述行为的；

（二）接到举报后不履行法定管理职责的；

（三）为淫秽网站提供互联网接入、服务器托管、网络存储空间、通讯传输通道、代收费、费用结算等服务，收取服务费明显高于市场价格的；

（四）向淫秽网站投放广告，广告点击率明显异常的；

（五）其他能够认定行为人明知的情形。

第九条　一年内多次实施制作、复制、出版、贩卖、传播淫秽电子信息行为未经处理，数量或者数额累计计算构成犯罪的，应当依法定罪处罚。

第十条　单位实施制作、复制、出版、贩卖、传播淫秽电子信息犯罪的，依照《中华人民共和国刑法》、《最高人民法院、最高人民检察院关于办理利用互联网、移动通讯终端、声讯台制作、复制、出版、贩卖、传播淫秽电子信息刑事案件具体应用法律若干问题的解释》和本解释规定的相应个人犯罪的定罪量刑标准，对直接负责的主管人员和其他直接责任人员定罪处罚，并对单位判处罚金。

第十一条　对于以牟利为目的，实施制作、复制、出版、贩卖、传播淫秽电子信息犯罪的，人民法院应当综合考虑犯罪的违法所得、社会危害性等情节，依法判处罚金或者没收财产。罚金数额一般在违法所得的一倍以上五倍以下。

第十二条 《最高人民法院、最高人民检察院关于办理利用互联网、移动通讯终端、声讯台制作、复制、出版、贩卖、传播淫秽电子信息刑事案件具体应用法律若干问题的解释》和本解释所称网站，是指可以通过互联网域名、IP 地址等方式访问的内容提供站点。

以制作、复制、出版、贩卖、传播淫秽电子信息为目的建立或者建立后主要从事制作、复制、出版、贩卖、传播淫秽电子信息活动的网站，为淫秽网站。

第十三条 以前发布的司法解释与本解释不一致的，以本解释为准。

《最高人民法院、最高人民检察院关于办理利用互联网、移动通讯终端、声讯台制作、复制、出版、贩卖、传播淫秽电子信息刑事案件具体应用法律若干问题的解释》（节录）

（2004 年 9 月 3 日　法释［2004］11 号）

第一条 以牟利为目的，利用互联网、移动通讯终端制作、复制、出版、贩卖、传播淫秽电子信息，具有下列情形之一的，依照刑法第三百六十三条第一款的规定，以制作、复制、出版、贩卖、传播淫秽物品牟利罪定罪处罚。

（一）制作、复制、出版、贩卖、传播淫秽电影、表演、动画等视频文件二十个以上的；

（二）制作、复制、出版、贩卖、传播淫秽音频文件一百个以上的；

（三）制作、复制、出版、贩卖、传播淫秽电子刊物、图片、文章、短信息等二百件以上的；

（四）制作、复制、出版、贩卖、传播的淫秽电子信息，实际被点击数达到一万次以上的；

（五）以会员制方式出版、贩卖、传播淫秽电子信息，注册会员达二百人以上的；

（六）利用淫秽电子信息收取广告费、会员注册费或者其他费用，违法所得一万元以上的；

（七）数量或者数额虽未达到第（一）项至第（六）项规定标准，但分别达到其中两项以上标准一半以上的；

（八）造成严重后果的。

利用聊天室、论坛、即时通信软件、电子邮件等方式，实施第一款规定行为的，依照刑法第三百六十三条第一款的规定，以制作、复制、出版、贩卖、传播淫秽物品牟利罪定罪处罚。

第二条 实施第一条规定的行为，数量或者数额达到第一条第一款第（一）项至第（六）项规定标准五倍以上的，应当认定为刑法第三百六十三条第一款规定的“情节严重”；达到规定标准二十五倍以上的，应当认定为“情节特别严重”。

第三条 不以牟利为目的，利用互联网或者转移通讯终端传播淫秽电子信息，具有下列情形之一的，依照刑法第三百六十四条第一款的规定，以传播淫秽物品罪定罪处罚；

（一）数量达到第一条第一款第（一）项至第（五）项规定标准二倍以上的；

相关执法参考

（二）数量分别达到第一条第一款第（一）项至第（五）项两项以上标准的；

（三）造成严重后果的。

利用聊天室、论坛、即时通信软件、电子邮件等方式，实施第一款规定行为的，依照刑法第三百六十四条第一款的规定，以传播淫秽物品罪定罪处罚。

第四条　明知是淫秽电子信息而在自己所有、管理或者使用的网站或者网页上提供直接链接的，其数量标准根据所链接的淫秽电子信息的种类计算。

第五条　以牟利为目的，通过声讯台传播淫秽语音信息，具有下列情形之一的，依照刑法第三百六十三条第一款的规定，对直接负责的主管人员和其他直接责任人员以传播淫秽物品牟利罪定罪处罚：

（一）向一百人次以上传播的；

（二）违法所得一万元以上的；

（三）造成严重后果的。

实施前款规定行为，数量或者数额达到前款第（一）项至第（二）项规定标准五倍以上的，应当认定为刑法第三百六十三条第一款规定的"情节严重"；达到规定标准二十五倍以上的，应当认定为"情节特别严重"。

第六条　实施本解释前五条规定的犯罪，具有下列情形之一的，依照刑法第三百六十三条第一款、第三百六十四条第一款的规定从重处罚：

（一）制作、复制、出版、贩卖、传播具体描绘不满十八周岁未成年人性行为的淫秽电子信息的；

（二）明知是具体描绘不满十八周岁的未成年人性行为的淫秽电子信息而在自己所有、管理或者使用的网站或者网页上提供直接链接的；

（三）向不满十八周岁的未成年人贩卖、传播淫秽电子信息和语音信息的；

（四）通过使用破坏性程序、恶意代码修改用户计算机设置等方法，强制用户访问、下载淫秽电子信息的。

第七条　明知他人实施制作、复制、出版、贩卖、传播淫秽电子信息犯罪，为其提供互联网接入、服务器托管、网络存储空间、通讯传输通道、费用结算等帮助的，对直接负责的主管人员和其他直接责任人员，以共同犯罪论处。

第八条　利用互联网、移动通讯终端、声讯台贩卖、传播淫秽书刊、影片、录像带、录音带等以实物为载体的淫秽物品的，依照《最高人民法院关于审理非法出版物刑事案件具体应用法律若干问题的解释》的有关规定定罪处罚。

第九条　刑法第三百六十七条第一款规定的"其他淫秽物品"，包括具体描绘性行为或者露骨宣扬色情的诲淫性的视频文件、音频文件、电子刊物、图片、文章、短信息等互联网、移动通讯终端电子信息和声讯台语音信息。

有关人体生理、医学知识的电子信息和声讯台语音信息不是淫秽物品。包含色情内容的有艺术价值的电子文学、艺术作品不视为淫秽物品。

《互联网站禁止传播淫秽色情等不良信息自律规范》

（2004年6月10日颁布　自颁布之日起施行）

第一条　为促进互联网信息服务提供商加强自律，遏制淫秽、色情等不良信息

相关执法参考

通过互联网传播，推动互联网行业的持续健康发展，特制订本规范。

第二条 互联网站不得登载和传播淫秽、色情等中华人民共和国法律、法规禁止的不良信息内容。

第三条 淫秽信息是指在整体上宣扬淫秽行为，具有下列内容之一，挑动人们性欲，导致普通人腐化、堕落，而又没有艺术或科学价值的文字、图片、音频、视频等信息内容，包括：

1. 淫亵性地具体描写性行为、性交及其心理感受；

2. 宣扬色情淫荡形象；

3. 淫亵性地描述或者传授性技巧；

4. 具体描写乱伦、强奸及其他性犯罪的手段、过程或者细节，可能诱发犯罪的；

5. 具体描写少年儿童的性行为；

6. 淫亵性地具体描写同性恋的性行为或者其他性变态行为，以及具体描写与性变态有关的暴力、虐待、侮辱行为；

7. 其他令普通人不能容忍的对性行为淫亵性描写。

第四条 色情信息是指在整体上不是淫秽的，但其中一部分有第三条中1至7的内容，对普通人特别是未成年人的身心健康有毒害，缺乏艺术价值或者科学价值的文字、图片、音频、视频等信息内容。

第五条 互联网站从事登载新闻信息、电子公告服务以及移动电信增值服务等业务，应当依照有关法律法规的规定，履行审批或备案手续，取得合法资格；新闻信息应来源于具有向互联网站提供新闻信息资质的媒体或其他合法的内容提供商。

第六条 不渲染、不集中展现关于性暴力、性犯罪、性绯闻等新闻信息；此类内容须严格控制数量，并不得在多个频道或栏目同时登载。登载这类新闻信息，应有利于弘扬社会正气和维护社会公德，确保导向正确。

第七条 登载有关医学医疗、生理卫生、婚姻家庭、人体艺术和与此相关的自然、社会科学信息内容，应建立信息内容的审核制度，做到内容健康、科学，来源合法、可靠。

第八条 不开设或变相开设为不道德性行为和性交易提供便利的频道或专栏；开设交友类专题频道或栏目，应明确说明该栏目的目的、网友行为规范和公布有关法律警示；非注册用户不得在该类频道或栏目张贴信息，对注册用户上传的信息实行先审后发。

第九条 对利用互联网电子公告服务系统，短信息服务系统传播淫秽、色情等不良信息的用户，应将其IP地址列入“黑名单”，对涉嫌犯罪的，应主动向公安机关举报。

第十条 不与非法网站建立任何性质的合作关系；不与其他网站或企业建立违背政府有关部门规定的联盟或协作关系。

第十一条 不以任何形式登载和传播含有淫秽、色情等不良信息内容的广告；不为含有淫秽、色情等不良信息内容的网站或网页提供任何形式的宣传和链接。

第十二条 违反本自律规范的互联网站，应及时纠正违规行为；经劝说、警告

相关执法参考

无效的，互联网新闻信息服务工作委员会有义务向政府有关部门建议，取消其提供相关信息服务的资质。

第十三条　互联网信息服务提供商和从业人员均有自觉维护中华人民共和国法律法规、社会主义道德规范的责任和义务，自觉接受政府的管理。

第十四条　加入《互联网站信息服务自律公约》的成员单位应遵守本自律规范。

第十五条　《互联网站禁止传播淫秽、色情等不良信息自律规范》由互联网新闻信息服务工作委员会负责监督执行。

第十六条　本规范从发布之日起执行。

一百三十四、组织播放淫秽音像

（《治安管理处罚法》第69条第1款第1项）

案由		组织播放淫秽音像
概念		组织播放淫秽音像，是指组织播放淫秽音像，尚不够刑事处罚的行为。
违法构成要件	违法客体	本行为侵犯的客体是社会风尚和社会治安管理秩序。
	违法客观方面	本行为在客观方面表现为组织播放淫秽音像，尚不够刑事处罚的行为。 “淫秽音像”，属于淫秽物品的一种，是指以具体描绘性行为或者露骨宣扬色情为内容，具有诲淫性社会效果的音像制品，包括载有淫秽内容的电影片、录像带、幻灯片、录音带、唱片、光盘、电脑软件等物品。 “组织”，包括组织观众、准备播放器材、寻找淫秽音像、落实播放地点、安排播放时间等行为。行为人是否与被组织者一同收看、收听，并不影响本行为的成立。 “播放”，是指在一定时间、地点，操作一定的音像器材，以还原音像制品中的淫秽内容的行为。 组织者可以是多人，也可是一人，但最终观看、收听的应当是多人。
	违法主体	本行为的主体是特殊主体，仅限于在组织播放中起纠集、策划、组织作用的人，一般观看的人，不能认定为构成本行为，单位也可构成本行为。
	违法主观方面	本行为的主观方面只能是故意。
认定界限	（一）如何认定淫秽音像？ 淫秽音像属于淫秽物品的一种，因此，对淫秽音像的认定应参照淫秽物品的认定标准执行。 《刑法》第367条规定，淫秽物品，是指具体描绘性行为或者露骨宣扬色情的诲淫性的书刊、影片、录像带、录音带、图片及其他淫秽物品。有关人体生理、医学知识的科学著作不是淫秽物品。包含有色情内容的有艺术价值的文学、艺术作品不视为淫秽物品。另外，根据《最高人民法院、最高人民检察院关于办理利用互联网、移动通讯终端、声讯台制作、复制、出版、贩卖、传播淫秽电子信息刑事案件具体应用法律若干问题的解释》第9条的规定，“其他淫秽物品”，包括具体描绘	

认定界限	性行为或者露骨宣扬色情的诲淫性的视频文件、音频文件、电子刊物、图片、文章、短信息等互联网、移动通讯终端电子信息和声讯台语音信息。有关人体生理、医学知识的电子信息和声讯台语音信息不是淫秽物品。包含色情内容的有艺术价值的电子文学、艺术作品不视为淫秽物品。 《新闻出版署关于认定淫秽及色情出版物的暂行规定》第2条规定，淫秽出版物是指在整体上宣扬淫秽行为，具有下列内容之一，挑动人们的性欲，足以导致普通人腐化堕落，而又没有艺术价值或者科学价值的出版物：(1)淫亵性地具体描写性行为、性交及其心理感受；(2)公然宣扬色情淫荡形象；(3)淫亵性地描述或者传授性技巧；(4)具体描写乱伦、强奸或者其他性犯罪的手段、过程或者细节，足以诱发犯罪的；(5)具体描写少年儿童的性行为；(6)淫亵性地具体描写同性恋的性行为或者其他性变态行为，或者具体描写与性变态有关的暴力、虐待、侮辱行为；(7)其他令普通人不能容忍的对性行为淫亵性描写。 对是否属于淫秽音像有异议的，应依照程序送请鉴定。 (二)本行为与组织播放淫秽音像制品罪的界限。 《刑法》第364条第2款规定的组织播放淫秽音像制品罪，是指组织召集多人观看、收听并播映淫秽的电影、录像等音像制品的行为。两者的区别只是在于情节轻重。情节是否严重具体可以从组织人数、次数、造成的影响等方面来综合考虑。根据《刑法》第13条的规定，情节显著轻微危害不大的，不认为是犯罪。根据《最高人民检察院 公安部关于公安机关管辖的刑事案件立案追诉标准的规定(一)》(公通字[2008]36号)的规定，组织播放淫秽的电影、录像等音像制品，涉嫌下列情形之一的，应予立案追诉： 1. 组织播放15全30场次以上的； 2. 造成恶劣社会影响的。 在实践中，对组织播放淫秽音像制品来说，15次至30次的具体掌握，可结合行为造成的实际社会影响，影响小的，次数可以多一些；影响大的，次数可以相对少一些。次数虽然不足15次，但社会影响恶劣的，也可以以组织播放淫秽音像制品罪论处。 (三)本行为与传播淫秽信息的界限。 《治安管理处罚法》第68条规定的传播淫秽信息，是指利用计算机信息网络、电话以及其他通讯工具传播淫秽信息，尚不够刑事处罚的行为。两者都属于治安违法行为，实际上，组织播放淫秽音像也属于传播淫秽信息的范畴，两者的界限主要在于行为方式不同，本行为表现为组织播放淫秽音像，后者则表现为利用计算机信息网络、电话以及其他通讯工具传播淫秽信息，在实践中，两者不难区分。
处罚标准	构成本行为的，处10日以上15日以下拘留，并处500元以上1000元以下罚款。

相关执法参考

《中华人民共和国治安管理处罚法》（节录）

（2005年8月28日第十届全国人民代表大会常务委员会第十七次会议通过
中华人民共和国主席令第三十八号公布　自2006年3月1日起施行）

第六十九条第一款第一项　有下列行为之一的，处十日以上十五日以下拘留，并处五百元以上一千元以下罚款：

（一）组织播放淫秽音像的；

《中华人民共和国刑法》（节录）

（1979年7月1日第五届全国人民代表大会第二次会议通过　1997年3月14日第八届全国人民代表大会第五次会议修订　根据2011年2月25日第十一届全国人民代表大会常务委员会第十九次会议通过的《中华人民共和国刑法修正案（八）》最新修正）

第三百六十四条　传播淫秽的书刊、影片、音像、图片或者其他淫秽物品，情节严重的，处二年以下有期徒刑、拘役或者管制。

组织播放淫秽的电影、录像等音像制品的，处三年以下有期徒刑、拘役或者管制，并处罚金；情节严重的，处三年以上十年以下有期徒刑，并处罚金。

制作、复制淫秽的电影、录像等音像制品组织播放的，依照第二款的规定从重处罚。

向不满十八周岁的未成年人传播淫秽物品的，从重处罚。

第三百六十六条　单位犯本节第三百六十三条、第三百六十四条、第三百六十五条规定之罪的，对单位判处罚金，并对其直接负责的主管人员和其他直接责任人员，依照各该条的规定处罚。

第三百六十七条　本法所称淫秽物品，是指具体描绘性行为或者露骨宣扬色情的诲淫性的书刊、影片、录像带、录音带、图片及其他淫秽物品。

有关人体生理、医学知识的科学著作不是淫秽物品。

包含有色情内容的有艺术价值的文学、艺术作品不视为淫秽物品。

《最高人民检察院 公安部关于公安机关管辖的刑事案件立案追诉标准的规定（一）》（节录）

（公通字［2008］36号）

第八十二条　［制作、复制、出版、贩卖、传播淫秽物品牟利案（刑法第三百六十三条第一款、第二款）］以牟利为目的，制作、复制、出版、贩卖、传播淫秽物品，涉嫌下列情形之一的，应予立案追诉：

（一）制作、复制、出版淫秽影碟、软件、录像带五十至一百张（盒）以上，淫秽音碟、录音带一百至二百张（盒）以上，淫秽扑克、书刊、画册一百至二百副（册）以上，淫秽照片、画片五百至一千张以上的；

（二）贩卖淫秽影碟、软件、录像带一百至二百张（盒）以上，淫秽音碟、录音带二百至四百张（盒）以上，淫秽扑克、书刊、画册二百至四百副（册）以上，淫秽照片、画片一千至二千张以上的；

（三）向他人传播淫秽物品达二百至五百人次以上，或者组织播放淫秽影、像

相关执法参考

达十至二十场次以上的；

（四）制作、复制、出版、贩卖、传播淫秽物品，获利五千至一万元以上的。

以牟利为目的，利用互联网、移动通讯终端制作、复制、出版、贩卖、传播淫秽电子信息，涉嫌下列情形之一的，应予立案追诉：

（一）制作、复制、出版、贩卖、传播淫秽电影、表演、动画等视频文件二十个以上的；

（二）制作、复制、出版、贩卖、传播淫秽音频文件一百个以上的；

（三）制作、复制、出版、贩卖、传播淫秽电子刊物、图片、文章、短信息等二百件以上的；

（四）制作、复制、出版、贩卖、传播的淫秽电子信息，实际被点击数达到一万次以上的；

（五）以会员制方式出版、贩卖、传播淫秽电子信息，注册会员达二百人以上的；

（六）利用淫秽电子信息收取广告费、会员注册费或者其他费用，违法所得一万元以上的；

（七）数量或者数额虽未达到本款第（一）项至第（六）项规定标准，但分别达到其中两项以上标准的百分之五十以上的；

（八）造成严重后果的。

利用聊天室、论坛、即时通信软件、电子邮件等方式，实施本条第二款规定行为的，应予立案追诉。

以牟利为目的，通过声讯台传播淫秽语音信息，涉嫌下列情形之一的，应予立案追诉：

（一）向一百人次以上传播的；

（二）违法所得一万元以上的；

（三）造成严重后果的。

第八十四条　［传播淫秽物品案（刑法第三百六十四条第一款）］传播淫秽的书刊、影片、音像、图片或者其他淫秽物品，涉嫌下列情形之一的，应予立案追诉：

（一）向他人传播三百至六百人次以上的；

（二）造成恶劣社会影响的。

不以牟利为目的，利用互联网、移动通讯终端传播淫秽电子信息，涉嫌下列情形之一的，应予立案追诉：

（一）数量达到本规定第八十二条第二款第（一）项至第（五）项规定标准二倍以上的；

（二）数量分别达到本规定第八十二条第二款第（一）项至第（五）项两项以上标准的；

（三）造成严重后果的。

利用聊天室、论坛、即时通信软件、电子邮件等方式，实施本条第二款规定行为的，应予立案追诉。

相关执法参考

第八十五条 ［组织播放淫秽音像制品案（刑法第三百六十四条第二款）］组织播放淫秽的电影、录像等音像制品，涉嫌下列情形之一的，应予立案追诉：

（一）组织播放十五至三十场次以上的；

（二）造成恶劣社会影响的。

第一百条 本规定中的立案追诉标准，除法律、司法解释另有规定的以外，适用于相关的单位犯罪。

第一百零一条 本规定中的“以上”，包括本数。

《最高人民法院关于审理非法出版物刑事案件具体应用法律若干问题的解释》（节录）

（1998 年 12 月 17 日颁布 自 1998 年 12 月 23 日起实施）

第十条 向他人传播淫秽的书刊、影片、音像、图片等出版物达三百至六百人次以上或者造成恶劣社会影响的，属于“情节严重”，依照刑法第三百六十四条第一款的规定，以传播淫秽物品罪定罪处罚。

组织播放淫秽的电影、录像等音像制品达十五至三十场次以上或者造成恶劣社会影响的，依照刑法第三百六十四条第二款的规定，以组织播放淫秽音像制品罪定罪处罚。

《最高人民法院、最高人民检察院关于办理利用互联网、移动通讯终端、声讯台制作、复制、出版、贩卖、传播淫秽电子信息刑事案件具体应用法律若干问题的解释》（节录）

（2004 年 9 月 3 日 法释［2004］11 号）

第八条 利用互联网、移动通讯终端、声讯台贩卖、传播淫秽书刊、影片、录像带、录音带等以实物为载体的淫秽物品的，依照《最高人民法院关于审理非法出版物刑事案件具体应用法律若干问题的解释》的有关规定定罪处罚。

第九条 刑法第三百六十七条第一款规定的“其他淫秽物品”，包括具体描绘性行为或者露骨宣扬色情的诲淫性的视频文件、音频文件、电子刊物、图片、文章、短信息等互联网、移动通讯终端电子信息和声讯台语音信息。

有关人体生理、医学知识的电子信息和声讯台语音信息不是淫秽物品。包含色情内容的有艺术价值的电子文学、艺术作品不视为淫秽物品。

《新闻出版署关于认定淫秽及色情出版物的暂行规定》

（1988 年 12 月 27 日颁布 自颁布之日起实施）

第一条 为了实施国务院《关于严禁淫秽物品的规定》和《关于重申严禁淫秽出版物的规定》，明确淫秽及色情出版物的认定标准，特制定本暂行规定。

第二条 淫秽出版物是指在整体上宣扬淫秽行为，具有下列内容之一，挑动人们的性欲，足以导致普通人腐化堕落，而又没有艺术价值或者科学价值的出版物：

（一）淫亵性地具体描写性行为、性交及其心理感受；

（二）公然宣扬色情淫荡形象；

（三）淫亵性地描述或者传授性技巧；

（四）具体描写乱伦、强奸或者其他性犯罪的手段、过程或者细节，足以诱发犯罪的；

（五）具体描写少年儿童的性行为；

（六）淫亵性地具体描写同性恋的性行为或者其他性变态行为，或者具体描写与性变态有关的暴力、虐待、侮辱行为；

（七）其他令普通人不能容忍的对性行为淫亵性描写。

第三条　色情出版物是指在整体上不是淫秽的，但其中一部分有第二条（一）至（七）项规定的内容，对普通人特别是未成年人的身心健康有毒害，而缺乏艺术价值或者科学价值的出版物。

第四条　夹杂淫秽、色情内容而具有艺术价值的文艺作品；表现人体美的美术作品；有关人体的解剖生理知识、生育知识、疾病防治和其他有关性知识、性道德、性社会学等自然科学和社会科学作品，不属于淫秽出版物、色情出版物的范围。

第五条　淫秽出版物、色情出版物由新闻出版署负责鉴定或者认定。新闻出版署组织有关部门的专家组成淫秽及色情出版物鉴定委员会，承担淫秽出版物、色情出版物的鉴定工作。

各省、自治区、直辖市新闻出版局组织有关部门的专家组成淫秽及色情出版物鉴定委员会，对本行政区域内发现的淫秽出版物、色情出版物提出鉴定或者认定意见报新闻出版署。

《新闻出版署、公安部关于鉴定淫秽录像带、淫秽图片有关问题的通知》

（1993年1月19日新出联［1993］第1号颁布　自颁布之日起实施）

各省、自治区、直辖市新闻出版局、音像归口管理部门，公安厅、局：

为认真贯彻执行全国人大常委会《关于惩治走私、制作、贩卖、传播淫秽物品的犯罪分子的决定》，及时打击处理走私、制作、贩卖、传播淫秽物品的违法犯罪分子，提高办案效率，现对审查鉴定淫秽录像带、淫秽图片的有关问题通知如下：

一、办理走私、制作、贩卖、传播淫秽物品案件中，对查获的录像带、图片、扑克、手抄本等，需审查认定是否为淫秽物品的，国内出版单位正式出版发行的录像带、图片等出版物由省级以上新闻出版管理部门、音像归口管理部门负责鉴定；其他由地、市以上公安机关治安部门负责鉴定。

淫秽录像带、淫秽图片的鉴定标准依照全国人大常委会《关于惩治走私、制作、贩卖、传播淫秽物品的犯罪分子的决定》、国务院《关于严禁淫秽物品的规定》和新闻出版署发布的《关于认定淫秽及色情出版物的暂行规定》（［88］新出办字第1512号）执行。

二、鉴定机关进行鉴定工作时，应当指定三名具有专业知识，熟悉鉴定标准，办事公正，坚持原则，作风正派的同志负责审查鉴定。其他人员一律不得参加。严禁借审查鉴定之机扩大观看范围。

三、审查鉴定淫秽物品应当制作《淫秽物品审查鉴定书》一式三份（式样附后），鉴定结论必须准确、简明。由两名以上鉴定人员签字，并加盖“淫秽物品审

相关执法参考	查鉴定专用章”。对送审鉴定和收缴的淫秽物品，必须严格按照国务院《关于严禁淫秽物品的规定》、公安部《关于收管处理淫秽物品的通知》（［83］公发（治）165号）的规定执行。 四、当事人对鉴定结论提出不同意见需重新鉴定的，应当由地、市级的宣传、新闻出版、音像归口管理机关、公安机关等部门组成的鉴定组重新鉴定。 出版单位对鉴定结论提出不同意见时，由省级新闻出版管理部门、音像归口管理部门报新闻出版署鉴定。 其他出版物的审查鉴定，仍按规定执行。

一百三十五、组织淫秽表演

（《治安管理处罚法》第69条第1款第2项）

案由		组织淫秽表演
概念		组织淫秽表演，是指违反国家规定，组织他人进行淫秽表演，尚不够刑事处罚的行为。
违法构成要件	违法客体	本行为侵犯的客体是社会风尚和社会治安管理秩序。
	违法客观方面	本行为在客观方面表现为违反国家规定，组织他人进行淫秽表演，尚不够刑事处罚的行为。 “组织”，是指策划、指挥、安排进行淫秽表演的行为，一般包括提倡建议，筹集资金，招聘、雇用表演者，指挥、安排淫秽表演的排练和准备，拟订淫秽表演的内容和计划，寻找、租借表演场地，策划演出的广告宣传方式和途径，组织他人到场观看淫秽表演等。 “淫秽表演”，是指以舞蹈、小品、戏剧、游戏等形式，通过表演者的语言、表情、动作或其组合，现场即时性的演出示范性动作，当场向观众描绘黄色下流的、描绘性行为或者宣扬色情淫荡形象，从而达到挑逗、刺激观众性欲的诲淫性的表演。淫秽表演的形式是多种多样的，如跳脱衣舞，展示女性的乳房、人的性器官；表演人与人、人与动物的各种自然或非自然的性交行为等。表演者可以是女性，也可以是男性，或者有男有女。在表演中，为调节气氛，偶尔、简单地穿插一些黄色笑话，不能视为淫秽表演。淫秽表演一般发生在剧场、影院、酒店、夜总会、娱乐城、酒吧等地方。
	违法主体	本行为的主体是特殊主体，即淫秽表演的组织者。淫秽表演的组织者必须是在整个组织过程中起主要作用的人，如果行为人只是受他人安排而实施其中一个或几个环节的行为，而其意志又受他人约束的话，则该行为人不能视为“组织者”，单位也可构成本行为。
	违法主观方面	本行为的主观方面只能是故意，行为人一般以营利为目的，但是，也不排除非营利的组织淫秽表演活动，因此，行为人的目的和动机如何，对本行为的构成没有影响。
认定界限		（一）如何认定淫秽表演？ 在实践中，认定某一表演是否属于“淫秽表演”，评价的标准就在于该表演是否具有“淫秽性”的特点。表演者当场向观众描绘下流的、具体描绘性行为或者宣

<table>
<tr><td>认定界限</td><td>扬色情淫荡形象，足以挑逗、刺激观众性欲，违反公众性道德准则的表演，就应当认为是淫秽表演。因此，认定淫秽表演要结合表演的内容和观众感受，以及社会效果等因素综合评价。
例如，在服装展示会上，模特儿出于展示服装设计艺术风格的需要和服装的不同款式，偶尔也会暴露出女性隐蔽部位，如乳房，甚至表演者的性器官也会若隐若现，从实际效果来看，这种表演虽然也给人以挑逗，但是，从整体上判断，这种表演仍然不能视为淫秽表演。再比如，人体行为艺术展示，在这种场合，虽然有人体性器官的暴露，但并非在性方面有不适当的、挑逗性的展示，而是自然地展示人体的曲线美，从而给人以美的艺术享受，也不能认定为淫秽表演。
（二）本行为与组织播放淫秽音像的界限。
《治安管理处罚法》第 69 条第 1 款第 1 项规定的组织播放淫秽音像，是指组织播放淫秽音像，尚不够刑事处罚的行为。两者的区别主要在于组织所涉及的对象不同：本行为组织的是“淫秽表演”，是一种“真人”（包括动物）进行的表演活动；而后者组织的是一种“播放”行为，是通过现代化的工具再现出来的数字或模拟的图像或者声音。
（三）本行为与组织淫秽表演罪的界限。
《刑法》第 365 条规定的组织淫秽表演罪，是指组织进行淫秽表演，情节严重的行为。两者的区别主要在于情节的轻重，在实践中，判断“情节轻重”可以从组织人数、次数、造成的影响、表演的内容等方面来综合评价。一般来说，对组织人数较少、次数不多，对社会也没有造成严重影响的组织表演行为，应以一般违法行为，即本行为论处，相反，应按照《刑法》的规定，追究行为人的刑事责任。根据《最高人民检察院 公安部关于公安机关管辖的刑事案件立案追诉标准的规定（一）》（公通字［2008］36 号）的规定，以策划、招募、强迫、雇用、引诱、提供场地、提供资金等手段，组织进行淫秽表演，涉嫌下列情形之一的，应予立案追诉：
1. 组织表演者进行裸体表演的；
2. 组织表演者利用性器官进行诲淫性表演的；
3. 组织表演者半裸体或者变相裸体表演并通过语言、动作具体描绘性行为的；
4. 其他组织进行淫秽表演应予追究刑事责任的情形。</td></tr>
<tr><td>处罚标准</td><td>构成本行为的，处 10 日以上 15 日以下拘留，并处 500 元以上 1000 元以下罚款。</td></tr>
</table>

相关执法参考

《中华人民共和国治安管理处罚法》（节录）

（2005年8月28日第十届全国人民代表大会常务委员会第十七次会议通过　中华人民共和国主席令第三十八号公布　自2006年3月1日起施行）

第六十九条第一款第二项　有下列行为之一的，处十日以上十五日以下拘留，并处五百元以上一千元以下罚款：

（二）组织或者进行淫秽表演的；

《中华人民共和国刑法》（节录）

（1979年7月1日第五届全国人民代表大会第二次会议通过　1997年3月14日第八届全国人民代表大会第五次会议修订　根据2011年2月25日第十一届全国人民代表大会常务委员会第十九次会议通过的《中华人民共和国刑法修正案（八）》最新修正）

第三百六十五条　组织进行淫秽表演的，处三年以下有期徒刑、拘役或者管制，并处罚金；情节严重的，处三年以上十年以下有期徒刑，并处罚金。

第三百六十六条　单位犯本节第三百六十三条、第三百六十四条、第三百六十五条规定之罪的，对单位判处罚金，并对其直接负责的主管人员和其他直接责任人员，依照各该条的规定处罚。

第三百六十七条　本法所称淫秽物品，是指具体描绘性行为或者露骨宣扬色情的诲淫性的书刊、影片、录像带、录音带、图片及其他淫秽物品。

有关人体生理、医学知识的科学著作不是淫秽物品。

包含有色情内容的有艺术价值的文学、艺术作品不视为淫秽物品。

《最高人民检察院 公安部关于公安机关管辖的刑事案件立案追诉标准的规定（一）》（节录）

（公通字［2008］36号）

第八十六条　［组织淫秽表演案（刑法第三百六十五条）］以策划、招募、强迫、雇用、引诱、提供场地、提供资金等手段，组织进行淫秽表演，涉嫌下列情形之一的，应予立案追诉：

（一）组织表演者进行裸体表演的；

（二）组织表演者利用性器官进行诲淫性表演的；

（三）组织表演者半裸体或者变相裸体表演并通过语言、动作具体描绘性行为的；

（四）其他组织进行淫秽表演应予追究刑事责任的情形。

第一百条　本规定中的立案追诉标准，除法律、司法解释另有规定的以外，适用于相关的单位犯罪。

第一百零一条　本规定中的“以上”，包括本数。

《公安部治安管理局关于对“关于对人妖和假人妖表演活动如何定性和处理问题的请示”的答复》

（1999年4月15日　公治［1999］520号）

广东省公安厅治安巡警总队：

相关执法参考

你队3月31日“关于对人妖和假人妖表演活动如何定性和处理问题的请示”收悉，经研究，相答复如下：

在娱乐场所及其他场所出现的“人妖”和“假人妖”表演活动，应属于非法演出活动，按国务院颁布的《营业性演出条例》规定，非法演出活动由文化部门负责查处。但如果利用人妖进行淫秽表演的，由公安机关根据刑法第365条规定，追究有关人员的法律责任。

《营业性演出管理条例》（节录）

（2005年7月7日国务院令第439号颁布　自2005年9月1日起施行）

第二十六条　营业性演出不得有下列情形：

（一）反对宪法确定的基本原则的；

（二）危害国家统一、主权和领土完整，危害国家安全，或者损害国家荣誉和利益的；

（三）煽动民族仇恨、民族歧视，侵害民族风俗习惯，伤害民族感情，破坏民族团结，违反宗教政策的；

（四）扰乱社会秩序，破坏社会稳定的；

（五）危害社会公德或者民族优秀文化传统的；

（六）宣扬淫秽、色情、邪教、迷信或者渲染暴力的；

（七）侮辱或者诽谤他人，侵害他人合法权益的；

（八）表演方式恐怖、残忍，摧残演员身心健康的；

（九）利用人体缺陷或者以展示人体变异等方式招徕观众的；

（十）法律、行政法规禁止的其他情形。

第二十七条　演出场所经营单位、演出举办单位发现营业性演出有本条例第二十六条禁止情形的，应当立即采取措施予以制止并同时向演出所在地县级人民政府文化主管部门、公安部门报告。

第四十六条　营业性演出有本条例第二十六条禁止情形的，由县级人民政府文化主管部门责令停止演出，没收违法所得，并处违法所得8倍以上10倍以下的罚款；没有违法所得或者违法所得不足1万元的，并处5万元以上10万元以下的罚款；情节严重的，由原发证机关吊销营业性演出许可证；违反治安管理规定的，由公安部门依法予以处罚；构成犯罪的，依法追究刑事责任。

演出场所经营单位、演出举办单位发现营业性演出有本条例第二十六条禁止情形未采取措施予以制止的，由县级人民政府文化主管部门、公安部门依据法定职权给予警告，并处5万元以上10万元以下的罚款；未依照本条例第二十七条规定报告的，由县级人民政府文化主管部门、公安部门依据法定职权给予警告，并处5000元以上1万元以下的罚款。

《娱乐场所管理条例》（节录）

（2006年1月29日国务院令第458号颁布　自2006年3月1日起实施）

第十三条第六项、第七项　国家倡导弘扬民族优秀文化，禁止娱乐场所内的娱乐活动含有下列内容：

相关执法参考	（六）宣扬淫秽、赌博、暴力以及与毒品有关的违法犯罪活动，或者教唆犯罪的； （七）违背社会公德或者民族优秀文化传统的；

一百三十六、进行淫秽表演

（《治安管理处罚法》第69条第1款第2项）

案由		进行淫秽表演
概念		进行淫秽表演，是指行为人违反国家规定，自己亲自进行淫秽表演，尚不够刑事处罚的。
违法构成要件	违法客体	本行为侵犯的客体是社会风尚和社会公共管理活动。
	违法客观方面	本行为在客观方面表现为违反国家规定，自己亲自进行淫秽表演，尚不够刑事处罚的行为。 “淫秽表演”，是指以舞蹈、小品、戏剧、游戏等形式，通过表演者的语言、表情、动作或其组合，现场即时性的演出示范性动作，当场向观众描绘黄色下流的、描绘性行为或者宣扬色情淫荡形象，从而达到挑逗、刺激观众性欲的诲淫性的表演。淫秽表演的形式是多种多样的，如跳脱衣舞，展示女性的乳房、人的性器官；表演人与人、人与动物的各种自然或非自然的性交行为等。表演者可以是女性，也可以是男性，或者有男有女。在表演中，为调节气氛，偶尔、简单地穿插一些黄色笑话，不能视为淫秽表演。淫秽表演一般发生在剧场、影院、酒店、夜总会、娱乐城、酒吧等地方。
	违法主体	本行为的主体是特殊主体，即淫秽表演的表演者。
	违法主观方面	本行为的主观方面只能是故意。行为人进行淫秽表演的目的一般是为了某种物质性的利益，也不排除不收取任何费用的、无偿的淫秽表演，因此，行为人的动机如何，对行为的构成没有影响。
认定界限		本行为与组织淫秽表演的界限。 《治安管理处罚法》第69条第1款第2项规定的组织淫秽表演是指组织他人进行淫秽表演，尚不够刑事处罚的行为。两者都是治安违法行为，处罚标准也一样，两者的区别主要是主体不同：本行为的主体是表演者，后者的主体是组织者。如果行为人既组织又亲自参与表演的，行为人同时构成了两种治安违法行为，对行为人应分别认定为组织淫秽表演和进行淫秽表演，实行并罚。
处罚标准		构成本行为的，处10日以上15日以下拘留，并处500元以上1000元以下罚款。

相关执法参考

《中华人民共和国治安管理处罚法》（节录）

（2005年8月28日第十届全国人民代表大会常务委员会第十七次会议通过 中华人民共和国主席令第三十八号公布 自2006年3月1日起施行）

第六十九条第一款第二项 有下列行为之一的，处十日以上十五日以下拘留，并处五百元以上一千元以下罚款：

（二）组织或者进行淫秽表演的；

《营业性演出管理条例》（节录）

（2005年7月7日国务院令第439号颁布 自2005年9月1日起施行）

第二十六条 营业性演出不得有下列情形：

（一）反对宪法确定的基本原则的；

（二）危害国家统一、主权和领土完整，危害国家安全，或者损害国家荣誉和利益的；

（三）煽动民族仇恨、民族歧视，侵害民族风俗习惯，伤害民族感情，破坏民族团结，违反宗教政策的；

（四）扰乱社会秩序，破坏社会稳定的；

（五）危害社会公德或者民族优秀文化传统的；

（六）宣扬淫秽、色情、邪教、迷信或者渲染暴力的；

（七）侮辱或者诽谤他人，侵害他人合法权益的；

（八）表演方式恐怖、残忍，摧残演员身心健康的；

（九）利用人体缺陷或者以展示人体变异等方式招徕观众的；

（十）法律、行政法规禁止的其他情形。

第二十七条 演出场所经营单位、演出举办单位发现营业性演出有本条例第二十六条禁止情形的，应当立即采取措施予以制止并同时向演出所在地县级人民政府文化主管部门、公安部门报告。

第四十六条 营业性演出有本条例第二十六条禁止情形的，由县级人民政府文化主管部门责令停止演出，没收违法所得，并处违法所得8倍以上10倍以下的罚款；没有违法所得或者违法所得不足1万元的，并处5万元以上10万元以下的罚款；情节严重的，由原发证机关吊销营业性演出许可证；违反治安管理规定的，由公安部门依法予以处罚；构成犯罪的，依法追究刑事责任。

演出场所经营单位、演出举办单位发现营业性演出有本条例第二十六条禁止情形未采取措施予以制止的，由县级人民政府文化主管部门、公安部门依据法定职权给予警告，并处5万元以上10万元以下的罚款；未依照本条例第二十七条规定报告的，由县级人民政府文化主管部门、公安部门依据法定职权给予警告，并处5000元以上1万元以下的罚款。

《娱乐场所管理条例》（节录）

（2006年1月29日国务院令第458号颁布 自2006年3月1日起实施）

第十三条第六项、第七项 国家倡导弘扬民族优秀文化，禁止娱乐场所内的娱

相关执法参考	乐活动含有下列内容： （六）宣扬淫秽、赌博、暴力以及与毒品有关的违法犯罪活动，或者教唆犯罪的； （七）违背社会公德或者民族优秀文化传统的；

一百三十七、参与聚众淫乱
（《治安管理处罚法》第69条第1款第3项）

<table>
<tr><td colspan="2">案由</td><td>参与聚众淫乱</td></tr>
<tr><td colspan="2">概念</td><td>参与聚众淫乱，是指行为人无视国家法律和社会公德，参与多人进行的聚众淫乱活动，尚不够刑事处罚的行为。</td></tr>
<tr><td rowspan="4">违法构成要件</td><td>违法客体</td><td>本行为侵犯的客体是社会风尚和社会社会管理秩序。</td></tr>
<tr><td>违法客观方面</td><td>本行为在客观方面表现为行为人无视国家法律和社会公德，参与多人进行的淫乱活动，尚不够刑事处罚的行为。
“聚众淫乱”，是指在首要分子的纠集下，3人以上的多人聚集在一起进行的淫乱活动。“聚众”，是指纠集众人，由首要分子故意发动、纠集特定或不特定的多数人于一定时间聚焦于同一地点。“淫乱”，主要是指违反性道德准则的，在同一时间、同一地点发生的多人之间的乱交、滥交或其他刺激、挑逗、兴奋、部分满足性欲的行为。“淫乱”的对象可以是异性，也可以是同性，可以是人与人之间进行，也可以是人与动物之间进行。“淫乱”的方式既包括生殖器的结合，也包括口交、肛交以及其他反自然的性交行为，还包括其他所有刺激、挑逗、兴奋、部分满足性欲的行为。
“参与”是指行为人亲身加入聚众淫乱活动。</td></tr>
<tr><td>违法主体</td><td>本行为的主体是达到责任年龄、具有责任能力的自然人。</td></tr>
<tr><td>违法主观方面</td><td>本行为的主观方面只能是故意。</td></tr>
<tr><td>认定界限</td><td colspan="2">（一）如何认定“聚众淫乱”？
“聚众淫乱”，是指在首要分子的纠集下，3人以上的多人聚集在一起进行的淫乱活动。“聚众”，是指纠集众人，由首要分子故意发动、纠集特定或不特定的多数人于一定时间聚焦于同一地点。“淫乱”，主要是指违反性道德准则的，在同一时间、同一地点发生的多人之间的乱交、滥交或其他刺激、挑逗、兴奋、部分满足性欲的行为。“淫乱”的对象可以是异性，也可以是同性，可以是人与人之间进行，也可以是人与动物之间进行。“淫乱”的方式既包括生殖器的结合，也包括口交、</td></tr>
</table>

认定界限	肛交以及其他反自然的性交行为，还包括其他所有刺激、挑逗、兴奋、部分满足性欲的行为。 另外，聚众淫乱行为必须是在同一地点、同一时间发生的三人以上的淫乱行为。如果在相对分隔的空间，如两对人分别在相隔开的两个房间发生了性关系，也不应认定为聚众淫乱行为。 （二）多人同时卖淫的，能否构成本行为？ 在实践中，经常会发生多名妇女同时向行为人卖淫的情形，是否构成本行为存在争议。我们认为，这种行为虽然从表面上看似乎具有聚众淫乱的特点，但结合本行为的主客观特征来分析，其并不符合本行为的构成特征，不能以本行为论处： 1. 从主观方面来看，虽然行为人嫖娼具有寻求下流无耻的精神刺激的主观动机，但对于其他聚在一起共同向行为人卖淫的多名妇女而言，则并不具有此动机，其行为目的是为了营利。 2. 从客观方面看，本行为多表现为多人聚集在一起进行乱交、滥交的淫乱行为，具有行为对象的非专一性特征。而多名妇女共向行为人卖淫，由其主观动机、目的决定了他们之间并非是聚在一起进行乱交、滥交的淫乱行为，因而不具有“淫乱”的特征。 因此，对多名妇女同时向行为人卖淫的，不能认定为本行为，可依照《治安管理处罚法》关于卖淫、嫖娼的规定予以处理。 （三）本行为与聚众淫乱罪的界限。 《刑法》第301条第1款规定的聚众淫乱罪，是指公然藐视国家法纪和社会公德，聚集男女多人集体进行淫乱的行为。本行为与聚众淫乱罪的界限主要在于行为主体不同：聚众淫乱罪的主体是聚众的首要分子或者多次参与聚众淫乱的人；本行为的主体是参与聚众淫乱的人，该行为人应该是“聚众”的组织者、首要分子或者多次参与聚众淫乱活动之外的人，“多次参加聚众淫乱”的“多次”一般掌握在3次，即行为人3次以上参与聚众淫乱的，即构成聚众淫乱罪，而不能再以本行为论处。根据《最高人民检察院 公安部关于公安机关管辖的刑事案件立案追诉标准的规定（一）》（公通字［2008］36号）的规定，组织、策划、指挥3人以上进行聚众淫乱活动或者参加聚众淫乱活动3次以上的，应予立案追诉。
处罚标准	构成本行为的，处10日以上15日以下拘留，并处500元以上1000元以下罚款。
相关执法参考	**《中华人民共和国治安管理处罚法》**（节录） （2005年8月28日第十届全国人民代表大会常务委员会第十七次会议通过　中华人民共和国主席令第三十八号公布　自2006年3月1日起施行） 第六十九条第一款第三项　有下列行为之一的，处十日以上十五日以下拘留，并处五百元以上一千元以下罚款：

相关执法参考

（三）参与聚众淫乱活动的。

《中华人民共和国刑法》（节录）

（1979年7月1日第五届全国人民代表大会第二次会议通过　1997年3月14日第八届全国人民代表大会第五次会议修订　根据2011年2月25日第十一届全国人民代表大会常务委员会第十九次会议通过的《中华人民共和国刑法修正案（八）》最新修正）

第三百零一条　聚众进行淫乱活动的，对首要分子或者多次参加的，处五年以下有期徒刑、拘役或者管制。

引诱未成年人参加聚众淫乱活动的，依照前款的规定从重处罚。

《最高人民检察院 公安部关于公安机关管辖的刑事案件立案追诉标准的规定（一）》（节录）

（公通字［2008］36号）

第四十一条［聚众淫乱案（刑法第三百零一条第一款）］组织、策划、指挥三人以上进行聚众淫乱活动或者参加聚众淫乱活动三次以上的，应予立案追诉。

第一百零一条　本规定中的"以上"，包括本数。

一百三十八、为淫秽活动提供条件

（《治安管理处罚法》第69条第2款）

<table>
<tr><td colspan="2">案由</td><td>为淫秽活动提供条件</td></tr>
<tr><td colspan="2">概念</td><td>为淫秽活动提供条件，是指为组织播放淫秽音像的、组织或者进行淫秽表演的、参与聚众淫乱活动提供条件，尚不够刑事处罚的行为。</td></tr>
<tr><td rowspan="4">违法构成要件</td><td>违法客体</td><td>本行为侵犯的客体是社会风尚和社会治安管理秩序。</td></tr>
<tr><td>违法客观方面</td><td>本行为在客观方面表现为为组织播放淫秽音像的、组织或者进行淫秽表演的、参与聚众淫乱活动提供条件，尚不够刑事处罚的行为。
“提供条件”是指为组织播放淫秽音像的、组织或者进行淫秽表演的、参与聚众淫乱活动提供各种方便条件，既可以提供房屋、场地，也可以提供相应的工具，如各种播放设备、各种录音录像等，还可以是提供资金条件，只要行为人的行为对组织播放淫秽音像的、组织或者进行淫秽表演的、参与聚众淫乱活动的顺利进行起到了积极的促进作用，都应认定为提供条件。
“提供条件”可以是有偿的，也可以是完全无偿提供，是否有偿不影响本行为的成立。
“提供条件”是专指为他人提供，如果行为人是为自己准备条件，不构成本行为，可能构成《治安管理处罚法》规定的相关行为，如组织播放淫秽音像、组织淫秽表演、参与聚众淫乱等，情节严重的，可能构成相应的犯罪。
“为淫秽活动提供条件”中的“淫秽活动”是指构成一般违法的活动，如果该“淫秽活动”已经构成了犯罪，则行为人的提供条件行为已经构成了相关犯罪的共犯，应该依照《刑法》的规定，以相应犯罪的共犯论处。</td></tr>
<tr><td>违法主体</td><td>本行为的主体包括单位和个人。</td></tr>
<tr><td>违法主观方面</td><td>本行为的主观方面只能是故意，即明知他人进行淫乱活动而提供条件。这里的“明知”既包括确知，也包括应知，即行为人“知道或者应当知道”，认识到其可能是淫乱活动而采取放任态度的，就足以构成明知。</td></tr>
<tr><td>认定界限</td><td colspan="2">（一）本行为与组织播放淫秽音像、组织淫秽表演、进行淫秽表演、参与聚众淫乱的界限。
本行为与《治安管理处罚法》第69条规定的组织播放淫秽音像、组织淫秽表演、进行淫秽表演、参与聚众淫乱行为区别的关键就在于行为人是否提供条件的帮</td></tr>
</table>

认定界限	助行为是帮助他人还是为自己准备条件。如果行为人是为自己组织播放淫秽音像、组织淫秽表演、进行淫秽表演或者自己参与聚众淫乱活动准备条件的，则行为人的行为不构成本行为，应以《治安管理处罚法》规定的相应行为论处，即分别定为组织播放淫秽音像、组织淫秽表演、进行淫秽表演、参与聚众淫乱；如果行为人只是单纯的为他人提供条件，则该行为应以本行为论处。 （二）本行为与组织播放淫秽音像制品罪、组织淫秽表演罪、聚众淫乱罪的共犯的界限。 实践中，行为人为组织播放淫秽音像、组织淫秽表演、聚众淫乱提供帮助的行为，可能会构成相关犯罪的共犯，是否构成共犯，区别的关键在于行为人帮助对象的行为性质，即如果行为人帮助的对象的行为已经构成了组织播放音像制品罪、组织淫秽表演罪、聚众淫乱罪的，对行为人应该以相应的犯罪的共犯论处，相反，行为人帮助的对象的行为只是构成一般治安违法，即应该以《治安管理处罚法》规定的组织播放淫秽音像、组织淫秽表演、参与聚众淫乱论处的，则该帮助行为，只能以为淫秽活动提供条件处理。 （三）本行为与容留卖淫的界限。 《治安管理处罚法》第67条规定的容留卖淫行为，是指为他人卖淫提供场所的行为。两者的区别在于： 1. 行为方式不同。本行为提供条件的方式多种多样，如提供场地、器材、资金等；而后者专指提供场地。 2. 行为帮助的对象不同。本行为提供条件帮助的对象是组织播放淫秽音像、组织淫秽表演、进行淫秽表演、参与聚众淫乱的人；后者帮助的对象只是卖淫者。
处罚标准	构成本行为的，处10日以上15日以下拘留，并处500元以上1000元以下罚款。
相关执法参考	**《中华人民共和国治安管理处罚法》**（节录） （2005年8月28日第十届全国人民代表大会常务委员会第十七次会议通过 中华人民共和国主席令第三十八号公布　自2006年3月1日起施行） 第六十九条第二款　有下列行为之一的，处十日以上十五日以下拘留，并处五百元以上一千元以下罚款： 明知他人从事前款活动，为其提供条件的，依照前款的规定处罚。

一百三十九、为赌博提供条件

（《治安管理处罚法》第70条）

<table>
<tr><td colspan="2">案由</td><td>为赌博提供条件</td></tr>
<tr><td colspan="2">概念</td><td>为赌博提供条件，是指以营利为目的，为赌博提供条件，尚不够刑事处罚的行为。</td></tr>
<tr><td rowspan="4">违法构成要件</td><td>违法客体</td><td>本行为侵犯的客体是社会风尚和社会治安管理活动。</td></tr>
<tr><td>违法客观方面</td><td>本行为在客观方面表现为以营利为目的，为赌博提供条件，尚不够刑事处罚的行为。
“为赌博提供条件”，是指为他人赌博提供场所、赌具、食宿等条件，以使赌博活动得以顺利进行的行为。这里的为赌博提供条件是指为“他人赌博”提供条件，如果行为人是在为自己赌博准备条件，不构成本行为，可能构成赌博行为或赌博罪。
在实践中，为参赌人员提供场所、赌具、食宿、放高利贷提供赌资、收筹码、记账收账、看门望风、充当保镖、招徕赌客，或者为赌头、庄家吸收赌注等直接为赌博服务的，视为“为赌博提供条件”。
在认定时应注意以下两点：
1. 本行为的主体不能是构成赌博罪的“聚众赌博”的聚众赌博者，也不能是“开设赌场”的“赌场”开设者，因为《刑法》已明确将这两类人的行为规定为赌博罪。
2. 这里的“为赌博提供条件”的“赌博”，是指构成治安违法的行为，如果该行为已经构成了赌博罪，则“为赌博提供条件”的行为应以赌博罪的共犯论处；相反，如果行为人提供帮助的对象还不够治安违法的标准，即不应以治安违法的赌博行为论处的，则行为人提供条件的行为也不应以本行为论处。</td></tr>
<tr><td>违法主体</td><td>本行为的主体是达到责任年龄、具有责任能力的自然人。</td></tr>
<tr><td>违法主观方面</td><td>本行为在主观方面是故意，即行为人以营利为目的，明知他人赌博而为其提供条件。这里的“明知”既包括确知，也包括应知，即行为人“知道或者应当知道”，认识到其可能是赌博活动而采取放任态度的，就足以构成明知。行为人在主观上必须具有营利目的，如果不以营利为目的而实施为赌博提供条件的行为，不构成本行为。</td></tr>
</table>

认定界限

（一）本行为与赌博罪的共犯的界限。

《最高人民法院、最高人民检察院关于办理赌博刑事案件具体应用法律若干问题的解释》第四条规定："明知他人实施赌博犯罪活动，而为其提供资金、计算机网络、通讯、费用结算等直接帮助的，以赌博罪的共犯论处。"在这里，行为人的行为方式实质上也是一种为赌博提供条件的行为。两者的区别主要在于行为人提供的对象不同：从该《解释》的论述来看，"明知他人实施赌博犯罪活动"，已经明确指出，行为人提供条件帮助的只能是"赌博犯罪活动"，即行为人帮助的对象构成赌博罪的，则行为人为他人提供条件的行为构成赌博罪的共犯；相反，如果行为人提供帮助的对象只是构成一般赌博行为，即不构成犯罪的一般违法行为，则行为人的提供帮助行为构成本行为。

（二）本行为与赌博行为的界限。

《治安管理处罚法》第70条规定的赌博，是指以营利为目的，参与赌博，赌资较大，尚不够刑事处罚的行为。本行为与不构成赌博罪的一般赌博行为，都属于一般违法行为，都应该受到《治安管理处罚法》的处罚，区别两者的关键在于行为人是否自己参与赌博。行为人既为赌博提供条件又参与赌博且赌资较大的，构成赌博行为，不以本行为论处，行为人只是为赌博提供条件，自己没有参与赌博的，以本行为论处。

（三）为赌博提供的交通工具能否予以没收？

公安部曾在1989年9月16日《关于为赌博提供的交通工具能否予以没收的批复》中指出："根据《治安管理处罚条例》第7条的规定和公安部《关于没收、处理违反治安管理所得财物和使用工具的暂行规定》，对赌博时所使用的赌具，不论其价值高低，均应没收。为赌博提供交通工具（如小汽车）以及场所（如房屋）等条件的，是违反治安管理的行为，对行为人应给予治安处罚。但交通工具、场所不是赌具，不应没收。"该批复已经被公安部于2006年1月26日颁布的《公安部关于修改和废止部分部门规章及规范性文件的通知》明令废止，因此，该批复的内容在实践中不能再适用。那么，"为赌博提供的交通工具"是否应予没收呢？在实践中，有的赌头、赌棍为了逃避打击，将赌局设在自有的或租赁的大巴上，也有的赌头使用汽车等交通工具专门用于接送赌客、运输赌具等，这种情况如果不打击，势必无法有效遏制和打击赌博违法犯罪活动。

2005年颁布的《最高人民法院、最高人民检察院关于办理赌博刑事案件具体应用法律若干问题的解释》第8条规定："赌博用具、赌博违法所得以及赌博犯罪分子所有的专门用于赌博的资金、交通工具、通讯工具等，应当依法予以没收。"根据该《解释》的规定，对赌博犯罪分子所有的专门用于赌博的交通工具、通讯工具等，应当依法予以没收。这就为依法没收为赌博提供的交通工具提供了法律依据。在具体的适用中应该注意：

1. 被没收的交通工具必须是专门用于赌博的，如果只是偶然用于赌博活动，

<table>
<tr><td>认定界限</td><td>不应没收；
2. 被没收的交通工具必须是用于赌博犯罪活动的，如果只是一般的赌博活动或赌博治安违法活动，不应没收；
3. 被没收的交通工具必须是犯罪分子所有的，如果只是赌博犯罪分子借用他人或者通过租赁、代管等方式临时使用的他人的交通工具，不应没收。

（四）本行为与开设赌场罪的界限。

《刑法》第 303 条规定的开设赌场罪，是指提供赌博的场所及用具，供他人在其中进行赌博，本人从中营利的行为，该罪是《刑法修正案（六）》新增加的罪名。“开设赌场”，是指提供赌博的场所及用具，供他人在其中进行赌博，本人从中营利的行为。实际上，开设赌场行为也属于为赌博提供条件的行为，两者的界限主要在于：
1. 行为的危害和后果不同。根据《最高人民检察院 公安部关于公安机关管辖的刑事案件立案追诉标准的规定（一）》（公通字［2008］36 号）的规定，开设赌场的，应予立案追诉。在计算机网络上建立赌博网站，或者为赌博网站担任代理，接受投注的，属于本条规定的“开设赌场”。因此，行为人只要以“开设赌场”的方式为他人赌博提供条件的，即构成开设赌场罪，而不能以本行为论处。
2. 行为人的目的不同。本行为对行为人的目的没有明确的要求，既可以以营利为目的，也可以是其他目的，后者则必须要求以营利为目的。
3. 行为主体不同。只有“开设赌场”的人，即赌场老板或合伙开办经营赌场的人才构成开设赌场罪，普通雇员不能构成该罪，但是，可以构成本行为。</td></tr>
<tr><td>处罚标准</td><td>（一）构成本行为的，处 5 日以下拘留或者 500 元以下罚款。
（二）情节严重的，处 10 日以上 15 日以下拘留，并处 500 元以上 3000 元以下罚款。
在实践中，判断情节的轻重，一般应从行为人的动机、手段、目的、行为的次数、造成的后果等方面综合考虑，由公安机关办案人员酌情量罚。一般来说，具有下列情形之一的，应认定为“情节严重”：
1. 多次为赌博提供条件或因同一行为受过处罚的；
2. 在公共场所为赌博提供条件的；
3. 通过计算机网络为赌博提供条件的；
4. 为未成年人赌博提供条件的；
5. 其他情节较重的情形。
根据《公安部关于办理赌博违法案件适用法律若干问题的通知》的规定，具有下列情形之一的，可以从轻或者免予处罚，应当注意的是，这里是“可以从轻或者免予处罚”，而不是“应当从轻或者免予处罚”，是否从轻或者免予处罚，由公安机关办案人员根据案情，酌情量罚：
1. 主动交代，表示悔改的；
2. 检举、揭发他人赌博或为赌博提供条件的行为，并经查证属实的；</td></tr>
</table>

处罚标准	3. 被胁迫、诱骗为赌博提供条件的； 4. 协助查禁赌博活动，有立功表现的； 5. 其他可以依法从轻或者免予处罚的情形。
相关执法参考	**《中华人民共和国治安管理处罚法》**（节录） （2005年8月28日第十届全国人民代表大会常务委员会第十七次会议通过　中华人民共和国主席令第三十八号公布　自2006年3月1日起施行） 第七十条　以营利为目的，为赌博提供条件的，或者参与赌博赌资较大的，处五日以下拘留或者五百元以下罚款；情节严重的，处十日以上十五日以下拘留，并处五百元以上三千元以下罚款。 **《中华人民共和国刑法》**（节录） （1979年7月1日第五届全国人民代表大会第二次会议通过　1997年3月14日第八届全国人民代表大会第五次会议修订　根据2011年2月25日第十一届全国人民代表大会常务委员会第十九次会议通过的《中华人民共和国刑法修正案（八）》最新修正） 第三百零三条　以营利为目的，聚众赌博或者以赌博为业的，处三年以下有期徒刑、拘役或者管制，并处罚金。 开设赌场的，处三年以下有期徒刑、拘役或者管制，并处罚金；情节严重的，处三年以上十年以下有期徒刑，并处罚金。{根据刑法修正案（六）修改} {原条文：以营利为目的，聚众赌博、开设赌场或者以赌博为业的，处三年以下有期徒刑、拘役或者管制，并处罚金。} **《最高人民检察院 公安部关于公安机关管辖的刑事案件立案追诉标准的规定（一）》**（节录） （公通字［2008］36号） 第四十四条　［开设赌场案（刑法第三百零三条第二款）］开设赌场的，应予立案追诉。 在计算机网络上建立赌博网站，或者为赌博网站担任代理，接受投注的，属于本条规定的“开设赌场”。 第一百条　本规定中的立案追诉标准，除法律、司法解释另有规定的以外，适用于相关的单位犯罪。 **《最高人民法院、最高人民检察院关于办理赌博刑事案件具体应用法律若干问题的解释》**（节录） （2005年5月11日法释［2005］3号颁布　自2005年5月13日起实施） 第二条　以营利为目的，在计算机网络上建立赌博网站，或者为赌博网站担任代理，接受投注的，属于刑法第三百零三条规定的“开设赌场”。 第三条　中华人民共和国公民在我国领域外周边地区聚众赌博、开设赌场，以吸引中华人民共和国公民为主要客源，构成赌博罪的，可以依照刑法规定追究刑事责任。

相关执法参考

第八条　赌博犯罪中用作赌注的款物、换取筹码的款物和通过赌博赢取的款物属于赌资。通过计算机网络实施赌博犯罪的，赌资数额可以按照在计算机网络上投注或者赢取的点数乘以每一点实际代表的金额认定。

赌资应当依法予以追缴；赌博用具、赌博违法所得以及赌博犯罪分子所有的专门用于赌博的资金、交通工具、通讯工具等，应当依法予以没收。

第八条　赌博犯罪中用作赌注的款物、换取筹码的款物和通过赌博赢取的款物属于赌资。通过计算机网络实施赌博犯罪的，赌资数额可以按照在计算机网络上投注或者赢取的点数乘以每一点实际代表的金额认定。

赌资应当依法予以追缴；赌博用具、赌博违法所得以及赌博犯罪分子所有的专门用于赌博的资金、交通工具、通讯工具等，应当依法予以没收。

第九条　不以营利为目的，进行带有少量财物输赢的娱乐活动，以及提供棋牌室等娱乐场所只收取正常的场所和服务费用的经营行为等，不以赌博论处。

《公安部关于办理赌博违法案件适用法律若干问题的通知》（节录）

（2005年5月25日公通字［2005］30号颁布　自颁布之日起实施）

一、具有下列情形之一的，应当依照《中华人民共和国治安管理处罚条例》第三十二条的规定，予以处罚：

（一）以营利为目的，聚众赌博、开设赌场或者以赌博为业，尚不够刑事处罚的；

（二）参与以营利为目的的聚众赌博、计算机网络赌博、电子游戏机赌博，或者到赌场赌博的；

（三）采取不报经国家批准，擅自发行、销售彩票的方式，为赌博提供条件，尚不够刑事处罚的；

（四）明知他人实施赌博违法犯罪活动，而为其提供资金、场所、交通工具、通讯工具、赌博工具、经营管理、网络接入、服务器托管、网络存储空间、通讯传输通道、费用结算等条件，或者为赌博场所、赌博人员充当保镖，为赌博放哨、通风报信，尚不够刑事处罚的；

（五）明知他人从事赌博活动而向其销售具有赌博功能的游戏机，尚不够刑事处罚的。

二、在中华人民共和国境内通过计算机网络、电话、手机短信等方式参与境外赌场赌博活动，或者中华人民共和国公民赴境外赌场赌博，赌博输赢结算地在境内的，应当依照《中华人民共和国治安管理处罚条例》的有关规定予以处罚。

三、赌博或者为赌博提供条件，并具有下列情形之一的，依照《中华人民共和国治安管理处罚条例》第三十二条的规定，可以从重处罚：

（一）在工作场所、公共场所或者公共交通工具上赌博的；

（二）一年内曾因赌博或者为赌博提供条件受过治安处罚的；

（三）国家工作人员赌博或者为赌博提供条件的；

（四）引诱、教唆未成年人赌博的；

（五）组织、招引中华人民共和国公民赴境外赌博的；

相关执法参考

（六）其他可以依法从重处罚的情形。

四、赌博或者为赌博提供条件，并具有下列情形之一的，依照《中华人民共和国治安管理处罚条例》第三十二条的规定，可以从轻或者免予处罚：

（一）主动交代，表示悔改的；

（二）检举、揭发他人赌博或为赌博提供条件的行为，并经查证属实的；

（三）被胁迫、诱骗赌博或者为赌博提供条件的；

（四）未成年人赌博的；

（五）协助查禁赌博活动，有立功表现的；

（六）其他可以依法从轻或者免予处罚的情形。

对免予处罚的，由公安机关给予批评教育，并责令具结悔过。未成年人有赌博违法行为的，应当责令其父母或者其他监护人严加管教。

七、对查获的赌资、赌博违法所得应当依法没收，上缴国库，并按照规定出具法律手续。对查缴的赌具和销售的具有赌博功能的游戏机，一律依法予以销毁、严禁截留、私分或者以其他方式侵吞赌资、赌具、赌博违法所得以及违法行为人的其他财物。违者，对相关责任人员依法予以行政处分；构成犯罪的，依法追究刑事责任。

对参与赌博人员使用的交通、通讯工具未作为赌注的，不得没收。在以营利为目的，聚众赌博、开设赌场，或者采取不报经国家批准，擅自发行、销售彩票的方式为赌博提供条件，尚不够刑事处罚的案件中，违法行为人本人所有的用于纠集、联络、运送参赌人员以及用于望风护赌的交通、通讯工具，应当依法没收。

八、对赌博或者为赌博提供条件的处罚，应当与其违法事实、情节、社会危害程度相适应。严禁不分情节轻重，一律顶格处罚；违者，对审批人、审核人、承办人依法予以行政处分。

九、不以营利为目的，亲属之间进行带有财物输赢的打麻将、玩扑克等娱乐活动，不予处罚；亲属之外的其他人之间进行带有少量财物输赢的打麻将、玩扑克等娱乐活动，不予处罚。

《娱乐场所管理条例》（节录）

（2006年1月29日国务院令第458号颁布　自2006年3月1日起实施）

第二条　本条例所称娱乐场所，是指以营利为目的，并向公众开放、消费者自娱自乐的歌舞、游艺等场所。

第三条　县级以上人民政府文化主管部门负责对娱乐场所日常经营活动的监督管理；县级以上公安部门负责对娱乐场所消防、治安状况的监督管理。

第十四条　娱乐场所及其从业人员不得实施下列行为，不得为进入娱乐场所的人员实施下列行为提供条件：

（一）贩卖、提供毒品，或者组织、强迫、教唆、引诱、欺骗、容留他人吸食、注射毒品；

（二）组织、强迫、引诱、容留、介绍他人卖淫、嫖娼；

（三）制作、贩卖、传播淫秽物品；

相关执法参考

（四）提供或者从事以营利为目的的陪侍；

（五）赌博；

（六）从事邪教、迷信活动；

（七）其他违法犯罪行为。

娱乐场所的从业人员不得吸食、注射毒品，不得卖淫、嫖娼；娱乐场所及其从业人员不得为进入娱乐场所的人员实施上述行为提供条件。

第三十二条 文化主管部门、公安部门和其他有关部门的工作人员依法履行监督检查职责时，有权进入娱乐场所。娱乐场所应当予以配合，不得拒绝、阻挠。

文化主管部门、公安部门和其他有关部门的工作人员依法履行监督检查职责时，需要查阅闭路电视监控录像资料、从业人员名簿、营业日志等资料的，娱乐场所应当及时提供。

第四十二条 娱乐场所实施本条例第十四条禁止行为的，由县级公安部门没收违法所得和非法财物，责令停业整顿3个月至6个月；情节严重的，由原发证机关吊销娱乐经营许可证，对直接负责的主管人员和其他直接责任人员处1万元以上2万元以下的罚款。

第五十二条 因擅自从事娱乐场所经营活动被依法取缔的，其投资人员和负责人终身不得投资开办娱乐场所或者担任娱乐场所的法定代表人、负责人。

娱乐场所因违反本条例规定，被吊销或者撤销娱乐经营许可证的，自被吊销或者撤销之日起，其法定代表人、负责人5年内不得担任娱乐场所的法定代表人、负责人。

娱乐场所因违反本条例规定，2年内被处以3次警告或者罚款又有违反本条例的行为应受行政处罚的，由县级人民政府文化主管部门、县级公安部门依据法定职权责令停业整顿3个月至6个月；2年内被2次责令停业整顿又有违反本条例的行为应受行政处罚的，由原发证机关吊销娱乐经营许可证。

第五十三条 娱乐场所违反有关治安管理或者消防管理法律、行政法规规定的，由公安部门依法予以处罚；构成犯罪的，依法追究刑事责任。

娱乐场所违反有关卫生、环境保护、价格、劳动等法律、行政法规规定的，由有关部门依法予以处罚；构成犯罪的，依法追究刑事责任。

娱乐场所及其从业人员与消费者发生争议的，应当依照消费者权益保护的法律规定解决；造成消费者人身、财产损害的，由娱乐场所依法予以赔偿。

第五十七条 本条例所称从业人员，包括娱乐场所的管理人员、服务人员、保安人员和在娱乐场所工作的其他人员。

《公安部、监察部、工商总局、体育总局、国家旅游局关于严厉查处博彩性赛马活动的通知》（节录）

（2002年2月26日公通字［2002］11号颁布 自颁布之日起实施）

二、严厉查处各种博彩性赛马活动。各级公安、监察、工商、体育、旅游等部门要认真履行职责，及时发现、掌握博彩性赛马活动苗头，并报告地方党委、政府。对顶风作案的，坚决依法依纪严厉查处。对举办或参与博彩性赛马活动的有关

相关执法参考	责任人员，公安机关要严格依照《治安管理处罚条例》规定，以“赌博或为赌博提供条件”行为予以治安处罚；构成犯罪的，依法追究刑事责任。对组织、批准、支持、放纵博彩性赛马活动或对博彩性赛马活动疏于管理、失职、失察的有关政府部门工作人员，监察机关要严肃追究其政纪责任；构成犯罪的，移送司法机关处理。对举办博彩性赛马活动的有关单位，工商行政管理部门要吊销其营业执照，取消其经营资格。

一百四十、赌博

（《治安管理处罚法》第70条）

<table>
<tr><td colspan="2">案由</td><td>赌博</td></tr>
<tr><td colspan="2">概念</td><td>赌博，是指以营利为目的，参与赌博，赌资较大，尚不够刑事处罚的行为。</td></tr>
<tr><td rowspan="4">违法构成要件</td><td>违法客体</td><td>本行为侵犯的客体是社会风尚和社会治安管理活动。</td></tr>
<tr><td>违法客观方面</td><td>本行为在客观方面表现为以营利为目的，参与赌博，赌资较大，尚不够刑事处罚的行为。
“赌博”是一种以财物为赌注，比输赢，以达到转移财物所有权的非法行为。这里的“财物”，即用作赌资的财物，既可以是纸币、有价证券，也可以是各种动产和不动产。“赌资较大”的标准法律没有明确规定，各地可以根据个人、地区经济状况及公众接受的消费水平等因素综合判断。
赌博的具体形式很多，一般常见的是玩纸牌、打麻将、推牌九、摇骰子等传统的赌博活动，也有六合彩、赌球、赌马和网络赌博等新兴的赌博方式。</td></tr>
<tr><td>违法主体</td><td>本行为的主体是达到责任年龄、具有责任能力的自然人。</td></tr>
<tr><td>违法主观方面</td><td>本行为的主观方面表现为故意。参与赌博的行为必须具有营利的目的，否则不能称之为赌博。</td></tr>
<tr><td>认定界限</td><td colspan="2">（一）如何认定赌博和正常娱乐活动的界限。
从社会习俗来看，打麻将或玩纸牌是一些人的正常的娱乐活动，很多老年人，甚至待业人员，还把打麻将、“斗地主”等作为消磨时间的一种重要方式，亲友间联络感情，也往往以此为媒介。正确认定正常的娱乐活动和违法的赌博行为，对公安机关严格执法具有非常重要的意义，为此《最高人民法院、最高人民检察院关于办理赌博刑事案件具体应用法律若干问题的解释》规定：“不以营利为目的，进行带有少量财物输赢的娱乐活动，以及提供棋牌室等娱乐场所只收取正常的场所和服务费用的经营行为等，不以赌博论处。”《公安部关于办理赌博违法案件适用法律若干问题的通知》规定：“不以营利为目的，亲属之间进行带有财物输赢的打麻将、玩扑克等娱乐活动，不予处罚；亲属之外的其他人之间进行带有少量财物输赢的打</td></tr>
</table>

认定界限

麻将、玩扑克等娱乐活动，不予处罚。”在实践中，正确区分两者，应注意把握以下3点：

1. “赌资”是否较大。只有参与赌博且赌资较大的行为才构成违法，才能称得上是法律意义上的“赌博”。赌资是否较大，应根据个人、地区经济状况及公众接受的消费水平而定。

2. 从主观方面看，赌博是以营利为目的，它是构成赌博的主观要件，而群众娱乐以休闲消遣为目的。

3. 从参加人员上看，赌博人员成分复杂，流动性大，群众娱乐大多是在亲朋好友或熟悉的人之间进行。

（二）如何认定“赌资”？

“赌资”，是指专门用来赌博的款物，即金钱或财物，既可以是纸币、有价证券，也可以是各种动产和不动产。“赌资”包括赌博中用作赌注的款物、换取筹码的款物和通过赌博赢得的款物。

在利用计算机网络进行的赌博活动中，分赌场、下级庄家或者赌博参与者在组织或者参与赌博前向赌博组织者、上级庄家或者赌博公司交付的押金，应当视为赌资。

赌博现场没有赌资，而是以筹码或者事先约定事后交割等方式代替的，赌资数额经调查属实后予以认定。个人投注的财物数额无法确定时，按照参赌财物的价值总额除以参赌人数的平均值计算。

通过计算机网络实施赌博活动的赌资数额，可以按照在计算机网络上投注或者赢取的总点数乘以每个点数实际代表的金额认定。赌博的次数，可以按照在计算机网络上投注的总次数认定。在网络赌博中，“点数”相当于现实赌博中的筹码。这种计算方法，只适用于计算机网络赌博中对用作赌注的款物和赌博赢取的款物的数额的计算，能够反映出计算机网络赌博中真实的投注数额和赢取数额。

需要注意的是，参与赌博人员随身携带的、尚未用作赌注或者换取筹码的现金、财物、信用卡内的资金等，不能视为赌资。

对“赌资”应当予以没收。

（三）本行为与赌博罪的界限。

《刑法》第303条规定的赌博罪，是指以营利为目的，聚众赌博或者以赌博为业的行为。两者侵犯的客体相同，区别主要在于：

1. 行为表现方式不同。本行为只表现为以营利为目的，参与赌博且赌资较大的行为。

赌博罪表现为聚众赌博或者以赌博为业的行为。

“聚众赌博”，是指组织、招引多人进行赌博，本人从中抽头渔利。这种人俗称“赌头”，赌头本人不一定直接参加赌博。

“以赌博为业”，是指嗜赌成性，一贯赌博，以赌博所得为其生活来源，这种人俗称“赌棍”。对于以赌博为业的，1985年9月16日最高院研究室《关于赌博案

认定界限	件两个问题的电话答复》中指出："'以赌博为生活或主要经济来源者'既包括没有正式职业和其他正当收入而以赌博为生的人，也包括那些虽然有职业或其他收入而其经济收入的主要部分来自于赌博活动的人。对于以营利为目的聚众赌博或者以赌博为生活或主要经济来源的，我们同意你们提出的意见，即不论其输赢，均应依法处理。"这是目前仍然有效的司法解释，认定"以赌博为业"，应以此为依据。行为人即使多次参与赌博，但每次输赢不大，不是以赌博为其生活或挥霍的主要来源的，不认为是"以赌博为业"。 2. 行为主体不同。本行为的主体必须是参与赌博的人，而赌博罪的主体不一定是直接参与赌博的人，如聚众赌博的人都不一定自己直接参与赌博。 3. 行为的构成对赌资的要求不同。本行为的构成以"赌资较大"为要件，没有达到赌资较大的标准的，不构成本行为。赌博罪对赌资的大小没有要求，从罪状的阐述上看，主要是对情节的要求，即只要聚众赌博、以赌博为业即可构成。根据《最高人民检察院 公安部关于公安机关管辖的刑事案件立案追诉标准的规定（一）》（公通字［2008］36 号）的规定，以营利为目的，聚众赌博，涉嫌下列情形之一的，应予立案追诉： 1. 组织 3 人以上赌博，抽头渔利数额累计 5000 元以上的； 2. 组织 3 人以上赌博，赌资数额累计 50000 元以上的； 3. 组织 3 人以上赌博，参赌人数累计 20 人以上的； 4. 组织中华人民共和国公民 10 人以上赴境外赌博，从中收取回扣、介绍费的； 5. 其他聚众赌博应予追究刑事责任的情形。 以营利为目的，以赌博为业的，应予立案追诉。 （四）本行为与为赌博提供条件的界限。 《治安管理处罚法》第 70 条规定的为赌博提供条件，是指行为人以营利为目的，为赌博提供条件，尚不够刑事处罚的行为。两者的区分主要在于行为人自身是否参与了赌博，行为人参与赌博且数额较大的，构成赌博行为，行为人没有参与赌博，也不符合"聚众赌博"要求的，应以为赌博提供条件论处。如果行为人为赌博提供条件的行为符合"开设赌场"的要求的，应以开设赌场罪追究其刑事责任。明知他人实施赌博、开设赌场犯罪活动，而为其提供资金、计算机网络、通讯、费用结算等直接帮助的，以赌博罪、开设赌场罪的共犯论处。
处罚标准	（一）构成本行为的，处 5 日以下拘留或者 500 元以下罚款。 （二）情节严重的，处 10 日以上 15 日以下拘留，并处 500 元以上 3000 元以下罚款。 在实践中，判断情节的轻重，一般应从行为人的动机、手段、目的、行为的次数、造成的后果等方面综合考虑，由公安机关办案人员酌情量罚。一般来说，具有下列情形之一的，应认定为"情节严重"： 1. 多次赌博或因同一行为受过处罚的； 2. 在工作场所、公共场所或者公共交通工具上赌博的；

处罚标准	3. 人均参赌金额或者当场赌资较大的； 4. 其他情节较重的情形。 根据《公安部关于办理赌博违法案件适用法律若干问题的通知》的规定，具有下列情形之一的，可以从轻或者免予处罚，应当注意的是，这里是“可以从轻或者免予处罚”，而不是“应当从轻或者免予处罚”，是否从轻或者免予处罚，由公安机关办案人员根据案情，酌情量罚： 1. 主动交代，表示悔改的； 2. 检举、揭发他人赌博或为赌博提供条件的行为，并经查证属实的； 3. 协助查禁赌博活动，有立功表现的； 4. 其他可以依法从轻或者免予处罚的情形。
相关执法参考	**《中华人民共和国治安管理处罚法》**（节录） （2005年8月28日第十届全国人民代表大会常务委员会第十七次会议通过 中华人民共和国主席令第三十八号公布 自2006年3月1日起施行） 第七十条 以营利为目的，为赌博提供条件的，或者参与赌博赌资较大的，处五日以下拘留或者五百元以下罚款；情节严重的，处十日以上十五日以下拘留，并处五百元以上三千元以下罚款。 **《中华人民共和国刑法》**（节录） （1979年7月1日第五届全国人民代表大会第二次会议通过 1997年3月14日第八届全国人民代表大会第五次会议修订 根据2011年2月25日第十一届全国人民代表大会常务委员会第十九次会议通过的《中华人民共和国刑法修正案（八）》最新修正） 第三百零三条 以营利为目的，聚众赌博或者以赌博为业的，处三年以下有期徒刑、拘役或者管制，并处罚金。 开设赌场的，处三年以下有期徒刑、拘役或者管制，并处罚金；情节严重的，处三年以上十年以下有期徒刑，并处罚金。{根据刑法修正案（六）修改} {原条文：以营利为目的，聚众赌博、开设赌场或者以赌博为业的，处三年以下有期徒刑、拘役或者管制，并处罚金。} **《最高人民检察院 公安部关于公安机关管辖的刑事案件立案追诉标准的规定（一）》**（节录） （公通字［2008］36号） 第四十三条 ［赌博案（刑法第三百零三条第一款）］以营利为目的，聚众赌博，涉嫌下列情形之一的，应予立案追诉： （一）组织三人以上赌博，抽头渔利数额累计五千元以上的； （二）组织三人以上赌博，赌资数额累计五万元以上的； （三）组织三人以上赌博，参赌人数累计二十人以上的； （四）组织中华人民共和国公民十人以上赴境外赌博，从中收取回扣、介绍费的；

相关执法参考

（五）其他聚众赌博应予追究刑事责任的情形。

以营利为目的，以赌博为业的，应予立案追诉。

赌博犯罪中用作赌注的款物、换取筹码的款物和通过赌博赢取的款物属于赌资。通过计算机网络实施赌博犯罪的，赌资数额可以按照在计算机网络上投注或者赢取的点数乘以每一点实际代表的金额认定。

第四十四条　［开设赌场案（刑法第三百零三条第二款）］开设赌场的，应予立案追诉。

在计算机网络上建立赌博网站，或者为赌博网站担任代理，接受投注的，属于本条规定的“开设赌场”。

第一百零一条　本规定中的“以上”，包括本数。

《最高人民法院 最高人民检察院 公安部关于办理网络赌博犯罪案件适用法律若干问题的意见》

（2010年8月31日　公通字［2010］40号）

各省、自治区、直辖市高级人民法院、人民检察院、公安厅、局，新疆维吾尔自治区高级人民法院生产建设兵团分院、新疆生产建设兵团人民检察院、公安局：

为依法惩治网络赌博犯罪活动，根据《中华人民共和国刑法》、《中华人民共和国刑事诉讼法》和《最高人民法院、最高人民检察院关于办理赌博刑事案件具体应用法律若干问题的解释》等有关规定，结合司法实践，现就办理网络赌博犯罪案件适用法律的若干问题，提出如下意见：

一、关于网上开设赌场犯罪的定罪量刑标准

利用互联网、移动通讯终端等传输赌博视频、数据，组织赌博活动，具有下列情形之一的，属于刑法第三百零三条第二款规定的“开设赌场”行为：

（一）建立赌博网站并接受投注的；

（二）建立赌博网站并提供给他人组织赌博的；

（三）为赌博网站担任代理并接受投注的；

（四）参与赌博网站利润分成的。

实施前款规定的行为，具有下列情形之一的，应当认定为刑法第三百零三条第二款规定的“情节严重”：

（一）抽头渔利数额累计达到3万元以上的；

（二）赌资数额累计达到30万元以上的；

（三）参赌人数累计达到120人以上的；

（四）建立赌博网站后通过提供给他人组织赌博，违法所得数额在3万元以上的；

（五）参与赌博网站利润分成，违法所得数额在3万元以上的；

（六）为赌博网站招募下级代理，由下级代理接受投注的；

（七）招揽未成年人参与网络赌博的；

（八）其他情节严重的情形。

二、关于网上开设赌场共同犯罪的认定和处罚

相关执法参考

明知是赌博网站，而为其提供下列服务或者帮助的，属于开设赌场罪的共同犯罪，依照刑法第三百零三条第二款的规定处罚：

（一）为赌博网站提供互联网接入、服务器托管、网络存储空间、通讯传输通道、投放广告、发展会员、软件开发、技术支持等服务，收取服务费数额在2万元以上的；

（二）为赌博网站提供资金支付结算服务，收取服务费数额在1万元以上或者帮助收取赌资20万元以上的；

（三）为10个以上赌博网站投放与网址、赔率等信息有关的广告或者为赌博网站投放广告累计100条以上的。

实施前款规定的行为，数量或者数额达到前款规定标准5倍以上的，应当认定为刑法第三百零三条第二款规定的“情节严重”。

实施本条第一款规定的行为，具有下列情形之一的，应当认定行为人“明知”，但是有证据证明确实不知道的除外：

（一）收到行政主管机关书面等方式的告知后，仍然实施上述行为的；

（二）为赌博网站提供互联网接入、服务器托管、网络存储空间、通讯传输通道、投放广告、软件开发、技术支持、资金支付结算等服务，收取服务费明显异常的；

（三）在执法人员调查时，通过销毁、修改数据、账本等方式故意规避调查或者向犯罪嫌疑人通风报信的；

（四）其他有证据证明行为人明知的。

如果有开设赌场的犯罪嫌疑人尚未到案，但是不影响对已到案共同犯罪嫌疑人、被告人的犯罪事实认定的，可以依法对已到案者定罪处罚。

三、关于网络赌博犯罪的参赌人数、赌资数额和网站代理的认定

赌博网站的会员账号数可以认定为参赌人数，如果查实一个账号多人使用或者多个账号一人使用的，应当按照实际使用的人数计算参赌人数。

赌资数额可以按照在网络上投注或者赢取的点数乘以每一点实际代表的金额认定。

对于将资金直接或间接兑换为虚拟货币、游戏道具等虚拟物品，并用其作为筹码投注的，赌资数额按照购买该虚拟物品所需资金数额或者实际支付资金数额认定。

对于开设赌场犯罪中用于接收、流转赌资的银行账户内的资金，犯罪嫌疑人、被告人不能说明合法来源的，可以认定为赌资。向该银行账户转入、转出资金的银行账户数量可以认定为参赌人数。如果查实一个账户多人使用或多个账户一人使用的，应当按照实际使用的人数计算参赌人数。

有证据证明犯罪嫌疑人在赌博网站上的账号设置有下级账号的，应当认定其为赌博网站的代理。

四、关于网络赌博犯罪案件的管辖

网络赌博犯罪案件的地域管辖，应当坚持以犯罪地管辖为主、被告人居住地管辖为辅的原则。

相关执法参考

“犯罪地”包括赌博网站服务器所在地、网络接入地，赌博网站建立者、管理者所在地，以及赌博网站代理人、参赌人实施网络赌博行为地等。

公安机关对侦办跨区域网络赌博犯罪案件的管辖权有争议的，应本着有利于查清犯罪事实、有利于诉讼的原则，认真协商解决。经协商无法达成一致的，报共同的上级公安机关指定管辖。对即将侦查终结的跨省（自治区、直辖市）重大网络赌博案件，必要时可由公安部商最高人民法院和最高人民检察院指定管辖。

为保证及时结案，避免超期羁押，人民检察院对于公安机关提请审查逮捕、移送审查起诉的案件，人民法院对于已进入审判程序的案件，犯罪嫌疑人、被告人及其辩护人提出管辖异议或者办案单位发现没有管辖权的，受案人民检察院、人民法院经审查可以依法报请上级人民检察院、人民法院指定管辖，不再自行移送有管辖权的人民检察院、人民法院。

五、关于电子证据的收集与保全

侦查机关对于能够证明赌博犯罪案件真实情况的网站页面、上网记录、电子邮件、电子合同、电子交易记录、电子账册等电子数据，应当作为刑事证据予以提取、复制、固定。

侦查人员应当对提取、复制、固定电子数据的过程制作相关文字说明，记录案由、对象、内容以及提取、复制、固定的时间、地点、方法，电子数据的规格、类别、文件格式等，并由提取、复制、固定电子数据的制作人、电子数据的持有人签名或者盖章，附所提取、复制、固定的电子数据一并随案移送。

对于电子数据存储在境外的计算机上的，或者侦查机关从赌博网站提取电子数据时犯罪嫌疑人未到案的，或者电子数据的持有人无法签字或者拒绝签字的，应当由能够证明提取、复制、固定过程的见证人签名或者盖章，记明有关情况。必要时，可对提取、复制、固定有关电子数据的过程拍照或者录像。

《最高人民法院、最高人民检察院关于办理赌博刑事案件具体应用法律若干问题的解释》（节录）

（2005年5月11日法释［2005］3号颁布　自2005年5月13日起实施）

为依法惩治赌博犯罪活动，根据刑法的有关规定，现就办理赌博刑事案件具体应用法律的若干问题解释如下：

第一条　以营利为目的，有下列情形之一的，属于刑法第三百零三条规定的“聚众赌博”：

（一）组织3人以上赌博，抽头渔利数额累计达到5000元以上的；

（二）组织3人以上赌博，赌资数额累计达到5万元以上的；

（三）组织3人以上赌博，参赌人数累计达到20人以上的；

（四）组织中华人民共和国公民10人以上赴境外赌博，从中收取回扣、介绍费的。

第三条　中华人民共和国公民在我国领域外周边地区聚众赌博、开设赌场，以吸引中华人民共和国公民为主要客源，构成赌博罪的，可以依照刑法规定追究刑事责任。

相关执法参考

第四条　明知他人实施赌博犯罪活动，而为其提供资金、计算机网络、通讯、费用结算等直接帮助的，以赌博罪的共犯论处。

第五条　实施赌博犯罪，有下列情形之一的，依照刑法第三百零三条的规定从重处罚：

（一）具有国家工作人员身份的；

（二）组织国家工作人员赴境外赌博的；

（三）组织未成年人参与赌博，或者开设赌场吸引未成年人参与赌博的。

第六条　未经国家批准擅自发行、销售彩票，构成犯罪的，依照刑法第二百二十五条第（四）项的规定，以非法经营罪定罪处罚。

第七条　通过赌博或者为国家工作人员赌博提供资金的形式实施行贿、受贿行为，构成犯罪的，依照刑法关于贿赂犯罪的规定定罪处罚。

第八条　赌博犯罪中用作赌注的款物、换取筹码的款物和通过赌博赢取的款物属于赌资。通过计算机网络实施赌博犯罪的，赌资数额可以按照在计算机网络上投注或者赢取的点数乘以每一点实际代表的金额认定。

赌资应当依法予以追缴；赌博用具、赌博违法所得以及赌博犯罪分子所有的专门用于赌博的资金、交通工具、通讯工具等，应当依法予以没收。

第九条　不以营利为目的，进行带有少量财物输赢的娱乐活动，以及提供棋牌室等娱乐场所只收取正常的场所和服务费用的经营行为等，不以赌博论处。

《公安部关于办理赌博违法案件适用法律若干问题的通知》

（2005年5月25日公通字［2005］30号颁布　自颁布之日起实施）

各省、自治区、直辖市公安厅、局，新疆生产建设兵团公安局：

为依法有效打击赌博违法活动，规范公安机关查禁赌博违法活动的行为，根据《中华人民共和国治安管理处罚条例》等有关法律、法规的规定，现就公安机关办理赌博违法案件适用法律的若干问题通知如下：

一、具有下列情形之一的，应当依照《中华人民共和国治安管理处罚条例》第三十二条的规定，予以处罚：

（一）以营利为目的，聚众赌博、开设赌场或者以赌博为业，尚不够刑事处罚的；

（二）参与以营利为目的的聚众赌博、计算机网络赌博、电子游戏机赌博，或者到赌场赌博的；

（三）采取不报经国家批准，擅自发行、销售彩票的方式，为赌博提供条件，尚不够刑事处罚的；

（四）明知他人实施赌博违法犯罪活动，而为其提供资金、场所、交通工具、通讯工具、赌博工具、经营管理、网络接入、服务器托管、网络存储空间、通讯传输通道、费用结算等条件，或者为赌博场所、赌博人员充当保镖，为赌博放哨、通风报信，尚不够刑事处罚的；

（五）明知他人从事赌博活动而向其销售具有赌博功能的游戏机，尚不够刑事处罚的。

相关执法参考

二、在中华人民共和国境内通过计算机网络、电话、手机短信等方式参与境外赌场赌博活动，或者中华人民共和国公民赴境外赌场赌博，赌博输赢结算地在境内的，应当依照《中华人民共和国治安管理处罚条例》的有关规定予以处罚。

三、赌博或者为赌博提供条件，并具有下列情形之一的，依照《中华人民共和国治安管理处罚条例》第三十二条的规定，可以从重处罚：

（一）在工作场所、公共场所或者公共交通工具上赌博的；

（二）一年内曾因赌博或者为赌博提供条件受过治安处罚的；

（三）国家工作人员赌博或者为赌博提供条件的；

（四）引诱、教唆未成年人赌博的；

（五）组织、招引中华人民共和国公民赴境外赌博的；

（六）其他可以依法从重处罚的情形。

四、赌博或者为赌博提供条件，并具有下列情形之一的，依照《中华人民共和国治安管理处罚条例》第三十二条的规定，可以从轻或者免予处罚：

（一）主动交代，表示悔改的；

（二）检举、揭发他人赌博或为赌博提供条件的行为，并经查证属实的；

（三）被胁迫、诱骗赌博或者为赌博提供条件的；

（四）未成年人赌博的；

（五）协助查禁赌博活动，有立功表现的；

（六）其他可以依法从轻或者免予处罚的情形。

对免予处罚的，由公安机关给予批评教育，并责令具结悔过。未成年人有赌博违法行为的，应当责令其父母或者其他监护人严加管教。

五、赌博活动中用作赌注的款物、换取筹码的款物和通过赌博赢取的款物属于赌资。

在利用计算机网络进行的赌博活动中，分赌场、下级庄家或者赌博参与者在组织或者参与赌博前向赌博组织者、上级庄家或者赌博公司交付的押金，应当视为赌资。

六、赌博现场没有赌资，而是以筹码或者事先约定事后交割等方式代替的，赌资数额经调查属实后予以认定。个人投注的财物数额无法确定时，按照参赌财物的价值总额除以参赌人数的平均值计算。

通过计算机网络实施赌博活动的赌资数额，可以按照在计算机网络上投注或者赢取的总点数乘以每个点数实际代表的金额认定。赌博的次数，可以按照在计算机网络上投注的总次数认定。

七、对查获的赌资、赌博违法所得应当依法没收，上缴国库，并按照规定出具法律手续。对查缴的赌具和销售的具有赌博功能的游戏机，一律依法予以销毁、严禁截留、私分或者以其他方式侵吞赌资、赌具、赌博违法所得以及违法行为人的其他财物。违者，对相关责任人员依法予以行政处分；构成犯罪的，依法追究刑事责任。

对参与赌博人员使用的交通、通讯工具未作为赌注的，不得没收。在以营利为目的，聚众赌博、开设赌场，或者采取不报经国家批准，擅自发行、销售彩票的方

相关执法参考

式为赌博提供条件，尚不够刑事处罚的案件中，违法行为人本人所有的用于纠集、联络、运送参赌人员以及用于望风护赌的交通、通讯工具，应当依法没收。

八、对赌博或者为赌博提供条件的处罚，应当与其违法事实、情节、社会危害程度相适应。严禁不分情节轻重，一律顶格处罚；违者，对审批人、审核人、承办人依法予以行政处分。

九、不以营利为目的，亲属之间进行带有财物输赢的打麻将、玩扑克等娱乐活动，不予处罚；亲属之外的其他人之间进行带有少量财物输赢的打麻将、玩扑克等娱乐活动，不予处罚。

十、本通知自下发之日起施行。公安部原来制定的有关规定与本通知不一致的，以本通知为准。

各地在执行中遇到的问题，请及时报公安部。

《关于对处置未投入使用具有赌博功能的电子游戏机有关问题的批复》

（公治［2010］4号）

天津市公安局治安管理总队：

你总队《关于对未办理〈工商营业执照〉且未投入经营娱乐场所内查处的赌博游戏机是否适用〈治安管理处罚法〉和〈娱乐场所管理条例〉依法收缴的请示》收悉。现批复如下：

具有赌博功能的电子游戏机属于在国内禁止销售、使用的违禁品。依照《治安管理处罚法》第11条规定，违禁品应当收缴，按照规定处理。《娱乐场所管理条例》第19条和《娱乐场所治安管理办法》第18条规定，娱乐场所不得设置具有赌博功能的电子游戏机。依据上述规定，对娱乐场所设置赌博功能电子游戏机的，无论娱乐场所是否已依法取得证照，是否已投入经营以及该具有赌博功能的电子游戏机是否已投入使用，公安机关应当一律收缴，并按照有关规定处理。

《最高人民法院关于对设置圈套诱骗他人参赌又向索还钱财的受骗者施以暴力或暴力威胁的行为应如何定罪问题的批复》

（1995年11月6日法复［1995］8号颁布　自颁布之日起实施）

贵州省高级人民法院：

你院《关于设置圈套诱骗他人参赌，当参赌者要求退还所输钱财时，设赌者以暴力相威胁，甚至将参赌者打伤、杀伤并将钱财带走的行为如何定性》的请示收悉。经研究，答复如下：

行为人设置圈套诱骗他人参赌获取钱财，属赌博行为，构成犯罪的，应当以赌博罪定罪处罚。参赌者识破骗局要求退还所输钱财，设赌者又使用暴力或者以暴力相威胁，拒绝退还的，应以赌博罪从重处罚；致参赌者伤害或者死亡的，应以赌博罪和故意伤害罪或者故意杀人罪，依法实行数罪并罚。

《最高人民法院研究室关于赌博案件两个问题的电话答复》

（1985年9月16日颁布　自颁布之日起实施）

湖南省高级人民法院：

相关执法参考

你院9月9日来电收悉。对其中提出的有关赌博案件的两个问题，经研究，我们认为：一、最高人民法院、最高人民检察院、公安部1985年8月6日《通知》中指出的“以赌博为生活或主要经济来源者”既包括没有正式职业和其他正当收入而以赌博为生的人，也包括那些虽然有职业或其他收入而其经济收入的主要部分来自于赌博活动的人。二、对于以营利为目的聚众赌博或者以赌博为生活或主要经济来源的，我们同意你们提出的意见，即不论其输赢，均应依法处理。

《商务部、公安部关于严禁向境外博彩色情经营场所派遣劳务人员的通知》

（2005年6月30日商合发［2005］318号颁布　自颁布之日起实施）

各省、自治区、直辖市、计划单列市及新疆生产建设兵团商务主管部门、公安厅（局），各驻外经商机构：

为加强对外劳务合作管理，规范外派劳务经营企业及外派劳务人员行为，根据《中华人民共和国对外贸易法》、《中华人民共和国公民出境入境管理法》及其实施细则、《中华人民共和国治安管理处罚条例》的有关规定，现就严禁向境外博彩、色情经营场所派遣劳务人员的有关问题通知如下：

一、各地商务主管部门不得批准本地区企业向境外博彩、色情经营场所提供劳务人员的项目。

二、各地公安机关不得为辖区内赴境外博彩、色情经营场所工作的人员办理出入境证件。根据有关部门提供的名单等信息，公安机关可视情限制曾赴境外博彩、色情经营场所工作人员1至5年内不准出境。

三、各驻外经商机构不得为企业向驻在国（地区）博彩、色情经营场所提供劳务人员的项目出具确认意见。

四、对外劳务合作经营企业不得以任何直接或间接的方式为境外博彩、色情经营场所提供劳务人员。上述企业须加强对所派劳务人员的管理，严禁其到博彩、色情经营场所参与赌博、色情活动。

五、对违反上述规定的企业、机构或部门，公安部、商务部将会同有关部门追究有关责任人的责任。

六、对违反上述规定的企业，商务部将会同有关部门依照有关法规进行处理。

《公安部、监察部、工商总局、体育总局、国家旅游局关于严厉查处博彩性赛马活动的通知》

（2002年2月26日公通字［2002］11号颁布　自颁布之日起实施）

各省、自治区、直辖市公安厅、局，监察厅、局，工商行政管理局，体育局，旅游局；新疆生产建设兵团公安局、监察局：

1992年以来，党中央、国务院曾两次发出通知，明确要求全国各地一律不准举办赛马博彩等具有赌博性质的活动。但近年来，一些地区的有关部门仍以改善投资、旅游环境和举办马术节等为由，非法组织博彩性赛马活动，导致赛马赌博活动屡禁不止。为严格执行中央有关文件要求，严厉查处博彩性赛马活动，现就有关问题通知如下：

相关执法参考	一、切实统一思想，坚决贯彻执行中央有关严格禁止博彩性赛马活动的指示精神。博彩性赛马活动扰乱市场经营秩序，危害社会治安管理，严重妨碍社会主义精神文明建设，是我国法律严厉禁止的赌博活动。各级公安、监察、工商、体育、旅游部门，要从贯彻“三个代表”重要思想的高度，充分认识博彩性赛马活动的社会危害性，切实将思想统一到党中央、国务院的指示精神上来，坚决反对并禁止任何形式的博彩性赛马活动。 二、严厉查处各种博彩性赛马活动。各级公安、监察、工商、体育、旅游等部门要认真履行职责，及时发现、掌握博彩性赛马活动苗头，并报告地方党委、政府。对顶风作案的，坚决依法依纪严厉查处。对举办或参与博彩性赛马活动的有关责任人员，公安机关要严格依照《治安管理处罚条例》规定，以“赌博或为赌博提供条件”行为予以治安处罚；构成犯罪的，依法追究刑事责任。对组织、批准、支持、放纵博彩性赛马活动或对博彩性赛马活动疏于管理、失职、失察的有关政府部门工作人员，监察机关要严肃追究其政纪责任；构成犯罪的，移送司法机关处理。对举办博彩性赛马活动的有关单位，工商行政管理部门要吊销其营业执照，取消其经营资格。 三、加强对体育赛马比赛等大型节庆活动的监督管理，严防博彩性赛马活动死灰复燃。各级公安、体育、旅游部门和大型节庆活动的主办、承办单位要结合各自职责，加强大型节庆活动特别是体育赛马比赛的监督管理，坚决杜绝各种形式的博彩性赛马活动。

一百四十一、非法种植毒品原植物

（《治安管理处罚法》第 71 条第 1 款第 1 项）

案由		非法种植毒品原植物
概念		非法种植毒品原植物，是指违反国家规定，非法种植罂粟不满 500 株或者其他少量毒品原植物，尚不够刑事处罚的行为。
违法构成要件	违法客体	本行为侵犯的客体是国家对毒品原植物的管理制度。侵犯的对象是毒品原植物。 “毒品原植物”，是指有较高麻醉性植物碱含量，可用于制造、提炼鸦片、海洛因、吗啡、可卡因等毒品的植物，主要包括罂粟、大麻和古柯 3 种。毒品原植物本身并不是毒品，而是提炼、加工毒品必不可少的自然原料。另外，罂粟、大麻、古柯等在植物学中是个属概念，其下列有许多种植物，如罂粟属就有 50 多个种，其中，可提取咖啡因的主要是鸦片罂粟一种，其他多为观赏性植物。所以，根据有关国际禁毒公约的规定，作为毒品原植物的罂粟是指催眠性罂粟科的植物；大麻是指大麻属的任何一种植物；古柯是指红木属的任何一种植物。
	违法客观方面	本行为在客观方面表现为违反国家规定，非法种植罂粟不满 500 株或者其他少量毒品原植物，尚不够刑事处罚的行为。 “种植”，是指播种、插苗、移栽、施肥、灌溉、收割等一系列行为，是从播种到收获的全过程，行为人实施此过程中的任何一个或者几个，甚至是全部行为，无论是行为人自己实施，还是雇用他人实施，无论是在自己的地里种植，还是在荒山野地种植，均可视为种植行为。
	违法主体	本行为的主体是达到责任年龄、具有责任能力的自然人。
	违法主观方面	本行为的主观方面只能是故意，即行为人明知是毒品原植物而故意种植的行为，无论行为人出于何种动机，不影响行为的成立。
认定界限		本行为与非法种植原植物罪的界限。 《刑法》第 351 条规定的非法种植毒品原植物罪，是指行为人明知是罂粟、大麻等毒品原植物而非法种植且数量较大，或者经公安机关处理后又种植，或者抗拒铲除的行为。根据该罪的罪状表述和本行为的特征，两者的区别主要在非法种植的数量和行为的情节和后果不同：

<table>
<tr><td>认定界限</td><td>
1. 非法种植的数量不同。根据《刑法》、《治安管理处罚法》和《最高人民法院关于审理毒品案件定罪量刑标准有关问题的解释》的规定，非法种植罂粟500株以上、大麻5000株以上或者其他毒品原植物数量较大的，构成非法种植毒品原植物罪。构成本行为的，只能是非法种植罂粟500株以下、大麻5000株以下或者其他毒品原植物数量较小的。“其他毒品原植物”数量较大的标准，目前没有明确规定，应根据“其他毒品原植物”的情况，综合判断。
2. 行为的情节和后果不同。行为人非法种植毒品原植物，没有达到“数量较大”，但具有以下情节的，以非法种植毒品原植物罪论处，没有这些情节的，是一般治安违法行为，以本行为论处：
（1）经公安机关处理后又种植的。公安机关的处理不只包括行政处罚，还应包括对种植毒品原植物行为所做的任何处置措施，如对毒品原植物的强制铲除等。另外，该处理必须是公安机关做出的，对于经其他机关处理的，即使行为人再次种植，只要后一次种植行为没有达到犯罪要求的数量，就不能以犯罪论处。
（2）抗拒铲除的。行为人的抗拒铲除行为，说明了行为人的态度顽固，应该予以严惩。执行铲除措施的机关可以是公安机关，也可能是林业、农业主管部门等。需要说明的是：行为人抗拒铲除的行为不能简单理解为“拒绝”铲除，这里的抗拒铲除，应该是行为人抗拒公安、林业、农业等机关的依法铲除行为，而不应包括有关机关要求行为人执行铲除而行为人拒不铲除的行为。
</td></tr>
<tr><td>处罚标准</td><td>
（一）构成本行为的，处10日以上15日以下拘留，可以并处3000元以下罚款。
（二）情节较轻的，处5日以下拘留或者500元以下罚款。
在实践中，判断情节的轻重，一般应从行为人的动机、手段、目的、行为的次数、造成的后果等方面综合考虑，由公安机关办案人员酌情量罚。一般来说，具有下列情形之一的，应认定为“情节较轻”：
1. 非法种植数量较小的；
2. 经劝阻主动改正的；
3. 初次种植未造成后果的；
4. 主动投案，向公安机关如实陈述自己的违法行为的；
5. 其他情节较轻的情形。
（三）在成熟前自行铲除的，不予处罚。
这里的“成熟前”，是指在收获毒品前，如对罂粟进行割浆等。“自行铲除”，是指非法种植毒品原植物的人自己主动铲除或者雇用、委托他人帮助铲除，只要行为人不是在有关单位发现后要求铲除的，应一律认为是自行铲除。
</td></tr>
<tr><td>相关执法参考</td><td>
《中华人民共和国治安管理处罚法》（节录）
（2005年8月28日第十届全国人民代表大会常务委员会第十七次会议通过　中华人民共和国主席令第三十八号公布　自2006年3月1日起施行）
第七十一条第一款第一项　有下列行为之一的，处十日以上十五日以下拘留，
</td></tr>
</table>

相关执法参考

可以并处三千元以下罚款；情节较轻的，处五日以下拘留或者五百元以下罚款：

（一）非法种植罂粟不满五百株或者其他少量毒品原植物的；

第七十一条第二款　有前款第一项行为，在成熟前自行铲除的，不予处罚。

《中华人民共和国刑法》（节录）

（1979年7月1日第五届全国人民代表大会第二次会议通过　1997年3月14日第八届全国人民代表大会第五次会议修订　根据2011年2月25日第十一届全国人民代表大会常务委员会第十九次会议通过的《中华人民共和国刑法修正案（八）》最新修正）

第三百五十一条　非法种植罂粟、大麻等毒品原植物的，一律强制铲除。有下列情形之一的，处五年以下有期徒刑、拘役或者管制，并处罚金：

（一）种植罂粟五百株以上不满三千株或者其他毒品原植物数量较大的；

（二）经公安机关处理后又种植的；

（三）抗拒铲除的。

非法种植罂粟三千株以上或者其他毒品原植物数量大的，处五年以上有期徒刑，并处罚金或者没收财产。

非法种植罂粟或者其他毒品原植物，在收获前自动铲除的，可以免除处罚。

《最高人民法院关于审理毒品案件定罪量刑标准有关问题的解释》（节录）

（2000年6月6日法释［2000］13号颁布　自2000年6月10日起实施）

第五条　非法种植大麻五千株以上不满三万株，应当认定为刑法第三百五十一条第一款第（一）项规定的非法种植大麻“数量较大”；非法种植大麻三万株以上，应当认定为刑法第三百五十一条第二款规定的非法种植大麻“数量大”。

《全国部分法院审理毒品犯罪案件工作座谈会纪要》（节录）

（2008年12月1日最高人民法院法［2008］324号印发）

六、特情介入案件的处理问题

运用特情侦破毒品案件，是依法打击毒品犯罪的有效手段。对特情介入侦破的毒品案件，要区别不同情形予以分别处理。

对已持有毒品待售或者有证据证明已准备实施大宗毒品犯罪者，采取特情贴靠、接洽而破获的案件，不存在犯罪引诱，应当依法处理。

行为人本没有实施毒品犯罪的主观意图，而是在特情诱惑和促成下形成犯意，进而实施毒品犯罪的，属于“犯意引诱”。对因“犯意引诱”实施毒品犯罪的被告人，根据罪刑相适应原则，应当依法从轻处罚，无论涉案毒品数量多大，都不应判处死刑立即执行。行为人在特情既为其安排上线，又提供下线的双重引诱，即“双套引诱”下实施毒品犯罪的，处刑时可予以更大幅度的从宽处罚或者依法免予刑事处罚。

行为人本来只有实施数量较小的毒品犯罪的故意，在特情引诱下实施了数量较大甚至达到实际掌握的死刑数量标准的毒品犯罪的，属于“数量引诱”。

对因“数量引诱”实施毒品犯罪的被告人，应当依法从轻处罚，即使毒品数量超过实际掌握的死刑数量标准，一般也不判处死刑立即执行。

相关执法参考

对不能排除"犯意引诱"和"数量引诱"的案件，在考虑是否对被告人判处死刑立即执行时，要留有余地。

对被告人受特情间接引诱实施毒品犯罪的，参照上述原则依法处理。

七、毒品案件的立功问题

共同犯罪中同案犯的基本情况，包括同案犯姓名、住址、体貌特征、联络方式等信息，属于被告人应当供述的范围。公安机关根据被告人供述抓获同案犯的，不应认定其有立功表现。被告人在公安机关抓获同案犯过程中确实起到协助作用的，例如，经被告人现场指认、辨认抓获了同案犯；被告人带领公安人员抓获了同案犯；被告人提供了不为有关机关掌握或者有关机关按照正常工作程序无法掌握的同案犯藏匿的线索，有关机关据此抓获了同案犯；被告人交代了与同案犯的联系方式，又按要求与对方联络，积极协助公安机关抓获了同案犯等，属于协助司法机关抓获同案犯，应认定为立功。

关于立功从宽处罚的把握，应以功是否足以抵罪为标准。在毒品共同犯罪案件中，毒枭、毒品犯罪集团首要分子、共同犯罪的主犯、职业毒犯、毒品惯犯等，由于掌握同案犯、从犯、马仔的犯罪情况和个人信息，被抓获后往往能协助抓捕同案犯，获得立功或者重大立功。对其是否从宽处罚以及从宽幅度的大小，应当主要看功是否足以抵罪，即应结合被告人罪行的严重程度、立功大小综合考虑。要充分注意毒品共同犯罪人以及上、下家之间的量刑平衡。对于毒枭等严重毒品犯罪分子立功的，从轻或者减轻处罚应当从严掌握。如果其罪行极其严重，只有一般立功表现，功不足以抵罪的，可不予从轻处罚；如果其检举、揭发的是其他犯罪案件中罪行同样严重的犯罪分子，或者协助抓获的是同案中的其他首要分子、主犯，功足以抵罪的，原则上可以从轻或者减轻处罚；如果协助抓获的只是同案中的从犯或者马仔，功不足以抵罪，或者从轻处罚后全案处刑明显失衡的，不予从轻处罚。相反，对于从犯、马仔立功，特别是协助抓获毒枭、首要分子、主犯的，应当从轻处罚，直至依法减轻或者免除处罚。

被告人亲属为了使被告人得到从轻处罚，检举、揭发他人犯罪或者协助司法机关抓捕其他犯罪人的，不能视为被告人立功。同监犯将本人或者他人尚未被司法机关掌握的犯罪事实告知被告人，由被告人检举揭发的，如经查证属实，虽可认定被告人立功，但是否从宽处罚、从宽幅度大小，应与通常的立功有所区别。通过非法手段或者非法途径获取他人犯罪信息，如从国家工作人员处贿买他人犯罪信息，通过律师、看守人员等非法途径获取他人犯罪信息，由被告人检举揭发的，不能认定为立功，也不能作为酌情从轻处罚情节。

九、毒品案件的共同犯罪问题

毒品犯罪中，部分共同犯罪人未到案，如现有证据能够认定已到案被告人为共同犯罪，或者能够认定为主犯或者从犯的，应当依法认定。没有实施毒品犯罪的共同故意，仅在客观上为相互关联的毒品犯罪上下家，不构成共同犯罪，但为了诉讼便利可并案审理。审理毒品共同犯罪案件应当注意以下几个方面的问题：

一是要正确区分主犯和从犯。区分主犯和从犯，应当以各共同犯罪人在毒品共同犯罪中的地位和作用为根据。要从犯意提起、具体行为分工、出资和实际分得毒赃多少以及共犯之间相互关系等方面，比较各个共同犯罪人在共同犯罪中的地位和作用。在毒品共同犯罪中，为主出资者、毒品所有者或者起意、策划、纠集、组织、雇佣、指使他人参与犯罪以及其他起主要作用的是主犯；起次要或者辅助作用的是从犯。受雇佣、受指使实施毒品犯罪的，应根据其在犯罪中实际发挥的作用具体认定为主犯或者从犯。对于确有证据证明在共同犯罪中起次要或者辅助作用的，不能因为其他共同犯罪人未到案而不认定为从犯，甚至将其认定为主犯或者按主犯处罚。只要认定为从犯，无论主犯是否到案，均应依照刑法关于从犯的规定从轻、减轻或者免除处罚。

二是要正确认定共同犯罪案件中主犯和从犯的毒品犯罪数量。对于毒品犯罪集团的首要分子，应按集团毒品犯罪的总数量处罚；对一般共同犯罪的主犯，应按其所参与的或者组织、指挥的毒品犯罪数量处罚；对于从犯，应当按照其所参与的毒品犯罪的数量处罚。

三是要根据行为人在共同犯罪中的作用和罪责大小确定刑罚。不同案件不能简单类比，一个案件的从犯参与犯罪的毒品数量可能比另一案件的主犯参与犯罪的毒品数量大，但对这一案件从犯的处罚不是必然重于另一案件的主犯。共同犯罪中能分清主从犯的，不能因为涉案的毒品数量特别巨大，就不分主从犯而一律将被告人认定为主犯或者实际上都按主犯处罚，一律判处重刑甚至死刑。对于共同犯罪中有多个主犯或者共同犯罪人的，处罚上也应做到区别对待。应当全面考察各主犯或者共同犯罪人在共同犯罪中实际发挥作用的差别，主观恶性和人身危险性方面的差异，对罪责或者人身危险性更大的主犯或者共同犯罪人依法判处更重的刑罚。

十一、毒品案件的管辖问题

毒品犯罪的地域管辖，应当依照刑事诉讼法的有关规定，实行以犯罪地管辖为主、被告人居住地管辖为辅的原则。考虑到毒品犯罪的特殊性和毒品犯罪侦查体制，“犯罪地”不仅可以包括犯罪预谋地、毒资筹集地、交易进行地、运输途经地以及毒品生产地，也包括毒资、毒赃和毒品藏匿地、转移地、走私或者贩运毒品目的地等。“被告人居住地”，不仅包括被告人常住地和户籍所在地，也包括其临时居住地。

对于已进入审判程序的案件，被告人及其辩护人提出管辖异议，经审查异议成立的，或者受案法院发现没有管辖权，而案件由本院管辖更适宜的，受案法院应当报请与有管辖权的法院共同的上级法院依法指定本院管辖。

十二、特定人员参与毒品犯罪问题

近年来，一些毒品犯罪分子为了逃避打击，雇佣孕妇、哺乳期妇女、急性传染病人、残疾人或者未成年人等特定人员进行毒品犯罪活动，成为影响我国禁毒工作成效的突出问题。对利用、教唆特定人员进行毒品犯罪活动的组织、策划、指挥和教唆者，要依法严厉打击，该判处重刑直至死刑的，坚决依法判处重刑直至死刑。对于被利用、被诱骗参与毒品犯罪的特定人员，可以从宽处理。

要积极与检察机关、公安机关沟通协调，妥善解决涉及特定人员的案件管辖、强制措施、刑罚执行等问题。对因特殊情况依法不予羁押的，可以依法采取取保候审、监视居住等强制措施，并根据被告人具体情况和案情变化及时变更强制措施；

相关执法参考

对于被判处有期徒刑或者拘役的罪犯，符合刑事诉讼法第二百一十四条规定情形的，可以暂予监外执行。

《全国法院审理毒品犯罪案件工作座谈会纪要》（节录）

（2000年4月4日最高人民法院法［2000］42号印发）

（二）关于毒品案件的共同犯罪问题

毒品共同犯罪是指二人以上共同故意实施走私、贩卖、运输、制造毒品等犯罪行为。共同犯罪不应以案发后其他共同犯罪人是否到案为条件。仅在客观上相互关联的毒品犯罪行为，如买卖毒品的双方，不一定构成共犯，但为了诉讼便利可并案审理。审理毒品共同犯罪案件应当注意以下几个方面的问题

一是要正确区分主犯和从犯。在共同犯罪中起意吸毒、为主出资、毒品所有者以及其他起主要作用的是主犯；在共同犯罪中起次要或者辅助作用的是从犯。对于确有证据证明在共同犯罪中起次要或者辅助作用的，不能因为其他共同犯罪人未归案而不认定为从犯，甚至将其认定为主犯或按主犯处罚。只要认定了从犯，无论主犯是否到案，均应依照并援引刑法关于从犯的规定从轻、减轻或者免除处罚。

二是要正确认定共同犯罪案件中主犯和从犯的毒品犯罪数量。对于毒品犯罪集团的首要分子，应按集团毒品犯罪的总数量处罚；对一般共同犯罪的主犯，应当按其组织、指挥的毒品犯罪数量处罚；对于从犯，应当按其个人直接参与实施的毒品犯罪数量处罚。

三是要根据行为人在共同犯罪中作用和罪责的大小确定刑罚。不同案件不能简单地类比，这一案件的从犯参与毒品犯罪的数量可能比另一案件的主犯参与毒品犯罪的数量大，但对这一案件从犯的处罚不是必然重于另一案件的主犯。共同犯罪中能分清主从犯的，不能因为涉案的毒品数量特别巨大，就一律将被告人认定为主犯并判处重刑甚至死刑。受雇于他人实施毒品犯罪的，应根据其在犯罪中的作用具体认定为主犯或从犯。受他人指使实施毒品犯罪并在犯罪中起次要作用的，一般应认定为从犯。

《最高人民法院 最高人民检察院 公安部办理毒品犯罪案件适用法律若干问题的意见》（节录）

（2007年12月18日　公通字［2007］84号印发）

一、关于毒品犯罪案件的管辖问题

根据刑事诉讼法的规定，毒品犯罪案件的地域管辖，应当坚持以犯罪地管辖为主、被告人居住地管辖为辅的原则。

“犯罪地”包括犯罪预谋地，毒资筹集地，交易进行地，毒品生产地，毒资、毒赃和毒品的藏匿地、转移地，走私或者贩运毒品的目的地以及犯罪嫌疑人被抓获地等。

“被告人居住地”包括被告人常住地、户籍地及其临时居住地。

对怀孕、哺乳期妇女走私、贩卖、运输毒品案件，查获地公安机关认为移交其居住地管辖更有利于采取强制措施和查清犯罪事实的，可以报请共同的上级公安机关批准，移送犯罪嫌疑人居住地公安机关办理，查获地公安机关应继续配合。

相关执法参考

公安机关对侦办跨区域毒品犯罪案件的管辖权有争议的，应本着有利于查清犯罪事实，有利于诉讼，有利于保障案件侦查安全的原则，认真协商解决。经协商无法达成一致的，报共同的上级公安机关指定管辖。对即将侦查终结的跨省（自治区、直辖市）重大毒品案件，必要时可由公安部商最高人民法院和最高人民检察院指定管辖。

为保证及时结案，避免超期羁押，人民检察院对于公安机关移送审查起诉的案件，人民法院对于已进入审判程序的案件，被告人及其辩护人提出管辖异议或者办案单位发现没有管辖权的，受案人民检察院、人民法院经审可以依法报请上级人民检察院、人民法院指定管辖，不再自行移送有管辖权的人民检察院、人民法院。

二、关于毒品犯罪嫌疑人、被告人主观明知的认定问题

走私、贩卖、运输、非法持有毒品主观故意中的"明知"，是指行为人知道或者应当知道所实施的行为是走私、贩卖、运输、非法持有毒品行为。具有下列情形之一，并且犯罪嫌疑人、被告人不能做出合理解释的，可以认定其"应当知道"，但有证据证明确属被蒙骗的除外：

（一）执法人员在口岸、机场、车站、港口和其他检查站检查时，要求行为人申报为他人携带的物品和其他疑似毒品物，并告知其法律责任，而行为人未如实申报，在其所携带的物品内查获毒品的；

（二）以伪报、藏匿、伪装等蒙蔽手段逃避海关、边防等检查，在其携带、运输、邮寄的物品中查获毒品的；

（三）执法人员检查时，有逃跑、丢弃携带物品或逃避、抗拒检查等行为，在其携带或丢弃的物品中查获毒品的；

（四）体内藏匿毒品的；

（五）为获取不同寻常的高额或不等值的报酬而携带、运输毒品的；

（六）采用高度隐蔽的方式携带、运输毒品的；

（七）采用高度隐蔽的方式交接毒品，明显违背合法物品惯常交接方式的；

（八）其他有证据足以证明行为人应当知道的。

《中华人民共和国禁毒法》（节录）

（2007 年 12 月 29 日第十届全国人民代表大会常务委员会第三十一次会议通过　中华人民共和国主席令第 79 号颁布　自 2008 年 6 月 1 日起施行）

第五十九条　有下列行为之一，构成犯罪的，依法追究刑事责任；尚不构成犯罪的，依法给予治安管理处罚：

（三）非法种植毒品原植物的；

《公安工作中国家秘密及其密级具体范围的规定》（节录）

（公发［1995］8 号 1995 年 2 月 20 日）

第二条　公安工作中国家秘密及其密级的具体范围如下：

（三）秘密级事项

10. 各地构成犯罪的非法种植毒品原植物案件和铲除此类毒品原植物的统计数字，境内制造毒品的情况、数字；

相关执法参考	第三条　公安工作中下列事项不属于国家秘密，但应当作为内部事项管理，未经规定机关批准不得擅自扩散。 4. 尚未构成犯罪的零星非法种植毒品原植物情况、零星铲除情况及其数字；

一百四十二、非法买卖、运输、携带、持有毒品原植物种苗
（《治安管理处罚法》第71条第1款第2项）

<table>
<tr><td colspan="2">案由</td><td>非法买卖、运输、携带、持有毒品原植物种苗</td></tr>
<tr><td colspan="2">概念</td><td>非法买卖、运输、携带、持有毒品原植物种苗，是指行为人违反国家规定，买卖、运输、携带、持有少量未经灭活的罂粟等毒品原植物种子或者幼苗，尚不够刑事处罚的行为。</td></tr>
<tr><td rowspan="2">违法构成要件</td><td>违法客体</td><td>本行为侵犯的客体是国家对毒品原植物种子及其幼苗的管理制度。
“毒品原植物”，是指有较高麻醉性植物碱含量，可用于制造、提炼鸦片、海洛因、吗啡、可卡因等毒品的植物，主要包括罂粟、大麻和古柯3种。</td></tr>
<tr><td>违法客观方面</td><td>本行为在客观方面表现为违反国家规定，买卖、运输、携带、持有少量未经灭活的罂粟等毒品原植物种子或者幼苗，尚不够刑事处罚的行为。
我国《麻醉药品管理办法》规定：“对成品、半成品、罂粟壳及种子等，种植或生产单位必须有专人负责，严加保管，严禁自行销售和使用。”为了防止罂粟种子非法流出，承担药用罂粟种植任务的国有农场，对罂粟壳内残留的种子一律进行钴60放射灭活处理。经“灭活”后的毒品原植物种子及其幼苗已不可能发芽、生长而培养成毒品原植物，只能用作标本等其他用途。“灭活”的手段多种多样，如前面所说的钴60放射灭活处理，还可以通过高温蒸煮等，只要是不能再生长或发芽，即认为已经“灭活”。
“买卖”，是指以金钱或者实物作价，非法购买或者出售未经灭活的毒品原植物种子或者幼苗的行为。可以是买入，也可以是卖出，甚至可以是买入后卖出。
“运输”，是指通过随身携带、交通工具或者邮寄等方式非法将毒品由一地运往另一地的行为。
“携带”，是指随身携带或者放在随身或随行的行李物品之内的行为等。其与运输行为的界限应当认定为无法确认行为人有进行运输的目的，即仅仅能查明行为人随身带有，但无法证明有其他毒品违法的目的。
“持有”，是指实际控制和支配。持有并非必须随身携带，只要可以实际控制和支配，即认为是持有。
行为人“买卖、运输、携带、持有”的毒品原植物种子或者幼苗必须是非法的，合法的，即经过有关单位批准或同意的买卖运输、携带、持有行为不构成本行为。
本行为是选择性案由，根据行为方式的不同，可具体确定为非法买卖毒品原植物种苗、非法运输毒品原植物种苗、非法携带毒品原植物种苗和持有毒品原植物种苗等案由，行为人同时实施数种行为的，也只认定为1个案由，而不能分别认定，更不能实行并罚。</td></tr>
</table>

<table>
<tr><td rowspan="2">违法构成要件</td><td>违法主体</td><td>本行为的主体是达到责任年龄、具有责任能力的自然人。</td></tr>
<tr><td>违法主观方面</td><td>本行为的主观方面只能是故意。</td></tr>
<tr><td>认定界限</td><td colspan="2">本行为与非法买卖、运输、携带、持有毒品原植物种子、幼苗罪的界限。
《刑法》第352条规定的非法买卖、运输、携带、持有毒品原植物种子幼苗罪，是指违反国家规定，非法买卖、运输、携带、持有未经灭活的毒品原植物种子或者幼苗，数量较大的行为。从表述中可以看出，两者在行为主体、侵犯的客体、主观方面都是相同的，区别只是在于行为涉及对象的数量大小。数量较大的构成非法买卖、运输、携带、持有毒品原植物种子幼苗罪，“少量的”构成本行为。目前，《刑法》和相关司法解释都还没有“数量较大”的规定，在具体适用时，应根据案件的具体情况，结合当地的实际情况来综合判断。
另外，根据《刑法》和《治安管理处罚法》的立法精神，行为人是否构成非法买卖、运输、携带、持有毒品原植物种子幼苗罪的界限只在于数量，法律并没有规定其他情节也可以构成犯罪，如行为的次数、行为人的目的、动机等，因此，只要行为人非法买卖、运输、携带、持有毒品原植物种子或幼苗没有达到数量较大的标准，即使是多次实施也只能按照一般治安违反行为，即本行为论处。</td></tr>
<tr><td>处罚标准</td><td colspan="2">（一）构成本行为的，处10日以上15日以下拘留，可以并处3000元以下罚款。
（二）情节较轻的，处5日以下拘留或者500元以下罚款。
在实践中，判断情节的轻重，一般应从行为人的动机、手段、目的、行为的次数、造成的后果等方面综合考虑，由公安机关办案人员酌情量罚。一般来说，具有下列情形之一的，应认定为“情节较轻”：
1. 买卖、运输、携带、持有少量未经灭活的罂粟等毒品原植物种子或者幼苗的；
2. 经劝阻主动改正的；
3. 初次实施上述违法行为未造成后果的；
4. 主动投案，向公安机关如实陈述自己的违法行为的；
5. 其他情节较轻的情形。</td></tr>
<tr><td>相关执法参考</td><td colspan="2">《中华人民共和国治安管理处罚法》（节录）
（2005年8月28日第十届全国人民代表大会常务委员会第十七次会议通过　中华人民共和国主席令第三十八号公布　自2006年3月1日起施行）
第七十一条第一款第二项　有下列行为之一的，处十日以上十五日以下拘留，</td></tr>
</table>

相关执法参考

可以并处三千元以下罚款；情节较轻的，处五日以下拘留或者五百元以下罚款：

（二）非法买卖、运输、携带、持有少量未经灭活的罂粟等毒品原植物种子或者幼苗的；

《中华人民共和国刑法》（节录）

（1979 年 7 月 1 日第五届全国人民代表大会第二次会议通过　1997 年 3 月 14 日第八届全国人民代表大会第五次会议修订　根据 2011 年 2 月 25 日第十一届全国人民代表大会常务委员会第十九次会议通过的《中华人民共和国刑法修正案（八）》最新修正）

第三百五十二条　非法买卖、运输、携带、持有未经灭活的罂粟等毒品原植物种子或者幼苗，数量较大的，处三年以下有期徒刑、拘役或者管制，并处或者单处罚金。

第三百五十六条　因走私、贩卖、运输、制造、非法持有毒品罪被判过刑，又犯本节规定之罪的，从重处罚。

第三百五十七条　本法所称的毒品，是指鸦片、海洛因、甲基苯丙胺（冰毒）、吗啡、大麻、可卡因以及国家规定管制的其他能够使人形成瘾癖的麻醉药品和精神药品。

毒品的数量以查证属实的走私、贩卖、运输、制造、非法持有毒品的数量计算，不以纯度折算。

《中华人民共和国禁毒法》（节录）

（2007 年 12 月 29 日第十届全国人民代表大会常务委员会第三十一次会议通过　中华人民共和国主席令第 79 号颁布　自 2008 年 6 月 1 日起施行）

第二条　本法所称毒品，是指鸦片、海洛因、甲基苯丙胺（冰毒）、吗啡、大麻、可卡因，以及国家规定管制的其他能够使人形成瘾癖的麻醉药品和精神药品。

根据医疗、教学、科研的需要，依法可以生产、经营、使用、储存、运输麻醉药品和精神药品。

第五十九条　有下列行为之一，构成犯罪的，依法追究刑事责任；尚不构成犯罪的，依法给予治安管理处罚：

（四）非法买卖、运输、携带、持有未经灭活的毒品原植物种子或者幼苗的；

第七十一条　本法自 2008 年 6 月 1 日起施行。《全国人民代表大会常务委员会关于禁毒的决定》同时废止。

一百四十三、非法运输、买卖、储存、使用罂粟壳

（《治安管理处罚法》第71条第1款第3项）

案由		非法运输、买卖、储存、使用罂粟壳
概念		非法运输、买卖、储存、使用罂粟壳，是指行为人违反国家规定，非法运输、买卖、储存、使用少量罂粟壳，尚不够刑事处罚的行为。
违法构成要件	违法客体	本行为侵犯的客体是国家对罂粟壳的管理制度。行为侵犯的对象是罂粟壳。 罂粟壳是罂粟的外壳，是毒品原植物的组成部分，有一定的药用价值，长期使用，也可以使人上瘾。
	违法客观方面	本行为在客观方面表现为违反国家规定，非法运输、买卖、储存、使用少量罂粟壳，尚不够刑事处罚的行为。 “运输”，是指行为人自己携带或者通过交通工具，将罂粟壳从一地运到另外一地的行为。 “买卖”，是指购买或者销售罂粟壳的行为。 “储存”，是指将罂粟壳存放在一定的场所的行为。 “使用”，是指将罂粟壳通过各种方式，如加入食品中、直接吞食等，以发挥其作用的行为。 上述方式必须是非法的，即违反国家规定，没有经过有关部门批准或同意的运输、买卖、储存或使用，而且，一定是“少量的”罂粟壳。根据《最高人民法院关于审理毒品案件定罪量刑标准有关问题的解释》，“少量”应该是指50千克以下，超过50千克的，已构成相关犯罪，应根据《刑法》的有关规定定罪处罚。 本行为属于选择性案由，可根据行为方式的不同而认定为不同的案由，如非法运输罂粟壳、非法买卖罂粟壳、非法储存罂粟壳和非法使用罂粟壳，行为人同时实施数种行为的，也只构成本行为1个案由，不能分别认定，更不能实行并罚。
	违法主体	本行为的主体是达到责任年龄、具有责任能力的自然人。
	违法主观方面	本行为的主观方面只能是故意，即明知是罂粟壳而运输、买卖、储存或使用。

认定界限	（一）本行为与欺骗他人吸毒罪的界限。 《刑法》第353条第1款规定的欺骗他人吸毒罪，是指以虚构事实或隐瞒真相的方法，欺骗他人吸食或注射毒品的行为。从本行为的表现方式来看，“使用”罂粟壳的行为就可能构成欺骗他人吸毒罪。比如，行为人在食品中加入罂粟壳，以此来招揽顾客，顾客在不知情的情况下，食用了罂粟壳。情节严重的，应该以欺骗他人吸毒罪论处。在实践中，判断情节是否严重，应根据行为次数、行为涉及人数的多少、行为人的目的和动机、是否致人上瘾等综合判断。 （二）本行为与欺骗吸毒的界限。 《治安管理处罚法》第73条规定了欺骗吸毒行为，本行为中的“使用”也存在欺骗他人吸毒的可能，情节严重的，还可能构成欺骗他人吸毒罪。那么，对情节不严重的欺骗他人食用罂粟壳的行为，是以本行为论处呢？还是以欺骗吸毒行为论处？其实，两者存在法条竞合的关系，在法条竞合的情况下，按照特殊优于一般的原则，应适用特殊规定，即以非法使用罂粟壳行为论处。 （三）本行为与贩卖毒品罪的界限。 根据《刑法》第347条的规定，贩卖毒品，无论数量多少，一律追究刑事责任，构成犯罪。那么，本行为中的买卖罂粟壳的行为又如何理解呢？《治安管理处罚法》和《刑法》都是全国人民代表大会通过的法律，在法理上属于同一位阶的，根据新法优于旧法的原则，应优先使用新法，即按照《治安管理处罚法》的规定办理。本条的规定可以看成是对《刑法》相关规定的修正。当然，如果行为人买卖罂粟壳达到“数量较大”的标准的，应该以贩卖毒品罪定罪处罚。根据《最高人民法院关于审理毒品案件定罪量刑标准有关问题的解释》的规定，“数量较大”应该是指50千克以上。
处罚标准	（一）构成本行为的，处10日以上15日以下拘留，可以并处3000元以下罚款。 （二）情节较轻的，处5日以下拘留或者500元以下罚款。 在实践中，判断情节的轻重，一般应从行为人的动机、手段、目的、行为的次数、造成的后果等方面综合考虑，由公安机关办案人员酌情量罚。一般来说，具有下列情形之一的，应认定为“情节较轻”： 1. 非法运输、买卖、储存、使用罂粟壳数量较小的； 2. 经劝阻主动改正的； 3. 初次实施上述违法行为未造成后果的； 4. 主动投案，向公安机关如实陈述自己的违法行为的； 5. 其他情节较轻的情形。
相关执法参考	**《中华人民共和国治安管理处罚法》**（节录） （2005年8月28日第十届全国人民代表大会常务委员会第十七次会议通过　中华人民共和国主席令第三十八号公布　自2006年3月1日起施行） 第七十一条第一款第三项　有下列行为之一的，处十日以上十五日以下拘留，

相关执法参考

可以并处三千元以下罚款；情节较轻的，处五日以下拘留或者五百元以下罚款：

（三）非法运输、买卖、储存、使用少量罂粟壳的。

《中华人民共和国刑法》（节录）

（1979年7月1日第五届全国人民代表大会第二次会议通过　1997年3月14日第八届全国人民代表大会第五次会议修订　根据2011年2月25日第十一届全国人民代表大会常务委员会第十九次会议通过的《中华人民共和国刑法修正案（八）》最新修正）

第三百四十七条　走私、贩卖、运输、制造毒品，无论数量多少，都应当追究刑事责任，予以刑事处罚。

走私、贩卖、运输、制造毒品，有下列情形之一的，处十五年有期徒刑、无期徒刑或者死刑，并处没收财产：

（一）走私、贩卖、运输、制造鸦片一千克以上、海洛因或者甲基苯丙胺五十克以上或者其他毒品数量大的；

（二）走私、贩卖、运输、制造毒品集团的首要分子；

（三）武装掩护走私、贩卖、运输、制造毒品的；

（四）以暴力抗拒检查、拘留、逮捕，情节严重的；

（五）参与有组织的国际贩毒活动的。

走私、贩卖、运输、制造鸦片二百克以上不满一千克、海洛因或者甲基苯丙胺十克以上不满五十克或者其他毒品数量较大的，处七年以上有期徒刑，并处罚金。

走私、贩卖、运输、制造鸦片不满二百克、海洛因或者甲基苯丙胺不满十克或者其他少量毒品的，处三年以下有期徒刑、拘役或者管制，并处罚金；情节严重的，处三年以上七年以下有期徒刑，并处罚金。

单位犯第二款、第三款、第四款罪的，对单位判处罚金，并对其直接负责的主管人员和其他直接责任人员，依照各该款的规定处罚。

利用、教唆未成年人走私、贩卖、运输、制造毒品，或者向未成年人出售毒品的，从重处罚。

对多次走私、贩卖、运输、制造毒品，未经处理的，毒品数量累计计算。

第三百五十三条　引诱、教唆、欺骗他人吸食、注射毒品的，处三年以下有期徒刑、拘役或者管制，并处罚金；情节严重的，处三年以上七年以下有期徒刑，并处罚金。

强迫他人吸食、注射毒品的，处三年以上十年以下有期徒刑，并处罚金。

引诱、教唆、欺骗或者强迫未成年人吸食、注射毒品的，从重处罚。

《最高人民法院关于审理毒品案件定罪量刑标准有关问题的解释》（节录）

（2000年6月6日法释［2000］13号颁布　自2000年6月10日起实施）

第一条　走私、贩卖、运输、制造、非法持有下列毒品，应当认定为刑法第三百四十七条第二款第（一）项、第三百四十八条规定的“其他毒品数量大”：

（一）苯丙胺类毒品（甲基苯丙胺除外）一百克以上；

（二）大麻油五千克、大麻脂十千克、大麻叶及大麻烟一百五十千克以上；

（三）可卡因五十克以上；

相关执法参考

（四）吗啡一百克以上；

（五）度冷丁（杜冷丁）二百五十克以上（针剂100mg/支规格的二千五百支以上，50mg/支规格的五千支以上；片剂25mg/片规格的一万片以上，50mg/片规格的五千片以上）；

（六）盐酸二氢埃托啡十毫克以上（针剂或者片剂20μg/支、片规格的五百支、片以上）；

（七）咖啡因二百千克以上；

（八）罂粟壳二百千克以上；

（九）上述毒品以外的其他毒品数量大的。

第二条　走私、贩卖、运输、制造、非法持有下列毒品，应当认定为刑法第三百四十七条第三款、第三百四十八条规定的“其他毒品数量较大”：

（一）苯丙胺类毒品（甲基苯丙胺除外）二十克以上不满一百克；

（二）大麻油一千克以上不满五千克，大麻脂二千克以上不满十千克，大麻叶及大麻烟三十千克以上不满一百五十千克；

（三）可卡因十克以上不满五十克；

（四）吗啡二十克以上不满一百克；

（五）度冷丁（杜冷丁）五十克以上不满二百五十克（针剂100mg/支规格的五百支以上不满二千五百支，50mg/支规格的一千支以上不满五千支；片剂25mg/片规格的二千片以上不满一万片，50mg/片规格的一千片以上不满五千片）；

（六）盐酸二氢埃托啡二毫克以上不满十毫克（针剂或者片剂20μg/支、片规格的一百支、片以上不满五百支、片）；

（七）咖啡因五十千克以上不满二百千克；

（八）罂粟壳五十千克以上不满二百千克；

（九）上述毒品以外的其他毒品数量较大的。

《罂粟壳管理暂行规定》

（1998年10月30日国药管安［1998］127号颁布　自1999年1月1日起实施）

第一章　总　则

第一条　根据《麻醉药品管理办法》，罂粟壳已被列入麻醉药品品种目录。为加强对罂粟壳的监督管理，保证药品生产和医疗配方使用，防止流入非法渠道，特制定本规定。

第二条　国家对生产中药饮片和中成药所需罂粟壳的生产、经营和使用实行特殊管理。

第三条　国家药品监督管理局负责对全国罂粟壳的生产、经营、使用以及含罂粟壳中成药的研制工作进行监督管理。

各省、自治区、直辖市药品监督管理部门负责本辖区内罂粟壳的监督管理工作。

第二章　生　产

第四条　国家指定甘肃省农垦总公司为罂粟壳的定点生产单位，其他任何单位和个人均不得从事罂粟壳的生产活动。甘肃省农垦总公司每年8月底前应将罂粟壳总产量经甘肃省药品监督管理部门审核后，上报国家药品监督管理局。

第五条　甘肃省农垦总公司各种植农场每年应将所生产的全部罂粟壳交农垦医药药材站收购、统一加工包装后，由甘肃省药材公司、甘肃省农垦医药药材站分别按照国家药品监督管理局每年下达的调拨计划，供应各省、自治区、直辖市罂粟壳定点经营单位。罂粟壳调拨供应计划按市场需求变化每半年调整一次。

第六条　各种植、生产加工以及供应罂粟壳的单位，必须有专人负责，严格管理，不擅自销售给其他任何单位和个人。

第七条　甘肃省农垦总公司每年6月底前应将上一年度国家下达的罂粟壳调拨计划执行情况汇总，并经甘肃省药品监督管理部门审核后，上报国家药品监督管理局。

第三章　经营和使用

第八条　国家药品监督管理局指定各省、自治区、直辖市一个中药经营企业为罂粟壳定点经营单位，承担本辖区罂粟壳的省级批发业务。

第九条　各省、自治区、直辖市罂粟壳定点经营单位于每年7月底以前汇总本辖区罂粟壳需求计划（生产中成药和饮片所需原料总和）报所在地省级药品监督管理部门，由省级药品监督管理部门审核后报国家药品监督管理局。

第十条　各省、自治区、直辖市罂粟壳定点经营单位要严格按照国家药品监督管理局下达的罂粟壳调拨供应计划购进，并根据所在地省级药品监督管理部门分配计划供应给承担罂粟壳批发业务的单位。

第十一条　省级以下罂粟壳的批发业务由所在地省级药品监督管理部门在地（市）、县（市）指定一个中药经营企业承担，严禁跨辖区或向省外销售。

第十二条　承担罂粟壳批发业务的单位直接供应乡镇卫生院以上医疗单位配方使用和县（市、区）以上药品监督管理部门指定的中药饮片经营门市部。

第十三条　指定的中药饮片经营门市部应凭盖有乡镇卫生院以上医疗单位公章的医生处方零售罂粟壳（处方保存三年备查），不准生用，严禁单味零售。

第十四条　乡镇卫生院以上医疗单位要加强对购进罂粟壳的管理，严格凭医生处方使用。

第十五条　各药品生产企业为配制中成药所需罂粟壳计划，由所在地省级药品监督管理部门核定下达。

第十六条　年需求罂粟壳5吨以上的生产企业，需经所在地省级药品监督管理部门批准，并抄送甘肃省药品监督管理部门和国家药品监督管理局备案，可由甘肃省药材公司或甘肃省农垦医药药材站直接调拨供应生产所需罂粟壳；年需求罂粟壳5吨以下的生产企业，仍由省、自治区、直辖市省级罂粟壳定点经营单位供应。

第十七条　购用罂粟壳的生产企业不得自行销售或互相调剂，因故需要将罂粟壳调出，应报所在地省级药品监督管理部门审核同意，由指定的罂粟壳定点经营单位负责销售。

第十八条　各省（区、市）级和省级以下罂粟壳定点经营单位每季度第一个月的10日前将上季度罂粟壳购进、调出以及库存数量报所在地省级药品监督管理部门（省级以下罂粟壳定点经营单位要逐级上报）。

第十九条　严禁罂粟壳定点经营单位从非法渠道购进罂粟壳，非指定罂粟壳定点经营单位一律不准从事罂粟壳的批发或零售业务，禁止在中药材市场销售罂粟壳。

第四章　研　制

第二十条　研制含有罂粟壳中成药的新品种和仿制国家药品标准收载的品种，研制单位须提出申请，报国家药品监督管理局审查批准后方可进行。

第二十一条　研制工作完成后，按有关新药或仿制药品审批办法办理审批手续。

第二十二条　省级药品监督管理部门根据国家药品监督管理局批准的研制计划审定下达罂粟壳用量计划，并指定罂粟壳定点经营单位供应。

第五章　附　则

第二十三条　对违反本规定者，依据《麻醉药品管理办法》有关规定进行处罚，构成犯罪的由司法机关依法追究刑事责任。

第二十四条　本规定由国家药品监督管理局负责解释。

第二十五条　本规定自1999年1月1日起施行。

《国家药品监督管理局关于禁毒缴获罂粟壳处理问题的批复》

（1999年4月7日国药管安［1999］87号颁布　自颁布之日起实施）

云南省医药管理办公室：

你办“关于将我省禁毒缴获的罂粟壳纳入国家计划的请示”（云医药管联发［1999］第2号）收悉。经研究，现对你省禁毒缴获罂粟壳的处理问题批复如下：

关于收缴毒品（含禁毒收缴罂粟壳）的处理问题，国务院总理办公会议早有明确意见，即：“公安机关收缴毒品一律销毁”。1998年7月，吴邦国副总理、罗干国务委员再次批示：“凡收缴的各类毒品原则上都要立即销毁”。

如果将禁毒缴获罂粟壳转入药用，（一）违背国务院领导同志上述批示精神；（二）势必引发“每年各地铲除的非法种植的罂粟能否利用等”一系列问题；（三）目前世界各国尚无将毒品转入药用的先例，如照此办理势必严重影响我国政府坚决禁毒的国际形象。

为此，我局意见：

一、关于收缴毒品（含禁毒收缴罂粟壳）的处理问题，你办应当严格贯彻中央领导同志批示精神。不得擅自决定禁毒收缴毒品的处理问题。

二、现已收缴的罂粟壳应就地封存，待我局商公安部禁毒局之后方可决定此批罂粟壳的处理意见。

三、凡收缴毒资必须上缴国库，不得转卖、留用，以非法获利。

一百四十四、非法持有毒品

（《治安管理处罚法》第72条第1项）

<table>
<tr><td colspan="2">案由</td><td>非法持有毒品</td></tr>
<tr><td colspan="2">概念</td><td>非法持有毒品，是指违反国家规定，非法持有鸦片不满200克、海洛因或者甲基苯丙胺不满10克或者其他少量毒品，尚不够刑事处罚的行为。</td></tr>
<tr><td rowspan="4">违法构成要件</td><td>违法客体</td><td>本行为侵犯的客体是国家对毒品的管理制度。行为侵犯的对象是毒品。
“毒品”是指鸦片、海洛因、甲基苯丙胺（冰毒）、吗啡、大麻、可卡因以及国家规定管制的能够使人形成瘾癖的麻醉药品和精神药品。</td></tr>
<tr><td>违法客观方面</td><td>本行为在客观方面表现为非法持有鸦片不满200克、海洛因或者甲基苯丙胺不满10克或者其他少量毒品，尚不够刑事处罚的行为。
“持有”，是指占有、携有、藏有或者其他方式将毒品置于自己控制之下的行为。“置于自己控制之下”可以是自己实际掌握，如随身携带、放在家中等，也可以是放在他人之处，只要行为人可以随时取得毒品，即认为是“持有”。
这里的“持有”是指非法持有，经有关机构批准的持有，是合法持有，不构成本行为。
行为人持有的毒品来源多种多样，可以是自己购买或捡拾，甚至是祖辈遗留下来的，毒品的来源不影响“持有”行为的成立。
在实践中，行为人持有毒品往往是为了自己吸食、注射或者进行走私、贩卖等违法犯罪活动，如果能够证明行为人是为了自己吸食或注射的，应以吸毒行为论处，不构成本行为；如果能够证明行为人是为了走私或者贩卖的，应该以走私毒品罪或贩卖毒品罪追究其刑事责任。</td></tr>
<tr><td>违法主体</td><td>本行为的主体是达到责任年龄、具有责任能力的自然人。</td></tr>
<tr><td>违法主观方面</td><td>本行为的主观方面只能是故意。</td></tr>
<tr><td>认定界限</td><td colspan="2">（一）本行为与非法持有毒品罪的界限。
《刑法》第348条规定的非法持有毒品罪，是指明知是鸦片、海洛因、甲基苯丙胺或者其他毒品，而非法持有且数量较大的行为。两者的区别主要在于非法持有毒品的数量大小，数量较大的，构成非法持有毒品罪，数量没有达到“较大”标准</td></tr>
</table>

<table>
<tr><td>认定界限</td><td>
的，构成一般治安违法行为，以本行为论处。
根据《治安管理处罚法》和《最高人民法院关于审理毒品案件定罪量刑标准有关问题的解释》的规定，“数量较大”包括下面几种情形：
1. 鸦片200克以上、海洛因或者甲基苯丙胺10克以上；
2. 苯丙胺类毒品（甲基苯丙胺除外）20克以上不满100克；
3. 大麻油1千克以上不满5千克，大麻脂2千克以上不满10千克，大麻叶及大麻烟30千克以上不满150千克；
4. 可卡因10克以上不满50克；
5. 吗啡20克以上不满100克；
6. 度冷丁（杜冷丁）50克以上不满250克（针剂100mg/支规格的500支以上不满2500支，50mg/支规格的1000支以上不满5000支；片剂25mg/片规格的2000片以上不满10000片，50mg/片规格的1000片以上不满5000片）；
7. 盐酸二氢埃托啡2毫克以上不满10毫克（针剂或者片剂20μg/支、片规格的100支、片以上不满500支、片）；
8. 咖啡因50千克以上不满200千克；
9. 罂粟壳50千克以上不满200千克；
10. 上述毒品以外的其他毒品数量较大的。
非法持有毒品达到上述标准的，构成犯罪，否则，构成治安违法行为。
在实践中还有一种情况需要注意：行为人将假毒品误认为是真毒品而加以收藏、保存的，由于行为人主观上明知是“毒品”，而故意违反国家毒品管制，实施非法持有的行为，这属于刑法理论上的对象认识错误。对象认识错误，不影响定罪，“数量较大”的，仍构成非法持有毒品罪。
（二）对多次非法持有少量毒品的处理。
在实践中，行为人多次非法持有少量毒品，每次持有的数量都没有达到非法持有毒品罪的界限，但是，其累计数量已经超过了犯罪的立案标准了，这时是否可以以非法持有毒品罪追究其刑事责任呢？根据《刑法》第347条的规定，对多次走私、贩卖、运输、制造毒品，未经处理的，毒品数量累计计算。那么，对非法持有毒品的行为是否也可以累计计算呢？我们认为，根据行为与处罚法定的原则，在相关规定没有明确规定以前，对行为人只能以一般治安违法行为处理，即以本行为论处，当然，对行为人的多次持有行为，可以作为处罚时予以从重处罚的情节之一。
</td></tr>
<tr><td>处罚标准</td><td>
（一）构成本行为的，处10日以上15日以下拘留，可以并处2000元以下罚款。
（二）情节较轻的，处5日以下拘留或者500元以下罚款。
在实践中，判断情节的轻重，一般应从行为人的动机、手段、目的、行为的次数、造成的后果等方面综合考虑，由公安机关办案人员酌情量罚。一般来说，具有下列情形之一的，应认定为“情节较轻”：
1. 非法持有毒品数量较小的；
</td></tr>
</table>

<table>
<tr><td>处罚标准</td><td>2. 经劝阻主动改正的；
3. 初次实施上述违法行为未造成后果的；
4. 主动投案，向公安机关如实陈述自己的违法行为的；
5. 其他情节较轻的情形。</td></tr>
<tr><td>相关执法参考</td><td>

《中华人民共和国治安管理处罚法》（节录）

（2005年8月28日第十届全国人民代表大会常务委员会第十七次会议通过 中华人民共和国主席令第三十八号公布 自2006年3月1日起施行）

第七十二条第一项 有下列行为之一的，处十日以上十五日以下拘留，可以并处二千元以下罚款；情节较轻的，处五日以下拘留或者五百元以下罚款：

（一）非法持有鸦片不满二百克、海洛因或者甲基苯丙胺不满十克或者其他少量毒品的；

《中华人民共和国刑法》（节录）

（1979年7月1日第五届全国人民代表大会第二次会议通过 1997年3月14日第八届全国人民代表大会第五次会议修订 根据2011年2月25日第十一届全国人民代表大会常务委员会第十九次会议通过的《中华人民共和国刑法修正案（八）》最新修正）

第三百四十八条 非法持有鸦片一千克以上、海洛因或者甲基苯丙胺五十克以上或者其他毒品数量大的，处七年以上有期徒刑或者无期徒刑，并处罚金；非法持有鸦片二百克以上不满一千克、海洛因或者甲基苯丙胺十克以上不满五十克或者其他毒品数量较大的，处三年以下有期徒刑、拘役或者管制，并处罚金；情节严重的，处三年以上七年以下有期徒刑，并处罚金。

第三百五十六条 因走私、贩卖、运输、制造、非法持有毒品罪被判过刑，又犯本节规定之罪的，从重处罚。

第三百五十七条 本法所称的毒品，是指鸦片、海洛因、甲基苯丙胺（冰毒）、吗啡、大麻、可卡因以及国家规定管制的其他能够使人形成瘾癖的麻醉药品和精神药品。

毒品的数量以查证属实的走私、贩卖、运输、制造、非法持有毒品的数量计算，不以纯度折算。

《最高人民法院关于审理毒品案件定罪量刑标准有关问题的解释》（节录）

（2000年6月6日法释［2000］13号颁布 自2000年6月10日起实施）

第一条 走私、贩卖、运输、制造、非法持有下列毒品，应当认定为刑法第三百四十七条第二款第（一）项、第三百四十八条规定的“其他毒品数量大”：

（一）苯丙胺类毒品（甲基苯丙胺除外）一百克以上；

（二）大麻油五千克、大麻脂十千克、大麻叶及大麻烟一百五十千克以上；

（三）可卡因五十克以上；

（四）吗啡一百克以上；

（五）度冷丁（杜冷丁）二百五十克以上（针剂100mg/支规格的二千五百支

</td></tr>
</table>

以上，50mg/支规格的五千支以上；片剂25mg/片规格的一万片以上，50mg/片规格的五千片以上）；

（六）盐酸二氢埃托啡十毫克以上（针剂或者片剂20μg/支、片规格的五百支、片以上）；

（七）咖啡因二百千克以上；

（八）罂粟壳二百千克以上；

（九）上述毒品以外的其他毒品数量大的。

第二条　走私、贩卖、运输、制造、非法持有下列毒品，应当认定为刑法第三百四十七条第三款、第三百四十八条规定的“其他毒品数量较大”：

（一）苯丙胺类毒品（甲基苯丙胺除外）二十克以上不满一百克；

（二）大麻油一千克以上不满五千克，大麻脂二千克以上不满十千克，大麻叶及大麻烟三十千克以上不满一百五十千克；

（三）可卡因十克以上不满五十克；

（四）吗啡二十克以上不满一百克；

（五）度冷丁（杜冷丁）五十克以上不满二百五十克（针剂100mg/支规格的五百支以上不满二千五百支，50mg/支规格的一千支以上不满五千支；片剂25mg/片规格的二千片以上不满一万片，50mg/片规格的一千片以上不满五千片）；

（六）盐酸二氢埃托啡二毫克以上不满十毫克（针剂或者片剂20μg/支、片规格的一百支、片以上不满五百支、片）；

（七）咖啡因五十千克以上不满二百千克；

（八）罂粟壳五十千克以上不满二百千克；

（九）上述毒品以外的其他毒品数量较大的。

《最高人民法院 最高人民检察院 公安部办理毒品犯罪案件适用法律若干问题的意见》（节录）

（2007年12月18日　公通字［2007］84号印发）

二、关于毒品犯罪嫌疑人、被告人主观明知的认定问题

走私、贩卖、运输、非法持有毒品主观故意中的“明知”，是指行为人知道或者应当知道所实施的行为是走私、贩卖、运输、非法持有毒品行为。具有下列情形之一，并且犯罪嫌疑人、被告人不能做出合理解释的，可以认定其“应当知道”，但有证据证明确属被蒙骗的除外：

（一）执法人员在口岸、机场、车站、港口和其他检查站检查时，要求行为人申报为他人携带的物品和其他疑似毒品物，并告知其法律责任，而行为人未如实申报，在其所携带的物品内查获毒品的；

（二）以伪报、藏匿、伪装等蒙蔽手段逃避海关、边防等检查，在其携带、运输、邮寄的物品中查获毒品的；

（三）执法人员检查时，有逃跑、丢弃携带物品或逃避、抗拒检查等行为，在其携带或丢弃的物品中查获毒品的；

（四）体内藏匿毒品的；

（五）为获取不同寻常的高额或不等值的报酬而携带、运输毒品的；

（六）采用高度隐蔽的方式携带、运输毒品的；

（七）采用高度隐蔽的方式交接毒品，明显违背合法物品惯常交接方式的；

（八）其他有证据足以证明行为人应当知道的。

三、关于办理氯胺酮等毒品案件定罪量刑标准问题

（一）走私、贩卖、运输、制造、非法持有下列毒品，应当认定为刑法第二款第（一）项、第三百四十八条规定的“其他毒品数量大”：

1. 二亚甲基双氧安非他明（MDMA）等苯丙胺类毒品（甲基苯丙胺除外）100克以上；

2. 氯胺酮、美沙酮1千克以上；

3. 三唑仑、安眠酮50千克以上；

4. 氯氮卓、艾司唑仑、地西泮、溴西泮500千克以上；

5. 上述毒品以外的其他毒品数量大的。

（二）走私、贩卖、运输、制造、非法持有下列毒品，应当认定为刑法第三款、第三百四十八条规定的“其他毒品数量较大”：

1. 二亚甲基双氧安非他明（MDMA）等苯丙胺类毒品（甲基苯丙胺除外）20克以上不满100克的；

2. 氯胺酮、美沙酮200克以上不满1千克的；

3. 三唑仑、安眠酮10千克以上不满50千克的；

4. 氯氮卓、艾司唑仑、地西泮、溴西泮100千克以上不满500千克的；

5. 上述毒品以外的其他毒品数量较大的。

（三）走私、贩卖、运输、制造下列毒品，应当认定为刑法第四款规定的“其他少量毒品”：

1. 二亚甲基双氧安非他明（MDMA）等苯丙胺类毒品（甲基苯丙胺除外）不满20克的；

2. 氯胺酮、美沙酮不满200克的；

3. 三唑仑、安眠酮不满10千克的；

4. 氯氮卓、艾司唑仑、地西泮、溴西泮不满100千克的；

5. 上述毒品以外的其他少量毒品的。

（四）上述毒品品种包括其盐和制剂。毒品鉴定结论中毒品品名的认定应当以国家食品药品监督管理局、公安部、卫生部最新发布的《麻醉药品品种目录》、《精神药品品种目录》为依据。

《关于盐酸二氢埃托啡是否属毒品及适用法律问题的批复》

（1996年11月28日高检发研字［1996］6号颁布　自颁布之日起实施）

云南省人民检察院：

你院云检研字［1996］第12号文《关于盐酸二氢埃托啡片是否属毒品范畴的有关问题的请示》收悉。经研究，并征求有关部门的意见，批复如下：

一、根据国务院发布的《麻醉药品管理办法》第三条的规定，盐酸二氢埃托啡

相关执法参考

是国务院主管部门规定管制的能够使人形成瘾癖的麻醉药品，属《关于禁毒的决定》规定的“其他毒品”的范围。

二、检察机关审查公安机关提请批捕、移送起诉的非法走私、贩卖、制造盐酸二氢埃托啡的案件，不论数量大小，依照《关于禁毒的决定》第二条的规定做出批准逮捕和提起公诉的决定；对于医院、药店等单位的工作人员违反国家规定，向吸毒人员提供盐酸二氢埃托啡的案件，依照《关于禁毒的决定》第十条的规定办理，并做出批准逮捕和提起公诉的决定；对非法持有盐酸二氢埃托啡的案件，依照《关于禁毒的决定》第三条的规定办理，并做出批准逮捕和提起公诉的决定。

《最高人民法院研究室关于氯胺酮能否认定为毒品问题的答复》

（2002 年 6 月 28 日颁布　自颁布之日起实施）

浙江省高级人民法院：

你院浙高法［2002］40 号《关于氯胺酮能否认定为毒品问题的请示》收悉，经研究，答复如下：

氯胺酮是列入《精神药品管制品种目录》的国家进行管制的精神药品，具有一定的精神依赖性潜力，可以认定为刑法第三百五十七条第一款规定的“国家规定管制的其他能够使人形成瘾癖的”精神药品。鉴于氯胺酮被列在第二类精神药品管制品种目录中，且实践中临床使用较多，因此，对于明知他人是吸毒人员而多次向其出售，或者贩卖氯胺酮数量较大的行为人，才能依法追究刑事责任。

《中华人民共和国禁毒法》（节录）

（2007 年 12 月 29 日第十届全国人民代表大会常务委员会第三十一次会议通过 中华人民共和国主席令第 79 号颁布　自 2008 年 6 月 1 日起施行）

第二条　本法所称毒品，是指鸦片、海洛因、甲基苯丙胺（冰毒）、吗啡、大麻、可卡因，以及国家规定管制的其他能够使人形成瘾癖的麻醉药品和精神药品。

根据医疗、教学、科研的需要，依法可以生产、经营、使用、储存、运输麻醉药品和精神药品。

第五十九条　有下列行为之一，构成犯罪的，依法追究刑事责任；尚不构成犯罪的，依法给予治安管理处罚：

（二）非法持有毒品的；

第七十一条　本法自 2008 年 6 月 1 日起施行。《全国人民代表大会常务委员会关于禁毒的决定》同时废止。

《麻醉药品和精神药品管理条例》（节录）

（2005 年 8 月 3 日国务院令第 442 号颁布　自 2005 年 11 月 1 日起实施）

第三条　本条例所称麻醉药品和精神药品，是指列入麻醉药品目录、精神药品目录（以下称目录）的药品和其他物质。精神药品分为第一类精神药品和第二类精神药品。

目录由国务院药品监督管理部门会同国务院公安部门、国务院卫生主管部门制定、调整并公布。

相关执法参考

上市销售但尚未列入目录的药品和其他物质或者第二类精神药品发生滥用，已经造成或者可能造成严重社会危害的，国务院药品监督管理部门会同国务院公安部门、国务院卫生主管部门应当及时将该药品和该物质列入目录或者将该第二类精神药品调整为第一类精神药品。

第四条　国家对麻醉药品药用原植物以及麻醉药品和精神药品实行管制。除本条例另有规定的外，任何单位、个人不得进行麻醉药品药用原植物的种植以及麻醉药品和精神药品的实验研究、生产、经营、使用、储存、运输等活动。

《公安机关缴获毒品管理规定》

（2001年8月23日公禁毒［2001］218号颁布　自颁布之日起实施）

第一章　总　则

第一条　为加强对公安机关缴获毒品的管理，保证刑事诉讼顺利进行，根据《中华人民共和国刑事诉讼法》等有关法律的规定，特制定本规定。

第二条　本规定所指的毒品管理，是指公安机关（含铁路、交通、民航、林业公安机关和公安边防、海关侦查走私犯罪公安机构）对办案过程中缴获的毒品进行保管、存储、运输、销毁等工作。

第三条　各级公安机关应当高度重视毒品管理工作，切实做到依法收缴，充分取证，集中管理，确保安全，严防流失，适时销毁。

各地公安机关可结合本地实际，根据本规定制定毒品管理的具体办法。

第四条　各级公安机关的一把手是毒品管理工作的第一责任人。对于毒品管理发生问题的单位，要追究直接责任人和有关领导的责任；触犯刑律的，要依法追究刑事责任。

第二章　毒品收缴

第五条　在案件现场收缴毒品时，应当严格执行《刑事诉讼法》的有关规定，充分获取、及时固定有关证据。除特殊情况外，对收缴的毒品一般要当场称量、取样、封存，当场开具《扣押物品清单》，责令毒品犯罪嫌疑人当场签名，并由现场两名以上侦查员签字。有条件的，要对收缴毒品过程进行录像、照相，存入案卷，永久保存。

第六条　各级公安禁毒部门对有关部门移交和公民个人上交的毒品，要详细询问有关情况，做好书面记录，并严格履行交接手续。

第三章　毒品入库

第七条　对破案缴获和有关部门移交、群众上交的毒品应当及时、如数上缴入库。

第八条　省级公安机关的禁毒部门应当建立长期固定的专用毒品保管仓库。地级和县级公安机关应当建立临时储存毒品的保管仓库，用于结案前临时存储毒品。

第九条　毒品保管仓库应当符合坚固、安全、密封、保密的要求。毒品保管仓库应当安装铁门、铁窗、铁柜、红外线监控系统和防盗报警器。毒品保管仓库不得存放其他物品。

第十条　毒品保管仓库应当设立毒品保管账册，由专人管理，实行双人双锁保管制度。

第十一条　毒品入库前要逐案核对，并进行复称、鉴定。

对入库毒品应当开列清单一式三份，一份留库备查，一份交办案移交或上交毒品的单位，一份作为附条粘贴在毒品的外包装上。

对入库毒品应当登记造册、编号。登记时应当详细注明毒品的种类、重量、外包装及送交时间、破案或送交单位、人员、简要案情、有无破损等情况，登记情况需由送交人、接受人、监交人共同签名后存档。

第十二条　存放毒品的单位，每年要对收缴入库的毒品重量、包装、件数等进行核查、清理。

第四章　毒品出库

第十三条　毒品出库应当严格履行审批程序。毒品出库，不论数量多少，必须报经县级以上公安机关批准，并报省级公安机关禁毒部门备案。因侦查办案需使用库存毒品的，应当报省级公安机关禁毒部门批准。

第十四条　毒品出库要由毒品仓库保管人员按规定核对批文，严格办理毒品出库手续。对办案单位归还入库的毒品要复称重量、检查包装及进行毒品检验鉴定。

第五章　毒品运输

第十五条　运输毒品应当由两名以上公安民警负责押运，毒品数量大的应当使用专车武装押运。运输毒品须携带相关证明文件。

第六章　毒品处理

第十六条　公安机关办理案件缴获的毒品一律不随案移交。在结案后，应当将缴获的毒品及时上交省级公安机关禁毒部门，统一管理或销毁，其他任何单位或个人均不得以任何理由私存毒品或擅自处理。

第十七条　省级公安机关禁毒部门对入库毒品，除因办案和保留样品等工作需要可以少量留存外，应当适时集中销毁。

第十八条　销毁库存毒品，应当由省级公安机关禁毒部门确定需销毁毒品的种类、数量后，报请省级禁毒委员会批准；对销毁的毒品，应当详细开列清单，存档备查。

销毁毒品时，应当邀请检察机关和公证部门派员到现场负责监销，并与环保部门共同采取措施，防止污染环境。

第十九条　各级公安机关应当每半年将毒品样品集中送公安部物证鉴定中心检验、鉴定。

第二十条　教学、科研等部门因教学、科研等需要请求公安机关提供毒品样品或公安机关因缉毒犬训练需要提供毒品的，应当向省级公安机关禁毒部门提出书面申请，经批准后严格办理有关手续。

第二十一条　省级公安机关禁毒部门要在每年 1 月 31 日前，将上年度各类毒品的入库量、出库量、库存量及销毁数量报公安部禁毒局备案。

第七章　附　则

第二十二条　有关部门移交、公民个人上交的毒品按照本规定执行。

第二十三条　本规定由公安部禁毒局负责解释。

第二十四条　本规定自下发之日起施行。

相关执法参考

《公安机关勘验检查及处置制造毒品案件现场规定》

（公禁毒［2010］333号）

第一章 总 则

第一条 为规范公安机关勘验、检查（以下简称“勘查”）和处置制造毒品案件（以下简称“制毒案件”）现场工作，保证制毒案件现场证据提取质量，确保制毒案件现场勘查人员人身安全，根据《中华人民共和国刑事诉讼法》、《公安机关办理刑事案件程序规定》和《公安机关刑事案件现场勘验检查规则》的有关规定，制定本规定。

第二条 制毒案件现场，是指利用毒品原植物或者制毒物品非法提炼、化学合成毒品以及以改变毒品成分和效用为目的，用混合等物理方法加工、配制毒品的地点，以及与制造毒品犯罪行为相关的场所。

第三条 制毒案件现场勘查及处置，是指侦查人员依法运用科学技术手段和方法，对与非法制造毒品有关的场所、物品等进行勘查、分析和处理的侦查活动。

第四条 制毒案件现场勘查及处置的任务，是发现、固定、提取与制造毒品犯罪有关的物品、痕迹等证据及其他信息，分析判断制造毒品的种类、工艺流程，处理现场遗留物品，为侦查办案、刑事诉讼提供线索和证据。

第五条 勘查制毒案件现场的公安民警应当具备制毒案件现场勘查的专业知识和技能，具有现场勘查资格。根据需要，可以聘请具有化学等相关专业知识的人员协助勘查。

第六条 公安机关应当对参加制毒案件现场勘查的公安民警定期组织培训。

第七条 公安机关禁毒部门应当对制毒现场勘查活动进行照相、录像，并建立制毒案件现场勘查信息资料库，分析研判制毒案件发展趋势、规律特点，为侦查办案服务。

第二章 现场保护和人身安全防护

第八条 发现制毒现场应当进行保护。制毒案件的现场保护由现场所在地公安机关负责，具体保护的期限和措施由案件侦查部门决定。

第九条 负责保护现场的公安民警应当根据案件侦查部门统一部署，划定保护范围，设置警示标志，禁止无关人员进入现场。

第十条 负责保护现场的公安民警除抢救伤员、保护物证等紧急情况外，不得进入现场。处理紧急情况时，应当尽可能避免破坏现场。

第十一条 对可能给制毒案件现场及周围造成危险的，负责保护现场的公安民警应当采取有效措施，防止造成人身、财产损失。

第十二条 公安机关应当为进入现场人员配备必要的专用安全防护装备，以防止有毒、有害、易燃、易爆或者腐蚀性物质对人身造成伤害。

安全防护装备的配备应当符合制毒案件现场勘查工作的需要。根据不同的防护等级，现场勘查人员应当配备适当等级的安全防护装备进入现场开展工作。

第十三条 进入制毒案件现场人员应当注意以下事项：

（一）在无法确认制毒现场是否存在易燃、易爆等危险情况时，严禁触动电源、水源、气源开关；

相关执法参考

（二）在触动或者搬动物品仪器设备前，应当先观察有无危险；
（三）严禁靠近打开的化学品容器闻吸；
（四）严禁将化学品接近热源或者火源；
（五）严禁品尝可疑或者未知化学品；
（六）严禁吸烟、饮水和进食；
（七）严禁直接接触化学品。

第三章　现场勘查的组织与指挥

第十四条　制毒案件现场勘查由县级以上公安机关禁毒部门组织指挥。案情重大、现场复杂的制毒案件由县级以上公安机关统一组织指挥。上级公安机关认为有必要时，可以直接组织领导现场勘查。

第十五条　制毒案件现场具体勘查活动由现场指挥员负责组织实施，并根据勘查需要确定现场安全员、化学物证技术员及其他技术人员。

第十六条　现场指挥员由具有制毒案件现场勘查专业知识和组织指挥能力的公安民警担任。现场指挥员应当履行下列职责：

（一）制定和实施现场勘查的工作方案；
（二）对参加现场勘查的人员进行分工；
（三）组织现场安全评估；
（四）决定采取适当的人身安全防护措施；
（五）确定现场勘查工作区域或者范围；
（六）确定现场勘查的见证人；
（七）组织现场分析；
（八）组织现场实验；
（九）审核现场勘查的工作记录；
（十）决定对现场的处理。

第十七条　现场安全员由具有制毒案件现场勘查专业安全知识的公安民警担任。现场安全员应当履行下列职责：

（一）制定现场紧急处置方案；
（二）检测现场空气状态并进行记录；
（三）撰写现场安全评估报告；
（四）监控现场工作人员安全及健康状态；
（五）与现场指挥员和化学物证技术员协同评估化学及其他危险；
（六）与化学物证技术员协调，确定现场工作人员应当配备的个人防护装备；
（七）对现场处置提出安全意见。

第十八条　化学物证技术员由具有制毒案件现场勘查专业化学知识的公安民警担任。化学物证技术员应当履行下列职责：

（一）确认和评估现场化学危险，并制定现场处置方案；
（二）根据需要终止正在进行的化学反应；
（三）发现、固定、提取和送检现场化学物证；
（四）记录现场保护情况、现场原始情况和现场勘查的过程与所见，制作现场勘查工作记录；

（五）组织、实施现场实验；

（六）参与现场分析；

（七）对毒品案件侦查员及其他技术人员提出工作建议。

第十九条　其他技术人员由具有刑事案件现场勘查专业知识的公安民警担任。其他技术人员应当履行下列职责：

（一）发现、固定、提取和送检除化学物证以外的其他痕迹物证；

（二）履行第十八条中的第四、六、七项职责。

第四章　现场安全评估与危险排除

第二十条　现场勘查应当首先进行现场安全评估。现场安全评估的任务是确认现场制毒物品、制毒设备，确定现场的安全级别，制定排除危险的方案。

第二十一条　现场安全评估前，应当由现场安全员首先进入现场了解并记录现场状况。进入重大、复杂的封闭式现场时应当配备最高等级的安全防护装备。

第二十二条　现场安全评估由现场指挥员、化学物证技术员和现场安全员共同进行。

第二十三条　现场安全评估应当重点考虑水、电、气和危险化学品等因素，对于存在的危险应当制定排除方案，并形成现场安全评估结论。

第二十四条　现场安全员应当向进入现场人员通报现场存在的危险，介绍个人安全防护装备的使用方法、清洗去污程序和注意事项。

第二十五条　对现场危险进行排除，不能排除的要做出警示性说明并设置警示标志。

第二十六条　现场安全评估活动应当进行录像。

第五章　现场实地勘查

第二十七条　制毒案件现场勘查按照以下工作步骤进行：

（一）巡视现场，制定现场勘查方案；

（二）在勘查较大规模、较复杂制毒案件现场时，要划分勘查区域；

（三）初步勘查现场，固定和记录制毒各功能区域的原始状态；

（四）详细勘查现场，发现、固定、记录和提取毒品、毒品半成品、制毒物品、制毒文字图像资料、制毒设备和相关犯罪工具、痕迹等；

（五）制作制毒案件现场勘查报告。

第二十八条　现场勘查中，应当对现场各区域以及毒品、毒品半成品、制毒物品、废液、制毒设备、工具等进行统一编号。

第二十九条　现场照相、录像应当在化学物证技术员指导下进行，以制毒工艺流程为序。具体包括以下基本内容：

（一）制毒现场方位、概貌；

（二）制毒设备、工具及其连接方式；

（三）制毒物品；

（四）最终产品、中间产品和废液。

相关执法参考

第六章　现场物品痕迹文件的提取与扣押

第三十条　现场勘查中，应当对可疑毒品和制毒物品进行现场快速检验，确认案件性质和提取、扣押范围。

第三十一条　现场勘查中与制毒案件有关的下列物品、痕迹应当固定、提取：

（一）可疑毒品；

（二）可疑毒品半成品；

（三）制毒物品；

（四）主要制毒设备内的可疑物质；

（五）制毒物品包装物、标签等；

（六）其他与制毒案件有关的物品、痕迹。

第三十二条　现场勘查中与制毒案件有关的下列文件、影像资料应当固定、提取：

（一）制毒工艺流程；

（二）制毒过程记录；

（三）台账和物品清单；

（四）制毒物品买卖票据、运输单据；

（五）监控录像；

（六）其他应当固定提取的资料。

第三十三条　现场勘查中，应当由二人以上对现场缴获的毒品、毒品半成品、制毒物品等称量、提取，并对物品种类、颜色、气味、状态、数量、包装等进行规范描述、记录。

第三十四条　可疑毒品、毒品半成品、制毒物品应当分别提取，分开包装，注明提取的区域、部位、名称、数量、方法、提取人和日期。

第三十五条　现场勘查中，可疑物品应当混匀后取样并编号。液体检材应当采用试管或者瓶子盛装，试管口密封，盛装液体的容器中要留有1/4至1/3空间。固体检材应当采用专用物证袋盛装。

第三十六条　对固定、提取的下列物品、文件应当扣押：

（一）可疑毒品、毒品半成品、制毒物品；

（二）制毒设备；

（三）与制毒案件有关的文件、影像资料；

（四）其他应当扣押的物品、文件。

第七章　现场访问

第三十七条　现场勘查人员应当向相关人员了解、收集有关制毒案件现场及周围的情况，并记录在案。

第三十八条　现场访问包括以下内容：

（一）制毒现场使用的水、电、气等情况，制毒现场周围水质、空气、动植物等异常变化；

（二）在制毒现场存续期间，出入现场可疑人员的数量、体貌特征以及可疑交通工具等；

（三）其他与制毒现场相关的内容。

相关执法参考

第八章　现场实验

第三十九条　现场勘查中，根据需要可以进行现场实验。进行现场实验应当经地（市）级以上公安机关负责人批准。

第四十条　现场实验的目的：

（一）验证在现场条件下能否制造出毒品或者毒品半成品；

（二）确定在现场条件下制毒的规模和周期；

（三）其他需要通过现场实验进一步研究、分析、判断的情况。

第四十一条　现场实验应当在化学物证技术员研究现场环境、制毒设备、制毒物品及犯罪嫌疑人供述的基础上进行。

第四十二条　现场实验应制作实验报告。

第九章　现场分析

第四十三条　现场分析应当由现场指挥员主持，现场安全员、化学物证技术员、办案人员及其他相关人员参加，必要时可以邀请有关专家参加。

第四十四条　现场分析的内容包括：

（一）判断现场是否为制毒现场；

（二）判断制造毒品的种类以及是否能制成毒品、毒品半成品；

（三）判断制造毒品的方法，制作工艺流程图；

（四）分析现场制毒物品用途；

（五）认定制毒设备及其功能；

（六）判断制毒现场的生产规模和周期；

（七）分析现场周围废气、废水、废渣排放情况；

（八）判断是否存在其他制毒关联现场；

（九）决定是否需要进一步勘查现场；

（十）推断制毒物品来源及毒品去向；

（十一）提出现场处置意见；

（十二）提出下一步侦查方向和范围；

（十三）其他需要分析解决的问题。

第四十五条　现场分析结束后，应当及时撰写现场分析报告。

第十章　现场处置

第四十六条　现场勘查结束后，现场指挥员决定是否保留现场。需要进一步勘查现场的，应当整体或者局部保留现场，并妥善保护。对不需要保留的现场，应当及时处理。

第四十七条　对周围环境已经或者可能造成污染的现场，应当采取封闭、隔离、清洗、消毒等措施进行清理。

第四十八条　对现场中的废液、废弃的化学器皿等由公安机关会同相关部门依法进行无害化处理。

第四十九条　在离开现场前，应当消除可能存在的安全隐患，对于暂时不能排除的危险，应当在现场设置警示标志。

第五十条　现场处置结束后，应当将处置意见以书面形式存档。

相关执法参考

第十一章　附　则

第五十一条　本规定所涉及的毒品、制毒物品的名称以《麻醉药品和精神药品品种目录》、《易制毒化学品管理条例》等有关规定为准。

第五十二条　对于制毒案件现场勘查和处置本规定没有规定的，应当遵守《公安机关刑事案件现场勘验检查规则》的有关规定。

第五十三条　本规定自印发之日起施行。

《公安民警现场处置涉毒人员预警情报信息规范用语》

（2010年9月16日）

公安民警在现场处置涉毒人员预警情报信息时，应当理性、平和、文明、规范执法，对当事人用语准确、简练、规范，针对在现场执法活动中遇到的不同情形区别对待。

一、在盘问、检查涉毒人员时的规范用语

（一）在到达指定现场向涉毒嫌疑人表明执法身份时，可以说："你好，我们是××公安局的民警，这是我们的证件。"

（二）需要涉毒嫌疑人出示身份证件时，可以说："你好，例行检查，请出示身份证件。"

（三）在盘问、检查中遇到涉毒嫌疑人拒绝时，可以说："我们是根据《人民警察法》第九条依法执行公务，请配合。"

（四）需要检查涉毒嫌疑人随身携带物品时，可以说："现在我们依法对你的行李物品进行检查，请配合。"

（五）需要对涉毒嫌疑人进行尿样检测时，可以说："你因吸毒于×年×月×日曾被公安机关予以治安管理处罚（或责令社区戒毒、强制隔离戒毒、社区康复、正在参加社区药物维持治疗），现在我们依法对你进行尿检，请配合。"

二、发现预警涉毒人员身份信息有误时的规范用语

发现预警涉毒人员身份信息有误时，可以说："因工作失误给你造成的不便请谅解，我们会尽快处理，及时反映纠正。请留下姓名、地址、联系方式，我们会主动和你联系。谢谢配合。"

三、在处置预警制贩毒嫌疑人员时的规范用语

（一）对发现不存在违法犯罪行为人员，可以说："我们是依法执行公务，请你理解，谢谢你的合作。"

（二）对发现存在毒品犯罪嫌疑人员，可以说："你因涉嫌毒品违法犯罪，依照《人民警察法》第九条规定，请你接受盘问、检查，请配合。"

四、在处置预警吸毒人员时的规范用语

（一）对尿检结果呈阴性、受过治安管理处罚人员，可以说："经过依法检测，你的尿检结果正常，谢谢你的配合。"

（二）对尿检结果呈阴性、正在接受社区戒毒人员（或社区康复人员、参加社区药物维持治疗人员），可以说："经过依法检测，你的尿检结果正常，希望继续履行社区戒毒协议（或社区康复协议、参加戒毒药物维持治疗），巩固戒毒效果，谢谢你的配合。"

（三）对尿检结果呈阳性、需要继续调查核实的人员，可以说："经过依法检测，你的尿检结果是阳性，表明你涉嫌吸毒，现在我们依法带你去公安机关进一步调查核实，请配合。"

《麻醉药品和精神药品品种目录（2007年版）》

（2007年10月11日国家食品药品监督管理局、公安部、卫生部食药监安［2007］633号公布　自2008年1月1日起实施）

麻醉药品品种目录
（2007年版）

1. 醋托啡	Acetorphine
2. 乙酰阿法甲基芬太尼	Acetylalphamethylfentanyl
3. 醋美沙朵	Acetylmethadol
4. 阿芬太尼	Alfentanil
5. 烯丙罗定	Allylprodine
6. 阿醋美沙朵	Alphacetylmethadol
7. 阿法美罗定	Alphameprodine
8. 阿法美沙朵	Alphamethadol
9. 阿法甲基芬太尼	Alphamethylfentanyl
10. 阿法甲基硫代芬太尼	Alphamethylthiofentanyl
11. 阿法罗定*	Alphaprodine
12. 阿尼利定	Anileridine
13. 苄替啶	Benzethidine
14. 苄吗啡	Benzylmorphine
15. 倍醋美沙朵	Betacetylmethadol
16. 倍他羟基芬太尼	Betahydroxyfentanyl
17. 倍他羟基－3－甲基芬太尼	Betahydroxy－3－methylfentanyl
18. 倍他美罗定	Betameprodine
19. 倍他美沙朵	Betamethadol
20. 倍他罗定	Betaprodine
21. 贝齐米特	Bezitramide
22. 大麻与大麻树脂	Cannabis and Cannabis resin
23. 氯尼他秦	Clonitazene
24. 古柯叶	Coca Leaf
25. 可卡因*	Cocaine
26. 可多克辛	Codoxime

相关执法参考

27. 罂粟秆浓缩物*	Concentrate of poppy straw
28. 地索吗啡	Desomorphine
29.. 右吗拉胺	Dextromoramide
30. 地恩丙胺	Diampromide
31. 二乙噻丁	Diethylthiambutene
32. 地芬诺辛	Difenoxin
33. 二氢埃托啡*	Dihydroetorphine
34. 双氢吗啡	Dihydromorphine
35. 地美沙朵	Dimenoxadol
36. 地美庚醇	Dimepheptanol
37. 二甲噻丁	Dimethylthiambutene
38. 吗苯丁酯	Dioxaphetyl butyrate
39. 地芬诺酯*	Diphenoxylate
40. 地匹哌酮	Dipipanone
41. 羟蒂巴酚	Drotebanol
42. 芽子碱	Ecgonine
43. 乙甲噻丁	Ethylmethylthiambutene
44. 依托尼秦	Etonitazene
45. 埃托啡	Etorphine
46. 依托利定	Etoxeridine
47. 芬太尼*	Fentanyl
48. 呋替啶	Furethidine
49. 海洛因	Heroin
50. 氢可酮*	Hydrocodone
51. 氢吗啡醇	Hydromorphinol
52. 氢吗啡酮	Hydromorphone
53. 羟哌替啶	Hydroxypethidine
54. 异美沙酮	Isomethadone
55. 凯托米酮	Ketobemidone
56. 左美沙芬	Levomethorphan
57. 左吗拉胺	Levomoramide
58. 左芬啡烷	Levophenacylmorphan
59. 左啡诺	Levorphanol

相关执法参考

60. 美他佐辛	Metazocine
61. 美沙酮*	Methadone
62. 美沙酮中间体	Methadone intermediate
63. 甲地索啡	Methyldesorphine
64. 甲二氢吗啡	Methyldihydromorphine
65. 3－甲基芬太尼	3－methylfentanyl
66. 3－甲基硫代芬太尼	3－methylthiofentanyl
67. 美托酮	Metopon
68. 吗拉胺中间体	Moramide intermediate
69. 吗哌利定	Morpheridine
70. 吗啡*	Morphine
71. 吗啡甲溴化物及其它五价氮吗啡衍生物	Morphine Methobromide and other pentavalent nitrogen morphine derivatives
72. 吗啡－N－氧化物	Morphine－N－oxide
73. 1－甲基－4－苯基－4－哌啶丙酸酯	MPPP
74. 麦罗啡	Myrophine
75. 尼可吗啡	Nicomorphine
76. 诺美沙朵	Noracymethadol
77. 去甲左啡诺	Norlevorphanol
78. 去甲美沙酮	Normethadone
79. 去甲吗啡	Normorphine
80. 诺匹哌酮	Norpipanone
81. 阿片*	Opium
82. 羟考酮*	Oxycodone
83. 羟吗啡酮	Oxymorphone
84. 对氟芬太尼	Parafluorofentanyl
85. 1－苯乙基－4－苯基－4－哌啶乙酸酯	PEPAP
86. 哌替啶*	Pethidine
87. 哌替啶中间体A	Pethidine intermediate A
88. 哌替啶中间体B	Pethidine intermediate B
89. 哌替啶中间体C	Pethidine intermediate C
90. 苯吗庚酮	Phenadoxone
91. 非那丙胺	Phenampromide
92. 非那佐辛	Phenazocine

93. 非诺啡烷	Phenomorphan
94. 苯哌利定	Phenoperidine
95. 匹米诺定	Piminodine
96. 哌腈米特	Piritramide
97. 罂粟壳*	Poppy Shell
98. 普罗庚嗪	Proheptazine
99. 丙哌利定	Properidine
100. 消旋甲啡烷	Racemethorphan
101. 消旋吗拉胺	Racemoramide
102. 消旋啡烷	Racemorphan
103 瑞芬太尼*	Remifentanil
104. 舒芬太尼*	Sufentanil
105. 醋氢可酮	Thebacon
106. 蒂巴因*	Thebaine
107. 硫代芬太尼	Thiofentanyl
108. 替利定	Tilidine
109. 三甲利定	Trimeperidine
110. 醋氢可待因	Acetyldihydrocodeine
111. 布桂嗪*	Bucinnazine
112. 可待因*	Codeine
113. 复方樟脑酊*	Compound Camphor Tincture
114. 右丙氧芬*	Dextropropoxyphene
115. 双氢可待因*	Dihydrocodeine
116. 乙基吗啡*	Ethylmorphine
117. 尼可待因	Nicocodine
118. 尼二氢可待因	Nicodicodine
119. 去甲可待因	Norcodeine
120. 福尔可定*	Pholcodine
121. 丙吡兰	Propiram
122. 阿桔片*	Compound Platycodon Tablets
123. 吗啡阿托品注射液*	Morphine and Atropine Sulfate Injection

注：1. 上述品种包括其可能存在的盐和单方制剂

2. 上述品种包括其可能存在的化学异构体及酯、醚

3. 品种目录有*的麻醉药品为我国生产及使用的品种

相关执法参考

精神药品品种目录
（2007年版）

第一类	
1. 布苯丙胺	Brolamfetamine（DOB）
2. 卡西酮	Cathinone
3. 二乙基色胺	DET
4. 二甲氧基安非他明	2，5 – dimethoxyamfetamine（DMA）
5. （1，2 – 二甲基庚基）羟基四氢甲基二苯吡喃	DMHP
6. 二甲基色胺	DMT
7. 二甲氧基乙基安非他明	DOET
8. 乙环利定	Eticyclidine
9. 乙色胺	Etryptamine
10. 麦角二乙胺	（+） – Lysergide
11. 二亚甲基双氧安非他明	MDMA
12. 麦司卡林	Mescaline
13. 甲卡西酮	Methcathinone
14. 甲米雷司	4 – methylaminorex
15. 甲羟芬胺	MMDA
16. 乙芬胺	N – ethyl，MDA
17. 羟芬胺	N – hydroxy，MDA
18. 六氢大麻酚	Parahexyl
19. 副甲氧基安非他明	Paramethoxyamfetamine（PMA）
20. 赛洛新	Psilocine
21. 赛洛西宾	Psilocybine
22. 咯环利定	Rolicyclidine
23. 二甲氧基甲苯异丙胺	STP，DOM
24. 替苯丙胺	Tenamfetamine（MDA）
25. 替诺环定	Tenocyclidine
26. 四氢大麻酚（包括其同分异构物及其立体化学变体）	Tetrahydrocannabinol
27. 三甲氧基安非他明	TMA
28. 4 – 甲基硫基安非他明	4 – mthylthioamfetamine
29. 苯丙胺	Amfetamine

30. 安非拉酮	Amfepramone
31. 安咪奈丁	Amine tine
32. 2，5－二甲氧基－4－溴苯乙胺	4bromo －2，5 － dimethoxyphenethylamine （2－CB）
33. 丁丙诺啡*	Buprenorphine
34. 右苯丙胺	Dexamfetamine
35. 二甲基安非他明	Dimethylamfetamine
36. 芬乙茶碱	Fenetylline
37. γ－羟丁酸*	γ－hydroxybutyrate（GHB）
38. 氯胺酮*	Ketamine
39. 左苯丙胺	Levamfetamine
40. 左甲苯丙胺	Levomethamfetamine
41. 马吲哚*	Mazindol
42. 甲氯喹酮	Mecloqualone
43. 去氧麻黄碱	Metamfetamine
44. 去氧麻黄碱外消旋体	Metamfetamine Racemate
45. 甲喹酮	Methaqualone
46. 哌醋甲酯*	Methylphenidate
47. 莫达非尼	Modafinil
48. 苯环利定	Phencyclidine
49. 芬美曲秦	Phenmetrazine
50. 司可巴比妥*	Secobarbital
51. δ－9－四氢大麻酚及其立体化学变体	Delta －9 － tetrahydrocannabinol and its stereo-chemical variants
52. 三唑仑*	Triazolam
53. 齐培丙醇	Zipeprol
第二类	
54. 异戊巴比妥*	Amobarbital
55. 布他比妥	Butalbital
56. 布托啡诺及其注射剂*	Butorphanol and its injection
57. 咖啡因*	Caffeine
58. 安钠咖*	Caffeine Sodium Benzoate（CNB）
59. 去甲伪麻黄碱*	Cathine
60. 环已巴比妥	Cyclobarbital

相关执法参考

61. 地佐辛及其注射剂*	Dezocine and its injection
62. 右旋芬氟拉明	Dexfenfluramine
63. 芬氟拉明*	Fenfluramine
64. 氟硝西泮	Flunitrazepam
65. 格鲁米特*	Glutethimide
66. 呋芬雷司	Furfennorex
67. 喷他佐辛*	Pentazocine
68. 戊巴比妥*	Pentobarbital
69. 丙己君	Propylhexedrine
70. 阿洛巴比妥	Allobarbital
71. 阿普唑仑*	Alprazolam
72. 阿米雷司	Aminorex
73. 巴比妥*	Barbital
74. 苄非他明	Benzfetamine
75. 溴西泮*	Bromazepam
76. 溴替唑仑	Brotizolam
77. 丁巴比妥	Butobarbital
78. 卡马西泮	Camazepam
79. 氯氮䓬*	Chlordiazepoxide
80. 氯巴占	Clobazam
81. 氯硝西泮*	Clonazepam
82. 氯拉䓬酸	Clorazepate
83. 氯噻西泮	Clotiazepam
84. 氯口恶唑仑	Cloxazolam
85. 地洛西泮	Delorazepam
86. 地西泮*	Diazepam
87. 艾司唑仑*	Estazolam
88. 乙氯维诺	Ethchlorvynol
89. 炔已蚁胺	Ethinamate
90. 氯氟卓乙酯*	Ethyl Loflazepate
91. 乙非他明	Etilamfetamine
92. 芬坎法明	Fencamfamin
93. 芬普雷司	Fenproporex

相关执法参考

94. 氟地西泮	Fludiazepam
95. 氟西泮*	Flurazepam
96. 哈拉西泮	Halazepam
97. 卤沙唑仑	Haloxazolam
98. 凯他唑仑	Ketazolam
99. 利非他明	Lefetamine
100. 氯普唑仑	Loprazolam
101. 劳拉西泮*	Lorazepam
102. 氯甲西泮	Lormetazepam
103. 美达西泮	Medazepam
104. 美芬雷司	Mefenorex
105. 甲丙氨酯*	Meprobamate
106. 美索卡	Mesocarb
107. 甲苯巴比妥	Methylphenobarbital
108. 甲乙哌酮	Methyprylon
109. 咪达唑仑*	Midazolam
110. 纳布啡及其注射剂*	Nalbuphine and its injection
111. 尼美西泮	Nimetazepam
112. 硝西泮*	Nitrazepam
113. 去甲西泮	Nordazepam
114. 奥沙西泮*	Oxazepam
115. 奥沙唑仑	Oxazolam
116. 氨酚氢可酮片*	Paracetamol and Hydrocodone Bitartrate Tablets
117. 匹莫林*	Pemoline
118. 苯甲曲秦	Phendimetrazine
119. 苯巴比妥*	Phenobarbital
120. 芬特明	Phentermine
121. 匹那西泮	Pinazepam
122. 哌苯甲醇	Pipradrol
123. 普拉西泮	Prazepam
124. 吡咯戊酮	Pyrovalerone
125. 仲丁比妥	Secbutabarbital
126. 替马西泮*	Temazepam

相关执法参考

127. 四氢西泮	Tetrazepam
128. 曲马多*	Tramadol
129. 乙烯比妥	Vinylbital
130. 唑吡坦*	Zolpiden
131. 扎来普隆*	Zalepone
132. 麦角胺咖啡因片*	Ergotamine and Caffeine Tablets

注：1. 上述品种包括其可能存在的盐和单方制剂（除非另有规定）

2. 上述品种包括其可能存在的化学异构体及酯、醚（除非另有规定）

3. 品种目录有*的精神药品为我国生产及使用的品种

一百四十五、向他人提供毒品
（《治安管理处罚法》第72条第2项）

<table>
<tr><td colspan="2">案由</td><td>向他人提供毒品</td></tr>
<tr><td colspan="2">概念</td><td>向他人提供毒品，是指违反国家规定，向他人提供毒品，尚不够刑事处罚的行为。</td></tr>
<tr><td rowspan="4">违法构成要件</td><td>违法客体</td><td>本行为侵犯的客体是国家对毒品的管理制度。</td></tr>
<tr><td>违法客观方面</td><td>本行为在客观方面表现为违反国家规定，向他人提供毒品，尚不够刑事处罚的行为。
“毒品”是指鸦片、海洛因、甲基苯丙胺（冰毒）、吗啡、大麻、可卡因以及国家规定管制的能够使人形成瘾癖的麻醉药品和精神药品。
“向他人提供毒品”，必须是行为人违反国家关于毒品的管理规定，明知是毒品而向他人提供的行为。如果行为人没有违反规定，向医疗上需要某种麻醉药品、精神药品的人提供了该药品，其提供行为不构成违法。
“提供”行为应当是无偿的，即行为人只能以赠送、供给、非法批准等方式给他人提供毒品，如果是有偿的，无论是附条件的等价交换还是出售行为，均应当以贩卖毒品罪追究行为人的刑事责任。
提供的对象只能是走私、贩卖毒品的犯罪分子以外的人，包括吸毒人员和非吸毒人员。如果行为人将毒品提供给走私、贩卖毒品的犯罪分子，应当以走私毒品或贩卖毒品的共犯论处。</td></tr>
<tr><td>违法主体</td><td>本行为的主体是达到责任年龄、具有责任能力的自然人。</td></tr>
<tr><td>违法主观方面</td><td>本行为的主观方面只能是故意，即明知是毒品而非法提供，在非法提供毒品的故意中，行为人没有引诱他人吸毒的故意，如果行为人以提供毒品的方式，引诱他人吸毒的，构成引诱吸毒行为，根据《治安管理处罚法》第73条的规定定性处理。</td></tr>
<tr><td>认定界限</td><td colspan="2">（一）本行为与非法提供麻醉药品、精神药品罪的界限。
根据《刑法》第355条的规定，非法提供麻醉药品、精神药品罪，是指依法从事生产、运输、管理、使用国家管制的麻醉药品、精神药品的单位和个人，明知他人是吸毒者，而向其提供国家管制的能够使人成瘾的麻醉药品、精神药品的行为。两者的区别主要表现在：</td></tr>
</table>

<table>
<tr><td>认定界限</td><td>1. 行为侵犯的客体不同。本行为侵犯的客体是国家对毒品的管理制度。后者侵犯的客体是国家对麻醉药品、精神药品的管理制度。前者涉及的范围不仅包括麻醉药品、精神药品，而且还包括鸦片、海洛因、甲基苯丙胺（冰毒）、吗啡、大麻、可卡因等其他毒品。
2. 在行为方式上不同。本行为的非法提供行为的方式多种多样，后者的提供行为必须是利用了职务或工作上的便利，即利用了自己从事生产、运输、管理、使用上述药品的职务或工作之便利，如医生、药剂师利用职务之便。
3. 行为主体不同。本行为的主体是一般主体；而非法提供麻醉药品、精神药品罪的主体是特殊主体，只能是依法从事生产、运输、管理、使用国家管制的麻醉药品、精神药品的人员。
4. 本行为提供的对象并不要求必须是吸食、注射毒品的人员，可以包括任何人；而非法提供麻醉药品、精神药品罪的提供对象只能是吸食、注射毒品的人。
5. 行为的情节和后果不同。在实践中，在上面所有因素都相同的情况下，区别两者的关键就在于行为的情节和后果的严重程度，情节、后果轻的，属于本行为，达到一定严重程度的，以犯罪论处。情节、后果的轻重，要结合行为的次数、数量、提供的毒品的危害性、造成的影响、后果、行为人的目的、动机等因素来综合判断。

（二）本行为与贩卖毒品罪的界限。

根据《刑法》第347条的规定，贩卖毒品罪是指明知是毒品而贩卖的行为。两者的区别主要在于行为方式的不同。本行为表现为“提供”行为，这里的提供行为是一种无偿行为，行为人并没有意图通过“提供”行为得到任何物质上的利益，行为人提供的目的一般只是获得一定的“好感”，或者纯粹是为了“充面子”等；而贩卖毒品罪表现为“贩卖”行为，“贩卖”是一种有偿转让，行为人通过有偿转让，获得一定的物质利益。
在实践中，对行为人的“有偿提供行为”，实际上这已经是一种贩卖毒品的行为，根据《刑法》第347条第1款的规定，对于贩卖毒品的行为，无论数量多少，都应该以贩卖毒品罪追究刑事责任。</td></tr>
<tr><td>处罚标准</td><td>（一）构成本行为的，处10日以上15日以下拘留，可以并处2000元以下罚款。
（二）情节较轻的，处5日以下拘留或者500元以下罚款。
在实践中，判断情节的轻重，一般应从行为人的动机、手段、目的、行为的次数、造成的后果等方面综合考虑，由公安机关办案人员酌情量罚。一般来说，具有下列情形之一的，应认定为“情节较轻”：
1. 向他人提供毒品数量较小的；
2. 经劝阻主动改正的；
3. 初次实施上述违法行为未造成后果的；
4. 主动投案，向公安机关如实陈述自己的违法行为的；
5. 其他情节较轻的情形。</td></tr>
</table>

相关执法参考

《中华人民共和国治安管理处罚法》（节录）

（2005年8月28日第十届全国人民代表大会常务委员会第十七次会议通过
中华人民共和国主席令第三十八号公布　自2006年3月1日起施行）

第七十二条第二项　有下列行为之一的，处十日以上十五日以下拘留，可以并处二千元以下罚款；情节较轻的，处五日以下拘留或者五百元以下罚款：

（二）向他人提供毒品的；

《中华人民共和国刑法》（节录）

（1979年7月1日第五届全国人民代表大会第二次会议通过　1997年3月14日第八届全国人民代表大会第五次会议修订　根据2011年2月25日第十一届全国人民代表大会常务委员会第十九次会议通过的《中华人民共和国刑法修正案（八）》最新修正）

第三百四十七条　走私、贩卖、运输、制造毒品，无论数量多少，都应当追究刑事责任，予以刑事处罚。

走私、贩卖、运输、制造毒品，有下列情形之一的，处十五年有期徒刑、无期徒刑或者死刑，并处没收财产：

（一）走私、贩卖、运输、制造鸦片一千克以上、海洛因或者甲基苯丙胺五十克以上或者其他毒品数量大的；

（二）走私、贩卖、运输、制造毒品集团的首要分子；

（三）武装掩护走私、贩卖、运输、制造毒品的；

（四）以暴力抗拒检查、拘留、逮捕，情节严重的；

（五）参与有组织的国际贩毒活动的。

走私、贩卖、运输、制造鸦片二百克以上不满一千克、海洛因或者甲基苯丙胺十克以上不满五十克或者其他毒品数量较大的，处七年以上有期徒刑，并处罚金。

走私、贩卖、运输、制造鸦片不满二百克、海洛因或者甲基苯丙胺不满十克或者其他少量毒品的，处三年以下有期徒刑、拘役或者管制，并处罚金；情节严重的，处三年以上七年以下有期徒刑，并处罚金。

单位犯第二款、第三款、第四款罪的，对单位判处罚金，并对其直接负责的主管人员和其他直接责任人员，依照各该款的规定处罚。

利用、教唆未成年人走私、贩卖、运输、制造毒品，或者向未成年人出售毒品的，从重处罚。

对多次走私、贩卖、运输、制造毒品，未经处理的，毒品数量累计计算。

第三百五十五条　依法从事生产、运输、管理、使用国家管制的麻醉药品、精神药品的人员，违反国家规定，向吸食、注射毒品的人提供国家规定管制的能够使人形成瘾癖的麻醉药品、精神药品的，处三年以下有期徒刑或者拘役，并处罚金；情节严重的，处三年以上七年以下有期徒刑，并处罚金。向走私、贩卖毒品的犯罪分子或者以牟利为目的，向吸食、注射毒品的人提供国家规定管制的能够使人形成瘾癖的麻醉药品、精神药品的，依照本法第三百四十七条的规定定罪处罚。

单位犯前款罪的，对单位判处罚金，并对其直接负责的主管人员和其他直接责任人员，依照前款的规定处罚。

第三百五十六条　因走私、贩卖、运输、制造、非法持有毒品罪被判过刑，又犯本节规定之罪的，从重处罚。

第三百五十七条　本法所称的毒品，是指鸦片、海洛因、甲基苯丙胺（冰毒）、吗啡、大麻、可卡因以及国家规定管制的其他能够使人形成瘾癖的麻醉药品和精神药品。

毒品的数量以查证属实的走私、贩卖、运输、制造、非法持有毒品的数量计算，不以纯度折算。

《最高人民法院关于审理毒品案件定罪量刑标准有关问题的解释》（节录）

（2000年6月6日法释［2000］13号颁布　自2000年6月10日起实施）

第一条　走私、贩卖、运输、制造、非法持有下列毒品，应当认定为刑法第三百四十七条第二款第（一）项、第三百四十八条规定的“其他毒品数量大”：

（一）苯丙胺类毒品（甲基苯丙胺除外）一百克以上；

（二）大麻油五千克、大麻脂十千克、大麻叶及大麻烟一百五十千克以上；

（三）可卡因五十克以上；

（四）吗啡一百克以上；

（五）度冷丁（杜冷丁）二百五十克以上（针剂100mg/支规格的二千五百支以上，50mg/支规格的五千支以上；片剂25mg/片规格的一万片以上，50mg/片规格的五千片以上）；

（六）盐酸二氢埃托啡十毫克以上（针剂或者片剂20μg/支、片规格的五百支、片以上）；

（七）咖啡因二百千克以上；

（八）罂粟壳二百千克以上；

（九）上述毒品以外的其他毒品数量大的。

第二条　走私、贩卖、运输、制造、非法持有下列毒品，应当认定为刑法第三百四十七条第三款、第三百四十八条规定的“其他毒品数量较大”：

（一）苯丙胺类毒品（甲基苯丙胺除外）二十克以上不满一百克；

（二）大麻油一千克以上不满五千克，大麻脂二千克以上不满十千克，大麻叶及大麻烟三十千克以上不满一百五十千克；

（三）可卡因十克以上不满五十克；

（四）吗啡二十克以上不满一百克；

（五）度冷丁（杜冷丁）五十克以上不满二百五十克（针剂100mg/支规格的五百支以上不满二千五百支，50mg/支规格的一千支以上不满五千支；片剂25mg/片规格的二千片以上不满一万片，50mg/片规格的一千片以上不满五千片）；

（六）盐酸二氢埃托啡二毫克以上不满十毫克（针剂或者片剂20μg/支、片规格的一百支、片以上不满五百支、片）；

（七）咖啡因五十千克以上不满二百千克；

（八）罂粟壳五十千克以上不满二百千克；

（九）上述毒品以外的其他毒品数量较大的。

第三条　具有下列情形之一的，可以认定为刑法第三百四十七条第四款规定的“情节严重”：

（一）走私、贩卖、运输、制造鸦片一百四十克以上不满二百克、海洛因或者甲基苯丙胺七克以上不满十克或者其他数量相当毒品的；

（二）国家工作人员走私、制造、运输、贩卖毒品；

（三）在戒毒监管场所贩卖毒品的；

（四）向多人贩毒或者多次贩毒的；

（五）其他情节严重的行为。

《公安部关于在成品药中非法添加阿普唑仑和曲马多进行销售能否认定为制造贩卖毒品有关问题的批复》

（公复字［2009］1号）

海南省公安厅：

你厅《关于在成品药中非法添加阿普唑仑和曲马多进行销售能否认定为毒品的请示》（琼公发［2009］2号）收悉。经商最高人民检察院有关部门，现批复如下：

一、阿普唑仑和曲马多为国家管制的二类精神药品。根据《中华人民共和国刑法》第三百五十五条的规定，如果行为人具有生产、管理、使用阿普唑仑和曲马多的资质，却将其掺加在其他药品中，违反国家规定向吸食、注射毒品的人提供的，构成非法提供精神药品罪；向走私、贩卖毒品的犯罪分子或以牟利为目的向吸食、注射毒品的人提供的，构成走私、贩卖毒品罪。根据《中华人民共和国刑法》第三百四十七条的规定，如果行为人没有生产、管理、使用阿普唑仑和曲马多的资质，而将其掺加在其他药品中予以贩卖，构成贩卖、制造毒品罪。

二、在办案中应当注意区别为治疗、戒毒依法合理使用的行为与上述犯罪行为的界限。只有违反国家规定，明知是走私、贩卖毒品的人员而向其提供阿普唑仑和曲马多，或者明知是吸毒人员而向其贩卖或超出规定的次数、数量向其提供阿普唑仑和曲马多的，才可以认定为犯罪。

《关于安定注射液是否属于刑法第三百五十五条规定的精神药品问题的答复》

（2002年10月24日［2002］高检研发第23号颁布　自颁布之日起实施）

福建省人民检察院研究室：

你院《关于安定注射液是否属于〈刑法〉第三百五十五条规定的精神药品的请示》（闽检［2001］6号）收悉。经研究并征求有关部门意见，答复如下：

根据《精神药品管理办法》等国家有关规定，“能够使人形成瘾癖”的精神药品，是指使用后能使人的中枢神经系统兴奋或者抑制连续使用能使人产生依赖性的药品。安定注射液属于刑法第三百五十五条第一款规定的“国家规定管制的能够使人形成瘾癖的”精神药品。鉴于安定注射液属于《精神药品管理办法》规定的第二类精神药品，医疗实践中使用较多，在处理此类案件时，应当慎重掌握罪与非罪的界限。对于明知他人是吸毒人员而多次向其出售安定注射液，或者贩卖安定注射液数量较大的，可以依法追究行为人的刑事责任。

相关执法参考

《公安部关于认定海洛因有关问题的批复》

（2002年6月28日　公禁毒〔2002〕236号）

甘肃省公安厅：

你厅《关于海洛因认定问题的请示》（甘公禁〔2002〕27号）收悉。现批复如下：

一、海洛因是以“二乙酰吗啡”或“盐酸二乙酰吗啡”为主要成分的化学合成的精制鸦片类毒品，“单乙酰吗啡”和“单乙酰可待因”是只有在化学合成海洛因过程中才会衍生的化学物质，属于同一种类的精制鸦片类毒品。海洛因在运输、贮存过程中，因湿度、光照等因素的影响，会出现“二乙酰吗啡”自然降解为“单乙酰吗啡”的现象，即“二乙酰吗啡”含量呈下降趋势，“单乙酰吗啡”含量呈上升趋势，甚至出现只检出“单乙酰吗啡”成分而未检出“二乙酰吗啡”成分的检验结果。因此，不论是否检出“二乙酰吗啡”成分，只要检出“单乙酰吗啡”或“单乙酰吗啡和单乙酰可待因”的，根据化验部门出具的检验报告，均应当认定送检样品为海洛因。

二、根据海洛因的毒理作用，海洛因进入吸毒者的体内代谢后，很快由“二乙酰吗啡”转化为“单乙酰吗啡”，然后再代谢为吗啡。在海洛因滥用者或中毒者的尿液或其他检材检验中，只能检出少量“单乙酰吗啡”及吗啡成分，无法检出“二乙酰吗啡”成分。因此，在尿液及其他检材中，只要检验出“单乙酰吗啡”，即证明涉嫌人员服用了海洛因。

《中华人民共和国禁毒法》（节录）

（2007年12月29日第十届全国人民代表大会常务委员会第三十一次会议通过　中华人民共和国主席令第79号颁布　自2008年6月1日起施行）

第二条　本法所称毒品，是指鸦片、海洛因、甲基苯丙胺（冰毒）、吗啡、大麻、可卡因，以及国家规定管制的其他能够使人形成瘾癖的麻醉药品和精神药品。

根据医疗、教学、科研的需要，依法可以生产、经营、使用、储存、运输麻醉药品和精神药品。

第六十三条　在麻醉药品、精神药品的实验研究、生产、经营、使用、储存、运输、进口、出口以及麻醉药品药用原植物种植活动中，违反国家规定，致使麻醉药品、精神药品或者麻醉药品药用原植物流入非法渠道，构成犯罪的，依法追究刑事责任；尚不构成犯罪的，依照有关法律、行政法规的规定给予处罚。

第七十一条　本法自2008年6月1日起施行。《全国人民代表大会常务委员会关于禁毒的决定》同时废止。

一百四十六、吸毒

（《治安管理处罚法》第72条第3项）

<table>
<tr><td colspan="2">案由</td><td>吸毒</td></tr>
<tr><td colspan="2">概念</td><td>吸毒，是指违反国家规定，明知是毒品而吸食或注射的行为。</td></tr>
<tr><td rowspan="4">违法构成要件</td><td>违法客体</td><td>本行为侵犯的客体是国家对毒品的管理制度。</td></tr>
<tr><td>违法客观方面</td><td>本行为在客观方面表现违反国家规定，明知是毒品而吸食或注射的行为。
“毒品”是指鸦片、海洛因、甲基苯丙胺（冰毒）、吗啡、大麻、可卡因以及国家规定管制的能够使人形成瘾癖的麻醉药品和精神药品。
“吸食”是指通过鼻吸、吞食等方式，通过人体自然吸收毒品；“注射”是指直接通过皮下注射、静脉注射等方式，将毒品直接注入血液系统。
“违反国家规定”是指行为人的吸食或注射行为是非法的，在实践中，部分病人，因病情的需要，在医生的指导下是可以使用部分麻醉药品或精神药品的，由于这是在法律规定的范围内进行的，该行为没有社会危害性，所以，不构成本行为。</td></tr>
<tr><td>违法主体</td><td>本行为的主体是达到责任年龄、具有责任能力的自然人。</td></tr>
<tr><td>违法主观方面</td><td>本行为的主观方面只能是故意，即行为人明知是毒品而吸食或注射，如果行为人根本不知道是毒品而误服、误用的，不构成本行为。</td></tr>
<tr><td>认定界限</td><td colspan="2">如何正确认定毒品？
根据《刑法》第357条的规定，毒品，是指鸦片、海洛因、甲基苯丙胺（冰毒）、吗啡、大麻、可卡因以及国家规定管制的其他能够使人形成瘾癖的麻醉药品和精神药品。根据2007年10月11日国家食品药品监督管理局、公安部、卫生部公布的《麻醉药品和精神药品品种目录（2007年版）》，麻醉药品共123种，精神药品共两大类132种。根据司法实践，“毒品”一般具有以下3个主要特征：
1. 依赖性或成瘾性。这是指由于重复使用，能够产生严重的生理或心理依赖。
2. 毒害性。这是指由于滥用或长期使用，能够造成人体内中毒，产生体力衰弱、智力减弱，甚至会产生神经错乱、中毒死亡的后果。
3. 违法性。这是指这些物品是国家管制的。在有关人员或机构的同意下使用这些物品，不属于吸毒。</td></tr>
</table>

认定界限	在实践中，判断行为人是否吸毒，所吸食或注射的是否是毒品，应综合上述几个条件来判断，从而正确定性处罚。
处罚标准	（一）构成本行为的，处10日以上15日以下拘留，可以并处2000元以下罚款。 （二）情节较轻的，处5日以下拘留或者500元以下罚款。 在实践中，判断情节的轻重，一般应从行为人的动机、手段、目的、行为的次数、造成的后果等方面综合考虑，由公安机关办案人员酌情量罚。一般来说，具有下列情形之一的，应认定为“情节较轻”： 1. 初次吸食、注射毒品或无吸毒违法记录的； 2. 经劝阻主动改正的； 3. 主动投案，向公安机关如实陈述自己的违法行为的； 4. 被胁迫、欺骗吸食、注射毒品的； 5. 其他情节较轻的情形。
相关执法参考	**《中华人民共和国治安管理处罚法》**（节录） （2005年8月28日第十届全国人民代表大会常务委员会第十七次会议通过　中华人民共和国主席令第三十八号公布　自2006年3月1日起施行） 第七十二条第三项　有下列行为之一的，处十日以上十五日以下拘留，可以并处二千元以下罚款；情节较轻的，处五日以下拘留或者五百元以下罚款： （三）吸食、注射毒品的； **《公安机关执行〈中华人民共和国治安管理处罚法〉有关问题的解释》（二）**（节录） （2007年1月8日　公通字［2007］1号） 九、关于运送他人偷越国（边）境、偷越国（边）境和吸食、注射毒品行为的法律适用问题 对运送他人偷越国（边）境、偷越国（边）境和吸食、注射毒品行为的行政处罚，适用《治安管理处罚法》第六十一条、第六十二条第二款和第七十二条第三项的规定，不再适用全国人民代表大会常务委员会《关于严惩组织、运送他人偷越国（边）境犯罪的补充规定》和《关于禁毒的决定》的规定。 **《公安部关于执行〈中华人民共和国禁毒法〉有关问题的批复》** （公复字［2008］7号） 北京市公安局： 你局《关于执行中华人民共和国禁毒法有关问题的请示》（京公法字［2008］1349号）收悉。现批复如下： 一、对吸食、注射毒品人员，无论成瘾与否，应当根据《中华人民共和国治安管理处罚法》第七十二条的规定，予以治安管理处罚。但是，吸毒人员主动到公安

机关登记或者到有资质的医疗机构接受戒毒治疗的，不予处罚。

二、《中华人民共和国禁毒法》规定的社区戒毒、强制隔离戒毒措施不是行政处罚，而是一种强制性的戒毒治疗措施。对吸毒成瘾人员，公安机关可以同时依法决定予以治安管理处罚和社区戒毒或者强制隔离戒毒。

三、对于同时被决定行政拘留和社区戒毒或者强制隔离戒毒的吸毒成瘾人员，且不属于《中华人民共和国治安管理处罚法》第二十一条规定情形的，应当先执行行政拘留，再执行社区戒毒或者强制隔离戒毒，行政拘留的期限不计入社区戒毒或者强制隔离戒毒的期限。拘留所不具备戒毒治疗条件的，可由公安机关管理的强制隔离戒毒所代为执行行政拘留。

《关于做好新旧戒毒体制衔接有关问题的通知》

（公禁毒［2008］346号）

各省、自治区、直辖市公安厅、局，新疆生产建设兵团公安局：

《中华人民共和国禁毒法》（以下简称《禁毒法》）将强制戒毒和劳动教养戒毒统一规定为强制隔离戒毒，同时规定了社区戒毒和社区康复措施。为做好新旧戒毒体制的衔接工作，有效加强对吸毒人员的管理和救助，经征求全国人民代表大会常务委员会法制工作委员会的意见，现就新旧戒毒体制衔接有关问题通知如下：

一、关于《禁毒法》实施后解除强制戒毒措施人员的社区康复问题

对在2008年6月1日前被决定强制戒毒尚未执行期满的，继续执行强制戒毒剩余的期限；戒毒期满后，出具《解除强制隔离戒毒证明书》，并可以根据《禁毒法》的规定，责令接受不超过三年的社区康复。被责令社区康复的人员自愿提出到戒毒康复场所康复的，经社区康复执行地城市街道办事处、乡镇人民政府同意，也可以到戒毒康复场所执行。

二、关于将正在接受社会帮教的戒毒人员转为社区康复的问题

为保证正在接受社会帮教的戒毒人员有效戒毒，对2008年6月1日前在社区接受社会帮教未满三年的戒毒人员，其接受社会帮教所在地县级以上人民政府公安机关可以依照《禁毒法》的规定，责令其接受社区康复，出具《责令社区康复决定书》；已执行社会帮教的时间计入社区康复期限，合计不超过三年。

《公安部关于对查获异地吸毒人员处理问题的批复》

（公复字［2008］3号）

上海市公安局：

你局《关于提请明确异地吸毒人员处理办法的请示》（沪公［2008］134号）收悉。现批复如下：

吸毒案件属于公安行政案件的范畴。根据《行政处罚法》和《公安机关办理行政案件程序规定》的相关规定，公安行政案件由违法行为发生地公安机关管辖，由违法行为人居住地公安机关管辖更为适宜的，可以由违法行为人居住地公安机关管辖。违法行为发生地包括违法行为实施地、违法行为结果发生地、销赃地等与违法活动有关的地方。违法行为有继续或者持续状态的，违法行为继续或者持续的地

方都属于违法行为发生地。而吸毒行为，就其行为特性而言，是一种持续状态，发现地公安机关可以按照违法行为发生地原则予以管辖。但是，如果吸毒行为实际发生地的公安机关已对吸毒人员依法处理的，发现地公安机关则不得对同一行为作出处理决定。

《吸毒人员登记办法》

（2009年5月13日　公通字［2009］26号）

第一条　为了准确掌握全国吸毒人员的状况，规范对吸毒人员的登记工作，进一步加强对吸毒人员的动态管控，根据《中华人民共和国禁毒法》等有关法律、行政法规，制定本办法。

第二条　本办法所称吸毒人员登记，是指公安机关、司法行政部门、医疗卫生机构对吸毒人员自然状况、吸毒违法行为及处理情况、戒毒情况及其变更情况等加以记载和管理的活动。

公安机关应当对登记的吸毒人员建立工作台账，并将登记信息录入“全国禁毒信息系统”吸毒人员数据库，实行信息化管理。

第三条　对下列吸毒人员应当进行登记：

（一）主动到公安机关进行登记的吸毒人员；

（二）公安机关发现和采取戒毒措施的吸毒人员；

（三）在司法行政部门管理的场所执行戒毒措施、刑罚以及强制性教育措施的吸毒人员；

（四）在医疗卫生机构进行自愿戒毒或社区药物维持治疗的吸毒人员。

第四条　各级公安机关治安、边防、刑侦、监管、禁毒等部门警种和铁路、交通运输、民航、林业等系统公安机关相关部门以及公安派出所，应当按照“谁发现、谁登记”的原则，对在工作中发现和查获的吸毒人员及时进行登记。

各级公安机关禁毒部门负责与本地区司法行政部门、医疗卫生机构建立吸毒人员登记工作信息交流制度，及时将司法行政部门和医疗卫生机构提供的吸毒人员的相关信息录入吸毒人员数据库。

第五条　公安机关应当对吸毒人员的身份进行核实。

对拒不交待真实身份的吸毒人员，公安机关应采取多种办法进行核实，防止错登、漏登。

对暂时无法核实身份的吸毒人员，公安机关应当采集其照片、指纹和DNA信息留存，待查明其真实身份后，及时补充完善相应的登记信息。

第六条　公安机关登记吸毒人员信息时，对已经核实身份的，按照要求填写相应的吸毒人员登记表格，经公安机关登记单位负责人审核后与有关证明材料一起归入吸毒人员档案，同时将吸毒人员的登记信息按要求录入吸毒人员数据库。

对身份暂时不明和未办理户籍登记的吸毒人员的信息，由公安机关采集并填写相应的吸毒人员登记表，报各省、自治区、直辖市公安厅、局禁毒部门统一汇总并录入吸毒人员数据库。吸毒人员真实身份查明后，核查单位应当及时将核实情况上报省、自治区、直辖市公安厅、局禁毒部门，由省、自治区、直辖市公安厅、局禁

相关执法参考

毒部门对吸毒人员数据库中的相关信息予以更新。

吸毒人员登记表格由公安部统一制定，各省、自治区、直辖市公安厅、局负责印制。

第七条　对于在司法行政部门主管的强制隔离戒毒场所、戒毒康复场所、劳动教养所、监狱、未成年人管教所等监管场所内的吸毒人员，由场所所在地司法行政部门按照标准采集相关信息，填写相应的《强制隔离戒毒人员登记表》或者《在教/服刑/被监管吸毒人员登记表》、《戒毒康复场所人员登记表》，每月定期提供给公安机关禁毒部门统一录入吸毒人员数据库。

对于在医疗卫生机构接受戒毒治疗的吸毒人员，由当地医疗卫生机构采集其参加自愿戒毒或社区药物维持治疗等相关信息，填写《戒毒人员治疗情况登记表》，每月定期提供给当地公安机关禁毒部门，由公安机关禁毒部门对其身份进行核实后统一录入吸毒人员数据库。

对于被责令接受社区戒毒或者社区康复的戒毒人员，由对其实施定期检测的公安机关按照标准采集信息，填写《社区戒毒/社区康复人员登记表》，及时录入吸毒人员数据库。社区戒毒或者社区康复人员接受定期检测的信息应当以每次检测结果的书面报告材料为依据。

第八条　吸毒人员主动到居住地或者户籍所在地公安机关进行登记的，公安机关应当及时受理。吸毒人员在居住地公安机关登记的，如果居住地与户籍所在地公安机关不一致，居住地公安机关应当将登记情况通报其户籍所在地公安机关。

第九条　登记吸毒人员信息应当做到“真实、准确、及时”，在吸毒人员数据库中登记的信息应当与实际管控工作现状和工作台账相一致。

已登记吸毒人员的自然状况、吸毒情况、处理情况、戒毒治疗情况等发生变化的，公安机关应当遵循“谁经办、谁负责”的原则，在登记台账和吸毒人员数据库中及时更新维护。

第十条　吸毒人员登记情况的统计实行年度定期汇总制度，以“全国禁毒信息系统”吸毒人员数据库的登记信息为准。各级公安机关禁毒部门应当每年定期对本地区登记的吸毒人员情况进行统计，重点统计吸毒成瘾人员的管控状况。

第十一条　公安机关、司法行政部门、医疗卫生机构应当保护被登记人员的隐私权，不得违反规定向任何单位和个人提供吸毒人员的个人信息。

第十二条　公安机关进行吸毒人员登记工作所需经费，由各级公安机关在每年的公安业务经费中予以安排。

第十三条　吸毒人员登记情况以及登记台账、数据库信息的维护等工作情况，应当纳入各地禁毒工作考核范围。

第十四条　对违反本办法，有下列情形之一的，由上级主管部门责令登记单位改正并予以通报批评；情节恶劣，造成严重后果的，按照规定追究相关人员的行政责任和法律责任：

（一）瞒报、漏报吸毒人数的；

（二）审核把关不严，登录吸毒人员虚假信息或者错误信息的；

（三）不认真履行职责，未按规定及时登记、变更吸毒人员信息的；

（四）故意泄露或者私自删除吸毒人员登记信息的；

（五）其他违反本办法的行为。

第十五条　本办法自印发之日起施行。公安部、司法部、卫生部以前制定的有关吸毒人员登记工作规定与本办法不一致的，以本办法为准。

附件：1. 主动登记吸毒人员登记表（略）

2. 吸毒人员查获登记表（略）

3. 强制隔离戒毒人员登记表（略）

4. 社区戒毒/社区康复人员登记表（略）

5. 戒毒人员治疗情况登记表（略）

6. 戒毒康复场所登记表（略）

7. 在教/服刑/被监管吸毒人员登记表（略）

《吸毒成瘾认定办法》

（2010年11月19日公安部部长办公会议通过
公安部令第115号　自2011年4月1日起施行）

第一条　为规范吸毒成瘾认定工作，科学认定吸毒成瘾人员，依法对吸毒成瘾人员采取戒毒措施和提供戒毒治疗，根据《中华人民共和国禁毒法》，制定本办法。

第二条　本办法所称吸毒成瘾，是指吸毒人员因反复使用毒品而导致的慢性复发性脑病，表现为不顾不良后果、强迫性寻求及使用毒品的行为，同时伴有不同程度的个人健康及社会功能损害。

第三条　本办法所称吸毒成瘾认定，是指公安机关或者其委托的戒毒医疗机构通过对吸毒人员进行人体生物样本检测、收集其吸毒证据或者根据生理、心理、精神的症状、体征等情况，判断其是否成瘾以及是否成瘾严重的工作。

本办法所称戒毒医疗机构，是指符合《戒毒医疗服务管理暂行办法》规定的专科戒毒医院和设有戒毒治疗科室的其他医疗机构。

第四条　公安机关在执法活动中发现吸毒人员，应当进行吸毒成瘾认定；因技术原因认定有困难的，可以委托有资质的戒毒医疗机构进行认定。

第五条　承担吸毒成瘾认定工作的戒毒医疗机构，由省级卫生行政部门会同同级公安机关指定。

第六条　公安机关认定吸毒成瘾，应当由两名以上人民警察进行，并在作出人体生物样本检测结论的二十四小时内提出认定意见，由认定人员签名，经所在单位负责人审核，加盖所在单位印章。

有关证据材料，应当作为认定意见的组成部分。

第七条　吸毒人员同时具备以下情形的，公安机关认定其吸毒成瘾：

（一）经人体生物样本检测证明其体内含有毒品成份；

（二）有证据证明其有使用毒品行为；

（三）有戒断症状或者有证据证明吸毒史，包括曾经因使用毒品被公安机关查处或者曾经进行自愿戒毒等情形。

戒断症状的具体情形，参照卫生部制定的《阿片类药物依赖诊断治疗指导原

相关执法参考

则》和《苯丙胺类药物依赖诊断治疗指导原则》确定。

第八条　吸毒成瘾人员具有下列情形之一的，公安机关认定其吸毒成瘾严重：

（一）曾经被责令社区戒毒、强制隔离戒毒（含《禁毒法》实施以前被强制戒毒或者劳教戒毒）、社区康复或者参加过戒毒药物维持治疗，再次吸食、注射毒品的；

（二）有证据证明其采取注射方式使用毒品或者多次使用两类以上毒品的；

（三）有证据证明其使用毒品后伴有聚众淫乱、自伤自残或者暴力侵犯他人人身、财产安全等行为的。

第九条　公安机关在吸毒成瘾认定过程中实施人体生物样本检测，依照公安部制定的《吸毒检测程序规定》的有关规定执行。

第十条　公安机关承担吸毒成瘾认定工作的人民警察，应当同时具备以下条件：

（一）具有二级警员以上警衔及两年以上相关执法工作经历；

（二）经省级公安机关、卫生行政部门组织培训并考核合格。

第十一条　公安机关委托戒毒医疗机构进行吸毒成瘾认定的，应当在吸毒人员末次吸毒的七十二小时内予以委托并提交委托函。超过七十二小时委托的，戒毒医疗机构可以不予受理。

第十二条　承担吸毒成瘾认定工作的戒毒医疗机构及其医务人员，应当依照《戒毒医疗服务管理暂行办法》的有关规定进行吸毒成瘾认定工作。

第十三条　戒毒医疗机构认定吸毒成瘾，应当由两名承担吸毒成瘾认定工作的医师进行。

第十四条　承担吸毒成瘾认定工作的医师，应当同时具备以下条件：

（一）符合《戒毒医疗服务管理暂行办法》的有关规定；

（二）从事戒毒医疗工作不少于三年；

（三）具有中级以上专业技术职务任职资格。

第十五条　戒毒医疗机构对吸毒人员采集病史和体格检查时，委托认定的公安机关应当派有关人员在场协助。

第十六条　戒毒医疗机构认为需要对吸毒人员进行人体生物样本检测的，委托认定的公安机关应当协助提供现场采集的检测样本。

戒毒医疗机构认为需要重新采集其他人体生物检测样本的，委托认定的公安机关应当予以协助。

第十七条　戒毒医疗机构使用的检测试剂，应当是经国家食品药品监督管理局批准的产品，并避免与常见药物发生交叉反应。

第十八条　戒毒医疗机构及其医务人员应当依照诊疗规范、常规和有关规定，结合吸毒人员的病史、精神症状检查、体格检查和人体生物样本检测结果等，对吸毒人员进行吸毒成瘾认定。

第十九条　戒毒医疗机构应当自接受委托认定之日起三个工作日内出具吸毒成瘾认定报告，由认定人员签名并加盖戒毒医疗机构公章。认定报告一式二份，一份交委托认定的公安机关，一份留存备查。

第二十条　委托戒毒医疗机构进行吸毒成瘾认定的费用由委托单位承担。

第二十一条　各级公安机关、卫生行政部门应当加强对吸毒成瘾认定工作的指导和管理。

第二十二条　任何单位和个人不得违反规定泄露承担吸毒成瘾认定工作相关工作人员及被认定人员的信息。

第二十三条　公安机关、戒毒医疗机构以及承担认定工作的相关人员违反本办法规定的，依照有关法律法规追究责任。

第二十四条　本办法自2011年4月1日起施行。

《吸毒检测程序规定》

（2009年7月28日公安部部长办公会议通过
公安部令第110号　自2010年1月1日起施行）

第一条　为规范公安机关吸毒检测工作，保护当事人的合法权益，根据《中华人民共和国禁毒法》等有关法律规定，制定本规定。

第二条　吸毒检测是运用科学技术手段对涉嫌吸毒的人员进行生物医学检测，为公安机关认定吸毒行为提供科学依据的活动。

吸毒检测的对象，包括涉嫌吸毒的人员，被决定执行强制隔离戒毒的人员，被公安机关责令接受社区戒毒和社区康复的人员，以及戒毒康复场所内的戒毒康复人员。

第三条　吸毒检测分为现场检测、实验室检测、实验室复检。

第四条　现场检测由县级以上公安机关或者其派出机构进行。

实验室检测由县级以上公安机关指定的取得检验鉴定机构资格的实验室或者有资质的医疗机构进行。

实验室复检由县级以上公安机关指定的取得检验鉴定机构资格的实验室进行。

实验室检测和实验室复检不得由同一检测机构进行。

第五条　吸毒检测样本的采集应当使用专用器材。现场检测器材应当是国家主管部门批准生产或者进口的合格产品。

第六条　检测样本为采集的被检测人员的尿液、血液或者毛发等生物样本。

第七条　被检测人员拒绝接受检测的，经县级以上公安机关或者其派出机构负责人批准，可以对其进行强制检测。

第八条　公安机关采集、送检、检测样本，应当由两名以上工作人员进行；采集女性被检测人尿液检测样本，应当由女性工作人员进行。

采集的检测样本经现场检测结果为阳性的，应当分别保存在A、B两个样本专用器材中并编号，由采集人和被采集人共同签字封存，在低温条件下保存，保存期为两个月。

第九条　现场检测应当出具检测报告，由检测人签名，并加盖检测的公安机关或者其派出机构的印章。

现场检测结果应当当场告知被检测人，并由被检测人在检测报告上签名。被检测人拒不签名的，公安民警应当在检测报告上注明。

相关执法参考

第十条　被检测人对现场检测结果有异议的，可以在被告知检测结果之日起的三日内，向现场检测的公安机关提出实验室检测申请。

公安机关应当在接到实验室检测申请后的三日内作出是否同意进行实验室检测的决定，并将结果告知被检测人。

第十一条　公安机关决定进行实验室检测的，应当在作出实验室检测决定后的三日内，将保存的A样本送交县级以上公安机关指定的具有检验鉴定资格的实验室或者有资质的医疗机构。

第十二条　接受委托的实验室或者医疗机构应当在接到检测样本后的五日内出具实验室检测报告，由检测人签名，并加盖检测机构公章后，送委托实验室检测的公安机关。公安机关收到检测报告后，应当在二十四小时内将检测结果告知被检测人。

第十三条　被检测人对实验室检测结果有异议的，可以在被告知检测结果后的三日内，向现场检测的公安机关提出实验室复检申请。

公安机关应当在接到实验室复检申请后的三日内作出是否同意进行实验室复检的决定，并将结果告知被检测人。

第十四条　公安机关决定进行实验室复检的，应当在作出实验室复检决定后的三日内，将保存的B样本送交县级以上公安机关指定的具有检验鉴定资格的实验室。

第十五条　接受委托的实验室应当在接到检测样本后的五日内出具检测报告，由检测人签名，并加盖专用鉴定章后，送委托实验室复检的公安机关。公安机关收到检测报告后，应当在二十四小时内将检测结果告知被检测人。

第十六条　接受委托的实验室检测机构或者实验室复检机构认为送检样本不符合检测条件的，应当报县级以上公安机关或者其派出机构负责人批准后，由公安机关根据检测机构的意见，重新采集检测样本。

第十七条　被检测人是否申请实验室检测和实验室复检，不影响案件的正常办理。

公安机关认为必要时，可以直接决定进行实验室检测和实验室复检。

第十八条　现场检测费用和公安机关直接决定进行的实验室检测、实验室复检的费用由公安机关承担。

被检测人申请实验室检测和实验室复检的，费用由申请人承担，但具有《公安机关办理行政案件程序规定》第七十三条第一项至第五项情形之一或者其他违法检测情形的除外。

第十九条　公安机关、鉴定机构或者其工作人员违反本规定，有下列情形之一的，应当依照有关规定，对相关责任人给予纪律处分或者行政处分；构成犯罪的，依法追究刑事责任：

（一）因严重不负责任给当事人合法权益造成重大损害的；

（二）故意提供虚假检测报告的；

（三）法律、行政法规规定的其他情形。

第二十条　吸毒检测的技术标准由公安部另行制定。

相关执法参考

第二十一条　本规定所称“以上”、“内”皆包含本级或者本数，“日”是指工作日。

第二十二条　本规定自2010年1月1日起施行。

《公安民警现场处置涉毒人员预警情报信息规范用语》

（2010年9月16日）

公安民警在现场处置涉毒人员预警情报信息时，应当理性、平和、文明、规范执法，对当事人用语准确、简练、规范，针对在现场执法活动中遇到的不同情形区别对待。

一、在盘问、检查涉毒人员时的规范用语

（一）在到达指定现场向涉毒嫌疑人表明执法身份时，可以说：“你好，我们是××公安局的民警，这是我们的证件。”

（二）需要涉毒嫌疑人出示身份证件时，可以说：“你好，例行检查，请出示身份证件。”

（三）在盘问、检查中遇到涉毒嫌疑人拒绝时，可以说：“我们是根据《人民警察法》第九条依法执行公务，请配合。”

（四）需要检查涉毒嫌疑人随身携带物品时，可以说：“现在我们依法对你的行李物品进行检查，请配合。”

（五）需要对涉毒嫌疑人进行尿样检测时，可以说：“你因吸毒于×年×月×日曾被公安机关予以治安管理处罚（或责令社区戒毒、强制隔离戒毒、社区康复、正在参加社区药物维持治疗），现在我们依法对你进行尿检，请配合。”

二、发现预警涉毒人员身份信息有误时的规范用语

发现预警涉毒人员身份信息有误时，可以说：“因工作失误给你造成的不便请谅解，我们会尽快处理，及时反映纠正。请留下姓名、地址、联系方式，我们会主动和你联系。谢谢配合。”

三、在处置预警制贩毒嫌疑人员时的规范用语

（一）对发现不存在违法犯罪行为人员，可以说：“我们是依法执行公务，请你理解，谢谢你的合作。”

（二）对发现存在毒品犯罪嫌疑人员，可以说：“你因涉嫌毒品违法犯罪，依照《人民警察法》第九条规定，请你接受盘问、检查，请配合。”

四、在处置预警吸毒人员时的规范用语

（一）对尿检结果呈阴性、受过治安管理处罚人员，可以说：“经过依法检测，你的尿检结果正常，谢谢你的配合。”

（二）对尿检结果呈阴性、正在接受社区戒毒人员（或社区康复人员、参加社区药物维持治疗人员），可以说：“经过依法检测，你的尿检结果正常，希望继续履行社区戒毒协议（或社区康复协议、参加戒毒药物维持治疗），巩固戒毒效果，谢谢你的配合。”

（三）对尿检结果呈阳性、需要继续调查核实的人员，可以说：“经过依法检测，你的尿检结果是阳性，表明你涉嫌吸毒，现在我们依法带你去公安机关进一步

相关执法参考

调查核实，请配合。”

《强制戒毒办法》（节录）

（1995年1月12日国务院令第170号颁布　自颁布之日起实施）

第二条　本办法所称强制戒毒，是指对吸食、注射毒品成瘾人员，在一定时期内通过行政措施对其强制进行药物治疗、心理治疗和法制教育、道德教育，使其戒除毒瘾。

第三条　强制戒毒工作由公安机关主管。

县级以上地方各级人民政府卫生部门、民政部门，应当配合同级公安机关做好强制戒毒工作。

第五条　对需要送入强制戒毒所的吸食、注射毒品成瘾人员（以下简称戒毒人员）实施强制戒毒，由县级人民政府公安机关决定。强制戒毒决定书应当于戒毒人员入所前交给本人。强制戒毒决定应当自作出决定之日起3日内通知戒毒人员的家属、所在单位和户口所在地公安派出所。

第六条　强制戒毒期限为3个月至6个月，自入所之日起计算。

对强制戒毒期满仍未戒除毒瘾的戒毒人员，强制戒毒所可以提出意见，报原作出决定的公安机关批准，延长强制戒毒期限；但是，实际执行的强制戒毒期限连续计算不超过1年。

第十一条　强制戒毒所对戒毒人员采取药物治疗措施，应当建立治疗档案；使用麻醉药品和精神药品，必须依照有关法律、行政法规的规定执行。

第十二条　强制戒毒所对戒毒人员应当采取必要的保护措施，防止发生戒毒人员伤亡事故。

强制戒毒所对因毒瘾发作可能发生自伤、自残或者实施其他危害行为的戒毒人员，可以采取保护性措施。

第十三条　强制戒毒所除对戒毒人员进行药物治疗、心理治疗和法制教育、道德教育外，可以组织戒毒人员参加适度的劳动。

第十四条　强制戒毒所应当允许戒毒人员的家属或者所在单位的有关人员探访。探访人员必须遵守强制戒毒所的规定。

戒毒人员在强制戒毒期间，遇有直系亲属病危、死亡或者有其他正当理由需要暂时离开强制戒毒所的，由其亲属或者所在单位担保，经强制戒毒所批准，可以离所，离所期限一般不超过3日。

第十五条　戒毒人员在强制戒毒期间的生活费和治疗费由本人或者其家属承担。

第十六条　戒毒人员在强制戒毒期间死亡的，应当由公安机关组织法医或者指定医生作出死亡鉴定，经同级人民检察院检验后，填写死亡通知书，通知死者家属、所在单位和户口所在地公安派出所；家属不予认领的尸体，由公安机关拍照后处理。

公安机关应当将死亡鉴定等有关情况报上一级公安机关备案。

第十七条　戒毒人员有检举、揭发违法犯罪行为或者有其他立功表现的，应当给予奖励。

相关执法参考

戒毒人员有其他违法犯罪行为尚未处理的，应当依照有关法律、行政法规的规定处理。

第十八条　公安机关决定强制戒毒或者批准延长强制戒毒期限届满的，强制戒毒所应当解除强制戒毒，由原作出决定的公安机关发给解除强制戒毒证明书，并通知其家属、所在单位和户口所在地公安派出所。

第十九条　戒毒人员解除强制戒毒后，在升学、就业等方面不受歧视。解除强制戒毒的戒毒人员的家属、所在单位和户口所在地公安派出所应当继续对其进行帮助、教育，防止其再次吸食、注射毒品。

第二十条　吸食、注射毒品成瘾人员有下列情形之一，不宜收入强制戒毒所的，应当限期在强制戒毒所外戒毒：

（一）患有急性传染病或者其他严重疾病的；

（二）怀孕或者正在哺乳自己未满一周岁婴儿的；

（三）其他不适宜在强制戒毒所戒毒的。

对前款所列人员由公安机关向本人和其家属发出戒毒通知书，并由其户口所在地公安派出所负责监督、管理。

第二十一条　医疗单位开办戒毒脱瘾治疗业务，须经省、自治区、直辖市人民政府卫生部门按照有关规定批准，并报同级公安机关备案。医疗单位开办的戒毒脱瘾治疗业务，应当接受公安机关监督。

任何个人不得开办戒毒脱瘾治疗业务。

《公安部、卫生部关于公安机关强制隔离戒毒所使用美沙酮等麻醉药品和精神药品有关问题的通知》

（公通字［2009］53号）

各省、自治区、直辖市公安厅、局，卫生厅、局，新疆生产建设兵团公安局、卫生局：

公安机关强制隔离戒毒所承担着收戒被决定强制隔离戒毒的吸毒成瘾人员的任务，在对戒毒人员的脱毒治疗中，需使用美沙酮等麻醉药品和精神药品。为规范公安机关强制隔离戒毒所采购、使用和管理麻醉药品和精神药品，根据《中华人民共和国禁毒法》、《国务院麻醉药品和精神药品管理条例》的有关规定，现就相关问题通知如下：

一、公安机关强制隔离戒毒所取得印鉴卡应当具备的条件

（一）有专门的麻醉药品和第一类精神药品管理人员；

（二）有获得麻醉药品和第一类精神药品处方资格的执业医师；

（三）有保证麻醉药品和第一类精神药品安全储存的设施和管理制度。

二、工作程序

尚未取得印鉴卡的强制隔离戒毒所，经公安机关审核后，应当向所在地设区的市级卫生行政部门申请印鉴卡，按照申请条件提供相应的材料。设区的市级卫生行政部门经审查符合条件后，应当发给公安机关强制隔离戒毒所印鉴卡。

公安机关强制隔离戒毒所取得印鉴卡后，凭印鉴卡向本省、自治区、直辖市范

相关执法参考

围内的定点批发企业购买麻醉药品和第一类精神药品，不得从非法渠道购买麻醉药品和第一类精神药品，不得购买非戒毒治疗用途的麻醉药品和第一类精神药品。

公安机关强制隔离戒毒所购买、使用、管理戒毒药品，应当接受所属地区公安机关和卫生行政部门的监督；公安机关应当会同同级卫生行政部门对所属强制隔离戒毒所购买、使用和管理戒毒药品进行检查和指导，发现问题的，要及时提出整改意见，限期未能完成整改的，要依照相关规定对公安机关强制隔离戒毒所进行相应的处罚。

三、工作要求

对目前公安机关强制隔离戒毒所执业医师尚没有获得麻醉药品和第一类精神药品处方资格的，省级公安机关和省级卫生行政部门应当共同对公安机关强制隔离戒毒所医师进行培训、考核，对经考核合格的医师，应当授予处方资格。各地培训、考核工作应当在2010年3月底以前完成。

尚未配备麻醉药品和第一类精神药品安全储存设施的公安机关强制隔离戒毒所，要按照《麻醉药品和精神药品管理条例》的有关要求，在2009年底前配备设施，并建立麻醉药品和第一类精神药品管理制度。

各地公安机关要进一步加强强制隔离戒毒所的医疗队伍建设，完善医疗设施，规范医疗工作，切实做好戒毒工作。

《公安机关办理劳动教养案件规定》（节录）

（2002年4月12日公通字［2002］21号颁布　自2002年6月1日起实施）

第二条　各省、自治区、直辖市公安厅（局）、新疆生产建设兵团公安局和地、地级市、州、盟公安局（处）设立劳动教养审批委员会，作为同级劳动教养管理委员会的审批机构，依照有关法律、行政法规和本规定审批劳动教养案件，并以劳动教养管理委员会的名义作出是否劳动教养的决定。

劳动教养审批委员会的日常工作由本级公安机关法制部门承担。

第九条　根据全国人民代表大会常务委员会批准的《国务院关于劳动教养问题的决定》、《国务院关于劳动教养的补充规定》和国务院转发的公安部《劳动教养试行办法》等法律、行政法规的规定，对年满十六周岁、具有下列情形之一的，应当依法决定劳动教养：

（九）吸食、注射毒品成瘾，经过强制戒除后又吸食、注射毒品的；

第十条　对未成年人决定劳动教养，应当从严控制。

对违法犯罪未成年人中的初犯、在校学生，且其父母或者其他监护人有实际管教能力的，不得决定劳动教养，但是应当依法责令其父母或者其他监护人严加管教。

未成年人的年龄、身份，以其实施违法犯罪行为时的实际情况确定。

第十一条　对精神病人、呆傻人员不得决定劳动教养。

对盲、聋、哑人，严重病患者，怀孕或者哺乳自己不满一周岁婴儿的妇女，以及年满六十周岁又有疾病等丧失劳动能力者，一般不决定劳动教养；确有必要劳动教养的，可以同时决定劳动教养所外执行。

相关执法参考

违法犯罪嫌疑人为抗拒审查、逃避惩罚而自伤、自残，符合劳动教养条件的，应当依法决定劳动教养。

本条第一款、第二款规定的违法犯罪嫌疑人的年龄、身体状况，以审批劳动教养时违法犯罪嫌疑人的实际情况确定。

第十二条　对在中华人民共和国领域内违法犯罪的外国人、无国籍人、华侨，在大陆违法犯罪的台湾居民和在内地违法犯罪的香港、澳门特别行政区居民，不得决定劳动教养。

第二十五条　除对组织、利用邪教组织破坏国家法律实施和吸食、注射毒品的违法犯罪嫌疑人决定劳动教养的案件外，对具有下外情形之一的案件，地级以上公安机关可以以同级劳动教养管理委员会的名义组织聆询：

（一）应当对违法犯罪嫌疑人决定劳动教养二年以上的；

（二）应当对未成年违法犯罪嫌疑人决定劳动教养的。

对其他种类的劳动教养案件是否实行聆询，由各省、自治区、直辖市公安厅、局和新疆生产建设兵团公安局根据本地区的实际情况作出规定。

第五十五条　对具有下列情形之一的被决定劳动教养的人员，除严重病患者和怀孕或者哺乳自己未满一周岁婴儿的妇女外，不得批准所外执行：

（四）染有毒病未戒除的；

一百四十七、胁迫、欺骗开具麻醉药品、精神药品
（《治安管理处罚法》第72条第4项）

案由		胁迫、欺骗开具麻醉药品、精神药品
概念		胁迫、欺骗开具麻醉药品、精神药品，是指胁迫、欺骗医务人员开具麻醉药品、精神药品，尚不够刑事处罚的行为。
违法构成要件	违法客体	本行为侵犯的客体是国家对麻醉药品、精神药品的管理制度和医务人员的人身权利。
	违法客观方面	本行为在客观方面表现为胁迫、欺骗医务人员开具麻醉药品、精神药品，尚不够刑事处罚的行为。 “胁迫”是指以暴力威胁或以职权、地位、揭发隐私等精神强制手段要挟，致使医务人员不敢反抗，为其开具麻醉药品或精神药品。“欺骗”是指采用隐瞒真相、虚构事实、伪造手续等方法，使医务人员误以为是合法使用，从而为其开具麻醉药品或精神药品。 “麻醉药品”是指连续使用后，容易产生身体依赖性、形成瘾癖的药品。“精神药品”是指直接作用于中枢神经系统，使之兴奋或者抑制，连续使用能够产生依赖性、形成瘾癖的药品。2007年10月11日国家食品药品监督管理局、公安部、卫生部公布了《麻醉药品和精神药品品种目录（2007年版）》，根据该目录，麻醉药品共123种，精神药品共两大类132种。
	违法主体	本行为的主体是达到责任年龄、具有责任能力的自然人。
	违法主观方面	本行为的主观方面只能是故意，行为人迫使、欺骗医务人员开具麻醉药品、精神药品的目的可能是自己使用，也可能是给他人使用，目的如何不影响本行为的成立。
认定界限	受迫使、欺骗的医务人员开具麻醉药品、精神药品的行为与向他人提供毒品的界限。 受迫使、欺骗的医务人员开具麻醉药品、精神药品，不属于治安违法行为，相关的医务人员是迫使、欺骗开具麻醉药品、精神药品行为的被害人，不应该受到治安管理处罚。两者的区别主要在于： 1. 行为涉及的对象不同。本行为的对象是麻醉药品和精神药品，后者的行为对象是毒品，不仅包括麻醉药品、精神药品，还包括指鸦片、海洛因、甲基苯丙胺	

<table>
<tr><td>认定界限</td><td>（冰毒）、吗啡、大麻、可卡因等。
2. 行为人的主观态度不同。前者的行为人是被胁迫或被欺骗的，在被胁迫的情况下，行为人是不情愿的，在被欺骗的情况下，行为人表面上看是“自愿”的，但是，这种“自愿”是违背其真实意思表示的。
如果医务人员是在自愿的情况下向他人开具麻醉药品、精神药品的，以向他人提供毒品行为论处。
另外，如果医务人员是自愿、“有偿”向他人开具麻醉药品、精神药品，即医务人员从“非法开具”行为中获取了一定的物质利益，则该行为的性质就发生了变化，该行为实际上已经成为了一种贩卖行为，对医务人员应该以贩卖毒品罪追究其刑事责任。</td></tr>
<tr><td>处罚标准</td><td>（一）构成本行为的，处10日以上15日以下拘留，可以并处2000元以下罚款。
（二）情节较轻的，处5日以下拘留或者500元以下罚款。
在实践中，判断情节的轻重，一般应从行为人的动机、手段、目的、行为的次数、造成的后果等方面综合考虑，由公安机关办案人员酌情量罚。一般来说，具有下列情形之一的，应认定为“情节较轻”：
1. 胁迫、欺骗开具麻醉药品、精神药品数量较小的；
2. 初次实施上述违法行为的；
3. 经劝阻主动改正的；
4. 主动投案，向公安机关如实陈述自己的违法行为的；
5. 其他情节较轻的情形。</td></tr>
<tr><td>相关执法参考</td><td>《中华人民共和国治安管理处罚法》（节录）
（2005年8月28日第十届全国人民代表大会常务委员会第十七次会议通过 中华人民共和国主席令第三十八号公布 自2006年3月1日起施行）
第七十二条第四项　有下列行为之一的，处十日以上十五日以下拘留，可以并处二千元以下罚款；情节较轻的，处五日以下拘留或者五百元以下罚款：
（四）胁迫、欺骗医务人员开具麻醉药品、精神药品的。
《中华人民共和国刑法》（节录）
（1979年7月1日第五届全国人民代表大会第二次会议通过　1997年3月14日第八届全国人民代表大会第五次会议修订　根据2011年2月25日第十一届全国人民代表大会常务委员会第十九次会议通过的《中华人民共和国刑法修正案（八）》最新修正）
第三百五十五条　依法从事生产、运输、管理、使用国家管制的麻醉药品、精神药品的人员，违反国家规定，向吸食、注射毒品的人提供国家规定管制的能够使人形成瘾癖的麻醉药品、精神药品的，处三年以下有期徒刑或者拘役，并处罚金；情节严重的，处三年以上七年以下有期徒刑，并处罚金。向走私、贩卖毒品的犯罪分子或者以牟利为目的，向吸食、注射毒品的人提供国家规定管制的能够使人形成瘾癖的麻醉药品、精神药品的，依照本法第三百四十七条的规定定罪处罚。</td></tr>
</table>

相关执法参考

单位犯前款罪的，对单位判处罚金，并对其直接负责的主管人员和其他直接责任人员，依照前款的规定处罚。

《麻醉药品和精神药品管理条例》（节录）

（2005 年 8 月 3 日　国务院令第 442 号）

第二条　麻醉药品药用原植物的种植，麻醉药品和精神药品的实验研究、生产、经营、使用、储存、运输等活动以及监督管理，适用本条例。

麻醉药品和精神药品的进出口依照有关法律的规定办理。

第三条　本条例所称麻醉药品和精神药品，是指列入麻醉药品目录、精神药品目录（以下称目录）的药品和其他物质。精神药品分为第一类精神药品和第二类精神药品。

目录由国务院药品监督管理部门会同国务院公安部门、国务院卫生主管部门制定、调整并公布。

上市销售但尚未列入目录的药品和其他物质或者第二类精神药品发生滥用，已经造成或者可能造成严重社会危害的，国务院药品监督管理部门会同国务院公安部门、国务院卫生主管部门应当及时将该药品和该物质列入目录或者将该第二类精神药品调整为第一类精神药品。

第五条　国务院药品监督管理部门负责全国麻醉药品和精神药品的监督管理工作，并会同国务院农业主管部门对麻醉药品药用原植物实施监督管理。国务院公安部门负责对造成麻醉药品药用原植物、麻醉药品和精神药品流入非法渠道的行为进行查处。国务院其他有关主管部门在各自的职责范围内负责与麻醉药品和精神药品有关的管理工作。

省、自治区、直辖市人民政府药品监督管理部门负责本行政区域内麻醉药品和精神药品的监督管理工作。县级以上地方公安机关负责对本行政区域内造成麻醉药品和精神药品流入非法渠道的行为进行查处。县级以上地方人民政府其他有关主管部门在各自的职责范围内负责与麻醉药品和精神药品有关的管理工作。

第三十条　麻醉药品和第一类精神药品不得零售。

禁止使用现金进行麻醉药品和精神药品交易，但是个人合法购买麻醉药品和精神药品的除外。

第三十二条　第二类精神药品零售企业应当凭执业医师出具的处方，按规定剂量销售第二类精神药品，并将处方保存 2 年备查；禁止超剂量或者无处方销售第二类精神药品；不得向未成年人销售第二类精神药品。

第三十九条　具有麻醉药品和第一类精神药品处方资格的执业医师，根据临床应用指导原则，对确需使用麻醉药品或者第一类精神药品的患者，应当满足其合理用药需求。在医疗机构就诊的癌症疼痛患者和其他危重患者得不到麻醉药品或者第一类精神药品时，患者或者其亲属可以向执业医师提出申请。具有麻醉药品和第一类精神药品处方资格的执业医师认为要求合理的，应当及时为患者提供所需麻醉药品或者第一类精神药品。

第四十条　执业医师应当使用专用处方开具麻醉药品和精神药品，单张处方的

相关执法参考

最大用量应当符合国务院卫生主管部门的规定。

对麻醉药品和第一类精神药品处方，处方的调配人、核对人应当仔细核对，签署姓名，并予以登记；对不符合本条例规定的，处方的调配人、核对人应当拒绝发药。

麻醉药品和精神药品专用处方的格式由国务院卫生主管部门规定。

第六十七条　定点生产企业违反本条例的规定，有下列情形之一的，由药品监督管理部门责令限期改正，给予警告，并没收违法所得和违法销售的药品；逾期不改正的，责令停产，并处5万元以上10万元以下的罚款；情节严重的，取消其定点生产资格：

（一）未按照麻醉药品和精神药品年度生产计划安排生产的；

（二）未依照规定向药品监督管理部门报告生产情况的；

（三）未依照规定储存麻醉药品和精神药品，或者未依照规定建立、保存专用账册的；

（四）未依照规定销售麻醉药品和精神药品的；

（五）未依照规定销毁麻醉药品和精神药品的。

第七十条　第二类精神药品零售企业违反本条例的规定储存、销售或者销毁第二类精神药品的，由药品监督管理部门责令限期改正，给予警告，并没收违法所得和违法销售的药品；逾期不改正的，责令停业，并处5000元以上2万元以下的罚款；情节严重的，取消其第二类精神药品零售资格。

第七十三条　具有麻醉药品和第一类精神药品处方资格的执业医师，违反本条例的规定开具麻醉药品和第一类精神药品处方，或者未按照临床应用指导原则的要求使用麻醉药品和第一类精神药品的，由其所在医疗机构取消其麻醉药品和第一类精神药品处方资格；造成严重后果的，由原发证部门吊销其执业证书。执业医师未按照临床应用指导原则的要求使用第二类精神药品或者未使用专用处方开具第二类精神药品，造成严重后果的，由原发证部门吊销其执业证书。

未取得麻醉药品和第一类精神药品处方资格的执业医师擅自开具麻醉药品和第一类精神药品处方，由县级以上人民政府卫生主管部门给予警告，暂停其执业活动；造成严重后果的，吊销其执业证书；构成犯罪的，依法追究刑事责任。

处方的调配人、核对人违反本条例的规定未对麻醉药品和第一类精神药品处方进行核对，造成严重后果的，由原发证部门吊销其执业证书。

第七十五条　提供虚假材料、隐瞒有关情况，或者采取其他欺骗手段取得麻醉药品和精神药品的实验研究、生产、经营、使用资格的，由原审批部门撤销其已取得的资格，5年内不得提出有关麻醉药品和精神药品的申请；情节严重的，处1万元以上3万元以下的罚款，有药品生产许可证、药品经营许可证、医疗机构执业许可证的，依法吊销其许可证明文件。

第八十二条　违反本条例的规定，致使麻醉药品和精神药品流入非法渠道造成危害，构成犯罪的，依法追究刑事责任；尚不构成犯罪的，由县级以上公安机关处5万元以上10万元以下的罚款；有违法所得的，没收违法所得；情节严重的，处违法所得2倍以上5倍以下的罚款；由原发证部门吊销其药品生产、经营和使用许可证明文件。

相关执法参考

药品监督管理部门、卫生主管部门在监督管理工作中发现前款规定情形的，应当立即通报所在地同级公安机关，并依照国家有关规定，将案件以及相关材料移送公安机关。

《麻醉药品和精神药品品种目录（2007 年版）》

（2007 年 10 月 11 日国家食品药品监督管理局、公安部、卫生部食药监安［2007］633 号公布　自 2008 年 1 月 1 日起实施）

（略，见本书“非法持有毒品”的相关执法参考部分）

《关于安定注射液是否属于刑法第三百五十五条规定的精神药品问题的答复》

（［2002］高检研发第 23 号）

福建省人民检察院研究室：

你院《关于安定注射液是否属于〈刑法〉第三百五十五条规定的精神药品的请示》（闽检［2001］6 号）收悉。经研究并征求有关部门意见，答复如下：

根据《精神药品管理办法》等国家有关规定，“能够使人形成瘾癖”的精神药品，是指使用后能使人的中枢神经系统兴奋或者抑制连续使用能使入产生依赖性的药品。安定注射液属于刑法第三百五十五条第一款规定的“国家规定管制的能够使人形成瘾癖的”精神药品。鉴于安定注射液属于《精神药品管理办法》规定的第二类精神药品，医疗实践中使用较多，在处理此类案件时，应当慎重掌握罪与非罪的界限。对于明知他人是吸毒人员而多次向其出售安定注射液，或者贩卖安定注射液数量较大的，可以依法追究行为人的刑事责任。

一百四十八、教唆、引诱、欺骗吸毒

（《治安管理处罚法》第73条）

案由		教唆、引诱、欺骗吸毒
概念		教唆、引诱、欺骗吸毒，是指故意使用各种手段，教唆、引诱、欺骗他人吸食、注射毒品，尚不够刑事处罚的行为。
违法构成要件	违法客体	本行为侵犯的客体是国家对毒品的管理制度和公民的身心健康。
	违法客观方面	本行为在客观方面表现为行为人实施了教唆、引诱、欺骗他人吸食、注射毒品的行为。 “毒品”是指鸦片、海洛因、甲基苯丙胺（冰毒）、吗啡、大麻、可卡因以及国家规定管制的能够使人形成瘾癖的麻醉药品和精神药品。 “吸食、注射毒品”，是指用口吸、鼻吸、吞服、饮用、皮下注射或静脉注射等方法使用毒品。 “教唆”，是指以劝说、授意、怂恿等手段，鼓动、唆使原本没有毒品意愿的人吸食、注射毒品的行为。教唆的方法可以是口头的、书面的，也可以是动作。 “引诱”，是指以精神或者物质回报诱导、拉拢原本没有意愿吸毒的人吸食、注射毒品的行为。例如，行为人讲授吸食毒品后的“快感”等。 “欺骗”，是指用隐瞒事实真相或者制造假象等方法，使原本没有吸毒意愿的人上当吸食、注射毒品。如暗地里在香烟中掺入毒品，或在药品中掺入毒品，供人吸食和使用，使他人在不知不觉中染上毒瘾。 在这里应该注意的是：“教唆、引诱、欺骗”的对象应该是没有吸毒意愿的人，包括已经戒毒的人或正在戒毒的人，对于自己就有吸毒意愿的人，不存在教唆、引诱或欺骗的问题。
	违法主体	本行为的主体是达到责任年龄、具有责任能力的自然人。
	违法主观方面	本行为的主观方面只能是故意，即行为人明知是毒品而教唆、引诱、欺骗他人吸食或注射。行为人的动机多种多样，如贩毒、控制他人等，动机如何不影响行为的成立。

认定界限	（一）本行为与引诱、教唆、欺骗他人吸毒罪的界限。 《刑法》第 353 条第 1 款规定的引诱、教唆、欺骗他人吸毒罪，是指通过向他人宣扬吸食、注射毒品后的感受等方法，诱使、唆使他人吸食、注射毒品，或者用隐瞒事实真相、制造假象等方法使他人吸食、注射毒品的行为。两者在相关法条的表述上基本是相同的，区别两者的关键在于情节和后果的不同，情节和后果严重的，依照《刑法》的相关规定，以引诱、教唆、欺骗他人吸毒罪论处。 在实践中，判断行为的情节和后果是否严重，一般可以从以下几个方面判断： 1. 行为人引诱、教唆、欺骗的次数和人数； 2. 行为人引诱、教唆、欺骗的目的、动机； 3. 行为人引诱、教唆、欺骗的具体手段； 4. 行为人引诱、教唆、欺骗的行为对象，如是否未成年人、精神病人、残疾人等； 5. 吸食、注射的数量； 6. 所造成的后果及社会影响等，例如，被引诱、教唆、欺骗的人是否上瘾。 在判断行为的情节和后果是否严重时，应综合考虑以上因素，综合评价。 根据《刑法》第 353 条第 3 款的规定，行为人引诱、教唆、欺骗未成年人吸毒的，不仅构成犯罪，而且应该从重处罚。 （二）本行为与强迫他人吸毒罪的界限。 《刑法》第 353 条第 2 款规定的强迫他人吸毒罪，是指违背他人意志，使用暴力、胁迫或者其他强制手段迫使他人吸食、注射毒品的行为。两者的区别主要在于行为方式的不同： 本行为表现为非暴力的“引诱、教唆或欺骗”行为；而后者表现为违背他人的意志，使用暴力、胁迫或者其他强制手段。对本行为的被害人来说，一般是在“自愿”的情况下吸食或注射毒品的，而后者的被害人却完全是在违背其意志的情况下吸食或注射毒品的。对于强迫他人吸毒的，一律构成犯罪行为，而教唆、引诱、欺骗他人吸毒的行为，既可能构成一般违反治安管理的行为，即本行为，也可能构成犯罪行为。 强迫未成年人吸食、注射毒品的，不仅肯定构成强迫他人吸毒罪，而且属于《刑法》规定的加重处罚情节。
处罚标准	构成本行为的，处 10 日以上 15 日以下拘留，并处 500 元以上 2000 元以下罚款。
相关执法参考	**《中华人民共和国治安管理处罚法》**（节录） （2005 年 8 月 28 日第十届全国人民代表大会常务委员会第十七次会议通过　中华人民共和国主席令第三十八号公布　自 2006 年 3 月 1 日起施行） 第七十三条　教唆、引诱、欺骗他人吸食、注射毒品的，处十日以上十五日以下拘留，并处五百元以上二千元以下罚款。

相关执法参考

《中华人民共和国刑法》（节录）

（1979年7月1日第五届全国人民代表大会第二次会议通过　1997年3月14日第八届全国人民代表大会第五次会议修订　根据2011年2月25日第十一届全国人民代表大会常务委员会第十九次会议通过的《中华人民共和国刑法修正案（八）》最新修正）

第三百五十三条第一款　引诱、教唆、欺骗他人吸食、注射毒品的，处三年以下有期徒刑、拘役或者管制，并处罚金；情节严重的，处三年以上七年以下有期徒刑，并处罚金。

第三款　引诱、教唆、欺骗或者强迫未成年人吸食、注射毒品的，从重处罚。

第三百五十六条　因走私、贩卖、运输、制造、非法持有毒品罪被判过刑，又犯本节规定之罪的，从重处罚。

第三百五十七条　本法所称的毒品，是指鸦片、海洛因、甲基苯丙胺（冰毒）、吗啡、大麻、可卡因以及国家规定管制的其他能够使人形成瘾癖的麻醉药品和精神药品。

毒品的数量以查证属实的走私、贩卖、运输、制造、非法持有毒品的数量计算，不以纯度折算。

《最高人民法院关于适用《全国人民代表大会常务委员会关于禁毒的决定》的若干问题的解释》（节录）

（1994年12月20日法发［1994］30号颁布　自颁布之日起实施）

九、引诱、教唆、欺骗他人吸毒罪

根据《决定》第七条第一款的规定，引诱、教唆他人吸毒，是指通过向他人宣扬吸食、注射毒品后的感受等方法，诱使、唆使他人吸食、注射毒品的行为。欺骗他人吸毒，是指用隐瞒事实真相或者制造假象等方法使他人吸食、注射毒品的行为。

本罪是选择性罪名。实施了引诱、教唆、欺骗他人吸食、注射毒品行为之一的，即以该行为确定罪名。实施了其中两种以上行为的，将所实施行为并列为一个罪名，不实行并罚。

被引诱、教唆、欺骗的人吸食、注射毒品后是否成瘾，不影响本罪的成立。

十、强迫他人吸毒罪

根据《决定》第七条第二款的规定，强迫他人吸毒罪，是指违背他人意志，使用暴力、胁迫或者其他方法，迫使他人吸食、注射毒品的行为。

被强迫的人吸食、注射毒品后是否成瘾，不影响本罪的成立。

《公安部关于坚决制止、查处在食品中掺用罂粟壳违法犯罪行为的通知》

（1993年7月24日公通字［1993］70号颁布　自颁布之日起实施）

各省、自治区、直辖市公安厅、局：

最近，北京、天津、上海、广西、四川、云南、贵州等地公安机关接连查获一些个体饮食摊店在食品中非法掺用罂粟壳的违法犯罪活动，引起社会的关注。

罂粟壳俗称大烟壳，含有吗啡等物质，易使人体产生瘾癖，对人体肝脏、心脏

相关执法参考	有毒害作用。罂粟壳属国家管制的毒品，国家法律对罂粟壳管理使用有明确规定，禁止非法供应、运输、使用。但是，个别个体饮食摊店店主，利欲熏心，竟置国家法律、法规和人民群众的身体健康于不顾，在食品中掺用罂粟壳来招徕顾客、吸引回头客，扩大生意。由于顾客都是在不知道的情况下被骗食用的，因此这种行为属于欺骗他人吸食毒品的违法犯罪行为。 　　各级公安机关要以对国家、对人民高度负责的精神，坚决制止、严厉查处在食品中掺用罂粟壳的违法犯罪活动，决不能姑息。对在食品中掺用罂粟壳的，应当依照全国人大常委会《关于禁毒的决定》第七条（即引诱、教唆、欺骗他人吸毒 笔者注）的规定处理。对曾使用、现自行停止并表示悔改的，可不予追究；对继续使用的，要依据有关法规严厉惩处。对群众检举揭发的线索，要认真对待，依法快查、快办，抓紧结案，坚决制止这种违法犯罪活动。

一百四十九、为吸毒、赌博、卖淫、嫖娼人员通风报信

（《治安管理处罚法》第74条）

<table>
<tr><td colspan="2">案由</td><td>为吸毒、赌博、卖淫、嫖娼人员通风报信</td></tr>
<tr><td colspan="2">概念</td><td>为吸毒、赌博、卖淫、嫖娼人员通风报信，是指旅馆业、饮食服务业、文化娱乐业、出租汽车业等单位的人员，在公安机关查处吸毒、赌博、卖淫、嫖娼活动时，为违法犯罪行为人通风报信，尚不够刑事处罚的行为。</td></tr>
<tr><td rowspan="4">违法构成要件</td><td>违法客体</td><td>本行为侵犯的客体是公安机关的执法活动。</td></tr>
<tr><td>违法客观方面</td><td>本行为在客观方面表现为旅馆业、饮食服务业、文化娱乐业、出租汽车业等单位的人员，在公安机关查处吸毒、赌博、卖淫、嫖娼活动时，为违法犯罪行为人通风报信，尚不够刑事处罚的行为。
本行为在认定时应注意以下几点：
1. 行为人通风报信的行为对象是吸毒、赌博、卖淫、嫖娼的违法犯罪人员，如果是其他违法犯罪人员，则不构成本行为。另外，通风报信的对象既包括一般违法人员，也包括犯罪人员。
2. 通风报信的内容是警察要来查处或者正在查处的信息，目的是让上述违法犯罪人员逃避，隐匿、毁灭证据。
3. 通风报信的形式多种多样，有直接前去口头通知，有用手机等通讯工具通知，有利用事先安装的机关、信号、暗号等通知。不论什么形式，只要达到可以使上述违法犯罪人员获知警察来查的信息的地步，就构成治安违法。
4. “在公安机关查处吸毒、赌博、卖淫、嫖娼活动时”，不仅包括查处活动的实施过程，而且包括准备过程。在人民警察为查处活动做准备时，如果有人为上述人员通风报信，也构成本行为。
5. 公安机关在查处非吸毒、赌博、卖淫、嫖娼活动时，为吸毒、赌博、卖淫、嫖娼人员通风报信的，不构成本行为。</td></tr>
<tr><td>违法主体</td><td>本行为的主体是特殊主体，即旅馆业、饮食服务业、文化娱乐业、出租汽车业等单位的人员，既包括负责人，也包括一般员工。单位也可构成本行为。公安机关工作人员通风报信的，依照《治安管理处罚法》第116条的规定处理，依法给予行政处分，构成犯罪的，追究其刑事责任。</td></tr>
<tr><td>违法主观方面</td><td>本行为的主观方面只能是出于故意，不存在过失，行为人的目的一般是为了非法利益而纵容吸毒、赌博、卖淫、嫖娼等违法犯罪活动。</td></tr>
</table>

认定界限	本行为与窝藏、包庇罪的界限。 《刑法》第310条规定的窝藏、包庇罪，是指明知是犯罪的人而为其提供隐藏处所、财物，帮助其逃匿或者作假证明包庇的行为。根据《刑法》第362条的规定，旅馆业、饮食服务业、文化娱乐业、出租汽车业等单位的人员，在公安机关查处卖淫、嫖娼活动时，为违法犯罪分子通风报信，情节严重的，以窝藏、包庇罪论处。本行为与《刑法》第362条规定的窝藏、包庇罪在行为主体、侵犯的客体、主观方面和客观方面都有相似甚至相同之处，所不同的只是行为的情节和危害后果的不同。行为情节恶劣或者后果严重的，构成窝藏、包庇罪，否则，以本行为论处。 在实践中，判断行为的情节和后果是否严重，一般可以从以下几个方面判断： 1. 行为人通风报信的次数； 2. 行为人通风报信的目的、动机； 3. 行为人通风报信的手段； 4. 吸毒、赌博、卖淫、嫖娼违法犯罪活动的规模、性质； 5. 是否因通风报信行为，致使重大刑事犯罪分子逃脱等危害后果发生； 6. 所造成的社会影响等。 在判断行为的情节和后果是否严重时，应综合考虑以上因素，综合评价。
处罚标准	构成本行为的，处10日以上15日以下拘留。
相关执法参考	**《中华人民共和国治安管理处罚法》**（节录） （2005年8月28日第十届全国人民代表大会常务委员会第十七次会议通过　中华人民共和国主席令第三十八号公布　自2006年3月1日起施行） 第七十四条　旅馆业、饮食服务业、文化娱乐业、出租汽车业等单位的人员，在公安机关查处吸毒、赌博、卖淫、嫖娼活动时，为违法犯罪行为人通风报信的，处十日以上十五日以下拘留。 **《中华人民共和国刑法》**（节录） （1979年7月1日第五届全国人民代表大会第二次会议通过　1997年3月14日第八届全国人民代表大会第五次会议修订　根据2011年2月25日第十一届全国人民代表大会常务委员会第十九次会议通过的《中华人民共和国刑法修正案（八）》最新修正） 第三百一十条　明知是犯罪的人而为其提供隐藏处所、财物，帮助其逃匿或者作假证明包庇的，处三年以下有期徒刑、拘役或者管制；情节严重的，处三年以上十年以下有期徒刑。 犯前款罪，事前通谋的，以共同犯罪论处。 第三百六十二条　旅馆业、饮食服务业、文化娱乐业、出租汽车业等单位的人员，在公安机关查处卖淫、嫖娼活动时，为违法犯罪分子通风报信，情节严重的，依照本法第三百一十条的规定定罪处罚。

相关执法参考

《最高人民法院关于窝藏、包庇罪中"事前通谋的，以共同犯罪论处"如何理解的请示答复》

（1986年1月15日颁布　自颁布之日起实施）

上海市高级人民法院：

你院1985年11月7日关于窝藏、包庇罪中"事前通谋的，以共同犯罪论处"如何理解的请示报告收悉。经研究我们认为：

我国刑法第一百六十二条第三款所说的"事前通谋"，是指窝藏、包庇犯与被窝藏、包庇的犯罪分子，在犯罪活动之前，就谋划或合谋，答应犯罪分子作案后给以窝藏或者包庇的，这和刑法总则规定共犯的主客观要件是一致的。如，反革命分子或其他刑事犯罪分子，在犯罪之前，与行为人进行策划，行为人分工承担窝藏或答应在追究刑事责任时提供虚假证明来掩盖罪行等等。因此，如果只是知道作案人员要去实施犯罪，事后予以窝藏、包庇或者事先知道作案人员要去实施犯罪，未去报案，犯罪发生后又窝藏、包庇犯罪分子的，都不应以共同犯罪论处，而单独构成窝藏、包庇罪。

《娱乐场所治安管理办法》（节录）

（2008年4月21日公安部部长办公会通过
公安部令第103号　自2008年10月1日起施行）

第二十五条　娱乐场所对发生在场所内的违法犯罪活动，应当立即向公安机关报告。

第四十六条　娱乐场所及其从业人员违反本办法规定的其他行为，《娱乐场所管理条例》已有处罚规定的，依照规定处罚；违反治安管理的，依照《中华人民共和国治安管理处罚法》处罚；构成犯罪的，依法追究刑事责任。

第四十七条　非娱乐场所经营单位兼营歌舞、游艺项目的，依照本办法执行。

《旅馆业治安管理办法》（节录）

（1987年9月23日国务院批准1987年11月10日公安部发布
根据2010年12月29日国务院第138次常务会议通过的
〈国务院关于废止和修改部分行政法规的决定〉修改　国务院令第588号颁布）

第二条　凡经营接待旅客住宿的旅馆、饭店、宾馆、招待所、客货栈、车马店、浴池等（以下统称旅馆），不论是国营、集体经营，还是合伙经营、个体经营、中外合资、中外合作经营，不论是专营还是兼营，不论是常年经营，还是季节性经营，都必须遵守本办法。

第九条　旅馆工作人员发现违法犯罪分子，行迹可疑的人员和被公安机关通缉的罪犯，应当立即向当地公安机关报告，不得知情不报或隐瞒包庇。

第十二条　旅馆内，严禁卖淫、嫖宿、赌博、吸毒、传播淫秽物品等违法犯罪活动。

第十四条　公安机关对旅馆治安管理的职责是，指导、监督旅馆建立各项安全管理制度和落实安全防范措施，协助旅馆对工作人员进行安全业务知识的培训，依

相关执法参考

法惩办侵犯旅馆和旅客合法权益的违法犯罪分子。

公安人员到旅馆执行公务时，应当出示证件，严格依法办事，要文明礼貌待人，维护旅馆的正常经营和旅客的合法权益。旅馆工作人员和旅客应当予以协助。

第十六条　旅馆工作人员违反本办法第九条规定的，公安机关可以酌情给予警告或者处以二百元以下罚款；情节严重构成犯罪的，依法追究刑事责任。旅馆负责人参与违法犯罪活动，其所经营的旅馆已成为犯罪活动场所的，公安机关除依法追究其责任外，对该旅馆还应当会同工商行政管理部门依法处理。

第十七条　违反本办法第六、十一、十二条规定的，依照《中华人民共和国治安管理处罚法》有关条款的规定，处罚有关人员；发生重大事故、造成严重后果构成犯罪的，依法追究刑事责任。

第十八条　当事人对公安机关的行政处罚决定不服的，按照《中华人民共和国治安管理处罚法》第一百零二条的规定办理。

《娱乐场所管理条例》（节录）

（2006年1月29日国务院令第458号颁布　自2006年3月1日起实施）

第二条　本条例所称娱乐场所，是指以营利为目的，并向公众开放、消费者自娱自乐的歌舞、游艺等场所。

第三条　县级以上人民政府文化主管部门负责对娱乐场所日常经营活动的监督管理；县级以上公安部门负责对娱乐场所消防、治安状况的监督管理。

（九）法律、行政法规禁止的其他内容。

第十四条　娱乐场所及其从业人员不得实施下列行为，不得为进入娱乐场所的人员实施下列行为提供条件：

（一）贩卖、提供毒品，或者组织、强迫、教唆、引诱、欺骗、容留他人吸食、注射毒品；

（二）组织、强迫、引诱、容留、介绍他人卖淫、嫖娼；

（三）制作、贩卖、传播淫秽物品；

（四）提供或者从事以营利为目的的陪侍；

（五）赌博；

（六）从事邪教、迷信活动；

（七）其他违法犯罪行为。

娱乐场所的从业人员不得吸食、注射毒品，不得卖淫、嫖娼；娱乐场所及其从业人员不得为进入娱乐场所的人员实施上述行为提供条件。

第十五条　歌舞娱乐场所应当按照国务院公安部门的规定在营业场所的出入口、主要通道安装闭路电视监控设备，并应当保证闭路电视监控设备在营业期间正常运行，不得中断。

歌舞娱乐场所应当将闭路电视监控录像资料留存30日备查，不得删改或者挪作他用。

第十六条　歌舞娱乐场所的包厢、包间内不得设置隔断，并应当安装展现室内整体环境的透明门窗。包厢、包间的门不得有内锁装置。

相关执法参考

第十七条　营业期间，歌舞娱乐场所内亮度不得低于国家规定的标准。

第二十条　娱乐场所的法定代表人或者主要负责人应当对娱乐场所的消防安全和其他安全负责。

娱乐场所应当确保其建筑、设施符合国家安全标准和消防技术规范，定期检查消防设施状况，并及时维护、更新。

娱乐场所应当制定安全工作方案和应急疏散预案。

第三十一条　娱乐场所应当建立巡查制度，发现娱乐场所内有违法犯罪活动的，应当立即向所在地县级公安部门、县级人民政府文化主管部门报告。

第三十二条　文化主管部门、公安部门和其他有关部门的工作人员依法履行监督检查职责时，有权进入娱乐场所。娱乐场所应当予以配合，不得拒绝、阻挠。

文化主管部门、公安部门和其他有关部门的工作人员依法履行监督检查职责时，需要查阅闭路电视监控录像资料、从业人员名簿、营业日志等资料的，娱乐场所应当及时提供。

第三十六条　任何单位或者个人发现娱乐场所内有违反本条例行为的，有权向文化主管部门、公安部门等有关部门举报。

文化主管部门、公安部门等有关部门接到举报，应当记录，并及时依法调查、处理；对不属于本部门职责范围的，应当及时移送有关部门。

第四十二条　娱乐场所实施本条例第十四条禁止行为的，由县级公安部门没收违法所得和非法财物，责令停业整顿3个月至6个月；情节严重的，由原发证机关吊销娱乐经营许可证，对直接负责的主管人员和其他直接责任人员处1万元以上2万元以下的罚款。

第四十三条　娱乐场所违反本条例规定，有下列情形之一的，由县级公安部门责令改正，给予警告；情节严重的，责令停业整顿1个月至3个月：

（一）照明设施、包厢、包间的设置以及门窗的使用不符合本条例规定的；

（二）未按照本条例规定安装闭路电视监控设备或者中断使用的；

（三）未按照本条例规定留存监控录像资料或者删改监控录像资料的；

（四）未按照本条例规定配备安全检查设备或者未对进入营业场所的人员进行安全检查的；

（五）未按照本条例规定配备保安人员的。

第五十二条　因擅自从事娱乐场所经营活动被依法取缔的，其投资人员和负责人终身不得投资开办娱乐场所或者担任娱乐场所的法定代表人、负责人。

娱乐场所因违反本条例规定，被吊销或者撤销娱乐经营许可证的，自被吊销或者撤销之日起，其法定代表人、负责人5年内不得担任娱乐场所的法定代表人、负责人。

娱乐场所因违反本条例规定，2年内被处以3次警告或者罚款又有违反本条例的行为应受行政处罚的，由县级人民政府文化主管部门、县级公安部门依据法定职权责令停业整顿3个月至6个月；2年内被2次责令停业整顿又有违反本条例的行为应受行政处罚的，由原发证机关吊销娱乐经营许可证。

第五十三条　娱乐场所违反有关治安管理或者消防管理法律、行政法规规定

相关执法参考	的，由公安部门依法予以处罚；构成犯罪的，依法追究刑事责任。 娱乐场所违反有关卫生、环境保护、价格、劳动等法律、行政法规规定的，由有关部门依法予以处罚；构成犯罪的，依法追究刑事责任。 娱乐场所及其从业人员与消费者发生争议的，应当依照消费者权益保护的法律规定解决；造成消费者人身、财产损害的，由娱乐场所依法予以赔偿。 第五十四条　娱乐场所违反本条例规定被吊销或者撤销娱乐经营许可证的，应当依法到工商行政管理部门办理变更登记或者注销登记；逾期不办理的，吊销营业执照。 第五十七条　本条例所称从业人员，包括娱乐场所的管理人员、服务人员、保安人员和在娱乐场所工作的其他人员。

一百五十、饲养动物干扰正常生活

（《治安管理处罚法》第75条第1款）

<table>
<tr><td colspan="2">案由</td><td>饲养动物干扰正常生活</td></tr>
<tr><td colspan="2">概念</td><td>饲养动物干扰正常生活，是指行为人饲养动物，干扰他人正常生活的行为。</td></tr>
<tr><td rowspan="4">违法构成要件</td><td>违法客体</td><td>本行为侵犯的客体是人们的正常生活秩序。</td></tr>
<tr><td>违法客观方面</td><td>本行为在客观方面表现为饲养动物，干扰他人正常生活的行为。
“饲养动物”既包括城镇居民饲养的各种宠物，如猫、狗、鸟等，也包括农村居民饲养的各种动物，如鸡、鸭、鹅等。
“干扰他人正常生活”是指行为人所饲养的动物干扰了他人的正常生活，并不是指行为人本人干扰了他人的正常生活。干扰他人正常生活的方式很多，有咬伤人、抓伤人、外形吓人、叫声扰人、气味扰人等。从表面上看，这些干扰行为是由于动物造成的，但是，由于饲养人对其饲养的动物有严加管理的义务，如果因管理不善，其饲养的动物干扰了他人的正常生活的，责任自然应该由饲养人来承担。
“他人”可以是具体的某些人或某人，也可以是不确定的多人，如饲养的宠物在公共场所随地大小便、大声叫唤等，就可能对不确定的多人的生活造成干扰。
在实践中，本行为主要包括以下几种方式：
1. 动物吠叫、随意便溺，影响他人正常生活的；
2. 在规定的非遛犬区域遛犬，不主动控制动物，影响他人正常生活的；
3. 其他干扰他人生活的。</td></tr>
<tr><td>违法主体</td><td>本行为的主体是动物的饲养人，包括临时帮助照顾、看管动物的管理人员，既包括单位，也包括个人，例如，有些单位饲养的看门狗等。</td></tr>
<tr><td>违法主观方面</td><td>本行为的主观方面可以是故意，也可以是过失。</td></tr>
<tr><td colspan="2">认定界限</td><td>本行为与非治安违法行为的界限。
在实践中，判断行为人饲养动物的行为是否构成本行为，关键在于判断是否</td></tr>
</table>

<table>
<tr><td>认定界限</td><td>“干扰他人正常的生活”。公安机关在具体适用时，应该以“他人”的感受为判断标准，只要“他人”投诉，指出该饲养行为对其正常生活构成了干扰，公安机关就应该认定构成了本行为。当然，对于饲养的动物干扰不确定多人的正常生活的行为，公安机关也可以依职权主动判断，其尺度应以一般正常的人的感受为限。例如，在夜深人静或正常午休时间，狗的狂吠影响他人休息；在人员上下电梯的高峰时间，带狗进入电梯等，只要影响了属于一般人所过的正常生活，那么，饲养动物的人就构成治安违法，应以本行为论处。</td></tr>
<tr><td>处罚标准</td><td>（一）构成本行为的，处警告。
（二）警告后不改正的，处200元以上500元以下罚款。
对于构成本行为的行为人，应该首先适用警告，只有在行为人经警告后还不改正的，才能予以罚款的处罚，不能直接适用罚款。</td></tr>
<tr><td>相关执法参考</td><td>《中华人民共和国治安管理处罚法》（节录）
（2005年8月28日第十届全国人民代表大会常务委员会第十七次会议通过 中华人民共和国主席令第三十八号公布 自2006年3月1日起施行）
第七十五条 饲养动物，干扰他人正常生活的，处警告；警告后不改正的，或者放任动物恐吓他人的，处二百元以上五百元以下罚款。
驱使动物伤害他人的，依照本法第四十三条第一款的规定处罚。
《家犬管理条例》（节录）
（1980年11月18日卫生部、农业部、对外贸易部、全国供销合作社联合颁布 自颁布之日起实施）
二、……发现可疑病犬，要立即捕杀，以保证安全。
三、各级人民政府定期组织兽医站、卫生防疫站及有关部门，施行对犬免疫注射。凡工厂、仓库及农村社员、外侨等私人养犬者，都必须接受对犬免疫注射。注射狂犬病疫苗后，进行登记、收费，发给“家犬免疫证”，并在犬身作统一标记。
四、凡未注射狂犬病疫苗的犬（包括无标记犬），一律视为野犬，公安人员、民兵以及广大群众都有权捕杀，不负任何责任。
犬如伤人，追查犬主。犬主应负被咬伤者的全部医疗费用及造成的一切损失。
五、群众出售狗皮时应交回“家犬免疫证”。
六、凡被犬咬致伤者，应及时送医院治疗；并由医院向当地卫生防疫站申请狂犬病疫苗注射，防止狂犬病发生。其他家养哺乳动物被犬咬伤者，送兽医站处理。野生哺乳动物被犬咬伤者，要立即捕杀。
七、如有违犯本条例者，按情节轻重给予批评教育、罚款，直至起诉追究刑事责任。</td></tr>
</table>

一百五十一、放任动物恐吓他人

（《治安管理处罚法》第75条第1款）

<table>
<tr><td colspan="2">案由</td><td>放任动物恐吓他人</td></tr>
<tr><td colspan="2">概念</td><td>放任动物恐吓他人，是指行为人对自己饲养或管理的动物，放任其恐吓他人的行为。</td></tr>
<tr><td rowspan="4">违法构成要件</td><td>违法客体</td><td>本行为侵犯的客体是人们正常生活秩序和公民的人身权利。</td></tr>
<tr><td>违法客观方面</td><td>本行为在客观方面表现为行为人对自己饲养或管理的动物，放任其恐吓他人的行为。
“放任”，是放纵、容许、不管不问的意思，是行为人明知其饲养或管理的动物会发生或者可能发生恐吓他人的后果时，采取不加约束、不管不问的态度，放任这种结果发生。“恐吓他人”是指对他人造成精神上的惊吓。</td></tr>
<tr><td>违法主体</td><td>本行为的主体是动物的饲养人，包括临时帮助照顾、看管动物的管理人员，既包括单位，也包括个人，例如，有些单位饲养看门狗等。</td></tr>
<tr><td>违法主观方面</td><td>本行为的主观方面只能是故意，即行为人明知自己的行为可能发生危害结果，但放任这种结果发生。</td></tr>
<tr><td>认定界限</td><td colspan="2">本行为与驱使动物伤害他人的界限。
《治安管理处罚法》第43条第1款规定的故意伤害，是指故意非法伤害他人身体健康，尚不够刑事处罚的行为。根据《治安管理处罚法》第75条第2款的规定，驱使动物伤害他人的，以故意伤害论处。两者的区别主要表现在：
1. 行为侵犯的客体不同。本行为侵犯的客体是人们正常生活秩序和公民的人身权利。后者侵犯的客体是他人的身体健康权。
2. 行为人的主观态度不同。本行为表现为“放任”，是一种间接故意的心理态度。驱使动物伤害他人表现为“驱使”，行为人的主观心态是直接故意，即希望伤害他人结果的发生。这时候，动物只是行为人违法行为的工具。
3. 行为的危害后果不同。本行为对被害人的伤害是一种精神上的惊吓，没有肉体上的损伤。而驱使动物伤害他人是对他人的肉体造成伤害。当然，如果驱使动物伤害他人，造成的伤害经鉴定达到轻伤以上的，应该以故意伤害罪追究行为人的刑事责任。只有在伤害情况是轻伤以下的，才以违反治安管理的故意伤害行为论处。</td></tr>
</table>

处罚标准	构成本行为的，处200元以上500元以下罚款。
相关执法参考	**《中华人民共和国治安管理处罚法》**（节录） （2005年8月28日第十届全国人民代表大会常务委员会第十七次会议通过　中华人民共和国主席令第三十八号公布　自2006年3月1日起施行） 第七十五条　饲养动物，干扰他人正常生活的，处警告；警告后不改正的，或者放任动物恐吓他人的，处二百元以上五百元以下罚款。 驱使动物伤害他人的，依照本法第四十三条第一款的规定处罚。 第四十三条　殴打他人的，或者故意伤害他人身体的，处五日以上十日以下拘留，并处二百元以上五百元以下罚款；情节较轻的，处五日以下拘留或者五百元以下罚款。 有下列情形之一的，处十日以上十五日以下拘留，并处五百元以上一千元以下罚款： （一）结伙殴打、伤害他人的； （二）殴打、伤害残疾人、孕妇、不满十四周岁的人或者六十周岁以上的人的； （三）多次殴打、伤害他人或者一次殴打、伤害多人的。 **《中华人民共和国刑法》**（节录） （1979年7月1日第五届全国人民代表大会第二次会议通过　1997年3月14日第八届全国人民代表大会第五次会议修订　根据2011年2月25日第十一届全国人民代表大会常务委员会第十九次会议通过的《中华人民共和国刑法修正案（八）》最新修正） 第二百三十四条　故意伤害他人身体的，处三年以下有期徒刑、拘役或者管制。 犯前款罪，致人重伤的，处三年以上十年以下有期徒刑；致人死亡或者以特别残忍手段致人重伤造成严重残疾的，处十年以上有期徒刑、无期徒刑或者死刑。本法另有规定的，依照规定。

附　录

附录1：

中华人民共和国治安管理处罚法

（2005年8月28日第十届全国人民代表大会常务委员会第十七次会议通过
自2006年3月1日起施行）

第一章　总　则

第一条　为维护社会治安秩序，保障公共安全，保护公民、法人和其他组织的合法权益，规范和保障公安机关及其人民警察依法履行治安管理职责，制定本法。

第二条　扰乱公共秩序，妨害公共安全，侵犯人身权利、财产权利，妨害社会管理，具有社会危害性，依照《中华人民共和国刑法》的规定构成犯罪的，依法追究刑事责任；尚不够刑事处罚的，由公安机关依照本法给予治安管理处罚。

第三条　治安管理处罚的程序，适用本法的规定；本法没有规定的，适用《中华人民共和国行政处罚法》的有关规定。

第四条　在中华人民共和国领域内发生的违反治安管理行为，除法律有特别规定的外，适用本法。

在中华人民共和国船舶和航空器内发生的违反治安管理行为，除法律有特别规定的外，适用本法。

第五条　治安管理处罚必须以事实为依据，与违反治安管理行为的性质、情节以及社会危害程度相当。

实施治安管理处罚，应当公开、公正，尊重和保障人权，保护公民的人格尊严。

办理治安案件应当坚持教育与处罚相结合的原则。

第六条　各级人民政府应当加强社会治安综合治理，采取有效措施，化解社会矛盾，增进社会和谐，维护社会稳定。

第七条　国务院公安部门负责全国的治安管理工作。县级以上地方各级人民政府公安机关负责本行政区域内的治安管理工作。

治安案件的管辖由国务院公安部门规定。

第八条　违反治安管理的行为对他人造成损害的，行为人或者其监护人应当依法承担民事责任。

第九条　对于因民间纠纷引起的打架斗殴或者损毁他人财物等违反治安管理行为，情节较轻的，公安机关可以调解处理。经公安机关调解，当事人达成协议的，不予处罚。经调解未达成协议或者达成协议后不履行的，公安机关应当依照本法的规定对违反治安管理行为人给予处罚，并告知当事人可以就民事争议依法向人民法院提起民事诉讼。

第二章　处罚的种类和适用

第十条　治安管理处罚的种类分为：

（一）警告；

（二）罚款；

（三）行政拘留；

（四）吊销公安机关发放的许可证。

对违反治安管理的外国人，可以附加适用限期出境或者驱逐出境。

第十一条　办理治安案件所查获的毒品、淫秽物品等违禁品，赌具、赌资，吸食、注射毒品的用具以及直接用于实施违反治安管理行为的本人所有的工具，应当收缴，按照规定处理。

违反治安管理所得的财物，追缴退还被侵害人；没有被侵害人的，登记造册，公开拍卖或者按照国家有关规定处理，所得款项上缴国库。

第十二条　已满十四周岁不满十八周岁的人违反治安管理的，从轻或者减轻处罚；不满十四周岁的人违反治安管理的，不予处罚，但是应当责令其监护人严加管教。

第十三条　精神病人在不能辨认或者不能控制自己行为的时候违反治安管理的，不予处罚，但是应当责令其监护人严加看管和治疗。间歇性的精神病人在精神正常的时候违反治安管理的，应当给予处罚。

第十四条　盲人或者又聋又哑的人违反治安管理的，可以从轻、减轻或者不予处罚。

第十五条　醉酒的人违反治安管理的，应当给予处罚。

醉酒的人在醉酒状态中，对本人有危险或者对他人的人身、财产或者公共安全有威胁的，应当对其采取保护性措施约束至酒醒。

第十六条　有两种以上违反治安管理行为的，分别决定，合并执行。行政拘留处罚合并执行的，最长不超过二十日。

第十七条　共同违反治安管理的，根据违反治安管理行为人在违反治安管理行为中所起的作用，分别处罚。

教唆、胁迫、诱骗他人违反治安管理的，按照其教唆、胁迫、诱骗的行为处罚。

第十八条　单位违反治安管理的，对其直接负责的主管人员和其他直接责任人员依照本法的规定处罚。其他法律、行政法规对同一行为规定给予单位处罚的，依照其规定处罚。

第十九条　违反治安管理有下列情形之一的，减轻处罚或者不予处罚：

（一）情节特别轻微的；

（二）主动消除或者减轻违法后果，并取得被侵害人谅解的；

（三）出于他人胁迫或者诱骗的；

（四）主动投案，向公安机关如实陈述自己的违法行为的；

（五）有立功表现的。

第二十条　违反治安管理有下列情形之一的，从重处罚：

（一）有较严重后果的；

（二）教唆、胁迫、诱骗他人违反治安管理的；

（三）对报案人、控告人、举报人、证人打击报复的；

（四）六个月内曾受过治安管理处罚的。

第二十一条 违反治安管理行为人有下列情形之一，依照本法应当给予行政拘留处罚的，不执行行政拘留处罚：

（一）已满十四周岁不满十六周岁的；

（二）已满十六周岁不满十八周岁，初次违反治安管理的；

（三）七十周岁以上的；

（四）怀孕或者哺乳自己不满一周岁婴儿的。

第二十二条 违反治安管理行为在六个月内没有被公安机关发现的，不再处罚。

前款规定的期限，从违反治安管理行为发生之日起计算；违反治安管理行为有连续或者继续状态的，从行为终了之日起计算。

第三章 违反治安管理的行为和处罚

第一节 扰乱公共秩序的行为和处罚

第二十三条 有下列行为之一的，处警告或者二百元以下罚款；情节较重的，处五日以上十日以下拘留，可以并处五百元以下罚款：

（一）扰乱机关、团体、企业、事业单位秩序，致使工作、生产、营业、医疗、教学、科研不能正常进行，尚未造成严重损失的；

（二）扰乱车站、港口、码头、机场、商场、公园、展览馆或者其他公共场所秩序的；

（三）扰乱公共汽车、电车、火车、船舶、航空器或者其他公共交通工具上的秩序的；

（四）非法拦截或者强登、扒乘机动车、船舶、航空器以及其他交通工具，影响交通工具正常行驶的；

（五）破坏依法进行的选举秩序的。

聚众实施前款行为的，对首要分子处十日以上十五日以下拘留，可以并处一千元以下罚款。

第二十四条 有下列行为之一，扰乱文化、体育等大型群众性活动秩序的，处警告或者二百元以下罚款；情节严重的，处五日以上十日以下拘留，可以并处五百元以下罚款：

（一）强行进入场内的；

（二）违反规定，在场内燃放烟花爆竹或者其他物品的；

（三）展示侮辱性标语、条幅等物品的；

（四）围攻裁判员、运动员或者其他工作人员的；

（五）向场内投掷杂物，不听制止的；

（六）扰乱大型群众性活动秩序的其他行为。

因扰乱体育比赛秩序被处以拘留处罚的，可以同时责令其十二个月内不得进入体育场馆观看同类比赛；违反规定进入体育场馆的，强行带离现场。

第二十五条 有下列行为之一的，处五日以上十日以下拘留，可以并处五百元以下罚款；情节较轻的，处五日以下拘留或者五百元以下罚款：

（一）散布谣言，谎报险情、疫情、警情或者以其他方法故意扰乱公共秩序的；

（二）投放虚假的爆炸性、毒害性、放射性、腐蚀性物质或者传染病病原体等危险物质扰乱公共秩序的；

（三）扬言实施放火、爆炸、投放危险物质扰乱公共秩序的。

第二十六条　有下列行为之一的，处五日以上十日以下拘留，可以并处五百元以下罚款；情节较重的，处十日以上十五日以下拘留，可以并处一千元以下罚款：

（一）结伙斗殴的；

（二）追逐、拦截他人的；

（三）强拿硬要或者任意损毁、占用公私财物的；

（四）其他寻衅滋事行为。

第二十七条　有下列行为之一的，处十日以上十五日以下拘留，可以并处一千元以下罚款；情节较轻的，处五日以上十日以下拘留，可以并处五百元以下罚款：

（一）组织、教唆、胁迫、诱骗、煽动他人从事邪教、会道门活动或者利用邪教、会道门、迷信活动，扰乱社会秩序、损害他人身体健康的；

（二）冒用宗教、气功名义进行扰乱社会秩序、损害他人身体健康活动的。

第二十八条　违反国家规定，故意干扰无线电业务正常进行的，或者对正常运行的无线电台（站）产生有害干扰，经有关主管部门指出后，拒不采取有效措施消除的，处五日以上十日以下拘留；情节严重的，处十日以上十五日以下拘留。

第二十九条　有下列行为之一的，处五日以下拘留；情节较重的，处五日以上十日以下拘留：

（一）违反国家规定，侵入计算机信息系统，造成危害的；

（二）违反国家规定，对计算机信息系统功能进行删除、修改、增加、干扰，造成计算机信息系统不能正常运行的；

（三）违反国家规定，对计算机信息系统中存储、处理、传输的数据和应用程序进行删除、修改、增加的；

（四）故意制作、传播计算机病毒等破坏性程序，影响计算机信息系统正常运行的。

第二节　妨害公共安全的行为和处罚

第三十条　违反国家规定，制造、买卖、储存、运输、邮寄、携带、使用、提供、处置爆炸性、毒害性、放射性、腐蚀性物质或者传染病病原体等危险物质的，处十日以上十五日以下拘留；情节较轻的，处五日以上十日以下拘留。

第三十一条　爆炸性、毒害性、放射性、腐蚀性物质或者传染病病原体等危险物质被盗、被抢或者丢失，未按规定报告的，处五日以下拘留；故意隐瞒不报的，处五日以上十日以下拘留。

第三十二条　非法携带枪支、弹药或者弩、匕首等国家规定的管制器具的，处五日以下拘留，可以并处五百元以下罚款；情节较轻的，处警告或者二百元以下罚款。

非法携带枪支、弹药或者弩、匕首等国家规定的管制器具进入公共场所或者公共交通工具的，处五日以上十日以下拘留，可以并处五百元以下罚款。

第三十三条　有下列行为之一的，处十日以上十五日以下拘留：

（一）盗窃、损毁油气管道设施、电力电信设施、广播电视设施、水利防汛工程设施或者水文监测、测量、气象测报、环境监测、地质监测、地震监测等公共设施的；

（二）移动、损毁国家边境的界碑、界桩以及其他边境标志、边境设施或者领土、领海标志设施的；

（三）非法进行影响国（边）界线走向的活动或者修建有碍国（边）境管理的设施的。

第三十四条 盗窃、损坏、擅自移动使用中的航空设施，或者强行进入航空器驾驶舱的，处十日以上十五日以下拘留。

在使用中的航空器上使用可能影响导航系统正常功能的器具、工具，不听劝阻的，处五日以下拘留或者五百元以下罚款。

第三十五条 有下列行为之一的，处五日以上十日以下拘留，可以并处五百元以下罚款；情节较轻的，处五日以下拘留或者五百元以下罚款：

（一）盗窃、损毁或者擅自移动铁路设施、设备、机车车辆配件或者安全标志的；

（二）在铁路线路上放置障碍物，或者故意向列车投掷物品的；

（三）在铁路线路、桥梁、涵洞处挖掘坑穴、采石取沙的；

（四）在铁路线路上私设道口或者平交过道的。

第三十六条 擅自进入铁路防护网或者火车来临时在铁路线路上行走坐卧、抢越铁路，影响行车安全的，处警告或者二百元以下罚款。

第三十七条 有下列行为之一的，处五日以下拘留或者五百元以下罚款；情节严重的，处五日以上十日以下拘留，可以并处五百元以下罚款：

（一）未经批准，安装、使用电网的，或者安装、使用电网不符合安全规定的；

（二）在车辆、行人通行的地方施工，对沟井坎穴不设覆盖物、防围和警示标志的，或者故意损毁、移动覆盖物、防围和警示标志的；

（三）盗窃、损毁路面井盖、照明等公共设施的。

第三十八条 举办文化、体育等大型群众性活动，违反有关规定，有发生安全事故危险的，责令停止活动，立即疏散；对组织者处五日以上十日以下拘留，并处二百元以上五百元以下罚款；情节较轻的，处五日以下拘留或者五百元以下罚款。

第三十九条 旅馆、饭店、影剧院、娱乐场、运动场、展览馆或者其他供社会公众活动的场所的经营管理人员，违反安全规定，致使该场所有发生安全事故危险，经公安机关责令改正，拒不改正的，处五日以下拘留。

第三节　侵犯人身权利、财产权利的行为和处罚

第四十条 有下列行为之一的，处十日以上十五日以下拘留，并处五百元以上一千元以下罚款；情节较轻的，处五日以上十日以下拘留，并处二百元以上五百元以下罚款：

（一）组织、胁迫、诱骗不满十六周岁的人或者残疾人进行恐怖、残忍表演的；

（二）以暴力、威胁或者其他手段强迫他人劳动的；

（三）非法限制他人人身自由、非法侵入他人住宅或者非法搜查他人身体的。

第四十一条 胁迫、诱骗或者利用他人乞讨的，处十日以上十五日以下拘留，可以并处一千元以下罚款。

反复纠缠、强行讨要或者以其他滋扰他人的方式乞讨的，处五日以下拘留或者警告。

第四十二条　有下列行为之一的，处五日以下拘留或者五百元以下罚款；情节较重的，处五日以上十日以下拘留，可以并处五百元以下罚款：

（一）写恐吓信或者以其他方法威胁他人人身安全的；

（二）公然侮辱他人或者捏造事实诽谤他人的；

（三）捏造事实诬告陷害他人，企图使他人受到刑事追究或者受到治安管理处罚的；

（四）对证人及其近亲属进行威胁、侮辱、殴打或者打击报复的；

（五）多次发送淫秽、侮辱、恐吓或者其他信息，干扰他人正常生活的；

（六）偷窥、偷拍、窃听、散布他人隐私的。

第四十三条　殴打他人的，或者故意伤害他人身体的，处五日以上十日以下拘留，并处二百元以上五百元以下罚款；情节较轻的，处五日以下拘留或者五百元以下罚款。

有下列情形之一的，处十日以上十五日以下拘留，并处五百元以上一千元以下罚款：

（一）结伙殴打、伤害他人的；

（二）殴打、伤害残疾人、孕妇、不满十四周岁的人或者六十周岁以上的人的；

（三）多次殴打、伤害他人或者一次殴打、伤害多人的。

第四十四条　猥亵他人的，或者在公共场所故意裸露身体，情节恶劣的，处五日以上十日以下拘留；猥亵智力残疾人、精神病人、不满十四周岁的人或者有其他严重情节的，处十日以上十五日以下拘留。

第四十五条　有下列行为之一的，处五日以下拘留或者警告：

（一）虐待家庭成员，被虐待人要求处理的；

（二）遗弃没有独立生活能力的被扶养人的。

第四十六条　强买强卖商品，强迫他人提供服务或者强迫他人接受服务的，处五日以上十日以下拘留，并处二百元以上五百元以下罚款；情节较轻的，处五日以下拘留或者五百元以下罚款。

第四十七条　煽动民族仇恨、民族歧视，或者在出版物、计算机信息网络中刊载民族歧视、侮辱内容的，处十日以上十五日以下拘留，可以并处一千元以下罚款。

第四十八条　冒领、隐匿、毁弃、私自开拆或者非法检查他人邮件的，处五日以下拘留或者五百元以下罚款。

第四十九条　盗窃、诈骗、哄抢、抢夺、敲诈勒索或者故意损毁公私财物的，处五日以上十日以下拘留，可以并处五百元以下罚款；情节较重的，处十日以上十五日以下拘留，可以并处一千元以下罚款。

第四节　妨害社会管理的行为和处罚

第五十条　有下列行为之一的，处警告或者二百元以下罚款；情节严重的，处五日以上十日以下拘留，可以并处五百元以下罚款：

（一）拒不执行人民政府在紧急状态情况下依法发布的决定、命令的；

（二）阻碍国家机关工作人员依法执行职务的；

（三）阻碍执行紧急任务的消防车、救护车、工程抢险车、警车等车辆通行的；

（四）强行冲闯公安机关设置的警戒带、警戒区的。

阻碍人民警察依法执行职务的，从重处罚。

第五十一条 冒充国家机关工作人员或者以其他虚假身份招摇撞骗的，处五日以上十日以下拘留，可以并处五百元以下罚款；情节较轻的，处五日以下拘留或者五百元以下罚款。

冒充军警人员招摇撞骗的，从重处罚。

第五十二条 有下列行为之一的，处十日以上十五日以下拘留，可以并处一千元以下罚款；情节较轻的，处五日以上十日以下拘留，可以并处五百元以下罚款：

（一）伪造、变造或者买卖国家机关、人民团体、企业、事业单位或者其他组织的公文、证件、证明文件、印章的；

（二）买卖或者使用伪造、变造的国家机关、人民团体、企业、事业单位或者其他组织的公文、证件、证明文件的；

（三）伪造、变造、倒卖车票、船票、航空客票、文艺演出票、体育比赛入场券或者其他有价票证、凭证的；

（四）伪造、变造船舶户牌，买卖或者使用伪造、变造的船舶户牌，或者涂改船舶发动机号码的。

第五十三条 船舶擅自进入、停靠国家禁止、限制进入的水域或者岛屿的，对船舶负责人及有关责任人员处五百元以上一千元以下罚款；情节严重的，处五日以下拘留，并处五百元以上一千元以下罚款。

第五十四条 有下列行为之一的，处十日以上十五日以下拘留，并处五百元以上一千元以下罚款；情节较轻的，处五日以下拘留或者五百元以下罚款：

（一）违反国家规定，未经注册登记，以社会团体名义进行活动，被取缔后，仍进行活动的；

（二）被依法撤销登记的社会团体，仍以社会团体名义进行活动的；

（三）未经许可，擅自经营按照国家规定需要由公安机关许可的行业的。

有前款第三项行为的，予以取缔。

取得公安机关许可的经营者，违反国家有关管理规定，情节严重的，公安机关可以吊销许可证。

第五十五条 煽动、策划非法集会、游行、示威，不听劝阻的，处十日以上十五日以下拘留。

第五十六条 旅馆业的工作人员对住宿的旅客不按规定登记姓名、身份证件种类和号码的，或者明知住宿的旅客将危险物质带入旅馆，不予制止的，处二百元以上五百元以下罚款。

旅馆业的工作人员明知住宿的旅客是犯罪嫌疑人员或者被公安机关通缉的人员，不向公安机关报告的，处二百元以上五百元以下罚款；情节严重的，处五日以下拘留，可以并处五百元以下罚款。

第五十七条 房屋出租人将房屋出租给无身份证件的人居住的，或者不按规定登记承租人姓名、身份证件种类和号码的，处二百元以上五百元以下罚款。

房屋出租人明知承租人利用出租房屋进行犯罪活动，不向公安机关报告的，处二百元以上五百元以下罚款；情节严重的，处五日以下拘留，可以并处五百元以下罚款。

第五十八条 违反关于社会生活噪声污染防治的法律规定，制造噪声干扰他人正常生活的，处警告；警告后不改正的，处二百元以上五百元以下罚款。

第五十九条　有下列行为之一的，处五百元以上一千元以下罚款；情节严重的，处五日以上十日以下拘留，并处五百元以上一千元以下罚款：

（一）典当业工作人员承接典当的物品，不查验有关证明、不履行登记手续，或者明知是违法犯罪嫌疑人、赃物，不向公安机关报告的；

（二）违反国家规定，收购铁路、油田、供电、电信、矿山、水利、测量和城市公用设施等废旧专用器材的；

（三）收购公安机关通报寻查的赃物或者有赃物嫌疑的物品的；

（四）收购国家禁止收购的其他物品的。

第六十条　有下列行为之一的，处五日以上十日以下拘留，并处二百元以上五百元以下罚款：

（一）隐藏、转移、变卖或者损毁行政执法机关依法扣押、查封、冻结的财物的；

（二）伪造、隐匿、毁灭证据或者提供虚假证言、谎报案情，影响行政执法机关依法办案的；

（三）明知是赃物而窝藏、转移或者代为销售的；

（四）被依法执行管制、剥夺政治权利或者在缓刑、保外就医等监外执行中的罪犯或者被依法采取刑事强制措施的人，有违反法律、行政法规和国务院公安部门有关监督管理规定的行为。

第六十一条　协助组织或者运送他人偷越国（边）境的，处十日以上十五日以下拘留，并处一千元以上五千元以下罚款。

第六十二条　为偷越国（边）境人员提供条件的，处五日以上十日以下拘留，并处五百元以上二千元以下罚款。

偷越国（边）境的，处五日以下拘留或者五百元以下罚款。

第六十三条　有下列行为之一的，处警告或者二百元以下罚款；情节较重的，处五日以上十日以下拘留，并处二百元以上五百元以下罚款：

（一）刻划、涂污或者以其他方式故意损坏国家保护的文物、名胜古迹的；

（二）违反国家规定，在文物保护单位附近进行爆破、挖掘等活动，危及文物安全的。

第六十四条　有下列行为之一的，处五百元以上一千元以下罚款；情节严重的，处十日以上十五日以下拘留，并处五百元以上一千元以下罚款：

（一）偷开他人机动车的；

（二）未取得驾驶证驾驶或者偷开他人航空器、机动船舶的。

第六十五条　有下列行为之一的，处五日以上十日以下拘留；情节严重的，处十日以上十五日以下拘留，可以并处一千元以下罚款：

（一）故意破坏、污损他人坟墓或者毁坏、丢弃他人尸骨、骨灰的；

（二）在公共场所停放尸体或者因停放尸体影响他人正常生活、工作秩序，不听劝阻的。

第六十六条　卖淫、嫖娼的，处十日以上十五日以下拘留，可以并处五千元以下罚款；情节较轻的，处五日以下拘留或者五百元以下罚款。

在公共场所拉客招嫖的，处五日以下拘留或者五百元以下罚款。

第六十七条 引诱、容留、介绍他人卖淫的，处十日以上十五日以下拘留，可以并处五千元以下罚款；情节较轻的，处五日以下拘留或者五百元以下罚款。

第六十八条 制作、运输、复制、出售、出租淫秽的书刊、图片、影片、音像制品等淫秽物品或者利用计算机信息网络、电话以及其他通讯工具传播淫秽信息的，处十日以上十五日以下拘留，可以并处三千元以下罚款；情节较轻的，处五日以下拘留或者五百元以下罚款。

第六十九条 有下列行为之一的，处十日以上十五日以下拘留，并处五百元以上一千元以下罚款：

（一）组织播放淫秽音像的；

（二）组织或者进行淫秽表演的；

（三）参与聚众淫乱活动的。

明知他人从事前款活动，为其提供条件的，依照前款的规定处罚。

第七十条 以营利为目的，为赌博提供条件的，或者参与赌博赌资较大的，处五日以下拘留或者五百元以下罚款；情节严重的，处十日以上十五日以下拘留，并处五百元以上三千元以下罚款。

第七十一条 有下列行为之一的，处十日以上十五日以下拘留，可以并处三千元以下罚款；情节较轻的，处五日以下拘留或者五百元以下罚款：

（一）非法种植罂粟不满五百株或者其他少量毒品原植物的；

（二）非法买卖、运输、携带、持有少量未经灭活的罂粟等毒品原植物种子或者幼苗的；

（三）非法运输、买卖、储存、使用少量罂粟壳的。

有前款第一项行为，在成熟前自行铲除的，不予处罚。

第七十二条 有下列行为之一的，处十日以上十五日以下拘留，可以并处二千元以下罚款；情节较轻的，处五日以下拘留或者五百元以下罚款：

（一）非法持有鸦片不满二百克、海洛因或者甲基苯丙胺不满十克或者其他少量毒品的；

（二）向他人提供毒品的；

（三）吸食、注射毒品的；

（四）胁迫、欺骗医务人员开具麻醉药品、精神药品的。

第七十三条 教唆、引诱、欺骗他人吸食、注射毒品的，处十日以上十五日以下拘留，并处五百元以上二千元以下罚款。

第七十四条 旅馆业、饮食服务业、文化娱乐业、出租汽车业等单位的人员，在公安机关查处吸毒、赌博、卖淫、嫖娼活动时，为违法犯罪行为人通风报信的，处十日以上十五日以下拘留。

第七十五条 饲养动物，干扰他人正常生活的，处警告；警告后不改正的，或者放任动物恐吓他人的，处二百元以上五百元以下罚款。

驱使动物伤害他人的，依照本法第四十三条第一款的规定处罚。

第七十六条 有本法第六十七条、第六十八条、第七十条的行为，屡教不改的，可以按照国家规定采取强制性教育措施。

第四章　处罚程序

第一节　调　查

第七十七条　公安机关对报案、控告、举报或者违反治安管理行为人主动投案，以及其他行政主管部门、司法机关移送的违反治安管理案件，应当及时受理，并进行登记。

第七十八条　公安机关受理报案、控告、举报、投案后，认为属于违反治安管理行为的，应当立即进行调查；认为不属于违反治安管理行为的，应当告知报案人、控告人、举报人、投案人，并说明理由。

第七十九条　公安机关及其人民警察对治安案件的调查，应当依法进行。严禁刑讯逼供或者采用威胁、引诱、欺骗等非法手段收集证据。

以非法手段收集的证据不得作为处罚的根据。

第八十条　公安机关及其人民警察在办理治安案件时，对涉及的国家秘密、商业秘密或者个人隐私，应当予以保密。

第八十一条　人民警察在办理治安案件过程中，遇有下列情形之一的，应当回避；违反治安管理行为人、被侵害人或者其法定代理人也有权要求他们回避：

（一）是本案当事人或者当事人的近亲属的；

（二）本人或者其近亲属与本案有利害关系的；

（三）与本案当事人有其他关系，可能影响案件公正处理的。

人民警察的回避，由其所属的公安机关决定；公安机关负责人的回避，由上一级公安机关决定。

第八十二条　需要传唤违反治安管理行为人接受调查的，经公安机关办案部门负责人批准，使用传唤证传唤。对现场发现的违反治安管理行为人，人民警察经出示工作证件，可以口头传唤，但应当在询问笔录中注明。

公安机关应当将传唤的原因和依据告知被传唤人。对无正当理由不接受传唤或者逃避传唤的人，可以强制传唤。

第八十三条　对违反治安管理行为人，公安机关传唤后应当及时询问查证，询问查证的时间不得超过八小时；情况复杂，依照本法规定可能适用行政拘留处罚的，询问查证的时间不得超过二十四小时。

公安机关应当及时将传唤的原因和处所通知被传唤人家属。

第八十四条　询问笔录应当交被询问人核对；对没有阅读能力的，应当向其宣读。记载有遗漏或者差错的，被询问人可以提出补充或者更正。被询问人确认笔录无误后，应当签名或者盖章，询问的人民警察也应当在笔录上签名。

被询问人要求就被询问事项自行提供书面材料的，应当准许；必要时，人民警察也可以要求被询问人自行书写。

询问不满十六周岁的违反治安管理行为人，应当通知其父母或者其他监护人到场。

第八十五条　人民警察询问被侵害人或者其他证人，可以到其所在单位或者住处进行；必要时，也可以通知其到公安机关提供证言。

人民警察在公安机关以外询问被侵害人或者其他证人，应当出示工作证件。

询问被侵害人或者其他证人，同时适用本法**第八十四条的规定**。

第八十六条 询问聋哑的违反治安管理行为人、被侵害人或者其他证人，应当有通晓手语的人提供帮助，并在笔录上注明。

询问不通晓当地通用的语言文字的违反治安管理行为人、被侵害人或者其他证人，应当配备翻译人员，并在笔录上注明。

第八十七条 公安机关对与违反治安管理行为有关的场所、物品、人身可以进行检查。检查时，人民警察不得少于二人，并应当出示工作证件和县级以上人民政府公安机关开具的检查证明文件。对确有必要立即进行检查的，人民警察经出示工作证件，可以当场检查，但检查公民住所应当出示县级以上人民政府公安机关开具的检查证明文件。

检查妇女的身体，应当由女性工作人员进行。

第八十八条 检查的情况应当制作检查笔录，由检查人、被检查人和见证人签名或者盖章；被检查人拒绝签名的，人民警察应当在笔录上注明。

第八十九条 公安机关办理治安案件，对与案件有关的需要作为证据的物品，可以扣押；对被侵害人或者善意第三人合法占有的财产，不得扣押，应当予以登记。对与案件无关的物品，不得扣押。

对扣押的物品，应当会同在场见证人和被扣押物品持有人查点清楚，当场开列清单一式二份，由调查人员、见证人和持有人签名或者盖章，一份交给持有人，另一份附卷备查。

对扣押的物品，应当妥善保管，不得挪作他用；对不宜长期保存的物品，按照有关规定处理。经查明与案件无关的，应当及时退还；经核实属于他人合法财产的，应当登记后立即退还；满六个月无人对该财产主张权利或者无法查清权利人的，应当公开拍卖或者按照国家有关规定处理，所得款项上缴国库。

第九十条 为了查明案情，需要解决案件中有争议的专门性问题的，应当指派或者聘请具有专门知识的人员进行鉴定；鉴定人鉴定后，应当写出鉴定意见，并且签名。

第二节　决　定

第九十一条 治安管理处罚由县级以上人民政府公安机关决定；其中警告、五百元以下的罚款可以由公安派出所决定。

第九十二条 对决定给予行政拘留处罚的人，在处罚前已经采取强制措施限制人身自由的时间，应当折抵。限制人身自由一日，折抵行政拘留一日。

第九十三条 公安机关查处治安案件，对没有本人陈述，但其他证据能够证明案件事实的，可以作出治安管理处罚决定。但是，只有本人陈述，没有其他证据证明的，不能作出治安管理处罚决定。

第九十四条 公安机关作出治安管理处罚决定前，应当告知违反治安管理行为人作出治安管理处罚的事实、理由及依据，并告知违反治安管理行为人依法享有的权利。

违反治安管理行为人有权陈述和申辩。公安机关必须充分听取违反治安管理行为人的意见，对违反治安管理行为人提出的事实、理由和证据，应当进行复核；违反治安管理行为人提出的事实、理由或者证据成立的，公安机关应当采纳。

公安机关不得因违反治安管理行为人的陈述、申辩而加重处罚。

第九十五条　治安案件调查结束后，公安机关应当根据不同情况，分别作出以下处理：

（一）确有依法应当给予治安管理处罚的违法行为的，根据情节轻重及具体情况，作出处罚决定；

（二）依法不予处罚的，或者违法事实不能成立的，作出不予处罚决定；

（三）违法行为已涉嫌犯罪的，移送主管机关依法追究刑事责任；

（四）发现违反治安管理行为人有其他违法行为的，在对违反治安管理行为作出处罚决定的同时，通知有关行政主管部门处理。

第九十六条　公安机关作出治安管理处罚决定的，应当制作治安管理处罚决定书。决定书应当载明下列内容：

（一）被处罚人的姓名、性别、年龄、身份证件的名称和号码、住址；

（二）违法事实和证据；

（三）处罚的种类和依据；

（四）处罚的执行方式和期限；

（五）对处罚决定不服，申请行政复议、提起行政诉讼的途径和期限；

（六）作出处罚决定的公安机关的名称和作出决定的日期。

决定书应当由作出处罚决定的公安机关加盖印章。

第九十七条　公安机关应当向被处罚人宣告治安管理处罚决定书，并当场交付被处罚人；无法当场向被处罚人宣告的，应当在二日内送达被处罚人。决定给予行政拘留处罚的，应当及时通知被处罚人的家属。

有被侵害人的，公安机关应当将决定书副本抄送被侵害人。

第九十八条　公安机关作出吊销许可证以及处二千元以上罚款的治安管理处罚决定前，应当告知违反治安管理行为人有权要求举行听证；违反治安管理行为人要求听证的，公安机关应当及时依法举行听证。

第九十九条　公安机关办理治安案件的期限，自受理之日起不得超过三十日；案情重大、复杂的，经上一级公安机关批准，可以延长三十日。

为了查明案情进行鉴定的期间，不计入办理治安案件的期限。

第一百条　违反治安管理行为事实清楚，证据确凿，处警告或者二百元以下罚款的，可以当场作出治安管理处罚决定。

第一百零一条　当场作出治安管理处罚决定的，人民警察应当向违反治安管理行为人出示工作证件，并填写处罚决定书。处罚决定书应当当场交付被处罚人；有被侵害人的，并将决定书副本抄送被侵害人。

前款规定的处罚决定书，应当载明被处罚人的姓名、违法行为、处罚依据、罚款数额、时间、地点以及公安机关名称，并由经办的人民警察签名或者盖章。

当场作出治安管理处罚决定的，经办的人民警察应当在二十四小时内报所属公安机关备案。

第一百零二条　被处罚人对治安管理处罚决定不服的，可以依法申请行政复议或者提起行政诉讼。

第三节 执 行

第一百零三条 对被决定给予行政拘留处罚的人，由作出决定的公安机关送达拘留所执行。

第一百零四条 受到罚款处罚的人应当自收到处罚决定书之日起十五日内，到指定的银行缴纳罚款。但是，有下列情形之一的，人民警察可以当场收缴罚款：

（一）被处五十元以下罚款，被处罚人对罚款无异议的；

（二）在边远、水上、交通不便地区，公安机关及其人民警察依照本法的规定作出罚款决定后，被处罚人向指定的银行缴纳罚款确有困难，经被处罚人提出的；

（三）被处罚人在当地没有固定住所，不当场收缴事后难以执行的。

第一百零五条 人民警察当场收缴的罚款，应当自收缴罚款之日起二日内，交至所属的公安机关；在水上、旅客列车上当场收缴的罚款，应当自抵岸或者到站之日起二日内，交至所属的公安机关；公安机关应当自收到罚款之日起二日内将罚款缴付指定的银行。

第一百零六条 人民警察当场收缴罚款的，应当向被处罚人出具省、自治区、直辖市人民政府财政部门统一制发的罚款收据；不出具统一制发的罚款收据的，被处罚人有权拒绝缴纳罚款。

第一百零七条 被处罚人不服行政拘留处罚决定，申请行政复议、提起行政诉讼的，可以向公安机关提出暂缓执行行政拘留的申请。公安机关认为暂缓执行行政拘留不致发生社会危险的，由被处罚人或者其近亲属提出符合本法第一百零八条规定条件的担保人，或者按每日行政拘留二百元的标准交纳保证金，行政拘留的处罚决定暂缓执行。

第一百零八条 担保人应当符合下列条件：

（一）与本案无牵连；

（二）享有政治权利，人身自由未受到限制；

（三）在当地有常住户口和固定住所；

（四）有能力履行担保义务。

第一百零九条 担保人应当保证被担保人不逃避行政拘留处罚的执行。

担保人不履行担保义务，致使被担保人逃避行政拘留处罚的执行的，由公安机关对其处三千元以下罚款。

第一百一十条 被决定给予行政拘留处罚的人交纳保证金，暂缓行政拘留后，逃避行政拘留处罚的执行的，保证金予以没收并上缴国库，已经作出的行政拘留决定仍应执行。

第一百一十一条 行政拘留的处罚决定被撤销，或者行政拘留处罚开始执行的，公安机关收取的保证金应当及时退还交纳人。

第五章 执法监督

第一百一十二条 公安机关及其人民警察应当依法、公正、严格、高效办理治安案件，文明执法，不得徇私舞弊。

第一百一十三条 公安机关及其人民警察办理治安案件，禁止对违反治安管理行为人打骂、虐待或者侮辱。

第一百一十四条 公安机关及其人民警察办理治安案件，应当自觉接受社会和公民的监督。

公安机关及其人民警察办理治安案件，不严格执法或者有违法违纪行为的，任何单位和个人都有权向公安机关或者人民检察院、行政监察机关检举、控告；收到检举、控告的机关，应当依据职责及时处理。

第一百一十五条　公安机关依法实施罚款处罚，应当依照有关法律、行政法规的规定，实行罚款决定与罚款收缴分离；收缴的罚款应当全部上缴国库。

第一百一十六条　人民警察办理治安案件，有下列行为之一的，依法给予行政处分；构成犯罪的，依法追究刑事责任：

（一）刑讯逼供、体罚、虐待、侮辱他人的；

（二）超过询问查证的时间限制人身自由的；

（三）不执行罚款决定与罚款收缴分离制度或者不按规定将罚没的财物上缴国库或者依法处理的；

（四）私分、侵占、挪用、故意损毁收缴、扣押的财物的；

（五）违反规定使用或者不及时返还被侵害人财物的；

（六）违反规定不及时退还保证金的；

（七）利用职务上的便利收受他人财物或者谋取其他利益的；

（八）当场收缴罚款不出具罚款收据或者不如实填写罚款数额的；

（九）接到要求制止违反治安管理行为的报警后，不及时出警的；

（十）在查处违反治安管理活动时，为违法犯罪行为人通风报信的；

（十一）有徇私舞弊、滥用职权，不依法履行法定职责的其他情形的。

办理治安案件的公安机关有前款所列行为的，对直接负责的主管人员和其他直接责任人员给予相应的行政处分。

第一百一十七条　公安机关及其人民警察违法行使职权，侵犯公民、法人和其他组织合法权益的，应当赔礼道歉；造成损害的，应当依法承担赔偿责任。

第六章　附　则

第一百一十八条　本法所称以上、以下、以内，包括本数。

第一百一十九条　本法自 2006 年 3 月 1 日起施行。1986 年 9 月 5 日公布、1994 年 5 月 12 日修订公布的《中华人民共和国治安管理处罚条例》同时废止。

附录2:

公安部关于印发《公安部关于规范违反治安管理行为名称的意见》的通知

(2005年12月28日　公通字［2005］95号)

各省、自治区、直辖市公安厅、局，新疆生产建设兵团公安局:

《中华人民共和国治安管理处罚法》已由第十届全国人大常委会第十七次会议审议通过，将于2006年3月1日起施行。为了统一违反治安管理行为名称，规范填写治安案件案由，便利统计分析治安案件，及时、准确掌握社会治安状况，公安部制定了《公安部关于规范违反治安管理行为名称的意见》，现印发给你们，请认真贯彻执行。

各地在贯彻执行中遇到问题，请及时报部。

二〇〇五年十二月二十八日

公安部关于规范违反治安管理行为名称的意见

为了保证正确、统一执法，现对《中华人民共和国治安管理处罚法》规定的违反治安管理行为名称（即治安案件案由）规范如下:

一、扰乱公共秩序的案件

1. 扰乱单位秩序（第23条第1款第1项）
2. 扰乱公共场所秩序（第23条第1款第2项）
3. 扰乱公共交通工具上的秩序（第23条第1款第3项）
4. 妨碍交通工具正常行驶（第23条第1款第4项）
5. 破坏选举秩序（第23条第1款第5项）
6. 聚众扰乱单位秩序（第23条第2款）
7. 聚众扰乱公共场所秩序（第23条第2款）
8. 聚众扰乱公共交通工具上的秩序（第23条第2款）
9. 聚众妨碍交通工具正常行驶（第23条第2款）
10. 聚众破坏选举秩序（第23条第2款）
11. 强行进入大型活动场内（第24条第1款第1项）
12. 违规在大型活动场内燃放物品（第24条第1款第2项）
13. 在大型活动场内展示侮辱性物品（第24条第1款第3项）
14. 围攻大型活动工作人员（第24条第1款第4项）
15. 向大型活动场内投掷杂物（第24条第1款第5项）
16. 其他扰乱大型活动秩序的行为（第24条第1款第6项）
17. 虚构事实扰乱公共秩序（第25条第1项）
18. 投放虚假危险物质扰乱公共秩序（第25条第2项）
19. 扬言实施放火、爆炸、投放危险物质扰乱公共秩序（第25条第3项）
20. 寻衅滋事（第26条）
21. 组织、教唆、胁迫、诱骗、煽动从事邪教、会道门活动（第27条第1项）

22. 利用邪教、会道门、迷信活动危害社会（第 27 条第 1 项）
23. 冒用宗教、气功名义危害社会（第 27 条第 2 项）
24. 故意干扰无线电业务正常进行（第 28 条）
25. 拒不消除对无线电台（站）的有害干扰（第 28 条）
26. 非法侵入计算机信息系统（第 29 条第 1 项）
27. 非法改变计算机信息系统功能（第 29 条第 2 项）
28. 非法改变计算机信息系统数据和应用程序（第 29 条第 3 项）
29. 故意制作、传播计算机破坏性程序（第 29 条第 4 项）

二、妨害公共安全的案件

30. 非法制造、买卖、储存、运输、邮寄、携带、使用、提供、处置危险物质（第 30 条）
31. 危险物质被盗、被抢、丢失后不按规定报告（第 31 条）
32. 非法携带枪支、弹药、管制器具（第 32 条）
33. 盗窃、损毁公共设施（第 33 条第 1 项）
34. 移动、损毁边境、领土、领海标志设施（第 33 条第 2 项）
35. 非法进行影响国（边）界线走向的活动（第 33 条第 3 项）
36. 非法修建有碍国（边）境管理的设施（第 33 条第 3 项）
37. 盗窃、损坏、擅自移动航空设施（第 34 条第 1 款）
38. 强行进入航空器驾驶舱（第 34 条第 1 款）
39. 在航空器上非法使用器具、工具（第 34 条第 2 款）
40. 盗窃、损毁、擅自移动铁路设施、设备、机车车辆配件、安全标志（第 35 条第 1 项）
41. 在铁路线上放置障碍物（第 35 条第 2 项）
42. 故意向列车投掷物品（第 35 条第 2 项）
43. 在铁路沿线非法挖掘坑穴、采石取沙（第 35 条第 3 项）
44. 在铁路线路上私设道口、平交过道（第 35 条第 4 项）
45. 擅自进入铁路防护网（第 36 条）
46. 违法在铁路线上行走坐卧、抢越铁路（第 36 条）
47. 擅自安装、使用电网（第 37 条第 1 项）
48. 安装、使用电网不符合安全规定（第 37 条第 1 项）
49. 道路施工不设置安全防护设施（第 37 条第 2 项）
50. 故意损毁、移动道路施工安全防护设施（第 37 条第 2 项）
51. 盗窃、损毁路面公共设施（第 37 条第 3 项）
52. 违反规定举办大型活动（第 38 条）
53. 公共场所经营管理人员违反安全规定（第 39 条）

三、侵犯他人人身权利、财产权利的案件

54. 组织、胁迫、诱骗进行恐怖、残忍表演（第 40 条第 1 项）
55. 强迫劳动（第 40 条第 2 项）
56. 非法限制人身自由（第 40 条第 3 项）

57. 非法侵入住宅（第40条第3项）
58. 非法搜查身体（第40条第3项）
59. 胁迫、诱骗、利用他人乞讨（第41条第1款）
60. 以滋扰他人的方式乞讨（第41条第2款）
61. 威胁人身安全（第42条第1项）
62. 侮辱（第42条第2项）
63. 诽谤（第42条第2项）
64. 诬告陷害（第42条第3项）
65. 威胁、侮辱、殴打、打击报复证人及其近亲属（第42条第4项）
66. 发送信息干扰正常生活（第42条第5项）
67. 侵犯隐私（第42条第6项）
68. 殴打他人（第43条第1款）
69. 故意伤害（第43条第1款）
70. 猥亵（第44条）
71. 在公共场所故意裸露身体（第44条）
72. 虐待（第45条第1项）
73. 遗弃（第45条第2项）
74. 强迫交易（第46条）
75. 煽动民族仇恨、民族歧视（第47条）
76. 刊载民族歧视、侮辱内容（第47条）
77. 冒领、隐匿、毁弃、私自开拆、非法检查他人邮件（第48条）
78. 盗窃（第49条）
79. 诈骗（第49条）
80. 哄抢（第49条）
81. 抢夺（第49条）
82. 敲诈勒索（第49条）
83. 故意损毁财物（第49条）

四、妨害社会管理的案件

84. 拒不执行紧急状态下的决定、命令（第50条第1款第1项）
85. 阻碍执行职务（第50条第1款第。2项）
86. 阻碍特种车辆通行（第50条第1款第.3项）
87. 冲闯警戒带、警戒区（第50条第1款第4项）
88. 招摇撞骗（第51条第1款）
89. 伪造、变造、买卖公文、证件、证明文件、印章（第52条第1项）。
90. 买卖、使用伪造、变造的公文、证件、证明文件（第52条第2项）
91. 伪造、变造、倒卖有价票证、凭证（第52条第3项）
92. 伪造、变造船舶户牌（第52条第4项）
93. 买卖、使用伪造、变造的船舶户牌（第52条第4项）
94. 涂改船舶发动机号码（第52条第4项）

95. 驾船擅自进入、停靠国家管制的水域、岛屿（第 53 条）
96. 非法以社团名义活动（第 54 条第 1 款第 1 项）
97. 被撤销登记的社团继续活动（第 54 条第 1 款第 2 项）
98. 擅自经营需公安机关许可的行业（第 54 条第 1 款第 3 项）
99. 煽动、策划非法集会、游行、示威（第 55 条）
100. 不按规定登记住宿旅客信息（第 56 条第 1 款）
101. 不制止住宿旅客带入危险物质（第 56 条第 1 款）
102. 明知住宿旅客是犯罪嫌疑人不报告（第 56 条第 2 款）
103、将房屋出租给无身份证件人居住（第 57 条第 l 款）
104. 不按规定登记承租人信息（第 57 条第 1 款）
105. 明知承租人利用出租屋犯罪不报告（第 57 条第 2 款）
106. 制造噪声干扰正常生活（第 58 条）
107. 违法承接典当物品（第 59 条第 1 项）
108. 典当业工作人员发现违法犯罪嫌疑人、赃物不报告（第 59 条第 1 项）
109. 违法收购废旧专用器材（第 59 条第 2 项）
110. 收购赃物、有赃物嫌疑的物品（第 59 条第 3 项）
111. 收购国家禁止收购的其他物品（第 59 条第 4 项）
112. 隐藏、转移、变卖、损毁依法扣押、查封、冻结的财物（第 60 条第 1 项）
113. 伪造、隐匿、毁灭证据（第 60 条第 2 项）
114. 提供虚假证言（第 60 条第 2 项）
115. 谎报案情（第 60 条第 2 项）
116. 窝藏、转移、代销赃物（第 60 条第 3 项）
117. 违反监督管理规定（第 60 条第 4 项）
118. 协助组织、运送他人偷越国（边）境（第 61 条）
119. 为偷越国（边）境人员提供条件（第 62 条第 1 款）
120. 偷越国（边）境（第 62 条第 2 款）
121. 故意损坏文物、名胜古迹（第 63 条第 1 项）
122. 违法实施危及文物安全的活动（第 63 条第 2 项）
123. 偷开机动车（第 64 条第 1 项）
124. 无证驾驶、偷开航空器、机动船舶（第 64 条第 2 项）
125. 破坏、污损坟墓（第 65 条第 1 项）
126. 毁坏、丢弃尸骨、骨灰（第 65 条第 1 项）
127. 违法停放尸体（第 65 条第 2 项）
128. 卖淫（第 66 条第 1 款）
129. 嫖娼（第 66 条第 1 款）
130. 拉客招嫖（第 66 条第 2 款）
131. 引诱、容留、介绍卖淫（第 67 条）
132. 制作、运输、复制、出售、出租淫秽物品（第 68 条）
133. 传播淫秽信息（第 68 条）

134. 组织播放淫秽音像（第69条第1款第1项）
135. 组织淫秽表演（第69条第1款第2项）
136. 进行淫秽表演（第69条第1款第2项）
137. 参与聚众淫乱（第69条第1款第3项）
138. 为淫秽活动提供条件（第69条第2款）
139. 为赌博提供条件（第70条）
140. 赌博（第70条）
141. 非法种植毒品原植物（第71条第1款第1项）
142. 非法买卖、运输、携带、持有毒品原植物种苗（第71条第1款第2项）
143. 非法运输、买卖、储存、使用罂粟壳（第71条第1款第3项）
144. 非法持有毒品（第72条第1项）
145. 向他人提供毒品（第72条第2项）
146. 吸毒（第72条第3项）
147. 胁迫、欺骗开具麻醉药品、精神药品（第72条第4项）
148. 教唆、引诱、欺骗吸毒（第73条）
149. 为吸毒、赌博、卖淫、嫖娼人员通风报信（第74条）
150. 饲养动物干扰正常生活（第75条第1款）
151. 放任动物恐吓他人（第75条第1款）

上述案由中凡列举多个行为的，实践中在表述案由时可以根据违反治安管理行为人具体实施的行为，选择一种或者一种以上行为进行表述。如：行为人实施了制造爆炸性危险物质的行为，案由则可定为“非法制造危险物质”；行为人既实施了非法制造爆炸性危险物质的行为，又实施了买卖爆炸性危险物质行为，则案由可定为“非法制造、买卖危险物质”。

上述案由中凡列举多个行为对象的，实践中在表述案由时可以根据违反治安管理行为的具体对象，选择一种或者一种以上对象进行表述。如：行为人实施了伪造国家机关公文行为，案由可定为“伪造公文”；行为人既实施了伪造公文行为，又实施了伪造证件行为，则案由可表述为“伪造公文、证件”。

附录3：

公安部关于印发《公安机关执行〈中华人民共和国治安管理处罚法〉有关问题的解释》的通知

（2006年1月23日　公通字［2006］12号）

各省、自治区、直辖市公安厅、局，新疆生产建设兵团公安局：

2005年8月28日第十届全国人大常委会第十七次会议通过的《中华人民共和国治安管理处罚法》，将于2006年3月1日起施行。为确保该法的正确有效贯彻实施，现将《公安机关执行〈中华人民共和国治安管理处罚法〉有关问题的解释》印发给你们，请遵照执行。

各地贯彻执行《中华人民共和国治安管理处罚法》的情况和遇到的问题，请及时报部。

公安机关执行《中华人民共和国治安管理处罚法》有关问题的解释

根据全国人大常委会《关于加强法律解释工作的决议》的规定，现对公安机关执行《中华人民共和国治安管理处罚法》（以下简称《治安管理处罚法》）的有关问题解释如下：

一、关于治安案件的调解问题。根据《治安管理处罚法》第9条的规定，对因民间纠纷引起的打架斗殴或者损毁他人财物以及其他违反治安管理行为，情节较轻的，公安机关应当本着化解矛盾纠纷、维护社会稳定、构建和谐社会的要求，依法尽量予以调解处理。特别是对因家庭、邻里、同事之间纠纷引起的违反治安管理行为，情节较轻，双方当事人愿意和解的，如制造噪声、发送信息、饲养动物干扰他人正常生活，放任动物恐吓他人、侮辱、诽谤、诬告陷害、侵犯隐私、偷开机动车等治安案件，公安机关都可以调解处理。同时，为确保调解取得良好效果，调解前应当及时依法做深入细致的调查取证工作，以查明事实、收集证据、分清责任。调解达成协议的，应当制作调解书，交双方当事人签字。

二、关于涉外治安案件的办理问题。《治安管理处罚法》第10条第2款规定："对违反治安管理的外国人可以附加适用限期出境、驱逐出境"。对外国人需要依法适用限期出境、驱逐出境处罚的，由承办案件的公安机关逐级上报公安部或者公安部授权的省级人民政府公安机关决定，由承办案件的公安机关执行。对外国人依法决定行政拘留的，由承办案件的县级以上（含县级，下同）公安机关决定，不再报上一级公安机关批准。对外国人依法决定警告、罚款、行政拘留，并附加适用限期出境、驱逐出境处罚的，应当在警告、罚款、行政拘留执行完毕后，再执行限期出境、驱逐出境。

三、关于不予处罚问题。《治安管理处罚法》第12条、第13条、第14条、第19条对不予处罚的情形作了明确规定，公安机关对依法不予处罚的违反治安管理行为人，有违法所得的，应当依法予以追缴；有非法财物的，应当依法予以收缴。

《治安管理处罚法》第22条对违反治安管理行为的追究时效作了明确规定，公安机关对超过追究时效的违反治安管理行为不再处罚，但有违禁品的，应当依法予以收缴。

四、关于对单位违反治安管理的处罚问题。《治安管理处罚法》第18条规定，"单位违反治安管理的，对其直接负责的主管人员和其他直接责任人员依照本法的规定处罚。其他法律、行政法规对同一行为规定给予单位处罚的，依照其规定处罚”，并在第54条规定可以吊销公安机关发放的许可证。对单位实施《治安管理处罚法》第三章所规定的违反治安管理行为的，应当依法对其直接负责的主管人员和其他直接责任人员予以治安管理处罚；其他法律、行政法规对同一行为明确规定由公安机关给予单位警告、罚款、没收违法所得、没收非法财物等处罚，或者采取责令其限期停业整顿、停业整顿、取缔等强制措施的，应当依照其规定办理。对被依法吊销许可证的单位，应当同时依法收缴非法财物、追缴违法所得。参照刑法的规定，单位是指公司、企业、事业单位、机关、团体。

五、关于不执行行政拘留处罚问题。根据《治安管理处罚法》第21条的规定，对“已满十四周岁不满十六周岁的”，“已满十六周岁不满十八周岁，初次违反治安管理的”，“七十周岁以上的”，“怀孕或者哺乳自己不满一周岁婴儿的”违反治安管理行为人，可以依法作出行政拘留处罚决定，但不投送拘留所执行。被处罚人居住地公安派出所应当会同被处罚人所在单位、学校、家庭、居（村）民委员会、未成年人保护组织和有关社会团体进行帮教。上述未成年人、老年人的年龄、怀孕或者哺乳自己不满1周岁婴儿的妇女的情况，以其实施违反治安管理行为或者正要执行行政拘留时的实际情况确定，即违反治安管理行为人在实施违反治安管理行为时具有上述情形之一的，或者执行行政拘留时符合上述情形之一的，均不再投送拘留所执行行政拘留。

六、关于取缔问题。根据《治安管理处罚法》第54条的规定，对未经许可，擅自经营按照国家规定需要由公安机关许可的行业的，予以取缔。这里的“按照国家规定需要由公安机关许可的行业”，是指按照有关法律、行政法规和国务院决定的有关规定，需要由公安机关许可的旅馆业、典当业、公章刻制业、保安培训业等行业。取缔应当由违反治安管理行为发生地的县级以上公安机关作出决定，按照《治安管理处罚法》的有关规定采取相应的措施，如责令停止相关经营活动、进入无证经营场所进行检查、扣押与案件有关的需要作为证据的物品等。在取缔的同时，应当依法收缴非法财物、追缴违法所得。

七、关于强制性教育措施问题。《治安管理处罚法》第76条规定，对有“引诱、容留、介绍他人卖淫”，“制作、运输、复制、出售、出租淫秽的书刊、图片、影片、音像制品等淫秽物品或者利用计算机信息网络、电话以及其他通讯工具传播淫秽信息”，“以营利为目的，为赌博提供条件的，或者参与赌博赌资较大的”行为，“屡教不改的，可以按照国家规定采取强制性教育措施”。这里的“强制性教育措施”目前是指劳动教养；“按照国家规定”是指按照《治安管理处罚法》和其他有关劳动教养的法律、行政法规的规定；“屡教不改”是指有上述行为被依法判处刑罚执行期满后五年内又实施前述行为之一，或者被依法予以罚款、行政拘留、收容教育、劳动教养执行期满后三年内实施前述行为之一，情节较重，但尚不够刑事处罚的情形。

八、关于询问查证时间问题。《治安管理处罚法》第83条第1款规定，“对违反治安管理行为人，公安机关传唤后应当及时询问查证，询问查证的时间不得超过八小时；情况复杂，依照本法规定可能适用行政拘留处罚的，询问查证的时间不得超过二十四小时”。这里的“依照本法规定可能适用行政拘留处罚”，是指本法第三章对行为人实施的违反治安管理行为设定了行政拘留处罚，且根据其行为的性质和情节轻重，可能依法对违反治安管理行为人决定予以行政拘留的案件。

根据《治安管理处罚法》第 82 条和第 83 条的规定，公安机关或者办案部门负责人在审批书面传唤时，可以一并审批询问查证时间。对经过询问查证，属于“情况复杂”，且“依照本法规定可能适用行政拘留处罚”的案件，需要对违反治安管理行为人适用超过 8 小时询问查证时间的，需口头或者书面报经公安机关或者其办案部门负责人批准。对口头报批的，办案民警应当记录在案。

九、关于询问不满 16 周岁的未成年人问题。《治安管理处罚法》第 84 条、第 85 条规定，询问不满 16 周岁的违反治安管理行为人、被侵害人或者其他证人，应当通知其父母或者其他监护人到场。上述人员父母双亡，又没有其他监护人的，因种种原因无法找到其父母或者其他监护人的，以及其父母或者其他监护人收到通知后拒不到场或者不能及时到场的，办案民警应当将有关情况在笔录中注明。为保证询问的合法性和证据的有效性，在被询问人的父母或者其他监护人不能到场时，可以邀请办案地居（村）民委员会的人员，或者被询问人在办案地有完全行为能力的亲友，或者所在学校的教师，或者其他见证人到场。询问笔录应当由办案民警、被询问人、见证人签名或者盖章。有条件的地方，还可以对询问过程进行录音、录像。

十、关于铁路、交通、民航、森林公安机关和海关侦查走私犯罪公安机构以及新疆生产建设兵团公安局的治安管理处罚权问题。《治安管理处罚法》第 91 条规定：“治安管理处罚由县级以上人民政府公安机关决定；其中警告、五百元以下罚款可以由公安派出所决定。”根据有关法律，铁路、交通、民航、森林公安机关依法负责其管辖范围内的治安管理工作，《中华人民共和国海关行政处罚实施条例》第 6 条赋予了海关侦查走私犯罪公安机构对阻碍海关缉私警察依法执行职务的治安案件的查处权。为有效维护社会治安，县级以上铁路、交通、民航、森林公安机关对其管辖的治安案件，可以依法作出治安管理处罚决定，铁路、交通、民航、森林公安派出所可以作出警告、500 元以下罚款的治安管理处罚决定；海关系统相当于县级以上公安机关的侦查走私犯罪公安机构可以依法查处阻碍缉私警察依法执行职务的治安案件，并依法作出治安管理处罚决定。

新疆生产建设兵团系统的县级以上公安局应当视为“县级以上人民政府公安机关”，可以依法作出治安管理处罚决定；其所属的公安派出所可以依法作出警告、500 元以下罚款的治安管理处罚决定。

十一、关于限制人身自由的强制措施折抵行政拘留问题。《治安管理处罚法》第 92 条规定：“对决定给予行政拘留处罚的人，在处罚前已经采取强制措施限制人身自由的时间，应当折抵。限制人身自由一日，折抵行政拘留一日。”这里的“强制措施限制人身自由的时间”，包括被行政拘留人在被行政拘留前因同一行为被依法刑事拘留、逮捕时间。如果被行政拘留人被刑事拘留、逮捕的时间已超过被行政拘留的时间的，则行政拘留不再执行，但办案部门必须将《治安管理处罚决定书》送达被处罚人。

十二、关于办理治安案件期限问题。《治安管理处罚法》第 99 条规定：“公安机关办理治安案件的期限，自受理之日起不得超过三十日；案情重大、复杂的，经上一级公安机关批准，可以延长三十日。为了查明案情进行鉴定的期间，不计入办理治安案件的期限。”这里的“鉴定期间”，是指公安机关提交鉴定之日起至鉴定机构作出鉴定结论并送达公安机关的期间。公安机关应当切实提高办案效率，保证在法定期限内办结治安案件。对因违反治安管理行为人逃跑等客观原因造成案件不能在法定期限内办结的，公安机关应当继续进行调查取证，及时依法作出处理决定，不能因已超过法定办案期限就不再调查取证。因违反治安管理行为人在逃，导致无法查清案件事实，无法收集足够证据而结不了案的，公安机关应当向被侵害人说明原因。对调解未达成协议或者达成协议后不履行的治安案件的办案期限，应当从调解未达成协议或者达成协议后不履行之日起开始计算。

公安派出所承办的案情重大、复杂的案件，需要延长办案期限的，应当报所属县级以上公安机关负责人批准。

十三、关于将被拘留人送达拘留所执行问题。《治安管理处罚法》第103条规定："对被决定给予行政拘留处罚的人，由作出决定的公安机关送达拘留所执行。"这里的"送达拘留所执行"，是指作出行政拘留决定的公安机关将被决定行政拘留的人送到拘留所并交付执行，拘留所依法办理入所手续后即为送达。

十四、关于治安行政诉讼案件的出庭应诉问题。《治安管理处罚法》取消了行政复议前置程序。被处罚人对治安管理处罚决定不服的，既可以申请行政复议，也可以直接提起行政诉讼。对未经行政复议和经行政复议决定维持原处罚决定的行政诉讼案件，由作出处罚决定的公安机关负责人和原办案部门的承办民警出庭应诉；对经行政复议决定撤销、变更原处罚决定或者责令被申请人重新作出具体行政行为的行政诉讼案件，由行政复议机关负责人和行政复议机构的承办民警出庭应诉。

十五、关于《治安管理处罚法》的溯及力问题。按照《中华人民共和国立法法》第84条的规定，《治安管理处罚法》不溯及既往。《治安管理处罚法》施行后，对其施行前发生且尚未作出处罚决定的违反治安管理行为，适用《中华人民共和国治安管理处罚条例》；但是，如果《治安管理处罚法》不认为是违反治安管理行为或者处罚较轻的，适用《治安管理处罚法》。

附录4：

公安机关执行
《中华人民共和国治安管理处罚法》有关问题的解释（二）

（2007年1月8日　公通字［2007］1号）

为正确、有效地执行《中华人民共和国治安管理处罚法》（以下简称《治安管理处罚法》），根据全国人民代表大会常务委员会《关于加强法律解释工作的决议》的规定，现对公安机关执行《治安管理处罚法》的有关问题解释如下：

一、关于制止违反治安管理行为的法律责任问题

为了免受正在进行的违反治安管理行为的侵害而采取的制止违法侵害行为，不属于违反治安管理行为。但对事先挑拨、故意挑逗他人对自己进行侵害，然后以制止违法侵害为名对他人加以侵害的行为，以及互相斗殴的行为，应当予以治安管理处罚。

二、关于未达目的违反治安管理行为的法律责任问题

行为人为实施违反治安管理行为准备工具、制造条件的，不予处罚。

行为人自动放弃实施违反治安管理行为或者自动有效地防止违反治安管理行为结果发生，没有造成损害的，不予处罚；造成损害的，应当减轻处罚。

行为人已经着手实施违反治安管理行为，但由于本人意志以外的原因而未得逞的，应当从轻处罚、减轻处罚或者不予处罚。

三、关于未达到刑事责任年龄不予刑事处罚的，能否予以治安管理处罚问题

对已满十四周岁不满十六周岁不予刑事处罚的，应当责令其家长或者监护人加以管教；必要时，可以依照《治安管理处罚法》的相关规定予以治安管理处罚，或者依照《中华人民共和国刑法》第十七条的规定予以收容教养。

四、关于减轻处罚的适用问题

违反治安管理行为人具有《治安管理处罚法》第十二条、第十四条、第十九条减轻处罚情节的，按下列规定适用：

（一）法定处罚种类只有一种，在该法定处罚种类的幅度以下减轻处罚；

（二）法定处罚种类只有一种，在该法定处罚种类的幅度以下无法再减轻处罚的，不予处罚；

（三）规定拘留并处罚款的，在法定处罚幅度以下单独或者同时减轻拘留和罚款，或者在法定处罚幅度内单处拘留；

（四）规定拘留可以并处罚款的，在拘留的法定处罚幅度以下减轻处罚；在拘留的法定处罚幅度以下无法再减轻处罚的，不予处罚。

五、关于“初次违反治安管理”的认定问题

《治安管理处罚法》第二十一条第二项规定的“初次违反治安管理”，是指行为人的违反治安管理行为第一次被公安机关发现或者查处。但具有下列情形之一的，不属于“初次违反治安管理”：

（一）曾违反治安管理，虽未被公安机关发现或者查处，但仍在法定追究时效内的；

（二）曾因不满十六周岁违反治安管理，不执行行政拘留的；

（三）曾违反治安管理，经公安机关调解结案的；

（四）曾被收容教养、劳动教养的；

（五）曾因实施扰乱公共秩序，妨害公共安全，侵犯人身权利、财产权利，妨害社会管理的行为被人民法院判处刑罚或者免除刑事处罚的。

六、关于扰乱居（村）民委员会秩序和破坏居（村）民委员会选举秩序行为的法律适用问题

对扰乱居（村）民委员会秩序的行为，应当根据其具体表现形式，如侮辱、诽谤、殴打他人、故意伤害、故意损毁财物等，依照《治安管理处罚法》的相关规定予以处罚。

对破坏居（村）民委员会选举秩序的行为，应当依照《治安管理处罚法》第二十三条第一款第五项的规定予以处罚。

七、关于殴打、伤害特定对象的处罚问题

对违反《治安管理处罚法》第四十三条第二款第二项规定行为的处罚，不要求行为人主观上必须明知殴打、伤害的对象为残疾人、孕妇、不满十四周岁的人或者六十周岁以上的人。

八、关于“结伙”、“多次”、“多人”的认定问题

《治安管理处罚法》中规定的“结伙”是指两人（含两人）以上；“多次”是指三次（含三次）以上；“多人”是指三人（含三人）以上。

九、关于运送他人偷越国（边）境、偷越国（边）境和吸食、注射毒品行为的法律适用问题

对运送他人偷越国（边）境、偷越国（边）境和吸食、注射毒品行为的行政处罚，适用《治安管理处罚法》第六十一条、第六十二条第二款和第七十二条第三项的规定，不再适用全国人民代表大会常务委员会《关于严惩组织、运送他人偷越国（边）境犯罪的补充规定》和《关于禁毒的决定》的规定。

十、关于居住场所与经营场所合一的检查问题

违反治安管理行为人的居住场所与其在工商行政管理部门注册登记的经营场所合一的，在经营时间内对其检查时，应当按照检查经营场所办理相关手续；在非经营时间内对其检查时，应当按照检查公民住所办理相关手续。

十一、关于被侵害人是否有权申请行政复议问题

根据《中华人民共和国行政复议法》第二条的规定，治安案件的被侵害人认为公安机关依据《治安管理处罚法》作出的具体行政行为侵犯其合法权益的，可以依法申请行政复议。

附录5：

公安部关于森林公安机关执行《中华人民共和国治安管理处罚法》有关问题的批复

（2008年1月10日　公法［2008］18号）

国家林业局森林公安局：

你局《关于森林公安机关执行〈治安管理处罚法〉有关问题的请示》（林公治［2007］45号）收悉。现批复如下：

一、关于“县级以上森林公安机关”的确定问题

《公安机关执行〈中华人民共和国治安管理处罚法〉有关问题的解释》（公通字［2006］12号）第十条规定，县级以上森林公安机关对其管辖的治安案件，可以依法作出治安管理处罚决定。这里的“县级以上森林公安机关”，是指相当于县级以上人民政府公安机关的行政级别，并有权以自己的名义办理案件、作出决定和制作法律文书的森林公安机关。

二、关于森林公安机关与地方公安机关办理治安案件的管辖分工问题

鉴于我国地域辽阔、地区差异性较大，各地林区公安机关的设置情况不一，有关森林公安机关与地方公安机关办理治安案件的管辖分工，可以由各级人民政府公安机关根据当地实际情况确定。

二〇〇八年一月十日

附录6：

公安部现行有效规章及规范性文件目录

（截至2010年11月）

一、部门规章

序号	部门规章名称	公布日期及令号
1	港口治安管理规定	1989年3月4日公安部、交通部令第3号公布 自1989年4月1日起施行
2	仓库防火安全管理规则	1990年4月10日公安部令第6号公布施行
3	高层居民住宅楼防火管理规则	1992年10月12日公安部令第11号公布施行
4	机动车号牌生产管理办法	1993年5月13日公安部令第13号公布施行
5	公安机关和公安干警十不准的规定	1993年9月24日公安部令第14号公布施行
6	城市人民警察巡逻规定	1994年2月24日公安部令第17号公布施行
7	集贸市场消防安全管理办法	1994年12月25日公安部、国家工商行政管理局令第19号公布施行
8	公安机关对被管制、剥夺政治权利、缓刑、假释、保外就医罪犯的监督管理规定	1995年2月21日公安部令第23号公布施行
9	租赁房屋治安管理规定	1995年3月6日公安部令第24号公布施行
10	暂住证申领办法	1995年6月2日公安部令第25号公布施行
11	公安机关警务督察队工作规定	1997年9月10日公安部令第31号公布施行
12	计算机信息系统安全专用产品检测和销售许可证管理办法	1997年12月12日公安部令第32号公布施行
13	公安机关警戒带使用管理办法	1998年3月11日公安部令第34号公布施行
14	公安机关办理刑事案件程序规定	1998年5月14日公安部令第35号公布施行
	公安机关办理刑事案件程序规定修正案	2007年10月25日公安部令第95号公布 自2007年12月1日起施行
15	机动车修理业、报废机动车回收业治安管理办法	1999年3月25日公安部令第38号公布施行
16	公共娱乐场所消防安全管理规定	1994年12月29日公安部部长办公会议通过 1999年5月25日公安部令第39号修订公布施行
17	公安机关内部执法监督工作规定	1999年6月11日公安部令第40号公布施行
18	公安机关人民警察执法过错责任追究规定	1999年6月11日公安部令第41号公布施行
19	中华人民共和国边境管理区通行证管理办法	1999年9月4日公安部令第42号公布施行
20	沿海船舶边防治安管理规定	2000年2月15日公安部令第47号公布 自2000年5月1日起施行

续表

序号	部门规章名称	公布日期及令号
21	人民警察警徽使用管理规定	2000年3月27日公安部令第48号公布施行
22	强制戒毒所管理办法	2000年4月17日公安部令第49号公布施行
23	收容教育所管理办法	2000年4月24日公安部令第50号公布施行
24	计算机病毒防治管理办法	2000年4月26日公安部令第51号公布施行
25	公安机关人民警察内务条令	2000年6月1日公安部令第53号公布施行
26	公安机关督察条例实施办法	2001年1月2日公安部令第55号公布施行
27	人民警察制式服装及其标志管理规定	2001年3月16日公安部令第57号公布施行
28	公路巡逻民警中队警务规范	2001年5月23日公安部令第58号公布施行
29	因私出入境中介活动管理办法	2001年6月6日公安部、国家工商行政管理总局令第59号公布施行
30	公安机关执法质量考核评议规定	2001年10月10日公安部令第60号公布施行
31	机关、团体、企业、事业单位消防安全管理规定	2001年11月14日公安部令第61号公布　自2002年5月1日起施行
32	公安机关人民警察训练条令	2001年11月26日公安部令第62号公布施行
33	台湾渔船停泊点边防治安管理办法	2001年12月11日公安部令第63号公布　自2002年3月1日起施行
34	公安机关办理行政复议案件程序规定	2002年11月2日公安部令第65号公布　自2003年1月1日起施行
35	公安机关人民警察奖励条令	2003年7月24日公安部令第66号公布　自2003年9月1日起施行
36	外国人在中国永久居留审批管理办法	2004年8月15日公安部、外交部令第74号公布施行
37	公安机关适用继续盘问规定	2004年7月12日公安部令第75号公布　自2004年10月1日起施行
38	剧毒化学品购买和公路运输许可证件管理办法	2005年5月25日公安部令第77号公布　自2005年8月1日起施行
39	中华人民共和国临时居民身份证管理办法	2005年6月7日公安部令第78号公布　自2005月10日1日起施行
40	公安机关信访工作规定	2005年8月18日公安部令第79号公布施行
41	公安机关行政许可工作规定	2005年9月17日公安部令第80号公布　自2005年12月1日起施行
42	互联网安全保护技术措施规定	2005年12月13日公安部令第82号公布　自2006年3月1日起施行
43	公安机关鉴定机构登记管理办法	2005年12月29日公安部令第83号公布　自2006年3月1日起施行
44	公安机关鉴定人登记管理办法	2005年12月29日公安部令第84号公布　自2006年3月1日起施行

续表

序号	部门规章名称	公布日期及令号
45	保安培训机构管理办法	2005年12月31日公安部令第85号公布　自2006年3月1日起施行
46	金融机构营业场所和金库安全防范设施建设许可实施办法	2005年12月31日公安部令第86号公布　自2006年2月1日起施行
47	易制毒化学品购销和运输管理办法	2006年8月22日公安部令第87号公布　自2006年10月1日起施行
48	公安机关办理行政案件程序规定	2003年8月26日公安部部长办公会议通过　2006年8月24日公安部令第88号修订公布施行
	公安机关办理行政案件程序规定修正案	2010年11月26日公安部令第113号公布施行
49	警车管理规定	1995年6月29日公安部部长办公会议通过　2006年11月29日公安部令第89号修订公布施行
50	临时入境机动车和驾驶人管理规定	1988年12月21日公安部部务会议通过　2006年12月1日公安部令第90号修订公布　自2007年1月1日起施行
51	机动车驾驶证申领和使用规定	2004年4月30日公安部部长办公会议通过　2006年12月20日公安部令第91号修订公布　自2007年4月1日起施行
52	公安机关人民警察着装管理规定	2000年8月8日公安部部长办公会议通过　2007年6月5日公安部令第92号修订公布施行
53	公安机关监督检查企业事业单位内部治安保卫工作规定	2007年6月16日公安部令第93号公布　自2007年10月1日起施行
54	公安机关海上执法工作规定	2007年9月26日公安部令第94号公布　自2007年12月1日起施行
55	中华人民共和国普通护照和出入境通行证签发管理办法	2007年10月25日公安部令第96号公布　自2007年12月25日起施行
56	公安机关人民警察证使用管理规定	2005年11月7日公安部部长办公会议通过　2008年2月28日公安部令第97号修订公布施行
57	看守所留所执行刑罚罪犯管理办法	2008年2月29日公安部令第98号公布　自2008年7月1日起施行
58	国际航班载运人员信息预报实施办法	2008年3月12日公安部、民用航空总局令第99号公布　自2008年5月1日起施行
59	机动车登记规定	2004年4月30日公安部部长办公会议通过　2008年5月27日公安部令第102号修订公布　自2008年10月1日起施行
60	娱乐场所治安管理办法	2008年6月3日公安部令第103号公布　自2008年10月1日起施行
61	道路交通事故处理程序规定	2008年8月17日公安部令第104号公布　自2009年1月1日起施行
62	道路交通安全违法行为处理程序规定	2004年4月30日公安部部长办公会议通过　2008年12月20日公安部令第105号修订公布　自2009年4月1日起施行

续表

序号	部门规章名称	公布日期及令号
63	建设工程消防监督管理规定	1996 年 9 月 26 日公安部部长办公会议通过　2009 年 4 月 30 日公安部令第 106 号修订公布　自 2009 年 5 月 1 日起施行
64	消防监督检查规定	1998 年 9 月 30 日公安部部长办公会议通过　2009 年 4 月 30 日公安部令第 107 号修订公布　自 2009 年 5 月 1 日起施行
65	火灾调查规定	1999 年 3 月 2 日公安部部长办公会议通过　2009 年 4 月 30 日公安部令第 108 号修订公布　自 2009 年 5 月 1 日起施行
66	社会消防安全教育培训规定	2009 年 4 月 13 日公安部、教育部、民政部、人力资源和社会保障部、住房和城乡建设部、文化部、国家广播电影电视总局、国家安全生产监督管理总局、国家旅游局令第 109 号公布　自 2009 年 6 月 1 日起施行
67	吸毒检测程序规定	2009 年 9 月 27 日公安部令第 110 号公布　自 2010 年 1 月 1 日起施行
68	公安部关于修改《机动车驾驶证申领和使用规定》的决定	2009 年 12 月 7 日公安部令第 111 号公布　自 2010 年 4 月 1 日起施行
69	公安机关实施保安服务管理条例办法	2010 年 2 月 3 日公安部令第 112 号公布施行

二、规范性文件

综合类

序号	规范性文件名称	发布机关、日期及发文字号
1	公安部关于印发《中华人民共和国人民警察法》宣传提纲的通知	1995 年 2 月 28 日公安部公通字［1995］16 号
2	公安部关于印发公安机关执行《人民警察法》有关问题的解释的通知	1995 年 7 月 15 日公安部公发［1995］14 号
3	公安部关于贯彻实施《人民警察使用警械和武器条例》的通知	1996 年 1 月 26 日公安部公通字［1996］7 号
4	公安部关于公安机关是否申领地方政府统一制发的《行政执法证》的问题的批复	1996 年 12 月 12 日公安部公复字［1996］12 号
5	关于印发《普通公安院校招收公安英烈子女保送生的暂行规定》的通知	2000 年 4 月 3 日公安部政治部公政治［2000］28 号
6	关于印发公安普通高等院校招生工作暂行办法的通知	2000 年 4 月 3 日公安部政治部公政治［2000］137 号
7	公安部关于加强公安法制建设的决定	2000 年 6 月 3 日公安部公发［2000］6 号
8	公安部关于废止部分联合会签文件的通知	2000 年 10 月 13 日公安部公通字［2000］90 号
9	公安部关于执行《内地公安机关与香港警方相互通报机制的安排》有关问题的通知	2000 年 11 月 23 日公安部公通字［2000］100 号

续表

序号	规范性文件名称	发布机关、日期及发文字号
10	关于印发《公安机关接受民警伤亡抚恤捐赠管理办法》的通知	2000年11月27日公安部人事训练局公人［2000］495号
11	公安部关于废止部分规范性文件的通知	2001年4月5日公安部公通字［2001］16号
12	公安部关于执行《内地公安机关与澳门特区政府保安司关于建立相互通报机制的安排》有关问题的通知	2001年6月20日公安部公通字［2001］45号
13	公安部关于刑事拘留时间可否折抵行政拘留时间问题的批复	2004年3月4日公安部公复字［2004］1号
14	公安部关于深入学习和贯彻实施《中华人民共和国宪法》的通知	2004年3月24日公安部公通字［2004］27号
15	公安部关于印发《关于解决执法突出问题推进公安执法制度建设的工作计划》的通知	2004年6月15日公安部公通字［2004］41号
16	公安部关于印发《继续盘问法律文书格式》的通知	2004年7月27日公安部公通字［2004］60号
17	公安部关于保留修改废止部门规章及规范性文件的通知	2004年8月19日公安部公通字［2004］71号
18	公安部关于贯彻实施《公安机关适用继续盘问规定》的通知	2004年9月2日公安部公通字［2004］64号
19	公安部关于缉私警察如何适用继续盘问有关问题的批复	2004年12月14日公安部公复字［2004］5号
20	最高人民检察院、公安部关于切实加强公安检察干警执法权益保护工作的通知	2005年10月25日最高人民检察院、公安部公通字［2005］76号
21	公安部关于修改和废止部分部门规章及规范性文件的通知	2006年1月20日公安部公通字［2006］11号
22	公安部关于印发《公安行政法律文书（式样）》（试行）的通知	2006年2月20日公安部公通字［2006］21号
23	公安部关于印发《公安机关法制部门工作规范》的通知	2006年12月18日公安部公通字［2006］82号
24	公安部关于印发《关于进一步提高公安队伍法律素质的指导意见》的通知	2006年12月29日公安部公通字［2006］86号
25	公安部关于公安机关办理行政案件中鉴定意见告知方式问题的批复	2007年9月4日公安部公复字［2007］5号
26	最高人民法院、最高人民检察院、公安部关于办理海上发生的违法犯罪案件有关问题的通知	2007年9月17日最高人民法院、最高人民检察院、公安部公通字［2007］60号
27	关于印发《公安边防消防警卫部队接收普通高等学校毕业生工作实施细则》的通知	2008年9月13日公安部政治部公政治［2008］379号
28	公安部关于印发《公安机关涉案财物管理若干规定》的通知	2010年11月4日公安部公通字［2010］57号

附　录

治安管理

序号	规范性文件名称	发布机关、日期及发文字号
1	公安部第三局关于公共户口集体迁移办理迁移证问题	1954年6月9日公安部治安管理局（54）公治户字第80号
2	公安部关于健全机关、团体、学校、企业（包括工地）等单位户口登记管理制度的通知	1956年1月7日公安部（56）公治字第一号
3	关于户口登记条例中几项条款　具体执行意见的通知	1958年1月10日公安部治安局（58）公治字第8号
4	公安部三局关于执行户口登记条例的初步意见	1958年4月公安部治安管理局
5	关于加强户口簿册、证件、印章管理工作的通知	1975年12月16日公安部治安管理局公三［1975］372号
6	转发总政治部关于审批部队干部家属随军的通知	1976年7月14日公安部公发［1976］26号
7	公安部关于认真贯彻《国务院批转〈公安部关于处理户口迁移的规定〉的通知》的意见	1977年11月22日公安部公发［1977］47号
8	关于武装、边防、消防民警现役干部家属随队审批问题的通知	1979年7月5日公安部公发［1979］102号
9	关于女船员子女落户问题的通知	1981年1月13日公安部治安管理局公三［1981］019号
10	公安部、粮食部转发广东省公安厅、粮食厅关于台湾回归定居人员户口和粮食供应问题的通知	1981年1月21日公安部、粮食部［81］公发（政）154号
11	公安部关于台胞回归大陆定居落户问题的通知	1981年4月28日公安部公一发［1981］1142号
12	关于重新统一内河《船舶户口簿》、《船民证》、《临时船民证》的通知	1982年2月27日公安部［82］公发（治）36号
13	公安部三局、教育部学生管理司关于无户口青年要求报考大学问题的复文	1982年5月6日公安部治安管理局、教育部学生管理司公信传［82］185号
14	公安部关于整顿非公安部门成立的“派出所”、“民警队”、“专业警察”的通知	1982年6月3日公安部
15	公安部、劳动人事部关于刑满留场（厂）就业人员有关待遇问题的通知	1983年5月4日公安部、劳动人事部［83］公发（劳）51号
16	关于犯人刑满释放后落户和安置的联合通知	1983年5月5日公安部、劳动人事部、农牧渔业部、教育部、商业部［83］公发（劳）47号
17	关于收管处理淫秽物品的通知	1983年12月22日公安部［83］公发（治）165号
18	关于改革和加强特种行业管理工作的通知	1985年3月21日公安部［85］公发21号
19	公安部印发《关于加强国防工业保卫工作的意见》的通知	1985年6月3日公安部［85］公发37号
20	关于居民身份证使用民族文字和民族成份填写问题的通知	1986年2月1日公安部、国家民族事务委员会［86］公（治）字14号

续表

序号	规范性文件名称	发布机关、日期及发文字号
21	关于在经济体制改革中加强和改革企业保卫工作的通知	1986年6月24日国家经委、公安部［86］公发19号
22	公安部关于不得随意更改户口簿出生年月日的通知	1986年9月2日公安部公信传（86）594号
23	公安部、财政部关于企业事业单位保卫机构装备器材配备和经费开支意见的通知	1987年1月26日公安部、财政部［87］公发6号文件
24	公安部关于印发《关于组建保安服务公司的报告》的通知	1988年7月2日公安部［88］公发14号
25	公安部转发《关于新形势下加强城乡治保会工作的意见》的通知	1988年9月30日公安部公发［88］21号
26	公安部印发《关于继续加强群众性治安联防工作的请示》的通知	1988年10月24日公安部［88］公发22号文件
27	关于加强出生登记工作的通知	1988年10月25日公安部、国家计划生育委员会［88］公（治）字106号
28	公安部转发国务院办公厅《关于研究打击取缔卖淫嫖娼活动的会议纪要》的通知	1989年2月14日公安部［89］公（治）字20号
29	关于改善和提高居民住宅整体安全防范能力的通知	1989年2月23日公安部、建设部［89］公（治）字22号
30	公安部关于解决城市公安派出所工作改革中的几个问题的意见	1989年5月25日公安部公发［89］10号
31	关于禁止为企业领导人配发警械和提供“私人保镖”式服务的通知	1989年11月6日公安部［89］公（治）字90号
32	关于禁止生产、销售、使用仿真手枪式电击器的通知	1989年11月7日公安部［89］公（治）字94号
33	关于对“常住人口待定”人员范围有关问题的复函	1990年1月10日公安部治安管理局公治［1990］020号
34	关于启用乡（镇）人民政府户口专用章的通知	1990年3月14日公安部公通字［1990］30号
35	公安部三局关于企业单位刻制公章问题的批复	1991年2月25日公安部治安管理局
36	公安部三局关于公安机关在旧货业管理中对嫌疑物品能否暂扣的请示的批复	1991年4月16日公安部治安管理局
37	公安部政治部关于贯彻《国务院、中央军委批转总政治部关于重新规定军官家属随军条件请示的通知》的通知	1991年10月9日公安部政治部公政治干［1991］490号
38	关于认真贯彻执行全国人大常委会《关于严禁卖淫嫖娼的决定》的通知	1991年11月23日公安部公通字［1991］105号
39	军工产品储存库风险等级和安全防范级别的规定	1992年3月30日　公共安全行业标准GA－26－92
40	关于被收养子女户口和粮食供应关系迁移问题的通知	1992年5月16日公安部、商业部公通字［1992］59号
41	公安部关于对外国人、华侨、港澳台人员卖淫嫖娼实行收容教育问题的批复	1992年7月24日公安部公复字［1992］7号

续表

序号	规范性文件名称	发布机关、日期及发文字号
42	公安部关于加强治安联防队伍建设的通知	1993 年 6 月 19 日公安部公通字［1993］44 号
43	公安部关于禁止开设“私人侦探所”性质的民间机构的通知	1993 年 9 月 7 日公安部公通字［1993］91 号
44	关于严厉打击盗窃、破坏铁路、油田、电力、通讯等器材设备的犯罪活动的通知	1993 年 12 月 1 日最高人民法院、最高人民检察院、公安部公发［1993］10 号
45	关于启用新的户口迁移证、户口准迁证的通知	1994 年 7 月 11 日公安部公通字［1994］62 号
46	关于印发《核材料国际运输实物保护规定》的通知	1994 年 7 月 12 日公安部、国家原子能机构公通字［1994］60 号
47	关于坚决制止继续出卖非农业户口的通知	1994 年 8 月 2 日公安部、财政部、中国人民银行公发［1994］13 号
48	公安部三局对关于在国外注册公司在国内刻制公章的请示的批复	1994 年 9 月 24 日公安部治安管理局公治［1994］791 号
49	公安部三局关于对《关于申请生产 QJ－1 型安全自动灭火弹的报告》的批复	1994 年 10 月 25 日公安部治安管理局公治［1994］857 号
50	关于加强农村治保会工作的意见	1994 年 11 月 21 日中央社会治安综合治理委员会、公安部、民政部、农业部公发［1994］18 号
51	关于干部、工人调动办理户口迁移手续有关问题的通知	1994 年 12 月 10 日公安部、人事部、劳动部公通字［1994］97 号
52	公安部印发《关于企业事业单位公安机构体制改革实施办法》的通知	1995 年 1 月 16 日公安部公通字［1995］5 号
53	关于新户口迁移证件使用和制发等有关问题的补充通知	1995 年 3 月 8 日公安部户政局公户政［1995］023 号
54	关于坚决取缔非法刻制印章摊点严厉查处伪造印章违法犯罪活动的通知	1995 年 3 月 16 日公安部、国家工商行政管理局公通字［1995］24 号
55	关于印发《关于〈爆破作业人员安全技术考核标准〉的实施意见》的通知	1995 年 5 月 22 日公安部治安管理局公治［1995］207 号
56	公安部关于改革企业事业单位公安机构体制有关问题的通知	1995 年 5 月 29 日公安部公通字［1995］45 号
57	关于实施《暂住证申领办法》有关问题的通知	1995 年 7 月 17 日公安部公通字［1995］54 号
58	关于不得随意加盖和套印户口专用章的批复	1995 年 11 月 27 日公安部公复字［1995］007 号
59	关于启用新的常住人口登记表和居民户口簿有关事项的通知	1995 年 12 月 19 日公安部公通字［1995］91 号
60	关于机动车修理业纳入特种行业管理的批复	1995 年 12 月 19 日公安部公复字［1995］10 号
61	关于印制新的常住人口登记表和居民户口簿有关事项的通知	1996 年 1 月 29 日公安部户政局公户政［1996］012 号
62	关于修改户口迁移证件有关内容的通知	1996 年 1 月 29 日公安部户政局公户政［1996］013 号

续表

序号	规范性文件名称	发布机关、日期及发文字号
63	关于做好水上簿证牌管理工作的批复	1996年2月14日公安部公复字［1996］1号
64	公安部户政局关于对出国人员出具户籍证明有关问题的复函	1996年5月15日公安部户政局公户政［1996］054号
65	关于印发启用新的常住人口登记表、居民户口簿工作座谈会纪要和有关问题解答的通知	1996年5月15日公安部户政局公户政［1996］062号
66	关于启用新的暂住人口登记表的通知	1996年5月23日公安部公通字［1996］31号
67	关于“农转非专用章”不属于户口专用章范畴的复函	1996年6月5日公安部户政局公户政［1996］068号
68	关于贯彻实施《中华人民共和国枪支管理法》的通知	1996年7月5日公安部公通字［1996］38号
69	关于转发总参办公厅、总政办公厅《关于执行〈中华人民共和国枪支管理法〉几个问题的通知》的通知	1996年10月18日公安部治安管理局公治［1996］881号
70	关于划定猎区、牧区严格猎枪配置管理的批复	1997年1月22日公安部公复字［1997］1号
71	公安部关于启用新版枪支管理证件的通知	1997年2月26日公安部公通字［1997］12号
72	公安部关于修改暂住人口统计报表的通知	1997年4月8日公安部公通字［1997］18号
73	关于办理普通高校和中专学校从农村招收自费生委培生户口迁移问题请示的批复	1997年5月16日公安部户政局公户政［1997］083号
74	公安部关于对废旧金属收购业治安管理中有关问题的批复	1997年6月25日公安部公复字［1997］4号
75	对《关于申办赴台定居台胞、台属户籍证明事的函》的复函	1997年9月8日公安部公户政［1997］150号
76	关于进一步加强营业性射击场管理的通知	1997年9月16日公安部治安管理局公治［1997］846号
77	印发《关于小城镇户籍管理制度改革试点和完善农村户籍管理制度有关问题的解答》的通知	1997年10月9日公安部公通字［1997］56号
78	关于对高等院校等在校学生转学退学户口迁移问题请示的批复	1997年10月16日公安部户政局公户政［1997］170号
79	关于军事院校招收地方学员办理户口迁移有关问题的批复	1997年12月31日公安部户政局公户政［1997］214号
80	关于转发国家计委、财政部《关于变更枪支管理证件收费项目的通知》和《关于新版枪支管理证件收费标准的通知》及有关问题的通知	1998年2月19日公安部公治［1998］114号
81	关于认真做好城市特困户居民家属等落户审批工作有关问题的通知	1998年3月3日公安部户政局公户政［1998］025号
82	国家重点建设项目治安保卫工作暂行规定	1998年5月18日公安部、国家发展计划委员会公通字［1998］38号

续表

序号	规范性文件名称	发布机关、日期及发文字号
83	关于印发《办理户口、居民身份证工作规范》的通知	1998 年 7 月 24 日公安部公通字［1998］56 号
84	公安部关于公安派出所受理刑事案件有关问题的通知	1998 年 8 月 5 日公安部公通字［1998］59 号
85	关于贯彻落实《国务院批转公安部关于解决当前户口管理工作中几个突出问题意见的通知》有关问题的通知	1998 年 9 月 4 日公安部公通字［1998］65 号
86	关于运动员携带射击运动枪支外出训练比赛办理有关手续的复函	1998 年 9 月 24 日公安部公治［1998］868 号
87	关于民用机场购置驱鸟枪支有关问题的复函	1998 年 9 月 24 日公安部公治［1998］869 号
88	关于对门（楼）牌编制管理工作有关问题的批复	1998 年 10 月 26 日公安部公复字［1998］5 号
89	公安部关于印发《公安派出所实行公共娱乐服务场所治安管理责任制暂行规定》的通知	1998 年 11 月 3 日公安部公通字［1998］73 号
90	公安部关于携带、藏匿淫秽 VCD 是否属于传播淫秽物品问题的批复	1998 年 11 月 9 日公安部公复字［1998］6 号
91	公安部对《关于鉴定淫秽物品有关问题的请示》的批复	1998 年 11 月 27 日公安部公复字［1998］8 号
92	关于进一步加强流动人口通报协查工作的通知	1999 年 5 月 6 日公安部治安管理局公治［1999］645 号
93	公安部、国家工商行政管理局关于做好中央管理企业脱钩后印章管理工作的通知	1999 年 5 月 20 日公安部、国家工商行政管理局公通字［1999］36 号
94	关于规范民用枪支配售调拨管理等有关事项的通知	1999 年 5 月 27 日公安部公治［1999］744 号
95	关于重新制定民用枪支编号规则的通知	1999 年 9 月 27 日公安部公治［1999］1180 号
96	关于加强弩管理的通知	1999 年 9 月 28 日公安部、国家工商行政管理局公治［1999］1646 号
97	关于实施《公安机关公务用枪管理使用规定》有关问题的通知	1999 年 10 月 10 日公安部公治［1999］1587 号
98	关于办理民用枪持枪证工作有关事项的通知	1999 年 11 月 26 日公安部治安管理局公治［1999］1802 号
99	关于贯彻执行《旅馆业治安管理信息系统标准》的通知	1999 年 12 月 30 日公安部公通字［1999］100 号
100	关于印发《射击运动枪支配置办法》的通知	2000 年 1 月 3 日公安部、国家体育总局公通字［2000］1 号
101	关于为气枪制造企业重新核发《民用枪支（弹药）制造许可证》及加强气枪管理有关事项的通知	2000 年 1 月 11 日公安部公治［2000］13 号
102	关于印发《公安部关于保安服务公司规范管理的若干规定》的通知	2000 年 2 月 27 日公安部公通字［2000］13 号

续表

序号	规范性文件名称	发布机关、日期及发文字号
103	关于公安部光盘生产源鉴定中心行使行政、司法鉴定权有关问题的通知	2000年3月9日最高人民法院、最高人民检察院、公安部、司法部、新闻出版署公通字［2000］21号
104	关于认真做好三峡工程外迁移民户口迁移工作的通知	2000年3月27日公安部治安管理局公治［2000］107号
105	关于贯彻执行《印章治安管理信息系统标准》的通知	2000年4月25日公安部公通字［2000］36号
106	关于对门（楼）牌编制管理工作有关问题的批复	2000年6月6日公安部公治［2000］248号
107	关于认真做好已获解救的妇女儿童落户工作的通知	2000年6月7日公安部公治［2000］249号
108	关于印发《关于进一步加强爆破工程技术人员培训考核工作的实施意见》的通知	2000年6月13日公安部治安管理局公治［2000］261号
109	公安部关于治安拘留时间如何计算问题的批复	2000年8月21日公安部公复字［2000］8号
110	关于同意禁止拍卖公司拍卖旧式武器的批复	2000年9月21日公安部治安管理局公治办［2000］1185号
111	关于确定气枪制造企业代码的通知	2000年12月13日公安部公治［2000］468号
112	公安部关于对同性之间以钱财为媒介的性行为定性处理问题的批复	2001年2月28日公安部公复字［2001］4号
113	关于认真做好民用枪支配售配购使用管理工作的通知	2001年3月15日公安部公治［2001］14号
114	关于转发《国家粮食局关于取消〈市镇居民粮食供应转移证明〉的通知》的通知	2001年3月23日公安部治安管理局公传发［2001］693号
115	公安部关于对少数民族人员佩戴刀具乘坐火车如何处理问题的批复	2001年4月28日公安部公复字［2001］6号
116	关于加强办理非法制造、买卖、运输枪支、弹药、爆炸物等刑事案件工作有关问题的通知	2001年5月29日公安部、最高人民法院、最高人民检察院公通字［2001］30号
117	关于对出国人员所生子女落户问题的批复	2001年5月31日公安部公复字［2001］9号
118	关于对工业雷管实施编号管理有关问题的通知	2001年6月4日公安部、国防科工委公通字［2001］36号
119	关于对中国公民姓名用字有关问题的答复	2001年6月14日公安部治安管理局公治［2001］60号
120	关于贯彻落实《国务院批转公安部关于推进小城镇户籍管理制度改革意见的通知》有关问题的通知	2001年6月26日公安部公通字［2001］49号
121	公安部办公厅关于我国公安机关对外国驻华领事馆内发生的治安案件是否有管辖权问题的答复	2001年8月1日公安部办公厅公法［2001］172号

续表

序号	规范性文件名称	发布机关、日期及发文字号
122	关于抓紧建立民用爆炸物品信息管理系统有关问题的通知	2001 年 9 月 10 日公安部公通字［2001］74 号
123	关于认定仿真枪有关问题的通知	2001 年 11 月 30 日公安部公通字［2001］90 号
124	关于严厉查处博彩性赛马活动的通知	2002 年 2 月 26 日公安部、监察部、国家工商行政管理总局、国家体育总局、国家旅游局公通字［2002］11 号
125	公安派出所执法执勤工作规范	2002 年 3 月 11 日公安部公通字［2002］13 号
126	关于加强公安机关枪支弹药和武器库（室）管理的补充通知	2002 年 4 月 17 日公安部公治［2002］41 号
127	关于父母离婚后子女姓名变更有关问题的批复	2002 年 5 月 21 日公安部公治［2002］74 号
128	公安部关于对彩弹枪按照枪支进行管理的通知	2002 年 6 月 7 日公安部公治［2002］82 号
129	公安部关于改革和加强公安派出所工作的决定	2002 年 6 月 14 日公安部公发［2002］6 号
130	公安部三局关于办理涉外通婚人员户口问题的批复	2002 年 8 月 5 日公安部治安管理局公治［2002］116 号
131	公安部三局关于公民实施变性手术后变更户口登记性别项目有关问题的批复	2002 年 9 月 4 日公安部治安管理局公治［2002］131 号
132	关于工业雷管编码打号补码管理的通知	2003 年 3 月 17 日公安部治安管理局、国防科工委民爆器材监督管理局公治［2003］31 号
133	关于进一步改进暂住人口管理和服务工作切实保护暂住人口合法权益的通知	2003 年 6 月 10 日公安部治安管理局公治［2003］81 号
134	关于当前依法加强社会治安管理的通知	2003 年 7 月 19 日公安部公通字［2003］52 号
135	公安部关于对多次以同一理由递交数份申请书申请游行示威如何处理的批复	2003 年 12 月 30 日公安部公复字［2003］7 号
136	公安部关于转发《财政部国家发展改革委关于第二代居民身份证工本费减免政策的通知》的通知	2004 年 2 月 26 日公安部公通字［2004］15 号
137	公安部关于贯彻执行机动车修理业、报废机动车回收拆解和印刷业治安管理信息系统标准的通知	2004 年 3 月 1 日公安部公通字［2004］19 号
138	公安派出所等级评定办法	2004 年 3 月 12 日公安部公通字［2004］24 号
139	公安部关于进一步加强公安派出所建设的意见	2004 年 4 月 14 日公安部公通字［2004］30 号
140	关于对城市拆迁地区空挂户人员换发第二代居民身份证有关问题的批复	2004 年 5 月 20 日　公治［2004］155 号

续表

序号	规范性文件名称	发布机关、日期及发文字号
141	关于第二代居民身份证证件工本费有关问题的通知	2004年6月28日公安部治安管理局公治［2004］176号
142	公安部关于规范统一全国公安派出所外观标识的通知	2004年8月3日公安部公治［2004］199号
143	公安部三局关于切实加强暂住户口登记和暂住证办理工作的通知	2004年8月3日公安部治安管理局公治［2004］201号
144	关于对海南省公安厅换发二代证工作领导小组《关于由企业投资建立人像采集系统的函》的复函	2004年11月22日公安部治安管理局公治办［2004］1110号
145	关于印发《公民申领第二代居民身份证交验用于扫描的相片要求》的通知	2004年12月16日公安部治安管理局公治办［2004］1195号
146	公安部关于印发《公安部关于切实加强公安特警队伍建设的意见》的通知	2005年3月4日公安部公通字［2005］6号
147	关于办理赌博违法案件适用法律若干问题的通知	2005年5月25日公安部公通字［2005］30号
148	《关于传发〈公安机关维护校园及周边治安秩序八条措施〉的通知》	2005年6月15日公安部公传发［2005］1968号
149	关于贯彻执行《剧毒化学品购买和公路运输许可证件管理办法》有关问题的通知	2005年6月30日公安部公通字［2005］38号
150	公安部关于印发《保安押运公司管理暂行规定》的通知	2005年7月2日公安部公通字［2005］41号
151	关于规范使用“毛南族”名称有关问题的通知	2005年7月26日公安部治安管理局公治［2005］196号
152	关于认真做好制发新版临时居民身份证工作的通知	2005年9月9日公安部治安管理局公治［2005］242号
153	公安部关于做好贯彻实施《中华人民共和国治安管理处罚法》准备工作的通知	2005年9月16日公安部公通字［2005］64号
154	关于对《关于入籍外国人和部分少数民族因民族称谓无法制作二代证问题的请示》的批复	2005年9月23日公安部治安管理局公治办［2005］1071号
155	关于印发《办理公民户口和居民身份证件工作中住址项目填写规范》的通知	2005年10月16日公安部治安管理局公治［2005］269号
156	关于免费配发第二代居民身份证保护套的通知	2005年10月20日公安部治安管理局公治办［2005］1178号
157	关于将江苏等部分地区使用非国家标准行政区划代码编制的公民身份号码予以备案的通知	2005年11月13日公安部办公厅公治［2005］293号
158	公安部关于对公民户口身份证件曾用名和别名项目填写问题的批复	2005年12月3日公安部公复字［2005］6号
159	公安部关于对核发剧毒化学品购买凭证有关问题的批复	2005年12月19日公安部公复字［2005］5号
160	关于规范违反治安管理行为名称的意见	2005年12月28日公安部公通字［2005］95号
161	关于建立派出所和刑警队办理刑事案件工作机制的意见	2005年12月31日公安部公通字［2005］100号

续表

序号	规范性文件名称	发布机关、日期及发文字号
162	公安部关于进一步强化工作措施切实加大禁赌工作力度的通知	2006年1月20日公安部公通字［2006］8号
163	公安部关于印发《公安机关执行〈中华人民共和国治安管理处罚法〉有关问题的解释》的通知	2006年1月23日公安部公通字［2006］12号
164	公安部关于认真贯彻执行《娱乐场所管理条例》有关问题的通知	2006年3月9日公安部公通字［2006］27号
165	关于办理居民身份证时不再提交常住人口登记表照片的通知	2006年4月11日公安部治安管理局公治办［2006］499号
166	关于对《关于实施办理公民户口和居民身份证件工作中住址项目填写规范有关问题的请示》的批复	2006年4月27日公安部治安管理局公治办［2006］634号
167	公安部关于贯彻落实《国务院关于解决农民工问题的若干意见》有关问题的通知	2006年5月9日公安部公通字［2006］41号
168	公安部关于适用《治安管理处罚法》第七十六条有关问题的批复	2006年5月11日公安部公复字［2006］1号
169	公安部关于涉弩违法犯罪行为的处理及性能鉴定问题的批复	2006年5月25日公安部公复字［2006］2号
170	关于对已领居民身份证的公民在办理注销户口时是否收缴居民身份证问题的批复	2006年6月15日公安部公治［2006］246号
171	关于整顿规范矿产资源开发秩序和关闭矿山期间切实加强爆炸物品管理严防流失的通知	2006年6月20日公安部、国土资源部、国家安全生产监督管理总局、国家煤矿安全监察局公通字［2006］47号
172	关于停止制发第一代居民身份证的通知	2006年6月26日公安部公传发［2006］1240号
173	公安部关于实施社区和农村警务战略的决定	2006年9月19日公安部公发［2006］5号
174	公安部关于父母一方亡故另一方再婚后未成年子女姓名更改有关问题处理意见的通知	2006年9月28日公安部公治［2006］304号
175	关于严厉打击涉及伪造变造居民身份证违法犯罪活动的通知	2006年9月30日公安部公传发［2006］1388号
176	关于贯彻执行《民用爆炸物品安全管理条例》有关问题的通知	2006年10月8日公安部公通字［2006］70号
177	公安部关于对以气体等为动力发射金属弹丸或者其他物质的仿真枪认定问题的批复	2006年10月11日公安部公复字［2006］5号
178	公安部、国家安全部、国家工商行政管理总局关于组织开展私人侦探、讨债等调查机构调查清理工作的通知	2006年10月13日公安部、国家安全部、国家工商行政管理总局公通字［2006］73号
179	公安部三局关于被监外执行人员恢复户口有关问题的批复	2006年10月27日公安部治安管理局公治［2006］327号
180	公安部三局关于对弄虚作假非法落户被注销户口人员在原迁出地恢复户口有关问题的批复	2006年12月5日公安部治安管理局公治［2006］360号

续表

序号	规范性文件名称	发布机关、日期及发文字号
181	关于进一步加强烟花爆竹道路运输及燃放活动安全监管工作的通知	2006年12月8日公安部公治［2006］368号
182	关于集中开展纠正公民身份号码跨省重号工作的通知	2006年12月8日公安部公治［2006］369号
183	公安部关于印发《公安机关执行〈中华人民共和国治安管理处罚法〉有关问题的解释（二）》的通知	2007年1月8日公安部公通字［2007］1号
184	公安部关于印发《管制刀具认定标准》的通知	2007年1月14日公安部公通字［2007］2号
185	关于能否使用佛教法名、伊斯兰教经名登记户口办理居民身份证有关问题的批复	2007年2月16日公安部公治［2007］50号
186	公安部、国家工商行政管理总局关于规范开锁经营单位经营行为加强开锁行业管理的通知	2007年4月4日公安部、国家工商行政管理总局公通字［2007］17号
187	公安部关于严密防范和严厉打击涉枪违法犯罪活动的通知	2007年4月25日公安部公通字［2007］22号
188	公安部关于强化娱乐场所治安管理加大禁毒禁娼工作力度的通知	2007年7月10日公安部公通字［2007］48号
189	公安部关于进一步加强废旧金属收购业治安管理工作的通知	2007年11月9日公安部公通字［2007］70号
190	公安部关于公民申请个人集会游行示威如何处置的批复	2007年12月14日公安部公复字［2007］7号
191	公安部关于印发《公安特警队建设规范》的通知	2007年12月27日公安部公通字［2007］87号
192	关于对查处打击非法生产经营烟花爆竹行为牵头单位有关问题的批复	2008年1月9日公安部公治［2008］11号
193	关于印发《关于开展调整边境游异地办证政策试点工作的意见》的通知	2008年1月10日中央组织部、中央宣传部、中央社会治安综合治理委员会办公室、最高人民法院、最高人民检察院、公安部、国家安全部、监察部、财政部、信息产业部、海关总署、国家旅游局、银监会公通字［2008］2号
194	公安部关于对办理涉及硝酸铵案件有关问题的批复	2008年1月10日公安部公复字［2008］1号
195	公安部关于森林公安机关执行《中华人民共和国治安管理处罚法》有关问题的批复	2008年1月10日公安部公法［2008］18号
196	关于为部分民用枪支（弹药）制造企业重新核发制造许可证的通知	2008年1月22日公安部公治［2008］30号
197	公安部关于印发《仿真枪认定标准》的通知	2008年2月19日公安部公通字［2008］8号
198	关于进一步规范办理港澳台居民回内地定居户口登记有关人口信息数据项录入工作的通知	2008年2月29日公安部治安管理局公治［2008］73号
199	公安部关于对民用爆炸物品生产销售企业许可行为认定有关问题的批复	2008年3月26日公安部公复字［2008］2号

续表

序号	规范性文件名称	发布机关、日期及发文字号
200	关于进一步严密户口登记和居民身份证件管理若干问题的通知	2008 年 4 月 23 日公安部公传发［2008］180 号
201	公安部关于切实加强管制刀具管理工作的通知	2008 年 4 月 29 日公安部公通字［2008］23 号
202	关于进一步加强公务用枪管理工作的通知	2008 年 4 月 29 日最高人民法院、最高人民检察院、公安部、国家安全部、司法部、中国人民银行、中国银行业监督管理委员会公通字［2008］23 号
203	公安部关于各级公安机关建立公务用枪管理委员会的通知	2008 年 5 月 19 日公安部公通字［2008］24 号
204	关于认真贯彻公安部等三部门部署大力推进军队对外有偿服务宾馆招待所旅馆业治安管理信息系统建设的通知	2008 年 7 月 1 日公安部治安管理局公治明发［2008］125 号
205	公安部关于贯彻执行《娱乐场所治安管理办法》有关问题的通知	2008 年 7 月 2 日公安部公通字［2008］34 号
206	关于切实加强仿真枪查禁工作的通知	2008 年 7 月 14 日公安部公传发［2008］322 号
207	公安部三局关于公民手术变性后变更户口登记性别项目有关问题的批复	2008 年 8 月 23 日公安部治安管理局公治［2008］478 号
208	关于对穿青人、俾家人制作第二代居民身份证相关问题的批复	2008 年 8 月 27 日公安部治安管理局公治［2008］374 号
209	公安部关于对居民身份证姓名登记项目能否使用规范汉字以外文字和符号填写问题的批复	2008 年 10 月 31 日公安部公复字［2008］6 号
210	关于处理因历史原因导致公民身份号码编制采用非国标区划代码问题的通知	2008 年 11 月 14 日公安部治安管理局公治明发［2008］238 号
211	公安部关于印发《关于进一步加强防范打击涉枪违法犯罪协作工作机制建设的意见》的通知	2008 年 11 月 18 日公安部公通字［2008］51 号
212	公安部关于印发《人民警察盘查规范》的通知	2008 年 11 月 28 日公安部公通字［2008］55 号
213	关于印发《环京公安检查站管理工作规范（试行)》的通知	2008 年 12 月 25 日　公治［2008］600 号
214	关于将冷光烟花纳入烟花爆竹管理的批复	2009 年 1 月 8 日公安部治安管理局公治［2009］15 号
215	关于组织开展利用手机传播淫秽视频违法犯罪活动专项治理工作的通知	2009 年 1 月 20 日公安部、工业和信息化部、文化部、工商总局、新闻出版总署公治［2009］35 号
216	关于对部队机场装备驱鸟猎枪安全监管有关问题的批复	2009 年 2 月 5 日公安部公治［2009］49 号
217	关于进一步加强民用单质炸药流向监控工作的通知	2009 年 3 月 18 日公安部治安管理局、工业和信息化部安全生产司公治［2009］128 号
218	关于执行烟花爆竹道路运输许可有关问题的批复	2009 年 4 月 9 日公安部公治［2009］165 号

续表

序号	规范性文件名称	发布机关、日期及发文字号
219	关于严格执行民用爆炸物品购买、运输许可证由县级人民政府公安机关受理、审批的通知	2009 年 5 月 27 日公安部公治［2009］288 号
220	关于严厉打击侵害未成年人违法犯罪活动切实保护未成年人健康成长的通知	2009 年 6 月 1 日公安部公传发［2009］174 号
221	关于同意新疆鼠疫防治机构继续保留使用小口径步枪的复函	2009 年 6 月 19 日公安部办公厅公治［2009］338 号
222	关于规范涉案枪支弹药称谓的通知	2009 年 7 月 6 日公安部办公厅公治［2009］354 号
223	关于贯彻执行《民用爆炸物品储存库治安防范要求》和《小型民用爆炸物品储存库安全规范》有关事项的通知	2009 年 7 月 7 日公安部办公厅公治［2009］358 号
224	关于为部分民用枪支（弹药）制造企业重新核发制造许可证的通知	2009 年 8 月 9 日公安部公治［2009］416 号
225	公安部三局关于对因家庭矛盾导致户内成员无法使用本户居民户口簿有关问题的批复	2009 年 8 月 31 日公安部治安管理局公治［2009］459 号
226	关于加强制造维修枪支弹药企业枪支弹药和专用零部件报废销毁安全管理工作的通知	2009 年 9 月 27 日公安部、国家国防科技工业局、总装备部公治［2009］570 号
227	公安部三局关于对宁波诺丁汉大学本科学生户口迁移问题处理意见的批复	2009 年 12 月 1 日公安部治安管理局公治［2009］583 号
228	关于贯彻执行《爆破作业单位民用爆炸物品储存库安全评价导则》有关事项的通知	2009 年 12 月 24 日公安部办公厅公治［2009］627 号
229	关于对处置未投入使用具有赌博功能的电子游戏机有关问题的批复	2010 年 1 月 5 日　公治［2010］4 号
230	关于贯彻执行《娱乐服务场所治安管理信息规范》的通知	2010 年 1 月 7 日公安部办公厅公治［2010］7 号
231	关于对《关于启用随县行政区划代码开展治安户政管理等业务工作的请示》的批复	2010 年 1 月 25 日公安部公治［2010］39 号
232	公安部关于将陶瓷类刀具纳入管制刀具管理问题的批复	2010 年 4 月 7 日公安部公复字［2010］1 号
233	公安部、人力资源和社会保障部关于规范留学回国人员落户工作有关政策的通知	2010 年 4 月 15 日公安部、人力资源和社会保障部公通字［2010］19 号
234	关于公安机关民用爆炸物品购买、运输和爆破作业行政许可有关问题的批复	2010 年 5 月 11 日公安部治安管理局公治［2010］181 号
235	公安部关于对出售带有淫秽内容的文物的行为可否予以治安管理处罚问题的批复	2010 年 5 月 22 日公安部公复字［2010］3 号
236	关于开展娱乐服务场所治安管理信息系统送检工作的通知	2010 年 6 月 2 日公安部治安管理局公治明发［2010］101 号
237	关于对更新二代证膜打印设备有关问题的答复	2010 年 6 月 7 日公安部治安管理局公治［2010］303 号
238	关于进一步加强刑满释放解除劳教人员安置帮教工作的通知	2010 年 7 月 10 日　公治［2010］367 号
239	关于进一步加强弩治安管理的通知	2010 年 7 月 10 日公安部公治［2010］360 号

续表

序号	规范性文件名称	发布机关、日期及发文字号
240	关于不得采取游街示众等有损公民人格尊严的执法方式的通知	2010年7月20日公安部治安管理局公治明发［2010］198号
241	关于对旅馆业旅客身份证件认定问题的批复	2010年7月29日公安部治安管理局公治［2010］395号
242	关于印发《银行业金融机构安全评估办法》的通知	2010年7月30日公安部、中国银行业监督管理委员会公通字［2010］34号
243	公安部关于如何执行《治安管理处罚法》第十八条规定问题的批复	2010年8月3日公安部公复字［2010］4号
244	关于印发《国家保安员资格考试大纲》的通知	2010年8月23日公安部办公厅公治［2010］447号
245	关于进一步加强学校幼儿园安全防范工作建立健全长效工作机制的意见	2010年8月23日中央社会治安综合治理委员会办公室、教育部、公安部公通字［2010］38号
246	公安部关于印发《公安机关执行保安服务管理条例若干问题的解释》的通知	2010年9月16日公安部公通字［2010］43号
247	关于加强开锁行业管理严厉打击利用开锁技术违法犯罪的通知	2010年9月20日公安部、人力资源和社会保障部、工商总局公通字［2010］44号
248	关于做好保安员资格考试发证有关工作的通知	2010年10月19日公安部公治［2010］543号

出入境和边防管理

序号	规范性文件名称	发布机关、日期及发文字号
1	公安部关于对从台湾直接来大陆的台湾船舶实施边防管理的几个问题的通知	1988年8月16日公安部公（边）字［1988］73号
2	公安部、财政部、国家物价局关于调整《机动车辆进出经济特区查验证》等证件收费标准的通知	1990年10月10日公安部、财政部、国家物价局公边［1990］24号
3	公安部关于停止外地公安机关在深圳、珠海特区开展办理边境通行证业务的通知	1994年6月6日公安部公通字［1994］46号
4	公安部关于将越境人员收审站改为边防拘留审查所的批复	1995年12月30日公安部公边［1996］25号
5	公安部关于加强深圳特区管理线管理工作的通知	1997年4月21日公安部公边［1997］16号
6	公安部关于做好来大陆探亲旅游台湾同胞的边防管理工作的通知	1997年12月2日公安部公（边）字［1997］111号
7	公安部、铁道部关于前往边境管理区人员持有效证件购票乘车问题的通知	1999年3月8日公安部、铁道部公通字［1999］3号
8	公安边防缉私奖励办法（试行）	1999年12月6日公安部边防管理局
9	公安部关于公安边防部队办理刑事案件有关问题的通知	2000年3月31日公安部公通字［2000］29号

续表

序号	规范性文件名称	发布机关、日期及发文字号
10	公安部关于妨害国（边）境管理犯罪案件立案标准及有关问题的通知	2000年3月31日公安部公通字［2000］30号
11	公安部关于印发《公安边防派出所等级评定实施办法》的通知	2003年1月15日公安部公通字［2003］5号
12	公安部关于印发《公安边防派出所工作规范》的通知	2003年1月20日公安部公通字［2003］6号
13	公安部关于公安边防部门行政复议有关问题的通知	2003年3月20日公安部公边［2003］6号
14	公安部边防管理局关于做好深圳珠海特区边防管理改革有关工作的通知	2003年4月30日公安部边防管理局公边司［2003］117号
15	公安部关于简化办理深圳珠海特区《边境通行证》手续等问题的通知	2003年5月6日公安部公边［2003］11号
16	公安边防部门执法过错责任追究规定	2004年4月20日公安部边防管理局公边司［2004］104号
17	公安边防部门内部执法监督工作规定	2004年4月20日公安部边防管理局公边司［2004］104号
18	公安部边防管理局关于加强公安边防法制工作的决定	2004年4月20日公安部边防管理局公边司［2004］103
19	公安边防部门侦查协作规定（暂行）	2004年4月22日公安部边防管理局公边司［2004］96号
20	公安部关于印发《公安机关处置边境地区大规模非法越境事件工作预案》的通知	2004年8月4日公安部公边［2004］15号
21	关于对逾期非法居留的台湾居民执行罚款处罚设置最高限额的通知	2005年10月14日公安部公境［2005］1671号
22	公安边防部门执法质量考核评议暂行办法	2006年4月18日公安部边防管理局公边司［2006］125号
23	关于台湾居民在大陆租赁或自购住房办理暂住登记问题的批复	2006年9月28日公安部出入境管理局公境台［2006］1671号
24	公安部边防局关于印发《公安边防部队粤港粤澳边界边防执勤规范（试行）》的通知	2006年12月29日公安部边防管理局公边司［2006］443号
25	海警舰艇条令（试行）	2007年2月1日公安部边防管理局
26	海警舰艇训练考核大纲（试行）	2007年2月1日公安部边防管理局
27	公安边防法制机构工作规范	2007年4月16日公安部边防管理局
28	公安边防民警岗位执法资格考试认证办法	2007年4月27日公安部边防管理局
29	最高人民法院、最高人民检察院、公安部关于办理海上发生的违法犯罪案件有关问题的通知	2007年9月17日最高人民法院、最高人民检察院、公安部公通字［2007］60号
30	公安部边防管理局关于贯彻实施《公安机关海上执法工作规定》有关问题的通知	2007年9月28日公安部边防管理局公边司［2007］331号

续表

序号	规范性文件名称	发布机关、日期及发文字号
31	公安部关于贯彻实施《公安机关海上执法工作规定》的通知	2007 年 9 月 29 日公安部公通字［2007］63 号
32	公安部边防管理局海警勤务规定	2007 年 10 月 23 日公安部边防管理局
33	公安边防部门缉私工作规定	2007 年 10 月 23 日公安部边防管理局
34	公安部边防管理局关于海上执法工作若干问题的意见	2008 年 1 月 25 日公安部边防管理局公边司［2008］39 号
35	公安部关于调整限期出境审批权限的通知	2008 年 3 月 3 日公安部公通字［2008］12 号
36	公安边防海警接处警工作规范	2008 年 6 月 30 日公安部边防管理局
37	公安部关于公安边防海警根据《沿海船舶边防治安管理规定》处二百元以下罚款或者警告能否适用当场处罚程序问题的批复	2008 年 9 月 28 日公安部公复字［2008］4 号
38	关于同意在厦门开展暂住人员赴台湾旅游试点工作的批复	2008 年 12 月 15 日公安部出入境管理局公境台［2008］2927 号

犯罪侦查

序号	规范性文件名称	发布机关、日期及发文字号
1	公安部关于我国公民在国外犯罪经外国审判后回国如何依法处理问题的批复	1996 年 6 月 6 日公安部公复字［1996］9 号
2	公安部关于对公安机关因侦查破案需要可否检查军车问题的批复	1998 年 12 月 16 日公安部公复字［1998］9 号
3	公安部办公厅关于印发《通过外交途径办理刑事司法协助案件的若干程序》的通知	1999 年 1 月 4 日公安部办公厅公办［1999］1 号
4	公安部关于如何处理无法查清身份的外国籍犯罪嫌疑人问题的批复	1999 年 1 月 11 日公安部公复字［1999］1 号
5	公安部关于贯彻执行《预防未成年人犯罪法》的通知	1999 年 8 月 2 日公安部公通字［1999］58 号
6	最高人民法院、最高人民检察院、公安部、国家安全部关于取保候审若干问题的规定	1999 年 8 月 4 日最高人民法院、最高人民检察院、公安部、国家安全部公通字［1999］39 号
7	公安部关于印发《公安部关于打击拐卖妇女儿童犯罪适用法律和政策有关问题的意见》的通知	2000 年 3 月 17 日公安部公通字［2000］25 号
8	公安部关于受害人居住地公安机关可否对诈骗犯罪案件立案侦查问题的批复	2000 年 10 月 16 日公安部公复字［2000］10 号
9	公安部关于刑事追诉期限有关问题的批复	2000 年 10 月 25 日公安部公复字［2000］11 号

续表

序号	规范性文件名称	发布机关、日期及发文字号
10	公安部关于监视居住期满后能否对犯罪嫌疑人采取取保候审强制措施问题的批复	2000年12月12日公安部公复字［2000］13号
11	公安部关于刑事案件管辖分工有关问题的批复	2001年1月2日公安部公复字［2001］1号
12	公安机关经侦部门缉捕工作情况报告制度	2001年8月1日公安部经济犯罪侦查局公经［2001］858号
13	最高人民法院、最高人民检察院、公安部关于旅客列车上发生的刑事案件管辖问题的通知	2001年8月23日最高人民法院、最高人民检察院、公安部公通字［2001］70号
14	公安机关经侦部门境外缉捕工作暂行规定	2001年9月27日公安部经济犯罪侦查局公经［2001］1110号
15	公安部关于如何没收逃跑犯罪嫌疑人保证金问题的批复	2001年12月26日公安部公复字［2001］22号
16	关于规范公安机关经侦部门赴港调查取证工作有关事项的通知	2001年12月27日公安部经济犯罪侦查局公经［2001］477号
17	最高人民法院、最高人民检察院、公安部关于依法严厉打击抢劫抢夺等多发性犯罪有关问题的通知	2002年7月30日最高人民法院、最高人民检察院、公安部公通字［2002］41号
18	公安部关于印发《公安机关刑事法律文书格式(2002版)》的通知	2002年12月18日公安部公通字［2002］69号
19	公安部关于对侵犯著作权案件中尚未印制完成的侵权复制品如何计算非法经营数额问题的批复	2003年6月20日公安部公复字［2003］2号
20	关于印发《公安部、国家外汇管理局外汇领域反洗钱合作规定》的通知	2003年11月5日公安部公通字［2003］73号
21	关于可疑交易线索核查工作的合作规定	2005年3月10日公安部、中国人民银行公通字［2005］15号
22	公安机关办理经济犯罪案件的若干规定	2005年12月31日公安部公通字［2005］101号
23	关于在打击侵犯商标专用权违法犯罪工作中加强衔接配合的暂行规定	2006年1月13日公安部、国家工商行政管理总局公通字［2006］9号
24	公安部关于印发《公安机关适用刑事羁押期限规定》的通知	2006年1月27日公安部公通字［2006］17号
25	关于加强知识产权执法协作的暂行规定	2006年3月24日公安部、海关总署公通字［2006］33号
26	关于在打击侵犯著作权违法犯罪工作中加强衔接配合的暂行规定	2006年3月26日公安部、国家版权局公通字［2006］35号
27	关于加强经侦情报信息工作的通知	2006年3月26日公安部经济犯罪侦查局公经［2006］362号
28	公安部关于村民委员会可否构成单位犯罪主体问题的批复	2007年3月1日公安部公复字［2007］1号
29	公安部经济犯罪侦查局对经侦系统执法规范化建设和执法监督案件考核办法（试行）	2007年4月29日公安部经济犯罪侦查局公经［2007］940号

续表

序号	规范性文件名称	发布机关、日期及发文字号
30	公安部关于取消使用计算机打印的刑事法律文书骑缝章和骑缝字号问题的批复	2007年6月13日公安部公复字［2007］4号
31	关于印发《重大涉税案件联合协查暂行规定》的通知	2007年11月7日公安部经济犯罪侦查局公经［2007］2576号
32	关于印发《公安机关经侦部门管辖的经济犯罪案件统计规定》的通知	2007年12月4日公安部经济犯罪侦查局公经［2007］2807号
33	公安部经济犯罪侦查局反洗钱资金协查程序规定（试行）	2008年2月28日公安部经济犯罪侦查局公经反洗钱［2008］72号
34	公安部关于正确执行《公安机关办理刑事案件程序规定》第一百九十九条的批复	2008年10月22日公安部公复字［2008］5号
35	关于印发《关于地方公安机关经侦部门自侦经济犯罪大要案件报告与部督案件工作程序规定》的通知	2009年5月31日公安部经济犯罪侦查局公经［2009］155号
36	打击假币犯罪跨省区协调配合暂行办法	2009年6月2日公安部经济犯罪侦查局公经［2009］224号
37	公安部经侦局情报信息工作考核奖励办法	2009年7月14日公安部经济犯罪侦查局公经［2009］291号
38	公安部、中国人民银行关于进一步加强反假币工作的通知	2009年8月31日公安部、中国人民银行公通字［2009］43号
39	最高人民法院、最高人民检察院、公安部关于严厉打击假币犯罪活动的通知	2009年9月15日最高人民法院、最高人民检察院、公安部公通字［2009］45号
40	关于印发《经侦工作绩效考核办法》的通知	2010年1月5日公安部经济犯罪侦查局公经［2010］2号
41	最高人民检察院公安部关于印发《公安机关管辖的刑事案件立案追诉标准的规定（二）》的通知	2010年5月18日最高人民检察院、公安部公通字［2010］23号
42	最高人民法院、最高人民检察院、公安部关于严厉打击发票违法犯罪活动的通知	2010年6月9日最高人民法院、最高人民检察院、公安部公通字［2010］28号
43	公安部关于倒卖伪造变造火车票案件管辖问题的批复	2010年8月31日公安部公复字［2010］5号
44	公安部关于铁路建设施工工地发生的刑事案件管辖问题的批复	2010年8月31日公安部公复字［2010］6号

消防管理

序号	规范性文件名称	发布机关、日期及发文字号
1	关于火警电话“09”、匪警电话“00”两个号码改为“119”和“110”的通知	1959年10月22日公安部（59）公消字第65号
2	关于定期公布火灾统计数字加强消防宣传的通知	1985年3月2日中共中央宣传部、公安部、广播电视部、国家统计局［85］公发17号
3	关于改变企业单位实行义务兵役制的消防队体制的通知	1985年4月3日公安部、总参谋部、劳动人事部、民政部、财政部

续表

序号	规范性文件名称	发布机关、日期及发文字号
4	关于企业单位义务兵役制消防队集体转业劳动指标的通知	1985年5月14日劳动人事部、公安部
5	高层建筑消防管理规则	1986年5月13日公安部［86］公（消）字41号
6	企业事业单位专职消防队组织条例	1987年1月19日国家经委、公安部、劳动人事部、财政部［87］公发1号
7	城市消防规划建设管理规定	1989年9月1日公安部、建设部、国家计委、财政部［89］公（消）字70号
8	关于印发《铁路、交通、民航系统消防监督职责范围协调会纪要》的通知	1989年12月7日公安部消防局、铁道部公安局、交通部公安局、民航公安局［1989］公消发292号
9	公安部关于试行《火灾间接经济损失额计算方法》的通知	1992年10月7日公安部公通字［1992］151号
10	关于在非必要场所停止再配置哈龙灭火器的通知	1994年11月11日公安部、国家环境保护局公通字［1994］94号
11	关于城镇使用新型复合燃料有关安全问题的通知	1995年3月29日公安部消防局、劳动部职业安全卫生与锅炉压力容器监察局、建设部城建司公消［1995］97号
12	关于加强电气工程、电器产品质量管理防止发生火灾事故的通知	1995年9月5日公安部、建设部、机械工业部、技术监督局、轻工总会公通字［1995］64号
13	关于落实“在非必要场所停止再配置哈龙灭火器的通知”的通知	1995年10月12日公安部消防局公消［1995］300号
14	公安部关于加强和改进火灾统计工作的通知	1996年8月12日公安部公通字［1996］47号
15	公安部、劳动部、国家统计局关于重新印发《火灾统计管理规定》的通知	1996年11月11日公安部、劳动部、国家统计局公通字［1996］82号
16	公安部关于做好预防和处置毒气事件、化学品爆炸等特种灾害事故工作的通知	1996年11月28日公安部公通字［1996］80号
17	关于推广景德镇“妈妈防火团”长期做好消防工作经验的通知	1997年5月14日公安部消防局、全国妇联宣传部公消字［1997］138号
18	关于印发《消防设施专项工程设计证书管理办法》和《消防设施专项工程设计资格分级标准》的通知	1997年11月23日公安部、建设部公通字［1997］60号
19	关于禁止将1202作为灭火剂销售和使用的通知	1998年2月18日公安部消防局公消［1998］030号
20	关于禁止流动加油车在市区道路加油营业的通知	1998年8月28日公安部、经贸委公通字［1998］62号
21	关于逐步淘汰哈龙固定灭火系统和哈龙灭火器有关问题的通知	1999年2月1日公安部消防局公消［1999］031号
22	公安部关于公安消防机构办理刑事案件有关问题的通知	1999年4月5日公安部公通字［1999］19号

续表

序号	规范性文件名称	发布机关、日期及发文字号
23	关于印发《消防水源管理规定》的通知	2000年9月9日公安部消防局公消［2000］67号
24	关于加强地铁及城市隧道消防安全工作的通知	2000年12月18日公安部消防局公消［2000］426号
25	关于加强消防宣传工作的通知	2001年2月21日中宣部、公安部、国家广电总局公通字［2001］6号
26	公安部对《关于公共娱乐场所有关问题的请示》的批复	2001年3月13日公安部公消（2001）61号
27	关于进一步加强哈龙替代品及其替代技术管理的通知	2001年8月1日公安部消防局公消［2001］217号
28	关于消防设施工程专业承包企业资质管理工作若干问题的通知	2001年8月16日公安部、建设部公通字［2001］67号
29	公安部关于实施《机关、团体、企业、事业单位消防安全管理规定》有关问题的通知（附：《消防安全重点单位界定标准》）	2001年12月27日公安部公通字［2001］97号
30	关于利用消防站开展社会化消防安全宣传教育工作的通知	2002年3月21日公安部、教育部、民政部、司法部、国家广电总局、国家安监局、全国总工会、共青团中央、全国妇联、全国少工委公通字［2002］17号
31	对实施《机关、团体、企业、事业单位消防安全管理规定》有关问题请示的批复	2002年4月24日公安部公消字［2002］122号
32	关于认真贯彻执行国务院《危险化学品安全管理条例》切实加强危险化学品公共安全管理的通知	2002年5月27日公安部公通字（2002）31号
33	公安部关于进一步加强和规范公安消防部队抢险救援工作的通知	2002年9月26日公安部公通字［2002］48号
34	关于进一步加强城市社区消防工作的通知	2002年11月22日公安部、民政部公通字［2002］61号
35	关于进一步加强小城镇消防规划建设工作的通知	2002年12月5日公安部、建设部公通字［2002］66号
36	关于取消公安消防机构对消防设施专业承包企业资质初审有关问题的通知	2003年1月18日公安部、建设部公通字［2003］10号
37	关于印发《消防员防护装备配备标准（试行）》和《消防特勤队（站）装备配备标准（试行）》的通知	2003年2月14日公安部消防局公消［2003］034号
38	关于贯彻落实《公安部三十项便民利民措施》第三十项有关工作的通知	2003年8月20日公安部消防局公消［2003］204号
39	关于印发《关于进一步落实消防工作责任制的若干意见》的通知	2004年4月28日公安部、监督部、国家安监局公发［2004］4号
40	关于进一步加强城镇消防规划和公共消防设施建设的通知	2004年4月30日公安部、国家发展改革委、建设部公通字［2004］34号

续表

序号	规范性文件名称	发布机关、日期及发文字号
41	关于认真贯彻实施《关于进一步落实消防工作责任制的若干意见》的通知	2004年5月14日公安部消防局公消［2004］174号
42	关于充分发挥新闻媒体作用进一步加强消防舆论监督工作的通知	2004年6月24日中宣部、公安部、国家广电总局公通字［2004］45号
43	公安部消防局关于印发《重要火灾和处置灾害事故信息报告及处理规定（试行）》的通知	2004年8月2日公安部消防局公消［2004］306号
44	关于印发《加强城市社区消防工作的通知》的通知	2005年2月28日公安部、中央综治办、民政部公通字［2005］10号
45	关于营业性健身、休闲类公共娱乐场所范围的批复	2005年7月27日公安部法制局公法［2005］241号
46	关于做好灭火救援现场紧急救护工作的通知	2005年10月12日公安部、卫生部公通字［2005］72号
47	关于印发《公安部消防产品合格评定中心管理办法》的通知	2005年12月15日公安部消防局公消［2005］547号
48	关于积极推进火灾公众责任保险切实加强火灾防范和风险管理工作的通知	2006年3月24日公安部、中国保险监督管理委员公通字［2006］34号
49	关于印发《消防国际标准化管理暂行办法》的通知	2006年4月5日公安部消防局公消［2006］123号
50	关于切实加强出租屋消防安全管理的通知	2006年5月20日公安部消防局公消［2006］182号
51	关于认真贯彻落实国务院《关于进一步加强消防工作的意见》的通知	2006年5月29日公安部消防局公消［2006］210号
52	关于印发《重大火灾隐患判定、督办及立销案办法（试行）》的通知	2006年5月30日公安部消防局公消［2006］194号
53	关于做好哈龙1211淘汰项目完成后有关工作的通知	2006年6月1日公安部消防局公消［2006］221号
54	公安部关于认真贯彻落实《国务院关于进一步加强消防工作的意见》的通知	2006年8月8日公安部公通字［2006］55号
55	关于印发《关于加强多种形式消防队伍建设发展的意见》的通知	2006年9月8日公安部、国家发展改革委、财政部、劳动保障部、交通部公通字［2006］59号
56	关于印发《国家消防产品质量监督检验中心业务工作管理办法》的通知	2007年1月21日公安部消防局公消［2007］29号
57	关于加快推进消防规划编制工作的通知	2007年1月23日公安部消防局公消［2007］35号
58	关于印发《阻燃制品标识管理办法（试行）》的通知	2007年4月10日公安部消防局公消［2007］122号
59	关于印发《加强社会主义新农村建设消防工作的指导意见》的通知	2007年5月27日中央综治办、公安部、国家发展改革委、民政部、财政部、建设部、农业部公通字［2007］34号
60	关于贯彻公共安全行业标准加强消防监督有关问题的通知	2007年6月20日公安部消防局公消［2007］226号

续表

序号	规范性文件名称	发布机关、日期及发文字号
61	公安部关于调整火灾等级标准的通知	2007年6月26日公安部公传发［2007］245号
62	关于推行消防便民服务五项措施的通知	2007年8月2日公安部消防局公消［2007］297号
63	公安部消防局关于认真落实重要火灾报告制度的通知	2007年9月14日公安部消防局公消［2007］370号
64	关于进一步加强公共场所阻燃制品管理工作的通知	2007年12月7日公安部消防局公消［2007］503号
65	关于印发《中华人民共和国公安部关于人员密集场所加强消防安全管理的通告》的通知	2007年12月18日公安部公传发［2007］529号
66	关于废止严格限制火灾自动报警等七类主要消防产品新上项目通知的通知	2008年1月29日公安部消防局公消［2008］40号
67	关于公安部消防产品合格评定中心执行国家有关产业政策的批复	2008年4月2日公安部消防局公消［2008］149号
68	关于推行《消防控制室管理及应急程序》的通知	2008年5月30日公安部消防局公消［2008］273号
69	关于建筑工程消防行政许可中有关前置条件问题的批复	2008年7月7日公安部公消［2008］350号
70	关于印发《最高人民检察院、公安部关于公安机关管辖的刑事案件立案追诉标准的规定(一)》的通知	2008年7月14日最高人民检察院、公安部公通字［2008］36号
71	关于民办教育机构设置场所是否属于营业性场所问题的答复意见	2008年8月3日公安部消防局公消［2008］404号
72	关于贯彻实施失火案和消防责任事故案立案追诉标准加强公安消防刑事执法工作的通知	2008年8月23日公安部公消［2008］432号
73	关于印发《推进和规范城市消防安全远程监控系统建设应用的指导意见》的通知	2008年9月22日公安部消防局公消［2008］466号
74	关于印发阻燃制品检验及证书、标识发放工作座谈会纪要的通知	2008年10月24日公安部消防局公消［2008］520号
75	公安部关于贯彻实施《中华人民共和国消防法》的通知	2008年11月12日公安部公通字［2008］50号
76	关于印发《〈中华人民共和国消防法〉宣传提纲》的通知	2008年11月12日公安部公消［2008］555号
77	关于深入推进人员密集场所消防安全标准化管理工作的通知	2008年11月12日公安部消防局公消［2008］548号
78	关于进一步推进消防行业特有工种职业技能鉴定工作的通知	2008年11月14日公安部消防局公消［2008］556号
79	关于印发《建设工程消防性能化设计评估应用管理暂行规定》的通知	2009年2月5日公安部消防局公消［2009］52号
80	关于落实《重要火灾和处置灾害事故信息报告及处理规定（试行)》的补充通知	2009年2月13日公安部消防局公消［2009］66号
81	公安部关于印发《消防安全违法行为名称规范》的通知	2009年3月3日公安部公通字［2009］11号

续表

序号	规范性文件名称	发布机关、日期及发文字号
82	关于印发《人员密集场所消防安全检查要点》的通知	2009年3月20日公安部消防局公消〔2009〕125号
83	公安部、住房和城乡建设部关于进一步加强建设工程施工现场消防安全工作的通知	2009年3月25日公安部、住房和城乡建设部公消〔2009〕131号
84	公安部关于印发《公安消防部队执勤战斗条令》的通知	2009年4月17日公安部公通字〔2009〕23号
85	关于贯彻实施《建设工程消防监督管理规定》《消防监督检查规定》《火灾事故调查规定》有关问题的通知	2009年5月6日公安部消防局公消〔2009〕199号
86	公安部关于印发公安消防行政法律文书（式样）及相关文件的通知	2009年5月8日公安部公通字〔2009〕21号
87	公安部关于废止和修改消防工作部门规章及规范性文件的通知	2009年5月21日公安部公通字〔2009〕29号
88	关于印发《公安机关消防刑侦部门火灾调查工作协作规定》的通知	2009年6月22日公安部公消〔2009〕279号
89	关于贯彻执行《建设工程消防验收评定规则》的通知	2009年6月22日公安部消防局公消〔2009〕297号
90	关于贯彻执行《火灾现场勘验规则》行业标准的通知	2009年7月31日公安部消防局公消〔2009〕349号
91	关于加强社会福利机构消防安全监督管理工作的通知	2009年9月14日公安部消防局公消〔2009〕408号
92	公安部、住房和城乡建设部关于印发《民用建筑外保温系统及外墙装饰防火暂行规定》的通知	2009年9月25日公安部、住房和城乡建设部公通字〔2009〕46号
93	关于印发《消防产品信息发布管理办法（试行)》的通知	2009年10月23日公安部消防局公消〔2009〕460号
94	关于印发《消防安全监管司局级联席会议会议纪要》的通知	2009年11月10日公安部消防局公消〔2009〕475号

计算机信息管理

序号	规范性文件名称	发布机关、日期及发文字号
1	公安部关于防病毒卡等产品属于计算机安全专用产品的批复	1995年12月13日公安部公复字〔1995〕9号
2	关于对一些外国驻华使领馆及外国驻华机构来电询问有关计算机国际联网备案问题的答复意见的函	1996年3月6日公安部公算〔1996〕38号
3	关于“联网备案通知”中有关外国使领馆及外国驻华机构备案事宜的说明	1996年3月6日公安部网络安全保卫局公算〔1996〕40号
4	公安部关于加强信息网络国际联网信息安全管理的通知	1996年7月1日公安部公通字〔1996〕40号

续表

序号	规范性文件名称	发布机关、日期及发文字号
5	关于颁发“安全专用产品销售许可证”有关事项的通知	1998年4月22日公安部网络安全保卫局公算［1998］194号
6	关于印发《金融机构计算机信息系统安全保护工作暂行规定》的通知	1998年8月31日公安部、中国人民银行公通字［1998］63号
7	关于对出售没有申领销售许可证的计算机信息系统安全专用产品的单位进行处罚问题的批复	1999年3月12日公安部公信安［1999］44号
8	关于进一步加强互联网备案管理工作的通知	1999年8月17日公安部网络安全保卫局公信安［1999］179号
9	关于对违反公安部32号令有关问题的请示的答复	1999年11月3日公安部网络安全保卫局公信安［1999］239号
10	公安部关于加强政府宣传网站安全保护管理工作的通知	2000年2月13日公安部公通字［2000］8号
11	关于执行《计算机信息网络国际联网安全保护管理办法》中有关问题的通知	2000年2月13日公安部公信安［2000］21号
12	关于计算机犯罪案件管辖分工问题的通知	2000年7月25日公安部公通字［2000］63号
13	关于印发《联网单位安全员管理办法（试行）》的通知	2000年9月29日公安部网络安全保卫局公信安［2000］260号
14	关于对《刑法》第二百八十五条、第二百八十六条有关问题的答复	2001年5月29日公安部网络安全保卫局公信安［2001］263号
15	关于主机托管网站不履行安全保护义务的处罚对象及管辖权问题的答复	2002年1月25日公安部网络安全保卫局公信安［2002］34号
16	关于进一步改进计算机信息网络国际联网备案管理工作的通知	2002年4月16日公安部网络安全保卫局公信安［2002］128号
17	关于对利用网络漏洞进行攻击但未造成危害后果的行为如何处罚的答复	2002年9月27日公安部网络安全保卫局公信安［2002］486号
18	关于地方公安机关与铁路公安机关公共信息网络安全监察工作管辖分工问题的批复	2002年10月16日公安部公信安［2002］502号
19	关于对《计算机信息网络国际联网安全保护管理办法》条款中“他人”适用问题的答复	2003年4月11日公安部网络安全保卫局公信安［2003］146号
20	关于信息安全等级保护工作的实施意见	2004年9月17日公安部、国家保密局、国家密码管理委员会委员会办公室、国务院信息化工作办公室公通字［2004］66号
21	关于开展信息网络安全专业技术人员继续教育工作的通知	2006年5月26日公安部、人事部公信安［2006］526号
22	信息安全等级保护管理办法	2007年6月22日公安部、国家保密局、国家密码管理局、国务院信息化工作办公室公通字［2007］43号
23	信息安全等级保护备案实施细则	2007年10月26日公安部网络安全保卫局公信安［2007］1360号
24	公安机关信息安全等级保护检查工作规范（试行）	2008年6月10日公安部网络安全保卫局公信安［2008］736号

续表

序号	规范性文件名称	发布机关、日期及发文字号
25	信息安全等级保护测评工作管理规范（试行）	2010年3月12日公安部网络安全保卫局公信安［2010］303号
26	关于办理网络赌博犯罪案件适用法律若干问题的意见	2010年8月31日最高人民法院、最高人民检察院、公安部公通字［2010］40号

监所管理

序号	规范性文件名称	发布机关、日期及发文字号
1	公安部、卫生部关于解决看守所患病犯人治疗问题的通知	1979年6月20日公安部、卫生部
2	最高人民法院、最高人民检察院、公安部关于严厉打击看守所在押人犯于羁押期间进行犯罪活动的通知	1983年9月5日最高人民法院、最高人民检察院、公安部
3	最高人民法院、最高人民检察院、公安部、司法部关于抓紧审查处理看守所在押人犯的通知	1985年4月6日最高人民法院、最高人民检察院、公安部、司法部［85］公发27号
4	公安部、城乡建设环境保护部关于看守所修建工作有关问题的通知	1985年9月4日公安部、城乡建设环境保护部
5	最高人民检察院、公安部、司法部关于劳教人员应当一律送劳教场所收容的通知	1987年2月17日最高人民检察院、公安部、司法部［87］公（审）15号
6	治安拘留所管理办法（试行）	1990年1月3日公安部公通字［1990］4号
7	公安部关于看守所使用械具问题的通知	1991年6月7日公安部公通字［1991］38号
8	中华人民共和国看守所条例实施办法（试行）	1991年10月5日公安部公通字［1991］87号
9	最高人民法院、最高人民检察院、公安部关于依法文明管理看守所在押人犯的通知	1992年11月14日最高人民法院、最高人民检察院、公安部公通字［1992］139号
10	公安部关于印发《公安机关看守所安全大检查与值班巡视暂行规定》的通知	1993年7月20日公安部公通字［1993］69号
11	公安部印发《关于看守所事故、重大事件分类和报告制度暂行规定》的通知	1995年1月20日公安部公审［1995］20号
12	公安部、财政部关于印发《看守所在押人员伙食实物量标准》的通知	1996年1月21日公安部、财政部公通字［1996］6号
13	关于主动接受人大、政协对看守所工作检查监督问题的通知	1997年1月15日公安部公通字［1997］3号
14	公安部关于是否允许办案单位将在押犯罪嫌疑人、被告人提出看守所讯问的答复	1997年5月12日公安部公审［1997］40号
15	公安部关于开展“严格执法，文明管理”看守所创建活动的通知	1998年3月26日公安部公监管［1998］4号
16	公安部关于做好看守所有关工作记录的通知	1998年8月12日公安部公监管［1998］46号
17	公安部关于印发《看守所在押人员行为规范》的通知	1998年8月12日公安部公监管［1998］45号

续表

序号	规范性文件名称	发布机关、日期及发文字号
18	公安部关于印发《看守所民警业务考试办法》的通知	1998年8月28日公安部公监管［1998］048号
19	最高人民法院、最高人民检察院、公安部关于羁押犯罪嫌疑人、被告人实行换押制度的通知	1999年10月27日最高人民法院、最高人民检察院、公安部公通字［1999］83号
20	收容教育所等级评定办法	2000年11月27日公安部公通字［2000］104号
21	强制戒毒所等级评定办法	2000年11月27日公安部公通字［2000］102号
22	公安部关于对被判处拘役的罪犯在执行期间回家问题的批复	2001年1月31日公安部公复字［2001］2号
23	公安部监所管理局关于印发《看守所民警执勤行为规范（试行）》的通知	2001年5月25日公安部监所管理局公监管［2001］92号
24	公安部监所管理局关于印发《治安拘留所被拘留人行为规范》的通知	2001年6月18日公安部监所管理局公监管［2001］112号
25	公安部关于不宜在看守所内执行死刑问题的批复	2001年11月20日公安部公复字［2001］20号
26	公安部监所管理局对看守所留所服刑罪犯请假办理结婚手续如何处理的答复	2003年2月19日公安部监所管理局公监管［2003］28号
27	公安部监所管理局关于做好看守所、拘役所服刑人员刑满释放时衔接工作的通知	2003年3月19日公安部监所管理局公监管［2003］36号
28	公安部关于印发《看守所等级评定办法》的通知	2003年3月26日公安部公通字［2003］22号
29	公安部监所管理局关于在看守所监室内安装空调问题的答复	2004年6月11日公安部监所管理局公监管［2004］64号
30	对人民检察院驻所检察室能否搬入监区内办公的答复	2004年7月15日公安部监所管理局公监管［2004］93号
31	公安部关于进一步加强看守所工作的意见	2004年12月1日公安部公通字［2004］82号
32	公安部关于下发《看守所基础工作台帐式样》的通知	2005年3月30日公安部公监管［2005］48号
33	公安部监所管理局关于对开设刑事案件诉讼进程查询系统有关问题的批复	2005年3月30日公安部监所管理局公监管［2005］55号
34	公安部关于印发《看守所组织在押人员劳动管理办法》的通知	2005年5月14日公安部公通字［2005］26号
35	公安部监所管理局关于印发《看守所对有“牢头狱霸”行为的在押人员实施严管的规定》的通知	2005年5月23日公安部监所管理局公监管［2005］92号
36	公安部监所管理局关于加强看守所在押人员财物管理的通知	2005年6月1日公安部监所管理局公监管［2005］104号
37	公安部监所管理局对看守所在押人员涉及民事诉讼的能否出庭应诉问题的批复	2005年6月30日公安部监所管理局公监管［2005］132号
38	公安部监所管理局关于印发《看守所新收押人员过渡管理办法》的通知	2005年7月26日公安部监所管理局公监管［2005］148号

续表

序号	规范性文件名称	发布机关、日期及发文字号
39	公安部监所管理局关于对检察机关直接受理侦查的案件在看守所讯问犯罪嫌疑人时能否自行进行录音录像问题的批复	2005年9月8日公安部监所管理局公监管［2005］181号
40	公安部关于做好撤销拘役所有关工作的通知	2005年12月27日公安部公通字［2005］96号
41	关于印发《加强看守所基础工作实施方案》和《看守所基础工作规范手册》的通知	2006年3月16日公安部监所管理局公监管［2006］43号
42	关于印发《看守所勤务模式改革指导意见》的通知	2006年4月27日公安部监所管理局公监管［2006］85号
43	关于被告人出庭时是否着马甲问题的批复	2006年5月15日　公监管［2006］92号
44	关于加强公安监管舆论宣传工作的通知	2009年4月10日公安部监所管理局公监管［2009］75号
45	关于印发《看守所防范和打击“牢头狱霸”十条规定》的通知	2009年5月7日　公监管［2009］113号
46	关于印发《关于加强公安监管文化建设的意见》的通知	2009年5月11日公安部监所管理局公监管［2009］116号
47	公安部关于对看守所女性在押人员实行集中关押管理的通知	2009年5月14日公安部公监管［2009］27号
48	关于公安机关督察民警凭督察证件进入监管场所开展现场督察的通知	2009年5月14日公安部监所管理局公监管［2009］122号
49	关于进一步加强公安监管战线先进典型培树宣传工作的通知	2009年6月15日公安部监所管理局公监管［2009］162号
50	关于禁止看守所使用留所服刑罪犯从事工勤工作的通知	2009年6月19日公安部监所管理局公监管［2009］175号
51	公安部关于进一步加强和改进公安监管工作的意见	2009年7月20日公安部公通字［2009］36号
52	关于推行看守所电子台帐的通知	2009年8月13日公安部监所管理局公监管［2009］222号
53	公安部监所管理局关于修订看守所等级评定标准的通知	2009年8月25日公安部监所管理局公监管［2009］234号
54	关于印发《关于做好监管场所突发敏感事件舆论引导工作的意见》的通知	2009年8月27日公安部监所管理局公监管［2009］240号
55	公安部监所管理局关于禁止看守所为在押人员自费加餐的通知	2009年9月23日公安部监所管理局公监管［2009］271号
56	关于公安机关强制隔离戒毒所使用美沙酮等麻醉药品和精神药品有关问题的通知	2009年11月17日公安部、卫生部公通字［2009］53号
57	公安部、卫生部关于切实加强和改进公安监管场所医疗卫生工作的通知	2009年12月25日公安部、卫生部公通字［2009］60号
58	关于加强公安监管民警教育训练工作的通知	2010年1月22日公安部监所管理局公监管［2010］39号
59	关于依法将罪犯投送监狱执行刑罚的通知	2010年1月26日公安部监所管理局公监管［2010］46号

续表

序号	规范性文件名称	发布机关、日期及发文字号
60	关于看守所使用警用约束带问题的通知	2010年3月3日公安部监所管理局公监管［2010］107号
61	关于加强公安监管场所被监管人员死亡事件信息报送工作的通知	2010年3月24日公安部监所管理局公监管［2010］134号
62	关于全面推开看守所对社会开放工作的通知	2010年4月9日公安部监所管理局公监管［2010］160号
63	关于在看守所监室内全面推行床位制的通知	2010年4月10日公安部监所管理局公监管［2010］179号
64	关于建立看守所与在押人员家属联系制度的通知	2010年4月20日公安部监所管理局公监管［2010］172号
65	关于规范和加强看守所管理确保在押人员身体健康的通知	2010年5月10日公安部监所管理局公监管［2010］214号
66	关于看守所严格依法使用械具的通知	2010年6月30日公安部监所管理局公监管［2010］272号
67	关于采取积极措施全面实行看守所对社会开放的通知	2010年7月26日公安部监所管理局公监管［2010］304号
68	关于看守所对具有严重危险行为的在押人员可以使用禁闭性约束措施的通知	2010年7月26日公安部监所管理局公监管［2010］309号
69	关于印发《关于看守所预防在押人员自杀的指导意见》的通知	2010年7月26日公安部监所管理局公监管［2010］310号
70	关于看守所讯问室必须用金属防护网分隔的通知	2010年1月27日公安部监所管理局公监管［2010］50号

道路交通管理

序号	规范性文件名称	发布机关、日期及发文字号
1	停车场建设和管理暂行规定	1988年10月3日公安部、建设部公（交管）字90号
2	关于公安交通警察队名称问题的批复	1991年1月20日公安部公复字［1991］1号
3	关于驾驶和乘坐小型客车必须使用安全带的通告	1992年11月15日公安部
4	关于贯彻实施《国务院办公厅关于加强进口汽车牌证管理的通知》有关问题的通知	1993年9月18日公安部、海关总署、国家工商行政管理局公发［1993］7号
5	关于组建公路巡逻民警队在公路上实施统一执法工作的通知	1996年9月9日公安部公通字［1996］58号
6	关于实施《汽车报废标准》有关事项的通知	1997年11月18日公安部公交管［1997］261号
7	关于印发《公安机关交通民警岗位培训规定（试行）》的通知	1998年5月15日公安部交通管理局公交管［1998］116号
8	关于轻型载货汽车报废标准实施日期的通知	1998年7月30日公安部交通管理局公交管［1998］201号

续表

序号	规范性文件名称	发布机关、日期及发文字号
9	关于转发海关启用新版《监管车辆进出境领销牌照通知书》和《监管车辆解除监管证明书》的通知	1999年6月8日公安部交通管理局公交管［1999］137号
10	关于港澳地区入出内地车辆启用“九二”式车辆号牌的批复	2000年6月19日公安部公交管［2000］112号
11	关于实施《关于调整汽车报废标准若干规定的通知》有关问题的通知	2001年1月6日公安部公交管［2001］2号
12	关于对军车驾驶员交通违章交通事故实施抄告制度的通知	2001年6月4日公安部公通字［2001］34号
13	关于转发《国家计委、财政部关于机动车登记证书工本费和机动车抵押登记费收费标准的通知》的通知	2001年10月25日公安部交通管理局公交管［2001］181号
14	关于建立交通事故快速抢救机制的通知	2002年1月10日公安部、卫生部公通字［2002］8号
15	关于进一步落实军车驾驶员交通违章交通事故抄告制度的通知	2002年7月8日公安部交通管理局、总参谋部军务部、总后勤部军事交通运输部公交管［2002］77号
16	关于贯彻实施《中华人民共和国道路交通安全法》的通知	2003年11月12日公安部公通字［2003］74号
17	预防道路交通事故“五整顿”“三加强”实施意见	2004年4月30日公安部、国家发展和改革委员会、交通部、农业部、国家安全生产监督管理局公通字［2004］33号
18	交通事故统计暂行规定	2004年5月20日公安部交通管理局公交管［2004］92号
19	关于加强公路施工管理确保交通畅通的紧急通知	2004年9月16日公安部、交通部公传发［2004］2844号
20	公安部交通管理局关于海关总署启用新版《没收走私汽车、摩托车证明书》有关工作的通知	2005年1月27日公安部交通管理局公交管［2005］13号
21	道路交通违法业务处理系统建设指导意见	2005年3月10日公安部交通管理局公交管［2005］31号
22	车辆管理所等级评定办法	2005年6月8日公安部公通字［2005］33号
23	公安机关维护校园及周边治安秩序八条措施	2005年6月15日公安部公传发［2005］1968号
24	关于贯彻执行《剧毒化学品购买和公路运输许可证件管理办法》有关问题的通知	2005年6月30日公安部公通字［2005］38号
25	预防群死群伤特大道路交通事故工作意见	2005年8月2日公安部、交通部、国家安全监管总局公通字［2005］49号
26	关于印发《办理剧毒化学品公路运输通行证业务工作规范》的通知	2005年9月22日公安部交通管理局公交管［2005］148号
27	关于海关总署启用新版汽车用《货物进口证明书》有关工作的通知	2005年10月13日公安部交通管理局公交管［2005］156号

续表

序号	规范性文件名称	发布机关、日期及发文字号
28	关于印发《机动车驾驶人考试员资格管理办法》的通知	2005 年 11 月 20 日公安部交通管理局公交管［2005］179 号
29	关于海关总署启用新版《货物进口证明书》有关工作的通知	2005 年 12 月 12 日公安部交通管理局公交管［2005］189 号
30	关于进一步加强中小学校交通安全工作的通知	2005 年 12 月 16 日公安部、教育部公通字［2005］94 号
31	关于进一步规范公安民警驾驶警车执行警务活动及执勤用语的通知	2006 年 2 月 21 日公安部公通字［2006］20 号
32	一次死亡 10 人以上特大交通事故处置程序规定	2006 年 3 月 30 日公安部交通管理局公交管办［2006］94 号
33	深入落实“五整顿”“三加强”工作措施继续开展“平安畅通县区”活动实施意见	2006 年 5 月 16 日全国道路交通安全工作部际联席会议公交管［2006］84 号
34	交通事故处理岗位正规化建设标准	2006 年 5 月 29 日公安部交通管理局公交管［2006］92 号
35	关于转发海关总署公告的通知	2006 年 6 月 21 日公安部交通管理局
36	关于国家税务总局启用新版《机动车销售统一发票》有关情况的通知	2006 年 6 月 26 日公安部交通管理局公交管［2006］109 号
37	关于加强县级公安交通管理部门车辆管理工作的意见	2006 年 6 月 27 日公安部公交管［2006］111 号
38	关于贯彻实施《机动车交通事故责任强制保险条例》的通知	2006 年 6 月 30 日公安部公交管［2006］115 号
39	关于推广应用交警队信息平台的通知	2006 年 7 月 4 日公安部交通管理局公交管［2006］116 号
40	关于执行《机动车运行安全技术条件》国家标准第 1 号修改单的通知	2006 年 9 月 18 日公安部交通管理局公交管［2006］142 号
41	关于印发《机动车驾驶人考试工作纪律》的通知	2006 年 9 月 22 日公安部交通管理局公交管［2006］144 号
42	剧毒化学品公路运输信息管理系统建设指导意见	2006 年 10 月 9 日公安部交通管理局公交管［2006］152 号
43	关于加强交通警察执勤执法考核评价工作的通知	2006 年 10 月 19 日公安部交通管理局公交管［2006］154 号
44	关于转发国家发改委《关于规范三轮汽车、低速货车管理有关事项的通知》的通知	2006 年 11 月 13 日公安部交通管理局
45	关于加强高速公路交通安全工作的通知	2006 年 12 月 19 日公安部、交通部公通字［2006］84 号
46	关于印发《全国道路交通事故信息系统建设指导意见》的通知	2006 年 12 月 25 日公安部交通管理局公交管［2006］183 号
47	关于建立道路交通安全气象信息交换和发布制度的通知	2007 年 1 月 29 日公安部、中国气象局公交管［2007］22 号
48	关于农村公安派出所参与道路交通安全工作的通知	2007 年 2 月 2 日公安部公通字［2007］4 号

续表

序号	规范性文件名称	发布机关、日期及发文字号
49	关于规范残疾人机动轮椅车运营问题维护社会稳定的意见	2007年5月11日公安部、民政部、劳动和社会保障部、建设部、交通部、国家工商行政管理总局、中国残疾人联合会公通字［2007］28号
50	公安交警队和车辆管理所标识制作及设置规范	2007年5月21日公安部公交管［2007］102号
51	交警队正规化建设标准	2007年7月16日公安部交通管理局公交管［2007］135号
52	关于规范使用道路交通技术监控设备的通知	2007年7月20日公安部公通字［2007］54号
53	关于县级公安交通管理机构名称的答复	2007年7月20日公安部交通管理局公交管［2007］140号
54	车辆管理所正规化建设标准	2007年8月8日公安部交通管理局公交管［2007］146号
55	关于印发《中华人民共和国公安部关于发布交通警察手势信号的通告》的通知	2007年8月13日公安部公通字［2007］53号
56	关于实施国家标准《机动车运行安全技术条件》（GB7258－2004）第2号修改单的通知	2007年8月23日公安部、教育部公交管［2007］162号
57	关于加强交通管理警力和经费保障的指导意见	2007年8月24日公安部公交管［2007］163号
58	关于贯彻执行《中华人民共和国机动车号牌》行业标准的通知	2007年10月12日公安部交通管理局公交管［2007］198号
59	关于海关总署改进汽车《货物进口证明书》防伪技术的通知	2007年12月7日公安部交通管理局公交管办［2007］440号
60	全国公安交通管理信息系统运行管理规定	2008年1月21日公安部交通管理局公交管［2008］23号
61	关于加强公安交通管理科技应用的意见	2008年1月22日公安部交通管理局公交管［2008］22号
62	道路交通违法信息系统使用暂行规定	2008年1月28日公安部交通管理局公交管［2008］32号
63	关于实施《道路交通管理标准体系表》指导性技术文件的通知	2008年3月3日公安部交通管理局公交管［2008］51号
64	关于贯彻执行《中华人民共和国机动车驾驶证件》行业标准的通知	2008年3月24日公安部交通管理局公交管［2008］62号
65	印发《关于加强涉及军车号牌及相关证件违法犯罪活动查处工作的意见》的通知	2008年4月22日公安部、交通运输部、中国人民解放军总参谋部、中国人民解放军总政治部、中国人民解放军总后勤部政保［2008］7号
66	关于加强交通协管员队伍建设的指导意见	2008年4月30日公安部公交管［2008］88号
67	关于贯彻落实公安部《关于加强交通协管员队伍建设的指导意见》的通知	2008年6月4日公安部交通管理局公交管［2008］124号

续表

序号	规范性文件名称	发布机关、日期及发文字号
68	关于加强机动车驾驶培训质量监督工作的通知	2008年6月20日公安部交通管理局公交管［2008］135号
69	关于推广应用道路交通事故处理信息系统的通知	2008年6月26日公安部交通管理局公交管［2008］137号
70	公安机关全面推进创建平安畅通县区活动进一步深化和拓展“五整顿”“三加强”工作措施的意见	2008年7月9日公安部公交管［2008］153号
71	关于转发海关总署有关《货物进口证明书》填写要求等规定的通知	2008年8月5日公安部交通管理局
72	关于贯彻执行《中华人民共和国机动车行驶证》行业标准的通知	2008年8月14日公安部交通管理局公交管［2008］181号
73	机动车登记工作规范	2008年8月16日公安部公交管［2008］185号
74	关于加强机动车车身反光标识粘贴等工作的通知	2008年8月27日公安部交通管理局公交管［2008］190号
75	关于进一步深化和拓展道路交通安全“五整顿”“三加强”工作措施的意见	2008年9月5日全国道路交通安全工作部际联席会议公交管［2008］199号
76	交通警察道路执勤执法工作规范	2008年11月15日公安部公通字［2008］58号
77	关于进一步推进交通管理信息化工作的意见	2008年12月3日公安部交通管理局公交管［2008］252号
78	高速公路交通应急管理程序规定	2008年12月3日公安部公通字［2008］54号
79	关于贯彻实施《机动车号牌专用固封装置》行业标准的通知	2008年12月10日公安部交通管理局公交管［2008］263号
80	关于印发《道路交通事故处理工作规范》的通知	2008年12月24日公安部公交管［2008］277号
81	关于转发国家税务总局有关《机动车销售统一发票》打印要求的通知	2009年1月9日公安部交通管理局
82	关于进一步规范道路交通事故报告工作的通知	2009年2月9日公安部交通管理局公交管［2009］27号
83	关于印发《道路交通安全违法行为处理法律文书（式样）》的通知	2009年2月27日公安部公通字［2009］10号
84	关于实施《闯红灯自动记录系统通用技术条件》等两项公共安全行业标准的通知	2009年3月3日公安部交通管理局公交管［2009］38号
85	道路交通违法信息系统升级改造方案	2009年3月5日公安部交通管理局公交管［2009］43号
86	关于做好汽车摩托车下乡交通管理工作的通知	2009年3月20日公安部公交管［2009］48号
87	关于启用《道路交通事故接报信息表》的通知	2009年4月23日公安部交通管理局公交管［2009］68号
88	公安部关于进一步加强和改进道路交通管理工作的意见	2009年5月12日公安部公通字［2009］24号

续表

序号	规范性文件名称	发布机关、日期及发文字号
89	关于印发《交通管理服务群众十项措施》的通知	2009年5月15日公安部交通管理局公交管［2009］91号
90	关于建立健全交警系统走访群众工作长效机制的通知	2009年5月29日公安部交通管理局公交管［2009］106号
91	关于实施《道路交通安全违法行为图像取证技术规范》和《机动车号牌图像自动识别技术规范》公共安全行业标准的通知	2009年6月17日公安部交通管理局公交管［2009］128号
92	关于同意撤销西藏自治区公安厅驻青海格尔木和四川双流车辆管理所的批复	2009年6月23日公安部交通管理局公交管［2009］137号
93	关于印发《道路交通事故处理信息系统使用规定》的通知	2009年6月23日公安部交通管理局公交管［2009］138号
94	关于印发《关于进一步加强道路交通安全工作的意见》的通知	2009年7月1日全国道路交通安全工作部际联席会议公交管［2009］147号
95	关于加强道路交通事故应急救援工作的通知	2009年7月23日公安部公交管［2009］176号
96	关于进一步加强道路交通违法信息系统管理和应用的通知	2009年7月27日公安部交通管理局公交管［2009］180号
97	关于实施《血液酒精含量的检验方法》和《唾液酒精检测试纸条》等两项公共安全行业标准的通知	2009年7月30日公安部交通管理局公交管［2009］183号
98	关于实施《机动车驾驶人考试场地及其设施设置规范》公共安全行业标准的通知	2009年8月27日公安部交通管理局公交管［2009］204号
99	关于印发《交警队信息平台使用规定（试行）》的通知	2009年9月7日公安部交通管理局公交管［2009］220号
100	关于公安机关贯彻执行《道路交通事故社会救助基金管理试行办法》有关工作要求的通知	2009年10月28日公安部公交管［2009］261号
101	关于实施《校车标识》等国家和行业标准的通知	2009年11月11日公安部交通管理局公交管［2009］273号
102	关于建立健全严格查处酒后驾驶长效工作机制的指导意见	2009年12月22日公安部公交管［2009］302号
103	关于实施《警车、消防车、救护车、工程救险车标志灯具》国家标准的通知	2009年12月28日公安部交通管理局公交管［2009］306号
104	关于进一步加强交通管理信息系统安全工作的意见	2010年1月14日公安部交通管理局公交管［2010］12号
105	关于实行酒后驾驶与机动车交强险费率联系浮动制度的通知	2010年1月20日公安部、中国保险监督管理委员会公通字［2010］8号
106	关于调整部分交通违法行为代码的通知	2010年2月25日公安部交通管理局公交管［2010］45号
107	关于加强和改进道路交通事故处理工作深入推进社会矛盾化解的意见	2010年3月2日公安部交通管理局公交管［2010］47号

续表

序号	规范性文件名称	发布机关、日期及发文字号
108	关于实施《机动车驾驶证业务信息采集和驾驶证件签注规范》和《机动车驾驶证件（GA482－2008）第1号修改单》行业标准的通知	2010年3月12日公安部交通管理局公交管［2010］57号
109	关于印发《机动车驾驶证业务工作规范》的通知	2010年3月25日公安部公交管［2010］66号
110	关于实施《机动车安全技术检验项目和方法》（GB21861－2008）第1号修改单的通知	2010年4月2日公安部交通管理局公交管［2010］70号
111	关于印发《交警系统落实三项重点工作指导意见》的通知	2010年4月30日公安部交通管理局公交管［2010］95号
112	关于印发《交警系统推进社会管理创新工作的意见》的通知	2010年5月5日公安部交通管理局公交管［2010］99号
113	关于印发《国务院关于加强道路交通安全管理工作情况的报告》的通知	2010年5月16日公安部公发［2010］7号
114	关于印发《整治车辆和驾驶人业务非法中介进一步落实便民服务措施的意见》的通知	2010年6月2日公安部交通管理局公交管［2010］144号
115	关于实施《闯红灯自动记录系统验收技术规范》和《公安交通指挥系统建设技术规范》行业标准的通知	2010年6月4日公安部交通管理局公交管［2010］146号
116	关于推行人民调解委员会调解道路交通事故民事损害赔偿工作的通知	2010年6月23日公安部、司法部、中国保险监督管理委员会公通字［2010］29号
117	关于印发《公安交通管理综合应用平台建设指导意见》的通知	2010年8月12日公安部交通管理局公交管［2010］196号
118	关于印发《交警系统推进社会管理创新工作措施》的通知	2010年8月13日公安部交通管理局公交管［2010］201号
119	关于中国人民解放军总后勤部换发车辆驾驶证的通知	2010年8月17日公安部交通管理局公交管［2010］204号

禁毒管理

序号	规范性文件名称	发布机关、日期及发文字号
1	公安部关于毒品案件立案标准的通知	1988年7月13日公安部［1988］公（刑）字第60号
2	公安部关于对吸食、注射毒品人员成瘾标准界定问题的批复	1998年4月22日公安部公复字［1998］3号
3	公安机关缴获毒品管理规定	2001年8月23日公安部禁毒局公禁毒［2001］218号
4	毒品案件侦查协作规定	2002年5月15日公安部禁毒局公禁毒［2002］153号
5	公安部关于认定海洛因有关问题的批复	2002年6月28日公安部公禁毒［2002］236号
6	关于启用易制毒化学品购买和运输证明的通知	2006年6月5日公安部禁毒局公禁毒［2006］335号

续表

序号	规范性文件名称	发布机关、日期及发文字号
7	关于汽车蓄电池标准液是否列入管制问题的答复	2006年12月29日公安部禁毒局公禁毒［2006］891号
8	国内卫星遥感监测非法种植罂粟工作规程	2007年6月12日国家禁毒委员会办公室禁毒办通［2007］55号
9	公安部关于无运输备案证明承运易制毒化学品如何适用法律问题的批复	2007年11月19日公安部公复字［2007］6号
10	办理毒品犯罪案件适用法律若干问题的意见	2007年12月26日最高人民法院、最高人民检察院、公安部公通字［2007］84号
11	公安部关于对查获异地吸毒人员处理问题的批复	2008年5月4日公安部公复字［2008］3号
12	关于部队单位购买使用易制毒化学品事的答复	2008年5月4日公安部禁毒局公禁毒［2008］244号
13	公安部关于印发公安机关戒毒法律文书（式样）的通知	2008年5月28日公安部公通字［2008］25号
14	关于做好新旧戒毒体制衔接有关问题的通知	2008年7月1日公安部公禁毒［2008］346号
15	公安部、商务部、卫生部、海关总署、安全监管总局、食品药品监管局关于将羟亚胺列管的公告	2008年7月8日公安部、商务部、卫生部、海关总署、安全监管总局、食品药品监管局
16	公安部毒品目标案件管理办法	2008年11月18日公安部禁毒局公禁毒［2008］618号
17	公安部关于执行《中华人民共和国禁毒法》有关问题的批复	2008年12月23日公安部公复字［2008］7号
18	公安部关于在成品药中非法添加阿普唑仑和曲马多进行销售能否认定为制造贩卖毒品有关问题的批复	2009年3月19日公安部公复字［2009］1号
19	吸毒人员登记办法	2009年5月13日公安部、司法部、卫生部公通字［2009］26号
20	关于办理制毒物品犯罪案件适用法律若干问题的意见	2009年6月23日最高人民法院、最高人民检察院、公安部公通字［2009］33号
21	关于进一步加强易制毒化学品管制工作的指导意见	2009年6月25日公安部、商务部、海关总署、工商总局、安全监管总局、国家食品药品监督管理局公通字［2009］34号
22	易制毒化学品信息员管理办法（试行）	2009年9月15日国家禁毒委员会办公室禁毒办通［2009］75号
23	公安部毒品目标案件考核工作办法	2009年10月26日公安部禁毒局公禁毒［2009］666号
24	关于社区戒毒人员出国（境）有关问题的批复	2009年11月12日公安部公复字［2009］4号
25	关于废止和修改部分禁毒工作部门规章及规范性文件的通知	2009年12月11日公安部公通字［2009］56号

续表

序号	规范性文件名称	发布机关、日期及发文字号
26	关于对去除糖衣包装的新康泰克药品混合颗粒能否认定为制毒物品的意见	2010年3月28日公安部禁毒局公禁毒［2010］166号
27	关于深化全民禁毒宣传教育工作的指导意见	2010年7月16日国家禁毒委员会办公室、中共中央宣传部、中央对外宣传办公室、中央社会治安综合治理委员会办公室、公安部、教育部、卫生部、民政部、司法部、人力资源和社会保障部、商务部、文化部、国家工商行政管理总局、国家广播电影电视总局、国家新闻出版总署、全国总工会、共青团中央、全国妇联禁毒办发［2010］1号

安全保卫

序号	规范性文件名称	发布机关、日期及发文字号
1	关于外商独资企业从事安防工程建设有关事项的通知	2000年6月14日公安部公科［2000］16号
2	关于公安机关实施《安全技术防范产品管理办法》有关问题的通知	2000年9月26日公安部公科［2000］26号
3	关于印发《公安部授权的安防检验机构管理规定》的通知	2001年4月11日公安部科技局公科安［2001］9号
4	关于贯彻实施《安全技术防范产品管理办法》有关问题的补充通知	2001年6月20日公安部科技局公科安［2001］18号
5	关于规范安全技术防范行业管理工作几个问题的通知	2004年8月3日公安部公科［2004］50号
6	关于加强对列入强制性产品认证目录内的安全技术防范产品质量监督管理的通知	2005年7月20日公安部、国家质量监督检验检疫总局、国家认证认可监督管理委员会公通字［2005］48号
7	关于印发部分安防产品统一检验细则的通知	2006年8月1日公安部科技局公科安［2006］27号

行政强制措施

序号	规范性文件名称	发布机关、日期及发文字号
1	公安部关于少年犯管教所收押、收容范围的通知	1982年3月23日公安部［82］公发（劳）51号
2	公安部关于修改《劳动教养试行办法》第十九条的通知	1983年4月30日公安部［83］公发（教）50号
3	公安部关于劳动教养审批工作改由法制司负责指导的通知	1992年3月9日公安部公通字［1992］20号
4	公安部关于对不满十四岁的少年犯罪人员收容教养问题的通知	1993年4月26日公安部公通字［1993］39号
5	公安部关于印发《公安机关办理未成年人违法犯罪案件的规定》的通知	1995年10月23日公安部公发［1995］17号

续表

序号	规范性文件名称	发布机关、日期及发文字号
6	公安部关于对少年收容教养人员提前解除或减少收容教养期限的批准权限问题的批复	1997年12月3日公安部公复字［1997］7号
7	公安部关于对刑事拘留、治安拘留期限是否折抵收容教育期限问题的批复	1997年12月11日公安部公复字［1997］8号
8	公安部关于审批劳动教养案件有关程序问题的批复	1999年6月9日公安部公复字［1999］3号
9	公安部关于重听和低视力残疾人能否适用劳动教养问题的批复	2001年7月5日公安部公复字［2001］12号
10	公安部关于印发《公安机关办理劳动教养案件规定》的通知	2002年4月12日公安部公通字［2002］21号
11	公安部关于印发《劳动教养法律文书格式（试行)》的通知	2002年5月23日公安部公通字［2002］30号
12	公安部关于对部分有关收容教养的涉密文件予以解密的通知	2002年6月28日公安部公传发［2002］1947号
13	公安部关于废止部分有关劳动教养的规范性文件的通知	2002年9月20日公安部公通字［2002］49号
14	公安部关于废止有关收容遣送的规范性文件的通知	2003年7月11日公安部公通字［2003］50号
15	公安部关于对取得外国永久居留权的中国公民能否劳动教养问题的批复	2003年9月10日公安部公复字［2003］4号
16	公安部关于被劳动教养人员在逃跑期间违法犯罪问题如何处理问题的批复	2003年10月13日公安部公复字［2003］6号
17	公安部关于如何理解《公安机关办理劳动教养案件规定》第九条第二款 的批复	2004年11月26日公安部公复字［2004］4号
18	公安部关于作出劳动教养决定时是否可以没收违法所得和非法财物问题的批复	2005年6月14日公安部公复字［2005］2号
19	公安部关于《公安机关办理劳动教养案件规定》第四十八条如何理解问题的批复	2005年11月22日公安部公复字［2005］4号
20	公安部关于对强制隔离戒毒与劳动教养能否合并执行问题的批复	2009年4月1日公安部公复字［2009］2号
21	公安部关于对未成年卖淫嫖娼人员能否收容教育问题的批复	2010年9月29日公安部公复字［2010］7号

监督救济

序号	规范性文件名称	发布机关、日期及发文字号
1	公安部关于实施《中华人民共和国行政复议法》中有关问题的批复	2000年3月3日公安部公复字［2000］2号
2	公安部关于适用《行政复议法》第二十八条第二款有关问题的批复	2000年4月19日公安部公复字［2000］4号
3	公安部关于对公安机关督察机构是否有权撤销下级公安机关行政处罚决定问题的批复	2002年12月25日公安部公复字［2002］8号

续表

序号	规范性文件名称	发布机关、日期及发文字号
4	公安部关于办理行政复议案件有关法律适用问题的批复	2003年6月4日公安部公复字〔2003〕1号
5	公安部关于建立健全信访工作长效机制的意见	2005年12月16日公安部公发〔2005〕22号
6	关于公安机关处置信访活动中违法犯罪行为适用法律的指导意见	2008年7月6日公安部公通字〔2008〕35号
7	公安部关于公安机关贯彻实施《中央政法委员会关于进一步加强和改进涉法涉诉信访工作的意见》的意见	2009年9月19日公安部公通字〔2009〕47号
8	公安部关于规范公安机关信访事项终结工作的指导意见	2010年3月10日公安部公通字〔2010〕12号
9	公安部关于印发《公安国家赔偿法律文书（式样）》的通知	2010年9月17日公安部公通字〔2010〕48号
10	公安部关于贯彻执行国家赔偿法有关问题的通知	2010年9月18日公安部公通字〔2010〕47号

附录7：

公安部决定废止的规范性文件目录

（截至2010年11月）

治安管理

序号	规范性文件名称	发布日期及文号
1	公安部关于犯人释放和地富改变成分后的两个户口问题的通知	1957年10月24日公安部（57）公治字第278号
2	关于管制、拘役、缓刑、假释、监外执行、监视居住的具体执行办法的通知	1979年12月28日公安部公发（1979）185号
3	关于执行《中华人民共和国民用爆炸物品管理条例》的通知	1984年2月23日公安部［84］公发（治）24号
4	关于统一居民身份证申领登记手续及编号方法的通知	1985年3月14日公安部［85］公（治）字31号
5	关于审查鉴定淫秽录像带问题的通知	1985年8月26日公安部［85］公（治）字151号
6	公安部关于在户口迁移手续中应注明居民身份证情况的通知	1986年6月30日公安部［1986］0544号
7	公安部关于认真执行《国务院办公厅关于切实加强民用爆炸物品管理的通知》的通知	1987年10月6日公安部［87］公（治）字94号
8	关于江西省发证办《关于归国难民是否应发身份证问题的请示》的批复	1989年6月17日公安部治安管理局公三［1989］350号
9	关于在全国实施居民身份证使用和查验制度的通告	1989年9月8日公安部
10	公安部关于印发《临时身份证管理暂行规定》的通知	1989年9月11日公安部［89］公发18号
11	公安部关于制发临时身份证有关问题的通知	1989年9月12日公安部［89］公（治）字72号
12	关于为赌博提供的交通工具能否予以没收的批复	1989年9月16日公安部［89］公（治）字75号
13	公安部关于在居民身份证查验、核查工作中不准乱罚款乱收费的通知	1989年10月23日公安部公发电（89）1311号
14	关于进一步做好保安服务业工作的通知	1992年5月27日公安部公发［1992］16号
15	关于制作居民身份证快证问题的批复	1992年10月27日公安部治安管理局公治［1992］903号
16	关于严格执行居民身份证、临时身份证发放范围规定的通知	1993年1月7日公安部公通字［1993］4号
17	公安部关于加强和改进临时身份证管理工作的通知	1993年2月20日公安部公通字［1993］17号
18	公安部三局关于《关于模型火箭生产、销售、储运问题请示》的复函	1993年4月13日公安部治安管理局公治［1993］295号
19	关于组建爆炸物品服务公司加强爆炸物品安全管理的通知	1993年7月14日公安部、国内贸易部公通字［1993］80号

续表

序号	规范性文件名称	发布日期及文号
20	转发《国家计委、财政部关于特种行业许可证收费标准的通知》的通知	1994 年 7 月 26 日公安部公通字［1994］65 号
21	关于军队所属的企业、事业单位使用爆破器材是否适用《中华人民共和国民用爆炸物品管理条例》的批复	1995 年 4 月 18 日公安部公治［1995］178 号
22	公安部关于转发《国家计划委员会、财政部关于防伪居民身份证收费标准的通知》的通知	1995 年 7 月 27 日公安部公通字［1995］56 号
23	关于贯彻执行《小型民用爆破器材仓库安全标准》的通知	1996 年 12 月 17 日公安部治安管理局公治［1996］1025 号
24	公安部关于加强民用爆炸物品安全监督管理的通知	1997 年 2 月 11 日公安部公通字［1997］10 号
25	关于现有制造民用枪支企业重新审核申请许可证事项的通知	1997 年 6 月 17 日公安部公通字［1997］34 号
26	关于加强射击运动枪支管理的通知	1997 年 6 月 19 日公安部、国家体委公通字［1997］35 号
27	关于国内公民收养弃婴等落户问题的通知	1997 年 9 月 29 日公安部公通字［1997］54 号
28	公安部、国家经贸委关于印发《国有企业治安保卫工作暂行规定》的通知	1997 年 10 月 5 日公安部、国家经贸委公通字［1997］55 号
29	公安部三局关于双石－2 推进剂不纳入爆炸物品管理的批复	1997 年 11 月 7 日公安部治安管理局公治［1997］1003 号
30	公安部三局关于服刑人员可否从事爆破作业的批复	1997 年 12 月 1 日公安部治安管理局公治［1997］1072 号
31	公安部关于开展民用爆炸物品安全大检查加强农村“三小”企业民用爆破器材管理工作的通知	1998 年 3 月 30 日公安部公通字［1998］19 号
32	公安部三局关于清理整顿保安培训机构问题的批复	1998 年 5 月 13 日公安部治安管理局公治［1998］365 号
33	关于为民用枪支制造企业重新核发《民用枪支（弹药）制造许可证》的通知	1998 年 10 月 26 日公安部公治［1998］987 号
34	关于居民身份证编号有关问题的批复	1998 年 11 月 19 日公安部治安管理局公治［1998］1076 号
35	关于整治农村爆炸物品安全管理秩序大力推进组建和规范民用爆炸物品管理服务站工作的意见	1999 年 2 月 27 日公安部治安管理局公治［1999］254 号
36	公安部关于死因已查明但家属对鉴定结论不服的尸体如何处理问题的批复	2000 年 9 月 14 日公安部公法［2000］146 号
37	关于为气枪制造企业换发《民用枪支（弹药）制造许可证》的通知	2003 年 1 月 8 日公安部公治［2003］003 号
38	关于为气枪制造企业重新核发《民用枪支（弹药）制造许可证》的通知	2003 年 4 月 15 日公安部公治［2003］44 号

续表

序号	规范性文件名称	发布日期及文号
39	公安部关于公安机关在防治非典型肺炎工作中依法履行职责有关问题的通知	2003年5月22日公安部公通字［2003］39号

出入境和边防管理

序号	规范性文件名称	发布日期及文号
1	公安部关于对外国人和无国籍人以及港澳台居民采取留置措施有关问题的批复	2001年10月18日公安部公复字［2001］16号
2	公安部关于海警执法有关问题的通知	2004年1月12日公安部公通字［2004］1号

犯罪侦查

序号	规范性文件名称	发布日期及文号
1	关于开展经侦民警任职资格考试的通知	2000年7月4日公安部政治部公政治部［2000］284号
2	公安部经济犯罪侦查局关于地方公安机关经侦部门自侦大要案件报告与督办暂行办法	2007年3月27日公安部经济犯罪侦查局公经［2007］736号
3	公安部经侦局情报信息工作考核奖励办法（试行）	2007年9月28日公安部经济犯罪侦查局公经［2007］2251号
4	全国经侦系统2008年工作绩效考核办法	2008年4月24日公安部经济犯罪侦查局公经政［2008］51号
5	公安部经侦局经侦情报信息等级评定办法（试行）	2008年7月18日公安部经济犯罪侦查局公经情报［2008］73号

消防管理

序号	规范性文件名称	发布日期及文号
1	关于颁发《消防产品质量监督检验暂行管理办法》的通知	1983年3月2日公安部、国家标准局［83］公发（消）26号
2	关于印发《基层公安消防监督工作建设规定》的通知	1998年12月18日公安部消防局公消［1998］288号
3	关于实施消防监督检查工作若干问题的通知	1999年9月20日公安部公消［1999］290号
4	关于淘汰火灾探测器手工插焊电子元器件生产工艺的通知	2000年10月25日公安部消防局、公安部消防产品行业管理办公室公消［2000］343号
5	关于2001年度哈龙淘汰执行项目企业项目验收后有关问题的通知	2003年4月10日公安部消防局公消［2003］028号
6	关于切实加强易燃易爆化学物品消防安全工作的通知	2004年5月11日公安部消防局公消［2004］163号
7	关于贯彻实施《中华人民共和国行政许可法》切实做好消防行政许可工作的通知	2004年6月11日公安部消防局公消［2004］215号
8	关于加强商住楼消防安全工作的通知	2004年8月2日公安部消防局公消［2004］310号

续表

序号	规范性文件名称	发布日期及文号
9	关于坚决制止擅自生产销售消防车产品的通知	2006年7月28日公安部消防局公消［2006］309号
10	关于印发《建筑工程消防验收评定暂行办法》的通知	2007年11月22日公安部消防局公消［2007］479号
11	关于印发《火灾现场勘验暂行规则》的通知	2008年1月15日公安部消防局公消［2008］21号
12	关于印发《公安部消防局关于加强消防执法规范化建设的工作方案》和《公安部消防局关于加强消防执法规范化建设的实施意见》的通知	2008年3月24日公安部消防局公消［2008］131号
13	关于消防产品监督管理有关问题的答复	2009年1月23日公安部消防局公消［2009］42号

计算机信息管理

序号	规范性文件名称	发布日期及文号
1	关于开展计算机安全员培训工作的通知	1999年3月29日公安部、人事部公通字［1999］17号
2	关于对盗用他人国际互联网账号的行为如何处理问题的批复	2001年4月10日公安部网络安全保卫局公信安［2001］186号
3	公安部关于加强互联网上网服务营业场所安全管理工作的通知	2001年4月16日公安部公通字［2001］17号
4	关于公安机关开展“网吧”等互联网上网服务营业场所专项治理工作有关事项的通知	2002年7月19日公安部公传发［2002］2221号
5	关于对《关于如何处罚盗用他人网上游戏账号等行为的请示》的答复	2002年9月16日公安部网络安全保卫局公信安［2002］445号
6	关于印发《信息安全等级保护管理办法（试行）》的通知	2006年1月17日公安部、国家保密局、国家密码管理局、国务院信息化工作办公室公通字［2006］7号

监所管理

序号	规范性文件名称	发布日期及文号
1	公安部关于看守所不准使用电警棍的通知	1995年2月28日公安部公通字［1995］10号
2	公安部监所管理局关于印发《治安拘留所达标办法》的通知	2001年5月29日公安部监所管理局公监管［2001］95号

监督救济

序号	规范性文件名称	发布日期及文号
1	公安部关于认真做好实施《国家赔偿法》准备工作的通知	1994年7月6日公安部公通字［1994］55号
2	公安部关于加强公安信访工作的意见	1995年1月10日公安部公发［1995］3号

续表

序号	规范性文件名称	发布日期及文号
3	公安部关于公安机关贯彻实施《国家赔偿法》有关问题的通知	1995年2月13日公安部公通字［1995］11号
4	公安部关于对地方政府法制机构可否受理对交通事故责任认定的复议申请的批复	2000年2月15日公安部公复字［2000］1号
5	公安部关于对因拒绝交纳罚款而被裁决拘留不服能够申请行政复议的批复	2000年5月24日公安部公复字［2000］5号
6	公安部关于印发《公安部办理行政复议案件程序规定》的通知	2000年10月24日公安部公发［2000］14号
7	公安部关于办理行政复议案件有关问题的批复	2001年2月14日公安部公复字［2001］3号
8	公安部关于使用行政复议法律文书的批复	2001年4月30日公安部公复字［2001］7号
9	公安部关于治安拘留所等行政监管场所被监管人员打死打伤其他被监管人员是否给予国家赔偿问题的批复	2001年6月8日公安部公复字［2001］10号
10	公安部关于车辆管理所机动车登记行为行政复议管辖问题的批复	2003年7月27日公安部公复字［2003］3号
11	公安部关于公安机关不履行法定职责行政复议案件适用法律依据问题的批复	2004年10月18日公安部公复字［2004］3号

附录 8:

中华人民共和国刑法

(1979 年 7 月 1 日第五届全国人民代表大会第二次会议通过　1997 年 3 月 14 日第八届全国人民代表大会第五次会议修订　自 1997 年 10 月 1 日起施行　根据 1998 年 12 月 29 日第九届全国人民代表大会常务委员会第六次会议通过的《关于惩治骗购外汇、逃汇和非法买卖外汇犯罪的决定》、1999 年 12 月 25 日第九届全国人民代表大会常务委员会第十三次会议通过的《中华人民共和国刑法修正案》、2001 年 8 月 31 日第九届全国人民代表大会常务委员会第二十三次会议通过的《中华人民共和国刑法修正案(二)》、2001 年 12 月 29 日第九届全国人民代表大会常务委员会第二十五次会议通过的《中华人民共和国刑法修正案(三)》、2002 年 12 月 28 日第九届全国人民代表大会常务委员会第三十一次会议通过的《中华人民共和国刑法修正案(四)》、2005 年 2 月 28 日第十届全国人民代表大会常务委员会第十四次会议通过的《中华人民共和国刑法修正案(五)》、2006 年 6 月 29 日第十届全国人民代表大会常务委员会第二十二次会议通过的《中华人民共和国刑法修正案(六)》、2009 年 2 月 28 日第十一届全国人民代表大会常务委员会第七次会议通过的《中华人民共和国刑法修正案(七)》、2011 年 2 月 25 日第十一届全国人民代表大会常务委员会第十九次会议通过的《中华人民共和国刑法修正案(八)》修正)

第一编　总　则

第一章　刑法的任务、基本原则和适用范围

第一条　为了惩罚犯罪,保护人民,根据宪法,结合我国同犯罪作斗争的具体经验及实际情况,制定本法。

第二条　中华人民共和国刑法的任务,是用刑罚同一切犯罪行为作斗争,以保卫国家安全,保卫人民民主专政的政权和社会主义制度,保护国有财产和劳动群众集体所有的财产,保护公民私人所有的财产,保护公民的人身权利、民主权利和其他权利,维护社会秩序、经济秩序,保障社会主义建设事业的顺利进行。

第三条　法律明文规定为犯罪行为的,依照法律定罪处刑;法律没有明文规定为犯罪行为的,不得定罪处刑。

第四条　对任何人犯罪,在适用法律上一律平等。不允许任何人有超越法律的特权。

第五条　刑罚的轻重,应当与犯罪分子所犯罪行和承担的刑事责任相适应。

第六条　凡在中华人民共和国领域内犯罪的,除法律有特别规定的以外,都适用本法。

凡在中华人民共和国船舶或者航空器内犯罪的,也适用本法。

犯罪的行为或者结果有一项发生在中华人民共和国领域内的,就认为是在中华人民共和国领域内犯罪。

第七条　中华人民共和国公民在中华人民共和国领域外犯本法规定之罪的,适用本法,但是按本法规定的最高刑为三年以下有期徒刑的,可以不予追究。

中华人民共和国国家工作人员和军人在中华人民共和国领域外犯本法规定之罪的，适用本法。

第八条 外国人在中华人民共和国领域外对中华人民共和国国家或者公民犯罪，而按本法规定的最低刑为三年以上有期徒刑的，可以适用本法，但是按照犯罪地的法律不受处罚的除外。

第九条 对于中华人民共和国缔结或者参加的国际条约所规定的罪行，中华人民共和国在所承担条约义务的范围内行使刑事管辖权的，适用本法。

第十条 凡在中华人民共和国领域外犯罪，依照本法应当负刑事责任的，虽然经过外国审判，仍然可以依照本法追究，但是在外国已经受过刑罚处罚的，可以免除或者减轻处罚。

第十一条 享有外交特权和豁免权的外国人的刑事责任，通过外交途径解决。

第十二条 中华人民共和国成立以后本法施行以前的行为，如果当时的法律不认为是犯罪的，适用当时的法律；如果当时的法律认为是犯罪的，依照本法总则第四章第八节的规定应当追诉的，按照当时的法律追究刑事责任，但是如果本法不认为是犯罪或者处刑较轻的，适用本法。

本法施行以前，依照当时的法律已经作出的生效判决，继续有效。

第二章 犯 罪

第一节 犯罪和刑事责任

第十三条 一切危害国家主权、领土完整和安全，分裂国家、颠覆人民民主专政的政权和推翻社会主义制度，破坏社会秩序和经济秩序，侵犯国有财产或者劳动群众集体所有的财产，侵犯公民私人所有的财产，侵犯公民的人身权利、民主权利和其他权利，以及其他危害社会的行为，依照法律应当受刑罚处罚的，都是犯罪，但是情节显著轻微危害不大的，不认为是犯罪。

第十四条 明知自己的行为会发生危害社会的结果，并且希望或者放任这种结果发生，因而构成犯罪的，是故意犯罪。

故意犯罪，应当负刑事责任。

第十五条 应当预见自己的行为可能发生危害社会的结果，因为疏忽大意而没有预见，或者已经预见而轻信能够避免，以致发生这种结果的，是过失犯罪。

过失犯罪，法律有规定的才负刑事责任。

第十六条 行为在客观上虽然造成了损害结果，但是不是出于故意或者过失，而是由于不能抗拒或者不能预见的原因所引起的，不是犯罪。

第十七条 已满十六周岁的人犯罪，应当负刑事责任。

已满十四周岁不满十六周岁的人，犯故意杀人、故意伤害致人重伤或者死亡、强奸、抢劫、贩卖毒品、放火、爆炸、投毒罪的，应当负刑事责任。

已满十四周岁不满十八周岁的人犯罪，应当从轻或者减轻处罚。

因不满十六周岁不予刑事处罚的，责令他的家长或者监护人加以管教；在必要的时候，也可以由政府收容教养。

第十七条之一　已满七十五周岁的人故意犯罪的，可以从轻或者减轻处罚；过失犯罪的，应当从轻或者减轻处罚。{刑法修正案（八）增加此条}

第十八条　精神病人在不能辨认或者不能控制自己行为的时候造成危害结果，经法定程序鉴定确认的，不负刑事责任，但是应当责令他的家属或者监护人严加看管和医疗；在必要的时候，由政府强制医疗。

间歇性的精神病人在精神正常的时候犯罪，应当负刑事责任。

尚未完全丧失辨认或者控制自己行为能力的精神病人犯罪的，应当负刑事责任，但是可以从轻或者减轻处罚。

醉酒的人犯罪，应当负刑事责任。

第十九条　又聋又哑的人或者盲人犯罪，可以从轻、减轻或者免除处罚。

第二十条　为了使国家、公共利益、本人或者他人的人身、财产和其他权利免受正在进行的不法侵害，而采取的制止不法侵害的行为，对不法侵害人造成损害的，属于正当防卫，不负刑事责任。

正当防卫明显超过必要限度造成重大损害的，应当负刑事责任，但是应当减轻或者免除处罚。

对正在进行行凶、杀人、抢劫、强奸、绑架以及其他严重危及人身安全的暴力犯罪，采取防卫行为，造成不法侵害人伤亡的，不属于防卫过当，不负刑事责任。

第二十一条　为了使国家、公共利益、本人或者他人的人身、财产和其他权利免受正在发生的危险，不得已采取的紧急避险行为，造成损害的，不负刑事责任。

紧急避险超过必要限度造成不应有的损害的，应当负刑事责任，但是应当减轻或者免除处罚。

第一款中关于避免本人危险的规定，不适用于职务上、业务上负有特定责任的人。

第二节　犯罪的预备、未遂和中止

第二十二条　为了犯罪，准备工具、制造条件的，是犯罪预备。

对于预备犯，可以比照既遂犯从轻、减轻处罚或者免除处罚。

第二十三条　已经着手实行犯罪，由于犯罪分子意志以外的原因而未得逞的，是犯罪未遂。

对于未遂犯，可以比照既遂犯从轻或者减轻处罚。

第二十四条　在犯罪过程中，自动放弃犯罪或者自动有效地防止犯罪结果发生的，是犯罪中止。

对于中止犯，没有造成损害的，应当免除处罚；造成损害的，应当减轻处罚。

第三节　共同犯罪

第二十五条　共同犯罪是指二人以上共同故意犯罪。

二人以上共同过失犯罪，不以共同犯罪论处；应当负刑事责任的，按照他们所犯的罪分别处罚。

第二十六条　组织、领导犯罪集团进行犯罪活动的或者在共同犯罪中起主要作用的，是主犯。

三人以上为共同实施犯罪而组成的较为固定的犯罪组织，是犯罪集团。

对组织、领导犯罪集团的首要分子，按照集团所犯的全部罪行处罚。

对于第三款规定以外的主犯，应当按照其所参与的或者组织、指挥的全部犯罪处罚。

第二十七条 在共同犯罪中起次要或者辅助作用的，是从犯。

对于从犯，应当从轻、减轻处罚或者免除处罚。

第二十八条 对于被胁迫参加犯罪的，应当按照他的犯罪情节减轻处罚或者免除处罚。

第二十九条 教唆他人犯罪的，应当按照他在共同犯罪中所起的作用处罚。教唆不满十八周岁的人犯罪的，应当从重处罚。

如果被教唆的人没有犯被教唆的罪，对于教唆犯，可以从轻或者减轻处罚。

第四节 单位犯罪

第三十条 公司、企业、事业单位、机关、团体实施的危害社会的行为，法律规定为单位犯罪的，应当负刑事责任。

第三十一条 单位犯罪的，对单位判处罚金，并对其直接负责的主管人员和其他直接责任人员判处刑罚。本法分则和其他法律另有规定的，依照规定。

第三章 刑 罚

第一节 刑罚的种类

第三十二条 刑罚分为主刑和附加刑。

第三十三条 主刑的种类如下：

（一）管制；

（二）拘役；

（三）有期徒刑；

（四）无期徒刑；

（五）死刑。

第三十四条 附加刑的种类如下：

（一）罚金；

（二）剥夺政治权利；

（三）没收财产。

附加刑也可以独立适用。

第三十五条 对于犯罪的外国人，可以独立适用或者附加适用驱逐出境。

第三十六条 由于犯罪行为而使被害人遭受经济损失的，对犯罪分子除依法给予刑事处罚外，并应根据情况判处赔偿经济损失。

承担民事赔偿责任的犯罪分子，同时被判处罚金，其财产不足以全部支付的，或者被判处没收财产的，应当先承担对被害人的民事赔偿责任。

第三十七条 对于犯罪情节轻微不需要判处刑罚的，可以免予刑事处罚，但是可以根据案件的不同情况，予以训诫或者责令具结悔过、赔礼道歉、赔偿损失，或者由主管部门予以行政处罚或者行政处分。

第二节　管　制

第三十八条　管制的期限，为三个月以上二年以下。

判处管制，可以根据犯罪情况，同时禁止犯罪分子在执行期间从事特定活动，进入特定区域、场所，接触特定的人。{刑法修正案（八）增加此款}

对判处管制的犯罪分子，依法实行社区矫正。{根据刑法修正案（八）修改}

{原条文：被判处管制的犯罪分子，由公安机关执行。}

违反第二款规定的禁止令的，由公安机关依照《中华人民共和国治安管理处罚法》的规定处罚。{刑法修正案（八）增加此款}

第三十九条　被判处管制的犯罪分子，在执行期间，应当遵守下列规定：

（一）遵守法律、行政法规，服从监督；

（二）未经执行机关批准，不得行使言论、出版、集会、结社、游行、示威自由的权利；

（三）按照执行机关规定报告自己的活动情况；

（四）遵守执行机关关于会客的规定；

（五）离开所居住的市、县或者迁居，应当报经执行机关批准。

对于被判处管制的犯罪分子，在劳动中应当同工同酬。

第四十条　被判处管制的犯罪分子，管制期满，执行机关应即向本人和其所在单位或者居住地的群众宣布解除管制。

第四十一条　管制的刑期，从判决执行之日起计算；判决执行以前先行羁押的，羁押一日折抵刑期二日。

第三节　拘　役

第四十二条　拘役的期限，为一个月以上六个月以下。

第四十三条　被判处拘役的犯罪分子，由公安机关就近执行。

在执行期间，被判处拘役的犯罪分子每月可以回家一天至两天；参加劳动的，可以酌量发给报酬。

第四十四条　拘役的刑期，从判决执行之日起计算；判决执行以前先行羁押的，羁押一日折抵刑期一日。

第四节　有期徒刑、无期徒刑

第四十五条　有期徒刑的期限，除本法第五十条、第六十九条规定外，为六个月以上十五年以下。

第四十六条　被判处有期徒刑、无期徒刑的犯罪分子，在监狱或者其他执行场所执行；凡有劳动能力的，都应当参加劳动，接受教育和改造。

第四十七条　有期徒刑的刑期，从判决执行之日起计算；判决执行以前先行羁押的，羁押一日折抵刑期一日。

第五节　死　刑

第四十八条　死刑只适用于罪行极其严重的犯罪分子。对于应当判处死刑的犯罪分子，如果不是必须立即执行的，可以判处死刑同时宣告缓期二年执行。

死刑除依法由最高人民法院判决的以外，都应当报请最高人民法院核准。死刑缓期执行的，可以由高级人民法院判决或者核准。

第四十九条　犯罪的时候不满十八周岁的人和审判的时候怀孕的妇女，不适用死刑。

审判的时候已满七十五周岁的人，不适用死刑，但以特别残忍手段致人死亡的除外。{刑法修正案（八）增加此款}

第五十条　判处死刑缓期执行的，在死刑缓期执行期间，如果没有故意犯罪，二年期满以后，减为无期徒刑；如果确有重大立功表现，二年期满以后，减为二十五年有期徒刑；如果故意犯罪，查证属实的，由最高人民法院核准，执行死刑。

对被判处死刑缓期执行的累犯以及因故意杀人、强奸、抢劫、绑架、放火、爆炸、投放危险物质或者有组织的暴力性犯罪被判处死刑缓期执行的犯罪分子，人民法院根据犯罪情节等情况可以同时决定对其限制减刑。{根据刑法修正案（八）修改}

{原条文：判处死刑缓期执行的，在死刑缓期执行期间，如果没有故意犯罪，二年期满以后，减为无期徒刑；如果确有重大立功表现，二年期满以后，减为十五年以上二十年以下有期徒刑；如果故意犯罪，查证属实的，由最高人民法院核准，执行死刑。}

第五十一条　死刑缓期执行的期间，从判决确定之日起计算。死刑缓期执行减为有期徒刑的刑期，从死刑缓期执行期满之日起计算。

第六节　罚　金

第五十二条　判处罚金，应当根据犯罪情节决定罚金数额。

第五十三条　罚金在判决指定的期限内一次或者分期缴纳。期满不缴纳的，强制缴纳。对于不能全部缴纳罚金的，人民法院在任何时候发现被执行人有可以执行的财产，应当随时追缴。如果由于遭遇不能抗拒的灾祸缴纳确实有困难的，可以酌情减少或者免除。

第七节　剥夺政治权利

第五十四条　剥夺政治权利是剥夺下列权利：

（一）选举权和被选举权；

（二）言论、出版、集会、结社、游行、示威自由的权利；

（三）担任国家机关职务的权利；

（四）担任国有公司、企业、事业单位和人民团体领导职务的权利。

第五十五条　剥夺政治权利的期限，除本法第五十七条规定外，为一年以上五年以下。

判处管制附加剥夺政治权利的，剥夺政治权利的期限与管制的期限相等，同时执行。

第五十六条　对于危害国家安全的犯罪分子应当附加剥夺政治权利；对于故意杀人、强奸、放火、爆炸、投毒、抢劫等严重破坏社会秩序的犯罪分子，可以附加剥夺政治权利。

独立适用剥夺政治权利的，依照本法分则的规定。

第五十七条　对于被判处死刑、无期徒刑的犯罪分子，应当剥夺政治权利终身。

在死刑缓期执行减为有期徒刑或者无期徒刑减为有期徒刑的时候，应当把附加剥夺政治权利的期限改为三年以上十年以下。

第五十八条　附加剥夺政治权利的刑期，从徒刑、拘役执行完毕之日或者从假释之日起计算；剥夺政治权利的效力当然施用于主刑执行期间。

被剥夺政治权利的犯罪分子，在执行期间，应当遵守法律、行政法规和国务院公安部门有关监督管理的规定，服从监督；不得行使本法第五十四条规定的各项权利。

第八节　没收财产

第五十九条　没收财产是没收犯罪分子个人所有财产的一部或者全部。没收全部财产的，应当对犯罪分子个人及其扶养的家属保留必需的生活费用。

在判处没收财产的时候，不得没收属于犯罪分子家属所有或者应有的财产。

第六十条　没收财产以前犯罪分子所负的正当债务，需要以没收的财产偿还的，经债权人请求，应当偿还。

第四章　刑罚的具体运用

第一节　量　刑

第六十一条　对于犯罪分子决定刑罚的时候，应当根据犯罪的事实、犯罪的性质、情节和对于社会的危害程度，依照本法的有关规定判处。

第六十二条　犯罪分子具有本法规定的从重处罚、从轻处罚情节的，应当在法定刑的限度以内判处刑罚。

第六十三条　犯罪分子具有本法规定的减轻处罚情节的，应当在法定刑以下判处刑罚；本法规定有数个量刑幅度的，应当在法定量刑幅度的下一个量刑幅度内判处刑罚。{根据刑法修正案（八）修改}

{原第一款：犯罪分子具有本法规定的减轻处罚情节的，应当在法定刑以下判处刑罚。}

犯罪分子虽然不具有本法规定的减轻处罚情节，但是根据案件的特殊情况，经最高人民法院核准，也可以在法定刑以下判处刑罚。

第六十四条　犯罪分子违法所得的一切财物，应当予以追缴或者责令退赔；对被害人的合法财产，应当及时返还；违禁品和供犯罪所用的本人财物，应当予以没收。没收的财物和罚金，一律上缴国库，不得挪用和自行处理。

第二节　累　犯

第六十五条　被判处有期徒刑以上刑罚的犯罪分子，刑罚执行完毕或者赦免以后，在五年以内再犯应当判处有期徒刑以上刑罚之罪的，是累犯，应当从重处罚，但是过失犯罪和不满十八周岁的人犯罪的除外。{根据刑法修正案（八）修改}

{原第一款：被判处有期徒刑以上刑罚的犯罪分子，刑罚执行完毕或者赦免以后，在

五年以内再犯应当判处有期徒刑以上刑罚之罪的，是累犯，应当从重处罚，但是过失犯罪除外。}

前款规定的期限，对于被假释的犯罪分子，从假释期满之日起计算。

第六十六条 危害国家安全犯罪、恐怖活动犯罪、黑社会性质的组织犯罪的犯罪分子，在刑罚执行完毕或者赦免以后，在任何时候再犯上述任一类罪的，都以累犯论处。{根据刑法修正案（八）修改}

{原条文：危害国家安全的犯罪分子在刑罚执行完毕或者赦免以后，在任何时候再犯危害国家安全罪的，都以累犯论处。}

第三节 自首和立功

第六十七条 犯罪以后自动投案，如实供述自己的罪行的，是自首。对于自首的犯罪分子，可以从轻或者减轻处罚。其中，犯罪较轻的，可以免除处罚。

被采取强制措施的犯罪嫌疑人、被告人和正在服刑的罪犯，如实供述司法机关还未掌握的本人其他罪行的，以自首论。

犯罪嫌疑人虽不具有前两款规定的自首情节，但是如实供述自己罪行的，可以从轻处罚；因其如实供述自己罪行，避免特别严重后果发生的，可以减轻处罚。{刑法修正案（八）增加此款}

第六十八条 犯罪分子有揭发他人犯罪行为，查证属实的，或者提供重要线索，从而得以侦破其他案件等立功表现的，可以从轻或者减轻处罚；有重大立功表现的，可以减轻或者免除处罚。

第四节 数罪并罚

第六十九条 判决宣告以前一人犯数罪的，除判处死刑和无期徒刑的以外，应当在总和刑期以下、数刑中最高刑期以上，酌情决定执行的刑期，但是管制最高不能超过三年，拘役最高不能超过一年，有期徒刑总和刑期不满三十五年的，最高不能超过二十年，总和刑期在三十五年以上的，最高不能超过二十五年。

数罪中有判处附加刑的，附加刑仍须执行，其中附加刑种类相同的，合并执行，种类不同的，分别执行。{根据刑法修正案（八）修改}

{原条文：判决宣告以前一人犯数罪的，除判处死刑和无期徒刑的以外，应当在总和刑期以下、数刑中最高刑期以上，酌情决定执行的刑期，但是管制最高不能超过三年，拘役最高不能超过一年，有期徒刑最高不能超过二十年。

如果数罪中有判处附加刑的，附加刑仍须执行。}

第七十条 判决宣告以后，刑罚执行完毕以前，发现被判刑的犯罪分子在判决宣告以前还有其他罪没有判决的，应当对新发现的罪作出判决，把前后两个判决所判处的刑罚，依照本法第六十九条的规定，决定执行的刑罚。已经执行的刑期，应当计算在新判决决定的刑期以内。

第七十一条 判决宣告以后，刑罚执行完毕以前，被判刑的犯罪分子又犯罪的，应当对新犯的罪作出判决，把前罪没有执行的刑罚和后罪所判处的刑罚，依照本法第六十九条的规定，决定执行的刑罚。

第五节　缓刑

第七十二条　对于被判处拘役、三年以下有期徒刑的犯罪分子，同时符合下列条件的，可以宣告缓刑，对其中不满十八周岁的人、怀孕的妇女和已满七十五周岁的人，应当宣告缓刑：

（一）犯罪情节较轻；

（二）有悔罪表现；

（三）没有再犯罪的危险；

（四）宣告缓刑对所居住社区没有重大不良影响。

宣告缓刑，可以根据犯罪情况，同时禁止犯罪分子在缓刑考验期限内从事特定活动，进入特定区域、场所，接触特定的人。

被宣告缓刑的犯罪分子，如果被判处附加刑，附加刑仍须执行。{根据刑法修正案（八）修改}

{原条文：对于被判处拘役、三年以下有期徒刑的犯罪分子，根据犯罪分子的犯罪情节和悔罪表现，适用缓刑确实不致再危害社会的，可以宣告缓刑。

被宣告缓刑的犯罪分子，如果被判处附加刑，附加刑仍须执行。}

第七十三条　拘役的缓刑考验期限为原判刑期以上一年以下，但是不能少于二个月。

有期徒刑的缓刑考验期限为原判刑期以上五年以下，但是不能少于一年。

缓刑考验期限，从判决确定之日起计算。

第七十四条　对于累犯和犯罪集团的首要分子，不适用缓刑。{根据刑法修正案（八）修改}

{原条文：对于累犯，不适用缓刑。}

第七十五条　被宣告缓刑的犯罪分子，应当遵守下列规定：

（一）遵守法律、行政法规，服从监督；

（二）按照考察机关的规定报告自己的活动情况；

（三）遵守考察机关关于会客的规定；

（四）离开所居住的市、县或者迁居，应当报经考察机关批准。

第七十六条　对宣告缓刑的犯罪分子，在缓刑考验期限内，依法实行社区矫正，如果没有本法第七十七条规定的情形，缓刑考验期满，原判的刑罚就不再执行，并公开予以宣告。{根据刑法修正案（八）修改}

{原条文：被宣告缓刑的犯罪分子，在缓刑考验期限内，由公安机关考察，所在单位或者基层组织予以配合，如果没有本法第七十七条规定的情形，缓刑考验期满，原判的刑罚就不再执行，并公开予以宣告。}

第七十七条　被宣告缓刑的犯罪分子，在缓刑考验期限内犯新罪或者发现判决宣告以前还有其他罪没有判决的，应当撤销缓刑，对新犯的罪或者新发现的罪作出判决，把前罪和后罪所判处的刑罚，依照本法第六十九条的规定，决定执行的刑罚。

被宣告缓刑的犯罪分子，在缓刑考验期限内，违反法律、行政法规或者国务院有关部门关于缓刑的监督管理规定，或者违反人民法院判决中的禁止令，情节严重的，应当撤销缓刑，执行原判刑罚。{根据刑法修正案（八）修改}

{原第二款：被宣告缓刑的犯罪分子，在缓刑考验期限内，违反法律、行政法规或者国务院公安部门有关缓刑的监督管理规定，情节严重的，应当撤销缓刑，执行原判刑罚。}

第六节　减　刑

第七十八条　被判处管制、拘役、有期徒刑、无期徒刑的犯罪分子，在执行期间，如果认真遵守监规，接受教育改造，确有悔改表现的，或者有立功表现的，可以减刑；有下列重大立功表现之一的，应当减刑：

（一）阻止他人重大犯罪活动的；

（二）检举监狱内外重大犯罪活动，经查证属实的；

（三）有发明创造或者重大技术革新的；

（四）在日常生产、生活中舍己救人的；

（五）在抗御自然灾害或者排除重大事故中，有突出表现的；

（六）对国家和社会有其他重大贡献的。

减刑以后实际执行的刑期不能少于下列期限：

（一）判处管制、拘役、有期徒刑的，不能少于原判刑期的二分之一；

（二）判处无期徒刑的，不能少于十三年；

（三）人民法院依照本法第五十条第二款规定限制减刑的死刑缓期执行的犯罪分子，缓期执行期满后依法减为无期徒刑的，不能少于二十五年，缓期执行期满后依法减为二十五年有期徒刑的，不能少于二十年。{根据刑法修正案（八）修改}

{原第二款：减刑以后实际执行的刑期，判处管制、拘役、有期徒刑的，不能少于原判刑期的二分之一；判处无期徒刑的，不能少于十年。}

第七十九条　对于犯罪分子的减刑，由执行机关向中级以上人民法院提出减刑建议书。人民法院应当组成合议庭进行审理，对确有悔改或者立功事实的，裁定予以减刑。非经法定程序不得减刑。

第八十条　无期徒刑减为有期徒刑的刑期，从裁定减刑之日起计算。

第七节　假释

第八十一条　被判处有期徒刑的犯罪分子，执行原判刑期二分之一以上，被判处无期徒刑的犯罪分子，实际执行十三年以上，如果认真遵守监规，接受教育改造，确有悔改表现，没有再犯罪的危险的，可以假释。如果有特殊情况，经最高人民法院核准，可以不受上述执行刑期的限制。

对累犯以及因故意杀人、强奸、抢劫、绑架、放火、爆炸、投放危险物质或者有组织的暴力性犯罪被判处十年以上有期徒刑、无期徒刑的犯罪分子，不得假释。

对犯罪分子决定假释时，应当考虑其假释后对所居住社区的影响。{根据刑法修正案（八）修改}

{原条文：被判处有期徒刑的犯罪分子，执行原判刑期二分之一以上，被判处无期徒刑的犯罪分子，实际执行十年以上，如果认真遵守监规，接受教育改造，确有悔改表现，假释后不致再危害社会的，可以假释。如果有特殊情况，经最高人民法院核准，可以不受上述执行刑期的限制。

对累犯以及因杀人、爆炸、抢劫、强奸、绑架等暴力性犯罪被判处十年以上有期徒刑、无期徒刑的犯罪分子，不得假释。}

第八十二条　对于犯罪分子的假释，依照本法第七十九条规定的程序进行。非经法定程序不得假释。

第八十三条　有期徒刑的假释考验期限，为没有执行完毕的刑期；无期徒刑的假释考验期限为十年。

假释考验期限，从假释之日起计算。

第八十四条　被宣告假释的犯罪分子，应当遵守下列规定：

（一）遵守法律、行政法规，服从监督；

（二）按照监督机关的规定报告自己的活动情况；

（三）遵守监督机关关于会客的规定；

（四）离开所居住的市、县或者迁居，应当报经监督机关批准。

第八十五条　对假释的犯罪分子，在假释考验期限内，依法实行社区矫正，如果没有本法第八十六条规定的情形，假释考验期满，就认为原判刑罚已经执行完毕，并公开予以宣告。{根据刑法修正案（八）修改}

{原条文：被假释的犯罪分子，在假释考验期限内，由公安机关予以监督，如果没有本法第八十六条规定的情形，假释考验期满，就认为原判刑罚已经执行完毕，并公开予以宣告。}

第八十六条　被假释的犯罪分子，在假释考验期限内犯新罪，应当撤销假释，依照本法第七十一条的规定实行数罪并罚。

在假释考验期限内，发现被假释的犯罪分子在判决宣告以前还有其他罪没有判决的，应当撤销假释，依照本法第七十条的规定实行数罪并罚。

被假释的犯罪分子，在假释考验期限内，有违反法律、行政法规或者国务院有关部门关于假释的监督管理规定的行为，尚未构成新的犯罪的，应当依照法定程序撤销假释，收监执行未执行完毕的刑罚。{根据刑法修正案（八）修改}

{原第三款：被假释的犯罪分子，在假释考验期限内，有违反法律、行政法规或者国务院公安部门有关假释的监督管理规定的行为，尚未构成新的犯罪的，应当依照法定程序撤销假释，收监执行未执行完毕的刑罚。}

第八节　时　效

第八十七条　犯罪经过下列期限不再追诉：

（一）法定最高刑为不满五年有期徒刑的，经过五年；

（二）法定最高刑为五年以上不满十年有期徒刑的，经过十年；

（三）法定最高刑为十年以上有期徒刑的，经过十五年；

（四）法定最高刑为无期徒刑、死刑的，经过二十年。如果二十年以后认为必须追诉的，须报请最高人民检察院核准。

第八十八条　在人民检察院、公安机关、国家安全机关立案侦查或者在人民法院受理案件以后，逃避侦查或者审判的，不受追诉期限的限制。

被害人在追诉期限内提出控告，人民法院、人民检察院、公安机关应当立案而不予立案的，不受追诉期限的限制。

第八十九条 追诉期限从犯罪之日起计算；犯罪行为有连续或者继续状态的，从犯罪行为终了之日起计算。

在追诉期限以内又犯罪的，前罪追诉的期限从犯后罪之日起计算。

第五章 其他规定

第九十条 民族自治地方不能全部适用本法规定的，可以由自治区或者省的人民代表大会根据当地民族的政治、经济、文化的特点和本法规定的基本原则，制定变通或者补充的规定，报请全国人民代表大会常务委员会批准施行。

第九十一条 本法所称公共财产，是指下列财产：

（一）国有财产；

（二）劳动群众集体所有的财产；

（三）用于扶贫和其他公益事业的社会捐助或者专项基金的财产。

在国家机关、国有公司、企业、集体企业和人民团体管理、使用或者运输中的私人财产，以公共财产论。

第九十二条 本法所称公民私人所有的财产，是指下列财产：

（一）公民的合法收入、储蓄、房屋和其他生活资料；

（二）依法归个人、家庭所有的生产资料；

（三）个体户和私营企业的合法财产；

（四）依法归个人所有的股份、股票、债券和其他财产。

第九十三条 本法所称国家工作人员，是指国家机关中从事公务的人员。

国有公司、企业、事业单位、人民团体中从事公务的人员和国家机关、国有公司、企业、事业单位委派到非国有公司、企业、事业单位、社会团体从事公务的人员，以及其他依照法律从事公务的人员，以国家工作人员论。

{全国人民代表大会常务委员会关于《中华人民共和国刑法》第九十三条第二款的解释}

第九十四条 本法所称司法工作人员，是指有侦查、检察、审判、监管职责的工作人员。

第九十五条 本法所称重伤，是指有下列情形之一的伤害：

（一）使人肢体残废或者毁人容貌的；

（二）使人丧失听觉、视觉或者其他器官机能的；

（三）其他对于人身健康有重大伤害的。

第九十六条 本法所称违反国家规定，是指违反全国人民代表大会及其常务委员会制定的法律和决定，国务院制定的行政法规、规定的行政措施、发布的决定和命令。

第九十七条 本法所称首要分子，是指在犯罪集团或者聚众犯罪中起组织、策划、指挥作用的犯罪分子。

第九十八条 本法所称告诉才处理，是指被害人告诉才处理。如果被害人因受强制、威吓无法告诉的，人民检察院和被害人的近亲属也可以告诉。

第九十九条 本法所称以上、以下、以内，包括本数。

第一百条 依法受过刑事处罚的人，在入伍、就业的时候，应当如实向有关单位报告自己曾受过刑事处罚，不得隐瞒。

犯罪的时候不满十八周岁被判处五年有期徒刑以下刑罚的人，免除前款规定的报告义务。{刑法修正案（八）增加此款}

第一百零一条 本法总则适用于其他有刑罚规定的法律，但是其他法律有特别规定的除外。

第二编 分 则

第一章 危害国家安全罪

第一百零二条 勾结外国，危害中华人民共和国的主权、领土完整和安全的，处无期徒刑或者十年以上有期徒刑。

与境外机构、组织、个人相勾结，犯前款罪的，依照前款的规定处罚。

第一百零三条 组织、策划、实施分裂国家、破坏国家统一的，对首要分子或者罪行重大的，处无期徒刑或者十年以上有期徒刑；对积极参加的，处三年以上十年以下有期徒刑；对其他参加的，处三年以下有期徒刑、拘役、管制或者剥夺政治权利。

煽动分裂国家、破坏国家统一的，处五年以下有期徒刑、拘役、管制或者剥夺政治权利；首要分子或者罪行重大的，处五年以上有期徒刑。

第一百零四条 组织、策划、实施武装叛乱或者武装暴乱的，对首要分子或者罪行重大的，处无期徒刑或者十年以上有期徒刑；对积极参加的，处三年以上十年以下有期徒刑；对其他参加的，处三年以下有期徒刑、拘役、管制或者剥夺政治权利。

策动、胁迫、勾引、收买国家机关工作人员、武装部队人员、人民警察、民兵进行武装叛乱或者武装暴乱的，依照前款的规定从重处罚。

第一百零五条 组织、策划、实施颠覆国家政权、推翻社会主义制度的，对首要分子或者罪行重大的，处无期徒刑或者十年以上有期徒刑；对积极参加的，处三年以上十年以下有期徒刑；对其他参加的，处三年以下有期徒刑、拘役、管制或者剥夺政治权利。

以造谣、诽谤或者其他方式煽动颠覆国家政权、推翻社会主义制度的，处五年以下有期徒刑、拘役、管制或者剥夺政治权利；首要分子或者罪行重大的，处五年以上有期徒刑。

第一百零六条 与境外机构、组织、个人相勾结，实施本章第一百零三条、第一百零四条、第一百零五条规定之罪的，依照各该条的规定从重处罚。

第一百零七条 境内外机构、组织或者个人资助实施本章第一百零二条、第一百零三条、第一百零四条、第一百零五条规定之罪的，对直接责任人员，处五年以下有期徒刑、拘役、管制或者剥夺政治权利；情节严重的，处五年以上有期徒刑。{根据刑法修正案（八）修改}

{原条文：境内外机构、组织或者个人资助境内组织或者个人实施本章第一百零二条、第一百零三条、第一百零四条、第一百零五条规定之罪的，对直接责任人员，处五年以下有期徒刑、拘役、管制或者剥夺政治权利；情节严重的，处五年以上有期徒刑。}

第一百零八条　投敌叛变的，处三年以上十年以下有期徒刑；情节严重或者带领武装部队人员、人民警察、民兵投敌叛变的，处十年以上有期徒刑或者无期徒刑。

第一百零九条　国家机关工作人员在履行公务期间，擅离岗位，叛逃境外或者在境外叛逃的，处五年以下有期徒刑、拘役、管制或者剥夺政治权利；情节严重的，处五年以上十年以下有期徒刑。

掌握国家秘密的国家工作人员叛逃境外或者在境外叛逃的，依照前款的规定从重处罚。｛根据刑法修正案（八）修改｝

｛原条文：国家机关工作人员在履行公务期间，擅离岗位，叛逃境外或者在境外叛逃，危害中华人民共和国国家安全的，处五年以下有期徒刑、拘役、管制或者剥夺政治权利；情节严重的，处五年以上十年以下有期徒刑。

掌握国家秘密的国家工作人员犯前款罪的，依照前款的规定从重处罚。｝

第一百一十条　有下列间谍行为之一，危害国家安全的，处十年以上有期徒刑或者无期徒刑；情节较轻的，处三年以上十年以下有期徒刑：

（一）参加间谍组织或者接受间谍组织及其代理人的任务的；

（二）为敌人指示轰击目标的。

第一百一十一条　为境外的机构、组织、人员窃取、刺探、收买、非法提供国家秘密或者情报的，处五年以上十年以下有期徒刑；情节特别严重的，处十年以上有期徒刑或者无期徒刑；情节较轻的，处五年以下有期徒刑、拘役、管制或者剥夺政治权利。

第一百一十二条　战时供给敌人武器装备、军用物资资敌的，处十年以上有期徒刑或者无期徒刑；情节较轻的，处三年以上十年以下有期徒刑。

第一百一十三条　本章上述危害国家安全罪行中，除第一百零三条第二款、第一百零五条、第一百零七条、第一百零九条外，对国家和人民危害特别严重、情节特别恶劣的，可以判处死刑。

犯本章之罪的，可以并处没收财产。

第二章　危害公共安全罪

第一百一十四条　放火、决水、爆炸以及投放毒害性、放射性、传染病病原体等物质或者以其他危险方法危害公共安全，尚未造成严重后果的，处三年以上十年以下有期徒刑。｛根据刑法修正案（三）修改｝

｛原条文：放火、决水、爆炸、投毒或者以其他危险方法破坏工厂、矿场、油田、港口、河流、水源、仓库、住宅、森林、农场、谷场、牧场、重要管道、公共建筑物或者其他公私财产，危害公共安全，尚未造成严重后果的，处三年以上十年以下有期徒刑。｝

第一百一十五条　放火、决水、爆炸以及投放毒害性、放射性、传染病病原体等物质或者以其他危险方法致人重伤、死亡或者使公私财产遭受重大损失的，处十年以上有期徒刑、无期徒刑或者死刑。｛根据刑法修正案（三）修改｝

｛原条款：放火、决水、爆炸、投毒或者以其他危险方法致人重伤、死亡或者使公私财产遭受重大损失的，处十年以上有期徒刑、无期徒刑或者死刑。｝

过失犯前款罪的，处三年以上七年以下有期徒刑；情节较轻的，处三年以下有期徒刑或者拘役。

第一百一十六条 破坏火车、汽车、电车、船只、航空器，足以使火车、汽车、电车、船只、航空器发生倾覆、毁坏危险，尚未造成严重后果的，处三年以上十年以下有期徒刑。

第一百一十七条 破坏轨道、桥梁、隧道、公路、机场、航道、灯塔、标志或者进行其他破坏活动，足以使火车、汽车、电车、船只、航空器发生倾覆、毁坏危险，尚未造成严重后果的，处三年以上十年以下有期徒刑。

第一百一十八条 破坏电力、燃气或者其他易燃易爆设备，危害公共安全，尚未造成严重后果的，处三年以上十年以下有期徒刑。

第一百一十九条 破坏交通工具、交通设施、电力设备、燃气设备、易燃易爆设备，造成严重后果的，处十年以上有期徒刑、无期徒刑或者死刑。

过失犯前款罪的，处三年以上七年以下有期徒刑；情节较轻的，处三年以下有期徒刑或者拘役。

第一百二十条 组织、领导恐怖活动组织的，处十年以上有期徒刑或者无期徒刑；积极参加的，处三年以上十年以下有期徒刑；其他参加的，处三年以下有期徒刑、拘役、管制或者剥夺政治权利。{根据刑法修正案（三）修改}

{原条款：组织、领导和积极参加恐怖活动组织的，处三年以上十年以下有期徒刑；其他参加的，处三年以下有期徒刑、拘役或者管制。}

犯前款罪并实施杀人、爆炸、绑架等犯罪的，依照数罪并罚的规定处罚。

第一百二十条之一 资助恐怖活动组织或者实施恐怖活动的个人的，处五年以下有期徒刑、拘役、管制或者剥夺政治权利，并处罚金；情节严重的，处五年以上有期徒刑，并处罚金或者没收财产。

单位犯前款罪的，对单位判处罚金，并对其直接负责的主管人员和其他直接责任人员，依照前款的规定处罚。{刑法修正案（三）增加此条}

第一百二十一条 以暴力、胁迫或者其他方法劫持航空器的，处十年以上有期徒刑或者无期徒刑；致人重伤、死亡或者使航空器遭受严重破坏的，处死刑。

第一百二十二条 以暴力、胁迫或者其他方法劫持船只、汽车的，处五年以上十年以下有期徒刑；造成严重后果的，处十年以上有期徒刑或者无期徒刑。

第一百二十三条 对飞行中的航空器上的人员使用暴力，危及飞行安全，尚未造成严重后果的，处五年以下有期徒刑或者拘役；造成严重后果的，处五年以上有期徒刑。

第一百二十四条 破坏广播电视设施、公用电信设施，危害公共安全的，处三年以上七年以下有期徒刑；造成严重后果的，处七年以上有期徒刑。

过失犯前款罪的，处三年以上七年以下有期徒刑；情节较轻的，处三年以下有期徒刑或者拘役。

第一百二十五条 非法制造、买卖、运输、邮寄、储存枪支、弹药、爆炸物的，处三年以上十年以下有期徒刑；情节严重的，处十年以上有期徒刑、无期徒刑或者死刑。

非法制造、买卖、运输、储存毒害性、放射性、传染病病原体等物质，危害公共安全的，依照前款的规定处罚。{根据刑法修正案（三）修改}

{原条款：非法买卖、运输核材料的，依照前款的规定处罚。}

单位犯前两款罪的，对单位判处罚金，并对其直接负责的主管人员和其他直接责任人员，依照第一款的规定处罚。

第一百二十六条 依法被指定、确定的枪支制造企业、销售企业，违反枪支管理规定，有下列行为之一的，对单位判处罚金，并对其直接负责的主管人员和其他直接责任人员，处五年以下有期徒刑；情节严重的，处五年以上十年以下有期徒刑；情节特别严重的，处十年以上有期徒刑或者无期徒刑：

（一）以非法销售为目的，超过限额或者不按照规定的品种制造、配售枪支的；

（二）以非法销售为目的，制造无号、重号、假号的枪支的；

（三）非法销售枪支或者在境内销售为出口制造的枪支的。

第一百二十七条 盗窃、抢夺枪支、弹药、爆炸物的，或者盗窃、抢夺毒害性、放射性、传染病病原体等物质，危害公共安全的，处三年以上十年以下有期徒刑；情节严重的，处十年以上有期徒刑、无期徒刑或者死刑。

抢劫枪支、弹药、爆炸物的，或者抢劫毒害性、放射性、传染病病原体等物质，危害公共安全的，或者盗窃、抢夺国家机关、军警人员、民兵的枪支、弹药、爆炸物的，处十年以上有期徒刑、无期徒刑或者死刑。｛根据刑法修正案（三）修改｝

｛原条文：盗窃、抢夺枪支、弹药、爆炸物的，处三年以上十年以下有期徒刑；情节严重的，处十年以上有期徒刑、无期徒刑或者死刑。

抢劫枪支、弹药、爆炸物或者盗窃、抢夺国家机关、军警人员、民兵的枪支、弹药、爆炸物的，处十年以上有期徒刑、无期徒刑或者死刑。｝

第一百二十八条 违反枪支管理规定，非法持有、私藏枪支、弹药的，处三年以下有期徒刑、拘役或者管制；情节严重的，处三年以上七年以下有期徒刑。

依法配备公务用枪的人员，非法出租、出借枪支的，依照前款的规定处罚。

依法配置枪支的人员，非法出租、出借枪支，造成严重后果的，依照第一款的规定处罚。

单位犯第二款、第三款罪的，对单位判处罚金，并对其直接负责的主管人员和其他直接责任人员，依照第一款的规定处罚。

第一百二十九条 依法配备公务用枪的人员，丢失枪支不及时报告，造成严重后果的，处三年以下有期徒刑或者拘役。

第一百三十条 非法携带枪支、弹药、管制刀具或者爆炸性、易燃性、放射性、毒害性、腐蚀性物品，进入公共场所或者公共交通工具，危及公共安全，情节严重的，处三年以下有期徒刑、拘役或者管制。

第一百三十一条 航空人员违反规章制度，致使发生重大飞行事故，造成严重后果的，处三年以下有期徒刑或者拘役；造成飞机坠毁或者人员死亡的，处三年以上七年以下有期徒刑。

第一百三十二条 铁路职工违反规章制度，致使发生铁路运营安全事故，造成严重后果的，处三年以下有期徒刑或者拘役；造成特别严重后果的，处三年以上七年以下有期徒刑。

第一百三十三条 违反交通运输管理法规，因而发生重大事故，致人重伤、死亡或者使公私财产遭受重大损失的，处三年以下有期徒刑或者拘役；交通运输肇事后逃逸或者有其他特别恶劣情节的，处三年以上七年以下有期徒刑；因逃逸致人死亡的，处七年以上有期徒刑。

第一百三十三条之一　在道路上驾驶机动车追逐竞驶，情节恶劣的，或者在道路上醉酒驾驶机动车的，处拘役，并处罚金。

有前款行为，同时构成其他犯罪的，依照处罚较重的规定定罪处罚。｛刑法修正案（八）增加此条｝

第一百三十四条　在生产、作业中违反有关安全管理的规定，因而发生重大伤亡事故或者造成其他严重后果的，处三年以下有期徒刑或者拘役；情节特别恶劣的，处三年以上七年以下有期徒刑。

强令他人违章冒险作业，因而发生重大伤亡事故或者造成其他严重后果的，处五年以下有期徒刑或者拘役；情节特别恶劣的，处五年以上有期徒刑。｛根据刑法修正案（六）修改｝

｛原条文：工厂、矿山、林场、建筑企业或者其他企业、事业单位的职工，由于不服管理、违反规章制度，或者强令工人违章冒险作业，因而发生重大伤亡事故或者造成其他严重后果的，处三年以下有期徒刑或者拘役；情节特别恶劣的，处三年以上七年以下有期徒刑。｝

第一百三十五条　安全生产设施或者安全生产条件不符合国家规定，因而发生重大伤亡事故或者造成其他严重后果的，对直接负责的主管人员和其他直接责任人员，处三年以下有期徒刑或者拘役；情节特别恶劣的，处三年以上七年以下有期徒刑。｛根据刑法修正案（六）修改｝

｛原条文：工厂、矿山、林场、建筑企业或者其他企业、事业单位的劳动安全设施不符合国家规定，经有关部门或者单位职工提出后，对事故隐患仍不采取措施，因而发生重大伤亡事故或者造成其他严重后果的，对直接责任人员，处三年以下有期徒刑或者拘役；情节特别恶劣的，处三年以上七年以下有期徒刑。｝

第一百三十五条之一　举办大型群众性活动违反安全管理规定，因而发生重大伤亡事故或者造成其他严重后果的，对直接负责的主管人员和其他直接责任人员，处三年以下有期徒刑或者拘役；情节特别恶劣的，处三年以上七年以下有期徒刑。｛刑法修正案（六）增加此条｝

第一百三十六条　违反爆炸性、易燃性、放射性、毒害性、腐蚀性物品的管理规定，在生产、储存、运输、使用中发生重大事故，造成严重后果的，处三年以下有期徒刑或者拘役；后果特别严重的，处三年以上七年以下有期徒刑。

第一百三十七条　建设单位、设计单位、施工单位、工程监理单位违反国家规定，降低工程质量标准，造成重大安全事故的，对直接责任人员，处五年以下有期徒刑或者拘役，并处罚金；后果特别严重的，处五年以上十年以下有期徒刑，并处罚金。

第一百三十八条　明知校舍或者教育教学设施有危险，而不采取措施或者不及时报告，致使发生重大伤亡事故的，对直接责任人员，处三年以下有期徒刑或者拘役；后果特别严重的，处三年以上七年以下有期徒刑。

第一百三十九条　违反消防管理法规，经消防监督机构通知采取改正措施而拒绝执行，造成严重后果的，对直接责任人员，处三年以下有期徒刑或者拘役；后果特别严重的，处三年以上七年以下有期徒刑。

第一百三十九条之一　在安全事故发生后，负有报告职责的人员不报或者谎报事故情况，贻误事故抢救，情节严重的，处三年以下有期徒刑或者拘役；情节特别严重的，处三年以上七年以下有期徒刑。｛刑法修正案（六）增加此条｝

第三章　破坏社会主义市场经济秩序罪

第一节　生产、销售伪劣商品罪

第一百四十条　生产者、销售者在产品中掺杂、掺假，以假充真，以次充好或者以不合格产品冒充合格产品，销售金额五万元以上不满二十万元的，处二年以下有期徒刑或者拘役，并处或者单处销售金额百分之五十以上二倍以下罚金；销售金额二十万元以上不满五十万元的，处二年以上七年以下有期徒刑，并处销售金额百分之五十以上二倍以下罚金；销售金额五十万元以上不满二百万元的，处七年以上有期徒刑，并处销售金额百分之五十以上二倍以下罚金；销售金额二百万元以上的，处十五年有期徒刑或者无期徒刑，并处销售金额百分之五十以上二倍以下罚金或者没收财产。

第一百四十一条　生产、销售假药的，处三年以下有期徒刑或者拘役，并处罚金；对人体健康造成严重危害或者有其他严重情节的，处三年以上十年以下有期徒刑，并处罚金；致人死亡或者有其他特别严重情节的，处十年以上有期徒刑、无期徒刑或者死刑，并处罚金或者没收财产。｛根据刑法修正案（八）修改｝

｛原第一款：生产、销售假药，足以严重危害人体健康的，处三年以下有期徒刑或者拘役，并处或者单处销售金额百分之五十以上二倍以下罚金；对人体健康造成严重危害的，处三年以上十年以下有期徒刑，并处销售金额百分之五十以上二倍以下罚金；致人死亡或者对人体健康造成特别严重危害的，处十年以上有期徒刑、无期徒刑或者死刑，并处销售金额百分之五十以上二倍以下罚金或者没收财产。｝

本条所称假药，是指依照《中华人民共和国药品管理法》的规定属于假药和按假药处理的药品、非药品。

第一百四十二条　生产、销售劣药，对人体健康造成严重危害的，处三年以上十年以下有期徒刑，并处销售金额百分之五十以上二倍以下罚金；后果特别严重的，处十年以上有期徒刑或者无期徒刑，并处销售金额百分之五十以上二倍以下罚金或者没收财产。

本条所称劣药，是指依照《中华人民共和国药品管理法》的规定属于劣药的药品。

第一百四十三条　生产、销售不符合食品安全标准的食品，足以造成严重食物中毒事故或者其他严重食源性疾病的，处三年以下有期徒刑或者拘役，并处罚金；对人体健康造成严重危害或者有其他严重情节的，处三年以上七年以下有期徒刑，并处罚金；后果特别严重的，处七年以上有期徒刑或者无期徒刑，并处罚金或者没收财产。｛根据刑法修正案（八）修改｝

｛原条文：生产、销售不符合卫生标准的食品，足以造成严重食物中毒事故或者其他严重食源性疾患的，处三年以下有期徒刑或者拘役，并处或者单处销售金额百分之五十以上二倍以下罚金；对人体健康造成严重危害的，处三年以上七年以下有期徒刑，并处销售金额百分之五十以上二倍以下罚金；后果特别严重的，处七年以上有期徒刑或者无期徒刑，并处销售金额百分之五十以上二倍以下罚金或者没收财产。｝

第一百四十四条　在生产、销售的食品中掺入有毒、有害的非食品原料的，或者销售明知掺有有毒、有害的非食品原料的食品的，处五年以下有期徒刑，并处罚金；对人体健康造成严重危害或者有其他严重情节的，处五年以上十年以下有期徒刑，并处罚金；致人死亡或者有其他特别严重情节的，依照本法第一百四十一条的规定处罚。｛根据刑法修正案（八）修改｝

｛原条文：在生产、销售的食品中掺入有毒、有害的非食品原料的，或者销售明知掺有有毒、有害的非食品原料的食品的，处五年以下有期徒刑或者拘役，并处或者单处销售金额百分之五十以上二倍以下罚金；造成严重食物中毒事故或者其他严重食源性疾患，对人体健康造成严重危害的，处五年以上十年以下有期徒刑，并处销售金额百分之五十以上二倍以下罚金；致人死亡或者对人体健康造成特别严重危害的，依照本法第一百四十一条的规定处罚。｝

第一百四十五条　生产不符合保障人体健康的国家标准、行业标准的医疗器械、医用卫生材料，或者销售明知是不符合保障人体健康的国家标准、行业标准的医疗器械、医用卫生材料，足以严重危害人体健康的，处三年以下有期徒刑或者拘役，并处销售金额百分之五十以上二倍以下罚金；对人体健康造成严重危害的，处三年以上十年以下有期徒刑，并处销售金额百分之五十以上二倍以下罚金；后果特别严重的，处十年以上有期徒刑或者无期徒刑，并处销售金额百分之五十以上二倍以下罚金或者没收财产。｛根据刑法修正案（四）修改｝

｛原条文：生产不符合保障人体健康的国家标准、行业标准的医疗器械、医用卫生材料，或者销售明知是不符合保障人体健康的国家标准、行业标准的医疗器械、医用卫生材料，对人体健康造成严重危害的，处五年以下有期徒刑，并处销售金额百分之五十以上二倍以下罚金；后果特别严重的，处五年以上十年以下有期徒刑，并处销售金额百分之五十以上二倍以下罚金，其中情节特别恶劣的，处十年以上有期徒刑或者无期徒刑，并处销售金额百分之五十以上二倍以下罚金或者没收财产。｝

第一百四十六条　生产不符合保障人身、财产安全的国家标准、行业标准的电器、压力容器、易燃易爆产品或者其他不符合保障人身、财产安全的国家标准、行业标准的产品，或者销售明知是以上不符合保障人身、财产安全的国家标准、行业标准的产品，造成严重后果的，处五年以下有期徒刑，并处销售金额百分之五十以上二倍以下罚金；后果特别严重的，处五年以上有期徒刑，并处销售金额百分之五十以上二倍以下罚金。

第一百四十七条　生产假农药、假兽药、假化肥，销售明知是假的或者失去使用效能的农药、兽药、化肥、种子，或者生产者、销售者以不合格的农药、兽药、化肥、种子冒充合格的农药、兽药、化肥、种子，使生产遭受较大损失的，处三年以下有期徒刑或者拘役，并处或者单处销售金额百分之五十以上二倍以下罚金；使生产遭受重大损失的，处三年以上七年以下有期徒刑，并处销售金额百分之五十以上二倍以下罚金；使生产遭受特别重大损失的，处七年以上有期徒刑或者无期徒刑，并处销售金额百分之五十以上二倍以下罚金或者没收财产。

第一百四十八条　生产不符合卫生标准的化妆品，或者销售明知是不符合卫生标准的化妆品，造成严重后果的，处三年以下有期徒刑或者拘役，并处或者单处销售金额百分之五十以上二倍以下罚金。

第一百四十九条 生产、销售本节第一百四十一条至第一百四十八条所列产品，不构成各该条规定的犯罪，但是销售金额在五万元以上的，依照本节第一百四十条的规定定罪处罚。

生产、销售本节第一百四十一条至第一百四十八条所列产品，构成各该条规定的犯罪，同时又构成本节第一百四十条规定之罪的，依照处罚较重的规定定罪处罚。

第一百五十条 单位犯本节第一百四十条至第一百四十八条规定之罪的，对单位判处罚金，并对其直接负责的主管人员和其他直接责任人员，依照各该条的规定处罚。

第二节 走私罪

第一百五十一条 走私武器、弹药、核材料或者伪造的货币的，处七年以上有期徒刑，并处罚金或者没收财产；情节特别严重的，处无期徒刑或者死刑，并处没收财产；情节较轻的，处三年以上七年以下有期徒刑，并处罚金。

走私国家禁止出口的文物、黄金、白银和其他贵重金属或者国家禁止进出口的珍贵动物及其制品的，处五年以上十年以下有期徒刑，并处罚金；情节特别严重的，处十年以上有期徒刑或者无期徒刑，并处没收财产；情节较轻的，处五年以下有期徒刑，并处罚金。

走私珍稀植物及其制品等国家禁止进出口的其他货物、物品的，处五年以下有期徒刑或者拘役，并处或者单处罚金；情节严重的，处五年以上有期徒刑，并处罚金。

单位犯本条规定之罪的，对单位判处罚金，并对其直接负责的主管人员和其他直接责任人员，依照本条各款的规定处罚。｛根据刑法修正案（八）修改｝

｛原条文：走私武器、弹药、核材料或者伪造的货币的，处七年以上有期徒刑，并处罚金或者没收财产；情节较轻的，处三年以上七年以下有期徒刑，并处罚金。

走私国家禁止出口的文物、黄金、白银和其他贵重金属或者国家禁止进出口的珍贵动物及其制品的，处五年以上有期徒刑，并处罚金；情节较轻的，处五年以下有期徒刑，并处罚金。

走私珍稀植物及其制品等国家禁止进出口的其他货物、物品的，处五年以下有期徒刑或者拘役，并处或者单处罚金；情节严重的，处五年以上有期徒刑，并处罚金。｛根据刑法修正案（七）修改｝

｛原第三款：走私国家禁止进出口的珍稀植物及其制品的，处五年以下有期徒刑，并处或者单处罚金；情节严重的，处五年以上有期徒刑，并处罚金。｝

犯第一款、第二款罪，情节特别严重的，处无期徒刑或者死刑，并处没收财产。

单位犯本条规定之罪的，对单位判处罚金，并对其直接负责的主管人员和其他直接责任人员，依照本条各款的规定处罚。｝

第一百五十二条 以牟利或者传播为目的，走私淫秽的影片、录像带、录音带、图片、书刊或者其他淫秽物品的，处三年以上十年以下有期徒刑，并处罚金；情节严重的，处十年以上有期徒刑或者无期徒刑，并处罚金或者没收财产；情节较轻的，处三年以下有期徒刑、拘役或者管制，并处罚金。

逃避海关监管将境外固体废物、液态废物和气态废物运输进境，情节严重的，处五年以下有期徒刑，并处或者单处罚金；情节特别严重的，处五年以上有期徒刑，并处罚金。｛刑法修正案（四）增加此款｝

单位犯前两款罪的，对单位判处罚金，并对其直接负责的主管人员和其他直接责任人员，依照前两款的规定处罚。{根据刑法修正案（四）修改}

{原第二款：单位犯前款罪的，对单位判处罚金，并对其直接负责的主管人员和其他直接责任人员，依照前款的规定处罚。}

第一百五十三条　走私本法第一百五十一条、第一百五十二条、第三百四十七条规定以外的货物、物品的，根据情节轻重，分别依照下列规定处罚：

（一）走私货物、物品偷逃应缴税额较大或者一年内曾因走私被给予二次行政处罚后又走私的，处三年以下有期徒刑或者拘役，并处偷逃应缴税额一倍以上五倍以下罚金。

（二）走私货物、物品偷逃应缴税额巨大或者有其他严重情节的，处三年以上十年以下有期徒刑，并处偷逃应缴税额一倍以上五倍以下罚金。

（三）走私货物、物品偷逃应缴税额特别巨大或者有其他特别严重情节的，处十年以上有期徒刑或者无期徒刑，并处偷逃应缴税额一倍以上五倍以下罚金或者没收财产。{根据刑法修正案（八）修改}

{原第一款：走私本法第一百五十一条、第一百五十二条、第三百四十七条规定以外的货物、物品的，根据情节轻重，分别依照下列规定处罚：

（一）走私货物、物品偷逃应缴税额在五十万元以上的，处十年以上有期徒刑或者无期徒刑，并处偷逃应缴税额一倍以上五倍以下罚金或者没收财产；情节特别严重的，依照本法第一百五十一条第四款的规定处罚。

（二）走私货物、物品偷逃应缴税额在十五万元以上不满五十万元的，处三年以上十年以下有期徒刑，并处偷逃应缴税额一倍以上五倍以下罚金；情节特别严重的，处十年以上有期徒刑或者无期徒刑，并处偷逃应缴税额一倍以上五倍以下罚金或者没收财产。

（三）走私货物、物品偷逃应缴税额在五万元以上不满十五万元的，处三年以下有期徒刑或者拘役，并处偷逃应缴税额一倍以上五倍以下罚金。}

单位犯前款罪的，对单位判处罚金，并对其直接负责的主管人员和其他直接责任人员，处三年以下有期徒刑或者拘役；情节严重的，处三年以上十年以下有期徒刑；情节特别严重的，处十年以上有期徒刑。

对多次走私未经处理的，按照累计走私货物、物品的偷逃应缴税额处罚。

第一百五十四条　下列走私行为，根据本节规定构成犯罪的，依照本法第一百五十三条的规定定罪处罚：

（一）未经海关许可并且未补缴应缴税额，擅自将批准进口的来料加工、来件装配、补偿贸易的原材料、零件、制成品、设备等保税货物，在境内销售牟利的；

（二）未经海关许可并且未补缴应缴税额，擅自将特定减税、免税进口的货物、物品，在境内销售牟利的。

第一百五十五条　下列行为，以走私罪论处，依照本节的有关规定处罚：

（一）直接向走私人非法收购国家禁止进口物品的，或者直接向走私人非法收购走私进口的其他货物、物品，数额较大的；

（二）在内海、领海、界河、界湖运输、收购、贩卖国家禁止进出口物品的，或者运输、收购、贩卖国家限制进出口货物、物品，数额较大，没有合法证明的。{根据刑法修正案（四）修改}

{原条文：下列行为，以走私罪论处，依照本节的有关规定处罚：

（一）直接向走私人非法收购国家禁止进口物品的，或者直接向走私人非法收购走私进口的其他货物、物品，数额较大的；

（二）在内海、领海运输、收购、贩卖国家禁止进出口物品的，或者运输、收购、贩卖国家限制进出口货物、物品，数额较大，没有合法证明的；

（三）逃避海关监管将境外固体废物运输进境的。}

第一百五十六条 与走私罪犯通谋，为其提供贷款、资金、帐号、发票、证明，或者为其提供运输、保管、邮寄或者其他方便的，以走私罪的共犯论处。

第一百五十七条 武装掩护走私的，依照本法第一百五十一条第一款的规定从重处罚。{根据刑法修正案（八）修改}

{原第一款：武装掩护走私的，依照本法第一百五十一条第一款、第四款的规定从重处罚。}

以暴力、威胁方法抗拒缉私的，以走私罪和本法第二百七十七条规定的阻碍国家机关工作人员依法执行职务罪，依照数罪并罚的规定处罚。

第三节　妨害对公司、企业的管理秩序罪

第一百五十八条 申请公司登记使用虚假证明文件或者采取其他欺诈手段虚报注册资本，欺骗公司登记主管部门，取得公司登记，虚报注册资本数额巨大、后果严重或者有其他严重情节的，处三年以下有期徒刑或者拘役，并处或者单处虚报注册资本金额百分之一以上百分之五以下罚金。

单位犯前款罪的，对单位判处罚金，并对其直接负责的主管人员和其他直接责任人员，处三年以下有期徒刑或者拘役。

第一百五十九条 公司发起人、股东违反公司法的规定未交付货币、实物或者未转移财产权，虚假出资，或者在公司成立后又抽逃其出资，数额巨大、后果严重或者有其他严重情节的，处五年以下有期徒刑或者拘役，并处或者单处虚假出资金额或者抽逃出资金额百分之二以上百分之十以下罚金。

单位犯前款罪的，对单位判处罚金，并对其直接负责的主管人员和其他直接责任人员，处五年以下有期徒刑或者拘役。

第一百六十条 在招股说明书、认股书、公司、企业债券募集办法中隐瞒重要事实或者编造重大虚假内容，发行股票或者公司、企业债券，数额巨大、后果严重或者有其他严重情节的，处五年以下有期徒刑或者拘役，并处或者单处非法募集资金金额百分之一以上百分之五以下罚金。

单位犯前款罪的，对单位判处罚金，并对其直接负责的主管人员和其他直接责任人员，处五年以下有期徒刑或者拘役。

第一百六十一条 依法负有信息披露义务的公司、企业向股东和社会公众提供虚假的或者隐瞒重要事实的财务会计报告，或者对依法应当披露的其他重要信息不按照规定披露，严重损害股东或者其他人利益，或者有其他严重情节的，对其直接负责的主管人员和其他直接责任人员，处三年以下有期徒刑或者拘役，并处或者单处二万元以上二十万元以下罚金。{根据刑法修正案（六）修改}

{原条文：公司向股东和社会公众提供虚假的或者隐瞒重要事实的财务会计报告，严重损害股东或者其他人利益的，对其直接负责的主管人员和其他直接责任人员，处三年以下有期徒刑或者拘役，并处或者单处二万元以上二十万元以下罚金。}

第一百六十二条　公司、企业进行清算时，隐匿财产，对资产负债表或者财产清单作虚伪记载或者在未清偿债务前分配公司、企业财产，严重损害债权人或者其他人利益的，对其直接负责的主管人员和其他直接责任人员，处五年以下有期徒刑或者拘役，并处或者单处二万元以上二十万元以下罚金。

第一百六十二条之一　隐匿或者故意销毁依法应当保存的会计凭证、会计账簿、财务会计报告，情节严重的，处五年以下有期徒刑或者拘役，并处或者单处二万元以上二十万元以下罚金。

单位犯前款罪的，对单位判处罚金，并对其直接负责的主管人员和其他直接责任人员，依照前款的规定处罚。{刑法修正案增加此条}

第一百六十二条之二　公司、企业通过隐匿财产、承担虚构的债务或者以其他方法转移、处分财产，实施虚假破产，严重损害债权人或者其他人利益的，对其直接负责的主管人员和其他直接责任人员，处五年以下有期徒刑或者拘役，并处或者单处二万元以上二十万元以下罚金。{刑法修正案（六）增加此条}

第一百六十三条　公司、企业或者其他单位的工作人员利用职务上的便利，索取他人财物或者非法收受他人财物，为他人谋取利益，数额较大的，处五年以下有期徒刑或者拘役；数额巨大的，处五年以上有期徒刑，可以并处没收财产。

公司、企业或者其他单位的工作人员在经济往来中，利用职务上的便利，违反国家规定，收受各种名义的回扣、手续费，归个人所有的，依照前款的规定处罚。

国有公司、企业或者其他国有单位中从事公务的人员和国有公司、企业或者其他国有单位委派到非国有公司、企业以及其他单位从事公务的人员有前两款行为的，依照本法第三百八十五条、第三百八十六条的规定定罪处罚。{根据刑法修正案（六）修改}

{原条文：公司、企业的工作人员利用职务上的便利，索取他人财物或者非法收受他人财物，为他人谋取利益，数额较大的，处五年以下有期徒刑或者拘役；数额巨大的，处五年以上有期徒刑，可以并处没收财产。

公司、企业的工作人员在经济往来中，违反国家规定，收受各种名义的回扣、手续费，归个人所有的，依照前款的规定处罚。

国有公司、企业中从事公务的人员和国有公司、企业委派到非国有公司、企业从事公务的人员有前两款行为的，依照本法第三百八十五条、第三百八十六条的规定定罪处罚。}

第一百六十四条　为谋取不正当利益，给予公司、企业或者其他单位的工作人员以财物，数额较大的，处三年以下有期徒刑或者拘役；数额巨大的，处三年以上十年以下有期徒刑，并处罚金。

为谋取不正当商业利益，给予外国公职人员或者国际公共组织官员以财物的，依照前款的规定处罚。

单位犯前两款罪的，对单位判处罚金，并对其直接负责的主管人员和其他直接责任人员，依照第一款的规定处罚。

行贿人在被追诉前主动交待行贿行为的，可以减轻处罚或者免除处罚。{根据刑法修

正案（八）修改｝

｛原条文：为谋取不正当利益，给予公司、企业或者其他单位的工作人员以财物，数额较大的，处三年以下有期徒刑或者拘役；数额巨大的，处三年以上十年以下有期徒刑，并处罚金。｛根据刑法修正案（六）修改｝

｛原条款：为谋取不正当利益，给予公司、企业的工作人员以财物，数额较大的，处三年以下有期徒刑或者拘役；数额巨大的，处三年以上十年以下有期徒刑，并处罚金。｝

单位犯前款罪的，对单位判处罚金，并对其直接负责的主管人员和其他直接责任人员，依照前款的规定处罚。

行贿人在被追诉前主动交待行贿行为的，可以减轻处罚或者免除处罚。｝

第一百六十五条 国有公司、企业的董事、经理利用职务便利，自己经营或者为他人经营与其所任职公司、企业同类的营业，获取非法利益，数额巨大的，处三年以下有期徒刑或者拘役，并处或者单处罚金；数额特别巨大的，处三年以上七年以下有期徒刑，并处罚金。

第一百六十六条 国有公司、企业、事业单位的工作人员，利用职务便利，有下列情形之一，使国家利益遭受重大损失的，处三年以下有期徒刑或者拘役，并处或者单处罚金；致使国家利益遭受特别重大损失的，处三年以上七年以下有期徒刑，并处罚金：

（一）将本单位的盈利业务交由自己的亲友进行经营的；

（二）以明显高于市场的价格向自己的亲友经营管理的单位采购商品或者以明显低于市场的价格向自己的亲友经营管理的单位销售商品的；

（三）向自己的亲友经营管理的单位采购不合格商品的。

第一百六十七条 国有公司、企业、事业单位直接负责的主管人员，在签订、履行合同过程中，因严重不负责任被诈骗，致使国家利益遭受重大损失的，处三年以下有期徒刑或者拘役；致使国家利益遭受特别重大损失的，处三年以上七年以下有期徒刑。

第一百六十八条 国有公司、企业的工作人员，由于严重不负责任或者滥用职权，造成国有公司、企业破产或者严重损失，致使国家利益遭受重大损失的，处三年以下有期徒刑或者拘役；致使国家利益遭受特别重大损失的，处三年以上七年以下有期徒刑。

国有事业单位的工作人员有前款行为，致使国家利益遭受重大损失的，依照前款的规定处罚。

国有公司、企业、事业单位的工作人员，徇私舞弊，犯前两款罪的，依照第一款的规定从重处罚。｛根据刑法修正案修改｝

｛原条文：国有公司、企业直接负责的主管人员，徇私舞弊，造成国有公司、企业破产或者严重亏损，致使国家利益遭受重大损失的，处三年以下有期徒刑或者拘役。｝

第一百六十九条 国有公司、企业或者其上级主管部门直接负责的主管人员，徇私舞弊，将国有资产低价折股或者低价出售，致使国家利益遭受重大损失的，处三年以下有期徒刑或者拘役；致使国家利益遭受特别重大损失的，处三年以上七年以下有期徒刑。

第一百六十九条之一 上市公司的董事、监事、高级管理人员违背对公司的忠实义务，利用职务便利，操纵上市公司从事下列行为之一，致使上市公司利益遭受重大损失的，处三年以下有期徒刑或者拘役，并处或者单处罚金；致使上市公司利益遭受特别重大损失的，处三年以上七年以下有期徒刑，并处罚金：

（一）无偿向其他单位或者个人提供资金、商品、服务或者其他资产的；

（二）以明显不公平的条件，提供或者接受资金、商品、服务或者其他资产的；

（三）向明显不具有清偿能力的单位或者个人提供资金、商品、服务或者其他资产的；

（四）为明显不具有清偿能力的单位或者个人提供担保，或者无正当理由为其他单位或者个人提供担保的；

（五）无正当理由放弃债权、承担债务的；

（六）采用其他方式损害上市公司利益的。

上市公司的控股股东或者实际控制人，指使上市公司董事、监事、高级管理人员实施前款行为的，依照前款的规定处罚。

犯前款罪的上市公司的控股股东或者实际控制人是单位的，对单位判处罚金，并对其直接负责的主管人员和其他直接责任人员，依照第一款的规定处罚。｛刑法修正案（六）增加此条｝

第四节　破坏金融管理秩序罪

第一百七十条　伪造货币的，处三年以上十年以下有期徒刑，并处五万元以上五十万元以下罚金；有下列情形之一的，处十年以上有期徒刑、无期徒刑或者死刑，并处五万元以上五十万元以下罚金或者没收财产：

（一）伪造货币集团的首要分子；

（二）伪造货币数额特别巨大的；

（三）有其他特别严重情节的。

第一百七十一条　出售、购买伪造的货币或者明知是伪造的货币而运输，数额较大的，处三年以下有期徒刑或者拘役，并处二万元以上二十万元以下罚金；数额巨大的，处三年以上十年以下有期徒刑，并处五万元以上五十万元以下罚金；数额特别巨大的，处十年以上有期徒刑或者无期徒刑，并处五万元以上五十万元以下罚金或者没收财产。

银行或者其他金融机构的工作人员购买伪造的货币或者利用职务上的便利，以伪造的货币换取货币的，处三年以上十年以下有期徒刑，并处二万元以上二十万元以下罚金；数额巨大或者有其他严重情节的，处十年以上有期徒刑或者无期徒刑，并处二万元以上二十万元以下罚金或者没收财产；情节较轻的，处三年以下有期徒刑或者拘役，并处或者单处一万元以上十万元以下罚金。

伪造货币并出售或者运输伪造的货币的，依照本法第一百七十条的规定定罪从重处罚。

第一百七十二条　明知是伪造的货币而持有、使用，数额较大的，处三年以下有期徒刑或者拘役，并处或者单处一万元以上十万元以下罚金；数额巨大的，处三年以上十年以下有期徒刑，并处二万元以上二十万元以下罚金；数额特别巨大的，处十年以上有期徒刑，并处五万元以上五十万元以下罚金或者没收财产。

第一百七十三条　变造货币，数额较大的，处三年以下有期徒刑或者拘役，并处或者单处一万元以上十万元以下罚金；数额巨大的，处三年以上十年以下有期徒刑，并处二万元以上二十万元以下罚金。

第一百七十四条　未经国家有关主管部门批准，擅自设立商业银行、证券交易所、期货交易所、证券公司、期货经纪公司、保险公司或者其他金融机构的，处三年以下有期徒刑或者拘役，并处或者单处二万元以上二十万元以下罚金；情节严重的，处三年以上十年以下有期徒刑，并处五万元以上五十万元以下罚金。

伪造、变造、转让商业银行、证券交易所、期货交易所、证券公司、期货经纪公司、保险公司或者其他金融机构的经营许可证或者批准文件的，依照前款的规定处罚。

单位犯前两款罪的，对单位判处罚金，并对其直接负责的主管人员和其他直接责任人员，依照第一款的规定处罚。{根据刑法修正案修改}

{原条文：未经中国人民银行批准，擅自设立商业银行或者其他金融机构的，处三年以下有期徒刑或者拘役，并处或者单处二万元以上二十万元以下罚金；情节严重的，处三年以上十年以下有期徒刑，并处五万元以上五十万元以下罚金。

伪造、变造、转让商业银行或者其他金融机构经营许可证的，依照前款的规定处罚。

单位犯前两款罪的，对单位判处罚金，并对其直接负责的主管人员和其他直接责任人员，依照第一款的规定处罚。}

第一百七十五条 以转贷牟利为目的，套取金融机构信贷资金高利转贷他人，违法所得数额较大的，处三年以下有期徒刑或者拘役，并处违法所得一倍以上五倍以下罚金；数额巨大的，处三年以上七年以下有期徒刑，并处违法所得一倍以上五倍以下罚金。

单位犯前款罪的，对单位判处罚金，并对其直接负责的主管人员和其他直接责任人员，处三年以下有期徒刑或者拘役。

第一百七十五条之一 以欺骗手段取得银行或者其他金融机构贷款、票据承兑、信用证、保函等，给银行或者其他金融机构造成重大损失或者有其他严重情节的，处三年以下有期徒刑或者拘役，并处或者单处罚金；给银行或者其他金融机构造成特别重大损失或者有其他特别严重情节的，处三年以上七年以下有期徒刑，并处罚金。

单位犯前款罪的，对单位判处罚金，并对其直接负责的主管人员和其他直接责任人员，依照前款的规定处罚。{刑法修正案（六）增加此条}

第一百七十六条 非法吸收公众存款或者变相吸收公众存款，扰乱金融秩序的，处三年以下有期徒刑或者拘役，并处或者单处二万元以上二十万元以下罚金；数额巨大或者有其他严重情节的，处三年以上十年以下有期徒刑，并处五万元以上五十万元以下罚金。

单位犯前款罪的，对单位判处罚金，并对其直接负责的主管人员和其他直接责任人员，依照前款的规定处罚。

第一百七十七条 有下列情形之一，伪造、变造金融票证的，处五年以下有期徒刑或者拘役，并处或者单处二万元以上二十万元以下罚金；情节严重的，处五年以上十年以下有期徒刑，并处五万元以上五十万元以下罚金；情节特别严重的，处十年以上有期徒刑或者无期徒刑，并处五万元以上五十万元以下罚金或者没收财产：

（一）伪造、变造汇票、本票、支票的；

（二）伪造、变造委托收款凭证、汇款凭证、银行存单等其他银行结算凭证的；

（三）伪造、变造信用证或者附随的单据、文件的；

（四）伪造信用卡的。

单位犯前款罪的，对单位判处罚金，并对其直接负责的主管人员和其他直接责任人员，依照前款的规定处罚。

第一百七十七条之一　有下列情形之一，妨害信用卡管理的，处三年以下有期徒刑或者拘役，并处或者单处一万元以上十万元以下罚金；数量巨大或者有其他严重情节的，处三年以上十年以下有期徒刑，并处二万元以上二十万元以下罚金：

（一）明知是伪造的信用卡而持有、运输的，或者明知是伪造的空白信用卡而持有、运输，数量较大的；

（二）非法持有他人信用卡，数量较大的；

（三）使用虚假的身份证明骗领信用卡的；

（四）出售、购买、为他人提供伪造的信用卡或者以虚假的身份证明骗领的信用卡的。

窃取、收买或者非法提供他人信用卡信息资料的，依照前款规定处罚。

银行或者其他金融机构的工作人员利用职务上的便利，犯第二款罪的，从重处罚。{根据刑法修正案（五）增加此条}

第一百七十八条　伪造、变造国库券或者国家发行的其他有价证券，数额较大的，处三年以下有期徒刑或者拘役，并处或者单处二万元以上二十万元以下罚金；数额巨大的，处三年以上十年以下有期徒刑，并处五万元以上五十万元以下罚金；数额特别巨大的，处十年以上有期徒刑或者无期徒刑，并处五万元以上五十万元以下罚金或者没收财产。

伪造、变造股票或者公司、企业债券，数额较大的，处三年以下有期徒刑或者拘役，并处或者单处一万元以上十万元以下罚金；数额巨大的，处三年以上十年以下有期徒刑，并处二万元以上二十万元以下罚金。

单位犯前两款罪的，对单位判处罚金，并对其直接负责的主管人员和其他直接责任人员，依照前两款的规定处罚。

第一百七十九条　未经国家有关主管部门批准，擅自发行股票或者公司、企业债券，数额巨大、后果严重或者有其他严重情节的，处五年以下有期徒刑或者拘役，并处或者单处非法募集资金金额百分之一以上百分之五以下罚金。

单位犯前款罪的，对单位判处罚金，并对其直接负责的主管人员和其他直接责任人员，处五年以下有期徒刑或者拘役。

第一百八十条　证券、期货交易内幕信息的知情人员或者非法获取证券、期货交易内幕信息的人员，在涉及证券的发行，证券、期货交易或者其他对证券、期货交易价格有重大影响的信息尚未公开前，买入或者卖出该证券，或者从事与该内幕信息有关的期货交易，或者泄露该信息，或者明示、暗示他人从事上述交易活动，情节严重的，处五年以下有期徒刑或者拘役，并处或者单处违法所得一倍以上五倍以下罚金；情节特别严重的，处五年以上十年以下有期徒刑，并处违法所得一倍以上五倍以下罚金。{根据刑法修正案（七）修改}

{原条文：证券、期货交易内幕信息的知情人员或者非法获取证券、期货交易内幕信息的人员，在涉及证券的发行，证券、期货交易或者其他对证券、期货交易价格有重大影响的信息尚未公开前，买入或者卖出该证券，或者从事与该内幕信息有关的期货交易，或者泄露该信息，情节严重的，处五年以下有期徒刑或者拘役，并处或者单处违法所得一倍以上五倍以下罚金；情节特别严重的，处五年以上十年以下有期徒刑，并处违法所得一倍以上五倍以下罚金。}

单位犯前款罪的，对单位判处罚金，并对其直接负责的主管人员和其他直接责任人员，处五年以下有期徒刑或者拘役。

内幕信息、知情人员的范围，依照法律、行政法规的规定确定。｛根据刑法修正案修改｝

｛原条文：证券交易内幕信息的知情人员或者非法获取证券交易内幕信息的人员，在涉及证券的发行、交易或者其他对证券的价格有重大影响的信息尚未公开前，买入或者卖出该证券，或者泄露该信息，情节严重的，处五年以下有期徒刑或者拘役，并处或者单处违法所得一倍以上五倍以下罚金；情节特别严重的，处五年以上十年以下有期徒刑，并处违法所得一倍以上五倍以下罚金。

单位犯前款罪的，对单位判处罚金，并对其直接负责的主管人员和其他直接责任人员，处五年以下有期徒刑或者拘役。

内幕信息的范围，依照法律、行政法规的规定确定。

知情人员的范围，依照法律、行政法规的规定确定。｝

证券交易所、期货交易所、证券公司、期货经纪公司、基金管理公司、商业银行、保险公司等金融机构的从业人员以及有关监管部门或者行业协会的工作人员，利用因职务便利获取的内幕信息以外的其他未公开的信息，违反规定，从事与该信息相关的证券、期货交易活动，或者明示、暗示他人从事相关交易活动，情节严重的，依照第一款的规定处罚。｛刑法修正案（七）增加此款｝

第一百八十一条 编造并且传播影响证券、期货交易的虚假信息，扰乱证券、期货交易市场，造成严重后果的，处五年以下有期徒刑或者拘役，并处或者单处一万元以上十万元以下罚金。

证券交易所、期货交易所、证券公司、期货经纪公司的从业人员，证券业协会、期货业协会或者证券期货监督管理部门的工作人员，故意提供虚假信息或者伪造、变造、销毁交易记录，诱骗投资者买卖证券、期货合约，造成严重后果的，处五年以下有期徒刑或者拘役，并处或者单处一万元以上十万元以下罚金；情节特别恶劣的，处五年以上十年以下有期徒刑，并处二万元以上二十万元以下罚金。

单位犯前两款罪的，对单位判处罚金，并对其直接负责的主管人员和其他直接责任人员，处五年以下有期徒刑或者拘役。｛根据刑法修正案修改｝

｛原条文：编造并且传播影响证券交易的虚假信息，扰乱证券交易市场，造成严重后果的，处五年以下有期徒刑或者拘役，并处或者单处一万元以上十万元以下罚金。

证券交易所、证券公司的从业人员，证券业协会或者证券管理部门的工作人员，故意提供虚假信息或者伪造、变造、销毁交易记录，诱骗投资者买卖证券，造成严重后果的，处五年以下有期徒刑或者拘役，并处或者单处一万元以上十万元以下罚金；情节特别恶劣的，处五年以上十年以下有期徒刑，并处二万元以上二十万元以下罚金。

单位犯前两款罪的，对单位判处罚金，并对其直接负责的主管人员和其他直接责任人员，处五年以下有期徒刑或者拘役。｝

第一百八十二条 有下列情形之一，操纵证券、期货市场，情节严重的，处五年以下有期徒刑或者拘役，并处或者单处罚金；情节特别严重的，处五年以上十年以下有期徒刑，并处罚金：

（一）单独或者合谋，集中资金优势、持股或者持仓优势或者利用信息优势联合或者连续买卖，操纵证券、期货交易价格或者证券、期货交易量的；

（二）与他人串通，以事先约定的时间、价格和方式相互进行证券、期货交易，影响证券、期货交易价格或者证券、期货交易量的；

（三）在自己实际控制的帐户之间进行证券交易，或者以自己为交易对象，自买自卖期货合约，影响证券、期货交易价格或者证券、期货交易量的；

（四）以其他方法操纵证券、期货市场的。

单位犯前款罪的，对单位判处罚金，并对其直接负责的主管人员和其他直接责任人员，依照前款的规定处罚。｛根据刑法修正案（六）修改｝

｛原条文：有下列情形之一，操纵证券、期货交易价格，获取不正当利益或者转嫁风险，情节严重的，处五年以下有期徒刑或者拘役，并处或者单处违法所得一倍以上五倍以下罚金：

（一）单独或者合谋，集中资金优势、持股或者持仓优势或者利用信息优势联合或者连续买卖，操纵证券、期货交易价格的；

（二）与他人串通，以事先约定的时间、价格和方式相互进行证券、期货交易，或者相互买卖并不持有的证券，影响证券、期货交易价格或者证券、期货交易量的；

（三）以自己为交易对象，进行不转移证券所有权的自买自卖，或者以自己为交易对象，自买自卖期货合约，影响证券、期货交易价格或者证券、期货交易量的；

（四）以其他方法操纵证券、期货交易价格的。

单位犯前款罪的，对单位判处罚金，并对其直接负责的主管人员和其他直接责任人员，处五年以下有期徒刑或者拘役。｝｛根据刑法修正案修改｝

｛原条文：有下列情形之一，操纵证券交易价格，获取不正当利益或者转嫁风险，情节严重的，处五年以下有期徒刑或者拘役，并处或者单处违法所得一倍以上五倍以下罚金：

（一）单独或者合谋，集中资金优势、持股优势或者利用信息优势联合或者连续买卖，操纵证券交易价格的；

（二）与他人串通，以事先约定的时间、价格和方式相互进行证券交易或者相互买卖并不持有的证券，影响证券交易价格或者证券交易量的；

（三）以自己为交易对象，进行不转移证券所有权的自买自卖，影响证券交易价格或者证券交易量的；

（四）以其他方法操纵证券交易价格的。

单位犯前款罪的，对单位判处罚金，并对其直接负责的主管人员和其他直接责任人员，处五年以下有期徒刑或者拘役。｝

第一百八十三条　保险公司的工作人员利用职务上的便利，故意编造未曾发生的保险事故进行虚假理赔，骗取保险金归自己所有的，依照本法第二百七十一条的规定定罪处罚。

国有保险公司工作人员和国有保险公司委派到非国有保险公司从事公务的人员有前款行为的，依照本法第三百八十二条、第三百八十三条的规定定罪处罚。

第一百八十四条　银行或者其他金融机构的工作人员在金融业务活动中索取他人财物或者非法收受他人财物，为他人谋取利益的，或者违反国家规定，收受各种名义的回扣、手续费，归个人所有的，依照本法第一百六十三条的规定定罪处罚。

国有金融机构工作人员和国有金融机构委派到非国有金融机构从事公务的人员有前款行为的，依照本法第三百八十五条、第三百八十六条的规定定罪处罚。

第一百八十五条 商业银行、证券交易所、期货交易所、证券公司、期货经纪公司、保险公司或者其他金融机构的工作人员利用职务上的便利，挪用本单位或者客户资金的，依照本法第二百七十二条的规定定罪处罚。

国有商业银行、证券交易所、期货交易所、证券公司、期货经纪公司、保险公司或者其他国有金融机构的工作人员和国有商业银行、证券交易所、期货交易所、证券公司、期货经纪公司、保险公司或者其他国有金融机构委派到前款规定中的非国有机构从事公务的人员有前款行为的，依照本法第三百八十四条的规定定罪处罚。｛根据刑法修正案修改｝

｛原条文：银行或者其他金融机构的工作人员利用职务上的便利，挪用本单位或者客户资金的，依照本法第二百七十二条的规定定罪处罚。

国有金融机构工作人员和国有金融机构委派到非国有金融机构从事公务的人员有前款行为的，依照本法第三百八十四条的规定定罪处罚。｝

第一百八十五条之一 商业银行、证券交易所、期货交易所、证券公司、期货经纪公司、保险公司或者其他金融机构，违背受托义务，擅自运用客户资金或者其他委托、信托的财产，情节严重的，对单位判处罚金，并对其直接负责的主管人员和其他直接责任人员，处三年以下有期徒刑或者拘役，并处三万元以上三十万元以下罚金；情节特别严重的，处三年以上十年以下有期徒刑，并处五万元以上五十万元以下罚金。

社会保障基金管理机构、住房公积金管理机构等公众资金管理机构，以及保险公司、保险资产管理公司、证券投资基金管理公司，违反国家规定运用资金的，对其直接负责的主管人员和其他直接责任人员，依照前款的规定处罚。｛刑法修正案（六）增加此条｝

第一百八十六条 银行或者其他金融机构的工作人员违反国家规定发放贷款，数额巨大或者造成重大损失的，处五年以下有期徒刑或者拘役，并处一万元以上十万元以下罚金；数额特别巨大或者造成特别重大损失的，处五年以上有期徒刑，并处二万元以上二十万元以下罚金。

银行或者其他金融机构的工作人员违反国家规定，向关系人发放贷款的，依照前款的规定从重处罚。｛根据刑法修正案（六）修改｝

｛原条款：银行或者其他金融机构的工作人员违反法律、行政法规规定，向关系人发放信用贷款或者发放担保贷款的条件优于其他借款人同类贷款的条件，造成较大损失的，处五年以下有期徒刑或者拘役，并处一万元以上十万元以下罚金；造成重大损失的，处五年以上有期徒刑，并处二万元以上二十万元以下罚金。

银行或者其他金融机构的工作人员违反法律、行政法规规定，向关系人以外的其他人发放贷款，造成重大损失的，处五年以下有期徒刑或者拘役，并处一万元以上十万元以下罚金；造成特别重大损失的，处五年以上有期徒刑，并处二万元以上二十万元以下罚金。｝

单位犯前两款罪的，对单位判处罚金，并对其直接负责的主管人员和其他直接责任人员，依照前两款的规定处罚。

关系人的范围，依照《中华人民共和国商业银行法》和有关金融法规确定。

第一百八十七条 银行或者其他金融机构的工作人员吸收客户资金不入帐，数额巨大或者造成重大损失的，处五年以下有期徒刑或者拘役，并处二万元以上二十万元以下罚金；数额特别巨大或者造成特别重大损失的，处五年以上有期徒刑，并处五万元以上五十万元以下罚金。｛根据刑法修正案（六）修改｝

｛原条款：银行或者其他金融机构的工作人员以牟利为目的，采取吸收客户资金不入帐的方式，将资金用于非法拆借、发放贷款，造成重大损失的，处五年以下有期徒刑或者拘役，并处二万元以上二十万元以下罚金；造成特别重大损失的，处五年以上有期徒刑，并处五万元以上五十万元以下罚金。｝

单位犯前款罪的，对单位判处罚金，并对其直接负责的主管人员和其他直接责任人员，依照前款的规定处罚。

第一百八十八条　银行或者其他金融机构的工作人员违反规定，为他人出具信用证或者其他保函、票据、存单、资信证明，情节严重的，处五年以下有期徒刑或者拘役；情节特别严重的，处五年以上有期徒刑。｛根据刑法修正案（六）修改｝

｛原条款：银行或者其他金融机构的工作人员违反规定，为他人出具信用证或者其他保函、票据、存单、资信证明，造成较大损失的，处五年以下有期徒刑或者拘役；造成重大损失的，处五年以上有期徒刑。｝

单位犯前款罪的，对单位判处罚金，并对其直接负责的主管人员和其他直接责任人员，依照前款的规定处罚。

第一百八十九条　银行或者其他金融机构的工作人员在票据业务中，对违反票据法规定的票据予以承兑、付款或者保证，造成重大损失的，处五年以下有期徒刑或者拘役；造成特别重大损失的，处五年以上有期徒刑。

单位犯前款罪的，对单位判处罚金，并对其直接负责的主管人员和其他直接责任人员，依照前款的规定处罚。

第一百九十条　公司、企业或者其他单位，违反国家规定，擅自将外汇存放境外，或者将境内的外汇非法转移到境外，数额较大的，对单位判处逃汇数额百分之五以上百分之三十以下罚金，并对其直接负责的主管人员和其他直接责任人员处五年以下有期徒刑或者拘役；数额巨大或者有其他严重情节的，对单位判处逃汇数额百分之五以上百分之三十以下罚金，并对其直接负责的主管人员和其他直接责任人员处五年以上有期徒刑。｛根据全国人民代表大会常务委员会关于惩治骗购外汇、逃汇和非法买卖外汇犯罪的决定修改｝

｛原条文：国有公司、企业或者其他国有单位，违反国家规定，擅自将外汇存放境外，或者将境内的外汇非法转移到境外，情节严重的，对单位判处罚金，并对其直接负责的主管人员和其他直接责任人员，处五年以下有期徒刑或者拘役。｝

第一百九十一条　明知是毒品犯罪、黑社会性质的组织犯罪、恐怖活动犯罪、走私犯罪、贪污贿赂犯罪、破坏金融管理秩序犯罪、金融诈骗犯罪的所得及其产生的收益，为掩饰、隐瞒其来源和性质，有下列行为之一的，没收实施以上犯罪的所得及其产生的收益，处五年以下有期徒刑或者拘役，并处或者单处洗钱数额百分之五以上百分之二十以下罚金；情节严重的，处五年以上十年以下有期徒刑，并处洗钱数额百分之五以上百分之二十以下罚金：

（一）提供资金帐户的；

（二）协助将财产转换为现金、金融票据、有价证券的；

（三）通过转帐或者其他结算方式协助资金转移的；

（四）协助将资金汇往境外的；

（五）以其他方法掩饰、隐瞒犯罪所得及其收益的来源和性质的。｛根据刑法修正案（六）修改｝

｛原条款：明知是毒品犯罪、黑社会性质的组织犯罪、恐怖活动犯罪、走私犯罪的违法所得及其产生的收益，为掩饰、隐瞒其来源和性质，有下列行为之一的，没收实施以上犯罪的违法所得及其产生的收益，处五年以下有期徒刑或者拘役，并处或者单处洗钱数额百分之五以上百分之二十以下罚金；情节严重的，处五年以上十年以下有期徒刑，并处洗钱数额百分之五以上百分之二十以下罚金：

（一）提供资金帐户的；

（二）协助将财产转换为现金或者金融票据的；

（三）通过转帐或者其他结算方式协助资金转移的；

（四）协助将资金汇往境外的；

（五）以其他方法掩饰、隐瞒犯罪的违法所得及其收益的来源和性质的。｝

单位犯前款罪的，对单位判处罚金，并对其直接负责的主管人员和其他直接责任人员，处五年以下有期徒刑或者拘役；情节严重的，处五年以上十年以下有期徒刑。｛根据刑法修正案（三）修改｝

｛原条文：明知是毒品犯罪、黑社会性质的组织犯罪、走私犯罪的违法所得及其产生的收益，为掩饰、隐瞒其来源和性质，有下列行为之一的，没收实施以上犯罪的违法所得及其产生的收益，处五年以下有期徒刑或者拘役，并处或者单处洗钱数额百分之五以上百分之二十以下罚金；情节严重的，处五年以上十年以下有期徒刑，并处洗钱数额百分之五以上百分之二十以下罚金：

（一）提供资金帐户的；

（二）协助将财产转换为现金或者金融票据的；

（三）通过转帐或者其他结算方式协助资金转移的；

（四）协助将资金汇往境外的；

（五）以其他方法掩饰、隐瞒犯罪的违法所得及其收益的性质和来源的。

单位犯前款罪的，对单位判处罚金，并对其直接负责的主管人员和其他直接责任人员，处五年以下有期徒刑或者拘役。｝

第五节　金融诈骗罪

第一百九十二条　以非法占有为目的，使用诈骗方法非法集资，数额较大的，处五年以下有期徒刑或者拘役，并处二万元以上二十万元以下罚金；数额巨大或者有其他严重情节的，处五年以上十年以下有期徒刑，并处五万元以上五十万元以下罚金；数额特别巨大或者有其他特别严重情节的，处十年以上有期徒刑或者无期徒刑，并处五万元以上五十万元以下罚金或者没收财产。

第一百九十三条　有下列情形之一，以非法占有为目的，诈骗银行或者其他金融机构的贷款，数额较大的，处五年以下有期徒刑或者拘役，并处二万元以上二十万元以下罚金；数额巨大或者有其他严重情节的，处五年以上十年以下有期徒刑，并处五万元以上五十万元以下罚金；数额特别巨大或者有其他特别严重情节的，处十年以上有期徒刑或者无期徒刑，并处五万元以上五十万元以下罚金或者没收财产：

（一）编造引进资金、项目等虚假理由的；

（二）使用虚假的经济合同的；

（三）使用虚假的证明文件的；

（四）使用虚假的产权证明作担保或者超出抵押物价值重复担保的；

（五）以其他方法诈骗贷款的。

第一百九十四条　有下列情形之一，进行金融票据诈骗活动，数额较大的，处五年以下有期徒刑或者拘役，并处二万元以上二十万元以下罚金；数额巨大或者有其他严重情节的，处五年以上十年以下有期徒刑，并处五万元以上五十万元以下罚金；数额特别巨大或者有其他特别严重情节的，处十年以上有期徒刑或者无期徒刑，并处五万元以上五十万元以下罚金或者没收财产：

（一）明知是伪造、变造的汇票、本票、支票而使用的；

（二）明知是作废的汇票、本票、支票而使用的；

（三）冒用他人的汇票、本票、支票的；

（四）签发空头支票或者与其预留印鉴不符的支票，骗取财物的；

（五）汇票、本票的出票人签发无资金保证的汇票、本票或者在出票时作虚假记载，骗取财物的。

使用伪造、变造的委托收款凭证、汇款凭证、银行存单等其他银行结算凭证的，依照前款的规定处罚。

第一百九十五条　有下列情形之一，进行信用证诈骗活动的，处五年以下有期徒刑或者拘役，并处二万元以上二十万元以下罚金；数额巨大或者有其他严重情节的，处五年以上十年以下有期徒刑，并处五万元以上五十万元以下罚金；数额特别巨大或者有其他特别严重情节的，处十年以上有期徒刑或者无期徒刑，并处五万元以上五十万元以下罚金或者没收财产：

（一）使用伪造、变造的信用证或者附随的单据、文件的；

（二）使用作废的信用证的；

（三）骗取信用证的；

（四）以其他方法进行信用证诈骗活动的。

第一百九十六条　有下列情形之一，进行信用卡诈骗活动，数额较大的，处五年以下有期徒刑或者拘役，并处二万元以上二十万元以下罚金；数额巨大或者有其他严重情节的，处五年以上十年以下有期徒刑，并处五万元以上五十万元以下罚金；数额特别巨大或者有其他特别严重情节的，处十年以上有期徒刑或者无期徒刑，并处五万元以上五十万元以下罚金或者没收财产：

（一）使用伪造的信用卡，或者使用以虚假的身份证明骗领的信用卡的；

（二）使用作废的信用卡的；

（三）冒用他人信用卡的；

（四）恶意透支的。

前款所称恶意透支，是指持卡人以非法占有为目的，超过规定限额或者规定期限透支，并且经发卡银行催收后仍不归还的行为。

盗窃信用卡并使用的，依照本法第二百六十四条的规定定罪处罚。｛根据刑法修正案（五）修改｝

｛原条文：有下列情形之一，进行信用卡诈骗活动，数额较大的，处五年以下有期徒刑或者拘役，并处二万元以上二十万元以下罚金；数额巨大或者有其他严重情节的，处五年以上十年以下有期徒刑，并处五万元以上五十万元以下罚金；数额特别巨大或者有其他特别严重情节的，处十年以上有期徒刑或者无期徒刑，并处五万元以上五十万元以下罚金或者没收财产：

（一）使用伪造的信用卡的；

（二）使用作废的信用卡的；

（三）冒用他人信用卡的；

（四）恶意透支的。

前款所称恶意透支，是指持卡人以非法占有为目的，超过规定限额或者规定期限透支，并且经发卡银行催收后仍不归还的行为。

盗窃信用卡并使用的，依照本法第二百六十四条的规定定罪处罚。｝

第一百九十七条 使用伪造、变造的国库券或者国家发行的其他有价证券，进行诈骗活动，数额较大的，处五年以下有期徒刑或者拘役，并处二万元以上二十万元以下罚金；数额巨大或者有其他严重情节的，处五年以上十年以下有期徒刑，并处五万元以上五十万元以下罚金；数额特别巨大或者有其他特别严重情节的，处十年以上有期徒刑或者无期徒刑，并处五万元以上五十万元以下罚金或者没收财产。

第一百九十八条 有下列情形之一，进行保险诈骗活动，数额较大的，处五年以下有期徒刑或者拘役，并处一万元以上十万元以下罚金；数额巨大或者有其他严重情节的，处五年以上十年以下有期徒刑，并处二万元以上二十万元以下罚金；数额特别巨大或者有其他特别严重情节的，处十年以上有期徒刑，并处二万元以上二十万元以下罚金或者没收财产：

（一）投保人故意虚构保险标的，骗取保险金的；

（二）投保人、被保险人或者受益人对发生的保险事故编造虚假的原因或者夸大损失的程度，骗取保险金的；

（三）投保人、被保险人或者受益人编造未曾发生的保险事故，骗取保险金的；

（四）投保人、被保险人故意造成财产损失的保险事故，骗取保险金的；

（五）投保人、受益人故意造成被保险人死亡、伤残或者疾病，骗取保险金的。

有前款第四项、第五项所列行为，同时构成其他犯罪的，依照数罪并罚的规定处罚。

单位犯第一款罪的，对单位判处罚金，并对其直接负责的主管人员和其他直接责任人员，处五年以下有期徒刑或者拘役；数额巨大或者有其他严重情节的，处五年以上十年以下有期徒刑；数额特别巨大或者有其他特别严重情节的，处十年以上有期徒刑。

保险事故的鉴定人、证明人、财产评估人故意提供虚假的证明文件，为他人诈骗提供条件的，以保险诈骗的共犯论处。

第一百九十九条 犯本节第一百九十二条规定之罪，数额特别巨大并且给国家和人民利益造成特别重大损失的，处无期徒刑或者死刑，并处没收财产。｛根据刑法修正案

（八）修改｝

｛原条文：犯本节第一百九十二条、第一百九十四条、第一百九十五条规定之罪，数额特别巨大并且给国家和人民利益造成特别重大损失的，处无期徒刑或者死刑，并处没收财产。｝

第二百条　单位犯本节第一百九十二条、第一百九十四条、第一百九十五条规定之罪的，对单位判处罚金，并对其直接负责的主管人员和其他直接责任人员，处五年以下有期徒刑或者拘役，可以并处罚金；数额巨大或者有其他严重情节的，处五年以上十年以下有期徒刑，并处罚金；数额特别巨大或者有其他特别严重情节的，处十年以上有期徒刑或者无期徒刑，并处罚金。｛根据刑法修正案（八）修改｝

｛原条文：单位犯本节第一百九十二条、第一百九十四条、第一百九十五条规定之罪的，对单位判处罚金，并对其直接负责的主管人员和其他直接责任人员，处五年以下有期徒刑或者拘役；数额巨大或者有其他严重情节的，处五年以上十年以下有期徒刑；数额特别巨大或者有其他特别严重情节的，处十年以上有期徒刑或者无期徒刑。｝

第六节　危害税收征管罪

第二百零一条　纳税人采取欺骗、隐瞒手段进行虚假纳税申报或者不申报，逃避缴纳税款数额较大并且占应纳税额百分之十以上的，处三年以下有期徒刑或者拘役，并处罚金；数额巨大并且占应纳税额百分之三十以上的，处三年以上七年以下有期徒刑，并处罚金。

扣缴义务人采取前款所列手段，不缴或者少缴已扣、已收税款，数额较大的，依照前款的规定处罚。

对多次实施前两款行为，未经处理的，按照累计数额计算。

有第一款行为，经税务机关依法下达追缴通知后，补缴应纳税款，缴纳滞纳金，已受行政处罚的，不予追究刑事责任；但是，五年内因逃避缴纳税款受过刑事处罚或者被税务机关给予二次以上行政处罚的除外。｛根据刑法修正案（七）修改｝

｛原条文：纳税人采取伪造、变造、隐匿、擅自销毁帐簿、记帐凭证，在帐簿上多列支出或者不列、少列收入，经税务机关通知申报而拒不申报或者进行虚假的纳税申报的手段，不缴或者少缴应纳税款，偷税数额占应纳税额的百分之十以上不满百分之三十并且偷税数额在一万元以上不满十万元的，或者因偷税被税务机关给予二次行政处罚又偷税的，处三年以下有期徒刑或者拘役，并处偷税数额一倍以上五倍以下罚金；偷税数额占应纳税额的百分之三十以上并且偷税数额在十万元以上的，处三年以上七年以下有期徒刑，并处偷税数额一倍以上五倍以下罚金。

扣缴义务人采取前款所列手段，不缴或者少缴已扣、已收税款，数额占应缴税额的百分之十以上并且数额在一万元以上的，依照前款的规定处罚。

对多次犯有前两款行为，未经处理的，按照累计数额计算。｝

第二百零二条　以暴力、威胁方法拒不缴纳税款的，处三年以下有期徒刑或者拘役，并处拒缴税款一倍以上五倍以下罚金；情节严重的，处三年以上七年以下有期徒刑，并处拒缴税款一倍以上五倍以下罚金。

第二百零三条　纳税人欠缴应纳税款，采取转移或者隐匿财产的手段，致使税务机关无法追缴欠缴的税款，数额在一万元以上不满十万元的，处三年以下有期徒刑或者拘役，并处或者单处欠缴税款一倍以上五倍以下罚金；数额在十万元以上的，处三年以上七年以下有期徒刑，并处欠缴税款一倍以上五倍以下罚金。

第二百零四条 以假报出口或者其他欺骗手段，骗取国家出口退税款，数额较大的，处五年以下有期徒刑或者拘役，并处骗取税款一倍以上五倍以下罚金；数额巨大或者有其他严重情节的，处五年以上十年以下有期徒刑，并处骗取税款一倍以上五倍以下罚金；数额特别巨大或者有其他特别严重情节的，处十年以上有期徒刑或者无期徒刑，并处骗取税款一倍以上五倍以下罚金或者没收财产。

纳税人缴纳税款后，采取前款规定的欺骗方法，骗取所缴纳的税款的，依照本法第二百零一条的规定定罪处罚；骗取税款超过所缴纳的税款部分，依照前款的规定处罚。

第二百零五条 虚开增值税专用发票或者虚开用于骗取出口退税、抵扣税款的其他发票的，处三年以下有期徒刑或者拘役，并处二万元以上二十万元以下罚金；虚开的税款数额较大或者有其他严重情节的，处三年以上十年以下有期徒刑，并处五万元以上五十万元以下罚金；虚开的税款数额巨大或者有其他特别严重情节的，处十年以上有期徒刑或者无期徒刑，并处五万元以上五十万元以下罚金或者没收财产。

单位犯本条规定之罪的，对单位判处罚金，并对其直接负责的主管人员和其他直接责任人员，处三年以下有期徒刑或者拘役；虚开的税款数额较大或者有其他严重情节的，处三年以上十年以下有期徒刑；虚开的税款数额巨大或者有其他特别严重情节的，处十年以上有期徒刑或者无期徒刑。

虚开增值税专用发票或者虚开用于骗取出口退税、抵扣税款的其他发票，是指有为他人虚开、为自己虚开、让他人为自己虚开、介绍他人虚开行为之一的。

第二百零五条之一 虚开本法第二百零五条规定以外的其他发票，情节严重的，处二年以下有期徒刑、拘役或者管制，并处罚金；情节特别严重的，处二年以上七年以下有期徒刑，并处罚金。

单位犯前款罪的，对单位判处罚金，并对其直接负责的主管人员和其他直接责任人员，依照前款的规定处罚。{刑法修正案（八）增加此条}

第二百零六条 伪造或者出售伪造的增值税专用发票的，处三年以下有期徒刑、拘役或者管制，并处二万元以上二十万元以下罚金；数量较大或者有其他严重情节的，处三年以上十年以下有期徒刑，并处五万元以上五十万元以下罚金；数量巨大或者有其他特别严重情节的，处十年以上有期徒刑或者无期徒刑，并处五万元以上五十万元以下罚金或者没收财产。

单位犯本条规定之罪的，对单位判处罚金，并对其直接负责的主管人员和其他直接责任人员，处三年以下有期徒刑、拘役或者管制；数量较大或者有其他严重情节的，处三年以上十年以下有期徒刑；数量巨大或者有其他特别严重情节的，处十年以上有期徒刑或者无期徒刑。

第二百零七条 非法出售增值税专用发票的，处三年以下有期徒刑、拘役或者管制，并处二万元以上二十万元以下罚金；数量较大的，处三年以上十年以下有期徒刑，并处五万元以上五十万元以下罚金；数量巨大的，处十年以上有期徒刑或者无期徒刑，并处五万元以上五十万元以下罚金或者没收财产。

第二百零八条　非法购买增值税专用发票或者购买伪造的增值税专用发票的，处五年以下有期徒刑或者拘役，并处或者单处二万元以上二十万元以下罚金。

非法购买增值税专用发票或者购买伪造的增值税专用发票又虚开或者出售的，分别依照本法第二百零五条、第二百零六条、第二百零七条的规定定罪处罚。

第二百零九条　伪造、擅自制造或者出售伪造、擅自制造的可以用于骗取出口退税、抵扣税款的其他发票的，处三年以下有期徒刑、拘役或者管制，并处二万元以上二十万元以下罚金；数量巨大的，处三年以上七年以下有期徒刑，并处五万元以上五十万元以下罚金；数量特别巨大的，处七年以上有期徒刑，并处五万元以上五十万元以下罚金或者没收财产。

伪造、擅自制造或者出售伪造、擅自制造的前款规定以外的其他发票的，处二年以下有期徒刑、拘役或者管制，并处或者单处一万元以上五万元以下罚金；情节严重的，处二年以上七年以下有期徒刑，并处五万元以上五十万元以下罚金。

非法出售可以用于骗取出口退税、抵扣税款的其他发票的，依照第一款的规定处罚。

非法出售第三款规定以外的其他发票的，依照第二款的规定处罚。

第二百一十条　盗窃增值税专用发票或者可以用于骗取出口退税、抵扣税款的其他发票的，依照本法第二百六十四条的规定定罪处罚。

使用欺骗手段骗取增值税专用发票或者可以用于骗取出口退税、抵扣税款的其他发票的，依照本法第二百六十六条的规定定罪处罚。

第二百一十条之一　明知是伪造的发票而持有，数量较大的，处二年以下有期徒刑、拘役或者管制，并处罚金；数量巨大的，处二年以上七年以下有期徒刑，并处罚金。

单位犯前款罪的，对单位判处罚金，并对其直接负责的主管人员和其他直接责任人员，依照前款的规定处罚。｛刑法修正案（八）增加此条｝

第二百一十一条　单位犯本节第二百零一条、第二百零三条、第二百零四条、第二百零七条、第二百零八条、第二百零九条规定之罪的，对单位判处罚金，并对其直接负责的主管人员和其他直接责任人员，依照各该条的规定处罚。

第二百一十二条　犯本节第二百零一条至第二百零五条规定之罪，被判处罚金、没收财产的，在执行前，应当先由税务机关追缴税款和所骗取的出口退税款。

第七节　侵犯知识产权罪

第二百一十三条　未经注册商标所有人许可，在同一种商品上使用与其注册商标相同的商标，情节严重的，处三年以下有期徒刑或者拘役，并处或者单处罚金；情节特别严重的，处三年以上七年以下有期徒刑，并处罚金。

第二百一十四条　销售明知是假冒注册商标的商品，销售金额数额较大的，处三年以下有期徒刑或者拘役，并处或者单处罚金；销售金额数额巨大的，处三年以上七年以下有期徒刑，并处罚金。

第二百一十五条　伪造、擅自制造他人注册商标标识或者销售伪造、擅自制造的注册商标标识，情节严重的，处三年以下有期徒刑、拘役或者管制，并处或者单处罚金；情节特别严重的，处三年以上七年以下有期徒刑，并处罚金。

第二百一十六条　假冒他人专利，情节严重的，处三年以下有期徒刑或者拘役，并处或者单处罚金。

第二百一十七条 以营利为目的，有下列侵犯著作权情形之一，违法所得数额较大或者有其他严重情节的，处三年以下有期徒刑或者拘役，并处或者单处罚金；违法所得数额巨大或者有其他特别严重情节的，处三年以上七年以下有期徒刑，并处罚金：

（一）未经著作权人许可，复制发行其文字作品、音乐、电影、电视、录像作品、计算机软件及其他作品的；

（二）出版他人享有专有出版权的图书的；

（三）未经录音录像制作者许可，复制发行其制作的录音录像的；

（四）制作、出售假冒他人署名的美术作品的。

第二百一十八条 以营利为目的，销售明知是本法第二百一十七条规定的侵权复制品，违法所得数额巨大的，处三年以下有期徒刑或者拘役，并处或者单处罚金。

第二百一十九条 有下列侵犯商业秘密行为之一，给商业秘密的权利人造成重大损失的，处三年以下有期徒刑或者拘役，并处或者单处罚金；造成特别严重后果的，处三年以上七年以下有期徒刑，并处罚金：

（一）以盗窃、利诱、胁迫或者其他不正当手段获取权利人的商业秘密的；

（二）披露、使用或者允许他人使用以前项手段获取的权利人的商业秘密的；

（三）违反约定或者违反权利人有关保守商业秘密的要求，披露、使用或者允许他人使用其所掌握的商业秘密的。

明知或者应知前款所列行为，获取、使用或者披露他人的商业秘密的，以侵犯商业秘密论。

本条所称商业秘密，是指不为公众所知悉，能为权利人带来经济利益，具有实用性并经权利人采取保密措施的技术信息和经营信息。

本条所称权利人，是指商业秘密的所有人和经商业秘密所有人许可的商业秘密使用人。

第二百二十条 单位犯本节第二百一十三条至第二百一十九条规定之罪的，对单位判处罚金，并对其直接负责的主管人员和其他直接责任人员，依照本节各该条的规定处罚。

第八节　扰乱市场秩序罪

第二百二十一条 捏造并散布虚伪事实，损害他人的商业信誉、商品声誉，给他人造成重大损失或者有其他严重情节的，处二年以下有期徒刑或者拘役，并处或者单处罚金。

第二百二十二条 广告主、广告经营者、广告发布者违反国家规定，利用广告对商品或者服务作虚假宣传，情节严重的，处二年以下有期徒刑或者拘役，并处或者单处罚金。

第二百二十三条 投标人相互串通投标报价，损害招标人或者其他投标人利益，情节严重的，处三年以下有期徒刑或者拘役，并处或者单处罚金。

投标人与招标人串通投标，损害国家、集体、公民的合法利益的，依照前款的规定处罚。

第二百二十四条 有下列情形之一，以非法占有为目的，在签订、履行合同过程中，骗取对方当事人财物，数额较大的，处三年以下有期徒刑或者拘役，并处或者单处罚金；数额巨大或者有其他严重情节的，处三年以上十年以下有期徒刑，并处罚金；数额特别巨大或者有其他特别严重情节的，处十年以上有期徒刑或者无期徒刑，并处罚金或者没收财产：

（一）以虚构的单位或者冒用他人名义签订合同的；

（二）以伪造、变造、作废的票据或者其他虚假的产权证明作担保的；

（三）没有实际履行能力，以先履行小额合同或者部分履行合同的方法，诱骗对方当事人继续签订和履行合同的；

（四）收受对方当事人给付的货物、货款、预付款或者担保财产后逃匿的；

（五）以其他方法骗取对方当事人财物的。

第二百二十四条之一　组织、领导以推销商品、提供服务等经营活动为名，要求参加者以缴纳费用或者购买商品、服务等方式获得加入资格，并按照一定顺序组成层级，直接或者间接以发展人员的数量作为计酬或者返利依据，引诱、胁迫参加者继续发展他人参加，骗取财物，扰乱经济社会秩序的传销活动的，处五年以下有期徒刑或者拘役，并处罚金；情节严重的，处五年以上有期徒刑，并处罚金。{刑法修正案（七）增加此条}

第二百二十五条　违反国家规定，有下列非法经营行为之一，扰乱市场秩序，情节严重的，处五年以下有期徒刑或者拘役，并处或者单处违法所得一倍以上五倍以下罚金；情节特别严重的，处五年以上有期徒刑，并处违法所得一倍以上五倍以下罚金或者没收财产：

（一）未经许可经营法律、行政法规规定的专营、专卖物品或者其他限制买卖的物品的；

（二）买卖进出口许可证、进出口原产地证明以及其他法律、行政法规规定的经营许可证或者批准文件的；

（三）未经国家有关主管部门批准非法经营证券、期货、保险业务的，或者非法从事资金支付结算业务的；{根据刑法修正案（七）修改此项}

{原条文：未经国家有关主管部门批准，非法经营证券、期货或者保险业务的；}

（四）其他严重扰乱市场秩序的非法经营行为。{原为（三）项}

第二百二十六条　以暴力、威胁手段，实施下列行为之一，情节严重的，处三年以下有期徒刑或者拘役，并处或者单处罚金；情节特别严重的，处三年以上七年以下有期徒刑，并处罚金：

（一）强买强卖商品的；

（二）强迫他人提供或者接受服务的；

（三）强迫他人参与或者退出投标、拍卖的；

（四）强迫他人转让或者收购公司、企业的股份、债券或者其他资产的；

（五）强迫他人参与或者退出特定的经营活动的。{根据刑法修正案（八）修改}

{原条文：以暴力、威胁手段强买强卖商品、强迫他人提供服务或者强迫他人接受服务，情节严重的，处三年以下有期徒刑或者拘役，并处或者单处罚金。}

第二百二十七条　伪造或者倒卖伪造的车票、船票、邮票或者其他有价票证，数额较大的，处二年以下有期徒刑、拘役或者管制，并处或者单处票证价额一倍以上五倍以下罚金；数额巨大的，处二年以上七年以下有期徒刑，并处票证价额一倍以上五倍以下罚金。

倒卖车票、船票，情节严重的，处三年以下有期徒刑、拘役或者管制，并处或者单处票证价额一倍以上五倍以下罚金。

第二百二十八条 以牟利为目的，违反土地管理法规，非法转让、倒卖土地使用权，情节严重的，处三年以下有期徒刑或者拘役，并处或者单处非法转让、倒卖土地使用权价额百分之五以上百分之二十以下罚金；情节特别严重的，处三年以上七年以下有期徒刑，并处非法转让、倒卖土地使用权价额百分之五以上百分之二十以下罚金。

{全国人民代表大会常务委员会关于《中华人民共和国刑法》第二百二十八条、第三百四十二条、第四百一十条的解释}

第二百二十九条 承担资产评估、验资、验证、会计、审计、法律服务等职责的中介组织的人员故意提供虚假证明文件，情节严重的，处五年以下有期徒刑或者拘役，并处罚金。

前款规定的人员，索取他人财物或者非法收受他人财物，犯前款罪的，处五年以上十年以下有期徒刑，并处罚金。

第一款规定的人员，严重不负责任，出具的证明文件有重大失实，造成严重后果的，处三年以下有期徒刑或者拘役，并处或者单处罚金。

第二百三十条 违反进出口商品检验法的规定，逃避商品检验，将必须经商检机构检验的进口商品未报经检验而擅自销售、使用，或者将必须经商检机构检验的出口商品未报经检验合格而擅自出口，情节严重的，处三年以下有期徒刑或者拘役，并处或者单处罚金。

第二百三十一条 单位犯本节第二百二十一条至第二百三十条规定之罪的，对单位判处罚金，并对其直接负责的主管人员和其他直接责任人员，依照本节各该条的规定处罚。

第四章　侵犯公民人身权利、民主权利罪

第二百三十二条 故意杀人的，处死刑、无期徒刑或者十年以上有期徒刑；情节较轻的，处三年以上十年以下有期徒刑。

第二百三十三条 过失致人死亡的，处三年以上七年以下有期徒刑；情节较轻的，处三年以下有期徒刑。本法另有规定的，依照规定。

第二百三十四条 故意伤害他人身体的，处三年以下有期徒刑、拘役或者管制。

犯前款罪，致人重伤的，处三年以上十年以下有期徒刑；致人死亡或者以特别残忍手段致人重伤造成严重残疾的，处十年以上有期徒刑、无期徒刑或者死刑。本法另有规定的，依照规定。

第二百三十四条之一 组织他人出卖人体器官的，处五年以下有期徒刑，并处罚金；情节严重的，处五年以上有期徒刑，并处罚金或者没收财产。

未经本人同意摘取其器官，或者摘取不满十八周岁的人的器官，或者强迫、欺骗他人捐献器官的，依照本法第二百三十四条、第二百三十二条的规定定罪处罚。

违背本人生前意愿摘取其尸体器官，或者本人生前未表示同意，违反国家规定，违背其近亲属意愿摘取其尸体器官的，依照本法第三百零二条的规定定罪处罚。{刑法修正案（八）增加此条}

第二百三十五条 过失伤害他人致人重伤的，处三年以下有期徒刑或者拘役。本法另有规定的，依照规定。

第二百三十六条　以暴力、胁迫或者其他手段强奸妇女的，处三年以上十年以下有期徒刑。

奸淫不满十四周岁的幼女的，以强奸论，从重处罚。

强奸妇女、奸淫幼女，有下列情形之一的，处十年以上有期徒刑、无期徒刑或者死刑：

（一）强奸妇女、奸淫幼女情节恶劣的；

（二）强奸妇女、奸淫幼女多人的；

（三）在公共场所当众强奸妇女的；

（四）二人以上轮奸的；

（五）致使被害人重伤、死亡或者造成其他严重后果的。

第二百三十七条　以暴力、胁迫或者其他方法强制猥亵妇女或者侮辱妇女的，处五年以下有期徒刑或者拘役。

聚众或者在公共场所当众犯前款罪的，处五年以上有期徒刑。

猥亵儿童的，依照前两款的规定从重处罚。

第二百三十八条　非法拘禁他人或者以其他方法非法剥夺他人人身自由的，处三年以下有期徒刑、拘役、管制或者剥夺政治权利。具有殴打、侮辱情节的，从重处罚。

犯前款罪，致人重伤的，处三年以上十年以下有期徒刑；致人死亡的，处十年以上有期徒刑。使用暴力致人伤残、死亡的，依照本法第二百三十四条、第二百三十二条的规定定罪处罚。

为索取债务非法扣押、拘禁他人的，依照前两款的规定处罚。

国家机关工作人员利用职权犯前三款罪的，依照前三款的规定从重处罚。

第二百三十九条　以勒索财物为目的绑架他人的，或者绑架他人作为人质的，处十年以上有期徒刑或者无期徒刑，并处罚金或者没收财产；情节较轻的，处五年以上十年以下有期徒刑，并处罚金。

犯前款罪，致使被绑架人死亡或者杀害被绑架人的，处死刑，并处没收财产。

以勒索财物为目的偷盗婴幼儿的，依照前两款的规定处罚。｛根据刑法修正案（七）修改此条｝

｛原条文：以勒索财物为目的绑架他人的，或者绑架他人作为人质的，处十年以上有期徒刑或者无期徒刑，并处罚金或者没收财产；致使被绑架人死亡或者杀害被绑架人的，处死刑，并处没收财产。

以勒索财物为目的偷盗婴幼儿的，依照前款的规定处罚。｝

第二百四十条　拐卖妇女、儿童的，处五年以上十年以下有期徒刑，并处罚金；有下列情形之一的，处十年以上有期徒刑或者无期徒刑，并处罚金或者没收财产；情节特别严重的，处死刑，并处没收财产：

（一）拐卖妇女、儿童集团的首要分子；

（二）拐卖妇女、儿童三人以上的；

（三）奸淫被拐卖的妇女的；

（四）诱骗、强迫被拐卖的妇女卖淫或者将被拐卖的妇女卖给他人迫使其卖淫的；

（五）以出卖为目的，使用暴力、胁迫或者麻醉方法绑架妇女、儿童的；

（六）以出卖为目的，偷盗婴幼儿的；

（七）造成被拐卖的妇女、儿童或者其亲属重伤、死亡或者其他严重后果的；

（八）将妇女、儿童卖往境外的。

拐卖妇女、儿童是指以出卖为目的，有拐骗、绑架、收买、贩卖、接送、中转妇女、儿童的行为之一的。

第二百四十一条 收买被拐卖的妇女、儿童的，处三年以下有期徒刑、拘役或者管制。

收买被拐卖的妇女，强行与其发生性关系的，依照本法第二百三十六条的规定定罪处罚。

收买被拐卖的妇女、儿童，非法剥夺、限制其人身自由或者有伤害、侮辱等犯罪行为的，依照本法的有关规定定罪处罚。

收买被拐卖的妇女、儿童，并有第二款、第三款规定的犯罪行为的，依照数罪并罚的规定处罚。

收买被拐卖的妇女、儿童又出卖的，依照本法第二百四十条的规定定罪处罚。

收买被拐卖的妇女、儿童，按照被买妇女的意愿，不阻碍其返回原居住地的，对被买儿童没有虐待行为，不阻碍对其进行解救的，可以不追究刑事责任。

第二百四十二条 以暴力、威胁方法阻碍国家机关工作人员解救被收买的妇女、儿童的，依照本法第二百七十七条的规定定罪处罚。

聚众阻碍国家机关工作人员解救被收买的妇女、儿童的首要分子，处五年以下有期徒刑或者拘役；其他参与者使用暴力、威胁方法的，依照前款的规定处罚。

第二百四十三条 捏造事实诬告陷害他人，意图使他人受刑事追究，情节严重的，处三年以下有期徒刑、拘役或者管制；造成严重后果的，处三年以上十年以下有期徒刑。

国家机关工作人员犯前款罪的，从重处罚。

不是有意诬陷，而是错告，或者检举失实的，不适用前两款的规定。

第二百四十四条 以暴力、威胁或者限制人身自由的方法强迫他人劳动的，处三年以下有期徒刑或者拘役，并处罚金；情节严重的，处三年以上十年以下有期徒刑，并处罚金。

明知他人实施前款行为，为其招募、运送人员或者有其他协助强迫他人劳动行为的，依照前款的规定处罚。

单位犯前两款罪的，对单位判处罚金，并对其直接负责的主管人员和其他直接责任人员，依照第一款的规定处罚。｛根据刑法修正案（八）修改｝

｛原条文：用人单位违反劳动管理法规，以限制人身自由方法强迫职工劳动，情节严重的，对直接责任人员，处三年以下有期徒刑或者拘役，并处或者单处罚金。｝

第二百四十四条之一 违反劳动管理法规，雇用未满十六周岁的未成年人从事超强度体力劳动的，或者从事高空、井下作业的，或者在爆炸性、易燃性、放射性、毒害性等危险环境下从事劳动，情节严重的，对直接责任人员，处三年以下有期徒刑或者拘役，并处罚金；情节特别严重的，处三年以上七年以下有期徒刑，并处罚金。

有前款行为，造成事故，又构成其他犯罪的，依照数罪并罚的规定处罚。｛刑法修正案（四）增加此条｝

第二百四十五条　非法搜查他人身体、住宅，或者非法侵入他人住宅的，处三年以下有期徒刑或者拘役。

司法工作人员滥用职权，犯前款罪的，从重处罚。

第二百四十六条　以暴力或者其他方法公然侮辱他人或者捏造事实诽谤他人，情节严重的，处三年以下有期徒刑、拘役、管制或者剥夺政治权利。

前款罪，告诉的才处理，但是严重危害社会秩序和国家利益的除外。

第二百四十七条　司法工作人员对犯罪嫌疑人、被告人实行刑讯逼供或者使用暴力逼取证人证言的，处三年以下有期徒刑或者拘役。致人伤残、死亡的，依照本法第二百三十四条、第二百三十二条的规定定罪从重处罚。

第二百四十八条　监狱、拘留所、看守所等监管机构的监管人员对被监管人进行殴打或者体罚虐待，情节严重的，处三年以下有期徒刑或者拘役；情节特别严重的，处三年以上十年以下有期徒刑。致人伤残、死亡的，依照本法第二百三十四条、第二百三十二条的规定定罪从重处罚。

监管人员指使被监管人殴打或者体罚虐待其他被监管人的，依照前款的规定处罚。

第二百四十九条　煽动民族仇恨、民族歧视，情节严重的，处三年以下有期徒刑、拘役、管制或者剥夺政治权利；情节特别严重的，处三年以上十年以下有期徒刑。

第二百五十条　在出版物中刊载歧视、侮辱少数民族的内容，情节恶劣，造成严重后果的，对直接责任人员，处三年以下有期徒刑、拘役或者管制。

第二百五十一条　国家机关工作人员非法剥夺公民的宗教信仰自由和侵犯少数民族风俗习惯，情节严重的，处二年以下有期徒刑或者拘役。

第二百五十二条　隐匿、毁弃或者非法开拆他人信件，侵犯公民通信自由权利，情节严重的，处一年以下有期徒刑或者拘役。

第二百五十三条　邮政工作人员私自开拆或者隐匿、毁弃邮件、电报的，处二年以下有期徒刑或者拘役。

犯前款罪而窃取财物的，依照本法第二百六十四条的规定定罪从重处罚。

第二百五十三条之一　国家机关或者金融、电信、交通、教育、医疗等单位的工作人员，违反国家规定，将本单位在履行职责或者提供服务过程中获得的公民个人信息，出售或者非法提供给他人，情节严重的，处三年以下有期徒刑或者拘役，并处或者单处罚金。

窃取或者以其他方法非法获取上述信息，情节严重的，依照前款的规定处罚。

单位犯前两款罪的，对单位判处罚金，并对其直接负责的主管人员和其他直接责任人员，依照各该款的规定处罚。｛刑法修正案（七）增加此条｝

第二百五十四条　国家机关工作人员滥用职权、假公济私，对控告人、申诉人、批评人、举报人实行报复陷害的，处二年以下有期徒刑或者拘役；情节严重的，处二年以上七年以下有期徒刑。

第二百五十五条　公司、企业、事业单位、机关、团体的领导人，对依法履行职责、抵制违反会计法、统计法行为的会计、统计人员实行打击报复，情节恶劣的，处三年以下有期徒刑或者拘役。

第二百五十六条　在选举各级人民代表大会代表和国家机关领导人员时，以暴力、威胁、欺骗、贿赂、伪造选举文件、虚报选举票数等手段破坏选举或者妨害选民和代表自由行使选举权和被选举权，情节严重的，处三年以下有期徒刑、拘役或者剥夺政治权利。

第二百五十七条 以暴力干涉他人婚姻自由的，处二年以下有期徒刑或者拘役。

犯前款罪，致使被害人死亡的，处二年以上七年以下有期徒刑。

第一款罪，告诉的才处理。

第二百五十八条 有配偶而重婚的，或者明知他人有配偶而与之结婚的，处二年以下有期徒刑或者拘役。

第二百五十九条 明知是现役军人的配偶而与之同居或者结婚的，处三年以下有期徒刑或者拘役。

利用职权、从属关系，以胁迫手段奸淫现役军人的妻子的，依照本法第二百三十六条的规定定罪处罚。

第二百六十条 虐待家庭成员，情节恶劣的，处二年以下有期徒刑、拘役或者管制。

犯前款罪，致使被害人重伤、死亡的，处二年以上七年以下有期徒刑。

第一款罪，告诉的才处理。

第二百六十一条 对于年老、年幼、患病或者其他没有独立生活能力的人，负有扶养义务而拒绝扶养，情节恶劣的，处五年以下有期徒刑、拘役或者管制。

第二百六十二条 拐骗不满十四周岁的未成年人，脱离家庭或者监护人的，处五年以下有期徒刑或者拘役。

第二百六十二条之一 以暴力、胁迫手段组织残疾人或者不满十四周岁的未成年人乞讨的，处三年以下有期徒刑或者拘役，并处罚金；情节严重的，处三年以上七年以下有期徒刑，并处罚金。{刑法修正案（六）增加此条}

第二百六十二条之二 组织未成年人进行盗窃、诈骗、抢夺、敲诈勒索等违反治安管理活动的，处三年以下有期徒刑或者拘役，并处罚金；情节严重的，处三年以上七年以下有期徒刑，并处罚金。{刑法修正案（七）增加此条}

第五章 侵犯财产罪

第二百六十三条 以暴力、胁迫或者其他方法抢劫公私财物的，处三年以上十年以下有期徒刑，并处罚金；有下列情形之一的，处十年以上有期徒刑、无期徒刑或者死刑，并处罚金或者没收财产：

（一）入户抢劫的；

（二）在公共交通工具上抢劫的；

（三）抢劫银行或者其他金融机构的；

（四）多次抢劫或者抢劫数额巨大的；

（五）抢劫致人重伤、死亡的；

（六）冒充军警人员抢劫的；

（七）持枪抢劫的；

（八）抢劫军用物资或者抢险、救灾、救济物资的。

第二百六十四条 盗窃公私财物，数额较大的，或者多次盗窃、入户盗窃、携带凶器盗窃、扒窃的，处三年以下有期徒刑、拘役或者管制，并处或者单处罚金；数额巨大或者有其他严重情节的，处三年以上十年以下有期徒刑，并处罚金；数额特别巨大或者有其他

特别严重情节的，处十年以上有期徒刑或者无期徒刑，并处罚金或者没收财产。｛根据刑法修正案（八）修改｝

｛原条文：盗窃公私财物，数额较大或者多次盗窃的，处三年以下有期徒刑、拘役或者管制，并处或者单处罚金；数额巨大或者有其他严重情节的，处三年以上十年以下有期徒刑，并处罚金；数额特别巨大或者有其他特别严重情节的，处十年以上有期徒刑或者无期徒刑，并处罚金或者没收财产；有下列情形之一的，处无期徒刑或者死刑，并处没收财产：

（一）盗窃金融机构，数额特别巨大的；

（二）盗窃珍贵文物，情节严重的。｝

第二百六十五条　以牟利为目的，盗接他人通信线路、复制他人电信码号或者明知是盗接、复制的电信设备、设施而使用的，依照本法第二百六十四条的规定定罪处罚。

第二百六十六条　诈骗公私财物，数额较大的，处三年以下有期徒刑、拘役或者管制，并处或者单处罚金；数额巨大或者有其他严重情节的，处三年以上十年以下有期徒刑，并处罚金；数额特别巨大或者有其他特别严重情节的，处十年以上有期徒刑或者无期徒刑，并处罚金或者没收财产。本法另有规定的，依照规定。

第二百六十七条　抢夺公私财物，数额较大的，处三年以下有期徒刑、拘役或者管制，并处或者单处罚金；数额巨大或者有其他严重情节的，处三年以上十年以下有期徒刑，并处罚金；数额特别巨大或者有其他特别严重情节的，处十年以上有期徒刑或者无期徒刑，并处罚金或者没收财产。

携带凶器抢夺的，依照本法第二百六十三条的规定定罪处罚。

第二百六十八条　聚众哄抢公私财物，数额较大或者有其他严重情节的，对首要分子和积极参加的，处三年以下有期徒刑、拘役或者管制，并处罚金；数额巨大或者有其他特别严重情节的，处三年以上十年以下有期徒刑，并处罚金。

第二百六十九条　犯盗窃、诈骗、抢夺罪，为窝藏赃物、抗拒抓捕或者毁灭罪证而当场使用暴力或者以暴力相威胁的，依照本法第二百六十三条的规定定罪处罚。

第二百七十条　将代为保管的他人财物非法占为己有，数额较大，拒不退还的，处二年以下有期徒刑、拘役或者罚金；数额巨大或者有其他严重情节的，处二年以上五年以下有期徒刑，并处罚金。

将他人的遗忘物或者埋藏物非法占为己有，数额较大，拒不交出的，依照前款的规定处罚。

本条罪，告诉的才处理。

第二百七十一条　公司、企业或者其他单位的人员，利用职务上的便利，将本单位财物非法占为己有，数额较大的，处五年以下有期徒刑或者拘役；数额巨大的，处五年以上有期徒刑，可以并处没收财产。

国有公司、企业或者其他国有单位中从事公务的人员和国有公司、企业或者其他国有单位委派到非国有公司、企业以及其他单位从事公务的人员有前款行为的，依照本法第三百八十二条、第三百八十三条的规定定罪处罚。

第二百七十二条　公司、企业或者其他单位的工作人员，利用职务上的便利，挪用本单位资金归个人使用或者借贷给他人，数额较大、超过三个月未还的，或者虽未超过三个月，但数额较大、进行营利活动的，或者进行非法活动的，处三年以下有期徒刑或者拘役；挪用本单位资金数额巨大的，或者数额较大不退还的，处三年以上十年以下有期徒刑。

国有公司、企业或者其他国有单位中从事公务的人员和国有公司、企业或者其他国有单位委派到非国有公司、企业以及其他单位从事公务的人员有前款行为的，依照本法第三百八十四条的规定定罪处罚。

第二百七十三条 挪用用于救灾、抢险、防汛、优抚、扶贫、移民、救济款物，情节严重，致使国家和人民群众利益遭受重大损害的，对直接责任人员，处三年以下有期徒刑或者拘役；情节特别严重的，处三年以上七年以下有期徒刑。

第二百七十四条 敲诈勒索公私财物，数额较大或者多次敲诈勒索的，处三年以下有期徒刑、拘役或者管制，并处或者单处罚金；数额巨大或者有其他严重情节的，处三年以上十年以下有期徒刑，并处罚金；数额特别巨大或者有其他特别严重情节的，处十年以上有期徒刑，并处罚金。{根据刑法修正案（八）修改}

{原条文：敲诈勒索公私财物，数额较大的，处三年以下有期徒刑、拘役或者管制；数额巨大或者有其他严重情节的，处三年以上十年以下有期徒刑。}

第二百七十五条 故意毁坏公私财物，数额较大或者有其他严重情节的，处三年以下有期徒刑、拘役或者罚金；数额巨大或者有其他特别严重情节的，处三年以上七年以下有期徒刑。

第二百七十六条 由于泄愤报复或者其他个人目的，毁坏机器设备、残害耕畜或者以其他方法破坏生产经营的，处三年以下有期徒刑、拘役或者管制；情节严重的，处三年以上七年以下有期徒刑。

第二百七十六条之一 以转移财产、逃匿等方法逃避支付劳动者的劳动报酬或者有能力支付而不支付劳动者的劳动报酬，数额较大，经政府有关部门责令支付仍不支付的，处三年以下有期徒刑或者拘役，并处或者单处罚金；造成严重后果的，处三年以上七年以下有期徒刑，并处罚金。

单位犯前款罪的，对单位判处罚金，并对其直接负责的主管人员和其他直接责任人员，依照前款的规定处罚。

有前两款行为，尚未造成严重后果，在提起公诉前支付劳动者的劳动报酬，并依法承担相应赔偿责任的，可以减轻或者免除处罚。{刑法修正案（八）增加此条}

第六章　妨害社会管理秩序罪

第一节　扰乱公共秩序罪

第二百七十七条 以暴力、威胁方法阻碍国家机关工作人员依法执行职务的，处三年以下有期徒刑、拘役、管制或者罚金。

以暴力、威胁方法阻碍全国人民代表大会和地方各级人民代表大会代表依法执行代表职务的，依照前款的规定处罚。

在自然灾害和突发事件中，以暴力、威胁方法阻碍红十字会工作人员依法履行职责的，依照第一款的规定处罚。

故意阻碍国家安全机关、公安机关依法执行国家安全工作任务，未使用暴力、威胁方法，造成严重后果的，依照第一款的规定处罚。

第二百七十八条　煽动群众暴力抗拒国家法律、行政法规实施的，处三年以下有期徒刑、拘役、管制或者剥夺政治权利；造成严重后果的，处三年以上七年以下有期徒刑。

第二百七十九条　冒充国家机关工作人员招摇撞骗的，处三年以下有期徒刑、拘役、管制或者剥夺政治权利；情节严重的，处三年以上十年以下有期徒刑。

冒充人民警察招摇撞骗的，依照前款的规定从重处罚。

第二百八十条　伪造、变造、买卖或者盗窃、抢夺、毁灭国家机关的公文、证件、印章的，处三年以下有期徒刑、拘役、管制或者剥夺政治权利；情节严重的，处三年以上十年以下有期徒刑。

伪造公司、企业、事业单位、人民团体的印章的，处三年以下有期徒刑、拘役、管制或者剥夺政治权利。

伪造、变造居民身份证的，处三年以下有期徒刑、拘役、管制或者剥夺政治权利；情节严重的，处三年以上七年以下有期徒刑。

第二百八十一条　非法生产、买卖人民警察制式服装、车辆号牌等专用标志、警械，情节严重的，处三年以下有期徒刑、拘役或者管制，并处或者单处罚金。

单位犯前款罪的，对单位判处罚金，并对其直接负责的主管人员和其他直接责任人员，依照前款的规定处罚。

第二百八十二条　以窃取、刺探、收买方法，非法获取国家秘密的，处三年以下有期徒刑、拘役、管制或者剥夺政治权利；情节严重的，处三年以上七年以下有期徒刑。

非法持有属于国家绝密、机密的文件、资料或者其他物品，拒不说明来源与用途的，处三年以下有期徒刑、拘役或者管制。

第二百八十三条　非法生产、销售窃听、窃照等专用间谍器材的，处三年以下有期徒刑、拘役或者管制。

第二百八十四条　非法使用窃听、窃照专用器材，造成严重后果的，处二年以下有期徒刑、拘役或者管制。

第二百八十五条　违反国家规定，侵入国家事务、国防建设、尖端科学技术领域的计算机信息系统的，处三年以下有期徒刑或者拘役。

违反国家规定，侵入前款规定以外的计算机信息系统或者采用其他技术手段，获取该计算机信息系统中存储、处理或者传输的数据，或者对该计算机信息系统实施非法控制，情节严重的，处三年以下有期徒刑或者拘役，并处或者单处罚金；情节特别严重的，处三年以上七年以下有期徒刑，并处罚金。{刑法修正案（七）增加此款}

提供专门用于侵入、非法控制计算机信息系统的程序、工具，或者明知他人实施侵入、非法控制计算机信息系统的违法犯罪行为而为其提供程序、工具，情节严重的，依照前款的规定处罚。{刑法修正案（七）增加此款}

第二百八十六条　违反国家规定，对计算机信息系统功能进行删除、修改、增加、干扰，造成计算机信息系统不能正常运行，后果严重的，处五年以下有期徒刑或者拘役；后果特别严重的，处五年以上有期徒刑。

违反国家规定，对计算机信息系统中存储、处理或者传输的数据和应用程序进行删除、修改、增加的操作，后果严重的，依照前款的规定处罚。

故意制作、传播计算机病毒等破坏性程序，影响计算机系统正常运行，后果严重的，依照第一款的规定处罚。

第二百八十七条 利用计算机实施金融诈骗、盗窃、贪污、挪用公款、窃取国家秘密或者其他犯罪的，依照本法有关规定定罪处罚。

第二百八十八条 违反国家规定，擅自设置、使用无线电台（站），或者擅自占用频率，经责令停止使用后拒不停止使用，干扰无线电通讯正常进行，造成严重后果的，处三年以下有期徒刑、拘役或者管制，并处或者单处罚金。

单位犯前款罪的，对单位判处罚金，并对其直接负责的主管人员和其他直接责任人员，依照前款的规定处罚。

第二百八十九条 聚众“打砸抢”，致人伤残、死亡的，依照本法第二百三十四条、第二百三十二条的规定定罪处罚。毁坏或者抢走公私财物的，除判令退赔外，对首要分子，依照本法第二百六十三条的规定定罪处罚。

第二百九十条 聚众扰乱社会秩序，情节严重，致使工作、生产、营业和教学、科研无法进行，造成严重损失的，对首要分子，处三年以上七年以下有期徒刑；对其他积极参加的，处三年以下有期徒刑、拘役、管制或者剥夺政治权利。

聚众冲击国家机关，致使国家机关工作无法进行，造成严重损失的，对首要分子，处五年以上十年以下有期徒刑；对其他积极参加的，处五年以下有期徒刑、拘役、管制或者剥夺政治权利。

第二百九十一条 聚众扰乱车站、码头、民用航空站、商场、公园、影剧院、展览会、运动场或者其他公共场所秩序，聚众堵塞交通或者破坏交通秩序，抗拒、阻碍国家治安管理工作人员依法执行职务，情节严重的，对首要分子，处五年以下有期徒刑、拘役或者管制。

第二百九十一条之一 投放虚假的爆炸性、毒害性、放射性、传染病病原体等物质，或者编造爆炸威胁、生化威胁、放射威胁等恐怖信息，或者明知是编造的恐怖信息而故意传播，严重扰乱社会秩序的，处五年以下有期徒刑、拘役或者管制；造成严重后果的，处五年以上有期徒刑。{刑法修正案（三）增加此条}

第二百九十二条 聚众斗殴的，对首要分子和其他积极参加的，处三年以下有期徒刑、拘役或者管制；有下列情形之一的，对首要分子和其他积极参加的，处三年以上十年以下有期徒刑：

（一）多次聚众斗殴的；

（二）聚众斗殴人数多，规模大，社会影响恶劣的；

（三）在公共场所或者交通要道聚众斗殴，造成社会秩序严重混乱的；

（四）持械聚众斗殴的。

聚众斗殴，致人重伤、死亡的，依照本法第二百三十四条、第二百三十二条的规定定罪处罚。

第二百九十三条 有下列寻衅滋事行为之一，破坏社会秩序的，处五年以下有期徒刑、拘役或者管制：

（一）随意殴打他人，情节恶劣的；

（二）追逐、拦截、辱骂、恐吓他人，情节恶劣的；

（三）强拿硬要或者任意损毁、占用公私财物，情节严重的；

（四）在公共场所起哄闹事，造成公共场所秩序严重混乱的。

纠集他人多次实施前款行为，严重破坏社会秩序的，处五年以上十年以下有期徒刑，可以并处罚金。{根据刑法修正案（八）修改}

{原条文：有下列寻衅滋事行为之一，破坏社会秩序的，处五年以下有期徒刑、拘役或者管制：

（一）随意殴打他人，情节恶劣的；

（二）追逐、拦截、辱骂他人，情节恶劣的；

（三）强拿硬要或者任意损毁、占用公私财物，情节严重的；

（四）在公共场所起哄闹事，造成公共场所秩序严重混乱的。}

第二百九十四条　组织、领导黑社会性质的组织的，处七年以上有期徒刑，并处没收财产；积极参加的，处三年以上七年以下有期徒刑，可以并处罚金或者没收财产；其他参加的，处三年以下有期徒刑、拘役、管制或者剥夺政治权利，可以并处罚金。

境外的黑社会组织的人员到中华人民共和国境内发展组织成员的，处三年以上十年以下有期徒刑。

国家机关工作人员包庇黑社会性质的组织，或者纵容黑社会性质的组织进行违法犯罪活动的，处五年以下有期徒刑；情节严重的，处五年以上有期徒刑。

犯前三款罪又有其他犯罪行为的，依照数罪并罚的规定处罚。

黑社会性质的组织应当同时具备以下特征：

（一）形成较稳定的犯罪组织，人数较多，有明确的组织者、领导者，骨干成员基本固定；

（二）有组织地通过违法犯罪活动或者其他手段获取经济利益，具有一定的经济实力，以支持该组织的活动；

（三）以暴力、威胁或者其他手段，有组织地多次进行违法犯罪活动，为非作恶，欺压、残害群众；

（四）通过实施违法犯罪活动，或者利用国家工作人员的包庇或者纵容，称霸一方，在一定区域或者行业内，形成非法控制或者重大影响，严重破坏经济、社会生活秩序。{根据刑法修正案（八）修改}

{原条文：组织、领导和积极参加以暴力、威胁或者其他手段，有组织地进行违法犯罪活动，称霸一方，为非作恶，欺压、残害群众，严重破坏经济、社会生活秩序的黑社会性质的组织的，处三年以上十年以下有期徒刑；其他参加的，处三年以下有期徒刑、拘役、管制或者剥夺政治权利。}

{全国人民代表大会常务委员会关于《中华人民共和国刑法》第二百九十四条第一款的解释}

境外的黑社会组织的人员到中华人民共和国境内发展组织成员的，处三年以上十年以下有期徒刑。

犯前两款罪又有其他犯罪行为的，依照数罪并罚的规定处罚。

国家机关工作人员包庇黑社会性质的组织，或者纵容黑社会性质的组织进行违法犯罪

活动的，处三年以下有期徒刑、拘役或者剥夺政治权利；情节严重的，处三年以上十年以下有期徒刑。｝

第二百九十五条 传授犯罪方法的，处五年以下有期徒刑、拘役或者管制；情节严重的，处五年以上十年以下有期徒刑；情节特别严重的，处十年以上有期徒刑或者无期徒刑。｛根据刑法修正案（八）修改｝

｛原条文：传授犯罪方法的，处五年以下有期徒刑、拘役或者管制；情节严重的，处五年以上有期徒刑；情节特别严重的，处无期徒刑或者死刑。｝

第二百九十六条 举行集会、游行、示威，未依照法律规定申请或者申请未获许可，或者未按照主管机关许可的起止时间、地点、路线进行，又拒不服从解散命令，严重破坏社会秩序的，对集会、游行、示威的负责人和直接责任人员，处五年以下有期徒刑、拘役、管制或者剥夺政治权利。

第二百九十七条 违反法律规定，携带武器、管制刀具或者爆炸物参加集会、游行、示威的，处三年以下有期徒刑、拘役、管制或者剥夺政治权利。

第二百九十八条 扰乱、冲击或者以其他方法破坏依法举行的集会、游行、示威，造成公共秩序混乱的，处五年以下有期徒刑、拘役、管制或者剥夺政治权利。

第二百九十九条 在公众场合故意以焚烧、毁损、涂划、玷污、践踏等方式侮辱中华人民共和国国旗、国徽的，处三年以下有期徒刑、拘役、管制或者剥夺政治权利。

第三百条 组织和利用会道门、邪教组织或者利用迷信破坏国家法律、行政法规实施的，处三年以上七年以下有期徒刑；情节特别严重的，处七年以上有期徒刑。

组织和利用会道门、邪教组织或者利用迷信蒙骗他人，致人死亡的，依照前款的规定处罚。

组织和利用会道门、邪教组织或者利用迷信奸淫妇女、诈骗财物的，分别依照本法第二百三十六条、第二百六十六条的规定定罪处罚。

第三百零一条 聚众进行淫乱活动的，对首要分子或者多次参加的，处五年以下有期徒刑、拘役或者管制。

引诱未成年人参加聚众淫乱活动的，依照前款的规定从重处罚。

第三百零二条 盗窃、侮辱尸体的，处三年以下有期徒刑、拘役或者管制。

第三百零三条 以营利为目的，聚众赌博或者以赌博为业的，处三年以下有期徒刑、拘役或者管制，并处罚金。

开设赌场的，处三年以下有期徒刑、拘役或者管制，并处罚金；情节严重的，处三年以上十年以下有期徒刑，并处罚金。｛根据刑法修正案（六）修改｝

｛原条文：以营利为目的，聚众赌博、开设赌场或者以赌博为业的，处三年以下有期徒刑、拘役或者管制，并处罚金。｝

第三百零四条 邮政工作人员严重不负责任，故意延误投递邮件，致使公共财产、国家和人民利益遭受重大损失的，处二年以下有期徒刑或者拘役。

第二节 妨害司法罪

第三百零五条 在刑事诉讼中，证人、鉴定人、记录人、翻译人对与案件有重要关系的情节，故意作虚假证明、鉴定、记录、翻译，意图陷害他人或者隐匿罪证的，处三年以下有期徒刑或者拘役；情节严重的，处三年以上七年以下有期徒刑。

第三百零六条　在刑事诉讼中，辩护人、诉讼代理人毁灭、伪造证据，帮助当事人毁灭、伪造证据，威胁、引诱证人违背事实改变证言或者作伪证的，处三年以下有期徒刑或者拘役；情节严重的，处三年以上七年以下有期徒刑。

辩护人、诉讼代理人提供、出示、引用的证人证言或者其他证据失实，不是有意伪造的，不属于伪造证据。

第三百零七条　以暴力、威胁、贿买等方法阻止证人作证或者指使他人作伪证的，处三年以下有期徒刑或者拘役；情节严重的，处三年以上七年以下有期徒刑。

帮助当事人毁灭、伪造证据，情节严重的，处三年以下有期徒刑或者拘役。

司法工作人员犯前两款罪的，从重处罚。

第三百零八条　对证人进行打击报复的，处三年以下有期徒刑或者拘役；情节严重的，处三年以上七年以下有期徒刑。

第三百零九条　聚众哄闹、冲击法庭，或者殴打司法工作人员，严重扰乱法庭秩序的，处三年以下有期徒刑、拘役、管制或者罚金。

第三百一十条　明知是犯罪的人而为其提供隐藏处所、财物，帮助其逃匿或者作假证明包庇的，处三年以下有期徒刑、拘役或者管制；情节严重的，处三年以上十年以下有期徒刑。

犯前款罪，事前通谋的，以共同犯罪论处。

第三百一十一条　明知他人有间谍犯罪行为，在国家安全机关向其调查有关情况、收集有关证据时，拒绝提供，情节严重的，处三年以下有期徒刑、拘役或者管制。

第三百一十二条　明知是犯罪所得及其产生的收益而予以窝藏、转移、收购、代为销售或者以其他方法掩饰、隐瞒的，处三年以下有期徒刑、拘役或者管制，并处或者单处罚金；情节严重的，处三年以上七年以下有期徒刑，并处罚金。｛根据刑法修正案（六）修改｝

｛原条文：明知是犯罪所得的赃物而予以窝藏、转移、收购或者代为销售的，处三年以下有期徒刑、拘役或者管制，并处或者单处罚金。｝

单位犯前款罪的，对单位判处罚金，并对其直接负责的主管人员和其他直接责任人员，依照前款的规定处罚。｛刑法修正案（七）增加此款｝

第三百一十三条　对人民法院的判决、裁定有能力执行而拒不执行，情节严重的，处三年以下有期徒刑、拘役或者罚金。

｛全国人民代表大会常务委员会关于《中华人民共和国刑法》第三百一十三条的解释｝

第三百一十四条　隐藏、转移、变卖、故意毁损已被司法机关查封、扣押、冻结的财产，情节严重的，处三年以下有期徒刑、拘役或者罚金。

第三百一十五条　依法被关押的罪犯，有下列破坏监管秩序行为之一，情节严重的，处三年以下有期徒刑：

（一）殴打监管人员的；

（二）组织其他被监管人破坏监管秩序的；

（三）聚众闹事，扰乱正常监管秩序的；

（四）殴打、体罚或者指使他人殴打、体罚其他被监管人的。

第三百一十六条 依法被关押的罪犯、被告人、犯罪嫌疑人脱逃的，处五年以下有期徒刑或者拘役。

劫夺押解途中的罪犯、被告人、犯罪嫌疑人的，处三年以上七年以下有期徒刑；情节严重的，处七年以上有期徒刑。

第三百一十七条 组织越狱的首要分子和积极参加的，处五年以上有期徒刑；其他参加的，处五年以下有期徒刑或者拘役。

暴动越狱或者聚众持械劫狱的首要分子和积极参加的，处十年以上有期徒刑或者无期徒刑；情节特别严重的，处死刑；其他参加的，处三年以上十年以下有期徒刑。

第三节 妨害国（边）境管理罪

第三百一十八条 组织他人偷越国（边）境的，处二年以上七年以下有期徒刑，并处罚金；有下列情形之一的，处七年以上有期徒刑或者无期徒刑，并处罚金或者没收财产：

（一）组织他人偷越国（边）境集团的首要分子；

（二）多次组织他人偷越国（边）境或者组织他人偷越国（边）境人数众多的；

（三）造成被组织人重伤、死亡的；

（四）剥夺或者限制被组织人人身自由的；

（五）以暴力、威胁方法抗拒检查的；

（六）违法所得数额巨大的；

（七）有其他特别严重情节的。

犯前款罪，对被组织人有杀害、伤害、强奸、拐卖等犯罪行为，或者对检查人员有杀害、伤害等犯罪行为的，依照数罪并罚的规定处罚。

第三百一十九条 以劳务输出、经贸往来或者其他名义，弄虚作假，骗取护照、签证等出境证件，为组织他人偷越国（边）境使用的，处三年以下有期徒刑，并处罚金；情节严重的，处三年以上十年以下有期徒刑，并处罚金。

单位犯前款罪的，对单位判处罚金，并对其直接负责的主管人员和其他直接责任人员，依照前款的规定处罚。

第三百二十条 为他人提供伪造、变造的护照、签证等出入境证件，或者出售护照、签证等出入境证件的，处五年以下有期徒刑，并处罚金；情节严重的，处五年以上有期徒刑，并处罚金。

第三百二十一条 运送他人偷越国（边）境的，处五年以下有期徒刑、拘役或者管制，并处罚金；有下列情形之一的，处五年以上十年以下有期徒刑，并处罚金：

（一）多次实施运送行为或者运送人数众多的；

（二）所使用的船只、车辆等交通工具不具备必要的安全条件，足以造成严重后果的；

（三）违法所得数额巨大的；

（四）有其他特别严重情节的。

在运送他人偷越国（边）境中造成被运送人重伤、死亡，或者以暴力、威胁方法抗拒检查的，处七年以上有期徒刑，并处罚金。

犯前两款罪，对被运送人有杀害、伤害、强奸、拐卖等犯罪行为，或者对检查人员有杀害、伤害等犯罪行为的，依照数罪并罚的规定处罚。

第三百二十二条　违反国（边）境管理法规，偷越国（边）境，情节严重的，处一年以下有期徒刑、拘役或者管制，并处罚金。

第三百二十三条　故意破坏国家边境的界碑、界桩或者永久性测量标志的，处三年以下有期徒刑或者拘役。

第四节　妨害文物管理罪

第三百二十四条　故意损毁国家保护的珍贵文物或者被确定为全国重点文物保护单位、省级文物保护单位的文物的，处三年以下有期徒刑或者拘役，并处或者单处罚金；情节严重的，处三年以上十年以下有期徒刑，并处罚金。

故意损毁国家保护的名胜古迹，情节严重的，处五年以下有期徒刑或者拘役，并处或者单处罚金。

过失损毁国家保护的珍贵文物或者被确定为全国重点文物保护单位、省级文物保护单位的文物，造成严重后果的，处三年以下有期徒刑或者拘役。

第三百二十五条　违反文物保护法规，将收藏的国家禁止出口的珍贵文物私自出售或者私自赠送给外国人的，处五年以下有期徒刑或者拘役，可以并处罚金。

单位犯前款罪的，对单位判处罚金，并对其直接负责的主管人员和其他直接责任人员，依照前款的规定处罚。

第三百二十六条　以牟利为目的，倒卖国家禁止经营的文物，情节严重的，处五年以下有期徒刑或者拘役，并处罚金；情节特别严重的，处五年以上十年以下有期徒刑，并处罚金。

单位犯前款罪的，对单位判处罚金，并对其直接负责的主管人员和其他直接责任人员，依照前款的规定处罚。

第三百二十七条　违反文物保护法规，国有博物馆、图书馆等单位将国家保护的文物藏品出售或者私自送给非国有单位或者个人的，对单位判处罚金，并对其直接负责的主管人员和其他直接责任人员，处三年以下有期徒刑或者拘役。

第三百二十八条　盗掘具有历史、艺术、科学价值的古文化遗址、古墓葬的，处三年以上十年以下有期徒刑，并处罚金；情节较轻的，处三年以下有期徒刑、拘役或者管制，并处罚金；有下列情形之一的，处十年以上有期徒刑或者无期徒刑，并处罚金或者没收财产：

（一）盗掘确定为全国重点文物保护单位和省级文物保护单位的古文化遗址、古墓葬的；

（二）盗掘古文化遗址、古墓葬集团的首要分子；

（三）多次盗掘古文化遗址、古墓葬的；

（四）盗掘古文化遗址、古墓葬，并盗窃珍贵文物或者造成珍贵文物严重破坏的。{根据刑法修正案（八）修改}

{原第一款：盗掘具有历史、艺术、科学价值的古文化遗址、古墓葬的，处三年以上十年以下有期徒刑，并处罚金；情节较轻的，处三年以下有期徒刑、拘役或者管制，并处罚金；有下列情形之一的，处十年以上有期徒刑、无期徒刑或者死刑，并处罚金或者没收财产：

（一）盗掘确定为全国重点文物保护单位和省级文物保护单位的古文化遗址、古墓葬的；

（二）盗掘古文化遗址、古墓葬集团的首要分子；

（三）多次盗掘古文化遗址、古墓葬的；

（四）盗掘古文化遗址、古墓葬，并盗窃珍贵文物或者造成珍贵文物严重破坏的。｝

盗掘国家保护的具有科学价值的古人类化石和古脊椎动物化石的，依照前款的规定处罚。

第三百二十九条 抢夺、窃取国家所有的档案的，处五年以下有期徒刑或者拘役。

违反档案法的规定，擅自出卖、转让国家所有的档案，情节严重的，处三年以下有期徒刑或者拘役。

有前两款行为，同时又构成本法规定的其他犯罪的，依照处罚较重的规定定罪处罚。

第五节 危害公共卫生罪

第三百三十条 违反传染病防治法的规定，有下列情形之一，引起甲类传染病传播或者有传播严重危险的，处三年以下有期徒刑或者拘役；后果特别严重的，处三年以上七年以下有期徒刑：

（一）供水单位供应的饮用水不符合国家规定的卫生标准的；

（二）拒绝按照卫生防疫机构提出的卫生要求，对传染病病原体污染的污水、污物、粪便进行消毒处理的；

（三）准许或者纵容传染病病人、病原携带者和疑似传染病病人从事国务院卫生行政部门规定禁止从事的易使该传染病扩散的工作的；

（四）拒绝执行卫生防疫机构依照传染病防治法提出的预防、控制措施的。

单位犯前款罪的，对单位判处罚金，并对其直接负责的主管人员和其他直接责任人员，依照前款的规定处罚。

甲类传染病的范围，依照《中华人民共和国传染病防治法》和国务院有关规定确定。

第三百三十一条 从事实验、保藏、携带、运输传染病菌种、毒种的人员，违反国务院卫生行政部门的有关规定，造成传染病菌种、毒种扩散，后果严重的，处三年以下有期徒刑或者拘役；后果特别严重的，处三年以上七年以下有期徒刑。

第三百三十二条 违反国境卫生检疫规定，引起检疫传染病传播或者有传播严重危险的，处三年以下有期徒刑或者拘役，并处或者单处罚金。

单位犯前款罪的，对单位判处罚金，并对其直接负责的主管人员和其他直接责任人员，依照前款的规定处罚。

第三百三十三条 非法组织他人出卖血液的，处五年以下有期徒刑，并处罚金；以暴力、威胁方法强迫他人出卖血液的，处五年以上十年以下有期徒刑，并处罚金。

有前款行为，对他人造成伤害的，依照本法第二百三十四条的规定定罪处罚。

第三百三十四条 非法采集、供应血液或者制作、供应血液制品，不符合国家规定的标准，足以危害人体健康的，处五年以下有期徒刑或者拘役，并处罚金；对人体健康造成严重危害的，处五年以上十年以下有期徒刑，并处罚金；造成特别严重后果的，处十年以上有期徒刑或者无期徒刑，并处罚金或者没收财产。

经国家主管部门批准采集、供应血液或者制作、供应血液制品的部门，不依照规定进行检测或者违背其他操作规定，造成危害他人身体健康后果的，对单位判处罚金，并对其直接负责的主管人员和其他直接责任人员，处五年以下有期徒刑或者拘役。

第三百三十五条　医务人员由于严重不负责任，造成就诊人死亡或者严重损害就诊人身体健康的，处三年以下有期徒刑或者拘役。

第三百三十六条　未取得医生执业资格的人非法行医，情节严重的，处三年以下有期徒刑、拘役或者管制，并处或者单处罚金；严重损害就诊人身体健康的，处三年以上十年以下有期徒刑，并处罚金；造成就诊人死亡的，处十年以上有期徒刑，并处罚金。

未取得医生执业资格的人擅自为他人进行节育复通手术、假节育手术、终止妊娠手术或者摘取宫内节育器，情节严重的，处三年以下有期徒刑、拘役或者管制，并处或者单处罚金；严重损害就诊人身体健康的，处三年以上十年以下有期徒刑，并处罚金；造成就诊人死亡的，处十年以上有期徒刑，并处罚金。

第三百三十七条　违反有关动植物防疫、检疫的国家规定，引起重大动植物疫情的，或者有引起重大动植物疫情危险，情节严重的，处三年以下有期徒刑或者拘役，并处或者单处罚金。{根据刑法修正案（七）修改}

{原条文：违反进出境动植物检疫法的规定，逃避动植物检疫，引起重大动植物疫情的，处三年以下有期徒刑或者拘役，并处或者单处罚金。}

单位犯前款罪的，对单位判处罚金，并对其直接负责的主管人员和其他直接责任人员，依照前款的规定处罚。

第六节　破坏环境资源保护罪

第三百三十八条　违反国家规定，排放、倾倒或者处置有放射性的废物、含传染病病原体的废物、有毒物质或者其他有害物质，严重污染环境的，处三年以下有期徒刑或者拘役，并处或者单处罚金；后果特别严重的，处三年以上七年以下有期徒刑，并处罚金。{根据刑法修正案（八）修改}

{原条文：违反国家规定，向土地、水体、大气排放、倾倒或者处置有放射性的废物、含传染病病原体的废物、有毒物质或者其他危险废物，造成重大环境污染事故，致使公私财产遭受重大损失或者人身伤亡的严重后果的，处三年以下有期徒刑或者拘役，并处或者单处罚金；后果特别严重的，处三年以上七年以下有期徒刑，并处罚金。}

第三百三十九条　违反国家规定，将境外的固体废物进境倾倒、堆放、处置的，处五年以下有期徒刑或者拘役，并处罚金；造成重大环境污染事故，致使公私财产遭受重大损失或者严重危害人体健康的，处五年以上十年以下有期徒刑，并处罚金；后果特别严重的，处十年以上有期徒刑，并处罚金。

未经国务院有关主管部门许可，擅自进口固体废物用作原料，造成重大环境污染事故，致使公私财产遭受重大损失或者严重危害人体健康的，处五年以下有期徒刑或者拘役，并处罚金；后果特别严重的，处五年以上十年以下有期徒刑，并处罚金。

以原料利用为名，进口不能用作原料的固体废物、液态废物和气态废物的，依照本法第一百五十二条第二款、第三款的规定定罪处罚。{根据刑法修正案（四）修改}

{原条款：以原料利用为名，进口不能用作原料的固体废物的，依照本法第一百五十五条的规定定罪处罚。}

第三百四十条 违反保护水产资源法规，在禁渔区、禁渔期或者使用禁用的工具、方法捕捞水产品，情节严重的，处三年以下有期徒刑、拘役、管制或者罚金。

第三百四十一条 非法猎捕、杀害国家重点保护的珍贵、濒危野生动物的，或者非法收购、运输、出售国家重点保护的珍贵、濒危野生动物及其制品的，处五年以下有期徒刑或者拘役，并处罚金；情节严重的，处五年以上十年以下有期徒刑，并处罚金；情节特别严重的，处十年以上有期徒刑，并处罚金或者没收财产。

违反狩猎法规，在禁猎区、禁猎期或者使用禁用的工具、方法进行狩猎，破坏野生动物资源，情节严重的，处三年以下有期徒刑、拘役、管制或者罚金。

第三百四十二条 违反土地管理法规，非法占用耕地、林地等农用地，改变被占用土地用途，数量较大，造成耕地、林地等农用地大量毁坏的，处五年以下有期徒刑或者拘役，并处或者单处罚金。{根据刑法修正案（二）修改}

{全国人民代表大会常务委员会关于《中华人民共和国刑法》第二百二十八条、第三百四十二条、第四百一十条的解释}

{原条文：违反土地管理法规，非法占用耕地改作他用，数量较大，造成耕地大量毁坏的，处五年以下有期徒刑或者拘役，并处或者单处罚金。}

第三百四十三条 违反矿产资源法的规定，未取得采矿许可证擅自采矿，擅自进入国家规划矿区、对国民经济具有重要价值的矿区和他人矿区范围采矿，或者擅自开采国家规定实行保护性开采的特定矿种，情节严重的，处三年以下有期徒刑、拘役或者管制，并处或者单处罚金；情节特别严重的，处三年以上七年以下有期徒刑，并处罚金。{根据刑法修正案（八）修改}

{原第一款：违反矿产资源法的规定，未取得采矿许可证擅自采矿的，擅自进入国家规划矿区、对国民经济具有重要价值的矿区和他人矿区范围采矿的，擅自开采国家规定实行保护性开采的特定矿种，经责令停止开采后拒不停止开采，造成矿产资源破坏的，处三年以下有期徒刑、拘役或者管制，并处或者单处罚金；造成矿产资源严重破坏的，处三年以上七年以下有期徒刑，并处罚金。}

违反矿产资源法的规定，采取破坏性的开采方法开采矿产资源，造成矿产资源严重破坏的，处五年以下有期徒刑或者拘役，并处罚金。

第三百四十四条 违反国家规定，非法采伐、毁坏珍贵树木或者国家重点保护的其他植物的，或者非法收购、运输、加工、出售珍贵树木或者国家重点保护的其他植物及其制品的，处三年以下有期徒刑、拘役或者管制，并处罚金；情节严重的，处三年以上七年以下有期徒刑，并处罚金。{根据刑法修正案（四）修改}

{原条文：违反森林法的规定，非法采伐、毁坏珍贵树木的，处三年以下有期徒刑、拘役或者管制，并处罚金；情节严重的，处三年以上七年以下有期徒刑，并处罚金。}

第三百四十五条 盗伐森林或者其他林木，数量较大的，处三年以下有期徒刑、拘役或者管制，并处或者单处罚金；数量巨大的，处三年以上七年以下有期徒刑，并处罚金；数量特别巨大的，处七年以上有期徒刑，并处罚金。

违反森林法的规定，滥伐森林或者其他林木，数量较大的，处三年以下有期徒刑、拘役或者管制，并处或者单处罚金；数量巨大的，处三年以上七年以下有期徒刑，并处罚金。

非法收购、运输明知是盗伐、滥伐的林木，情节严重的，处三年以下有期徒刑、拘役或者管制，并处或者单处罚金；情节特别严重的，处三年以上七年以下有期徒刑，并处罚金。

盗伐、滥伐国家级自然保护区内的森林或者其他林木的，从重处罚。｛根据刑法修正案（四）修改｝

｛原条文：盗伐森林或者其他林木，数量较大的，处三年以下有期徒刑、拘役或者管制，并处或者单处罚金；数量巨大的，处三年以上七年以下有期徒刑，并处罚金；数量特别巨大的，处七年以上有期徒刑，并处罚金。

违反森林法的规定，滥伐森林或者其他林木，数量较大的，处三年以下有期徒刑、拘役或者管制，并处或者单处罚金；数量巨大的，处三年以上七年以下有期徒刑，并处罚金。

以牟利为目的，在林区非法收购明知是盗伐、滥伐的林木，情节严重的，处三年以下有期徒刑、拘役或者管制，并处或者单处罚金；情节特别严重的，处三年以上七年以下有期徒刑，并处罚金。

盗伐、滥伐国家级自然保护区内的森林或者其他林木的，从重处罚。｝

第三百四十六条　单位犯本节第三百三十八条至第三百四十五条规定之罪的，对单位判处罚金，并对其直接负责的主管人员和其他直接责任人员，依照本节各该条的规定处罚。

第七节　走私、贩卖、运输、制造毒品罪

第三百四十七条　走私、贩卖、运输、制造毒品，无论数量多少，都应当追究刑事责任，予以刑事处罚。

走私、贩卖、运输、制造毒品，有下列情形之一的，处十五年有期徒刑、无期徒刑或者死刑，并处没收财产：

（一）走私、贩卖、运输、制造鸦片一千克以上、海洛因或者甲基苯丙胺五十克以上或者其他毒品数量大的；

（二）走私、贩卖、运输、制造毒品集团的首要分子；

（三）武装掩护走私、贩卖、运输、制造毒品的；

（四）以暴力抗拒检查、拘留、逮捕，情节严重的；

（五）参与有组织的国际贩毒活动的。

走私、贩卖、运输、制造鸦片二百克以上不满一千克、海洛因或者甲基苯丙胺十克以上不满五十克或者其他毒品数量较大的，处七年以上有期徒刑，并处罚金。

走私、贩卖、运输、制造鸦片不满二百克、海洛因或者甲基苯丙胺不满十克或者其他少量毒品的，处三年以下有期徒刑、拘役或者管制，并处罚金；情节严重的，处三年以上七年以下有期徒刑，并处罚金。

单位犯第二款、第三款、第四款罪的，对单位判处罚金，并对其直接负责的主管人员和其他直接责任人员，依照各该款的规定处罚。

利用、教唆未成年人走私、贩卖、运输、制造毒品，或者向未成年人出售毒品的，从重处罚。

对多次走私、贩卖、运输、制造毒品，未经处理的，毒品数量累计计算。

第三百四十八条 非法持有鸦片一千克以上、海洛因或者甲基苯丙胺五十克以上或者其他毒品数量大的，处七年以上有期徒刑或者无期徒刑，并处罚金；非法持有鸦片二百克以上不满一千克、海洛因或者甲基苯丙胺十克以上不满五十克或者其他毒品数量较大的，处三年以下有期徒刑、拘役或者管制，并处罚金；情节严重的，处三年以上七年以下有期徒刑，并处罚金。

第三百四十九条 包庇走私、贩卖、运输、制造毒品的犯罪分子的，为犯罪分子窝藏、转移、隐瞒毒品或者犯罪所得的财物的，处三年以下有期徒刑、拘役或者管制；情节严重的，处三年以上十年以下有期徒刑。

缉毒人员或者其他国家机关工作人员掩护、包庇走私、贩卖、运输、制造毒品的犯罪分子的，依照前款的规定从重处罚。

犯前两款罪，事先通谋的，以走私、贩卖、运输、制造毒品罪的共犯论处。

第三百五十条 违反国家规定，非法运输、携带醋酸酐、乙醚、三氯甲烷或者其他用于制造毒品的原料或者配剂进出境的，或者违反国家规定，在境内非法买卖上述物品的，处三年以下有期徒刑、拘役或者管制，并处罚金；数量大的，处三年以上十年以下有期徒刑，并处罚金。

明知他人制造毒品而为其提供前款规定的物品的，以制造毒品罪的共犯论处。

单位犯前两款罪的，对单位判处罚金，并对其直接负责的主管人员和其他直接责任人员，依照前两款的规定处罚。

第三百五十一条 非法种植罂粟、大麻等毒品原植物的，一律强制铲除。有下列情形之一的，处五年以下有期徒刑、拘役或者管制，并处罚金：

（一）种植罂粟五百株以上不满三千株或者其他毒品原植物数量较大的；

（二）经公安机关处理后又种植的；

（三）抗拒铲除的。

非法种植罂粟三千株以上或者其他毒品原植物数量大的，处五年以上有期徒刑，并处罚金或者没收财产。

非法种植罂粟或者其他毒品原植物，在收获前自动铲除的，可以免除处罚。

第三百五十二条 非法买卖、运输、携带、持有未经灭活的罂粟等毒品原植物种子或者幼苗，数量较大的，处三年以下有期徒刑、拘役或者管制，并处或者单处罚金。

第三百五十三条 引诱、教唆、欺骗他人吸食、注射毒品的，处三年以下有期徒刑、拘役或者管制，并处罚金；情节严重的，处三年以上七年以下有期徒刑，并处罚金。

强迫他人吸食、注射毒品的，处三年以上十年以下有期徒刑，并处罚金。

引诱、教唆、欺骗或者强迫未成年人吸食、注射毒品的，从重处罚。

第三百五十四条 容留他人吸食、注射毒品的，处三年以下有期徒刑、拘役或者管制，并处罚金。

第三百五十五条 依法从事生产、运输、管理、使用国家管制的麻醉药品、精神药品的人员，违反国家规定，向吸食、注射毒品的人提供国家规定管制的能够使人形成瘾癖的麻醉药品、精神药品的，处三年以下有期徒刑或者拘役，并处罚金；情节严重的，处三年以上七年以下有期徒刑，并处罚金。向走私、贩卖毒品的犯罪分子或者以牟利为目的，向吸食、注射毒品的人提供国家规定管制的能够使人形成瘾癖的麻醉药品、精神药品的，依照本法第三百四十七条的规定定罪处罚。

单位犯前款罪的，对单位判处罚金，并对其直接负责的主管人员和其他直接责任人员，依照前款的规定处罚。

第三百五十六条　因走私、贩卖、运输、制造、非法持有毒品罪被判过刑，又犯本节规定之罪的，从重处罚。

第三百五十七条　本法所称的毒品，是指鸦片、海洛因、甲基苯丙胺（冰毒）、吗啡、大麻、可卡因以及国家规定管制的其他能够使人形成瘾癖的麻醉药品和精神药品。

毒品的数量以查证属实的走私、贩卖、运输、制造、非法持有毒品的数量计算，不以纯度折算。

第八节　组织、强迫、引诱、容留、介绍卖淫罪

第三百五十八条　组织他人卖淫或者强迫他人卖淫的，处五年以上十年以下有期徒刑，并处罚金；有下列情形之一的，处十年以上有期徒刑或者无期徒刑，并处罚金或者没收财产：

（一）组织他人卖淫，情节严重的；

（二）强迫不满十四周岁的幼女卖淫的；

（三）强迫多人卖淫或者多次强迫他人卖淫的；

（四）强奸后迫使卖淫的；

（五）造成被强迫卖淫的人重伤、死亡或者其他严重后果的。

有前款所列情形之一，情节特别严重的，处无期徒刑或者死刑，并处没收财产。

为组织卖淫的人招募、运送人员或者有其他协助组织他人卖淫行为的，处五年以下有期徒刑，并处罚金；情节严重的，处五年以上十年以下有期徒刑，并处罚金。｛根据刑法修正案（八）修改｝

｛原第三款：协助组织他人卖淫的，处五年以下有期徒刑，并处罚金；情节严重的，处五年以上十年以下有期徒刑，并处罚金。｝

第三百五十九条　引诱、容留、介绍他人卖淫的，处五年以下有期徒刑、拘役或者管制，并处罚金；情节严重的，处五年以上有期徒刑，并处罚金。

引诱不满十四周岁的幼女卖淫的，处五年以上有期徒刑，并处罚金。

第三百六十条　明知自己患有梅毒、淋病等严重性病卖淫、嫖娼的，处五年以下有期徒刑、拘役或者管制，并处罚金。

嫖宿不满十四周岁的幼女的，处五年以上有期徒刑，并处罚金。

第三百六十一条　旅馆业、饮食服务业、文化娱乐业、出租汽车业等单位的人员，利用本单位的条件，组织、强迫、引诱、容留、介绍他人卖淫的，依照本法第三百五十八条、第三百五十九条的规定定罪处罚。

前款所列单位的主要负责人，犯前款罪的，从重处罚。

第三百六十二条　旅馆业、饮食服务业、文化娱乐业、出租汽车业等单位的人员，在

公安机关查处卖淫、嫖娼活动时，为违法犯罪分子通风报信，情节严重的，依照本法第三百一十条的规定定罪处罚。

第九节　制作、贩卖、传播淫秽物品罪

第三百六十三条　以牟利为目的，制作、复制、出版、贩卖、传播淫秽物品的，处三年以下有期徒刑、拘役或者管制，并处罚金；情节严重的，处三年以上十年以下有期徒刑，并处罚金；情节特别严重的，处十年以上有期徒刑或者无期徒刑，并处罚金或者没收财产。

为他人提供书号，出版淫秽书刊的，处三年以下有期徒刑、拘役或者管制，并处或者单处罚金；明知他人用于出版淫秽书刊而提供书号的，依照前款的规定处罚。

第三百六十四条　传播淫秽的书刊、影片、音像、图片或者其他淫秽物品，情节严重的，处二年以下有期徒刑、拘役或者管制。

组织播放淫秽的电影、录像等音像制品的，处三年以下有期徒刑、拘役或者管制，并处罚金；情节严重的，处三年以上十年以下有期徒刑，并处罚金。

制作、复制淫秽的电影、录像等音像制品组织播放的，依照第二款的规定从重处罚。

向不满十八周岁的未成年人传播淫秽物品的，从重处罚。

第三百六十五条　组织进行淫秽表演的，处三年以下有期徒刑、拘役或者管制，并处罚金；情节严重的，处三年以上十年以下有期徒刑，并处罚金。

第三百六十六条　单位犯本节第三百六十三条、第三百六十四条、第三百六十五条规定之罪的，对单位判处罚金，并对其直接负责的主管人员和其他直接责任人员，依照各该条的规定处罚。

第三百六十七条　本法所称淫秽物品，是指具体描绘性行为或者露骨宣扬色情的诲淫性的书刊、影片、录像带、录音带、图片及其他淫秽物品。

有关人体生理、医学知识的科学著作不是淫秽物品。

包含有色情内容的有艺术价值的文学、艺术作品不视为淫秽物品。

第七章　危害国防利益罪

第三百六十八条　以暴力、威胁方法阻碍军人依法执行职务的，处三年以下有期徒刑、拘役、管制或者罚金。

故意阻碍武装部队军事行动，造成严重后果的，处五年以下有期徒刑或者拘役。

第三百六十九条　破坏武器装备、军事设施、军事通信的，处三年以下有期徒刑、拘役或者管制；破坏重要武器装备、军事设施、军事通信的，处三年以上十年以下有期徒刑；情节特别严重的，处十年以上有期徒刑、无期徒刑或者死刑。

过失犯前款罪，造成严重后果的，处三年以下有期徒刑或者拘役；造成特别严重后果的，处三年以上七年以下有期徒刑。

战时犯前两款罪的，从重处罚。{根据刑法修正案（五）修改}

{原条文：破坏武器装备、军事设施、军事通信的，处三年以下有期徒刑、拘役或者管制；破坏重要武器装备、军事设施、军事通信的，处三年以上十年以下有期徒刑；情节特别严重的，处十年以上有期徒刑、无期徒刑或者死刑。战时从重处罚。}

第三百七十条　明知是不合格的武器装备、军事设施而提供给武装部队的，处五年以下有期徒刑或者拘役；情节严重的，处五年以上十年以下有期徒刑；情节特别严重的，处十年以上有期徒刑、无期徒刑或者死刑。

过失犯前款罪，造成严重后果的，处三年以下有期徒刑或者拘役；造成特别严重后果的，处三年以上七年以下有期徒刑。

单位犯第一款罪的，对单位判处罚金，并对其直接负责的主管人员和其他直接责任人员，依照第一款的规定处罚。

第三百七十一条　聚众冲击军事禁区，严重扰乱军事禁区秩序的，对首要分子，处五年以上十年以下有期徒刑；对其他积极参加的，处五年以下有期徒刑、拘役、管制或者剥夺政治权利。

聚众扰乱军事管理区秩序，情节严重，致使军事管理区工作无法进行，造成严重损失的，对首要分子，处三年以上七年以下有期徒刑；对其他积极参加的，处三年以下有期徒刑、拘役、管制或者剥夺政治权利。

第三百七十二条　冒充军人招摇撞骗的，处三年以下有期徒刑、拘役、管制或者剥夺政治权利；情节严重的，处三年以上十年以下有期徒刑。

第三百七十三条　煽动军人逃离部队或者明知是逃离部队的军人而雇用，情节严重的，处三年以下有期徒刑、拘役或者管制。

第三百七十四条　在征兵工作中徇私舞弊，接送不合格兵员，情节严重的，处三年以下有期徒刑或者拘役；造成特别严重后果的，处三年以上七年以下有期徒刑。

第三百七十五条　伪造、变造、买卖或者盗窃、抢夺武装部队公文、证件、印章的，处三年以下有期徒刑、拘役、管制或者剥夺政治权利；情节严重的，处三年以上十年以下有期徒刑。

非法生产、买卖武装部队制式服装，情节严重的，处三年以下有期徒刑、拘役或者管制，并处或者单处罚金。{根据刑法修正案（七）修改}

{原条文：非法生产、买卖武装部队制式服装、车辆号牌等专用标志，情节严重的，处三年以下有期徒刑、拘役或者管制，并处或者单处罚金。}

伪造、盗窃、买卖或者非法提供、使用武装部队车辆号牌等专用标志，情节严重的，处三年以下有期徒刑、拘役或者管制，并处或者单处罚金；情节特别严重的，处三年以上七年以下有期徒刑，并处罚金。{刑法修正案（七）增加此款}

单位犯第二款、第三款罪的，对单位判处罚金，并对其直接负责的主管人员和其他直接责任人员，依照各该款的规定处罚。{根据刑法修正案（七）修改}

{原条文：单位犯第二款罪的，对单位判处罚金，并对其直接负责的主管人员和其他直接责任人员，依照该款的规定处罚。}

第三百七十六条　预备役人员战时拒绝、逃避征召或者军事训练，情节严重的，处三年以下有期徒刑或者拘役。

公民战时拒绝、逃避服役，情节严重的，处二年以下有期徒刑或者拘役。

第三百七十七条　战时故意向武装部队提供虚假敌情，造成严重后果的，处三年以上十年以下有期徒刑；造成特别严重后果的，处十年以上有期徒刑或者无期徒刑。

第三百七十八条　战时造谣惑众，扰乱军心的，处三年以下有期徒刑、拘役或者管制；情节严重的，处三年以上十年以下有期徒刑。

第三百七十九条 战时明知是逃离部队的军人而为其提供隐蔽处所、财物，情节严重的，处三年以下有期徒刑或者拘役。

第三百八十条 战时拒绝或者故意延误军事订货，情节严重的，对单位判处罚金，并对其直接负责的主管人员和其他直接责任人员，处五年以下有期徒刑或者拘役；造成严重后果的，处五年以上有期徒刑。

第三百八十一条 战时拒绝军事征收、征用，情节严重的，处三年以下有期徒刑或者拘役。{根据《全国人民代表大会常务委员会关于修改部分法律的决定》修改}

{原条文：战时拒绝军事征用，情节严重的，处三年以下有期徒刑或者拘役。}

第八章　贪污贿赂罪

第三百八十二条 国家工作人员利用职务上的便利，侵吞、窃取、骗取或者以其他手段非法占有公共财物的，是贪污罪。

受国家机关、国有公司、企业、事业单位、人民团体委托管理、经营国有财产的人员，利用职务上的便利，侵吞、窃取、骗取或者以其他手段非法占有国有财物的，以贪污论。

与前两款所列人员勾结，伙同贪污的，以共犯论处。

第三百八十三条 对犯贪污罪的，根据情节轻重，分别依照下列规定处罚：

（一）个人贪污数额在十万元以上的，处十年以上有期徒刑或者无期徒刑，可以并处没收财产；情节特别严重的，处死刑，并处没收财产。

（二）个人贪污数额在五万元以上不满十万元的，处五年以上有期徒刑，可以并处没收财产；情节特别严重的，处无期徒刑，并处没收财产。

（三）个人贪污数额在五千元以上不满五万元的，处一年以上七年以下有期徒刑；情节严重的，处七年以上十年以下有期徒刑。个人贪污数额在五千元以上不满一万元，犯罪后有悔改表现、积极退赃的，可以减轻处罚或者免予刑事处罚，由其所在单位或者上级主管机关给予行政处分。

（四）个人贪污数额不满五千元，情节较重的，处二年以下有期徒刑或者拘役；情节较轻的，由其所在单位或者上级主管机关酌情给予行政处分。

对多次贪污未经处理的，按照累计贪污数额处罚。

第三百八十四条 国家工作人员利用职务上的便利，挪用公款归个人使用，进行非法活动的，或者挪用公款数额较大、进行营利活动的，或者挪用公款数额较大、超过三个月未还的，是挪用公款罪，处五年以下有期徒刑或者拘役；情节严重的，处五年以上有期徒刑。挪用公款数额巨大不退还的，处十年以上有期徒刑或者无期徒刑。

{全国人民代表大会常务委员会关于《中华人民共和国刑法》第三百八十四条第一款的解释}

挪用用于救灾、抢险、防汛、优抚、扶贫、移民、救济款物归个人使用的，从重处罚。

第三百八十五条 国家工作人员利用职务上的便利，索取他人财物的，或者非法收受他人财物，为他人谋取利益的，是受贿罪。

国家工作人员在经济往来中，违反国家规定，收受各种名义的回扣、手续费，归个人所有的，以受贿论处。

第三百八十六条　对犯受贿罪的，根据受贿所得数额及情节，依照本法第三百八十三条的规定处罚。索贿的从重处罚。

第三百八十七条　国家机关、国有公司、企业、事业单位、人民团体，索取、非法收受他人财物，为他人谋取利益，情节严重的，对单位判处罚金，并对其直接负责的主管人员和其他直接责任人员，处五年以下有期徒刑或者拘役。

前款所列单位，在经济往来中，在帐外暗中收受各种名义的回扣、手续费的，以受贿论，依照前款的规定处罚。

第三百八十八条　国家工作人员利用本人职权或者地位形成的便利条件，通过其他国家工作人员职务上的行为，为请托人谋取不正当利益，索取请托人财物或者收受请托人财物的，以受贿论处。

第三百八十八条之一　国家工作人员的近亲属或者其他与该国家工作人员关系密切的人，通过该国家工作人员职务上的行为，或者利用该国家工作人员职权或者地位形成的便利条件，通过其他国家工作人员职务上的行为，为请托人谋取不正当利益，索取请托人财物或者收受请托人财物，数额较大或者有其他较重情节的，处三年以下有期徒刑或者拘役，并处罚金；数额巨大或者有其他严重情节的，处三年以上七年以下有期徒刑，并处罚金；数额特别巨大或者有其他特别严重情节的，处七年以上有期徒刑，并处罚金或者没收财产。

离职的国家工作人员或者其近亲属以及其他与其关系密切的人，利用该离职的国家工作人员原职权或者地位形成的便利条件实施前款行为的，依照前款的规定定罪处罚。{刑法修正案（七）增加此条}

第三百八十九条　为谋取不正当利益，给予国家工作人员以财物的，是行贿罪。

在经济往来中，违反国家规定，给予国家工作人员以财物，数额较大的，或者违反国家规定，给予国家工作人员以各种名义的回扣、手续费的，以行贿论处。

因被勒索给予国家工作人员以财物，没有获得不正当利益的，不是行贿。

第三百九十条　对犯行贿罪的，处五年以下有期徒刑或者拘役；因行贿谋取不正当利益，情节严重的，或者使国家利益遭受重大损失的，处五年以上十年以下有期徒刑；情节特别严重的，处十年以上有期徒刑或者无期徒刑，可以并处没收财产。

行贿人在被追诉前主动交待行贿行为的，可以减轻处罚或者免除处罚。

第三百九十一条　为谋取不正当利益，给予国家机关、国有公司、企业、事业单位、人民团体以财物的，或者在经济往来中，违反国家规定，给予各种名义的回扣、手续费的，处三年以下有期徒刑或者拘役。

单位犯前款罪的，对单位判处罚金，并对其直接负责的主管人员和其他直接责任人员，依照前款的规定处罚。

第三百九十二条　向国家工作人员介绍贿赂，情节严重的，处三年以下有期徒刑或者拘役。

介绍贿赂人在被追诉前主动交待介绍贿赂行为的，可以减轻处罚或者免除处罚。

第三百九十三条　单位为谋取不正当利益而行贿，或者违反国家规定，给予国家工作人员以回扣、手续费，情节严重的，对单位判处罚金，并对其直接负责的主管人员和其他直接责任人员，处五年以下有期徒刑或者拘役。因行贿取得的违法所得归个人所有的，依照本法第三百八十九条、第三百九十条的规定定罪处罚。

第三百九十四条 国家工作人员在国内公务活动或者对外交往中接受礼物，依照国家规定应当交公而不交公，数额较大的，依照本法第三百八十二条、第三百八十三条的规定定罪处罚。

第三百九十五条 国家工作人员的财产、支出明显超过合法收入，差额巨大的，可以责令该国家工作人员说明来源，不能说明来源的，差额部分以非法所得论，处五年以下有期徒刑或者拘役；差额特别巨大的，处五年以上十年以下有期徒刑。财产的差额部分予以追缴。{根据刑法修正案（七）修改}

{原条文：国家工作人员的财产或者支出明显超过合法收入，差额巨大的，可以责令说明来源。本人不能说明其来源是合法的，差额部分以非法所得论，处五年以下有期徒刑或者拘役，财产的差额部分予以追缴。}

国家工作人员在境外的存款，应当依照国家规定申报。数额较大、隐瞒不报的，处二年以下有期徒刑或者拘役；情节较轻的，由其所在单位或者上级主管机关酌情给予行政处分。

第三百九十六条 国家机关、国有公司、企业、事业单位、人民团体，违反国家规定，以单位名义将国有资产集体私分给个人，数额较大的，对其直接负责的主管人员和其他直接责任人员，处三年以下有期徒刑或者拘役，并处或者单处罚金；数额巨大的，处三年以上七年以下有期徒刑，并处罚金。

司法机关、行政执法机关违反国家规定，将应当上缴国家的罚没财物，以单位名义集体私分给个人的，依照前款的规定处罚。

第九章　渎职罪

{全国人民代表大会常务委员会关于《中华人民共和国刑法》第九章渎职罪主体适用问题的解释}

第三百九十七条 国家机关工作人员滥用职权或者玩忽职守，致使公共财产、国家和人民利益遭受重大损失的，处三年以下有期徒刑或者拘役；情节特别严重的，处三年以上七年以下有期徒刑。本法另有规定的，依照规定。

国家机关工作人员徇私舞弊，犯前款罪的，处五年以下有期徒刑或者拘役；情节特别严重的，处五年以上十年以下有期徒刑。本法另有规定的，依照规定。

第三百九十八条 国家机关工作人员违反保守国家秘密法的规定，故意或者过失泄露国家秘密，情节严重的，处三年以下有期徒刑或者拘役；情节特别严重的，处三年以上七年以下有期徒刑。

非国家机关工作人员犯前款罪的，依照前款的规定酌情处罚。

第三百九十九条 司法工作人员徇私枉法、徇情枉法，对明知是无罪的人而使他受追诉、对明知是有罪的人而故意包庇不使他受追诉，或者在刑事审判活动中故意违背事实和法律作枉法裁判的，处五年以下有期徒刑或者拘役；情节严重的，处五年以上十年以下有期徒刑；情节特别严重的，处十年以上有期徒刑。

在民事、行政审判活动中故意违背事实和法律作枉法裁判，情节严重的，处五年以下有期徒刑或者拘役；情节特别严重的，处五年以上十年以下有期徒刑。

在执行判决、裁定活动中，严重不负责任或者滥用职权，不依法采取诉讼保全措施、不履行法定执行职责，或者违法采取诉讼保全措施、强制执行措施，致使当事人或者其他人的利益遭受重大损失的，处五年以下有期徒刑或者拘役；致使当事人或者其他人的利益遭受特别重大损失的，处五年以上十年以下有期徒刑。

司法工作人员收受贿赂，有前三款行为的，同时又构成本法第三百八十五条规定之罪的，依照处罚较重的规定定罪处罚。｛根据刑法修正案（四）修改｝

｛原条文：司法工作人员徇私枉法、徇情枉法，对明知是无罪的人而使他受追诉、对明知是有罪的人而故意包庇不使他受追诉，或者在刑事审判活动中故意违背事实和法律作枉法裁判的，处五年以下有期徒刑或者拘役；情节严重的，处五年以上十年以下有期徒刑；情节特别严重的，处十年以上有期徒刑。

在民事、行政审判活动中故意违背事实和法律作枉法裁判，情节严重的，处五年以下有期徒刑或者拘役；情节特别严重的，处五年以上十年以下有期徒刑。

司法工作人员贪赃枉法，有前两款行为的，同时又构成本法第三百八十五条规定之罪的，依照处罚较重的规定定罪处罚。｝

第三百九十九条之一　依法承担仲裁职责的人员，在仲裁活动中故意违背事实和法律作枉法裁决，情节严重的，处三年以下有期徒刑或者拘役；情节特别严重的，处三年以上七年以下有期徒刑。｛刑法修正案（六）增加此条｝

第四百条　司法工作人员私放在押的犯罪嫌疑人、被告人或者罪犯的，处五年以下有期徒刑或者拘役；情节严重的，处五年以上十年以下有期徒刑；情节特别严重的，处十年以上有期徒刑。

司法工作人员由于严重不负责任，致使在押的犯罪嫌疑人、被告人或者罪犯脱逃，造成严重后果的，处三年以下有期徒刑或者拘役；造成特别严重后果的，处三年以上十年以下有期徒刑。

第四百零一条　司法工作人员徇私舞弊，对不符合减刑、假释、暂予监外执行条件的罪犯，予以减刑、假释或者暂予监外执行的，处三年以下有期徒刑或者拘役；情节严重的，处三年以上七年以下有期徒刑。

第四百零二条　行政执法人员徇私舞弊，对依法应当移交司法机关追究刑事责任的不移交，情节严重的，处三年以下有期徒刑或者拘役；造成严重后果的，处三年以上七年以下有期徒刑。

第四百零三条　国家有关主管部门的国家机关工作人员，徇私舞弊，滥用职权，对不符合法律规定条件的公司设立、登记申请或者股票、债券发行、上市申请，予以批准或者登记，致使公共财产、国家和人民利益遭受重大损失的，处五年以下有期徒刑或者拘役。

上级部门强令登记机关及其工作人员实施前款行为的，对其直接负责的主管人员，依照前款的规定处罚。

第四百零四条　税务机关的工作人员徇私舞弊，不征或者少征应征税款，致使国家税收遭受重大损失的，处五年以下有期徒刑或者拘役；造成特别重大损失的，处五年以上有期徒刑。

第四百零五条 税务机关的工作人员违反法律、行政法规的规定，在办理发售发票、抵扣税款、出口退税工作中，徇私舞弊，致使国家利益遭受重大损失的，处五年以下有期徒刑或者拘役；致使国家利益遭受特别重大损失的，处五年以上有期徒刑。

其他国家机关工作人员违反国家规定，在提供出口货物报关单、出口收汇核销单等出口退税凭证的工作中，徇私舞弊，致使国家利益遭受重大损失的，依照前款的规定处罚。

第四百零六条 国家机关工作人员在签订、履行合同过程中，因严重不负责任被诈骗，致使国家利益遭受重大损失的，处三年以下有期徒刑或者拘役；致使国家利益遭受特别重大损失的，处三年以上七年以下有期徒刑。

第四百零七条 林业主管部门的工作人员违反森林法的规定，超过批准的年采伐限额发放林木采伐许可证或者违反规定滥发林木采伐许可证，情节严重，致使森林遭受严重破坏的，处三年以下有期徒刑或者拘役。

第四百零八条 负有环境保护监督管理职责的国家机关工作人员严重不负责任，导致发生重大环境污染事故，致使公私财产遭受重大损失或者造成人身伤亡的严重后果的，处三年以下有期徒刑或者拘役。

第四百零八条之一 负有食品安全监督管理职责的国家机关工作人员，滥用职权或者玩忽职守，导致发生重大食品安全事故或者造成其他严重后果的，处五年以下有期徒刑或者拘役；造成特别严重后果的，处五年以上十年以下有期徒刑。

徇私舞弊犯前款罪的，从重处罚。{刑法修正案（八）增加此条}

第四百零九条 从事传染病防治的政府卫生行政部门的工作人员严重不负责任，导致传染病传播或者流行，情节严重的，处三年以下有期徒刑或者拘役。

第四百一十条 国家机关工作人员徇私舞弊，违反土地管理法规，滥用职权，非法批准征收、征用、占用土地，或者非法低价出让国有土地使用权，情节严重的，处三年以下有期徒刑或者拘役；致使国家或者集体利益遭受特别重大损失的，处三年以上七年以下有期徒刑。{根据《全国人民代表大会常务委员会关于修改部分法律的决定》修改}

{原条文：国家机关工作人员徇私舞弊，违反土地管理法规，滥用职权，非法批准征用、占用土地，或者非法低价出让国有土地使用权，情节严重的，处三年以下有期徒刑或者拘役；致使国家或者集体利益遭受特别重大损失的，处三年以上七年以下有期徒刑。}

{全国人民代表大会常务委员会关于《中华人民共和国刑法》第二百二十八条、第三百四十二条、第四百一十条的解释}

第四百一十一条 海关工作人员徇私舞弊，放纵走私，情节严重的，处五年以下有期徒刑或者拘役；情节特别严重的，处五年以上有期徒刑。

第四百一十二条 国家商检部门、商检机构的工作人员徇私舞弊，伪造检验结果的，处五年以下有期徒刑或者拘役；造成严重后果的，处五年以上十年以下有期徒刑。

前款所列人员严重不负责任，对应当检验的物品不检验，或者延误检验出证、错误出证，致使国家利益遭受重大损失的，处三年以下有期徒刑或者拘役。

第四百一十三条 动植物检疫机关的检疫人员徇私舞弊，伪造检疫结果的，处五年以下有期徒刑或者拘役；造成严重后果的，处五年以上十年以下有期徒刑。

前款所列人员严重不负责任，对应当检疫的检疫物不检疫，或者延误检疫出证、错误出证，致使国家利益遭受重大损失的，处三年以下有期徒刑或者拘役。

第四百一十四条　对生产、销售伪劣商品犯罪行为负有追究责任的国家机关工作人员，徇私舞弊，不履行法律规定的追究职责，情节严重的，处五年以下有期徒刑或者拘役。

第四百一十五条　负责办理护照、签证以及其他出入境证件的国家机关工作人员，对明知是企图偷越国（边）境的人员，予以办理出入境证件的，或者边防、海关等国家机关工作人员，对明知是偷越国（边）境的人员，予以放行的，处三年以下有期徒刑或者拘役；情节严重的，处三年以上七年以下有期徒刑。

第四百一十六条　对被拐卖、绑架的妇女、儿童负有解救职责的国家机关工作人员，接到被拐卖、绑架的妇女、儿童及其家属的解救要求或者接到其他人的举报，而对被拐卖、绑架的妇女、儿童不进行解救，造成严重后果的，处五年以下有期徒刑或者拘役。

负有解救职责的国家机关工作人员利用职务阻碍解救的，处二年以上七年以下有期徒刑；情节较轻的，处二年以下有期徒刑或者拘役。

第四百一十七条　有查禁犯罪活动职责的国家机关工作人员，向犯罪分子通风报信、提供便利，帮助犯罪分子逃避处罚的，处三年以下有期徒刑或者拘役；情节严重的，处三年以上十年以下有期徒刑。

第四百一十八条　国家机关工作人员在招收公务员、学生工作中徇私舞弊，情节严重的，处三年以下有期徒刑或者拘役。

第四百一十九条　国家机关工作人员严重不负责任，造成珍贵文物损毁或者流失，后果严重的，处三年以下有期徒刑或者拘役。

第十章　军人违反职责罪

第四百二十条　军人违反职责，危害国家军事利益，依照法律应当受刑罚处罚的行为，是军人违反职责罪。

第四百二十一条　战时违抗命令，对作战造成危害的，处三年以上十年以下有期徒刑；致使战斗、战役遭受重大损失的，处十年以上有期徒刑、无期徒刑或者死刑。

第四百二十二条　故意隐瞒、谎报军情或者拒传、假传军令，对作战造成危害的，处三年以上十年以下有期徒刑；致使战斗、战役遭受重大损失的，处十年以上有期徒刑、无期徒刑或者死刑。

第四百二十三条　在战场上贪生怕死，自动放下武器投降敌人的，处三年以上十年以下有期徒刑；情节严重的，处十年以上有期徒刑或者无期徒刑。

投降后为敌人效劳的，处十年以上有期徒刑、无期徒刑或者死刑。

第四百二十四条　战时临阵脱逃的，处三年以下有期徒刑；情节严重的，处三年以上十年以下有期徒刑；致使战斗、战役遭受重大损失的，处十年以上有期徒刑、无期徒刑或者死刑。

第四百二十五条　指挥人员和值班、值勤人员擅离职守或者玩忽职守，造成严重后果的，处三年以下有期徒刑或者拘役；造成特别严重后果的，处三年以上七年以下有期徒刑。

战时犯前款罪的，处五年以上有期徒刑。

第四百二十六条　以暴力、威胁方法，阻碍指挥人员或者值班、值勤人员执行职务的，处五年以下有期徒刑或者拘役；情节严重的，处五年以上有期徒刑；致人重伤、死亡的，或者有其他特别严重情节的，处无期徒刑或者死刑。战时从重处罚。

第四百二十七条 滥用职权，指使部属进行违反职责的活动，造成严重后果的，处五年以下有期徒刑或者拘役；情节特别严重的，处五年以上十年以下有期徒刑。

第四百二十八条 指挥人员违抗命令，临阵畏缩，作战消极，造成严重后果的，处五年以下有期徒刑；致使战斗、战役遭受重大损失或者有其他特别严重情节的，处五年以上有期徒刑。

第四百二十九条 在战场上明知友邻部队处境危急请求救援，能救援而不救援，致使友邻部队遭受重大损失的，对指挥人员，处五年以下有期徒刑。

第四百三十条 在履行公务期间，擅离岗位，叛逃境外或者在境外叛逃，危害国家军事利益的，处五年以下有期徒刑或者拘役；情节严重的，处五年以上有期徒刑。

驾驶航空器、舰船叛逃的，或者有其他特别严重情节的，处十年以上有期徒刑、无期徒刑或者死刑。

第四百三十一条 以窃取、刺探、收买方法，非法获取军事秘密的，处五年以下有期徒刑；情节严重的，处五年以上十年以下有期徒刑；情节特别严重的，处十年以上有期徒刑。

为境外的机构、组织、人员窃取、刺探、收买、非法提供军事秘密的，处十年以上有期徒刑、无期徒刑或者死刑。

第四百三十二条 违反保守国家秘密法规，故意或者过失泄露军事秘密，情节严重的，处五年以下有期徒刑或者拘役；情节特别严重的，处五年以上十年以下有期徒刑。

战时犯前款罪的，处五年以上十年以下有期徒刑；情节特别严重的，处十年以上有期徒刑或者无期徒刑。

第四百三十三条 战时造谣惑众，动摇军心的，处三年以下有期徒刑；情节严重的，处三年以上十年以下有期徒刑。

勾结敌人造谣惑众，动摇军心的，处十年以上有期徒刑或者无期徒刑；情节特别严重的，可以判处死刑。

第四百三十四条 战时自伤身体，逃避军事义务的，处三年以下有期徒刑；情节严重的，处三年以上七年以下有期徒刑。

第四百三十五条 违反兵役法规，逃离部队，情节严重的，处三年以下有期徒刑或者拘役。

战时犯前款罪的，处三年以上七年以下有期徒刑。

第四百三十六条 违反武器装备使用规定，情节严重，因而发生责任事故，致人重伤、死亡或者造成其他严重后果的，处三年以下有期徒刑或者拘役；后果特别严重的，处三年以上七年以下有期徒刑。

第四百三十七条 违反武器装备管理规定，擅自改变武器装备的编配用途，造成严重后果的，处三年以下有期徒刑或者拘役；造成特别严重后果的，处三年以上七年以下有期徒刑。

第四百三十八条 盗窃、抢夺武器装备或者军用物资的，处五年以下有期徒刑或者拘役；情节严重的，处五年以上十年以下有期徒刑；情节特别严重的，处十年以上有期徒刑、无期徒刑或者死刑。

盗窃、抢夺枪支、弹药、爆炸物的，依照本法第一百二十七条的规定处罚。

第四百三十九条　非法出卖、转让军队武器装备的，处三年以上十年以下有期徒刑；出卖、转让大量武器装备或者有其他特别严重情节的，处十年以上有期徒刑、无期徒刑或者死刑。

第四百四十条　违抗命令，遗弃武器装备的，处五年以下有期徒刑或者拘役；遗弃重要或者大量武器装备的，或者有其他严重情节的，处五年以上有期徒刑。

第四百四十一条　遗失武器装备，不及时报告或者有其他严重情节的，处三年以下有期徒刑或者拘役。

第四百四十二条　违反规定，擅自出卖、转让军队房地产，情节严重的，对直接责任人员，处三年以下有期徒刑或者拘役；情节特别严重的，处三年以上十年以下有期徒刑。

第四百四十三条　滥用职权，虐待部属，情节恶劣，致人重伤或者造成其他严重后果的，处五年以下有期徒刑或者拘役；致人死亡的，处五年以上有期徒刑。

第四百四十四条　在战场上故意遗弃伤病军人，情节恶劣的，对直接责任人员，处五年以下有期徒刑。

第四百四十五条　战时在救护治疗职位上，有条件救治而拒不救治危重伤病军人的，处五年以下有期徒刑或者拘役；造成伤病军人重残、死亡或者有其他严重情节的，处五年以上十年以下有期徒刑。

第四百四十六条　战时在军事行动地区，残害无辜居民或者掠夺无辜居民财物的，处五年以下有期徒刑；情节严重的，处五年以上十年以下有期徒刑；情节特别严重的，处十年以上有期徒刑、无期徒刑或者死刑。

第四百四十七条　私放俘虏的，处五年以下有期徒刑；私放重要俘虏、私放俘虏多人或者有其他严重情节的，处五年以上有期徒刑。

第四百四十八条　虐待俘虏，情节恶劣的，处三年以下有期徒刑。

第四百四十九条　在战时，对被判处三年以下有期徒刑没有现实危险宣告缓刑的犯罪军人，允许其戴罪立功，确有立功表现时，可以撤销原判刑罚，不以犯罪论处。

第四百五十条　本章适用于中国人民解放军的现役军官、文职干部、士兵及具有军籍的学员和中国人民武装警察部队的现役警官、文职干部、士兵及具有军籍的学员以及执行军事任务的预备役人员和其他人员。

第四百五十一条　本章所称战时，是指国家宣布进入战争状态、部队受领作战任务或者遭敌突然袭击时。

部队执行戒严任务或者处置突发性暴力事件时，以战时论。

附则

第四百五十二条　本法自 1997 年 10 月 1 日起施行。

列于本法附件一的全国人民代表大会常务委员会制定的条例、补充规定和决定，已纳入本法或者已不适用，自本法施行之日起，予以废止。

列于本法附件二的全国人民代表大会常务委员会制定的补充规定和决定予以保留。其中，有关行政处罚和行政措施的规定继续有效；有关刑事责任的规定已纳入本法，自本法施行之日起，适用本法规定。

附件一：全国人民代表大会常务委员会制定的下列条例、补充规定和决定，已纳入本法或者已不适用，自本法施行之日起，予以废止：

1. 中华人民共和国惩治军人违反职责罪暂行条例
2. 关于严惩严重破坏经济的罪犯的决定
3. 关于严惩严重危害社会治安的犯罪分子的决定
4. 关于惩治走私罪的补充规定
5. 关于惩治贪污罪贿赂罪的补充规定
6. 关于惩治泄露国家秘密犯罪的补充规定
7. 关于惩治捕杀国家重点保护的珍贵、濒危野生动物犯罪的补充规定
8. 关于惩治侮辱中华人民共和国国旗国徽罪的决定
9. 关于惩治盗掘古文化遗址古墓葬犯罪的补充规定
10. 关于惩治劫持航空器犯罪分子的决定
11. 关于惩治假冒注册商标犯罪的补充规定
12. 关于惩治生产、销售伪劣商品犯罪的决定
13. 关于惩治侵犯著作权的犯罪的决定
14. 关于惩治违反公司法的犯罪的决定
15. 关于处理逃跑或者重新犯罪的劳改犯和劳教人员的决定

附件二：全国人民代表大会常务委员会制定的下列补充规定和决定予以保留，其中，有关行政处罚和行政措施的规定继续有效；有关刑事责任的规定已纳入本法，自本法施行之日起，适用本法规定：

1. 关于禁毒的决定
2. 关于惩治走私、制作、贩卖、传播淫秽物品的犯罪分子的决定
3. 关于严禁卖淫嫖娼的决定
4. 关于严惩拐卖、绑架妇女、儿童的犯罪分子的决定
5. 关于惩治偷税、抗税犯罪的补充规定
6. 关于严惩组织、运送他人偷越国（边）境犯罪的补充规定
7. 关于惩治破坏金融秩序犯罪的决定
8. 关于惩治虚开、伪造和非法出售增值税专用发票犯罪的决定

附录9：

最高人民检察院 公安部关于
公安机关管辖的刑事案件立案追诉标准的规定（一）

（公通字［2008］36号）

一、危害公共安全案

第一条　［失火案（刑法第一百一十五条第二款）］过失引起火灾，涉嫌下列情形之一的，应予立案追诉：

（一）造成死亡一人以上，或者重伤三人以上的；

（二）造成公共财产或者他人财产直接经济损失五十万元以上的；

（三）造成十户以上家庭的房屋以及其他基本生活资料烧毁的；

（四）造成森林火灾，过火有林地面积二公顷以上，或者过火疏林地、灌木林地、未成林地、苗圃地面积四公顷以上的；

（五）其他造成严重后果的情形。

本条和本规定第十五条规定的“有林地”、“疏林地”、“灌木林地”、“未成林地”、“苗圃地”，按照国家林业主管部门的有关规定确定。

第二条　［非法制造、买卖、运输、储存危险物质案（刑法第一百二十五条第二款）］非法制造、买卖、运输、储存毒害性、放射性、传染病病原体等物质，危害公共安全，涉嫌下列情形之一的，应予立案追诉：

（一）造成人员重伤或者死亡的；

（二）造成直接经济损失十万元以上的；

（三）非法制造、买卖、运输、储存毒鼠强、氟乙酰胺、氟乙酸钠、毒鼠硅、甘氟原粉、原液、制剂五十克以上，或者饵料二千克以上的；

（四）造成急性中毒、放射性疾病或者造成传染病流行、暴发的；

（五）造成严重环境污染的；

（六）造成毒害性、放射性、传染病病原体等危险物质丢失、被盗、被抢或者被他人利用进行违法犯罪活动的；

（七）其他危害公共安全的情形。

第三条　［违规制造、销售枪支案（刑法第一百二十六条）］依法被指定、确定的枪支制造企业、销售企业，违反枪支管理规定，以非法销售为目的，超过限额或者不按照规定的品种制造、配售枪支，或者以非法销售为目的，制造无号、重号、假号的枪支，或者非法销售枪支或者在境内销售为出口制造的枪支，涉嫌下列情形之一的，应予立案追诉：

（一）违规制造枪支五支以上的；

（二）违规销售枪支二支以上的；

（三）虽未达到上述数量标准，但具有造成严重后果等其他恶劣情节的。

本条和本规定第四条、第七条规定的“枪支”，包括枪支散件。成套枪支散件，以相应数量的枪支计；非成套枪支散件，以每三十件为一成套枪支散件计。

第四条 ［非法持有、私藏枪支、弹药案（刑法第一百二十八条第一款）］违反枪支管理规定，非法持有、私藏枪支、弹药，涉嫌下列情形之一的，应予立案追诉：

（一）非法持有、私藏军用枪支一支以上的；

（二）非法持有、私藏以火药为动力发射枪弹的非军用枪支一支以上，或者以压缩气体等为动力的其他非军用枪支二支以上的；

（三）非法持有、私藏军用子弹二十发以上、气枪铅弹一千发以上或者其他非军用子弹二百发以上的；

（四）非法持有、私藏手榴弹、炸弹、地雷、手雷等具有杀伤性弹药一枚以上的；

（五）非法持有、私藏的弹药造成人员伤亡、财产损失的。

本条规定的“非法持有”，是指不符合配备、配置枪支、弹药条件的人员，擅自持有枪支、弹药的行为；“私藏”，是指依法配备、配置枪支、弹药的人员，在配备、配置枪支、弹药的条件消除后，私自藏匿所配备、配置的枪支、弹药且拒不交出的行为。

第五条 ［非法出租、出借枪支案（刑法第一百二十八条第二、三、四款）］依法配备公务用枪的人员或者单位，非法将枪支出租、出借给未取得公务用枪配备资格的人员或者单位，或者将公务用枪用作借债质押物的，应予立案追诉。

依法配备公务用枪的人员或者单位，非法将枪支出租、出借给具有公务用枪配备资格的人员或者单位，以及依法配置民用枪支的人员或者单位，非法出租、出借民用枪支，涉嫌下列情形之一的，应予立案追诉：

（一）造成人员轻伤以上伤亡事故的；

（二）造成枪支丢失、被盗、被抢的；

（三）枪支被他人利用进行违法犯罪活动的；

（四）其他造成严重后果的情形。

第六条 ［丢失枪支不报案（刑法第一百二十九条）］依法配备公务用枪的人员，丢失枪支不及时报告，涉嫌下列情形之一的，应予立案追诉：

（一）丢失的枪支被他人使用造成人员轻伤以上伤亡事故的；

（二）丢失的枪支被他人利用进行违法犯罪活动的；

（三）其他造成严重后果的情形。

第七条 ［非法携带枪支、弹药、管制刀具、危险物品危及公共安全案（刑法第一百三十条）］非法携带枪支、弹药、管制刀具或者爆炸性、易燃性、放射性、毒害性、腐蚀性物品，进入公共场所或者公共交通工具，危及公共安全，涉嫌下列情形之一的，应予立案追诉：

（一）携带枪支一支以上或者手榴弹、炸弹、地雷、手雷等具有杀伤性弹药一枚以上的；

（二）携带爆炸装置一套以上的；

（三）携带炸药、发射药、黑火药五百克以上或者烟火药一千克以上、雷管二十枚以上或者导火索、导爆索二十米以上，或者虽未达到上述数量标准，但拒不交出的；

（四）携带的弹药、爆炸物在公共场所或者公共交通工具上发生爆炸或者燃烧，尚未造成严重后果的；

（五）携带管制刀具二十把以上，或者虽未达到上述数量标准，但拒不交出，或者用来进行违法活动尚未构成其他犯罪的；

（六）携带的爆炸性、易燃性、放射性、毒害性、腐蚀性物品在公共场所或者公共交通工具上发生泄漏、遗洒，尚未造成严重后果的；

（七）其他情节严重的情形。

第八条　［重大责任事故案（刑法第一百三十四条第一款）］在生产、作业中违反有关安全管理的规定，涉嫌下列情形之一的，应予立案追诉：

（一）造成死亡一人以上，或者重伤三人以上的；

（二）造成直接经济损失五十万元以上的；

（三）发生矿山生产安全事故，造成直接经济损失一百万元以上的；

（四）其他造成严重后果的情形。

第九条　［强令违章冒险作业案（刑法第一百三十四条第二款）］强令他人违章冒险作业，涉嫌下列情形之一的，应予立案追诉：

（一）造成死亡一人以上，或者重伤三人以上的；

（二）造成直接经济损失五十万元以上的；

（三）发生矿山生产安全事故，造成直接经济损失一百万元以上的；

（四）其他造成严重后果的情形。

第十条　［重大劳动安全事故案（刑法第一百三十五条）］安全生产设施或者安全生产条件不符合国家规定，涉嫌下列情形之一的，应予立案追诉：

（一）造成死亡一人以上，或者重伤三人以上的；

（二）造成直接经济损失五十万元以上的；

（三）发生矿山生产安全事故，造成直接经济损失一百万元以上的；

（四）其他造成严重后果的情形。

第十一条　［大型群众性活动重大安全事故案（刑法第一百三十五条之一）］举办大型群众性活动违反安全管理规定，涉嫌下列情形之一的，应予立案追诉：

（一）造成死亡一人以上，或者重伤三人以上的；

（二）造成直接经济损失五十万元以上的；

（三）其他造成严重后果的情形。

第十二条　［危险物品肇事案（刑法第一百三十六条）］违反爆炸性、易燃性、放射性、毒害性、腐蚀性物品的管理规定，在生产、储存、运输、使用中发生重大事故，涉嫌下列情形之一的，应予立案追诉：

（一）造成死亡一人以上，或者重伤三人以上的；

（二）造成直接经济损失五十万元以上的；

（三）其他造成严重后果的情形。

第十三条　［工程重大安全事故案（刑法第一百三十七条）］建设单位、设计单位、施工单位、工程监理单位违反国家规定，降低工程质量标准，涉嫌下列情形之一的，应予立案追诉：

（一）造成死亡一人以上，或者重伤三人以上的；

（二）造成直接经济损失五十万元以上的；

（三）其他造成严重后果的情形。

第十四条　［教育设施重大安全事故案（刑法第一百三十八条）］明知校舍或者教育教学设施有危险，而不采取措施或者不及时报告，涉嫌下列情形之一的，应予立案追诉：

（一）造成死亡一人以上、重伤三人以上或者轻伤十人以上的；

（二）其他致使发生重大伤亡事故的情形。

第十五条　［消防责任事故案（刑法第一百三十九条）］违反消防管理法规，经消防监督机构通知采取改正措施而拒绝执行，涉嫌下列情形之一的，应予立案追诉：

（一）造成死亡一人以上，或者重伤三人以上的；

（二）造成直接经济损失五十万元以上的；

（三）造成森林火灾，过火有林地面积二公顷以上，或者过火疏林地、灌木林地、未成林地、苗圃地面积四公顷以上的；

（四）其他造成严重后果的情形。

二、破坏社会主义市场经济秩序案

第十六条　［生产、销售伪劣产品案（刑法第一百四十条）］生产者、销售者在产品中掺杂、掺假，以假充真，以次充好或者以不合格产品冒充合格产品，涉嫌下列情形之一的，应予立案追诉：

（一）伪劣产品销售金额五万元以上的；

（二）伪劣产品尚未销售，货值金额十五万元以上的；

（三）伪劣产品销售金额不满五万元，但将已销售金额乘以三倍后，与尚未销售的伪劣产品货值金额合计十五万元以上的。

本条规定的“掺杂、掺假”，是指在产品中掺入杂质或者异物，致使产品质量不符合国家法律、法规或者产品明示质量标准规定的质量要求，降低、失去应有使用性能的行为；“以假充真”，是指以不具有某种使用性能的产品冒充具有该种使用性能的产品的行为；“以次充好”，是指以低等级、低档次产品冒充高等级、高档次产品，或者以残次、废旧零配件组合、拼装后冒充正品或者新产品的行为；“不合格产品”，是指不符合《中华人民共和国产品质量法》规定的质量要求的产品。

对本条规定的上述行为难以确定的，应当委托法律、行政法规规定的产品质量检验机构进行鉴定。本条规定的“销售金额”，是指生产者、销售者出售伪劣产品后所得和应得的全部违法收入；“货值金额”，以违法生产、销售的伪劣产品的标价计算；没有标价的，按照同类合格产品的市场中间价格计算。货值金额难以确定的，按照《扣押、追缴、没收物品估价管理办法》的规定，委托估价机构进行确定。

第十七条　［生产、销售假药案（刑法第一百四十一条）］生产（包括配制）、销售假药，涉嫌下列情形之一的，应予立案追诉：

（一）含有超标准的有毒有害物质的；

（二）不含所标明的有效成份，可能贻误诊治的；

（三）所标明的适应症或者功能主治超出规定范围，可能造成贻误诊治的；

（四）缺乏所标明的急救必需的有效成份的；

（五）其他足以严重危害人体健康或者对人体健康造成严重危害的情形。

本条规定的“假药”，是指依照《中华人民共和国药品管理法》的规定属于假药和按假药论处的药品、非药品。

第十八条 ［生产、销售劣药案（刑法第一百四十二条）］生产（包括配制）、销售劣药，涉嫌下列情形之一的，应予立案追诉：

（一）造成人员轻伤、重伤或者死亡的；

（二）其他对人体健康造成严重危害的情形。

本条规定的“劣药”，是指依照《中华人民共和国药品管理法》的规定，药品成份的含量不符合国家药品标准的药品和按劣药论处的药品。

第十九条 ［生产、销售不符合卫生标准的食品案（刑法第一百四十三条）］生产、销售不符合卫生标准的食品，涉嫌下列情形之一的，应予立案追诉：

（一）含有可能导致严重食物中毒事故或者其他严重食源性疾患的超标准的有害细菌的；

（二）含有可能导致严重食物中毒事故或者其他严重食源性疾患的其他污染物的。

本条规定的“不符合卫生标准的食品”，由省级以上卫生行政部门确定的机构进行鉴定。

第二十条 ［生产、销售有毒、有害食品案（刑法第一百四十四条）］在生产、销售的食品中掺入有毒、有害的非食品原料的，或者销售明知掺有有毒、有害的非食品原料的食品的，应予立案追诉。

使用盐酸克仑特罗（俗称“瘦肉精”）等禁止在饲料和动物饮用水中使用的药品或者含有该类药品的饲料养殖供人食用的动物，或者销售明知是使用该类药品或者含有该类药品的饲料养殖的供人食用的动物的，应予立案追诉。

明知是使用盐酸克仑特罗等禁止在饲料和动物饮用水中使用的药品或者含有该类药品的饲料养殖的供人食用的动物，而提供屠宰等加工服务，或者销售其制品的，应予立案追诉。

第二十一条 ［生产、销售不符合标准的医用器材案（刑法第一百四十五条）］生产不符合保障人体健康的国家标准、行业标准的医疗器械、医用卫生材料，或者销售明知是不符合保障人体健康的国家标准、行业标准的医疗器械、医用卫生材料，涉嫌下列情形之一的，应予立案追诉：

（一）进入人体的医疗器械的材料中含有超过标准的有毒有害物质的；

（二）进入人体的医疗器械的有效性指标不符合标准要求，导致治疗、替代、调节、补偿功能部分或者全部丧失，可能造成贻误诊治或者人体严重损伤的；

（三）用于诊断、监护、治疗的有源医疗器械的安全指标不符合强制性标准要求，可能对人体构成伤害或者潜在危害的；

（四）用于诊断、监护、治疗的有源医疗器械的主要性能指标不合格，可能造成贻误诊治或者人体严重损伤的；

（五）未经批准，擅自增加功能或者适用范围，可能造成贻误诊治或者人体严重损伤的；

（六）其他足以严重危害人体健康或者对人体健康造成严重危害的情形。

医疗机构或者个人知道或者应当知道是不符合保障人体健康的国家标准、行业标准的医疗器械、医用卫生材料而购买并有偿使用的，视为本条规定的“销售”。

第二十二条 ［生产、销售不符合安全标准的产品案（刑法第一百四十六条）］生产不符合保障人身、财产安全的国家标准、行业标准的电器、压力容器、易燃易爆产品或者其他不符合保障人身、财产安全的国家标准、行业标准的产品，或者销售明知是以上不符合保障人身、财产安全的国家标准、行业标准的产品，涉嫌下列情形之一的，应予立案追诉：

（一）造成人员重伤或者死亡的；

（二）造成直接经济损失十万元以上的；

（三）其他造成严重后果的情形。

第二十三条 ［生产、销售伪劣农药、兽药、化肥、种子案（刑法第一百四十七条）］生产假农药、假兽药、假化肥，销售明知是假的或者失去使用效能的农药、兽药、化肥、种子，或者生产者、销售者以不合格的农药、兽药、化肥、种子冒充合格的农药、兽药、化肥、种子，涉嫌下列情形之一的，应予立案追诉：

（一）使生产遭受损失二万元以上的；

（二）其他使生产遭受较大损失的情形。

第二十四条 ［生产、销售不符合卫生标准的化妆品案（刑法第一百四十八条）］生产不符合卫生标准的化妆品，或者销售明知是不符合卫生标准的化妆品，涉嫌下列情形之一的，应予立案追诉：

（一）造成他人容貌毁损或者皮肤严重损伤的；

（二）造成他人器官组织损伤导致严重功能障碍的；

（三）致使他人精神失常或者自杀、自残造成重伤、死亡的；

（四）其他造成严重后果的情形。

第二十五条 ［走私淫秽物品案（刑法第一百五十二条第一款）］以牟利或者传播为目的，走私淫秽的影片、录像带、录音带、图片、书刊或者其他通过文字、声音、形象等形式表现淫秽内容的影碟、音碟、电子出版物等物品，涉嫌下列情形之一的，应予立案追诉：

（一）走私淫秽录像带、影碟五十盘（张）以上的；

（二）走私淫秽录音带、音碟一百盘（张）以上的；

（三）走私淫秽扑克、书刊、画册一百副（册）以上的；

（四）走私淫秽照片、图片五百张以上的；

（五）走私其他淫秽物品相当于上述数量的；

（六）走私淫秽物品数量虽未达到本条第（一）项至第（四）项规定标准，但分别达到其中两项以上标准的百分之五十以上的。

第二十六条 ［侵犯著作权案（刑法第二百一十七条）］以营利为目的，未经著作权人许可，复制发行其文字作品、音乐、电影、电视、录像作品、计算机软件及其他作品，或者出版他人享有专有出版权的图书，或者未经录音录像制作者许可，复制发行其制作的录音录像，或者制作、出售假冒他人署名的美术作品，涉嫌下列情形之一的，应予立案追诉：

（一）违法所得数额三万元以上的；

（二）非法经营数额五万元以上的；

（三）未经著作权人许可，复制发行其文字作品、音乐、电影、电视、录像作品、计算机软件及其他作品，复制品数量合计五百张（份）以上的；

（四）未经录音录像制作者许可，复制发行其制作的录音录像制品，复制品数量合计五百张（份）以上的；

（五）其他情节严重的情形。

以刊登收费广告等方式直接或者间接收取费用的情形，属于本条规定的“以营利为目的”。

本条规定的“未经著作权人许可”，是指没有得到著作权人授权或者伪造、涂改著作权人授权许可文件或者超出授权许可范围的情形。

本条规定的“复制发行”，包括复制、发行或者既复制又发行的行为。

通过信息网络向公众传播他人文字作品、音乐、电影、电视、录像作品、计算机软件及其他作品，或者通过信息网络传播他人制作的录音录像制品的行为，应当视为本条规定的“复制发行”。

侵权产品的持有人通过广告、征订等方式推销侵权产品的，属于本条规定的“发行”。

本条规定的“非法经营数额”，是指行为人在实施侵犯知识产权行为过程中，制造、储存、运输、销售侵权产品的价值。已销售的侵权产品的价值，按照实际销售的价格计算。制造、储存、运输和未销售的侵权产品的价值，按照标价或者已经查清的侵权产品的实际销售平均价格计算。侵权产品没有标价或者无法查清其实际销售价格的，按照被侵权产品的市场中间价格计算。

第二十七条　［销售侵权复制品案（刑法第二百一十八条）］以营利为目的，销售明知是刑法第二百一十七条规定的侵权复制品，涉嫌下列情形之一的，应予立案追诉：

（一）违法所得数额十万元以上的；

（二）违法所得数额虽未达到上述数额标准，但尚未销售的侵权复制品货值金额达到三十万元以上的。

第二十八条　［强迫交易案（刑法第二百二十六条）］以暴力、威胁手段强买强卖商品、强迫他人提供服务或者强迫他人接受服务，涉嫌下列情形之一的，应予立案追诉：

（一）造成被害人轻微伤或者其他严重后果的；

（二）造成直接经济损失二千元以上的；

（三）强迫交易三次以上或者强迫三人以上交易的；

（四）强迫交易数额一万元以上，或者违法所得数额二千元以上的；

（五）强迫他人购买伪劣商品数额五千元以上，或者违法所得数额一千元以上的；

（六）其他情节严重的情形。

第二十九条　［伪造、倒卖伪造的有价票证案（刑法第二百二十七条第一款）］伪造或者倒卖伪造的车票、船票、邮票或者其他有价票证，涉嫌下列情形之一的，应予立案追诉：

（一）车票、船票票面数额累计二千元以上，或者数量累计五十张以上的；

（二）邮票票面数额累计五千元以上，或者数量累计一千枚以上的；

（三）其他有价票证价额累计五千元以上，或者数量累计一百张以上的；

（四）非法获利累计一千元以上的；

（五）其他数额较大的情形。

第三十条 ［倒卖车票、船票案（刑法第二百二十七条第二款）］倒卖车票、船票或者倒卖车票坐席、卧铺签字号以及订购车票、船票凭证，涉嫌下列情形之一的，应予立案追诉：

（一）票面数额累计五千元以上的；

（二）非法获利累计二千元以上的；

（三）其他情节严重的情形。

三、侵犯公民人身权利、民主权利案

第三十一条 ［强迫职工劳动案（刑法第二百四十四条）］用人单位违反劳动管理法规，以限制人身自由方法强迫职工劳动，涉嫌下列情形之一的，应予立案追诉：

（一）强迫他人劳动，造成人员伤亡或者患职业病的；

（二）采取殴打、胁迫、扣发工资、扣留身份证件等手段限制人身自由，强迫他人劳动的；

（三）强迫妇女从事井下劳动、国家规定的第四级体力劳动强度的劳动或者其他禁忌从事的劳动，或者强迫处于经期、孕期和哺乳期妇女从事国家规定的第三级体力劳动强度以上的劳动或者其他禁忌从事的劳动的；

（四）强迫已满十六周岁未满十八周岁的未成年人从事国家规定的第四级体力劳动强度的劳动，或者从事高空、井下劳动，或者在爆炸性、易燃性、放射性、毒害性等危险环境下从事劳动的；

（五）其他情节严重的情形。

第三十二条 ［雇用童工从事危重劳动案（刑法第二百四十四条之一）］违反劳动管理法规，雇用未满十六周岁的未成年人从事国家规定的第四级体力劳动强度的劳动，或者从事高空、井下作业，或者在爆炸性、易燃性、放射性、毒害性等危险环境下从事劳动，涉嫌下列情形之一的，应予立案追诉：

（一）造成未满十六周岁的未成年人伤亡或者对其身体健康造成严重危害的；

（二）雇用未满十六周岁的未成年人三人以上的；

（三）以强迫、欺骗等手段雇用未满十六周岁的未成年人从事危重劳动的；

（四）其他情节严重的情形。

四、侵犯财产案

第三十三条 ［故意毁坏财物案（刑法第二百七十五条）］故意毁坏公私财物，涉嫌下列情形之一的，应予立案追诉：

（一）造成公私财物损失五千元以上的；

（二）毁坏公私财物三次以上的；

（三）纠集三人以上公然毁坏公私财物的；

（四）其他情节严重的情形。

第三十四条 ［破坏生产经营案（刑法第二百七十六条）］由于泄愤报复或者其他个人目的，毁坏机器设备、残害耕畜或者以其他方法破坏生产经营，涉嫌下列情形之一的，应予立案追诉：

（一）造成公私财物损失五千元以上的；

（二）破坏生产经营三次以上的；

（三）纠集三人以上公然破坏生产经营的；

（四）其他破坏生产经营应予追究刑事责任的情形。

五、妨害社会管理秩序案

第三十五条　［非法生产、买卖警用装备案（刑法第二百八十一条）］非法生产、买卖人民警察制式服装、车辆号牌等专用标志、警械，涉嫌下列情形之一的，应予立案追诉：

（一）成套制式服装三十套以上，或者非成套制式服装一百件以上的；

（二）手铐、脚镣、警用抓捕网、警用催泪喷射器、警灯、警报器单种或者合计十件以上的；

（三）警棍五十根以上的；

（四）警衔、警号、胸章、臂章、帽徽等警用标志单种或者合计一百件以上的；

（五）警车号牌、省级以上公安机关专段民用车辆号牌一副以上，或者其他公安机关专段民用车辆号牌三副以上的；

（六）非法经营数额五千元以上，或者非法获利一千元以上的；

（七）被他人利用进行违法犯罪活动的；

（八）其他情节严重的情形。

第三十六条　［聚众斗殴案（刑法第二百九十二条第一款）］组织、策划、指挥或者积极参加聚众斗殴的，应予立案追诉。

第三十七条　［寻衅滋事案（刑法第二百九十三条）］寻衅滋事，破坏社会秩序，涉嫌下列情形之一的，应予立案追诉：

（一）随意殴打他人造成他人身体伤害、持械随意殴打他人或者具有其他恶劣情节的；

（二）追逐、拦截、辱骂他人，严重影响他人正常工作、生产、生活，或者造成他人精神失常、自杀或者具有其他恶劣情节的；

（三）强拿硬要或者任意损毁、占用公私财物价值二千元以上，强拿硬要或者任意损毁、占用公私财物三次以上或者具有其他严重情节的；

（四）在公共场所起哄闹事，造成公共场所秩序严重混乱的。

第三十八条　［非法集会、游行、示威案（刑法第二百九十六条）］举行集会、游行、示威，未依照法律规定申请或者申请未获许可，或者未按照主管机关许可的起止时间、地点、路线进行，又拒不服从解散命令，严重破坏社会秩序的，应予立案追诉。

第三十九条　［非法携带武器、管制刀具、爆炸物参加集会、游行、示威案（刑法第二百九十七条）］违反法律规定，携带武器、管制刀具或者爆炸物参加集会、游行、示威的，应予立案追诉。

第四十条　［破坏集会、游行、示威案（刑法第二百九十八条）］扰乱、冲击或者以其他方法破坏依法举行的集会、游行、示威，造成公共秩序混乱的，应予立案追诉。

第四十一条　［聚众淫乱案（刑法第三百零一条第一款）］组织、策划、指挥三人以上进行聚众淫乱活动或者参加聚众淫乱活动三次以上的，应予立案追诉。

第四十二条 ［引诱未成年人聚众淫乱案（刑法第三百零一条第二款）］引诱未成年人参加聚众淫乱活动的，应予立案追诉。

第四十三条 ［赌博案（刑法第三百零三条第一款）］以营利为目的，聚众赌博，涉嫌下列情形之一的，应予立案追诉：

（一）组织三人以上赌博，抽头渔利数额累计五千元以上的；

（二）组织三人以上赌博，赌资数额累计五万元以上的；

（三）组织三人以上赌博，参赌人数累计二十人以上的；

（四）组织中华人民共和国公民十人以上赴境外赌博，从中收取回扣、介绍费的；

（五）其他聚众赌博应予追究刑事责任的情形。

以营利为目的，以赌博为业的，应予立案追诉。

赌博犯罪中用作赌注的款物、换取筹码的款物和通过赌博赢取的款物属于赌资。通过计算机网络实施赌博犯罪的，赌资数额可以按照在计算机网络上投注或者赢取的点数乘以每一点实际代表的金额认定。

第四十四条 ［开设赌场案（刑法第三百零三条第二款）］开设赌场的，应予立案追诉。

在计算机网络上建立赌博网站，或者为赌博网站担任代理，接受投注的，属于本条规定的“开设赌场”。

第四十五条 ［故意延误投递邮件案（刑法第三百零四条）］邮政工作人员严重不负责任，故意延误投递邮件，涉嫌下列情形之一的，应予立案追诉：

（一）造成直接经济损失二万元以上的；

（二）延误高校录取通知书或者其他重要邮件投递，致使他人失去高校录取资格或者造成其他无法挽回的重大损失的；

（三）严重损害国家声誉或者造成恶劣社会影响的；

（四）其他致使公共财产、国家和人民利益遭受重大损失的情形。

第四十六条 ［故意损毁文物案（刑法第三百二十四条第一款）］故意损毁国家保护的珍贵文物或者被确定为全国重点文物保护单位、省级文物保护单位的文物的，应予立案追诉。

第四十七条 ［故意损毁名胜古迹案（刑法第三百二十四条第二款）］故意损毁国家保护的名胜古迹，涉嫌下列情形之一的，应予立案追诉：

（一）造成国家保护的名胜古迹严重损毁的；

（二）损毁国家保护的名胜古迹三次以上或者三处以上，尚未造成严重毁损后果的；

（三）损毁手段特别恶劣的；

（四）其他情节严重的情形。

第四十八条 ［过失损毁文物案（刑法第三百二十四条第三款）］过失损毁国家保护的珍贵文物或者被确定为全国重点文物保护单位、省级文物保护单位的文物，涉嫌下列情形之一的，应予立案追诉：

（一）造成珍贵文物严重损毁的；

（二）造成被确定为全国重点文物保护单位、省级文物保护单位的文物严重损毁的；

（三）造成珍贵文物损毁三件以上的；

（四）其他造成严重后果的情形。

第四十九条 ［妨害传染病防治案（刑法第三百三十条）］违反传染病防治法的规定，引起甲类或者按甲类管理的传染病传播或者有传播严重危险，涉嫌下列情形之一的，应予立案追诉：

（一）供水单位供应的饮用水不符合国家规定的卫生标准的；

（二）拒绝按照疾病预防控制机构提出的卫生要求，对传染病病原体污染的污水、污物、粪便进行消毒处理的；

（三）准许或者纵容传染病病人、病原携带者和疑似传染病病人从事国务院卫生行政部门规定禁止从事的易使该传染病扩散的工作的；

（四）拒绝执行疾病预防控制机构依照传染病防治法提出的预防、控制措施的。

本条和本规定第五十条规定的“甲类传染病”，是指鼠疫、霍乱；“按甲类管理的传染病”，是指乙类传染病中传染性非典型肺炎、炭疽中的肺炭疽、人感染高致病性禽流感以及国务院卫生行政部门根据需要报经国务院批准公布实施的其他需要按甲类管理的乙类传染病和突发原因不明的传染病。

第五十条 ［传染病菌种、毒种扩散案（刑法第三百三十一条）］从事实验、保藏、携带、运输传染病菌种、毒种的人员，违反国务院卫生行政部门的有关规定，造成传染病菌种、毒种扩散，涉嫌下列情形之一的，应予立案追诉：

（一）导致甲类和按甲类管理的传染病传播的；

（二）导致乙类、丙类传染病流行、暴发的；

（三）造成人员重伤或者死亡的；

（四）严重影响正常的生产、生活秩序的；

（五）其他造成严重后果的情形。

第五十一条 ［妨害国境卫生检疫案（刑法第三百三十二条）］违反国境卫生检疫规定，引起检疫传染病传播或者有传播严重危险的，应予立案追诉。

本条规定的“检疫传染病”，是指鼠疫、霍乱、黄热病以及国务院确定和公布的其他传染病。

第五十二条 ［非法组织卖血案（刑法第三百三十三条第一款）］非法组织他人出卖血液，涉嫌下列情形之一的，应予立案追诉：

（一）组织卖血三人次以上的；

（二）组织卖血非法获利累计二千元以上的；

（三）组织未成年人卖血的；

（四）被组织卖血的人的血液含有艾滋病病毒、乙型肝炎病毒、丙型肝炎病毒、梅毒螺旋体等病原微生物的；

（五）其他非法组织卖血应予追究刑事责任的情形。

第五十三条 ［强迫卖血案（刑法第三百三十三条第一款）］以暴力、威胁方法强迫他人出卖血液的，应予立案追诉。

第五十四条 ［非法采集、供应血液、制作、供应血液制品案（刑法第三百三十四条第一款）］非法采集、供应血液或者制作、供应血液制品，涉嫌下列情形之一的，应予立案追诉：

（一）采集、供应的血液含有艾滋病病毒、乙型肝炎病毒、丙型肝炎病毒、梅毒螺旋体等病原微生物的；

（二）制作、供应的血液制品含有艾滋病病毒、乙型肝炎病毒、丙型肝炎病毒、梅毒螺旋体等病原微生物，或者将含有上述病原微生物的血液用于制作血液制品的；

（三）使用不符合国家规定的药品、诊断试剂、卫生器材，或者重复使用一次性采血器材采集血液，造成传染病传播危险的；

（四）违反规定对献血者、供血浆者超量、频繁采集血液、血浆，足以危害人体健康的；

（五）其他不符合国家有关采集、供应血液或者制作、供应血液制品的规定，足以危害人体健康或者对人体健康造成严重危害的情形。

未经国家主管部门批准或者超过批准的业务范围，采集、供应血液或者制作、供应血液制品的，属于本条规定的"非法采集、供应血液或者制作、供应血液制品"。

本条和本规定第五十二条、第五十三条、第五十五条规定的"血液"，是指全血、成分血和特殊血液成分。

本条和本规定第五十五条规定的"血液制品"，是指各种人血浆蛋白制品。

第五十五条 ［采集、供应血液、制作、供应血液制品事故案（刑法第三百三十四条第二款）］经国家主管部门批准采集、供应血液或者制作、供应血液制品的部门，不依照规定进行检测或者违背其他操作规定，涉嫌下列情形之一的，应予立案追诉：

（一）造成献血者、供血浆者、受血者感染艾滋病病毒、乙型肝炎病毒、丙型肝炎病毒、梅毒螺旋体或者其他经血液传播的病原微生物的；

（二）造成献血者、供血浆者、受血者重度贫血、造血功能障碍或者其他器官组织损伤导致功能障碍等身体严重危害的；

（三）其他造成危害他人身体健康后果的情形。

经国家主管部门批准的采供血机构和血液制品生产经营单位，属于本条规定的"经国家主管部门批准采集、供应血液或者制作、供应血液制品的部门"。采供血机构包括血液中心、中心血站、中心血库、脐带血造血干细胞库和国家卫生行政主管部门根据医学发展需要批准、设置的其他类型血库、单采血浆站。

具有下列情形之一的，属于本条规定的"不依照规定进行检测或者违背其他操作规定"：

（一）血站未用两个企业生产的试剂对艾滋病病毒抗体、乙型肝炎病毒表面抗原、丙型肝炎病毒抗体、梅毒抗体进行两次检测的；

（二）单采血浆站不依照规定对艾滋病病毒抗体、乙型肝炎病毒表面抗原、丙型肝炎病毒抗体、梅毒抗体进行检测的；

（三）血液制品生产企业在投料生产前未用主管部门批准和检定合格的试剂进行复检的；

（四）血站、单采血浆站和血液制品生产企业使用的诊断试剂没有生产单位名称、生产批准文号或者经检定不合格的；

（五）采供血机构在采集检验标本、采集血液和成分血分离时，使用没有生产单位名称、生产批准文号或者超过有效期的一次性注射器等采血器材的；

（六）不依照国家规定的标准和要求包装、储存、运输血液、原料血浆的；

（七）对国家规定检测项目结果呈阳性的血液未及时按照规定予以清除的；

（八）不具备相应资格的医务人员进行采血、检验操作的；

（九）对献血者、供血浆者超量、频繁采集血液、血浆的；

（十）采供血机构采集血液、血浆前，未对献血者或者供血浆者进行身份识别，采集冒名顶替者、健康检查不合格者血液、血浆的；

（十一）血站擅自采集原料血浆，单采血浆站擅自采集临床用血或者向医疗机构供应原料血浆的；

（十二）重复使用一次性采血器材的；

（十三）其他不依照规定进行检测或者违背操作规定的。

第五十六条　［医疗事故案（刑法第三百三十五条）］医务人员由于严重不负责任，造成就诊人死亡或者严重损害就诊人身体健康的，应予立案追诉。

具有下列情形之一的，属于本条规定的“严重不负责任”：

（一）擅离职守的；

（二）无正当理由拒绝对危急就诊人实行必要的医疗救治的；

（三）未经批准擅自开展试验性医疗的；

（四）严重违反查对、复核制度的；

（五）使用未经批准使用的药品、消毒药剂、医疗器械的；

（六）严重违反国家法律法规及有明确规定的诊疗技术规范、常规的；

（七）其他严重不负责任的情形。

本条规定的“严重损害就诊人身体健康”，是指造成就诊人严重残疾、重伤、感染艾滋病、病毒性肝炎等难以治愈的疾病或者其他严重损害就诊人身体健康的后果。

第五十七条　［非法行医案（刑法第三百三十六条第一款）］未取得医生执业资格的人非法行医，涉嫌下列情形之一的，应予立案追诉：

（一）造成就诊人轻度残疾、器官组织损伤导致一般功能障碍，或者中度以上残疾、器官组织损伤导致严重功能障碍，或者死亡的；

（二）造成甲类传染病传播、流行或者有传播、流行危险的；

（三）使用假药、劣药或不符合国家规定标准的卫生材料、医疗器械，足以严重危害人体健康的；

（四）非法行医被卫生行政部门行政处罚两次以后，再次非法行医的；

（五）其他情节严重的情形。

具有下列情形之一的，属于本条规定的“未取得医生执业资格的人非法行医”：

（一）未取得或者以非法手段取得医师资格从事医疗活动的；

（二）个人未取得《医疗机构执业许可证》开办医疗机构的；

（三）被依法吊销医师执业证书期间从事医疗活动的；

（四）未取得乡村医生执业证书，从事乡村医疗活动的；

（五）家庭接生员实施家庭接生以外的医疗行为的。

本条规定的“轻度残疾、器官组织损伤导致一般功能障碍”、“中度以上残疾、器官组织损伤导致严重功能障碍”，参照卫生部《医疗事故分级标准（试行）》认定。

第五十八条 ［非法进行节育手术案（刑法第三百三十六条第二款）］未取得医生执业资格的人擅自为他人进行节育复通手术、假节育手术、终止妊娠手术或者摘取宫内节育器，涉嫌下列情形之一的，应予立案追诉：

（一）造成就诊人轻伤、重伤、死亡或者感染艾滋病、病毒性肝炎等难以治愈的疾病的；

（二）非法进行节育复通手术、假节育手术、终止妊娠手术或者摘取宫内节育器五人次以上的；

（三）致使他人超计划生育的；

（四）非法进行选择性别的终止妊娠手术的；

（五）非法获利累计五千元以上的；

（六）其他情节严重的情形。

第五十九条 ［逃避动植物检疫案（刑法第三百三十七条）］违反进出境动植物检疫法的规定，逃避动植物检疫，涉嫌下列情形之一的，应予立案追诉：

（一）造成国家规定的《进境动物一、二类传染病、寄生虫病名录》中所列的动物疫病传入或者对农、牧、渔业生产以及人体健康、公共安全造成严重危害的其他动物疫病在国内暴发流行的；

（二）造成国家规定的《进境植物检疫性有害生物名录》中所列的有害生物传入或者对农、林业生产、生态环境以及人体健康有严重危害的其他有害生物在国内传播扩散的。

第六十条 ［重大环境污染事故案（刑法第三百三十八条）］违反国家规定，向土地、水体、大气排放、倾倒或者处置有放射性的废物、含传染病病原体的废物、有毒物质或者其他危险废物，造成重大环境污染事故，涉嫌下列情形之一的，应予立案追诉：

（一）致使公私财产损失三十万元以上的；

（二）致使基本农田、防护林地、特种用途林地五亩以上，其他农用地十亩以上，其他土地二十亩以上基本功能丧失或者遭受永久性破坏的；

（三）致使森林或者其他林木死亡五十立方米以上，或者幼树死亡二千五百株以上的；

（四）致使一人以上死亡、三人以上重伤、十人以上轻伤，或者一人以上重伤并且五人以上轻伤的；

（五）致使传染病发生、流行或者人员中毒达到《国家突发公共卫生事件应急预案》中突发公共卫生事件分级Ⅲ级以上情形，严重危害人体健康的；

（六）其他致使公私财产遭受重大损失或者人身伤亡的严重后果的情形。

本条和本规定第六十二条规定的“公私财产损失”，包括污染环境行为直接造成的财产损毁、减少的实际价值，为防止污染扩大以及消除污染而采取的必要的、合理的措施而发生的费用。

第六十一条 ［非法处置进口的固体废物案（刑法第三百三十九条第一款）］违反国家规定，将境外的固体废物进境倾倒、堆放、处置的，应予立案追诉。

第六十二条 ［擅自进口固体废物案（刑法第三百三十九条第二款）］未经国务院有关主管部门许可，擅自进口固体废物用作原料，造成重大环境污染事故，涉嫌下列情形之一的，应予立案追诉：

（一）致使公私财产损失三十万元以上的；

（二）致使基本农田、防护林地、特种用途林地五亩以上，其他农用地十亩以上，其他土地二十亩以上基本功能丧失或者遭受永久性破坏的；

（三）致使森林或者其他林木死亡五十立方米以上，或者幼树死亡二千五百株以上的；

（四）致使一人以上死亡、三人以上重伤、十人以上轻伤，或者一人以上重伤并且五人以上轻伤的；

（五）致使传染病发生、流行或者人员中毒达到《国家突发公共卫生事件应急预案》中突发公共卫生事件分级Ⅲ级以上情形，严重危害人体健康的；

（六）其他致使公私财产遭受重大损失或者严重危害人体健康的情形。

第六十三条　［非法捕捞水产品案（刑法第三百四十条）］违反保护水产资源法规，在禁渔区、禁渔期或者使用禁用的工具、方法捕捞水产品，涉嫌下列情形之一的，应予立案追诉：

（一）在内陆水域非法捕捞水产品五百公斤以上或者价值五千元以上，或者在海洋水域非法捕捞水产品二千公斤以上或者价值二万元以上的；

（二）非法捕捞有重要经济价值的水生动物苗种、怀卵亲体或者在水产种质资源保护区内捕捞水产品，在内陆水域五十公斤以上或者价值五百元以上，或者在海洋水域二百公斤以上或者价值二千元以上的；

（三）在禁渔区内使用禁用的工具或者禁用的方法捕捞的；

（四）在禁渔期内使用禁用的工具或者禁用的方法捕捞的；

（五）在公海使用禁用渔具从事捕捞作业，造成严重影响的；

（六）其他情节严重的情形。

第六十四条　［非法猎捕、杀害珍贵、濒危野生动物案（刑法第三百四十一条第一款）］非法猎捕、杀害国家重点保护的珍贵、濒危野生动物的，应予立案追诉。

本条和本规定第六十五条规定的“珍贵、濒危野生动物”，包括列入《国家重点保护野生动物名录》的国家一、二级保护野生动物、列入《濒危野生动植物种国际贸易公约》附录一、附录二的野生动物以及驯养繁殖的上述物种。

第六十五条　［非法收购、运输、出售珍贵、濒危野生动物、珍贵、濒危野生动物制品案（刑法第三百四十一条第一款）］非法收购、运输、出售国家重点保护的珍贵、濒危野生动物及其制品的，应予立案追诉。

本条规定的“收购”，包括以营利、自用等为目的的购买行为；“运输”，包括采用携带、邮寄、利用他人、使用交通工具等方法进行运送的行为；“出售”，包括出卖和以营利为目的的加工利用行为。

第六十六条　［非法狩猎案（刑法第三百四十一条第二款）］违反狩猎法规，在禁猎区、禁猎期或者使用禁用的工具、方法进行狩猎，破坏野生动物资源，涉嫌下列情形之一的，应予立案追诉：

（一）非法狩猎野生动物二十只以上的；

（二）在禁猎区内使用禁用的工具或者禁用的方法狩猎的；

（三）在禁猎期内使用禁用的工具或者禁用的方法狩猎的；

（四）其他情节严重的情形。

第六十七条 ［非法占用农用地案（刑法第三百四十二条）］违反土地管理法规，非法占用耕地、林地等农用地，改变被占用土地用途，造成耕地、林地等农用地大量毁坏，涉嫌下列情形之一的，应予立案追诉：

（一）非法占用基本农田五亩以上或者基本农田以外的耕地十亩以上的；

（二）非法占用防护林地或者特种用途林地数量单种或者合计五亩以上的；

（三）非法占用其他林地数量十亩以上的；

（四）非法占用本款第（二）项、第（三）项规定的林地，其中一项数量达到相应规定的数量标准的百分之五十以上，且两项数量合计达到该项规定的数量标准的；

（五）非法占用其他农用地数量较大的情形。

违反土地管理法规，非法占用耕地建窑、建坟、建房、挖沙、采石、采矿、取土、堆放固体废弃物或者进行其他非农业建设，造成耕地种植条件严重毁坏或者严重污染，被毁坏耕地数量达到以上规定的，属于本条规定的“造成耕地大量毁坏”。

违反土地管理法规，非法占用林地，改变被占用林地用途，在非法占用的林地上实施建窑、建坟、建房、挖沙、采石、采矿、取土、种植农作物、堆放或者排泄废弃物等行为或者进行其他非林业生产、建设，造成林地的原有植被或者林业种植条件严重毁坏或者严重污染，被毁坏林地数量达到以上规定的，属于本条规定的“造成林地大量毁坏”。

第六十八条 ［非法采矿案（刑法第三百四十三条第一款）］违反矿产资源法的规定，未取得采矿许可证擅自采矿的，或者擅自进入国家规划矿区、对国民经济具有重要价值的矿区和他人矿区范围采矿的，或者擅自开采国家规定实行保护性开采的特定矿种，经责令停止开采后拒不停止开采，造成矿产资源破坏的价值数额在五万元至十万元以上的，应予立案追诉。

具有下列情形之一的，属于本条规定的“未取得采矿许可证擅自采矿”：

（一）无采矿许可证开采矿产资源的；

（二）采矿许可证被注销、吊销后继续开采矿产资源的；

（三）超越采矿许可证规定的矿区范围开采矿产资源的；

（四）未按采矿许可证规定的矿种开采矿产资源的（共生、伴生矿种除外）；

（五）其他未取得采矿许可证开采矿产资源的情形。

在采矿许可证被依法暂扣期间擅自开采的，视为本条规定的“未取得采矿许可证擅自采矿”。

造成矿产资源破坏的价值数额，由省级以上地质矿产主管部门出具鉴定结论，经查证属实后予以认定。

第六十九条 ［破坏性采矿案（刑法第三百四十三条第二款）］违反矿产资源法的规定，采取破坏性的开采方法开采矿产资源，造成矿产资源严重破坏，价值数额在三十万元至五十万元以上的，应予立案追诉。

本条规定的“采取破坏性的开采方法开采矿产资源”，是指行为人违反地质矿产主管部门审查批准的矿产资源开发利用方案开采矿产资源，并造成矿产资源严重破坏的行为。

破坏性的开采方法以及造成矿产资源严重破坏的价值数额，由省级以上地质矿产主管部门出具鉴定结论，经查证属实后予以认定。

第七十条 ［非法采伐、毁坏国家重点保护植物案（刑法第三百四十四条）］违反国家规定，非法采伐、毁坏珍贵树木或者国家重点保护的其他植物的，应予立案追诉。

本条和本规定第七十一条规定的“珍贵树木或者国家重点保护的其他植物”，包括由省级以上林业主管部门或者其他部门确定的具有重大历史纪念意义、科学研究价值或者年代久远的古树名木，国家禁止、限制出口的珍贵树木以及列入《国家重点保护野生植物名录》的树木或者其他植物。

第七十一条　［非法收购、运输、加工、出售国家重点保护植物、国家重点保护植物制品案（刑法第三百四十四条）］违反国家规定，非法收购、运输、加工、出售珍贵树木或者国家重点保护的其他植物及其制品的，应予立案追诉。

第七十二条　［盗伐林木案（刑法第三百四十五条第一款）］盗伐森林或者其他林木，涉嫌下列情形之一的，应予立案追诉：

（一）盗伐二至五立方米以上的；

（二）盗伐幼树一百至二百株以上的。

以非法占有为目的，具有下列情形之一的，属于本条规定的“盗伐森林或者其他林木”：

（一）擅自砍伐国家、集体、他人所有或者他人承包经营管理的森林或者其他林木的；

（二）擅自砍伐本单位或者本人承包经营管理的森林或者其他林木的；

（三）在林木采伐许可证规定的地点以外采伐国家、集体、他人所有或者他人承包经营管理的森林或者其他林木的。

本条和本规定第七十三条、第七十四条规定的林木数量以立木蓄积计算，计算方法为：原木材积除以该树种的出材率；“幼树”，是指胸径五厘米以下的树木。

第七十三条　［滥伐林木案（刑法第三百四十五条第二款）］违反森林法的规定，滥伐森林或者其他林木，涉嫌下列情形之一的，应予立案追诉：

（一）滥伐十至二十立方米以上的；

（二）滥伐幼树五百至一千株以上的。

违反森林法的规定，具有下列情形之一的，属于本条规定的“滥伐森林或者其他林木”：

（一）未经林业行政主管部门及法律规定的其他主管部门批准并核发林木采伐许可证，或者虽持有林木采伐许可证，但违反林木采伐许可证规定的时间、数量、树种或者方式，任意采伐本单位所有或者本人所有的森林或者其他林木的；

（二）超过林木采伐许可证规定的数量采伐他人所有的森林或者其他林木的。

违反森林法的规定，在林木采伐许可证规定的地点以外，采伐本单位或者本人所有的森林或者其他林木的，除农村居民采伐自留地和房前屋后个人所有的零星林木以外，属于本条第二款第（一）项“未经林业行政主管部门及法律规定的其他主管部门批准并核发林木采伐许可证”规定的情形。

林木权属争议一方在林木权属确权之前，擅自砍伐森林或者其他林木的，属于本条规定的“滥伐森林或者其他林木”。

滥伐林木的数量，应在伐区调查设计允许的误差额以上计算。

第七十四条　［非法收购、运输盗伐、滥伐的林木案（刑法第三百四十五条第三款）］非法收购、运输明知是盗伐、滥伐的林木，涉嫌下列情形之一的，应予立案追诉：

（一）非法收购、运输盗伐、滥伐的林木二十立方米以上或者幼树一千株以上的；

（二）其他情节严重的情形。

本条规定的“非法收购”的“明知”，是指知道或者应当知道。具有下列情形之一的，可以视为应当知道，但是有证据证明确属被蒙骗的除外：

（一）在非法的木材交易场所或者销售单位收购木材的；

（二）收购以明显低于市场价格出售的木材的；

（三）收购违反规定出售的木材的。

第七十五条 ［组织卖淫案（刑法第三百五十八条第一款）］以招募、雇佣、强迫、引诱、容留等手段，组织他人卖淫的，应予立案追诉。

第七十六条 ［强迫卖淫案（刑法第三百五十八条第一款）］以暴力、胁迫等手段强迫他人卖淫的，应予立案追诉。

第七十七条 ［协助组织卖淫案（刑法第三百五十八条第三款）］在组织卖淫的犯罪活动中，充当保镖、打手、管账人等，起帮助作用的，应予立案追诉。

第七十八条 ［引诱、容留、介绍卖淫案（刑法第三百五十九条第一款）］引诱、容留、介绍他人卖淫，涉嫌下列情形之一的，应予立案追诉：

（一）引诱、容留、介绍二人次以上卖淫的；

（二）引诱、容留、介绍已满十四周岁未满十八周岁的未成年人卖淫的；

（三）被引诱、容留、介绍卖淫的人患有艾滋病或者患有梅毒、淋病等严重性病的；

（四）其他引诱、容留、介绍卖淫应予追究刑事责任的情形。

第七十九条 ［引诱幼女卖淫案（刑法第三百五十九条第二款）］引诱不满十四周岁的幼女卖淫的，应予立案追诉。

第八十条 ［传播性病案（刑法第三百六十条第一款）］明知自己患有梅毒、淋病等严重性病卖淫、嫖娼的，应予立案追诉。

具有下列情形之一的，可以认定为本条规定的“明知”：

（一）有证据证明曾到医疗机构就医，被诊断为患有严重性病的；

（二）根据本人的知识和经验，能够知道自己患有严重性病的；

（三）通过其他方法能够证明是“明知”的。

第八十一条 ［嫖宿幼女案（刑法第三百六十条第二款）］行为人知道被害人是或者可能是不满十四周岁的幼女而嫖宿的，应予立案追诉。

第八十二条 ［制作、复制、出版、贩卖、传播淫秽物品牟利案（刑法第三百六十三条第一款、第二款）］以牟利为目的，制作、复制、出版、贩卖、传播淫秽物品，涉嫌下列情形之一的，应予立案追诉：

（一）制作、复制、出版淫秽影碟、软件、录像带五十至一百张（盒）以上，淫秽音碟、录音带一百至二百张（盒）以上，淫秽扑克、书刊、画册一百至二百副（册）以上，淫秽照片、画片五百至一千张以上的；

（二）贩卖淫秽影碟、软件、录像带一百至二百张（盒）以上，淫秽音碟、录音带二百至四百张（盒）以上，淫秽扑克、书刊、画册二百至四百副（册）以上，淫秽照片、画片一千至二千张以上的；

（三）向他人传播淫秽物品达二百至五百人次以上，或者组织播放淫秽影、像达十至二十场次以上的；

（四）制作、复制、出版、贩卖、传播淫秽物品，获利五千至一万元以上的。

以牟利为目的，利用互联网、移动通讯终端制作、复制、出版、贩卖、传播淫秽电子信息，涉嫌下列情形之一的，应予立案追诉：

（一）制作、复制、出版、贩卖、传播淫秽电影、表演、动画等视频文件二十个以上的；

（二）制作、复制、出版、贩卖、传播淫秽音频文件一百个以上的；

（三）制作、复制、出版、贩卖、传播淫秽电子刊物、图片、文章、短信息等二百件以上的；

（四）制作、复制、出版、贩卖、传播的淫秽电子信息，实际被点击数达到一万次以上的；

（五）以会员制方式出版、贩卖、传播淫秽电子信息，注册会员达二百人以上的；

（六）利用淫秽电子信息收取广告费、会员注册费或者其他费用，违法所得一万元以上的；

（七）数量或者数额虽未达到本款第（一）项至第（六）项规定标准，但分别达到其中两项以上标准的百分之五十以上的；

（八）造成严重后果的。

利用聊天室、论坛、即时通信软件、电子邮件等方式，实施本条第二款规定行为的，应予立案追诉。

以牟利为目的，通过声讯台传播淫秽语音信息，涉嫌下列情形之一的，应予立案追诉：

（一）向一百人次以上传播的；

（二）违法所得一万元以上的；

（三）造成严重后果的。

明知他人用于出版淫秽书刊而提供书号、刊号的，应予立案追诉。

第八十三条　［为他人提供书号出版淫秽书刊案（刑法第三百六十三条第二款）］为他人提供书号、刊号出版淫秽书刊，或者为他人提供版号出版淫秽音像制品的，应予立案追诉。

第八十四条　［传播淫秽物品案（刑法第三百六十四条第一款）］传播淫秽的书刊、影片、音像、图片或者其他淫秽物品，涉嫌下列情形之一的，应予立案追诉：

（一）向他人传播三百至六百人次以上的；

（二）造成恶劣社会影响的。

不以牟利为目的，利用互联网、移动通讯终端传播淫秽电子信息，涉嫌下列情形之一的，应予立案追诉：

（一）数量达到本规定第八十二条第二款第（一）项至第（五）项规定标准二倍以上的；

（二）数量分别达到本规定第八十二条第二款第（一）项至第（五）项两项以上标准的；

（三）造成严重后果的。

利用聊天室、论坛、即时通信软件、电子邮件等方式，实施本条第二款规定行为的，应予立案追诉。

第八十五条　［组织播放淫秽音像制品案（刑法第三百六十四条第二款）］组织播放淫秽的电影、录像等音像制品，涉嫌下列情形之一的，应予立案追诉：

（一）组织播放十五至三十场次以上的；

（二）造成恶劣社会影响的。

第八十六条　［组织淫秽表演案（刑法第三百六十五条）］以策划、招募、强迫、雇用、引诱、提供场地、提供资金等手段，组织进行淫秽表演，涉嫌下列情形之一的，应予立案追诉：

（一）组织表演者进行裸体表演的；

（二）组织表演者利用性器官进行诲淫性表演的；

（三）组织表演者半裸体或者变相裸体表演并通过语言、动作具体描绘性行为的；

（四）其他组织进行淫秽表演应予追究刑事责任的情形。

六、危害国防利益案

第八十七条　［故意提供不合格武器装备、军事设施案（刑法第三百七十条第一款）］明知是不合格的武器装备、军事设施而提供给武装部队，涉嫌下列情形之一的，应予立案追诉：

（一）造成人员轻伤以上的；

（二）造成直接经济损失十万元以上的；

（三）提供不合格的枪支三支以上、子弹一百发以上、雷管五百枚以上、炸药五千克以上或者其他重要武器装备、军事设施的；

（四）影响作战、演习、抢险救灾等重大任务完成的；

（五）发生在战时的；

（六）其他故意提供不合格武器装备、军事设施应予追究刑事责任的情形。

第八十八条　［过失提供不合格武器装备、军事设施案（刑法第三百七十条第二款）］过失提供不合格武器装备、军事设施给武装部队，涉嫌下列情形之一的，应予立案追诉：

（一）造成死亡一人以上或者重伤三人以上的；

（二）造成直接经济损失三十万元以上的；

（三）严重影响作战、演习、抢险救灾等重大任务完成的；

（四）其他造成严重后果的情形。

第八十九条　［聚众冲击军事禁区案（刑法第三百七十一条第一款）］组织、策划、指挥聚众冲击军事禁区或者积极参加聚众冲击军事禁区，严重扰乱军事禁区秩序，涉嫌下列情形之一的，应予立案追诉：

（一）冲击三次以上或者一次冲击持续时间较长的；

（二）持械或者采取暴力手段冲击的；

（三）冲击重要军事禁区的；

（四）发生在战时的；

（五）其他严重扰乱军事禁区秩序应予追究刑事责任的情形。

第九十条　［聚众扰乱军事管理区秩序案（刑法第三百七十一条第二款）］组织、策划、指挥聚众扰乱军事管理区秩序或者积极参加聚众扰乱军事管理区秩序，致使军事管理区工作无法进行，造成严重损失，涉嫌下列情形之一的，应予立案追诉：

（一）造成人员轻伤以上的；

（二）扰乱三次以上或者一次扰乱时间较长的；

（三）造成直接经济损失五万元以上的；

（四）持械或者采取暴力手段的；

（五）扰乱重要军事管理区秩序的；

（六）发生在战时的；

（七）其他聚众扰乱军事管理区秩序应予追究刑事责任的情形。

第九十一条　［煽动军人逃离部队案（刑法第三百七十三条）］煽动军人逃离部队，涉嫌下列情形之一的，应予立案追诉：

（一）煽动三人以上逃离部队的；

（二）煽动指挥人员、值班执勤人员或者其他负有重要职责人员逃离部队的；

（三）影响重要军事任务完成的；

（四）发生在战时的；

（五）其他情节严重的情形。

第九十二条　［雇用逃离部队军人案（刑法第三百七十三条）］明知是逃离部队的军人而雇用，涉嫌下列情形之一的，应予立案追诉：

（一）雇用一人六个月以上的；

（二）雇用三人以上的；

（三）明知是逃离部队的指挥人员、值班执勤人员或者其他负有重要职责人员而雇用的；

（四）阻碍部队将被雇用军人带回的；

（五）其他情节严重的情形。

第九十三条　［接送不合格兵员案（刑法第三百七十四条）］在征兵工作中徇私舞弊，接送不合格兵员，涉嫌下列情形之一的，应予立案追诉：

（一）接送不合格特种条件兵员一名以上或者普通兵员三名以上的；

（二）发生在战时的；

（三）造成严重后果的；

（四）其他情节严重的情形。

第九十四条　［非法生产、买卖军用标志案（刑法第三百七十五条第二款）］非法生产、买卖武装部队制式服装、车辆号牌等专用标志，涉嫌下列情形之一的，应予立案追诉：

（一）成套制式服装三十套以上，或者非成套制式服装一百件以上的；

（二）军徽、军旗、肩章、星徽、帽徽、军种符号或者其他军用标志单种或者合计一百件以上的；

（三）军以上领导机关专用车辆号牌一副以上或者其他军用车辆号牌三副以上的；

（四）非法经营数额五千元以上，或者非法获利一千元以上的；

（五）被他人利用进行违法犯罪活动的；

（六）其他情节严重的情形。

第九十五条 ［战时拒绝、逃避征召、军事训练案（刑法第三百七十六条第一款）］预备役人员战时拒绝、逃避征召或者军事训练，涉嫌下列情形之一的，应予立案追诉：

（一）无正当理由经教育仍拒绝、逃避征召或者军事训练的；

（二）以暴力、威胁、欺骗等手段，或者采取自伤、自残等方式拒绝、逃避征召或者军事训练的；

（三）联络、煽动他人共同拒绝、逃避征召或者军事训练的；

（四）其他情节严重的情形。

第九十六条 ［战时拒绝、逃避服役案（刑法第三百七十六条第二款）］公民战时拒绝、逃避服役，涉嫌下列情形之一的，应予立案追诉：

（一）无正当理由经教育仍拒绝、逃避服役的；

（二）以暴力、威胁、欺骗等手段，或者采取自伤、自残等方式拒绝、逃避服役的；

（三）联络、煽动他人共同拒绝、逃避服役的；

（四）其他情节严重的情形。

第九十七条 ［战时窝藏逃离部队军人案（刑法第三百七十九条）］战时明知是逃离部队的军人而为其提供隐蔽处所、财物，涉嫌下列情形之一的，应予立案追诉：

（一）窝藏三人次以上的；

（二）明知是指挥人员、值班执勤人员或者其他负有重要职责人员而窝藏的；

（三）有关部门查找时拒不交出的；

（四）其他情节严重的情形。

第九十八条 ［战时拒绝、故意延误军事订货案（刑法第三百八十条）］战时拒绝或者故意延误军事订货，涉嫌下列情形之一的，应予立案追诉：

（一）拒绝或者故意延误军事订货三次以上的；

（二）联络、煽动他人共同拒绝或者故意延误军事订货的；

（三）拒绝或者故意延误重要军事订货，影响重要军事任务完成的；

（四）其他情节严重的情形。

第九十九条 ［战时拒绝军事征用案（刑法第三百八十一条）］战时拒绝军事征用，涉嫌下列情形之一的，应予立案追诉：

（一）无正当理由拒绝军事征用三次以上的；

（二）采取暴力、威胁、欺骗等手段拒绝军事征用的；

（三）联络、煽动他人共同拒绝军事征用的；

（四）拒绝重要军事征用，影响重要军事任务完成的；

（五）其他情节严重的情形。

附　则

第一百条 本规定中的立案追诉标准，除法律、司法解释另有规定的以外，适用于相关的单位犯罪。

第一百零一条 本规定中的“以上”，包括本数。

第一百零二条 本规定自印发之日起施行。

附录 10：

最高人民检察院 公安部关于
公安机关管辖的刑事案件立案追诉标准的规定（二）

（公通字〔2010〕23 号）

一、危害公共安全案

第一条　［资助恐怖活动案（刑法第一百二十条之一）］资助恐怖活动组织或者实施恐怖活动的个人的，应予立案追诉。

本条规定的“资助”，是指为恐怖活动组织或者实施恐怖活动的个人筹集、提供经费、物资或者提供场所以及其他物质便利的行为。“实施恐怖活动的个人”，包括预谋实施、准备实施和实际实施恐怖活动的个人。

二、破坏社会主义市场经济秩序案

第二条　［走私假币案（刑法第一百五十一条第一款）］走私伪造的货币，总面额在二千元以上或者币量在二百张（枚）以上的，应予立案追诉。

第三条　［虚报注册资本案（刑法第一百五十八条）］申请公司登记使用虚假证明文件或者采取其他欺诈手段虚报注册资本，欺骗公司登记主管部门，取得公司登记，涉嫌下列情形之一的，应予立案追诉：

（一）超过法定出资期限，实缴注册资本不足法定注册资本最低限额，有限责任公司虚报数额在三十万元以上并占其应缴出资数额百分之六十以上的，股份有限公司虚报数额在三百万元以上并占其应缴出资数额百分之三十以上的；

（二）超过法定出资期限，实缴注册资本达到法定注册资本最低限额，但仍虚报注册资本，有限责任公司虚报数额在一百万元以上并占其应缴出资数额百分之六十以上的，股份有限公司虚报数额在一千万元以上并占其应缴出资数额百分之三十以上的；

（三）造成投资者或者其他债权人直接经济损失累计数额在十万元以上的；

（四）虽未达到上述数额标准，但具有下列情形之一的：

1. 两年内因虚报注册资本受过行政处罚二次以上，又虚报注册资本的；

2. 向公司登记主管人员行贿的；

3. 为进行违法活动而注册的。

（五）其他后果严重或者有其他严重情节的情形。

第四条　［虚假出资、抽逃出资案（刑法第一百五十九条）］公司发起人、股东违反公司法的规定未交付货币、实物或者未转移财产权，虚假出资，或者在公司成立后又抽逃其出资，涉嫌下列情形之一的，应予立案追诉：

（一）超过法定出资期限，有限责任公司股东虚假出资数额在三十万元以上并占其应缴出资数额百分之六十以上的，股份有限公司发起人、股东虚假出资数额在三百万元以上并占其应缴出资数额百分之三十以上的；

（二）有限责任公司股东抽逃出资数额在三十万元以上并占其实缴出资数额百分之六十以上的，股份有限公司发起人、股东抽逃出资数额在三百万元以上并占其实缴出资数额百分之三十以上的；

（三）造成公司、股东、债权人的直接经济损失累计数额在十万元以上的；

（四）虽未达到上述数额标准，但具有下列情形之一的：

1. 致使公司资不抵债或者无法正常经营的；

2. 公司发起人、股东合谋虚假出资、抽逃出资的；

3. 两年内因虚假出资、抽逃出资受过行政处罚二次以上，又虚假出资、抽逃出资的；

4. 利用虚假出资、抽逃出资所得资金进行违法活动的。

（五）其他后果严重或者有其他严重情节的情形。

第五条　［欺诈发行股票、债券案（刑法第一百六十条）］在招股说明书、认股书、公司、企业债券募集办法中隐瞒重要事实或者编造重大虚假内容，发行股票或者公司、企业债券，涉嫌下列情形之一的，应予立案追诉：

（一）发行数额在五百万元以上的；

（二）伪造、变造国家机关公文、有效证明文件或者相关凭证、单据的；

（三）利用募集的资金进行违法活动的；

（四）转移或者隐瞒所募集资金的；

（五）其他后果严重或者有其他严重情节的情形。

第六条　［违规披露、不披露重要信息案（刑法第一百六十一条）］依法负有信息披露义务的公司、企业向股东和社会公众提供虚假的或者隐瞒重要事实的财务会计报告，或者对依法应当披露的其他重要信息不按照规定披露，涉嫌下列情形之一的，应予立案追诉：

（一）造成股东、债权人或者其他人直接经济损失数额累计在五十万元以上的；

（二）虚增或者虚减资产达到当期披露的资产总额百分之三十以上的；

（三）虚增或者虚减利润达到当期披露的利润总额百分之三十以上的；

（四）未按照规定披露的重大诉讼、仲裁、担保、关联交易或者其他重大事项所涉及的数额或者连续十二个月的累计数额占净资产百分之五十以上的；

（五）致使公司发行的股票、公司债券或者国务院依法认定的其他证券被终止上市交易或者多次被暂停上市交易的；

（六）致使不符合发行条件的公司、企业骗取发行核准并且上市交易的；

（七）在公司财务会计报告中将亏损披露为盈利，或者将盈利披露为亏损的；

（八）多次提供虚假的或者隐瞒重要事实的财务会计报告，或者多次对依法应当披露的其他重要信息不按照规定披露的；

（九）其他严重损害股东、债权人或者其他人利益，或者有其他严重情节的情形。

第七条　［妨害清算案（刑法第一百六十二条）］公司、企业进行清算时，隐匿财产，对资产负债表或者财产清单作虚伪记载或者在未清偿债务前分配公司、企业财产，涉嫌下列情形之一的，应予立案追诉：

（一）隐匿财产价值在五十万元以上的；

（二）对资产负债表或者财产清单作虚伪记载涉及金额在五十万元以上的；

（三）在未清偿债务前分配公司、企业财产价值在五十万元以上的；

（四）造成债权人或者其他人直接经济损失数额累计在十万元以上的；

（五）虽未达到上述数额标准，但应清偿的职工的工资、社会保险费用和法定补偿金得不到及时清偿，造成恶劣社会影响的；

（六）其他严重损害债权人或者其他人利益的情形。

第八条　［隐匿、故意销毁会计凭证、会计账簿、财务会计报告案（刑法第一百六十二条之一）］隐匿或者故意销毁依法应当保存的会计凭证、会计账簿、财务会计报告，涉嫌下列情形之一的，应予立案追诉：

（一）隐匿、故意销毁的会计凭证、会计账簿、财务会计报告涉及金额在五十万元以上的；

（二）依法应当向司法机关、行政机关、有关主管部门等提供而隐匿、故意销毁或者拒不交出会计凭证、会计账簿、财务会计报告的；

（三）其他情节严重的情形。

第九条　［虚假破产案（刑法第一百六十二条之二）］公司、企业通过隐匿财产、承担虚构的债务或者以其他方法转移、处分财产，实施虚假破产，涉嫌下列情形之一的，应予立案追诉：

（一）隐匿财产价值在五十万元以上的；

（二）承担虚构的债务涉及金额在五十万元以上的；

（三）以其他方法转移、处分财产价值在五十万元以上的；

（四）造成债权人或者其他人直接经济损失数额累计在十万元以上的；

（五）虽未达到上述数额标准，但应清偿的职工的工资、社会保险费用和法定补偿金得不到及时清偿，造成恶劣社会影响的；

（六）其他严重损害债权人或者其他人利益的情形。

第十条　［非国家工作人员受贿案（刑法第一百六十三条）］公司、企业或者其他单位的工作人员利用职务上的便利，索取他人财物或者非法收受他人财物，为他人谋取利益，或者在经济往来中，利用职务上的便利，违反国家规定，收受各种名义的回扣、手续费，归个人所有，数额在五千元以上的，应予立案追诉。

第十一条　［对非国家工作人员行贿案（刑法第一百六十四条）］为谋取不正当利益，给予公司、企业或者其他单位的工作人员以财物，个人行贿数额在一万元以上的，单位行贿数额在二十万元以上的，应予立案追诉。

第十二条　［非法经营同类营业案（刑法第一百六十五条）］国有公司、企业的董事、经理利用职务便利，自己经营或者为他人经营与其所任职公司、企业同类的营业，获取非法利益，数额在十万元以上的，应予立案追诉。

第十三条　［为亲友非法牟利案（刑法第一百六十六条）］国有公司、企业、事业单位的工作人员，利用职务便利，为亲友非法牟利，涉嫌下列情形之一的，应予立案追诉：

（一）造成国家直接经济损失数额在十万元以上的；

（二）使其亲友非法获利数额在二十万元以上的；

（三）造成有关单位破产，停业、停产六个月以上，或者被吊销许可证和营业执照、责令关闭、撤销、解散的；

（四）其他致使国家利益遭受重大损失的情形。

第十四条　［签订、履行合同失职被骗案（刑法第一百六十七条）］国有公司、企业、事业单位直接负责的主管人员，在签订、履行合同过程中，因严重不负责任被诈骗，涉嫌下列情形之一的，应予立案追诉：

（一）造成国家直接经济损失数额在五十万元以上的；

（二）造成有关单位破产，停业、停产六个月以上，或者被吊销许可证和营业执照、责令关闭、撤销、解散的；

（三）其他致使国家利益遭受重大损失的情形。

金融机构、从事对外贸易经营活动的公司、企业的工作人员严重不负责任，造成一百万美元以上外汇被骗购或者逃汇一千万美元以上的，应予立案追诉。

本条规定的“诈骗”，是指对方当事人的行为已经涉嫌诈骗犯罪，不以对方当事人已经被人民法院判决构成诈骗犯罪作为立案追诉的前提。

第十五条 ［国有公司、企业、事业单位人员失职案（刑法第一百六十八条）］国有公司、企业、事业单位的工作人员，严重不负责任，涉嫌下列情形之一的，应予立案追诉：

（一）造成国家直接经济损失数额在五十万元以上的；

（二）造成有关单位破产，停业、停产一年以上，或者被吊销许可证和营业执照、责令关闭、撤销、解散的；

（三）其他致使国家利益遭受重大损失的情形。

第十六条 ［国有公司、企业、事业单位人员滥用职权案（刑法第一百六十八条）］国有公司、企业、事业单位的工作人员，滥用职权，涉嫌下列情形之一的，应予立案追诉：

（一）造成国家直接经济损失数额在三十万元以上的；

（二）造成有关单位破产，停业、停产六个月以上，或者被吊销许可证和营业执照、责令关闭、撤销、解散的；

（三）其他致使国家利益遭受重大损失的情形。

第十七条 ［徇私舞弊低价折股、出售国有资产案（刑法第一百六十九条）］国有公司、企业或者其上级主管部门直接负责的主管人员，徇私舞弊，将国有资产低价折股或者低价出售，涉嫌下列情形之一的，应予立案追诉：

（一）造成国家直接经济损失数额在三十万元以上的；

（二）造成有关单位破产，停业、停产六个月以上，或者被吊销许可证和营业执照、责令关闭、撤销、解散的；

（三）其他致使国家利益遭受重大损失的情形。

第十八条 ［背信损害上市公司利益案（刑法第一百六十九条之一）］上市公司的董事、监事、高级管理人员违背对公司的忠实义务，利用职务便利，操纵上市公司从事损害上市公司利益的行为，以及上市公司的控股股东或者实际控制人，指使上市公司董事、监事、高级管理人员实施损害上市公司利益的行为，涉嫌下列情形之一的，应予立案追诉：

（一）无偿向其他单位或者个人提供资金、商品、服务或者其他资产，致使上市公司直接经济损失数额在一百五十万元以上的；

（二）以明显不公平的条件，提供或者接受资金、商品、服务或者其他资产，致使上市公司直接经济损失数额在一百五十万元以上的；

（三）向明显不具有清偿能力的单位或者个人提供资金、商品、服务或者其他资产，致使上市公司直接经济损失数额在一百五十万元以上的；

（四）为明显不具有清偿能力的单位或者个人提供担保，或者无正当理由为其他单位或者个人提供担保，致使上市公司直接经济损失数额在一百五十万元以上的；

（五）无正当理由放弃债权、承担债务，致使上市公司直接经济损失数额在一百五十万元以上的；

（六）致使公司发行的股票、公司债券或者国务院依法认定的其他证券被终止上市交易或者多次被暂停上市交易的；

（七）其他致使上市公司利益遭受重大损失的情形。

第十九条　［伪造货币案（刑法第一百七十条）］伪造货币，涉嫌下列情形之一的，应予立案追诉：

（一）伪造货币，总面额在二千元以上或者币量在二百张（枚）以上的；

（二）制造货币版样或者为他人伪造货币提供版样的；

（三）其他伪造货币应予追究刑事责任的情形。

本规定中的“货币”是指流通的以下货币：

（一）人民币（含普通纪念币、贵金属纪念币）、港元、澳门元、新台币；

（二）其他国家及地区的法定货币。

贵金属纪念币的面额以中国人民银行授权中国金币总公司的初始发售价格为准。

第二十条　［出售、购买、运输假币案（刑法第一百七十一条第一款）］出售、购买伪造的货币或者明知是伪造的货币而运输，总面额在四千元以上或者币量在四百张（枚）以上的，应予立案追诉。

在出售假币时被抓获的，除现场查获的假币应认定为出售假币的数额外，现场之外在行为人住所或者其他藏匿地查获的假币，也应认定为出售假币的数额。

第二十一条　［金融工作人员购买假币、以假币换取货币案（刑法第一百七十一条第二款）］银行或者其他金融机构的工作人员购买伪造的货币或者利用职务上的便利，以伪造的货币换取货币，总面额在二千元以上或者币量在二百张（枚）以上的，应予立案追诉。

第二十二条　［持有、使用假币案（刑法第一百七十二条）］明知是伪造的货币而持有、使用，总面额在四千元以上或者币量在四百张（枚）以上的，应予立案追诉。

第二十三条　［变造货币案（刑法第一百七十三条）］变造货币，总面额在二千元以上或者币量在二百张（枚）以上的，应予立案追诉。

第二十四条　［擅自设立金融机构案（刑法第一百七十四条第一款）］未经国家有关主管部门批准，擅自设立金融机构，涉嫌下列情形之一的，应予立案追诉：

（一）擅自设立商业银行、证券交易所、期货交易所、证券公司、期货公司、保险公司或者其他金融机构的；

（二）擅自设立商业银行、证券交易所、期货交易所、证券公司、期货公司、保险公司或者其他金融机构筹备组织的。

第二十五条　［伪造、变造、转让金融机构经营许可证、批准文件案（刑法第一百七十四条第二款）］伪造、变造、转让商业银行、证券交易所、期货交易所、证券公司、期贷公司、保险公司或者其他金融机构的经营许可证或者批准文件的，应予立案追诉。

第二十六条 ［高利转贷案（刑法第一百七十五条）］以转贷牟利为目的，套取金融机构信贷资金高利转贷他人，涉嫌下列情形之一的，应予立案追诉：

（一）高利转贷，违法所得数额在十万元以上的；

（二）虽未达到上述数额标准，但两年内因高利转贷受过行政处罚二次以上，又高利转贷的。

第二十七条 ［骗取贷款、票据承兑、金融票证案（刑法第一百七十五条之一）］以欺骗手段取得银行或者其他金融机构贷款、票据承兑、信用证、保函等，涉嫌下列情形之一的，应予立案追诉：

（一）以欺骗手段取得贷款、票据承兑、信用证、保函等，数额在一百万元以上的；

（二）以欺骗手段取得贷款、票据承兑、信用证、保函等，给银行或者其他金融机构造成直接经济损失数额在二十万元以上的；

（三）虽未达到上述数额标准，但多次以欺骗手段取得贷款、票据承兑、信用证、保函等的；

（四）其他给银行或者其他金融机构造成重大损失或者有其他严重情节的情形。

第二十八条 ［非法吸收公众存款案（刑法第一百七十六条）］非法吸收公众存款或者变相吸收公众存款，扰乱金融秩序，涉嫌下列情形之一的，应予立案追诉：

（一）个人非法吸收或者变相吸收公众存款数额在二十万元以上的，单位非法吸收或者变相吸收公众存款数额在一百万元以上的；

（二）个人非法吸收或者变相吸收公众存款三十户以上的，单位非法吸收或者变相吸收公众存款一百五十户以上的；

（三）个人非法吸收或者变相吸收公众存款给存款人造成直接经济损失数额在十万元以上的，单位非法吸收或者变相吸收公众存款给存款人造成直接经济损失数额在五十万元以上的；

（四）造成恶劣社会影响的；

（五）其他扰乱金融秩序情节严重的情形。

第二十九条 ［伪造、变造金融票证案（刑法第一百七十七条）］伪造、变造金融票证，涉嫌下列情形之一的，应予立案追诉：

（一）伪造、变造汇票、本票、支票，或者伪造、变造委托收款凭证、汇款凭证、银行存单等其他银行结算凭证，或者伪造、变造信用证或者附随的单据、文件，总面额在一万元以上或者数量在十张以上的；

（二）伪造信用卡一张以上，或者伪造空白信用卡十张以上的。

第三十条 ［妨害信用卡管理案（刑法第一百七十七条之一第一款）］妨害信用卡管理，涉嫌下列情形之一的，应予立案追诉：

（一）明知是伪造的信用卡而持有、运输的；

（二）明知是伪造的空白信用卡而持有、运输，数量累计在十张以上的；

（三）非法持有他人信用卡，数量累计在五张以上的；

（四）使用虚假的身份证明骗领信用卡的；

（五）出售、购买、为他人提供伪造的信用卡或者以虚假的身份证明骗领的信用卡的。

违背他人意愿，使用其居民身份证、军官证、士兵证、港澳居民往来内地通行证、台湾居民来往大陆通行证、护照等身份证明申领信用卡的，或者使用伪造、变造的身份证明申领信用卡的，应当认定为“使用虚假的身份证明骗领信用卡”。

第三十一条　［窃取、收买、非法提供信用卡信息案（刑法第一百七十七条之一第二款）］窃取、收买或者非法提供他人信用卡信息资料，足以伪造可进行交易的信用卡，或者足以使他人以信用卡持卡人名义进行交易，涉及信用卡一张以上的，应予立案追诉。

第三十二条　［伪造、变造国家有价证券案（刑法第一百七十八条第一款）］伪造、变造国库券或者国家发行的其他有价证券，总面额在二千元以上的，应予立案追诉。

第三十三条　［伪造、变造股票、公司、企业债券案（刑法第一百七十八条第二款）］伪造、变造股票或者公司、企业债券，总面额在五千元以上的，应予立案追诉。

第三十四条　［擅自发行股票、公司、企业债券案（刑法第一百七十九条）］未经国家有关主管部门批准，擅自发行股票或者公司、企业债券，涉嫌下列情形之一的，应予立案追诉：

（一）发行数额在五十万元以上的；

（二）虽未达到上述数额标准，但擅自发行致使三十人以上的投资者购买了股票或者公司、企业债券的；

（三）不能及时清偿或者清退的；

（四）其他后果严重或者有其他严重情节的情形。

第三十五条　［内幕交易、泄露内幕信息案（刑法第一百八十条第一款）］证券、期货交易内幕信息的知情人员、单位或者非法获取证券、期货交易内幕信息的人员、单位，在涉及证券的发行，证券、期货交易或者其他对证券、期货交易价格有重大影响的信息尚未公开前，买入或者卖出该证券，或者从事与该内幕信息有关的期货交易，或者泄露该信息，或者明示、暗示他人从事上述交易活动，涉嫌下列情形之一的，应予立案追诉：

（一）证券交易成交额累计在五十万元以上的；

（二）期货交易占用保证金数额累计在三十万元以上的；

（三）获利或者避免损失数额累计在十五万元以上的；

（四）多次进行内幕交易、泄露内幕信息的；

（五）其他情节严重的情形。

第三十六条　［利用未公开信息交易案（刑法第一百八十条第四款）］证券交易所、期货交易所、证券公司、期货公司、基金管理公司、商业银行、保险公司等金融机构的从业人员以及有关监管部门或者行业协会的工作人员，利用因职务便利获取的内幕信息以外的其他未公开的信息，违反规定，从事与该信息相关的证券、期货交易活动，或者明示、暗示他人从事相关交易活动，涉嫌下列情形之一的，应予立案追诉：

（一）证券交易成交额累计在五十万元以上的；

（二）期货交易占用保证金数额累计在三十万元以上的；

（三）获利或者避免损失数额累计在十五万元以上的；

（四）多次利用内幕信息以外的其他未公开信息进行交易活动的；

（五）其他情节严重的情形。

第三十七条　［编造并传播证券、期货交易虚假信息案（刑法第一百八十一条第一款)] 编造并且传播影响证券、期货交易的虚假信息，扰乱证券、期货交易市场，涉嫌下列情形之一的，应予立案追诉：

(一) 获利或者避免损失数额累计在五万元以上的；

(二) 造成投资者直接经济损失数额在五万元以上的；

(三) 致使交易价格和交易量异常波动的；

(四) 虽未达到上述数额标准，但多次编造并且传播影响证券、期货交易的虚假信息的；

(五) 其他造成严重后果的情形。

第三十八条 [诱骗投资者买卖证券、期货合约案（刑法第一百八十一条第二款）] 证券交易所、期货交易所、证券公司、期货公司的从业人员，证券业协会、期货业协会或者证券期货监督管理部门的工作人员，故意提供虚假信息或者伪造、变造、销毁交易记录，诱骗投资者买卖证券、期货合约，涉嫌下列情形之一的，应予立案追诉：

(一) 获利或者避免损失数额累计在五万元以上的；

(二) 造成投资者直接经济损失数额在五万元以上的；

(三) 致使交易价格和交易量异常波动的；

(四) 其他造成严重后果的情形。

第三十九条 [操纵证券、期货市场案（刑法第一百八十二条）] 操纵证券、期货市场，涉嫌下列情形之一的，应予立案追诉：

(一) 单独或者合谋，持有或者实际控制证券的流通股份数达到该证券的实际流通股份总量百分之三十以上，且在该证券连续二十个交易日内联合或者连续买卖股份数累计达到该证券同期总成交量百分之三十以上的；

(二) 单独或者合谋，持有或者实际控制期货合约的数量超过期货交易所业务规则限定的持仓量百分之五十以上，且在该期货合约连续二十个交易日内联合或者连续买卖期货合约数累计达到该期货合约同期总成交量百分之三十以上的；

(三) 与他人串通，以事先约定的时间、价格和方式相互进行证券或者期货合约交易，且在该证券或者期货合约连续二十个交易日内成交量累计达到该证券或者期货合约同期总成交量百分之二十以上的；

(四) 在自己实际控制的账户之间进行证券交易，或者以自己为交易对象，自买自卖期货合约，且在该证券或者期货合约连续二十个交易日内成交量累计达到该证券或者期货合约同期总成交量百分之二十以上的；

(五) 单独或者合谋，当日连续申报买入或者卖出同一证券、期货合约并在成交前撤回申报，撤回申报量占当日该种证券总申报量或者该种期货合约总申报量百分之五十以上的；

(六) 上市公司及其董事、监事、高级管理人员、实际控制人、控股股东或者其他关联人单独或者合谋，利用信息优势，操纵该公司证券交易价格或者证券交易量的；

(七) 证券公司、证券投资咨询机构、专业中介机构或者从业人员，违背有关从业禁止的规定，买卖或者持有相关证券，通过对证券或者其发行人、上市公司公开作出评价、预测或者投资建议，在该证券的交易中谋取利益，情节严重的；

(八) 其他情节严重的情形。

第四十条　［背信运用受托财产案（刑法第一百八十五条之一第一款）］商业银行、证券交易所、期货交易所、证券公司、期货公司、保险公司或者其他金融机构，违背受托义务，擅自运用客户资金或者其他委托、信托的财产，涉嫌下列情形之一的，应予立案追诉：

（一）擅自运用客户资金或者其他委托、信托的财产数额在三十万元以上的；

（二）虽未达到上述数额标准，但多次擅自运用客户资金或者其他委托、信托的财产，或者擅自运用多个客户资金或者其他委托、信托的财产的；

（三）其他情节严重的情形。

第四十一条　［违法运用资金案（刑法第一百八十五条之一第二款）］社会保障基金管理机构、住房公积金管理机构等公众资金管理机构，以及保险公司、保险资产管理公司、证券投资基金管理公司，违反国家规定运用资金，涉嫌下列情形之一的，应予立案追诉：

（一）违反国家规定运用资金数额在三十万元以上的；

（二）虽未达到上述数额标准，但多次违反国家规定运用资金的；

（三）其他情节严重的情形。

第四十二条　［违法发放贷款案（刑法第一百八十六条）］银行或者其他金融机构及其工作人员违反国家规定发放贷款，涉嫌下列情形之一的，应予立案追诉：

（一）违法发放贷款，数额在一百万元以上的；

（二）违法发放贷款，造成直接经济损失数额在二十万元以上的。

第四十三条　［吸收客户资金不入账案（刑法第一百八十七条）］银行或者其他金融机构及其工作人员吸收客户资金不入账，涉嫌下列情形之一的，应予立案追诉：

（一）吸收客户资金不入账，数额在一百万元以上的；

（二）吸收客户资金不入账，造成直接经济损失数额在二十万元以上的。

第四十四条　［违规出具金融票证案（刑法第一百八十八条）］银行或者其他金融机构及其工作人员违反规定，为他人出具信用证或者其他保函、票据、存单、资信证明，涉嫌下列情形之一的，应予立案追诉：

（一）违反规定为他人出具信用证或者其他保函、票据、存单、资信证明，数额在一百万元以上的；

（二）违反规定为他人出具信用证或者其他保函、票据、存单、资信证明，造成直接经济损失数额在二十万元以上的；

（三）多次违规出具信用证或者其他保函、票据、存单、资信证明的；

（四）接受贿赂违规出具信用证或者其他保函、票据、存单、资信证明的；

（五）其他情节严重的情形。

第四十五条　［对违法票据承兑、付款、保证案（刑法第一百八十九条）］银行或者其他金融机构及其工作人员在票据业务中，对违反票据法规定的票据予以承兑、付款或者保证，造成直接经济损失数额在二十万元以上的，应予立案追诉。

第四十六条　［逃汇案（刑法第一百九十条）］公司、企业或者其他单位，违反国家规定，擅自将外汇存放境外，或者将境内的外汇非法转移到境外，单笔在二百万美元以上或者累计数额在五百万美元以上的，应予立案追诉。

第四十七条 ［骗购外汇案（全国人民代表大会常务委员会《关于惩治骗购外汇、逃汇和非法买卖外汇犯罪的决定》第一条）］骗购外汇，数额在五十万美元以上的，应予立案追诉。

第四十八条 ［洗钱案（刑法第一百九十一条）］明知是毒品犯罪、黑社会性质的组织犯罪、恐怖活动犯罪、走私犯罪、贪污贿赂犯罪、破坏金融管理秩序犯罪、金融诈骗犯罪的所得及其产生的收益，为掩饰、隐瞒其来源和性质，涉嫌下列情形之一的，应予立案追诉：

（一）提供资金账户的；

（二）协助将财产转换为现金、金融票据、有价证券的；

（三）通过转账或者其他结算方式协助资金转移的；

（四）协助将资金汇往境外的；

（五）以其他方法掩饰、隐瞒犯罪所得及其收益的来源和性质的。

第四十九条 ［集资诈骗案（刑法第一百九十二条）］以非法占有为目的，使用诈骗方法非法集资，涉嫌下列情形之一的，应予立案追诉：

（一）个人集资诈骗，数额在十万元以上的；

（二）单位集资诈骗，数额在五十万元以上的。

第五十条 ［贷款诈骗案（刑法第一百九十三条）］以非法占有为目的，诈骗银行或者其他金融机构的贷款，数额在二万元以上的，应予立案追诉。

第五十一条 ［票据诈骗案（刑法第一百九十四条第一款）］进行金融票据诈骗活动，涉嫌下列情形之一的，应予立案追诉：

（一）个人进行金融票据诈骗，数额在一万元以上的；

（二）单位进行金融票据诈骗，数额在十万元以上的。

第五十二条 ［金融凭证诈骗案（刑法第一百九十四条第二款）］使用伪造、变造的委托收款凭证、汇款凭证、银行存单等其他银行结算凭证进行诈骗活动，涉嫌下列情形之一的，应予立案追诉：

（一）个人进行金融凭证诈骗，数额在一万元以上的；

（二）单位进行金融凭证诈骗，数额在十万元以上的。

第五十三条 ［信用证诈骗案（刑法第一百九十五条）］进行信用证诈骗活动，涉嫌下列情形之一的，应予立案追诉：

（一）使用伪造、变造的信用证或者附随的单据、文件的；

（二）使用作废的信用证的；

（三）骗取信用证的；

（四）以其他方法进行信用证诈骗活动的。

第五十四条 ［信用卡诈骗案（刑法第一百九十六条）］进行信用卡诈骗活动，涉嫌下列情形之一的，应予立案追诉：

（一）使用伪造的信用卡，或者使用以虚假的身份证明骗领的信用卡，或者使用作废的信用卡，或者冒用他人信用卡，进行诈骗活动，数额在五千元以上的；

（二）恶意透支，数额在一万元以上的。

本条规定的“恶意透支”，是指持卡人以非法占有为目的，超过规定限额或者规定期限透支，并且经发卡银行两次催收后超过三个月仍不归还的。

恶意透支，数额在一万元以上不满十万元的，在公安机关立案前已偿还全部透支款息，情节显著轻微的，可以依法不追究刑事责任。

第五十五条　［有价证券诈骗案（刑法第一百九十七条）］使用伪造、变造的国库券或者国家发行的其他有价证券进行诈骗活动，数额在一万元以上的，应予立案追诉。

第五十六条　［保险诈骗案（刑法第一百九十八条）］进行保险诈骗活动，涉嫌下列情形之一的，应予立案追诉：

（一）个人进行保险诈骗，数额在一万元以上的；

（二）单位进行保险诈骗，数额在五万元以上的。

第五十七条　［逃税案（刑法第二百零一条）］逃避缴纳税款，涉嫌下列情形之一的，应予立案追诉：

（一）纳税人采取欺骗、隐瞒手段进行虚假纳税申报或者不申报，逃避缴纳税款，数额在五万元以上并且占各税种应纳税总额百分之十以上，经税务机关依法下达追缴通知后，不补缴应纳税款、不缴纳滞纳金或者不接受行政处罚的；

（二）纳税人五年内因逃避缴纳税款受过刑事处罚或者被税务机关给予二次以上行政处罚，又逃避缴纳税款，数额在五万元以上并且占各税种应纳税总额百分之十以上的；

（三）扣缴义务人采取欺骗、隐瞒手段，不缴或者少缴已扣、已收税款，数额在五万元以上的。

纳税人在公安机关立案后再补缴应纳税款、缴纳滞纳金或者接受行政处罚的，不影响刑事责任的追究。

第五十八条　［抗税案（刑法第二百零二条）］以暴力、威胁方法拒不缴纳税款，涉嫌下列情形之一的，应予立案追诉：

（一）造成税务工作人员轻微伤以上的；

（二）以给税务工作人员及其亲友的生命、健康、财产等造成损害为威胁，抗拒缴纳税款的；

（三）聚众抗拒缴纳税款的；

（四）以其他暴力、威胁方法拒不缴纳税款的。

第五十九条　［逃避追缴欠税案（刑法第二百零三条）］纳税人欠缴应纳税款，采取转移或者隐匿财产的手段，致使税务机关无法追缴欠缴的税款，数额在一万元以上的，应予立案追诉。

第六十条　［骗取出口退税案（刑法第二百零四条第一款）］以假报出口或者其他欺骗手段，骗取国家出口退税款，数额在五万元以上的，应予立案追诉。

第六十一条　［虚开增值税专用发票、用于骗取出口退税、抵扣税款发票案（刑法第二百零五条）］虚开增值税专用发票或者虚开用于骗取出口退税、抵扣税款的其他发票，虚开的税款数额在一万元以上或者致使国家税款被骗数额在五千元以上的，应予立案追诉。

第六十二条　［伪造、出售伪造的增值税专用发票案（刑法第二百零六条）］伪造或者出售伪造的增值税专用发票二十五份以上或者票面额累计在十万元以上的，应予立案追诉。

第六十三条 ［非法出售增值税专用发票案（刑法第二百零七条）］非法出售增值税专用发票二十五份以上或者票面额累计在十万元以上的，应予立案追诉。

第六十四条 ［非法购买增值税专用发票、购买伪造的增值税专用发票案（刑法第二百零八条第一款）］非法购买增值税专用发票或者购买伪造的增值税专用发票二十五份以上或者票面额累计在十万元以上的，应予立案追诉。

第六十五条 ［非法制造、出售非法制造的用于骗取出口退税、抵扣税款发票案（刑法第二百零九条第一款）］伪造、擅自制造或者出售伪造、擅自制造的可以用于骗取出口退税、抵扣税款的非增值税专用发票五十份以上或者票面额累计在二十万元以上的，应予立案追诉。

第六十六条 ［非法制造、出售非法制造的发票案（刑法第二百零九条第二款）］伪造、擅自制造或者出售伪造、擅自制造的不具有骗取出口退税、抵扣税款功能的普通发票一百份以上或者票面额累计在四十万元以上的，应予立案追诉。

第六十七条 ［非法出售用于骗取出口退税、抵扣税款发票案（刑法第二百零九条第三款）］非法出售可以用于骗取出口退税、抵扣税款的非增值税专用发票五十份以上或者票面额累计在二十万元以上的，应予立案追诉。

第六十八条 ［非法出售发票案（刑法第二百零九条第四款）］非法出售普通发票一百份以上或者票面额累计在四十万元以上的，应予立案追诉。

第六十九条 ［假冒注册商标案（刑法第二百一十三条）］未经注册商标所有人许可，在同一种商品上使用与其注册商标相同的商标，涉嫌下列情形之一的，应予立案追诉：

（一）非法经营数额在五万元以上或者违法所得数额在三万元以上的；

（二）假冒两种以上注册商标，非法经营数额在三万元以上或者违法所得数额在二万元以上的；

（三）其他情节严重的情形。

第七十条 ［销售假冒注册商标的商品案（刑法第二百一十四条）］销售明知是假冒注册商标的商品，涉嫌下列情形之一的，应予立案追诉：

（一）销售金额在五万元以上的；

（二）尚未销售，货值金额在十五万元以上的；

（三）销售金额不满五万元，但已销售金额与尚未销售的货值金额合计在十五万元以上的。

第七十一条 ［非法制造、销售非法制造的注册商标标识案（刑法第二百一十五条）］伪造、擅自制造他人注册商标标识或者销售伪造、擅自制造的注册商标标识，涉嫌下列情形之一的，应予立案追诉：

（一）伪造、擅自制造或者销售伪造、擅自制造的注册商标标识数量在二万件以上，或者非法经营数额在五万元以上，或者违法所得数额在三万元以上的；

（二）伪造、擅自制造或者销售伪造、擅自制造两种以上注册商标标识数量在一万件以上，或者非法经营数额在三万元以上，或者违法所得数额在二万元以上的；

（三）其他情节严重的情形。

第七十二条 ［假冒专利案（刑法第二百一十六条）］假冒他人专利，涉嫌下列情形之一的，应予立案追诉：

（一）非法经营数额在二十万元以上或者违法所得数额在十万元以上的；

（二）给专利权人造成直接经济损失在五十万元以上的；

（三）假冒两项以上他人专利，非法经营数额在十万元以上或者违法所得数额在五万元以上的；

（四）其他情节严重的情形。

第七十三条　［侵犯商业秘密案（刑法第二百一十九条）］侵犯商业秘密，涉嫌下列情形之一的，应予立案追诉：

（一）给商业秘密权利人造成损失数额在五十万元以上的；

（二）因侵犯商业秘密违法所得数额在五十万元以上的；

（三）致使商业秘密权利人破产的；

（四）其他给商业秘密权利人造成重大损失的情形。

第七十四条　［损害商业信誉、商品声誉案（刑法第二百二十一条）］捏造并散布虚伪事实，损害他人的商业信誉、商品声誉，涉嫌下列情形之一的，应予立案追诉：

（一）给他人造成直接经济损失数额在五十万元以上的；

（二）虽未达到上述数额标准，但具有下列情形之一的：

1. 利用互联网或者其他媒体公开损害他人商业信誉、商品声誉的；

2. 造成公司、企业等单位停业、停产六个月以上，或者破产的。

（三）其他给他人造成重大损失或者有其他严重情节的情形。

第七十五条　［虚假广告案（刑法第二百二十二条）］广告主、广告经营者、广告发布者违反国家规定，利用广告对商品或者服务作虚假宣传，涉嫌下列情形之一的，应予立案追诉：

（一）违法所得数额在十万元以上的；

（二）给单个消费者造成直接经济损失数额在五万元以上的，或者给多个消费者造成直接经济损失数额累计在二十万元以上的；

（三）假借预防、控制突发事件的名义，利用广告作虚假宣传，致使多人上当受骗，违法所得数额在三万元以上的；

（四）虽未达到上述数额标准，但两年内因利用广告作虚假宣传，受过行政处罚二次以上，又利用广告作虚假宣传的；

（五）造成人身伤残的；

（六）其他情节严重的情形。

第七十六条　［串通投标案（刑法第二百二十三条）］投标人相互串通投标报价，或者投标人与招标人串通投标，涉嫌下列情形之一的，应予立案追诉：

（一）损害招标人、投标人或者国家、集体、公民的合法利益，造成直接经济损失数额在五十万元以上的；

（二）违法所得数额在十万元以上的；

（三）中标项目金额在二百万元以上的；

（四）采取威胁、欺骗或者贿赂等非法手段的；

（五）虽未达到上述数额标准，但两年内因串通投标，受过行政处罚二次以上，又串通投标的；

（六）其他情节严重的情形。

第七十七条 ［合同诈骗案（刑法第二百二十四条）］以非法占有为目的，在签订、履行合同过程中，骗取对方当事人财物，数额在二万元以上的，应予立案追诉。

第七十八条 ［组织、领导传销活动案（刑法第二百二十四条之一）］组织、领导以推销商品、提供服务等经营活动为名，要求参加者以缴纳费用或者购买商品、服务等方式获得加入资格，并按照一定顺序组成层级，直接或者间接以发展人员的数量作为计酬或者返利依据，引诱、胁迫参加者继续发展他人参加，骗取财物，扰乱经济社会秩序的传销活动，涉嫌组织、领导的传销活动人员在三十人以上且层级在三级以上的，对组织者、领导者，应予立案追诉。

本条所指的传销活动的组织者、领导者，是指在传销活动中起组织、领导作用的发起人、决策人、操纵人，以及在传销活动中担负策划、指挥、布置、协调等重要职责，或者在传销活动实施中起到关键作用的人员。

第七十九条 ［非法经营案（刑法第二百二十五条）］违反国家规定，进行非法经营活动，扰乱市场秩序，涉嫌下列情形之一的，应予立案追诉：

（一）违反国家有关盐业管理规定，非法生产、储运、销售食盐，扰乱市场秩序，具有下列情形之一的：

1. 非法经营食盐数量在二十吨以上的；

2. 曾因非法经营食盐行为受过二次以上行政处罚又非法经营食盐，数量在十吨以上的。

（二）违反国家烟草专卖管理法律法规，未经烟草专卖行政主管部门许可，无烟草专卖生产企业许可证、烟草专卖批发企业许可证、特种烟草专卖经营企业许可证、烟草专卖零售许可证等许可证明，非法经营烟草专卖品，具有下列情形之一的：

1. 非法经营数额在五万元以上，或者违法所得数额在二万元以上的；

2. 非法经营卷烟二十万支以上的；

3. 曾因非法经营烟草专卖品三年内受过二次以上行政处罚，又非法经营烟草专卖品且数额在三万元以上的。

（三）未经国家有关主管部门批准，非法经营证券、期货、保险业务，或者非法从事资金支付结算业务，具有下列情形之一的：

1. 非法经营证券、期货、保险业务，数额在三十万元以上的；

2. 非法从事资金支付结算业务，数额在二百万元以上的；

3. 违反国家规定，使用销售点终端机具（POS机）等方法，以虚构交易、虚开价格、现金退货等方式向信用卡持卡人直接支付现金，数额在一百万元以上的，或者造成金融机构资金二十万元以上逾期未还的，或者造成金融机构经济损失十万元以上的；

4. 违法所得数额在五万元以上的。

（四）非法经营外汇，具有下列情形之一的：

1. 在外汇指定银行和中国外汇交易中心及其分中心以外买卖外汇，数额在二十万美元以上的，或者违法所得数额在五万元以上的；

2. 公司、企业或者其他单位违反有关外贸代理业务的规定，采用非法手段，或者明知是伪造、变造的凭证、商业单据，为他人向外汇指定银行骗购外汇，数额在五百万美元以上或者违法所得数额在五十万元以上的；

3. 居间介绍骗购外汇，数额在一百万美元以上或者违法所得数额在十万元以上的。

（五）出版、印刷、复制、发行严重危害社会秩序和扰乱市场秩序的非法出版物，具有下列情形之一的：

1. 个人非法经营数额在五万元以上的，单位非法经营数额在十五万元以上的；

2. 个人违法所得数额在二万元以上的，单位违法所得数额在五万元以上的；

3. 个人非法经营报纸五千份或者期刊五千本或者图书二千册或者音像制品、电子出版物五百张（盒）以上的，单位非法经营报纸一万五千份或者期刊一万五千本或者图书五千册或者音像制品、电子出版物一千五百张（盒）以上的；

4. 虽未达到上述数额标准，但具有下列情形之一的：

（1）两年内因出版、印刷、复制、发行非法出版物受过行政处罚二次以上的，又出版、印刷、复制、发行非法出版物的；

（2）因出版、印刷、复制、发行非法出版物造成恶劣社会影响或者其他严重后果的。

（六）非法从事出版物的出版、印刷、复制、发行业务，严重扰乱市场秩序，具有下列情形之一的：

1. 个人非法经营数额在十五万元以上的，单位非法经营数额在五十万元以上的；

2. 个人违法所得数额在五万元以上的，单位违法所得数额在十五万元以上的；

3. 个人非法经营报纸一万五千份或者期刊一万五千本或者图书五千册或者音像制品、电子出版物一千五百张（盒）以上的，单位非法经营报纸五万份或者期刊五万本或者图书一万五千册或者音像制品、电子出版物五千张（盒）以上的；

4. 虽未达到上述数额标准，两年内因非法从事出版物的出版、印刷、复制、发行业务受过行政处罚二次以上的，又非法从事出版物的出版、印刷、复制、发行业务的。

（七）采取租用国际专线、私设转接设备或者其他方法，擅自经营国际电信业务或者涉港澳台电信业务进行营利活动，扰乱电信市场管理秩序，具有下列情形之一的：

1. 经营去话业务数额在一百万元以上的；

2. 经营来话业务造成电信资费损失数额在一百万元以上的；

3. 虽未达到上述数额标准，但具有下列情形之一的：

（1）两年内因非法经营国际电信业务或者涉港澳台电信业务行为受过行政处罚二次以上，又非法经营国际电信业务或者涉港澳台电信业务的；

（2）因非法经营国际电信业务或者涉港澳台电信业务行为造成其他严重后果的。

（八）从事其他非法经营活动，具有下列情形之一的：

1. 个人非法经营数额在五万元以上，或者违法所得数额在一万元以上的；

2. 单位非法经营数额在五十万元以上，或者违法所得数额在十万元以上的；

3. 虽未达到上述数额标准，但两年内因同种非法经营行为受过二次以上行政处罚，又进行同种非法经营行为的；

4. 其他情节严重的情形。

第八十条　［非法转让、倒卖土地使用权案（刑法第二百二十八条）］以牟利为目的，违反土地管理法规，非法转让、倒卖土地使用权，涉嫌下列情形之一的，应予立案追诉：

（一）非法转让、倒卖基本农田五亩以上的；

（二）非法转让、倒卖基本农田以外的耕地十亩以上的；

（三）非法转让、倒卖其他土地二十亩以上的；

（四）违法所得数额在五十万元以上的；

（五）虽未达到上述数额标准，但因非法转让、倒卖土地使用权受过行政处罚，又非法转让、倒卖土地的；

（六）其他情节严重的情形。

第八十一条 ［提供虚假证明文件案（刑法第二百二十九条第一款、第二款）］承担资产评估、验资、验证、会计、审计、法律服务等职责的中介组织的人员故意提供虚假证明文件，涉嫌下列情形之一的，应予立案追诉：

（一）给国家、公众或者其他投资者造成直接经济损失数额在五十万元以上的；

（二）违法所得数额在十万元以上的；

（三）虚假证明文件虚构数额在一百万元且占实际数额百分之三十以上的；

（四）虽未达到上述数额标准，但具有下列情形之一的：

1. 在提供虚假证明文件过程中索取或者非法接受他人财物的；

2. 两年内因提供虚假证明文件，受过行政处罚二次以上，又提供虚假证明文件的。

（五）其他情节严重的情形。

第八十二条 ［出具证明文件重大失实案（刑法第二百二十九条第三款）］承担资产评估、验资、验证、会计、审计、法律服务等职责的中介组织的人员严重不负责任，出具的证明文件有重大失实，涉嫌下列情形之一的，应予立案追诉：

（一）给国家、公众或者其他投资者造成直接经济损失数额在一百万元以上的；

（二）其他造成严重后果的情形。

第八十三条 ［逃避商检案（刑法第二百三十条）］违反进出口商品检验法的规定，逃避商品检验，将必须经商检机构检验的进口商品未报经检验而擅自销售、使用，或者将必须经商检机构检验的出口商品未报经检验合格而擅自出口，涉嫌下列情形之一的，应予立案追诉：

（一）给国家、单位或者个人造成直接经济损失数额在五十万元以上的；

（二）逃避商检的进出口货物货值金额在三百万元以上的；

（三）导致病疫流行、灾害事故的；

（四）多次逃避商检的；

（五）引起国际经济贸易纠纷，严重影响国家对外贸易关系，或者严重损害国家声誉的；

（六）其他情节严重的情形。

三、侵犯财产案

第八十四条 ［职务侵占案（刑法第二百七十一条第一款）］公司、企业或者其他单位的人员，利用职务上的便利，将本单位财物非法占为己有，数额在五千元至一万元以上的，应予立案追诉。

第八十五条　［挪用资金案（刑法第二百七十二条第一款）］公司、企业或者其他单位的工作人员，利用职务上的便利，挪用本单位资金归个人使用或者借贷给他人，涉嫌下列情形之一的，应予立案追诉：

（一）挪用本单位资金数额在一万元至三万元以上，超过三个月未还的；

（二）挪用本单位资金数额在一万元至三万元以上，进行营利活动的；

（三）挪用本单位资金数额在五千元至二万元以上，进行非法活动的。

具有下列情形之一的，属于本条规定的“归个人使用”：

（一）将本单位资金供本人、亲友或者其他自然人使用的；

（二）以个人名义将本单位资金供其他单位使用的；

（三）个人决定以单位名义将本单位资金供其他单位使用，谋取个人利益的。

第八十六条　［挪用特定款物案（刑法第二百七十三条）］挪用用于救灾、抢险、防汛、优抚、扶贫、移民、救济款物，涉嫌下列情形之一的，应予立案追诉：

（一）挪用特定款物数额在五千元以上的；

（二）造成国家和人民群众直接经济损失数额在五万元以上的；

（三）虽未达到上述数额标准，但多次挪用特定款物的，或者造成人民群众的生产、生活严重困难的；

（四）严重损害国家声誉，或者造成恶劣社会影响的；

（五）其他致使国家和人民群众利益遭受重大损害的情形。

附　则

第八十七条　本规定中的“多次”，是指三次以上。

第八十八条　本规定中的“虽未达到上述数额标准”，是指接近上述数额标准且已达到该数额的百分之八十以上的。

第八十九条　对于预备犯、未遂犯、中止犯，需要追究刑事责任的，应予立案追诉。

第九十条　本规定中的立案追诉标准，除法律、司法解释、本规定中另有规定的以外，适用于相应的单位犯罪。

第九十一条　本规定中的“以上”，包括本数。

第九十二条　本规定自印发之日起施行。2001 年 4 月 18 日最高人民检察院、公安部印发的《关于经济犯罪案件追诉标准的规定》（公发［2001］11 号）和 2008 年 3 月 5 日最高人民检察院、公安部印发的《关于经济犯罪案件追诉标准的补充规定》（高检会［2008］2 号）同时废止。